20
24

RAFAEL
VASCONCELOS
PORTO

GUSTAVO
BEIRÃO
ARAUJO

MANUAL DE DIREITO
PREVIDENCIÁRIO

Dados Internacionais de Catalogação na Publicação (CIP) de acordo com ISBD

S729e Souza, Wendell Lopes Barbosa de
    O erro médico nos tribunais / Wendell Lopes Barbosa de Souza. -Indaiatuba, SP : Editora Foco, 2024.
    352 p. ; 17cm x 24cm.
    Inclui índice e bibliografia.
    ISBN: 978-65-6120-081-3
    1. Direito. 2. Direito civil. 3. Medicina. 4. Erro médico. I. Título.

2024-782   CDD 342   CDU 347

Elaborado por Odilio Hilario Moreira Junior – CRB-8/9949
Índices para CatálogAo Sistemático:
    1. Direito civil 342
    2. Direito civil 347

RAFAEL
VASCONCELOS
PORTO

GUSTAVO
BEIRÃO
ARAUJO

MANUAL DE DIREITO
PREVIDENCIÁRIO

2024 © Editora Foco
Autores: Rafael Vasconcelos Porto e Gustavo Beirão Araujo
Diretor Acadêmico: Leonardo Pereira
Editor: Roberta Densa
Coordenadora Editorial: Paula Morishita
Revisora Sênior: Georgia Renata Dias
Capa Criação: Leonardo Hermano
Diagramação: Ladislau Lima e Aparecida Lima
Impressão miolo e capa: META BRASIL

DIREITOS AUTORAIS: É proibida a reprodução parcial ou total desta publicação, por qualquer forma ou meio, sem a prévia autorização da Editora FOCO, com exceção do teor das questões de concursos públicos que, por serem atos oficiais, não são protegidas como Direitos Autorais, na forma do Artigo 8º, IV, da Lei 9.610/1998. Referida vedação se estende às características gráficas da obra e sua editoração. A punição para a violação dos Direitos Autorais é crime previsto no Artigo 184 do Código Penal e as sanções civis às violações dos Direitos Autorais estão previstas nos Artigos 101 a 110 da Lei 9.610/1998. Os comentários das questões são de responsabilidade dos autores.

NOTAS DA EDITORA:

Atualizações e erratas: A presente obra é vendida como está, atualizada até a data do seu fechamento, informação que consta na página II do livro. Havendo a publicação de legislação de suma relevância, a editora, de forma discricionária, se empenhará em disponibilizar atualização futura.

Erratas: A Editora se compromete a disponibilizar no site www.editorafoco.com.br, na seção Atualizações, eventuais erratas por razões de erros técnicos ou de conteúdo. Solicitamos, outrossim, que o leitor faça a gentileza de colaborar com a perfeição da obra, comunicando eventual erro encontrado por meio de mensagem para contato@editorafoco.com.br. O acesso será disponibilizado durante a vigência da edição da obra.

Impresso no Brasil (5.2024) – Data de Fechamento (30.04.2024)

2024
Todos os direitos reservados à
Editora Foco Jurídico Ltda.
Rua Antonio Brunetti, 593 – Jd. Morada do Sol
CEP 13348-533 – Indaiatuba – SP

E-mail: contato@editorafoco.com.br
www.editorafoco.com.br

APRESENTAÇÃO

Embora sem abrir mão – ao menos voluntariamente – do rigor científico e da precisão terminológica, a pretensão da presente obra é oferecer um estudo conciso e didático do sistema previdenciário brasileiro, de modo a: propiciar uma ferramenta apta a cobrir os editais de todos os principais concursos públicos para carreiras jurídicas do país; ser útil, na prática diária, para quem labora com a matéria, seja na militância forense ou na administrativa; e consistir em material de suporte ao estudioso acadêmico, em especial ao aluno de graduação.

A metodologia adotada, assim, é a de construir o plano de trabalho a partir da análise pormenorizada dos principais editais (os mais recentes) de concursos para carreiras jurídicas (o escopo da obra é atender, salvo quanto a regimes próprios locais – estaduais e municipais –, as seguintes carreiras: Advogado da União, Defensor Público Estadual, Defensor Público Federal, Delegado da Polícia Civil, Delegado da Polícia Federal, Juiz Estadual, Juiz Federal, Juiz do Trabalho, Procurador da Fazenda Nacional, Procurador da República, Procurador do Estado, Procurador do Município, Procurador do Trabalho, Procurador Federal e Promotor de Justiça Estadual) e também das últimas provas, de modo a cobrir toda a matéria e enfocar o que tem apresentado maior relevância.

Por outro lado, observa também o conteúdo programático usualmente cobrado pelos cursos jurídicos no país (restrito, em geral, à teoria geral e ao financiamento da seguridade social e ao plano de benefícios do RGPS), atendendo plenamente ao aluno de graduação, com muita objetividade, buscando apresentar completude no menor número possível de páginas – otimizando, assim, o tempo do leitor.

Ademais, há intensa preocupação em proporcionar um material totalmente atualizado com a legislação de regência, a jurisprudência dos Tribunais Superiores e da Turma Nacional de Uniformização e os debates doutrinários mais proeminentes, de modo a servir também como apoio ao profissional que milita na área, tanto no processo judicial quanto no administrativo.

Optamos por dividir a obra em seis partes. Na primeira, intitulada "Prolegômenos", tratamos em perspectiva histórica da evolução da previdência social no Brasil e no mundo, da parte principiológica da disciplina e também dos ramos da saúde e da assistência social. Na segunda, abordamos o Plano de Benefícios do RGPS, análise que é subdivida em cinco capítulos, os quais compreendem, respectivamente, a parte geral, os benefícios em espécie, os serviços em espécie, a previdência do trabalhador rural e alguns tópicos finais. Para aquele que se prepara para concursos públicos, trata-se, de longe, da parte mais relevante, visto que é, com folga, o de cobrança mais intensa – em quantidade, mas também em profundidade – em provas. Na terceira, tratamos do custeio da seguridade social. Na quarta, enfrentamos os aspectos práticos mais relevantes relativos ao processo previdenciário, subdivida em processo judicial e administrativo. A quinta é dedicada ao regime próprio do servidor público civil, em suas regras gerais, cobrindo também a esfera federal. A sexta e última trabalha os principais aspectos relacionados com a previdência complementar privada.

Pois bem, em relação ao que se costuma encontrar nos principais manuais, optamos por não abordar os crimes previdenciários, matéria que nos parece afeta ao Direito Penal, tampouco o regime próprio do servidor público militar, tema que não tem sido exigido nos concursos que optamos por cobrir, nem nas faculdades e é muito especializado no que concerne à prática. Deixamos de lado também todo e qualquer tipo de "perfumaria" teórica de pouca utilidade prática. Como dito, a meta é alcançar o máximo de conteúdo útil com o mínimo de páginas, é dizer, um material enxuto e produtivo, ademais suficiente para o propósito almejado.

Optamos por também não incluir extensas citações de decisões jurisprudenciais (salvo exceções pontuais), destacando apenas o que é mais relevante, e por não incluir exercícios e outros adereços no corpo da obra, para que a leitura fique "limpa" e direta.

Sugerimos também que acompanhem o nosso perfil no Instagram (@professorrafaelporto e @beirao.professor), rede social na qual constantemente publicamos atualizações sobre a disciplina, resolvemos provas e estamos disponíveis para solucionar dúvidas em tempo real.

Boa leitura e bons estudos!

Os autores

SOBRE OS AUTORES

RAFAEL VASCONCELOS PORTO

Possui longa experiência profissional com a matéria, tanto prática – é juiz federal desde 2011, tendo sido antes defensor público federal e advogado militante – quanto acadêmica – é mestre em Direito Previdenciário pela PUC-SP e cursa atualmente o doutorado perante a Universidade de Lisboa (Portugal), sendo também docente junto aos programas de pós-graduação da Pontifícia Universidade Católica de Minas Gerais e da Universidade Presbiteriana Mackenzie, além de lecionar em cursos preparatórios para concursos públicos, como o CPIuris e o CEI. Finalmente, é ele mesmo um exemplo de sucesso nos certames para as carreiras jurídicas, pois foi aprovado para cargos como juiz federal, defensor público federal, procurador federal – AGU (8º lugar), advogado da Caixa Econômica Federal (para lotação em Brasília), dentre outros.

GUSTAVO BEIRÃO ARAUJO

Começou a trabalhar com o Direito Previdenciário em 12 de junho de 1995 como prestador de serviço ao INSS, compondo equipe que revisou mais de 150 mil benefícios rurais concedidos antes da Lei 8.213/91, em sua terra natal, Salvador, até 1998. Entre 1999 e 2003 atuou em vários setores do INSS desde o atendimento nas Agências da Previdência Social (APS), nos serviços de reconhecimento inicial de direitos, na perícia médica, no serviço de recursos de benefícios até ser contratado como terceirizado para atuar como supervisor de atendimento no PrevFone (atual central 135). Em 2003 foi aprovado no concurso do INSS tanto para técnico como para analista do seguro social, quando retornou ao atendimento na APS Centro Histórico (Pelourinho). Em 2005 foi convocado para atuar em Brasília na presidência do INSS na área de comunicação social, sua primeira formação, onde permaneceu até 2016, quando foi cedido ao Conselho de Recursos da Previdência Social, assumindo a presidência da 3ª Câmara de Julgamento até o ano de 2022. Em 2023 assumiu a presidência da 2ª Composição Adjunta da 5ª Junta de recursos onde permanece atualmente. Toda essa experiência lhe trouxe conhecimentos e as ferramentas para atuar como professor de pós-graduação e de cursos preparatórios para concursos em diversas instituições no país desde 2015, como autor de artigos e obras jurídicas e também como palestrante em diversos eventos na área previdenciária.

PREÂMBULO

DIRECIONAMENTO DA OBRA SEGUNDO OS CONCURSOS PÚBLICOS

O primeiro passo para a construção da presente obra foi, como já dito, a análise pormenorizada dos certames os quais ela se destina a cobrir. Com efeito, avaliamos todos os editais e provas mais recentes das carreiras federais e fizemos também uma análise por amostragem (dada a extensão) quanto às carreiras estaduais e municipais.

É o que aqui, em breves linhas, apresentamos, em primeiro plano, ao leitor.

Os dois editais mais amplos do ponto de vista de cobertura horizontal de nossa disciplina são os de Juiz Federal e de Advogado da União. Em síntese, todas as seis Partes do presente livro são potencialmente cobradas naqueles certames, embora com algumas nuances que serão oportunamente indicadas. Em seguida, o de Defensor Público Federal, que não contempla apenas previdência privada (Parte VI da presente obra), e depois o de Procurador Federal, que não abarca apenas previdência privada e RPPS (parte V da presente obra). Estes são os certames nos quais a disciplina está inegavelmente dentre as mais relevantes e não pode ser subestimada em nenhuma hipótese.

Vamos, portanto, abordá-los num primeiro momento, apartadamente, até mesmo para possibilitar um comparativo e demonstrar como é possível estudar a disciplina com a mesma estratégia para todos eles. Destacamos que um de nossos autores obteve aprovação em três (Defensor Público Federal, Juiz Federal e Procurador Federal) destes quatro certames, simultaneamente (os concursos foram efetivamente paralelos, no período de outubro de 2009 a janeiro de 2011), seguindo um roteiro de estudos único.

Pois bem, quanto ao concurso para o cargo de Advogado da União, o último certame teve início no ano de 2023. O conteúdo programático de nossa disciplina foi o seguinte:

DIREITO DA SEGURIDADE SOCIAL: 1. Seguridade social: origem e evolução legislativa no Brasil; conceito; organização e princípios constitucionais. Reforma da previdência (EC nº 103/2019). 2. Regime Geral da

Previdência Social: beneficiário, benefícios e custeio. 3. Salário de contribuição: conceito, parcelas integrantes e excluídas, limites mínimo e máximo; salário-base, enquadramento, proporcionalidade e reajustamento. 4. Planos de benefícios da previdência social: espécies de benefícios e prestações, disposições gerais e específicas, períodos de carência, salário-de-benefício, renda mensal do benefício, reajustamento do valor do benefício. Desaposentação e reaposentação. 5. PIS/PASEP. 6. Entidades de previdência privada: conceito e finalidades, constituição, organização, funcionamento e fiscalização. 7. Entidades abertas: regulamentos, requisitos essenciais, vinculação ao Sistema Nacional de Seguros Privados (órgãos normativo e executivo); operações; disposições especiais. 8. Entidades fechadas: posição em relação à seguridade social oficial; entes patrocinadores e supervisão das atividades das entidades fechadas; Ministério da Previdência Social: competência em relação às entidades fechadas; operações; entidades fechadas de previdência privada e suas patrocinadoras no âmbito da administração pública federal. 9 Previdência privada versus previdência pública. 10. Fundos de pensão.

Podemos perceber que o tema relacionado à previdência privada alcança relevância já no próprio edital, compreendendo os itens 6 a 10. Insta destacar, ademais, que o tema da saúde estava compreendido pelo conteúdo de Direito Constitucional (26. Direitos sociais e sua efetivação. 27. O Direito à saúde na ordem constitucional e legal. 28. Direito à saúde como direito humano. 29. Sistema Único de Saúde. Atribuições da União, dos Estados e dos Municípios).

Das 100 questões (de múltipla escolha) da prova preambular, 05 foram de Direito Previdenciário. Dentre elas, 01 versava sobre previdência privada e 04 sobre plano de benefícios do RGPS. Na segunda fase, foi cobrada uma questão dissertativa envolvendo parcialmente o Direito Previdenciário, tangenciando especificamente a decisão proferida pelo STF no bojo da ADI 6.327.

No certame anterior, iniciado em 2015, o conteúdo programático de nossa disciplina foi um pouco mais longo:

DIREITO DA SEGURIDADE SOCIAL: 1 Seguridade social: origem e evolução legislativa no Brasil; conceito; organização e princípios constitucionais. 2 Regime Geral da Previdência Social: beneficiário, benefícios e custeio. 3 Salário-de-contribuição: conceito, parcelas integrantes e excluídas, limites mínimo e máximo; salário-base, enquadramento, proporcionalidade e reajustamento. 4 Planos de benefícios da previdência social: espécies de benefícios e prestações, disposições gerais e específicas, períodos de carência, salário-de-benefício, renda mensal do benefício, reajustamento do valor do benefício. 5 PIS/PASEP. 6 Entidades de previdência privada: conceito e finalidades, constituição, organização, funcionamento e fiscalização. 7 Entidades abertas: regulamentos, requisitos essenciais, vinculação ao Sistema Nacional de Seguros Privados (órgãos normativo e executivo); operações; disposições especiais. 8 Entidades fechadas: posição em relação à seguridade social oficial; entes patrocinadores e supervisão das atividades das entidades fechadas; Ministério da Previdência Social: competência em relação às entidades fechadas; operações; entidades fechadas de previdência privada e suas patrocinadoras no âmbito da administração pública federal. 9 Previdência privada versus previdência pública. 10 Fundos de pensão. 11 Legislação acidentária. 11.1 Regulamento do seguro de acidentes do trabalho (urbano e rural). 11.2 Moléstia profissional. 12 Assistência social. 12.1 Assistência social na Constituição Federal. 12.2 Lei Orgânica da Assistência Social. Sistema Único de Assistência Social (SUAS). Índice de Gestão Descentralizada do SUAS. 12.3 Programas de transferência de renda e Programa Bolsa Família (PBF). Índice de Gestão Descentralizada do PBF. 12.4 Segurança Alimentar e Nutricional (SAN) e Direito Humano à Alimentação Adequada. Programas de SAN: Programa de Aquisição de Alimentos, Programa Cisternas e Programa de Fomento às Atividades Produtivas Rurais.

Das 200 questões (de verdadeiro ou falso) da prova preambular, 15 foram de Direito Previdenciário. Dentre elas, 05 versavam sobre previdência privada, 05 sobre plano de benefícios do RGPS, 03 sobre teoria geral da seguridade social, 01 sobre custeio e 01 sobre assistência social. Na segunda fase, foi cobrada uma questão dissertativa de Direito Previdenciário, envolvendo previdência complementar (pública e privada).

Na prova oral, a disciplina é sempre cobrada.

Quanto ao concurso para o cargo de *Juiz Federal*, embora cada um dos cinco Tribunais Regionais Federais seja responsável por realizar seu próprio certame, a Resolução 067/09 do CJF regula o conteúdo programático para todos eles, o qual é o seguinte:

> 1. Seguridade Social. Saúde, Previdência e Assistência. Distinções. 2. Seguridade Social. Conceitos fundamentais. Natureza. Princípios. Fontes do Direito da Seguridade Social. Interpretação, aplicação, integração e eficácia das normas. Direito intertemporal. Direito adquirido e expectativa de direito. 3. Financiamento da Seguridade Social. Princípios. Fontes de custeio. Contribuições sociais. Natureza e espécies. Prescrição. Decadência. 4. Previdência Social. Modelos. Regime Geral. Regimes Próprios. Regimes Especiais. Previdência Complementar. 5. Relação Jurídica de Previdência Social. Filiação. Inscrição. Período de carência. Segurados e dependentes. Qualidade de segurado: manutenção e perda. Período de graça. 6. Cálculo do valor dos benefícios. Salário de contribuição. Salário de benefício. Limites. Fator Previdenciário. Renda Mensal Inicial. Valor teto. Reajustes. Revisões. 7. Tempo de contribuição para fins previdenciários. Prova do tempo de contribuição. Reconhecimento do tempo de filiação. Atividade rurícola e o regime de economia familiar. Contagem recíproca. 8. Prestações Previdenciárias. Concessão. Suspensão. Cancelamento. Restabelecimento. Cumulação de Benefícios. Abono anual. Prescrição e Decadência. 9. Benefícios previdenciários. Espécies. Aposentadorias, auxílios, salário-maternidade e pensão por morte. Aposentadoria da pessoa com deficiência. 10. Serviço social. Habilitação e reabilitação profissional. 11. Benefícios especiais: ex-combatentes, ferroviários e anistiados. 12. Assistência Social. Princípios. Benefício de prestação continuada ao idoso e à pessoa com deficiência. 13. Processo Administrativo previdenciário. Atendimento aos segurados. Direito ao melhor benefício. Fases do procedimento administrativo. Reafirmação da DER. Justificação administrativa. 14. Ações previdenciárias. Competência. Juizados Especiais Federais: questões previdenciárias. Prévio ingresso do pedido de benefícios na via administrativa. Intervenção do Ministério Público. Gratuidade da Justiça. Prioridade de tramitação dos feitos.

Nos moldes do que propusemos em outra obra de nossa autoria[1], subdividimos a matéria, para facilitar a compreensão, nos seguintes tópicos: Teoria Geral (Seguridade Social, Princípios, Interpretação, Conceitos Fundamentais etc.)[2]; Custeio[3]; Parte Geral do Plano de Benefícios do RGPS (segurados e dependentes, filiação, qualidade de segurado, carência, cálculo do benefício, salário de benefício, renda mensal inicial, reajustes, revisões, tempo de contribuição, contagem recíproca, prescrição, decadência etc.)[4]; Benefícios e Serviços em Espécie no RGPS (inclusive cumulação de benefícios)[5];

---

1. *Mapeando o Edital*: magistratura federal. 5. ed. Salvador: JusPodivm, 2024. Desenvolvemos, em tal obra, toda a parte de Direito Previdenciário, pelo que recomendamos a leitura para quem pretende um maior aprofundamento em nossa disciplina, assim como quanto ao certame como um todo.
2. Engloba, em síntese, os pontos 1 e 2 do conteúdo programático.
3. Engloba o ponto 3 do conteúdo programático.
4. Engloba os pontos 5, 6, 7 e parte do 8 do conteúdo programático.
5. Engloba os pontos 9, 10 e parte do 8 do conteúdo programático.

Benefícios Especiais[6]; Assistência Social[7]; Regime Próprio do Servidor Público Civil[8]; Regime Próprio dos Militares[9]; Previdência Privada[10]; Processo Previdenciário[11].

Em suma, classificamos os temas a partir de uma visão teórica, respeitando especialmente a forma como são em geral tratados pela doutrina, para simplificar o direcionamento do estudo.

O índice de cobrança, considerando as últimas quatro ou cinco provas de primeira fase de cada Tribunal (de 2009 pra cá), é o seguinte: Teoria Geral, 12,25%; Custeio, 6,45%; Parte Geral do Plano de Benefícios do RGPS, 32,9%; Benefícios e Serviços em Espécie no RGPS, 29,03%; Benefícios Especiais, 0,64%; Assistência Social, 3,87%; Regime Próprio do Servidor Público Civil, 5,16%; Regime Próprio dos Militares, 0%; Previdência Privada, 1,29%; Processo Previdenciário, 8,38%.

Os tópicos 3 e 4 são, com folga, os mais importantes, representando, juntos, mais de 60% de todas as questões, razão pela qual é preciso dar aí um enfoque especial.

Quanto ao volume de cobrança, ele varia conforme o Tribunal (considerando, sempre, uma prova preambular de 100 questões de múltipla escolha): TRF1, de 05 a 08 questões; TRF2, em regra 05 questões; TRF3, de 06 a 08 questões; TRF4, de 08 a 10 questões; TRF5, de 05 a 07 questões.

Na prova dissertativa (P2), a disciplina é regularmente cobrada nos TRF's 3 e 4 e esporadicamente cobrada nos TRF's 2 e 5 e não costuma ser cobrada no TRF1 (porém, no último certame deste Tribunal foi cobrada uma questão). Com efeito, noticiamos, de 2006 pra cá, 07 questões dissertativas nas provas do TRF3, 05 no TRF4, 03 no TRF2, 02 no TRF5 e 01 no TRF1 em nossa disciplina[12].

Na prova oral, a disciplina também é sempre cobrada.

No concurso para o cargo de *Defensor Público Federal*, o edital[13] do último certame (iniciado em 2017, organizado pelo CEBRASPE) foi o seguinte:

DIREITO PREVIDENCIÁRIO E DA ASSISTÊNCIA SOCIAL: 1 Seguridade Social. 1.1 Conceito. 1.2 Evolução histórica. 1.3 Princípios da solidariedade, universalidade, seletividade e distributividade. 1.4. Princípio da Proibição da Proteção insuficiente. Princípio da Dignidade Humana, Mínimo Existencial e Princípio da Proibição do Retrocesso Social. Princípio da Reserva do Possível. 2. O Regime Geral de Previdência Social (Lei nº 8.213/1991 e suas alterações). 2.1 Os beneficiários. 2.1.1 Segurado. 2.1.2 Segurado facultativo de baixa renda (Lei nº 11.470/2011). 2.1.1.1 Perda da condição de segurado. 2.1.1.2 O

---

6. Engloba o ponto 11 do conteúdo programático.
7. Engloba o ponto 12 do conteúdo programático.
8. Engloba parcela do ponto 4 do conteúdo programático.
9. Engloba parcela do ponto 4 do conteúdo programático.
10. Engloba parcela do ponto 4 do conteúdo programático.
11. Engloba os pontos 13 e 14 do conteúdo programático.
12. Para maiores detalhes, vide a seguinte obra: *Questões Discursivas Comentadas*: magistratura federal. Salvador: JusPodivm.
13. O edital de abertura foi retificado para alteração do conteúdo programático.

período de graça. 2.1.1.3 O trabalhador rural. 2.1.1.4 O trabalhador doméstico. 2.1.1.5 O estagiário. 2.1.2 Dependentes. 2.1.2.1 Relações familiares não convencionais. 2.1.2.1.1 Relações homoafetivas. 2.1.2.1.2 Vínculos conjugais múltiplos. 2.1.2.1.3 Os agregados. 2.1.3 Filiação e inscrição. 2.2 As prestações. 2.2.1 Salário-de-benefício. 2.2.2 Renda mensal. 2.2.3 Reajustes, revisões e valor real. 2.3 Os benefícios. 2.3.1 Benefícios urbanos e rurais. 2.3.2 Auxílio-doença. 2.3.3 Abono de permanência em serviço. 2.3.4 Aposentadoria por invalidez. 2.3.5 Aposentadoria por tempo de contribuição. 2.3.6 Aposentadoria por idade. 2.3.7 Aposentadoria especial. 2.3.8 Pensão por morte. 2.3.9 As pensões especiais. 2.3.10 Salário-maternidade. 2.3.11 Salário-família. 2.3.12 Auxílio reclusão. 2.3.13 Benefício de ex-combatentes e seringueiros. 2.3.14 O abono anual. 2.3.15 Serviços. Habilitação, reabilitação e serviço social. Contribuições sociais. Natureza e espécies 2.3.16 Cumulação de benefícios. 2.4 Tempo de serviço e contagem recíproca. 2.5 A desaposentação. 3 Custeio do RGPS (Lei nº 8.212/1991 e suas alterações). 3.1 Contribuições sociais. 3.2 Natureza e espécies. 3.3 Salário-de-contribuição. 3.4 Carência. 3.5 Renda Mensal Inicial. 3.6 Cálculo de benefícios. Valores mínimo e máximo. 4 Prescrição e Decadência em direito previdenciário. 5 Regime Próprio dos servidores civis e militares da União. 5.1 Pontos de convergência e divergência em relação ao Regime Geral. 6 Assistência Social. 6.1 Conceito. 6.2 Habilitação e reabilitação profissional. 6.3 Benefícios de prestação continuada. 6.4 Cumulação entre benefícios assistenciais e entre benefícios assistenciais e benefícios previdenciários. 6.5 Cobrança de benefícios recebidos indevidamente: fundamentação e limites. 7 Processo Administrativo previdenciário. 7.1 Direito ao melhor benefício. 7.2 Direito do segurado à ampla defesa e contraditório. 8 Ações previdenciárias. 8.1 Competência. 8.2 Juizados Especiais Federais. 9 Questões previdenciárias. 9.1 Prévio ingresso do pedido de benefícios no âmbito administrativo. 9.2 Prioridade na tramitação judicial.

É importante considerar que o edital da DPU é gigantesco, cobrindo várias disciplinas não abordadas em provas para outras carreiras federais e sem deixar de fora quase nada do que é cobrado nestas. Assim, o candidato precisa ser estrategista no estudo.

Pois bem, no Direito Previdenciário, como vemos no extrato do edital acima colacionado, não é cobrada a parte de previdência privada (Parte VI da presente obra). Quanto ao mais, tudo é potencialmente cobrado e inclusive o regime próprio dos servidores militares, tema não incluído na presente obra, é passível de cobrança. E porque aqui não incluímos este último tema? Porque da análise das últimas quatro provas do certame (de 2007 pra cá), podemos observar que o tema *jamais* foi cobrado em prova. Com efeito, não há uma única questão sobre o assunto, razão pela qual optamos por deixá-lo – tendo em vista que não é curto – estrategicamente de fora da cobertura da presente obra. O tema mais cobrado é, de longe, o do Plano de Benefícios do RGPS (Parte II da presente obra) – representando 60% da última prova, 100% da penúltima e 80% da antepenúltima –, seguido pelo da Teoria Geral da Seguridade Social (está na Parte I da presente obra).

Na última prova, de um total de 200 questões (de verdadeiro ou falso), 10 foram de Direito Previdenciário (embora uma das questões cobradas em processo civil versasse sobre situação que tratamos aqui na parte de processo previdenciário), ou seja, um índice de 5%. Na prova de 2014, foram 15 questões; em 2009, 10 questões; em 2007, 18 questões[14].

Nossa disciplina é também alvo certo de cobrança na prova dissertativa (segunda fase) e na prova oral.

---

14. Dados retirados de: GOUVEIA, Mila; SOUZA, Rodrigo Gonçalves (Coord.). *Mapeando o Edital*: Defensoria Pública da União. Salvador: JusPodivm, 2019 (a qual fortemente recomendamos, para quem se interesse em saber maiores detalhes sobre o certame).

Quanto ao concurso para o cargo de *Procurador Federal*, o último certame teve início no ano de 2023. O conteúdo programático em nossa disciplina foi o seguinte:

DIREITO DA SEGURIDADE SOCIAL: 1 Seguridade social: conceito; organização e princípios constitucionais. Os diversos regimes de previdência (geral, próprio, militar e complementar). A possibilidade de compensação entre os regimes. 2 Emenda Constitucional nº 103/2019: Reforma da Previdência. 3 Regime Geral da Previdência Social: beneficiário, benefícios e custeio. Lei nº 8.212/1991 e alterações. Lei nº 8.213/1991 e alterações. 4 Decreto nº 3.048/1999. Plano de Benefícios. 5 Princípios: contributividade; obrigatoriedade da filiação; equilíbrio financeiro e atuarial; universalidade de participação nos planos de benefícios; uniformidade e equivalência dos benefícios à população urbana e rural; seletividade e distributividade na prestação dos benefícios; irredutibilidade do valor do benefício; garantia do benefício não inferior ao salário-mínimo; *tempus regit actum*. 6 Vedação da criação de critérios híbridos para o reconhecimento do direito e cálculo do benefício previdenciário ou assistencial. 7 Beneficiários, segurados obrigatórios e facultativos, dependentes, qualidade de segurado, inscrição e filiação, tempo de serviço e tempo de contribuição, espécies de benefícios, carência, período de graça. 8 Comprovação da atividade urbana e rural. Início de prova material. Cálculo do valor dos benefícios: período básico de cálculo, salário-de-benefício, renda mensal inicial do benefício. Reajustamento do valor dos benefícios. Habilitação e reabilitação profissional. Contagem recíproca do tempo de contribuição. 9 Disposições diversas relativas às prestações: prescrição, decadência, autotutela administrativa, regras de inacumulabilidade de benefícios, revisão de benefícios, vedação à desaposentação e à despensão, exigência do prévio requerimento administrativo. 10 Acordos internacionais previdenciários. 11 Plano de Custeio. Contribuições previdenciárias dos trabalhadores, segurados, da empresa, do empregador doméstico. Salário-de-contribuição: conceito, parcelas integrantes e excluídas, limites mínimo e máximo; salário-base, enquadramento, proporcionalidade e reajustamento. 12 Assistência social: Lei nº 8.742/1993. Benefício de prestação continuada. Auxílio-Inclusão. Seguro desemprego ao pescador profissional que exerce a atividade pesqueira de forma artesanal (seguro defeso): Lei nº 10.779/2003 e suas alterações. Decreto nº 8.424/2015 e suas alterações. Requisitos para a concessão e hipóteses de cancelamento. 13 Legislação acidentária. Acidente do trabalho e ação regressiva. 14 Regulamento do seguro de acidentes do trabalho (urbano e rural). 15 Moléstia profissional. 16 Aposentadoria da pessoa com deficiência segurada do RGPS: Lei Complementar nº 142/2013. 17 Estatuto da Pessoa Idosa (Lei nº 10.741/2003). Previdência Social e Assistência Social à pessoa idosa. 18 FAP – Fator Acidentário de Prevenção. 19 Seguro Acidente de Trabalho – SAT. 20 Segurado Microempreendedor individual. 21 Regime Próprio dos Servidores Públicos. Lei nº 8.112/1990 e suas alterações. Princípios e regras constitucionais. Benefícios em espécie. Regras de transição das Emendas Constitucionais. 22 Previdência privada ou complementar: Lei Complementar nº 109/2001. Princípios constitucionais. Natureza jurídica de direito privado. Complementaridade. Autonomia em relação aos regimes públicos previdenciários. Facultatividade na filiação ao regime. Regime de capitalização. Independência em relação ao contrato de trabalho. Paridade contributiva nas entidades fechadas de previdência complementar com patrocínio público. Reserva de lei complementar. Transparência na gestão. Princípio da representatividade. Sujeitos da relação jurídica: participantes, assistidos, entidades abertas e fechadas de previdência complementar, patrocinador. Previdência complementar com patrocínio público. Lei Complementar nº 108/2001. Previdência complementar do servidor público federal. Lei nº 12.618/2012. Regulação, supervisão e fiscalização pela União e seus órgãos e entidades.

O direito à saúde foi cobrado no âmbito do Direito Constitucional. De um total de 100 questões (de múltipla escolha) na prova preambular, 08 eram de Direito Previdenciário[15]. Dentre elas, 07 versaram sobre plano de benefícios do RGPS e 01 sobre custeio.

Na prova dissertativa, foram cobradas duas questões em nossa disciplina, versando sobre plano de benefícios no RGPS e, em menor medida, custeio.

---

15. Ademais, uma questão versando sobre RPPS foi cobrada dentro de Direito Constitucional.

Quanto ao concurso para o cargo de *Procurador da Fazenda Nacional*, o certame de 2023 previu o seguinte conteúdo programático em nossa disciplina:

DIREITO DA SEGURIDADE SOCIAL
1. Seguridade social. 1.1. Conceituação. 1.2. Organização e princípios constitucionais. 1.3 Modelos. Regime Geral. Regimes Próprios. Regimes Especiais. Previdência Complementar. 2. Regime Geral de Previdência Social. 2.1. Segurados obrigatórios. 2.2. Conceito, características e abrangência: empregado, empregado doméstico, contribuinte individual, trabalhador avulso, segurado especial. 2.3. Segurado facultativo: conceito, características. 2.4 Filiação dos Segurados. 2.5 Manutenção e perda da qualidade de segurado. 2.6 Dependentes. 3. Empresa e empregador doméstico: conceito previdenciário. 4. Financiamento da seguridade social. 4.1. Receitas da União. 4.2. Receitas das contribuições sociais: dos segurados, das empresas, do empregador doméstico, do produtor rural, do clube de futebol profissional, sobre a receita de concursos de prognósticos, decorrentes do trabalho prestado em obras de construção civil, receitas de outras fontes. 4.3. Salário-de-contribuição. 4.3.1. Conceito. 4.3.2. Parcelas integrantes e parcelas não-integrantes. 4.3.3 Salário-Base. 4.4. Arrecadação e recolhimento das contribuições destinadas à seguridade social. 4.4.1. Obrigações da empresa e demais contribuintes. 4.4.2. Prazo de recolhimento. 4.4.3. Recolhimento fora do prazo: juros, multa e atualização monetária. 4.4.4. Obrigações acessórias. Retenção e Responsabilidade solidária: conceitos, natureza jurídica e características. 4.5 Isenção das Contribuições para a Seguridade Social. 4.5.1 requisitos para a Isenção. 4.5.2 Remissão e Anistia. 4.6 Decadência e prescrição das Contribuições à Seguridade Social. 5 Regime próprio. 5.1. Regime previdenciário do servidor estatutário. 5.2 Normas e princípios constitucionais. 5.3 As regras de transição. 5.4 O novo regime previdenciário. 5.5 O sistema de previdência complementar.

No que tange ao concurso para o cargo de *Delegado da Polícia Federal*, o edital do último certame (aberto em 2021) indica o seguinte conteúdo programático em nossa disciplina:

DIREITO PREVIDENCIÁRIO: 1 Seguridade social. 1.1 Conceito e disciplina constitucional. 1.2 Princípios e objetivos. 1.3 Saúde, assistência social e previdência social. 2 Financiamento da seguridade social. 2.1 Normas constitucionais. 2.2 Contribuições sociais para custeio da seguridade social. 2.3 Contribuições da União. 2.4 Contribuições do empregador, da empresa e de entidades equiparadas. 2.5 Contribuição do empregador doméstico. 2.6 Contribuição do segurado. 2.7 Salário de contribuição: conceito, parcelas integrantes e não integrantes. 2.8 Outras receitas da seguridade social. 2.9 Arrecadação e recolhimento das contribuições. 2.10 Obrigações das empresas. 2.11 Prazos de recolhimento, juros, multa e atualização monetária. 2.12 Obrigações acessórias. 2.13 Prova da inexistência do débito. 3 Regime geral de previdência social. 3.1 Normas constitucionais. 3.2 Planos de benefícios da previdência social. 3.3 Segurados obrigatórios. 3.4 Segurados facultativos. 3.5 Aquisição, manutenção, perda e reaquisição da qualidade de segurado. 3.6 Dependentes. 3.7 Regras gerais aplicáveis aos benefícios. 3.8 Período de carência. 3.9 Cálculo do valor do benefício. 3.10 Salário de benefício. 3.11 Renda mensal do benefício. 3.12 Reajustamento do valor do benefício. 3.13 Período básico de cálculo e fator previdenciário. 3.14 Benefícios em espécie. 3.15 Benefícios dos segurados. 3.16 Benefícios dos dependentes. 3.17 Serviços da previdência social. 3.18 Cumulação de benefícios. 3.19 Contagem recíproca de tempo de serviço. 4 Decadência e prescrição. 4.1 Decadência e prescrição para os beneficiários. 4.2 Decadência e prescrição para o INSS. 5 Crimes contra a seguridade e a previdência social. 5.1 Apropriação e sonegação de contribuição previdenciária. 5.2 Estelionato contra o INSS. 5.3 Crimes contra a fé pública em detrimento do INSS. 5.4 Crimes contra a administração pública em detrimento do INSS. 5.5 Inserção de dados falsos em sistemas de informações. 5.6 Modificação ou alteração não autorizada em sistemas de informação. 5.7 Extinção e suspensão de punibilidade. 5.8 Constituição prévia e definitiva da contribuição previdenciária no âmbito administrativo. 6 Aspectos criminais da legislação previdenciária: Lei nº 8.212/1991 e suas alterações, Lei nº 8.213/1991 e suas alterações, Decreto nº 3.048/1999 e suas alterações.

No concurso para o cargo de *Procurador da República*, não há autonomamente a disciplina de Direito Previdenciário. Alguns de nossos temas, contudo, são cobrados dentro de outras disciplinas: a parte de Teoria Geral da Seguridade Social, incluindo assistência social, no Direito Constitucional (item 14.b do último edital); a parte de custeio, no Direito Tributário (item 7.c do último edital); a parte de previdência complementar, no Direito Econômico (item 2.c do último edital)[16].

No concurso para o cargo de *Procurador do Trabalho*, o último edital (de 2019) cobrou o seguinte conteúdo programático:

DIREITO PREVIDENCIÁRIO DA SEGURIDADE SOCIAL

1.
   a. Seguridade social: conceito, princípios constitucionais e organização. Custeio e benefícios.
   b. Disposições constitucionais sobre Assistência Social, Saúde e Previdência Social.
   c. O custeio da seguridade social: sistema de financiamento. Contribuições e isenções. Responsabilidade pelo recolhimento.

2.
   a. Previdência Social: organização, princípios e regras gerais.
   b. Dos beneficiários e das prestações da previdência social. Filiação e inscrição. Cumulação de benefícios. Benefícios de prestação continuada.
   c. Serviço Social e habilitação e reabilitação profissional.
   d. Prescrição. Decadência.

3.
   a. Aposentadoria da pessoa com deficiência.
   b. Benefício assistencial para o trabalhador portuário avulso.
   c. Seguro-desemprego do trabalhador resgatado de regime de trabalho forçado ou da condição análoga a de escravo.
   d. Seguro-desemprego do pescador profissional que exerce atividade pesqueira de forma artesanal durante os períodos de defeso.

4.
   a. Acidente do trabalho: efeitos previdenciários. Auxílio-doença, aposentadoria por invalidez e auxílio-acidente. Acidente do Trabalho típico e por equiparação. Comunicação de Acidente de Trabalho (CAT). Estabilidade acidentária. Ações regressivas.
   b. Nexo Técnico Epidemiológico Previdenciário (NTEP). Fator acidentário de Prevenção (FAP). Seguro Acidente do Trabalho (SAT).

---

16. Para mais detalhes sobre a prova, vide: GOUVEIA, Mila; MANSUR, Alan (Coord.). *Mapeando o Edital*: Ministério Público Federal. 2. ed. Salvador: JusPodivm, 2019.

No que tange ao concurso para o cargo de *Juiz do Trabalho*, ele foi recentemente unificado em um certame único, de caráter nacional, tendo sido a primeira edição realizada de 2017 a 2019. O conteúdo programático em nossa disciplina foi o seguinte:

Direito Previdenciário

1. Seguridade Social. Noções gerais. Definição e objetivos constitucionais. Princípios.
2. Regimes de Previdência Social na ordem jurídica interna. Noções gerais. Fontes do Direito Previdenciário. Princípios previdenciários. Gestão do Regime Geral da Previdência Social.
3. Custeio da Seguridade Social. Regras constitucionais. Contribuintes da Seguridade Social. Segurados obrigatórios e facultativos. Empresa e empregador doméstico. Empregador rural. Salário-de-contribuição. Definição legal e hipóteses de incidência. Contribuições do segurado empregado, do doméstico, da empresa e do empregador doméstico. Arrecadação e recolhimento das contribuições. Retenção. Prazos. Imunidade e isenção. Inadimplemento e acréscimos moratórios. Responsabilidade pelos recolhimentos. Decadência e prescrição em matéria de custeio. Crimes contra a Previdência Social. Sonegação e apropriação indébita.
4. Benefícios da Previdência Social. Regras constitucionais. Filiação previdenciária. Segurados e dependentes para fins previdenciários. Manutenção e perda da qualidade de segurado. Carência. Benefícios do Regime Geral da Previdência Social. Requisitos, concessão, reajustamento e cessação. Seguro-desemprego. Acumulação de benefícios. Cômputo de tempo de contribuição. Competência jurisdicional em matéria previdenciária.
5. Acidente do trabalho: repercussões previdenciárias. Auxílio-doença, aposentadoria por invalidez e auxílio-acidente. Espécies de acidente do trabalho. Nexo de causalidade. Nexo técnico epidemiológico. Comunicação de acidente de trabalho – CAT. Estabilidade acidentária. Responsabilidade pelo meio ambiente do trabalho. Ações regressivas.
6. Regime próprio de previdência. Regras constitucionais. Regra geral e regra de transição. Contribuições. Aposentadorias e pensão. Previdência complementar no âmbito federal.

Quanto aos concursos estaduais e municipais, selecionamos alguns, por amostragem.

Quanto aos concursos para o cargo de *Defensor Público Estadual*, os certames da DPDF (início em 2019) e DPE-PE (início em 2017) não previram a nossa disciplina autonomamente, sendo a matéria cobrada circunstancialmente em Direito Constitucional. Já o certame da DPE-AL (início em 2017) trouxe nossa disciplina apartadamente, com o seguinte conteúdo programático:

DIREITO PREVIDENCIÁRIO: 1 Seguridade social. 1.1 Organização e princípios. 2 Custeio da seguridade social. 2.1 receitas, contribuições sociais, salário-de-contribuição. 3 Regime geral de previdência social. 3.1 Segurados e dependentes. 3.2 Filiação e inscrição. 3.3 Carência. 3.4 Espécies de benefícios e prestações, disposições gerais e específicas. 3.5 Salário-de-benefício. 3.6 Renda mensal inicial. 3.7 Reajustamento e revisão. 3.8 Prescrição e decadência. 3.9 Acumulação de benefícios. 3.10 Justificação. 3.11 Ações judiciais em matéria previdenciária. 3.12 Acidente de trabalho. 4 Regime próprio de previdência dos servidores públicos. 5 Contagem recíproca de tempo de contribuição e compensação financeira. 6 Previdência complementar.

Quanto aos concursos para os cargos de *Procurador do Estado* e para *Procurador do Município*, tomamos por base aqueles que são organizados pelo CEBRASPE. Pois bem, quando cobram nossa disciplina, costumam se pautar em edital idêntico ou ao menos muito semelhante.

Vejamos, por exemplo, o conteúdo programático cobrado no concurso para a PGE de Roraima, iniciado em 2023:

DIREITO PREVIDENCIÁRIO: 1 Seguridade social. 1.1 Conceito, origem e evolução legislativa no Brasil, organização e princípios. 2 Custeio da seguridade social. 2.1 receitas, contribuições sociais, salário de contribuição. 3 Regime geral de previdência social. 3.1 Segurados e dependentes. 3.2 Filiação e inscrição. 3.3 Carência. 3.4 Espécies de benefícios e prestações, disposições gerais e específicas. 3.5 Salário de benefício. 3.6 Renda mensal inicial. 3.7 Reajustamento e revisão. 3.8 Prescrição e decadência. 3.9 Acumulação de benefícios. 3.10 Justificação. 3.11 Ações judiciais em matéria previdenciária. 3.12 Acidente de trabalho. 4 Regime próprio de previdência dos servidores públicos (Lei Complementar Estadual nº 054/2001) e suas alterações. 5 Lei Complementar Estadual nº 305/2022 (Sistema de Proteção Social dos Policiais e Bombeiros Militares do Estado) 6 Lei Complementar Estadual nº 318/2022 (regulamenta o § 4º do art. 40 da Constituição Federal). 7 Contagem recíproca de tempo de contribuição e compensação financeira. 8 Previdência complementar. 9 Emenda Constitucional nº 103/2019 (Reforma da Previdência). 10 Jurisprudência dos Tribunais Superiores.

Em muito semelhante ao da PGE de Sergipe (salvo, como não poderia deixar de ser, quanto à legislação local), também inaugurado em 2023, senão vejamos:

DIREITO PREVIDENCIÁRIO: 1 Seguridade social. 1.1 Conceito, origem e evolução legislativa no Brasil, organização e princípios. 2 Custeio da seguridade social. 2.1 Receitas, contribuições sociais, salário de contribuição. 3 Regime Geral de Previdência Social (RGPS). 3.1 Segurados e dependentes. 3.2 Filiação e inscrição. 3.3 Carência. 3.4 Espécies de benefícios e prestações, disposições gerais e específicas. 3.5 Salário de benefício. 3.6 Renda mensal inicial. 3.7 Reajustamento e revisão. 3.8 Prescrição e decadência. 3.9 Acumulação de benefícios. 3.10 Justificação. 3.11 Ações judiciais em matéria previdenciária. 3.12 Acidente de trabalho. 4 Regime Próprio de Previdência dos Servidores Públicos (RPPS). 4.1 Lei Complementar Estadual nº 113/2005 e suas alterações (Regime Próprio de Previdência Social do Estado de Sergipe – RPPS/SE). 5 Lei Complementar Estadual nº 360/2022 (Sistema de Proteção Social dos Militares do Estado de Sergipe – SPS/SE) e Lei Complementar Estadual nº 338/2019. 6 Lei Complementar Estadual nº 293/2017. 7. Contagem recíproca de tempo de contribuição e compensação financeira. 8 Previdência complementar. 9 Emenda Constitucional nº 103/2019 (Reforma da Previdência Social). 10 Jurisprudência dos Tribunais Superiores.

Do mesmo modo, o da PGE do Rio Grande do Norte, também iniciado em 2023, a conferir:

DIREITO PREVIDENCIÁRIO: 1 Seguridade social. 1.1 Conceito, origem e evolução legislativa no Brasil, organização e princípios. 2 Custeio da seguridade social. 2.1 Receitas, contribuições sociais, salário de contribuição. 3 Regime Geral de Previdência Social (RGPS). 3.1 Segurados e dependentes. 3.2 Filiação e inscrição. 3.3 Carência. 3.4 Espécies de benefícios e prestações, disposições gerais e específicas. 3.5 Salário de benefício. 3.6 Renda mensal inicial. 3.7 Reajustamento e revisão. 3.8 Prescrição e decadência. 3.9 Acumulação de benefícios. 3.10 Justificação. 3.11 Ações judiciais em matéria previdenciária. 3.12 Acidente de trabalho. 4 Regime Próprio de Previdência dos Servidores Públicos (RPPS). 4.1 Lei Estadual nº 11.109/2022 e suas alterações (Regime Próprio de Previdência Social dos Servidores Públicos do Estado do Rio Grande do Norte). 5 Lei Complementar Estadual n° 692/2021. (Sistema de Proteção Social dos Militares do Estado do Rio Grande do Norte). 6 Contagem recíproca de tempo de contribuição e compensação financeira. 7 Previdência complementar. 8 Emenda Constitucional nº 103/2019 (Reforma da Previdência Social). 9 Jurisprudência dos Tribunais Superiores.

Já o certame da PGM de Natal – RN, com início em 2023, trouxe conteúdo programático muito semelhante, com decote apenas da legislação local:

DIREITO PREVIDENCIÁRIO: 1 Seguridade social. 1.1 Conceito, origem e evolução legislativa no Brasil, organização e princípios. 2 Custeio da seguridade social. 2.1 receitas, contribuições sociais, salário de contribuição. 3 Regime geral de previdência social. 3.1 Segurados e dependentes. 3.2 Filiação e inscrição. 3.3 Carência. 3.4 Espécies de benefícios e prestações, disposições gerais e específicas. 3.5 Salário-de-benefício. 3.6 Renda mensal inicial. 3.7 Reajustamento e revisão. 3.8 Prescrição e decadência. 3.9 Acumulação de benefícios. 3.10 Justificação. 3.11 Ações judiciais em matéria previdenciária. 3.12 Acidente de trabalho. 4 Regime próprio de previdência dos servidores públicos. 5 Contagem recíproca de tempo de contribuição e compensação financeira. 6 Previdência complementar.

O concurso da PGM de São Paulo – SP (iniciado em 2023), por sua vez, trouxe o seguinte conteúdo programático:

DIREITO PREVIDENCIÁRIO: 1 Seguridade social. 1.1 Conceito, origem e evolução legislativa no Brasil, organização e princípios. 2 Custeio da seguridade social. 2.1 Receitas, contribuições sociais, salário de contribuição, equilíbrio financeiro e atuarial. 3 Regimes previdenciários. 4 Regime próprio de previdência social. 5 Disciplina constitucional. Repartição constitucional das competências. 6 Contagem recíproca de tempo de contribuição e compensação financeira entre regimes. 7 Previdência complementar do servidor público. 8 Reformas Constitucionais da Previdência do setor público do Brasil. Emendas constitucionais e regras de transição. 9 Regime próprio de previdência dos servidores do Município de São Paulo. Emenda à Lei Orgânica nº 41/2021. Decreto Municipal nº 61.150/2022. 10 Jurisprudência dos Tribunais Superiores.

Observa-se claramente, a partir do exame dos últimos editais de PGE e PGM, uma tendência à cobrança da legislação local, o que era de se esperar a partir da dissociação criada pela EC 103/2019 entre os Regimes Próprios estaduais e municipais com relação ao federal.

Quanto aos concursos para o cargo de *Promotor de Justiça*, os certames não costumam trabalhar com a nossa disciplina autonomamente.

No que concerne aos concursos para o cargo de *Juiz de Direito* (estadual), o último edital do TJPR trabalhou com Direito Previdenciário. Quanto aos demais, não costumam trazer a nossa disciplina autonomamente, sendo a matéria cobrada circunstancialmente em Direito Constitucional.

No que tange aos *concursos cartorários* (notários e oficiais de registro), a cobrança também costuma ficar restrita a aspectos constitucionais.

Quanto aos concursos para *Delegado da Polícia Civil* (estadual), os certames da PC-RJ e da PC-ES, ambos iniciados em 2022, cobraram apenas aspectos constitucionais.

Colocamos, a seguir, uma tabela que consigna, resumidamente, a matéria usual ou potencialmente cobrada nos certames que nos propomos a cobrir na presente obra (salientamos, porém, que ao longo da obra, sempre ao iniciarmos o tratamento de cada tema, destacamos as carreiras às quais ele se aplica):

Tema ∨ / Cargo >	Advogado da União	Cartório	Defensor Público Estadual	Defensor Público Federal	Delegado Estadual	Delegado Federal
Teoria Geral da Seguridade Social	SIM	SIM	SIM	SIM	SIM	SIM
Parte Geral do Plano de Benefícios do RGPS	SIM	NÃO	SIM	SIM	NÃO	SIM
Benefícios em Espécie no RGPS						
Custeio da Seguridade Social	SIM	NÃO	SIM	SIM	NÃO	SIM
Processo Previdenciário	SIM	NÃO	NÃO	SIM	NÃO	NÃO
Regime Próprio do Servidor Público Civil	SIM	NÃO	NÃO	SIM	NÃO	NÃO
Previdência Privada	SIM	NÃO	NÃO	NÃO	NÃO	NÃO
Regime Próprio dos Militares	NÃO	NÃO	NÃO	SIM	NÃO	NÃO
Saúde	SIM	NÃO	NÃO	SIM	NÃO	NÃO
Assistência Social	NÃO	NÃO	NÃO	SIM	NÃO	SIM

Tema ∨ / Cargo >	Juiz Estadual	Juiz Federal	Juiz do Trabalho	Procurador da Fazenda Nacional	Procurador da República	Procurador do Estado
Teoria Geral da Seguridade Social	SIM	SIM	SIM	SIM	SIM	SIM
Parte Geral do Plano de Benefícios do RGPS	NÃO	SIM	SIM	SIM	NÃO	SIM
Benefícios em Espécie no RGPS						
Custeio da Seguridade Social	NÃO	SIM	NÃO	SIM	SIM	NÃO
Processo Previdenciário	NÃO	SIM	SIM	NÃO	NÃO	NÃO
Regime Próprio do Servidor Público Civil	NÃO	SIM	NÃO	SIM	SIM	NÃO
Previdência Privada	NÃO	SIM	NÃO	NÃO	NÃO	NÃO
Regime Próprio dos Militares	NÃO	NÃO	NÃO	NÃO	NÃO	NÃO
Saúde	NÃO	SIM	NÃO	NÃO	NÃO	NÃO
Assistência Social	NÃO	SIM	SIM	NÃO	NÃO	NÃO

Tema ∨ / Cargo >	Procurador do Município	Procurador do Trabalho	Procurador Federal	Promotor de Justiça
Teoria Geral da Seguridade Social	SIM	SIM	SIM	SIM
Parte Geral do Plano de Benefícios do RGPS	SIM	SIM	SIM	NÃO
Benefícios em Espécie no RGPS				
Custeio da Seguridade Social	SIM	SIM	SIM	SIM
Processo Previdenciário	NÃO	NÃO	NÃO	NÃO
Regime Próprio do Servidor Público Civil	SIM	SIM	NÃO	SIM
Previdência Privada	NÃO	NÃO	NÃO	SIM
Regime Próprio dos Militares	NÃO	NÃO	NÃO	NÃO
Saúde	SIM	SIM	NÃO	NÃO
Assistência Social	NÃO	NÃO	NÃO	SIM

SUMÁRIO

APRESENTAÇÃO V

SOBRE OS AUTORES VII

PREÂMBULO IX

PARTE I
PROLEGÔMENOS

CAPÍTULO I – A HISTÓRIA DA PREVIDÊNCIA SOCIAL 3
  1. Introito 3
  2. A evolução histórica da Previdência Social no mundo 4
      2.1   Antecedentes remotos da Previdência Social 4
      2.2   O surgimento da Previdência Social no mundo 5
  3. A consolidação da Previdência Social no Brasil 8

CAPÍTULO II – CONCEITO E PRINCÍPIOS DA SEGURIDADE SOCIAL 17
  1. Introito 17
  2. Princípios da seguridade social 19
      2.1   Solidariedade 19
      2.2   Universalidade da cobertura e do atendimento 20
      2.3   Seletividade e distributividade na prestação dos benefícios e serviços 21
      2.4   Uniformidade e equivalência dos benefícios e serviços às populações urbanas e rurais 21

CAPÍTULO III – SAÚDE 23
  1. Introito 23
  2. Disciplina constitucional básica 23
  3. Legislação infraconstitucional 26
  4. O Sistema Único de Saúde (SUS) 27
      4.1   Financiamento do SUS 29
      4.2   Envolvimento da iniciativa privada 31
  5. Judicialização da saúde 32

CAPÍTULO IV – ASSISTÊNCIA SOCIAL.. 41

1. Introito.. 41
2. Benefício assistencial de prestação continuada... 44
   2.1   Requisitos... 45
   2.2   Auxílio-inclusão... 51
3. Benefício assistencial para os trabalhadores portuários avulsos................. 51

PARTE II
PLANO DE BENEFÍCIOS DO REGIME GERAL DE PREVIDÊNCIA SOCIAL

CAPÍTULO I – PARTE GERAL... 55

1. Introito.. 55
2. Conceitos básicos... 56
   2.1   Filiação.. 56
   2.2   Qualidade de segurado... 56
   2.3   Carência.. 58
         2.3.1   Considerações gerais.. 58
         2.3.2   Prestações que não exigem carência....................................... 60
         2.3.3   Prestações que exigem carência... 61
   2.4   Valor do benefício... 63
3. Beneficiários... 66
   3.1   Segurados... 66
         3.1.1   Segurado facultativo.. 66
         3.1.2   Segurado obrigatório... 68
                  3.1.2.1   Segurado empregado... 68
                  3.1.2.2   Segurado empregado doméstico............................... 70
                  3.1.2.3   Segurado trabalhador avulso..................................... 71
                  3.1.2.4   Segurado contribuinte individual.............................. 72
                  3.1.2.5   Segurado especial... 74
   3.2   Dependentes.. 74

CAPÍTULO II – BENEFÍCIOS EM ESPÉCIE... 79

1. Introito.. 79
2. Benefícios.. 79
   2.1   Pensão por morte.. 80
   2.2   Auxílio-reclusão... 84

2.3	Auxílio-acidente			88
2.4	Auxílio-doença			90
2.5	Aposentadoria por invalidez			92
2.6	Aposentadoria programada			94
	2.6.1	Aposentadorias programadas extintas pela EC 103/2019		95
		2.6.1.1	Aposentadoria por tempo de contribuição (benefício extinto)	96
		2.6.1.2	Aposentadoria por idade (benefício extinto para o trabalhador urbano)	97
		2.6.1.3	Regras de transição	98
2.7	Aposentadoria especial			102
	2.7.1	Aposentadoria especial antes da EC 103/2019		102
	2.7.2	Aposentadoria especial pós-EC 103/2019		108
	2.7.3	Aposentadoria da pessoa com deficiência		110
2.8	Salário-maternidade			111
2.9	Salário-família			114
2.10	Cumulação de benefícios			115

CAPÍTULO III – SERVIÇOS EM ESPÉCIE 117

1. Introito 117
2. Serviço social 117
3. Reabilitação profissional 117

CAPÍTULO IV – PREVIDÊNCIA DO TRABALHADOR RURAL 119

1. Aspectos constitucionais 119
   - 1.1 A aposentadoria programada devida ao trabalhador rural 119
   - 1.2 O custeio diferenciado do segurado especial 121
2. O trabalhador rural 123
   - 2.1 Conceito 123
   - 2.2 Da definição de "rurícola" 125
   - 2.3 Espécies 130
     - 2.3.1 Empregado rural 131
     - 2.3.2 Segurado especial 132
       - 2.3.2.1 Conceito e requisitos gerais 132
       - 2.3.2.2 Espécies 144
         - 2.3.2.2.1 Pequeno produtor agrário ou pecuarista 144

		2.3.2.2.2 Pescador artesanal	146
		2.3.2.2.3 Extrativista vegetal	148
		2.3.2.2.4 Indígena e quilombola	149
	2.3.2.3	Recolhimentos facultativos	150
2.3.3	Avulso rural		151
2.3.4	Esporádico rural		152
	2.3.4.1	O enquadramento do "boia-fria"	154

3. Benefícios devidos aos trabalhadores rurais 159

   3.1 Parte geral 159

      3.1.1 Manutenção extraordinária da qualidade de segurado 159

      3.1.2 Carência 161

         3.1.2.1 A regra de transição prevista no art. 143 da Lei 8.213/91 161

            3.1.2.1.1 Quanto ao segurado especial 163

            3.1.2.1.2 Quanto ao empregado rural 164

            3.1.2.1.3 Quanto ao esporádico rural 165

            3.1.2.1.4 Constitucionalidade da regra 165

         3.1.2.2 A regra permanente do segurado especial 167

      3.1.3 Salário de benefício 172

   3.2 Benefícios em espécie 173

      3.2.1 A regra de transição prevista no art. 143 da Lei 8.213/91 174

      3.2.2 Aposentadoria programada 176

         3.2.2.1 A regra de transição prevista no art. 142 da Lei de Benefícios 179

         3.2.2.2 Aposentadoria dita "híbrida" ou "mista" 180

            3.2.2.2.1 Cálculo do valor do benefício 184

      3.2.3 Salário-maternidade 185

      3.2.4 Auxílio-acidente 186

      3.2.5 Aposentadoria especial 188

      3.2.6. Averbação de período de atividade rural pretérito como tempo de serviço 191

CAPÍTULO V – TÓPICOS FINAIS 199

1. Introito 199

2. Prescrição e decadência 199

3. Tempo de contribuição 202

4. Contagem recíproca 204

   4.1 Contagem recíproca de atividade especial 207

5. Acidente de trabalho 209
6. Sistema especial de inclusão 213

PARTE III
CUSTEIO DA SEGURIDADE SOCIAL

CAPÍTULO I – TEORIA GERAL DO PLANO DE CUSTEIO DA SEGURIDADE SOCIAL.. 217

1. Introito 217
2. Princípios constitucionais aplicáveis ao custeio 217
   - 2.1 Diversidade da base de financiamento 218
   - 2.2 Equidade na forma de participação no custeio 221
   - 2.3 Contrapartida direta 223
3. Relação jurídica de custeio 224
4. Panorama basilar das contribuições sociais 228
5. O financiamento da seguridade social 229
6. O plano de custeio 233
   - 6.1 Contribuição previdenciária devida pelo empregador/contratante 234
   - 6.2 Contribuição previdenciária devida pelos segurados 238
   - 6.3 A relação entre custeio e carência 239

CAPÍTULO II – CONTRIBUIÇÕES PREVIDENCIÁRIAS EM ESPÉCIE 241

1. Introito 241
2. Considerações gerais 241
3. Contribuições "patronais" 243
   - 3.1 COFINS 244
   - 3.2 CSLL 245
   - 3.3 "Cota patronal" 246
     - 3.3.1 Contribuição patronal no âmbito rural 250
       - 3.3.1.1 Empregador rural pessoa física 253
       - 3.3.1.2 Empregador rural pessoa jurídica 254
       - 3.3.1.3 Agroindústria 255
       - 3.3.1.4 Cooperativa de produção rural 255
       - 3.3.1.5 Produtor rural pessoa física que não é segurado especial, nem empregador – o "não segurado especial" 256
     - 3.3.2 Contribuição do empregador doméstico 257
4. Contribuições devidas pelos segurados 257

4.1	Salário de contribuição	258
4.2	Empregado, empregado doméstico e trabalhador avulso	260
4.3	Contribuinte individual e segurado facultativo	261
4.4	Segurado Especial	262
5. Outras contribuições		264

PARTE IV
ASPECTOS PROCESSUAIS DO DIREITO PREVIDENCIÁRIO

CAPÍTULO I – PROCESSO JUDICIAL PREVIDENCIÁRIO 271

1. Introito 271
2. Competência 271
   2.1 Juizado Especial Federal 274
      2.1.1 Determinação do valor da causa 276
      2.1.2 Competência territorial 277
      2.1.3 Conflito de competência 278
      2.1.4 Legitimidade ativa e passiva 278
3. O procedimento 278
   3.1 Fase instrutória 281
      3.1.1 Prova material 282
         3.1.1.1 Provas materiais em espécie: trabalhando algumas hipóteses. 284
      3.1.2 Comprovação do período de atividade rural 289
         3.1.2.1 A situação do segurado especial 292
         3.1.2.2 Extensão subjetiva da prova material 298
         3.1.2.3 Depoimento pessoal 301
         3.1.2.4 Testemunhas 302
   3.2 Peculiaridades sobre o procedimento no JEF 303
      3.2.1 Fase postulatória 303
      3.2.2 Prazos e tutelas de urgência 304
      3.2.3 Fase instrutória 305
      3.2.4 Fase decisória 305
      3.2.5 Fase recursal 306
         3.2.5.1 Hipóteses em primeiro grau 306
         3.2.5.2 Procedimento a partir do segundo grau 307
      3.2.6 Execução e ação rescisória 308
4. Outras questões processuais 309

CAPÍTULO II – PROCESSO ADMINISTRATIVO PREVIDENCIÁRIO		315
1. Considerações gerais		315
2. Fases		316
2.1	Fase inicial	316
2.2	Fase instrutória	319
	2.2.1 Pesquisa Externa (PE)	322
	2.2.2 Justificação Administrativa (JA)	323
2.3	Fase decisória	326
2.4	Fase recursal	328
	2.4.1 Recursos em espécie	331
	2.4.2 Incidentes processuais	333
2.5	Fase de cumprimento das decisões administrativas	335
3. Reafirmação da DER		336
4. Revisão administrativa		338
CAPÍTULO II – PROCESSO ADMINISTRATIVO PREVIDENCIÁRIO		341
1. Considerações gerais		341
2. Recursos em espécie		347
3. Reafirmação da DER		349

PARTE V
REGIME PRÓPRIO DO SERVIDOR PÚBLICO CIVIL

CAPÍTULO I – REGRAS GERAIS		353
1. Introito		353
2. Disposições constitucionais		357
2.1	Regras atuais e disposições transitórias	357
	2.1.1 Benefícios	358
	2.1.1.1 Aposentadorias	358
	2.1.1.2 Cumulação de benefícios	364
	2.1.1.3 Pensão por morte	365
	2.1.1.4 Outros benefícios	367
	2.1.1.5 Cálculo do valor dos benefícios	368
	2.1.2 Outras questões	369
	2.1.3 Contribuição dos servidores	370
2.2	Regras de transição	372

3. Regimes atualmente vigentes no âmbito do serviço público 379
   3.1 Previdência complementar "pública" 382
4. Outras regras gerais 386
5. Outras regras aplicáveis ao RPPS Federal 388
6. Anexo 389

PARTE VI
PREVIDÊNCIA COMPLEMENTAR PRIVADA

CAPÍTULO I – CONSIDERAÇÕES GERAIS 395
1. Aspectos constitucionais 395
2. Aspectos legais 398
3. Jurisprudência 403

CAPÍTULO II – MODALIDADES DE ENTIDADES DE PREVIDÊNCIA PRIVADA 409
1. Entidades fechadas 409
2. Entidades abertas 413

REFERÊNCIAS 415

Parte I
PROLEGÔMENOS

Part I
PROLEGOMENOS

CAPÍTULO I
A HISTÓRIA DA PREVIDÊNCIA SOCIAL

> *No âmbito federal, o tema em questão consta nos editais para os cargos de Advogado da União, Defensor Público Federal e Delegado da Polícia Federal, conquanto seja diminuta a incidência de cobrança. Do mesmo modo, nos concursos estaduais a cobrança é esporádica. Destarte, optamos por realizar uma análise deveras sucinta, trazendo apenas os pontos essenciais.*

1. INTROITO

O direito à previdência social está previsto no art. 6º da CRFB, dentre os vários direitos sociais, *in verbis*: "são direitos sociais a educação, a saúde, a alimentação, o trabalho, a moradia, o transporte, o lazer, a segurança, a previdência social, a proteção à maternidade e à infância, a assistência aos desamparados.".

Na linha do que dispõe a Constituição, a doutrina majoritária também considera que o direito à previdência social (ou à seguridade social) é realmente um direito social, dito de segunda geração ou dimensão[1].

Os direitos fundamentais sociais (art. 6º, CF/88) visam garantir a todos uma vida com dignidade, ou seja, possibilitar que o ser humano possa obter um conjunto de bens e utilidades indispensáveis à sua existência. Para isso, o Poder Público precisa atuar de forma proativa com o viés de fazer cumprir esse comando constitucional. Nesse ínterim, imperioso esclarecer que "os direitos fundamentais sociais se materializam no direito a uma prestação em sentido estrito e neste aspecto se diferem dos direitos fundamentais que se materializam no direito à proteção. Logo, exigem uma atuação por parte do Poder Público, requerendo atuação legislativa (*interpositio legislatoris*) e um 'fazer' por parte do Estado. São muito mais que princípios programáticos, demandam uma atuação do legislador. Não havendo sua efetivação, estamos diante de violação do princípio da dignidade da pessoa humana"[2].

---

1. Neste sentido, por todos, Jorge Reis Novais aduz que "numa enumeração relativamente consolidada própria de Estado de Direito social, (...) consideramos como direitos sociais (...): um direito a um mínimo existencial (ou direito a um mínimo para uma existência condigna); um direito à saúde (ou à protecção da saúde); um direito à habitação (ou a uma habitação condigna); um direito à segurança social (ou à assistência social); um direito ao trabalho e um direito ao ensino (à educação ou à formação)." (*Direitos Sociais*: teoria jurídica dos direitos sociais enquanto direitos fundamentais. 2. ed. Lisboa: AAFDL, 2017, p. 50-51).
2. Horvath Júnior, op. cit., p. 120.

Considerando que o direito à previdência social é um direito fundamental social, a ele é conferida uma proteção constitucional superlativa, consistente em prestações concedidas aos seus beneficiários, em forma de benefícios pecuniários ou serviços, por parte do Estado.

Em nosso estudo, iremos analisar a evolução histórica da Previdência Social a partir de sua perspectiva específica, mas é importante carregar a ideia de que não se pode perder de vista o evolver dos direitos fundamentais como um todo, especialmente a entrada em cena da dita segunda geração, ainda que tal análise fuja ao escopo do presente trabalho.

2. A EVOLUÇÃO HISTÓRICA DA PREVIDÊNCIA SOCIAL NO MUNDO

Não há como falar da atual previdência social sem conhecer e entender a sua origem. Ao analisarmos os mecanismos previdenciários utilizados pela humanidade em épocas e lugares diferentes, é possível compreender melhor os seus objetivos e o seu desenvolvimento hodiernamente.

2.1 Antecedentes remotos da Previdência Social

Daniel Machado da Rocha[3] aponta alguns antecedentes da Previdência Social na antiguidade – os "colégios" gregos e romanos[4] – e também no medievo – como as guildas (que surgem a partir do século VII) germânicas e anglo-saxônicas, que, algumas delas, previam dentre suas finalidades a assistência em caso de doença e funeral, e, mais tarde (século XII), com as corporações de ofício, com nítido caráter mutualista. Na Idade Moderna, aponta Machado da Rocha que "a proteção das necessidades sociais efetiva-se por intermédio das irmandades de socorro, e, depois, dos montepios". A irmandade, que nasce como sucessora do grêmio, conferia, diferentemente deste, direito subjetivo aos seus membros para obter a proteção pertinente. "Depois", continua Machado da Rocha, "são sucedidas pelos montepios laicos e subvencionados pelo Estado, não para a massa da população, mas restritos a atividades profissionais"[5].

Em termos de assistência social, destaca Wagner Balera[6] que, em âmbito mundial, ela se expressa pela primeira vez segundo fórmula engendrada pelo imperador Trajano, que criava modelo no qual fornecia crédito aos agricultores e, como rendimento dos empréstimos, proporcionava o sustento regular de crianças pobres da região de Veleia.

---

3. *O Direito Fundamental à Previdência Social*: na perspectiva dos princípios constitucionais diretivos do sistema previdenciário brasileiro. Porto Alegre: Livraria do Advogado, 2004.
4. Os *Collegia* romanos existiram até a queda do Império Romano do Ocidente, merecendo destaque pela "sua natureza mutualista, na medida em que buscavam (...) manter um regime de ajuda recíproca aos seus membros" (Machado da Rocha, op. cit., p. 21).
5. Op. cit., p. 26.
6. *Sistema de Seguridade Social*. 7. ed. São Paulo: LTr, 2014.

No ano 100 da era cristã, surge o normativo cujo teor é o mais antigo comprovante da existência dos seguros públicos na Itália: a "tábua de Veleia", como é conhecida.

Machado da Rocha, por sua vez, aponta que "No campo da assistência aos pobres, a intervenção estatal implementou-se, com caráter geral, primordialmente em 1413 em Gênova, cuja Constituição desse ano determinava a nomeação de 'oficiais de misericórdia', com o intuito de arrecadar e distribuir oferendas aos indigentes. Em Frankfurt, há registro de regulação da assistência oficial aos pobres em 1437. Nessa trilha, surgiram leis na França (Edito, de Francisco I, em 1536), Alemanha (*Reichspolizeiordnung*, de Carlos V, em 1530), progressivamente ampliadas pela legislação posterior, bem como estendendo-se para os demais países europeus"[7].

O *Act for the Relief of the Poor*, promulgado durante o reinado de Isabel I, na Inglaterra, em 1601, é usualmente citado como a primeira lei assistencial do mundo (garantia proteção aos carentes nas situações de enfermidade, invalidez e desemprego).

2.2 O surgimento da Previdência Social no mundo

É importante frisar que a hodierna previdência social abrange mecanismos criados pela humanidade como solução de contingência aos chamados "riscos sociais" como idade avançada, incapacidade, invalidez e morte, por exemplo. Interessante notar que a evolução histórica da previdência social origina-se com a iniciativa privada e voluntária até chegar ao modelo protetivo atual, onde o Estado é o protagonista na arrecadação de contribuições e na concessão de benefícios.

A par dos antecedentes remotos, já dantes mencionados, é possível afirmar que a Previdência Social, da forma como a conhecemos, surge já na Idade Contemporânea. O que ganha relevo, aqui, é a transposição do esquema (difuso) de seguros privados para o sistema do seguro obrigatório.

No ponto, anota Machado da Rocha que "O novo salto, na trilha evolutiva da proteção social, registra-se com a Lei Prussiana, de 1810, que previu o seguro-doença para os assalariados, e a Lei Austríaca, de 1854, englobando os riscos de morte, invalidez e velhice, porém restrita aos trabalhadores das minas. Coube a Bismarck (...) o pioneirismo de instituir um sistema de seguros sociais, começando pelo seguro-doença (...) de 1883, extensível à generalidade dos trabalhadores. (...) O sistema alemão foi sendo ampliado mediante a edição das Leis de 1884 e 1889, as quais versavam, respectivamente, sobre acidentes do trabalho[8] e seguros de velhice e invalidez[9], e, em 19 de julho de 1911, serão

---

7. Op. cit., p. 26.
8. Na Inglaterra, o *The Workmen's Compensation Act*, promulgado em 1897, trazia regramento similar ao da lei alemã de 1884, sobre acidentes no trabalho. Tal ato veio substituir o *Employer's Liability Act*, de 1880, que concedia ao trabalhador o direito de processar o empregador, com inversão do ônus da prova. A partir de 1987, todavia, bastava provar que a lesão ocorrera no trabalho, ou seja, havia responsabilidade objetiva do trabalhador.
9. Na Inglaterra, o *Old Age Pensions Act*, de 1908, concedia pensão aos maiores de 70 anos, independentemente de contribuição.

essas três consolidadas e ampliadas no primeiro Código de Seguros Sociais"[10]. Conforme o entendimento histórico prevalecente, a Alemanha[11] é considerada a precursora na implementação do seguro social obrigatório, pelas mãos do Chanceler Bismarck[12]. Na sequência, os seguros sociais se proliferaram pelo restante da Europa[13].

A célebre Constituição Mexicana de 1917 previu em seu art. 123 a cobertura contra acidentes de trabalho e moléstias profissionais, de responsabilidade do empregador (inciso XIV), e também um período de descanso pós-parto remunerado de um mês (inciso V). O art. 161 da Constituição de Weimar prescreveu o seguinte: "*In order to maintain health and the ability to work, in order to protect motherhood and to prevent economic consequences of age, weakness and to protect against the vicissitudes of life, the Reich establishes a comprehensive system of insurances, based on the critical contribution of the insured*"[14].

Convém mencionar, ademais, que no bojo Tratado de Versalhes deliberou-se a criação da Organização Internacional do Trabalho.

Outro momento crucial, a alterar o curso da história de nossa disciplina, teve início em 1941, quando o economista *Sir* William Beveridge foi convidado pelo governo britânico para presidir uma comissão incumbida de produzir um diagnóstico sobre a seguridade social no país. Os relatórios elaborados por tal comissão viriam a influenciar na escalada do seguro social ao redor do mundo. Em síntese, tratava-se de um esquema bastante completo (e também ousado, cabe ressaltar), a conferir proteção extensiva contra os ditos cinco "gigantes": a necessidade, a enfermidade, a ignorância, a miséria e o ócio. O denominado "Plano Beveridge" criou um sistema universal, abrangendo todos[15] e com participação compulsória de toda a sociedade. O contexto do pós-Segunda

---

10. Op. cit., p. 35.
11. "É de notar que a Alemanha se encontrava em plena fase de industrialização, e com a população em crescimento, em uma época em que uma nova e vigorosa corrente de idéias econômico-sociais ganhava corpo: o chamado 'socialismo de Estado', ou 'socialismo de cátedra', assim denominado por ser obra de três grandes professôres universitários, desempenhou papel preponderante na gestação da fórmula que vingou, pela primeira vez, em solo alemão. Outro fator, porém, e êste político, concorreu para o êxito da fórmula. Bismarck estava empenhado em promover a unidade do império alemão, e não lhe passou despercebido o alcance que poderia ter uma medida que unisse os trabalhadores em tôrno do govêrno central. O objetivo visado era oferecer aos trabalhadores meios que lhes garantissem o equilíbrio do orçamento doméstico mesmo quando se vissem privados do trabalho por motivo de acidente ou doença". (ASSIS, Armando de Oliveira. *Compêndio de Seguro Social*. Rio de Janeiro: Fundação Getúlio Vargas, 1963, p. 48).
12. Convém mencionar que apenas em 1911 o desemprego involuntário passou a ser resguardado pelo seguro social na Inglaterra. Com efeito, o *National Insurance Act* criava um regime contributivo tripartite (empregado, empregador e Estado contribuíam, em proporções diversas), cobrindo os riscos de doença e desemprego, destinado apenas aos trabalhadores assalariados.
13. No EUA, o marco inicial é o *Social Security Act*, de 1935, que foi uma das medidas do *New Deal*, de F. D. Roosevelt, sendo a primeira vez que o termo "seguridade social" foi utilizado.
14. A tradução em inglês, à qual fizemos pequenas correções de ortografia (na verdade, erros de digitação), consta no seguinte endereço eletrônico: http://www.zum.de/psm/weimar/weimar_vve.php (consulta em 26.12.2016). Em nossa livre tradução ao português: "A fim de manter a saúde e a capacidade de trabalhar, a fim de proteger a maternidade e prevenir as consequências econômicas da idade, fraqueza e proteger contra as vicissitudes da vida, o Reich estabelece um sistema abrangente de seguros, baseado em relevante contribuição do segurado.".
15. Não apenas os empregados, mas todos os trabalhadores.

Guerra, de completa destruição, foi um campo fértil para que ganhasse corpo a ideia de uma amplíssima proteção social. E assim foi: a seguridade social experimentou um crescimento desenfreado nas décadas que seguiram[16].

No sistema "bismarckiano" (ou "de capitalização"), apenas empregados (com vínculo empregatício formalizado) e empregadores contribuíam e somente quem contribuía restava protegido. A contribuição era compulsória, mas não havia a ideia de solidariedade. No sistema "beveridgeano" (ou "de repartição"), toda a sociedade contribui para a criação de um fundo previdenciário, que atende a todos (não apenas aos trabalhadores) e há participação (ou uma mais relevante participação) do Estado no financiamento do sistema.

Podemos perceber, a partir do que foi relatado, que o *devir* histórico-evolutivo da previdência social, até os tempos mais recentes, foi sempre no sentido de ampliação da proteção (dos sujeitos e dos riscos), ainda que com algumas idas e vindas, caminhando para o estágio protetivo do "homem todo e de todos os homens"[17], conforme consta na Encíclica *Populorum Progressio*, de Paulo VI. Não obstante, há algumas décadas, a Previdência entrou em crise, fase que se prolonga até a atualidade. Com efeito, a [alegada] crise do próprio modelo de Estado de Bem-Estar Social, a alteração da pirâmide etária, a precarização das relações de trabalho e a globalização são fatores usualmente suscitados como justificativas para as reformas da previdência nos diversos países[18].

Cabe, por fim, resumir a evolução histórica mundial da previdência social em fases. Há, por óbvio, construções diversas espalhadas pela doutrina. Procuramos, aqui, adotar uma menos controversa e mais adequada à opinião dominante, pautada especialmente na opinião de Paulo Cruz que, por sua vez, segue Jean Touchard, indicando quatro fases evolutivas:

a) Experimental – Bismarck, na Alemanha, promulga um conjunto de normas (seguro-doença, aposentadoria e proteção a vítimas de acidente de trabalho). É o marco inicial da Previdência Social no mundo, segundo a doutrina majoritária. No início do Séc. XX, a Inglaterra avançou fortemente em termos de legislação de proteção social do trabalhador.

---

16. O direito à seguridade social encontrou abrigo no corpo de diversas declarações internacionais de direitos humanos. Cabe mencionar, pela relevância, o art. 25 da Declaração Universal dos Direitos Humanos (1948): "1. Toda a pessoa tem direito a um nível de vida suficiente para lhe assegurar e à sua família a saúde e o bem-estar, principalmente quanto à alimentação, ao vestuário, ao alojamento, à assistência médica e ainda quanto aos serviços sociais necessários, e tem direito à segurança no desemprego, na doença, na invalidez, na viuvez, na velhice ou noutros casos de perda de meios de subsistência por circunstâncias independentes da sua vontade. 2. A maternidade e a infância têm direito a ajuda e a assistência especiais. Todas as crianças, nascidas dentro ou fora do matrimônio, gozam da mesma protecção social.".
17. "Do berço ao túmulo", é expressão também bastante utilizada para designar a ideologia reinante no pensamento beveridgiano.
18. Para maior aprofundamento, vide o nosso artigo: PORTO, Rafael Vasconcelos. Previdência e(m) crise. *Revista Brasileira de Direito Previdenciário*. Porto Alegre: Lex Magister, v. 7, n. 39, p. 50-77, jun./jul. 2017).

b) Consolidação – Constitucionalização de direitos sociais (Mexicana, de 1917; Weimar, de 1919). Em 1917, foi criada a OIT e em 1927, a Associação Internacional de Seguridade Social.

c) Expansão – Período do segundo pós-guerra. Em 1944, foi adotado na Inglaterra o "Plano Beveridge", que criou um sistema universal (abrangendo todos e com participação compulsória de toda a sociedade). Está aí a origem da *Seguridade Social*.

d) Redefinição – Uma fase de "crise", decorrente do alegado gasto excessivo do modelo de Estado do Bem-Estar Social.

3. A CONSOLIDAÇÃO DA PREVIDÊNCIA SOCIAL NO BRASIL

Consoante aponta Fábio Zambitte Ibrahim, "A evolução da proteção social no Brasil seguiu a mesma lógica do plano internacional: origem privada e voluntária, formação dos primeiros planos mutualistas e a intervenção cada vez maior do Estado"[19].

A Constituição Imperial de 1824 garantia, em seu art. 179, XXXI, os "soccorros publicos", em dispositivo de escassa efetividade[20] e de caráter assistencial. O projeto elaborado pela Assembleia Geral Constituinte, convocada e posteriormente dissolvida por D. Pedro I, era mais progressista no ponto e demonstrava preocupação com certos riscos sociais, especialmente o desemprego. Em emenda efetuada em 1834, foi repassada às Assembleias Legislativas Provinciais a competência para legislar sobre "casas de soccorros publicos, conventos e quaesquer associações politicas ou religiosas". Em 1835, surgiu a primeira entidade de previdência privada no Brasil: a MONGERAL – Montepio Geral dos Servidores do Estado. Em 1888, é criada a aposentadoria para os empregados dos correios (por idade, que trazia como requisitos 60 anos de idade mínima e 30 anos de serviço, e por invalidez). Em 1889, o Decreto 10.269, que alterou "o Regulamento da Imprensa Nacional e Diario Official", estabeleceu que "O pessoal das officinas da Imprensa Nacional concorrerá mensalmente, a começar do proximo mez, com o producto de um dia de salario para a instituição de um fundo destinado a pensões, de conformidade com as instrucções para esse fim expedidas pelo Ministerio da Fazenda". Em 1890, surge a aposentadoria para os empregados da Estrada de Ferro Central do Brasil, posteriormente estendida para os demais ferroviários do Estado[21]. No

---
19. *Curso de Direito Previdenciário*. 17. ed. Niterói: Impetus, 2012, p. 54.
20. Não obstante, foram criados alguns socorros mútuos, como o "Previdência" (1875), o "Vasco da Gama" (1881) e o "Marquês de Pombal" (1882).
21. Carlos Alberto Pereira de Castro e João Batista Lazzari (*Manual de Direito Previdenciário*. 15. ed. Rio de Janeiro: Forense, 2013, p. 38-39), citando pesquisas realizadas por Antonio Carlos de Oliveira, esclarecem que "o primeiro texto em matéria de previdência social no Brasil foi expedido em 1821, pelo ainda Príncipe Regente, Dom Pedro de Alcântara. Trata-se de um Decreto de 1º de outubro daquele ano, concedendo aposentadoria aos mestres e professores, após 30 anos de serviço, e assegurado um abono de ¼ (um quarto) dos ganhos aos que continuassem em atividade". Zambitte (op. cit., p. 54) menciona o Plano de Benefícios dos Órfãos e Viúvas dos Oficiais da Marinha (1795) e o Montepio para a guarda pessoal de D. João VI (1808).

mesmo ano, advém o Montepio obrigatório dos empregados do Ministério da Fazenda (Decreto 942-A).

A Constituição Republicana de 1891, por sua vez, previu, em seu art. 75, a aposentadoria "aos funcionários públicos em caso de invalidez no serviço da Nação". Apesar de se âmbito de proteção restrito, objetiva e subjetivamente, trata-se de marco relevante na evolução histórica da previdência no Brasil. Já em 1892, foi criada a aposentadoria por invalidez e a pensão por morte aos operários do Arsenal de Marinha do Rio de Janeiro. Em 1919, surge o seguro contra acidentes de trabalho, criado pelo Decreto Legislativo 3.724.

Destacam Castro e Lazzari que "O peculiar em relação a tais aposentadorias é que não se poderia considerá-las como verdadeiramente pertencentes a um regime previdenciário contributivo, já que os beneficiários não contribuíam durante o período de atividade. Vale dizer, as aposentadorias eram concedidas de forma graciosa pelo Estado. Assim, até então, não [se] falava em previdência social no Brasil"[22].

A Lei Eloy Chaves (Decreto Legislativo 4.682 de 24/01/1923) é considerada pela doutrina majoritária[23] como o marco inicial da previdência social no Brasil. Tal diploma criou as Caixas de Aposentadoria e Pensões nas empresas de estrada de ferro então existentes[24]. O sistema era administrado pelas próprias empresas – individualmente, ou seja, por cada uma delas –, mediante contribuições dos trabalhadores, dos empregadores e do Estado, assegurando aposentadoria – por invalidez e por tempo de serviço integral e proporcional – aos segurados e pensão por morte aos dependentes, além de assistência médica. A estrutura de proteção social criada por tal relevante diploma passou a ser adotada por outras categorias de trabalhadores (*v.g.*: os portuários e marítimos, em 1926; o pessoal das empresas de serviços telegráficos e radiotelegráficos, em 1928; os empregados nos serviços de força, luz e bondes, em 1930; os empregados dos demais serviços públicos concedidos ou explorados pelo poder público, em 1931; e os trabalhadores nas empresas de mineração, em 1932), provocando a rápida expansão de tal técnica protetiva[25].

A partir de 1930, porém, com o advento da Era Vargas[26], houve uma sensível alteração de nosso sistema previdenciário, que passou então a ser organizado por categoria profissional – e não mais por empresa, portanto. Assim, sugiram os Institutos de Aposentadoria e Pensão – IAP, sendo o dos marítimos (IAPM) o precursor, instituído em 1933. Nessa senda, foram surgindo vários outros: IAPC – comerciários, IAPB – bancários, IAPI – industriários, IAPETC – empregados em transportes e cargas etc..

---

22. Op. cit., p. 39.
23. A ponto de o dia da Previdência Social ser comemorado em 24 de janeiro.
24. É importante salientar, contudo, que desde 1911 já existia a Caixa de Aposentadorias e Pensões dos operários da Casa da Moeda.
25. Ela guarda similitudes com a adotada por Bismarck em 1883, dantes mencionada.
26. O surgimento de robusta e inovadora legislação trabalhista, nessa época, servia como mote para que fossem aglutinados também direitos sociais, por meio de filiação compulsória.

A Constituição de 1934, de existência efêmera, trouxe, pela primeira vez, um Título específico (o IV) para a ordem econômica e social. No que nos interessa mais de perto, menciona o amparo aos indigentes (art. 113, § 34) e prevê a instituição de previdência[27] (art. 121, § 1º), com custeio tripartido (União, empregador e empregado[28]), para atendimento aos riscos sociais, que enumera (velhice, invalidez, maternidade, acidente de trabalho e morte). Ademais, regula com detalhamento o regime previdenciário dos servidores públicos.

A Constituição de 1937 procedeu a ligeiras alterações quanto ao regime anterior[29], mas não trouxe nenhuma novidade relevante, salvo unicamente a utilização da expressão "seguro social". Em 1939, foi regulamentada a aposentadoria dos servidores públicos. A promulgação da Consolidação das Leis do Trabalho, em 1943, embora se refira a outro ramo do direito, também é um ingrediente relevante para a propulsão da previdência. Os influxos dos Relatórios produzidos por Beveridge – especialmente a estrutura administrativa unificada da previdência social e a universalidade (subjetiva e objetiva) dos benefícios – chegam ao Brasil, sendo que foi constituída uma comissão em 1943 para estudar e propor a reforma da previdência. Em síntese, e recapitulando, passamos de um sistema que tinha como núcleo a empresa para outro que gravitava em torno da categoria profissional e o próximo passo nessa evolução[30] seria a criação de um regime único, ao menos no que tange aos trabalhadores urbanos da iniciativa privada. O Instituto de Serviços Sociais do Brasil – ISSB, foi instituído pelo Decreto-Lei 7.526, de 07 de maio 1945, mas a deposição de Vargas, poucos meses depois, impediu que o diploma fosse regulamentado e, por conseguinte, que o instituto fosse criado de fato. A unificação foi postergada por mais de 20 anos, como veremos na sequência.

Convém assinalar que em matéria de assistência social, foi criada, em 1942, a LBA – Legião Brasileira de Assistência.

---

27. O termo é utilizado aí pela primeira vez em âmbito constitucional, ainda sem o adjetivo "social".
28. A Lei 159 de 1935 disciplinou a arrecadação. Previa, por exemplo, que "Os empregadores contribuirão mensalmente com uma quota igual ao total das contribuições pagas durante o mez pelos respectivos empregados". No que tange à contribuição da União, era feita por meio da denominada "quota de previdência" (em parte, "sob o título de 'taxa de previdência social' uma percentagem de 2% sobre o pagamento, qualquer que seja a sua modalidade de artigos importados do exterior, exceptuando-se, para esse fim, o combustível e o trigo"). O problema, surgido já na origem e que persiste até hoje, é que a arrecadação das contribuições era feita com furor, mas o repasse era postergado para um momento que muitas vezes não chegava jamais.
29. Por exemplo, o art. 137, n, previu que "as associações de trabalhadores têm o dever de prestar aos seus associados auxílio ou assistência, no referente às práticas administrativas ou judiciais relativas aos seguros de acidentes do trabalho e aos seguros sociais".
30. A tendência de concentração persiste até os dias atuais, sendo que a proposta em voga é a unificação do Regime Próprio (do servidor público estatutário) com o Regime Geral da Previdência Social, ou ao menos a adoção de regras equivalentes. É interessante observar, contudo, que o sistema brasileiro evolui rumo à unificação subjetiva, visto que – como já vimos – os sujeitos protegidos estavam, na origem, dispersos conforme a empresa onde trabalhavam e, posteriormente, segundo a categoria profissional. Não foi observada no Brasil, contudo, a dispersão objetiva total, no sentido de os riscos serem cobertos, cada qual, apartadamente, com cotização específica, tal como ocorreu, por exemplo, em Espanha (até 1963) e França (ainda atual).

A Constituição de 1946 consignou pela primeira vez o termo "Previdência Social" em um texto constitucional, trazendo uma série de normas sobre o assunto: dispunha competir à União legislar as normas gerais sobre o assunto, possibilitando a suplementação ou complementação pelos Estados; mantinha a contribuição tripartite; enumerava como riscos a merecer cobertura "maternidade e (...) as consequências da doença, da velhice, da invalidez e da morte", além de garantir o "direito da gestante a descanso antes e depois do parto, sem prejuízo do emprego nem do salário" e assistência aos desempregados[31]; preservava a obrigatoriedade da instituição de seguro contra os acidentes do trabalho pelo empregador (ou seja, tal cobertura permanecia fora da previdência social oficial), regulava o regime de aposentadoria do funcionário público com detalhamento, além de prever, de modo inovador, a possibilidade de contagem recíproca do tempo de serviço prestado perante as diversas administrações públicas (federal, estaduais e municipais). Por emenda promulgada em 1965, passou a estabelecer, pioneiramente, a necessidade de prévia fonte de custeio total para criar, majorar ou estender "prestação de serviço de caráter assistencial ou de benefício compreendido na previdência social" (em dicção que bastante se aproxima da que consta em nossa atual Constituição)[32].

No âmbito infraconstitucional, em consonância com a tendência de unificação – que já mencionamos –, surgiu, em 1953[33], o Regulamento Geral dos Institutos de Aposentadorias e Pensões. Tratava-se de tentativa de racionalizar e padronizar os preceitos gerais da legislação previdenciária, até então multifacetada[34]. No entanto, o Decreto que o fez, promulgado por Vargas, veio a ser revogado já em 1954, por Café Filho. No que tange às Caixas de Aposentadorias e Pensões ainda remanescentes, foram elas unificadas na "Caixa Nacional", em 1953 (em 1960, viria a ser transformada em Instituto), sendo que em 1949 já fora expedido regulamento geral que padronizava a concessão de benefícios por tais entes.

O ano de 1960 teve enorme importância na história da previdência social no Brasil, já que foi criado o Ministério do Trabalho e Previdência Social (posteriormente convertido em Ministério da Previdência e da Assistência Social – MPAS) e promulgada a Lei Orgânica da Previdência Social – LOPS, cujo projeto tramitava desde 1947. Tal diploma não procedeu à unificação administrativa dos diversos Institutos, que continuaram a existir, mas apenas estabeleceu, para eles, regras uniformes para a concessão de benefícios (sistematização legislativa), as quais ganharam plena efetividade. A LOPS é considerada por muitos doutrinadores como um "divisor de águas", tendo em vista a criação de um plano único de benefícios, amplo e avançado. A unificação administrativa

---

31. A preocupação com os desempregados representou inovação, ainda que o cariz fosse assistencial e não tenha havido concretização legislativa.
32. Como destaca Zambitte (op. cit.), aí está a primeira menção ao equilíbrio financeiro do sistema.
33. Nesse mesmo ano, o Decreto 32.667, que aprovou o Regulamento do Instituto da Aposentadoria e Pensões dos Comerciários, passou a permitir que um profissional liberal pudesse se inscrever como segurado facultativo.
34. Com efeito, cada Instituto tinha um regulamento próprio, que por vezes eram divergentes entre si, não sendo possível estabelecer princípios gerais e comuns.

(da então denominada "Previdência Social Urbana") sobreveio apenas em 1966, com a criação do Instituto Nacional de Previdência Social – INPS, autarquia federal que congregou os seis IAP's remanescentes[35]. Em 1967, o seguro contra acidentes de trabalho foi agregado à previdência social, o que significa que deixou de ser administrado por instituições privadas para ser gerido exclusivamente por meio das contribuições vertidas ao caixa da previdência social.

No que concerne ao trabalhador rural, foi promulgado, em 1963, o Estatuto do Trabalhador Rural, que criava o Fundo de Assistência ao Trabalhador Rural – FUNRURAL, órgão executivo da previdência rural – que tinha caráter assistencial (não contributivo) e consistia num sistema paralelo à previdência urbana[36].

A Constituição de 1967 – bastante modificada já em 1969, pela Emenda Constitucional 01 –, não trouxe grandes inovações no que tange ao direito previdenciário, destacando-se apenas a primeira referência constitucional ao salário-família[37] e a previsão de aposentadoria integral para a mulher com 30 anos de serviço. Cabe mencionar também a previsão de seguro-desemprego, em substituição à dicção constitucional anterior de "assistência aos desempregados", e a constitucionalização da inclusão do seguro de acidentes de trabalho na previdência social.

A Lei Complementar 11 de 1971 criou o Programa de Assistência ao Trabalhador Rural (PRORURAL)[38] – ainda de natureza assistencial (ao menos parcialmente[39]), cujo principal benefício era a aposentadoria por velhice (aos 65 anos, com valor de metade do maior salário-mínimo vigente no país)[40] – e conferiu natureza autárquica ao FUNRURAL, encarregado de administrar o sistema[41]. Em 1975, os empregadores

---

35. Conforme salienta Zambitte (op. cit.), a unificação da legislação representou um passo rumo à unificação dos institutos, já que tal tarefa restou facilitada a partir do momento em que todos se submetiam a um mesmo regime jurídico. Insta salientar que o IPASE (dos servidores do Estado), o IAPFESP (dos ferroviários e servidores públicos) e o SASSE (dos economiários) continuaram a existir.
36. Em 1969, o plano básico da previdência social, o urbano, foi estendido aos *empregados e trabalhadores avulsos* do setor rural da agroindústria canavieira e aos *empregados* do setor agrário da empresa agroindustrial, das empresas produtoras e fornecedoras de produto agrário *in natura* e dos empreiteiros ou organizações, que, não constituídos sob a forma de empresa, utilizem mão de obra para produção e fornecimento de produto agrário *in natura*. Em 1973, a LC 16 definiu que "os empregados que prestam exclusivamente serviços de natureza rural às empresas agroindustriais e agrocomerciais são considerados beneficiários do PRORURAL", não obstante, manteve vinculados ao INPS aqueles que, pelo menos desde a entrada em vigor da LC 11/71 vinham recolhendo para tal instituto.
37. O benefício fora criado pela Lei 4.266 de 1963.
38. Revogava o anterior Plano Básico da área rural, criado em 1969.
39. O custeio advinha da contribuição de 2% (dois por cento) devida pelo produtor sobre o valor comercial dos produtos rurais e de 2,4% da contribuição de que trata o art. 3º do Decreto-lei 1.146, de 31 de dezembro de 1970 (em síntese, de parcela do setor agroindustrial e incidente sobre a folha de pagamento).
40. Previa também: aposentadoria por invalidez (também no valor de 50% do salário mínimo), pensão por morte (no valor de 30% do salário mínimo), auxílio-funeral, serviço de saúde e serviço social. Convém ressaltar que as aposentadorias eram devidas somente ao "chefe ou arrimo da unidade familiar", não sendo concedida a mais de um componente da família.
41. O trabalhador rural era assim definido: a pessoa física que presta serviços de natureza rural a empregador, mediante remuneração de qualquer espécie (o que equivaleria, hoje, ao empregado rural); e o produtor, proprietário ou não, que sem empregado, trabalhe na atividade rural, individualmente ou em regime de economia

rurais e seus dependentes passaram a merecer proteção previdenciária (aposentadoria por invalidez e por velhice, pensão por morte e auxílio-funeral).

Os empregados domésticos, por sua vez, foram agregados à previdência social em 1972.

Em 1977, restou criado o Sistema Nacional de Previdência e Assistência Social – SINPAS, para coordenar todas as atribuições da previdência social[42] – urbana e rural, inclusive a relacionada com o serviço público –, que era composto por sete órgãos: Instituto Nacional de Previdência Social – INPS, Instituto Nacional de Assistência Médica da Previdência Social – INAMPS, Legião Brasileira de Assistência – LBA, Fundação Nacional do Bem-Estar do Menor – FUNABEM, Empresa de Processamento de Dados da Previdência Social – DATAPREV, Instituto de Administração Financeira da Previdência e Assistência Social – IAPAS e a Central de Medicamentos – CEME. No que concerne à previdência social em sentido estrito[43], interessam mais de perto o IAPAS, responsável pela arrecadação, e o INPS, pela concessão dos benefícios. No mesmo contexto, foram extintos o FUNRURAL, o SASSE e o IPASE[44].

Quando da criação do SINPAS, estava ainda vigente a LOPS, mas ela convivia com diversos outros diplomas previdenciários. Assim, em virtude da dificuldade, daí resultante, para compreensão da legislação de regência em sua integralidade, a Lei 6.243/75 determinou ao Poder Executivo a expedição, por ato infralegal, da Consolidação das Leis da Previdência Social – CLPS, anualmente. Não obstante, a periodicidade anual, como era de se imaginar, não foi respeitada, tendo sido expedida CLPS em 1976 e em 1984 tão somente, sendo que em 1991 tal legislação restou superada pelo advento da Lei 8.213/91. O SINPAS, por sua vez, foi extinto em 1990, pela Lei 8.029, que criou o Instituto Nacional do Seguro Social – INSS, o qual resultou da fusão do IAPAS com o INPS, reunindo as funções de administrar tanto o custeio quanto a concessão de benefícios. INAMPS, LBA, FUNABEM e CEME também vieram a ser extintos, sobrevivendo apenas a DATAPREV. No período entre a promulgação da Constituição de 1988 e a entrada em vigor da Lei 8.213/91, a LOPS/CLPS continuou a ser aplicada, no que cabia,

---

familiar, assim entendido o trabalho dos membros da família indispensável à própria subsistência e exercido em condições de mútua dependência e colaboração (o que equivaleria, hoje, ao segurado especial).

42. Nos dizeres de Zambitte (op. cit., p. 61), "tinha a finalidade de integrar a concessão e manutenção de benefícios, a prestação de serviços, o custeio de atividades e programas e a gestão administrativa, financeira e patrimonial de seus componentes".

43. Castro e Lazzari (op. cit., p. 44), citando Celso Barroso Leite, ressalvam que, com a criação do SINPAS, houve "certa confusão entre os conceitos de previdência social, assistência social e saúde pública (...), houve uma ampliação do sentido de previdência social para abarcar também a assistência social, entendendo-se àquela época previdência social como sendo a soma das ações no campo do seguro social e das iniciativas assistenciais". Hoje, diferencia-se previdência de assistência com base no fato de haver ou não contrapartida por parte do beneficiário, mas, do ponto de vista teleológico, há uma relação íntima, de subsidiariedade, entre os sistemas no que tange ao aspecto prestacional.

44. Os servidores públicos federais, contudo, continuavam em regime diferente, previsto na Lei 1.711 de 1952, o Estatuto dos Servidores Civis da União.

resultando em período que viria a ser denominado como "buraco negro", em virtude de várias incongruências daí resultantes.

Em 1977, a Lei 6.435 regulou a possibilidade de criação de instituições de previdência complementar privada, de caráter fechado e aberto[45].

A Emenda Constitucional 07 de 1977 esquematizou de forma mais minuciosa e racional o sistema de custeio da previdência social; e cabe referenciar também a EC 18 de 1981, que constitucionalizou a aposentadoria do professor (com redução no tempo de serviço).

A CRFB de 1988, por sua vez, criou um sistema único de proteção social, denominado "Seguridade Social", que comporta três microssistemas: o da saúde, o da assistência social e o da previdência social. Podemos destacar como as principais inovações trazidas pela CRFB/1988: a saúde pública passa a ser universal e sem necessidade de contrapartida específica; passa a ser previsto no corpo constitucional um benefício assistencial de prestação continuada devido a idosos e pessoas com deficiência em situação de miserabilidade[46]; estabelecimento de piso, equivalente ao salário mínimo, para os benefícios previdenciários que substituam a renda; equiparação entre trabalhadores rurais e urbanos (salvo exceções previstas – em favor dos rurais, frise-se – no próprio corpo constitucional[47]); constitucionalização da contagem recíproca, inclusive entre atividades exercidas no serviço público e no setor privado[48].

Wagner Balera e Thiago D'Avila Fernandes[49] vislumbram a existência de seis fases de proteção social no Brasil: embrionária (até 1922); de implantação (1923-1930); de expansão (1931-1959); de uniformização (1960-1965); de unificação (1966-1987); e, por fim, de seguridade social (desde 1988). Segue um breve resumo da visão dos autores, condensando o que foi anteriormente descrito:

> => Fase Embrionária (até 1923): a proteção social teve sua fase embrionária até a instauração efetiva da proteção social, com a edição da Lei Elói Chaves, em 1923. Nesse estágio inicial, identifica-se o surgimento de algumas manifesta-

---

45. Para maiores detalhes, vide: PÓVOAS, Manuel Sebastião Soares. *Previdência Privada*. 2. ed. São Paulo: Quartier Latin, 2007.
46. A EC 114/2021 inseriu o par. único no art. 6º da CRFB, introduzindo no corpo constitucional a previsão de outro benefício de natureza assistencial: "Todo brasileiro em situação de vulnerabilidade social terá direito a uma renda básica familiar, garantida pelo poder público em programa permanente de transferência de renda, cujas normas e requisitos de acesso serão determinados em lei, observada a legislação fiscal e orçamentária". O mesmo diploma acrescentou o inciso VI no art. 203 da CRFB, estabelecendo mais um objetivo à assistência social: "a redução da vulnerabilidade socioeconômica de famílias em situação de pobreza ou de extrema pobreza".
47. Para um estudo mais aprofundado do tema, vide, de nossa autoria: PORTO, Rafael Vasconcelos. *Previdência do Trabalhador Rural*. 3. ed. Curitiba: Juruá, 2022.
48. Para uma análise de caráter mais teórico (filosófico e, especialmente, sociológico) da evolução da previdência social, vide o nosso: PORTO, Rafael Vasconcelos. Teoria Geral do Risco Social. *Revista Brasileira de Previdência*, v. 8, p. 118-157, 2018, disponível *online*.
49. *Fundamentos da Seguridade Social*. São Paulo: LTr, 2015.

ções legislativas relevantes na história da legislação previdenciária brasileira, mas ainda primárias, do ponto de vista técnico.

=> Fase de Implantação (1923-1930): até então, nenhuma medida legislativa havia sido editada em favor dos empregados das empresas privadas, vindo a inaugurar-se a proteção dessa classe em 24 de janeiro de 1923, com a publicação da Lei Elói Chaves. Riscos cobertos: doença, proteção acidentária e invalidez. A implantação das Caixas foi estendida, sendo denominadas de seguros sociais. O seguro social tinha por objetivo proteger os empregados das empresas contra riscos preestabelecidos, levando em consideração as contribuições pagas pelos empregados e empregadores. A distinção fundamental entre o seguro social e a assistência pública, fase protetiva que o antecedeu, centra-se na obrigatoriedade de o empregado participar do seguro social. As prestações são juridicamente exigíveis, configurando verdadeiros direitos públicos subjetivos. Nesta fase, portanto, eram sujeitos protegidos os empregados de empresas, principalmente, estatais, contra necessidades decorrentes de riscos previamente estabelecidos. Há uma grande limitação subjetiva (sujeitos protegidos) e objetiva (necessidades cobertas).

=> Fase de Expansão (1931-1959): a terceira fase se inicia com o Decreto 20.465, de 1º/10/1931, que estendeu o regime das Caixas de Aposentadorias a todas as demais empresas de serviços públicos, bem como aos serviços de mineração e transportes aéreos. Em 1933, quando já existiam cerca de 180 Caixas de Aposentadoria e Pensões, iniciou-se a criação de Institutos de Aposentadoria e Pensões. A grande diferença entre as Caixas e os Institutos reside no fato de aquelas serem organizadas por empresas, enquanto estes giravam em torno das classes profissionais, de âmbito nacional. O bem jurídico protegido seguia sendo o risco social. De todo modo, a ampliação da rede protetiva, abrangendo um elenco maior de indivíduos, é passo importante na trilha do desenvolvimento da proteção social. Considerando a seguridade como verdadeiro direito da cidadania, William Beveridge liderou os estudos que implantariam uma nova fase na assistência social (onde o Reino Unido se destacava desde a Lei dos Pobres), que migraria da esfera privada para o cenário abrangente da política social. Ao lançar, em novembro de 1942, o relatório intitulado *Social Insurance and Allied Services*, Lord Beveridge delineava as linhas gerais da seguridade social.

=> Fase de Uniformização (1960-1965): inicia-se a quarta fase de proteção social, com a edição da Lei Orgânica da Previdência Social (LOPS), de 26 de agosto de 1960, cujo escopo consistiu em uniformizar as prestações, o custeio e a administração das diversas Caixas e Institutos, que, até então, mantinham-se isolados nas respectivas atividades. Mantida em seus traços essenciais foi, por duas vezes, consolidada – em 1976 e em 1984 – e, sob perspectiva normativa, só seria substituída de modo definitivo pelo direito ulterior à promulgação da Constituição de 1988.

=> Fase da Unificação (1966-1987): a quinta fase da proteção social teria início com a edição do Decreto-lei 72, de 21 de novembro de 1966, que unificou todas as Caixas e Institutos de Aposentadoria e Pensões, configurando o Instituto Nacional da Previdência Social – INPS. Esta fase acopla, ao modelo normativo unificado pela LOPS, o modelo gerencial único.

=> Fase de Seguridade Social (1988–): é a atual, quanto à qual se pode destacar, além das inovações já descritas, a junção da saúde, da assistência social e da previdência social dentro do gênero "seguridade social", sendo o mais relevante a relação de subsidiariedade que se estabelece entre assistência e previdência.

Convém ressaltar que, após a promulgação da CRFB e a implementação do novo regime previdenciário por intermédio da Lei 8.213/91 (plano de benefícios), foram efetuadas inúmeras reformas previdenciárias (tanto na legislação constitucional quanto na infra), que tiveram por escopo racionalizar melhor o funcionamento do sistema, mas também diminuir o âmbito de cobertura e, consequentemente, tentar amainar os gastos. Cabe destacar as Emendas Constitucionais 20/98, 41/2003, 47/2005 e 103/2019, que foram as mais relevantes e abrangentes.

Capítulo II
CONCEITO E PRINCÍPIOS DA SEGURIDADE SOCIAL

> *O tema, que é por nós tratado também pelo título de "Teoria Geral da Seguridade Social", é cobrado em basicamente todos os concursos públicos para as carreiras jurídicas (em alguns, na disciplina de Direito Constitucional), razão pela qual iremos desenvolvê-lo com algum vagar.*

1. INTROITO

O conceito de seguridade social que levaremos em consideração no presente trabalho é aquele dado pela própria CRFB, em seu art. 194: "A seguridade social compreende um conjunto integrado de ações de iniciativa dos Poderes Públicos e da sociedade, destinadas a assegurar os direitos relativos à saúde, à previdência e à assistência social". Trata-se, é verdade, de um conceito demasiado simples e que pouco diz em termos teóricos, mas não cabe adentrar aqui no complexo (diríamos interminável) debate em torno de um conceito técnico de seguridade social.

Analisando o conceito trazido pela CRFB podemos destacar, em primeiro lugar, que a sociedade é chamada a, ao lado dos poderes públicos, participar do sistema, efetivamente, por meio de ações de sua iniciativa. Em segundo lugar, trata-se de um conjunto integrado de ações, ou seja, harmonioso, coeso (ou ao menos pretende-se que assim o seja). Em terceiro lugar, "seguridade social" é um sistema amplo que abrange e compreende os subsistemas de *saúde, assistência e previdência*.

Pois bem, a saúde destina-se a todos, enquanto a assistência social dirige-se a quem dela necessitar, mas independe de contribuição, enquanto a previdência social tem natureza contributiva e contempla apenas os segurados e seus dependentes[50].

---

50. G. Mazzoni (Existe um conceito jurídico de seguridade social? *Revista de Direito Social*, n. 22, 2006, p. 168-187), analisando o sistema italiano, relata que, lá, o Estado intervém de três maneiras. A primeira, que deriva do trabalho realizado, prevê a cobertura do risco e da necessidade mediante a formação de uma reserva útil durante o período de trabalho (previdência social). A segunda, que pressupõe a incapacidade do indivíduo para o trabalho, atua com uma dupla forma de intervenção reparadora: garantia de tratamento gratuito aos indigentes, no duplo interesse do indivíduo e da coletividade (assistência médico-sanitária); e a total manutenção e assistência social em favor dos incapacitados para o trabalho, onerando toda a coletividade (assistência social). A referida área protetora é chamada, com fino eufemismo, de "a casa das três meninas".

Os princípios usualmente citados pela doutrina como aplicáveis à seguridade social são aqueles arrolados no par. único do art. 194 da CRFB (que, não obstante, os denomina "objetivos"). Entretanto, nem todos podem ser traduzidos verdadeiramente como princípios. Com efeito, a irredutibilidade do valor dos benefícios, embora possa até carregar um princípio subjacente, melhor se enquadra como regra, pela obviedade de seu ditame e pela construção lógica direta de seu preceito[51]. Do mesmo modo, o "caráter democrático e descentralizado da administração, mediante gestão quadripartite, com participação dos trabalhadores, dos empregadores, dos aposentados e do Governo nos órgãos colegiados" também se encaixa melhor como regra, embora esteja num ponto mais intermediário em relação à anterior. Não cabe gastar muitas linhas com nenhum deles, já que não carregam complexidade para além de sua expressão literal[52]. Convém ressaltar que a irredutibilidade é complementada, *no âmbito previdenciário*, pelo § 4º do art. 201 da CRFB (que está já na Seção dedicada à Previdência Social), que diz que "é assegurado o reajustamento dos benefícios para preservar-lhes, em caráter permanente, o valor real, conforme critérios definidos em lei". Assim, no que tange aos benefícios previdenciários, a CRFB fala expressamente em manutenção do valor *real* e não meramente do *nominal*. Analisaremos essa circunstância específica mais adiante, quando cuidarmos do reajuste de benefícios previdenciários. Quanto à gestão quadripartite, cabe referenciar o Conselho Nacional de Previdência Social, instituído pelo art. 3º da Lei 8.213/91, que tem representantes do governo (06), dos aposentados e pensionistas (03), dos trabalhadores ativos (03) e dos empregadores (03).

A doutrina comumente aponta também a existência do princípio da solidariedade, implícito no sistema (embora genericamente previsto como objetivo fundamental da república, no art. 3º da CRFB), pelo que também iremos analisá-lo. Finalmente, cabe referenciar o princípio da contrapartida direta, cuja construção decorre da conjugação de algumas outras normas constitucionais e da própria ideia de seguro.

É certo que há outros princípios constitucionais genéricos que são aplicáveis à seguridade social, mas nos limitaremos aqui aos princípios setoriais.

Optamos por desenvolver os princípios da contrapartida direta, da equidade na forma de participação no custeio e da diversidade da base de financiamento na terceira parte do presente trabalho, tendo em vista que se relacionam intimamente com o financiamento da seguridade social, razão pela qual nos parece salutar realizar a abordagem dentro da teoria geral do custeio. Aqui, portanto, abordaremos todos os demais. A ordem de encadeamento adotada reflete uma razão lógica (amplitude) e de relevância.

---

51. A diferenciação entre regras e princípios é um dos temas mais caros e disputados pela doutrina. A nosso sentir, a distinção advém da construção lógica do preceito. Não iremos aqui, por razões óbvias, nos deter em análise tão complexa, mas parece-nos evidente que aqueles objetivos que não consideramos princípios realmente não o são na visão amplamente dominante da doutrina.
52. Cabe observar apenas, quanto à gestão quadripartite, que o escopo aí é de conferir certa autonomia em relação ao poder público, ou seja, de retirar da esfera exclusiva do Estado a tomada de certas decisões.

2. PRINCÍPIOS DA SEGURIDADE SOCIAL

2.1 Solidariedade

Como já dissemos, o princípio em questão não está previsto expressamente na Constituição, mas é reconhecido pela doutrina em geral[53] a partir de uma interpretação, por assim dizer, sistemática. O art. 195 da CRFB, por exemplo, diz que "a seguridade social será financiada por toda a sociedade", o que traduz uma ideia de solidariedade social.

Zambitte anota que o princípio da solidariedade é "Sem dúvida, é o princípio securitário de maior importância, pois traduz o verdadeiro espírito da previdência social: a proteção coletiva, na qual as pequenas contribuições individuais geram recursos suficientes para a criação de um manto protetor sobre todos, viabilizando a concessão de prestações previdenciárias em decorrência de eventos preestabelecidos"[54].

Cabe considerar, ademais, que o Regime Geral de Previdência Social – RGPS funciona precipuamente na sistemática da "repartição simples", pela qual aqueles que hoje trabalham, ou seja, os ativos, financiam os benefícios pagos aos aposentados, em um "pacto intergeracional", de onde se extrai a solidariedade intergeracional.

Zambitte acresce que "A solidariedade é a justificativa elementar para a compulsoriedade do sistema previdenciário, pois os trabalhadores são coagidos a contribuir[55] em razão de a cotização individual ser necessária para a manutenção de toda a rede protetiva, e não para a tutela do indivíduo, isoladamente considerado"[56].

No subsistema assistencial as prestações são concedidas independentemente de contribuição, pelo que é possível considerar que o sistema alcança aí o grau máximo de solidariedade.

---

53. E também pela jurisprudência, senão vejamos: " (...) julgamento de recurso extraordinário em que se sustenta que a exigência de contribuição previdenciária de aposentado pelo Regime Geral de Previdência Social que retorna à atividade (...). O Min. Sepúlveda Pertence, relator, acompanhado pelo Min. Eros Grau, negou provimento ao recurso por considerar que a aludida contribuição está amparada no princípio da universalidade do custeio da Previdência Social (CF, art. 195), corolário do princípio da solidariedade; bem como no art. 201, § 11, da CF, que remete, à lei, os casos em que a contribuição repercute nos benefícios." (extraído do informativo 393 do STF).
54. Op. cit., p. 65.
55. A filiação compulsória ao sistema e a impossibilidade de dele se desligar voluntariamente é uma característica própria de nosso RGPS, em contraste com o que ocorre no âmbito da previdência privada (e mesmo a complementar "pública"). Tal característica existe também em vários outros sistemas ao redor do mundo. A situação oposta, ou seja, a possibilidade de o segurado obter o desligamento voluntário do regime geral de previdência é denominada "cláusula *opting-out*". Uma derivação de tal cláusula é a denominada "*contract-out*", por meio da qual o desligamento do segurado junto ao regime geral fica condicionado à contratação, junto à iniciativa privada, de uma cobertura mínima (alguns riscos básicos, em geral idade avançada e invalidez), definida pela legislação de regência.
56. Op. cit., p. 65.

2.2 Universalidade da cobertura e do atendimento

Conforme salientam Balera e Fernandes[57], o princípio da universalidade da cobertura e do atendimento deve ser compreendido sob duas perspectivas: uma, objetiva (cobertura); outra, subjetiva (atendimento).

"Cobertura" indica ao legislador que o sistema deve manter uma tendência de cobrir o maior número de riscos (previdência) e necessidades sociais quanto for possível. A outra perspectiva ("atendimento") é subjetiva e determina o encaminhamento do sistema para a universalidade dos sujeitos protegidos[58]. A doutrina estrangeira caminha no mesmo sentido, senão vejamos a seguinte lição de Lefebvre: "*la universalidad, desde el punto de vista subjetivo, significa la protección de todos los ciudadanos, y desde el punto de vista objetivo, como generalidad, alude a la protección de todas las situaciones de necesidad*"[59].

Balera[60] aduz que a universalidade constitui a específica dimensão do princípio da isonomia na Ordem Social. É a igual proteção para todos. A universalidade da cobertura é posta em confronto com situações que demandam proteção, contingências capazes de gerar necessidades. O termo "cobertura" significa: "proteção conferida por um contrato de seguro ou de resseguro". A universalidade do atendimento diz respeito aos titulares do direito à proteção social. É também denominado "princípio da abrangência".

Segundo Valéria de Fátima Izar Domingues da Costa[61]: "a universalidade da 'cobertura' refere-se às situações que serão protegidas (...). 'Cobertura' pressupõe o conceito de sinistro, que gira em torno da ideia de risco. É figura do seguro e ingressa no plano conceitual da seguridade social. (...) A expressão 'universalidade do atendimento' (...) está relacionado a quem o risco vitimou.".

O ideário da universalidade é próprio dos modelos securitários mais recentes. Como vimos em nossa análise histórica, a previdência social se concentrou inicialmente nos trabalhadores assalariados, expandindo-se posteriormente (no Brasil, gradualmente, como vimos) às demais categorias.

A grande dificuldade imposta ao sistema de seguridade é identificar o ponto ideal de ampliação[62]. Obviamente, não se pretende que o sistema se amplie, em todas as perspectivas, desmedidamente, sem parar, sem um norte. Aí entra o papel do princípio que abordaremos em seguida.

---

57. Op. cit.
58. Como vimos, a universalidade do atendimento encontra sua máxima expressão no subsistema da saúde, que se destina indistintamente a todos.
59. LEFEBVRE, Francis. *Seguridad Social*. Madrid: Memento Práctico, 2018, p. 14.
60. Op. cit., 2014.
61. *Um Paralelo sobre a Aposentadoria, por Idade, dos Trabalhadores*: Urbano e Rural. 2005. 155 f. Dissertação (Mestrado em Direito Previdenciário) – Faculdade de Direito, Pontifícia Universidade Católica de São Paulo, São Paulo. 2005, p. 41.
62. Ademais, tendo em conta as limitações orçamentárias, convém ressalvar que o princípio consiste, afinal, numa tendência, um escopo, um "horizonte" colocado pelo constituinte.

2.3 Seletividade e distributividade na prestação dos benefícios e serviços

Em virtude da finitude dos recursos orçamentários (reserva do possível), deve-se selecionar as situações mais relevantes (seletividade). Por outro lado, deve-se atender a quem realmente necessite, em escala de prioridade (distributividade). Quando tais princípios são conjugados com o da universalidade, geram, de início, um certo paradoxo, mas é possível conciliar no sentido de perspectiva (universalidade) e realidade atual.

A "seletividade" consiste na possibilidade de seleção, de limitação, enquanto a distributividade pressupõe a busca de um esquema que propicie atender as situações de maior necessidade social[63].

Destarte, a "seletividade" se relaciona com a determinação das contingências (riscos, no âmbito previdenciário; necessidades, nos demais) que devem ser cobertas preferencialmente, a partir de critérios relacionados especialmente com o escopo do seguro social, enquanto a "distributividade" propõe o alcance de situações que revelam mais precariedade, maior vulnerabilidade social.

2.4 Uniformidade e equivalência dos benefícios e serviços às populações urbanas e rurais

Tal objetivo também se enquadra, a nosso sentir, mais como regra do que como princípio.

O princípio – que, como dito, é, a nosso pensar, mais uma regra – determina que o legislador infraconstitucional não pode conferir tratamento desigual aos trabalhadores em virtude do meio geográfico em que atuam. Conforme descreve Wagner Balera, "A uniformidade e equivalência dos benefícios e serviços às populações urbanas e rurais exige igual sistema de proteção social, *id est*, o mesmo elenco de prestações, com critérios idênticos de apuração do respectivo valor. João XXIII fora taxativo, na *Mater et Magistra*: 'não seria conforme à justiça social e à equidade estabelecer sistemas e seguros sociais ou de previdência social em que os lavradores e respectivas famílias se vissem notavelmente menos bem tratados que os setores da indústria e dos serviços. Julgamos, porém, que a política social deve ter como objetivo proporcionar aos cidadãos um regime de seguro que não apresente diferenças notáveis, qualquer que seja o setor econômico'"[64].

Ademais, Balera identifica duas diretrizes contidas no princípio: uma, da uniformidade; outra, da equivalência. A uniformidade impõe que as prestações observem o

---

63. Balera considera que mediante a seletividade, o legislador é chamado a estimar aqueles tipos de prestações que, em conjunto, concretizem as finalidades da Ordem Social. Os chamados grandes riscos – doença, velhice, invalidez, morte e desemprego – já foram selecionados pelo constituinte. Fica, no entanto, sob a responsabilidade do legislador, a definição das demais prestações. Realizada a estimativa, a distributividade faculta a escolha, pelo legislador, de prestações que contemplem de modo mais abrangente os que se encontrem em maior estado de necessidade; destacar, da massa informe de situações de risco, aquelas que correspondem, no momento atual, a necessidades mais prementes da população protegida (op. cit., 2014).
64. Op. cit., 2014.

mesmo critério de cálculo, impedindo, por exemplo, que o *quantum* devido a título de aposentadoria ao trabalhador urbano seja mais elevado do que o do rurícola. A equivalência, por seu turno, determina que as mesmas prestações (benefícios e serviços) conferidas às populações urbanas também devem ser dirigidas às populações rurais, isto é, o rol de prestações deve ser o mesmo[65]. Há quem "inverta" essa visão, ou seja, conceitue que "uniformidade" se refere ao rol de prestações, enquanto "equivalência" é que diz respeito ao *quantum* devido, o que nos parece mais acertado do ponto de vista terminológico[66].

Convém frisar, nessa passagem, que a CRFB de 1988 consiste num marco em termos de evolução, já que vem a estabelecer um regime único de previdência social, por meio da unificação das até então apartadas previdências rural e urbana[67].

---

65. Op. cit., 2015.
66. O próprio Wagner Balera parece ter remodelado sua opinião. Com efeito, em outra obra, anota que "A uniformidade significa identidade. Sendo idênticos os riscos, devem ser as prestações igualmente idênticas para toda a população, independentemente do local onde residam ou trabalhem as pessoas. Equivalente quer dizer "de igual valor". (...) O princípio da equivalência impede a distinção quanto aos valores e seus respectivos critérios de apuração, enquanto a uniformidade impõe um mesmo rol de prestações (...)." (Previdência e Assistência Social. In: MARTINS, Ives Gandra da Silva; MENDES, Gilmar Ferreira; NASCIMENTO, Carlos Valder (Coord.). *Tratado de Direito Constitucional*. São Paulo: Saraiva, 2010, v. 2, p. 415-416.
67. Tendo em vista que a previdência do trabalhador rural possuía, até então, uma dimensão mais modesta do que a do urbano (conquanto fosse aquela de natureza não contributiva), muitos doutrinadores costumam enxergar essa equiparação por apenas um ângulo, qual seja, o de não discriminação (negativa) do trabalhador rural. Não obstante, não nos parece cabível tal distinção, devendo a norma ser lida em mão dupla (salvo quanto às exceções previstas pela própria CRFB), seja quanto aos direitos, seja quanto às obrigações. Neste sentido, observa Emeric Jeansen que a uniformidade toma forma *"[en] garantissant aux bénéficiaires de la protection sociale les mêmes droits et les soumettant aux mêmes obligations"* (*Droit de la Protection Sociale*. 3. ed. Paris: LexisNexis, 2018, p. 04).

CAPÍTULO III
SAÚDE

> *Trata-se de tema usualmente previsto nos editais para os cargos de Advogado da União, Defensor Público Federal[68], Juiz Federal, Procurador do Estado e do Município e Promotor de Justiça Estadual. O tema é demasiado amplo e a cobrança efetiva é esporádica, razão pela qual vamos procurar desenvolver um eixo central de raciocínio apto a congregar, sistematicamente, os pontos mais visados.*

1. INTROITO

É importante frisar, em primeiro lugar, que a saúde acaba por ser mesmo uma matéria "híbrida", sendo raramente cobrada, em concursos públicos, no âmbito do Direito Previdenciário[69]. Noutros países, como por exemplo em Portugal, é um sub-ramo do Direito Administrativo, por vezes em busca de autonomia científica[70]. No Brasil, mormente por existir uma regulação constitucional razoavelmente extensa, muitas vezes o tema da saúde acaba sendo cobrado dentro do Direito Constitucional. Todavia, pelo enquadramento que a CRFB faz, dentro da seguridade social, temos a cobrança ocasional dentro de nossa disciplina e, por tal razão, existe a necessidade de abordarmos aqui o tema, ainda que de forma sucinta. É o que faremos a seguir.

2. DISCIPLINA CONSTITUCIONAL BÁSICA

Em primeiro lugar, o direito à saúde é previsto na CRFB de 1988 como um direito social em seu art. 6º, *in verbis*: "Art. 6º São direitos sociais a educação, a saúde, a alimentação, o trabalho, a moradia, o transporte, o lazer, a segurança, a previdência social, a

---

68. O tópico, contudo, consta no conteúdo programático de Direito Constitucional.
69. Como consignamos noutro texto de nossa autoria, "Todo iniciante em Direito Previdenciário recebe como primeira lição a de que a previdência social é um dos ramos da seguridade social – é dizer, uma relação terminológica de gênero e espécie –, da qual fazem parte também a saúde e a assistência social. Academicamente, contudo, a assistência social é um ramo que também muito interessa ao estudioso de previdência, por manterem entre si – tais ramos – uma relevante interligação, tanto do ponto de vista teórico ou conceitual, quanto prático (de subsidiariedade ou complementaridade), enquanto a saúde é algo bastante distinto, com fins, princípios e conceitos próprios, sendo tema melhor estudado, a meu ver, no âmbito do Direito Constitucional." (PORTO, Rafael Vasconcelos. Previdência e(m) Crise. *Revista Brasileira de Direito Previdenciário*, v. 39, p. 50-77, 2017).
70. Em Portugal, ao contrário do que acontece no Brasil, a saúde não é colocada, conforme revela a própria topografia constitucional, como um dos três ramos da seguridade social. Lá, a "segurança social" engloba a previdência social e parcialmente a assistência social, enquanto a saúde está apartada. Na Itália, em contrapartida (e para ficar só em um exemplo contraposto), o regramento é similar ao brasileiro.

proteção à maternidade e à infância, a assistência aos desamparados, na forma desta Constituição.".

Ademais, a CRFB estabelece (art. 24, XII) que a competência legislativa é concorrente (ou seja, a União legisla sobre normas gerais e os Estados complementam) no âmbito da saúde e que compete aos Municípios "prestar, com a cooperação técnica e financeira da União e do Estado, serviços de atendimento à saúde da população" (art. 30, VII).

Por fim, traça (arts. 196 a 200) uma regulação relativamente extensa numa seção própria (intitulada "Da Saúde"), na qual fixa as seguintes diretrizes básicas: a saúde é direito de todos e dever do Estado; deve ser viabilizado o acesso universal e igualitário às ações e serviços para promoção, proteção e recuperação da saúde; deve ser criado um sistema único, financiado por todos os entes federativos, descentralizado e tendo por escopo o atendimento integral; a assistência à saúde é livre à iniciativa privada, sendo que as instituições privadas poderão participar de forma complementar do sistema único de saúde (SUS)[71].

Em apertada síntese, temos que a CRFB qualifica a saúde como um direito de todos e dever do Estado[72]; define que o serviço, público[73], deve propiciar a universalidade do atendimento (subjetiva) e da cobertura (objetiva, ou seja, em todas as etapas: promoção, prevenção, tratamento e recuperação); designa que o serviço deve ser prestado por

---

71. Segundo destaca Mariana Filchtiner Figueiredo, "A mudança de paradigma fica (...) evidente quando se compara a CF/88 aos textos constitucionais anteriores, em que a saúde era objeto apenas de normas esparsas, mais comumente voltadas, ou à distribuição de competência legislativas e executivas entre União, Estados e Municípios; ou à proteção da saúde do trabalhador, não havendo falar, nessa época, no acesso universal e igualitário hoje assegurado. Com a CF/88, o direito à saúde passou a ser consagrado entre os direitos sociais fundamentais (CF, art. 6º), contando ainda com uma normatização específica nos arts. 196 a 200 do texto constitucional. (.....) Busca-se a superação de modelos anteriores, em que o atendimento à saúde era reservado aos segurados da Previdência Social e respectivos dependentes; ou obtido mediante contrato de plano privado de saúde, normalmente como parcela de benefícios oferecidos a categorias profissionais específicas, vinculadas a grandes empresas." (*Direito à Saúde*. 4. ed. Salvador: JusPodivm, 2015, p. 13).
72. Há, destarte, a opção – consagrada ao mais elevado nível normativo – pelo estabelecimento de um direito universal aos cuidados de saúde e na criação de um sistema nacional dirigido pelo Estado.
73. Como bem descrevem Estorninho e Macieirinha, "A saúde foi, inicialmente, vista como um bem de natureza meramente *individual*, cuja promoção não cabe à comunidade política organizada, mas antes a cada pessoa individualmente considerada (...). (...) se adquiriu a consciência da importância coletiva do bem saúde (...), primeiramente, em resultado do caráter comunitário das epidemias e, mais tarde, do conhecimento adquirido através da ciência, o qual demonstrou a ligação direta entre as condições de salubridade do espaço público, de higiene pessoal, da alimentação e da qualidade da água e do ar, e a incidência de determinadas enfermidades. A saúde deixa, assim, de ser apenas um bem estritamente *individual* e adquire relevância *pública*, com a consequente assunção da responsabilidade do seu cuidado por parte do Estado. Contudo, a atividade estadual destinada a promover a saúde é, num primeiro momento, limitada à *polícia administrativa*, enquanto a atuação orientada à manutenção da ordem pública sanitária, e não tipicamente orientada para a prestação de cuidados de saúde às populações. (...) no pós Segunda Guerra Mundial, (...) o Estado deixa de intervir apenas para garantir a manutenção da *ordem pública sanitária*, mas, de forma inovadora, passa a prestar, através de um serviço próprio de natureza pública, os cuidados de saúde necessários a toda a população e não apenas aos trabalhadores segurados. (...) Não se trata, agora, apenas de promover a saúde pública através de poderes de autoridade, mas também de promover a saúde individual de cada cidadão através da realização de prestações de natureza pública." (ESTORNINHO, Maria João; MACIEIRINHA, Tiago. *Direito da Saúde*. Lisboa: UCP, 2014, p. 10-13).

meio de um sistema nacional de saúde, de caráter descentralizado, que tem por objetivo também integrar União, Estados e Municípios na prestação do serviço; permite o envolvimento da iniciativa privada, inclusive em auxílio ao sistema público.

Desde o ponto de vista teórico, podemos constatar, com apoio na doutrina de Licínio Lopes, que o sistema brasileiro segue o modelo beveridgeano[74], com um serviço nacional de saúde de inteira responsabilidade do Estado. Segundo tal modelo, "O Serviço Nacional de Saúde deveria ser: (1) completo (no sentido de que deveria dispor todos os cuidados de saúde); (2) universal (isto é, para toda a população e sem qualquer discriminação económica, social ou geográfica); (3) e gratuito (pelo menos inicialmente), sendo essencial ou predominantemente financiado com base nos impostos"[75].

Em termos de conceito, adotamos novamente, por conveniência, um que está positivado na CRFB: "A saúde é direito de todos e dever do Estado, garantido mediante políticas sociais e econômicas que visem à redução do risco de doença e de outros agravos e ao acesso universal e igualitário às ações e serviços para sua promoção, proteção e recuperação" (art. 196).

Convém consignarmos aqui mais duas breves anotações.

Em primeiro lugar, cabe pontuar que o texto constitucional viabiliza que o serviço público de saúde seja desempenhado por agentes privados, conforme dispõem os arts. 197 ("São de relevância pública as ações e serviços de saúde, cabendo ao Poder Público dispor, nos termos da lei, sobre sua regulamentação, fiscalização e controle, devendo sua execução ser feita diretamente ou através de terceiros e, também, por pessoa física ou jurídica de direito privado"[76]) e 199 (a ser analisado mais detalhadamente adiante).

Em segundo lugar, cabe anotar que o texto constitucional não assegura, em nenhum momento, a gratuidade do serviço público de saúde, conquanto dê a entender que, por dever estar acessível a todos, tenha mesmo de o ser para quem não tem condições de

---

74. O modelo Beveridge consiste, sucintamente, em sistema universalista, público e financiado majoritariamente por tributos de caráter genérico, que se fundamenta na responsabilidade do Estado e na igualdade de acesso a todos os cidadãos. Neste sentido, anotam Jorge Simões e Ana Dias que "Na generalidade dos países da União Europeia não se observam alterações importantes no modelo de captação de recursos para a saúde. Ou seja, cada país é fiel ao modelo mais bismarckiano ou mais beveridgeano que se desenvolveu ao longo de décadas ou de séculos. Tal significa que nos países do centro da Europa – Alemanha, Holanda, Bélgica, França, Áustria, entre outros – empregados e empregadores descontam uma percentagem dos seus rendimentos para seguros sociais, que contratam prestadores, públicos ou privados; nos países influenciados pelo modelo [Beveridge] (...) – países escandinavos e países do sul da Europa (Portugal, Espanha, Grécia e Itália) são os impostos que financiam um serviço nacional de saúde, com uma prestação maioritariamente pública." (*Gestão da Saúde e Despesa Pública*. In: CABRAL, Nazaré da Costa; AMADOR, Olívio Dutra; MARTINS, Guilherme Waldemar d'Oliveira (Org.). A Reforma do Sector da Saúde: uma realidade iminente? Coimbra: Almedina, 2010, p. 81-100).
75. LOPES, Licínio. Direito Administrativo da Saúde. In: GONÇALVES, Pedro; OTERO, Paulo. *Tratado de Direito Administrativo Especial*. Coimbra: Almedina, 2010, v. III, p. 225-371.
76. A doutrina costuma designar o regime de cooperação da iniciativa privada no âmbito do SUS (por meio de contratos ou convênios) como "saúde complementar", enquanto a prestação do serviço em regime privado (o que é garantido pelo art. 199 da CRFB, diga-se de passagem) é intitulada "saúde suplementar".

arcar com o custeio correspondente[77]. Não obstante, os serviços prestados dentro do sistema único de saúde são gratuitos para todos, ou seja, mesmo para aqueles que teriam condições de arcar com o seu custeio direto ou com taxas moderadoras (tal como ocorre em Portugal, por exemplo). A gratuidade vem mencionada no art. 2º, I, da Lei Complementar 141 de 2002, que regulamenta o § 3º do art. 198 da CRFB, dispondo sobre os valores mínimos a serem aplicados anualmente pelos entes federativos em ações e serviços públicos de saúde, mas é mesmo assegurada apenas por diplomas infralegais.

Em suma, na sistemática atualmente vigente, é o Estado responsável por fornecer acesso universal (a todos, mesmo a quem tenha condições de arcar com o custo do tratamento) e gratuito à saúde, por meio do SUS. Na prática, contudo, tendo em vista o nível insatisfatório (em regra, com honrosas exceções) de qualidade dos serviços oferecidos pelo SUS, as pessoas com melhores condições financeiras usualmente recorrem à rede privada, em geral por intermédio de operadoras de planos de saúde, o que configura uma relação de natureza consumerista[78], inclusive com extensa regulação específica (vide, por exemplo, a Lei 9.656/98, que dispõe sobre os planos e seguros privados de assistência à saúde).

3. LEGISLAÇÃO INFRACONSTITUCIONAL

Cabe destacar, no que nos interessa no presente trabalho, a já mencionada Lei Complementar 141 de 2002; a Lei 8.080/90 (que, conforme sua ementa, "Dispõe sobre as condições para a promoção, proteção e recuperação da saúde, a organização e o funcionamento dos serviços correspondentes e dá outras providências"[79]); e o Decreto 7.508 de 2011 (que regulamenta a Lei 8.080/90).

Em segundo plano, convém indicar também a Lei 6.360/76, que "dispõe sobre a Vigilância Sanitária a que ficam sujeitos os Medicamentos, as Drogas, os Insumos

---

77. Maíra Esteves Braga observa, citando Elisângela Santos de Moura, que a gratuidade é "característica [que] não está expressa no texto constitucional brasileiro. Nada obstante, a interpretação conferida para o texto constitucional é de que, 'para que o acesso seja universal e igualitário, impõe-se a gratuidade dos serviços, porquanto não se pode considerar universal, serviço público que exige contrapartida pecuniária'." (*Caminhos Administrativos Percorridos em Portugal e no Brasil para a Prestação de Serviços de Saúde*: entre o público e o privado. 2018. 149 p. Tese (Mestrado em Ciências Jurídico-Políticas) – Faculdade de Direito, Universidade de Lisboa, Lisboa. 2018, p. 48). Tal, contudo, não nos parece ser o único raciocínio que se pode daí extrair, visto que à universalização do serviço bastaria torná-lo acessível gratuitamente a quem não tenha como arcar com o seu custeio. Ingo Wolfgang Sarlet adverte que "não se está a chancelar aqui – pelo menos não automaticamente – a tese da gratuidade absoluta dos serviços públicos de saúde, no sentido de uma impossibilidade de qualquer tipo de cobrança pelo uso do sistema público de saúde. Ao contrário do que pretende expressiva doutrina, não há como deduzir (pelo menos não de modo cogente) do princípio da universalidade um princípio da gratuidade do acesso, visto que acesso igualitário e universal (...) não se confunde (...) com um acesso totalmente gratuito." (In: MARINONI, Luiz Guilherme; MITIDIERO, Daniel; SARLET, Ingo Wolfgang. *Curso de Direito Constitucional*. São Paulo: Ed. RT, 2012, p. 578-579).
78. Neste sentido, a Súmula 608 do STJ: "Aplica-se o Código de Defesa do Consumidor aos contratos de plano de saúde, salvo os administrados por entidades de autogestão".
79. É conhecida como a "lei orgânica da saúde" e tem caráter nacional (e não meramente federal, portanto), já que estabelece regras gerais aplicáveis a todas as unidades federativas.

Farmacêuticos e Correlatos, Cosméticos, Saneantes e Outros Produtos"; a Lei 9.782/99, que "define o Sistema Nacional de Vigilância Sanitária" e cria a ANVISA – Agência Nacional de Vigilância Sanitária; a Lei 11.105/05, da Biossegurança; a Lei 10.205/01, que dispõe sobre "coleta, processamento, estocagem, distribuição e aplicação do sangue, seus componentes e derivados"; e a Lei 9.434/97, que "dispõe sobre a remoção de órgãos, tecidos e partes do corpo humano para fins de transplante e tratamento".

4. O SISTEMA ÚNICO DE SAÚDE (SUS)

Nos termos do art. 4º da Lei 8.080/90, "O conjunto de ações e serviços de saúde, prestados por órgãos e instituições públicas federais, estaduais e municipais, da Administração direta e indireta e das fundações mantidas pelo Poder Público, constitui o Sistema Único de Saúde (SUS)"[80].

Como já dito, a existência (e a conformação básica) do SUS está prevista expressamente na CRFB (arts. 196 e 198).

O objetivo almejado com a instituição da unicidade do sistema nacional de saúde é o de evitar a fragmentação (e, consequentemente, padronizar as rotinas e instituir patamares mínimos de estruturação[81]) e permitir a coordenação e o planejamento integrados das políticas públicas no setor. Como anota Mariana Filchtiner Figueiredo, "Apesar de descentralizados e regionalizados, os serviços e as ações de saúde passam a fazer parte de um só sistema público, com comando único em cada esfera de governo e seguindo diretivas comuns (...)"[82]. A regionalização do serviço, em contrapartida, permite uma aproximação às necessidades de cada comunidade.

Os municípios poderão constituir consórcios para desenvolver em conjunto as ações e os serviços de saúde que lhes correspondam (art. 10 da Lei 8.080/90). Como explica Mariana Filchtiner Figueiredo, "A formação de consórcios intermunicipais tem por finalidade a otimização dos recursos, financeiros, humanos e sanitários, em favor da melhor efetivação do direito à saúde das populações envolvidas. Pela conjugação de esforços, procura-se superar as dificuldades e disparidades de toda ordem (econômicas, sociais, ambientais, populacionais, geográficas etc.) entre os Municípios brasileiros"[83].

Cumpre anotar, ademais, que "Os Estados e os Municípios que estabelecerem consórcios ou outras formas legais de cooperativismo, para a execução conjunta de ações e serviços de saúde e cumprimento da diretriz constitucional de regionalização e hierarquização da rede de serviços, poderão remanejar entre si parcelas dos recursos dos Fundos de Saúde derivadas tanto de receitas próprias como de transferências

---

80. Ademais, nos termos do § 1º do mesmo dispositivo, "Estão incluídas no disposto neste artigo as instituições públicas federais, estaduais e municipais de controle de qualidade, pesquisa e produção de insumos, medicamentos, inclusive de sangue e hemoderivados, e de equipamentos para saúde".
81. O que, cabe frisar, não impede a ampliação por meio de programas locais.
82. Op. cit., p. 115.
83. Op. cit., p. 361.

obrigatórias, que serão administradas segundo modalidade gerencial pactuada pelos entes envolvidos" (art. 21, LC 141/12).

Acerca do planejamento – que, diga-se de passagem, é obrigatório para os entes públicos e indutor de políticas para a iniciativa privada –, dispõe o art. 30, § 1º, da LC 141/12 que "O processo de planejamento e orçamento será ascendente e deverá partir das necessidades de saúde da população em cada região, com base no perfil epidemiológico, demográfico e socioeconômico, para definir as metas anuais de atenção integral à saúde e estimar os respectivos custos". Conforme o art. 36 da Lei 8.080/90, "O processo de planejamento e orçamento do Sistema Único de Saúde (SUS) será ascendente, do nível local até o federal, ouvidos seus órgãos deliberativos, compatibilizando-se as necessidades da política de saúde com a disponibilidade de recursos em planos de saúde dos Municípios, dos Estados, do Distrito Federal e da União" (*caput*) e "Os planos de saúde serão a base das atividades e programações de cada nível de direção do Sistema Único de Saúde (SUS), e seu financiamento será previsto na respectiva proposta orçamentária" (§ 1º).

Convém destacar, ainda, o "Mapa da Saúde", que é utilizado na identificação das necessidades de saúde e orienta o planejamento integrado dos entes federativos, contribuindo para o estabelecimento de metas de saúde (arts. 16 e 17 do Decreto 7.508/11).

A organização da prestação dos serviços entre os entes federativos respeita uma lógica hierárquica relativamente à complexidade do tratamento. Neste sentido, os Municípios, todos, quedam responsáveis pelo atendimento de atenção primária e de baixa complexidade[84], nos postos de saúde ou configuração similar. Já a atenção secundária ou de média complexidade[85] deve ser oferecida em hospitais e centros de tratamento de grande especialização, geralmente em cidades maiores e/ou mais bem estruturadas (todavia, poderão ser observadas peculiaridades regionais), para além de buscar uma distribuição geográfica racional e eficiente. Ademais, à direção nacional do SUS compete definir e coordenar os sistemas de redes integradas de assistência de alta complexidade, de rede de laboratórios de saúde pública, de vigilância epidemiológica e de vigilância sanitária (art. 16, III, da Lei 8.080/90)[86].

---

84. São as denominadas "portas de entrada" do sistema (ao lado dos serviços de emergência), o serviço de atendimento inicial à saúde do usuário do SUS. Desde aí, o paciente poderá – em sendo o caso - ser direcionado (pelo mecanismo do "referenciamento") aos níveis de maior complexidade ou especialização, segundo critérios de ordem cronológica e de avaliação do risco individual e coletivo. Segundo o art. 2º, VI, do Decreto 7.508/11, a "Rede de Atenção à Saúde" é o "conjunto de ações e serviços de saúde articulados em níveis de complexidade crescente, com a finalidade de garantir a integralidade da assistência à saúde". Trata-se, portanto, de uma rede de unidades de diferentes perfis, que operam de forma articulada, para evitar desvirtuamentos, como duplicidade de serviços ou ociosidade de infraestrutura ou de pessoal.
85. Há classificações diversificadas, mas podemos, de modo simplista, conceituar da seguinte forma: a saúde primária consistiria no atendimento básico em postos de saúde (ou equivalente) e pronto-atendimentos; a saúde secundária compreenderia as consultas de especialidades e a realização de exames clínicos mais complexos; a saúde terciária envolve o atendimento de alta complexidade, como cirurgias e traumatologia, e também os cuidados continuados.
86. Ademais, a União deverá "prestar cooperação técnica e financeira aos Estados, ao Distrito Federal e aos Municípios para o aperfeiçoamento da sua atuação institucional" (art. 16, XIII, da Lei 8.080/90).

Compete ainda ao SUS, nos termos do art. 200 da CRFB (sem prejuízo de a legislação infraconstitucional estabelecer outras atribuições): controlar e fiscalizar procedimentos, produtos e substâncias de interesse para a saúde e participar da produção de medicamentos, equipamentos, imunobiológicos, hemoderivados e outros insumos; executar as ações de vigilância sanitária e epidemiológica, bem como as de saúde do trabalhador; ordenar a formação de recursos humanos na área de saúde; participar da formulação da política e da execução das ações de saneamento básico; incrementar, em sua área de atuação, o desenvolvimento científico e tecnológico e a inovação; fiscalizar e inspecionar alimentos, compreendido o controle de seu teor nutricional, bem como bebidas e águas para consumo humano; participar do controle e fiscalização da produção, transporte, guarda e utilização de substâncias e produtos psicoativos, tóxicos e radioativos; colaborar na proteção do meio ambiente, nele compreendido o do trabalho.

Está no raio de competências do SUS, portanto, ações de vigilância sanitária[87] e epidemiológica[88] e relacionadas à saúde do trabalhador, assim como a assistência terapêutica e farmacêutica.

4.1 Financiamento do SUS

O financiamento do SUS está regulado, em primeiro plano, pela própria CRFB, nos §§ 1º a 3º de seu art. 198. Cabe destacar aqui alguns pontos.

Em primeiro lugar (§ 1º), é dito que o SUS será financiado "com recursos do orçamento da seguridade social, da União, dos Estados, do Distrito Federal e dos Municípios, além de outras fontes". Impõe, portanto, o envolvimento de todos os entes federativos. Ademais, situa a saúde dentro da seguridade social e ao respectivo financiamento, que deriva especialmente de contribuições específicas de natureza tributária.

Em segundo lugar (§ 2º), fixa um percentual mínimo de recursos que a União deverá aplicar na saúde e remete à lei complementar a fixação dos patamares mínimos que devem ser aplicados pelos demais entes federativos[89].

---

87. "Entende-se por vigilância sanitária um conjunto de ações capaz de eliminar, diminuir ou prevenir riscos à saúde e de intervir nos problemas sanitários decorrentes do meio ambiente, da produção e circulação de bens e da prestação de serviços de interesse da saúde, abrangendo: I – o controle de bens de consumo que, direta ou indiretamente, se relacionem com a saúde, compreendidas todas as etapas e processos, da produção ao consumo; e II – o controle da prestação de serviços que se relacionam direta ou indiretamente com a saúde." (§ 1º do art. 6º da Lei 8.080/90).
88. "Entende-se por vigilância epidemiológica um conjunto de ações que proporcionam o conhecimento, a detecção ou prevenção de qualquer mudança nos fatores determinantes e condicionantes de saúde individual ou coletiva, com a finalidade de recomendar e adotar as medidas de prevenção e controle das doenças ou agravos." (§ 2º do art. 6º da Lei 8.080/90).
89. É importante lembrar que há o mesmo tipo de imposição em relação à educação, mas quanto a esta, a CRFB já estabelece diretamente todos os patamares mínimos (Art. 212: "A União aplicará, anualmente, nunca menos de dezoito, e os Estados, o Distrito Federal e os Municípios vinte e cinco por cento, no mínimo, da receita resultante de impostos, compreendida a proveniente de transferências, na manutenção e desenvolvimento do ensino").

Em terceiro lugar (§ 3º), estabelece que lei complementar deverá definir "os critérios de rateio dos recursos da União vinculados à saúde destinados aos Estados, ao Distrito Federal e aos Municípios, e dos Estados destinados a seus respectivos Municípios, objetivando a progressiva redução das disparidades regionais". Há, destarte, a ideia de se procurar ajustar de forma mais equânime a distribuição de recursos a partir dos níveis mais superiores da estrutura federativa[90].

A lei complementar anteriormente mencionada, destinada a regular o § 3º do art. 198 da CRFB (e também o § 2º), é atualmente a de 141/12. Em relação à União, tal diploma estabelece que deverá aplicar anualmente o montante correspondente ao valor empenhado no exercício financeiro anterior, acrescido de, no mínimo, o percentual correspondente à variação nominal do PIB ocorrida no ano anterior ao da lei orçamentária anual, sendo que em caso de variação negativa do PIB, o valor não poderá ser nominalmente reduzido[91].

Na prática, o SUS sempre enfrentou problemas de subfinanciamento e má gestão[92]: aquele, decorrente da inaptidão crônica de muitos municípios (e até mesmo Estados-membros) para recolher fundos suficientes para se desincumbir de todas suas funções (como se sabe, a União tem um potencial arrecadatório muito mais amplo do que os demais entes federativos), déficit que em muitos casos não é suprido pela transferência de recursos por parte da União (o que não se dá de forma organizada, constante e depende de fatores políticos difusos)[93]; esta, fruto de despreparo dos governantes para

---

90. O art. 35 da Lei 8.080/90 (que foi recepcionado com *status* de lei complementar, vez que precede a alteração constitucional que passou a exigir legislação desta estirpe para tratar do tema) dispõe que "para o estabelecimento de valores a serem transferidos a Estados, Distrito Federal e Municípios, será utilizada a combinação dos seguintes critérios, segundo análise técnica de programas e projetos: I – perfil demográfico da região; II – perfil epidemiológico da população a ser coberta; III – características quantitativas e qualitativas da rede de saúde na área; IV – desempenho técnico, econômico e financeiro no período anterior; V – níveis de participação do setor saúde nos orçamentos estaduais e municipais; VI – previsão do plano quinquenal de investimentos da rede; VII – ressarcimento do atendimento a serviços prestados para outras esferas de governo".
91. Tal regra, contudo, sofre os influxos de algumas Emendas Constitucionais, como, por exemplo, a dita "Emenda Constitucional do Orçamento Impositivo" (EC 86/2015), que determinou (art. 3º) o aumento para 15% até 2018 do percentual da receita corrente líquida a ser investido na área de saúde. Ademais, a dita "Emenda do Teto de Gastos" (EC 95/2016), que impôs um "congelamento" generalizado do orçamento, cuja ampliação não pode, ano a ano, superar a inflação.
92. Ademais, e em decorrência também de tais fatores, o serviço prestado é, de modo geral, de baixa qualidade e insuficiente em quantidade, levando os cidadãos que possuem condições financeiras suficientes a recorrer ao serviço privado de saúde, resultando que o Brasil, segundo dados da OMS, é o país recordista em gastos com saúde privada, o que se mostra, de certo modo, um contrassenso, se considerarmos que o serviço público é gratuito a todos. Tendo em vista a possibilidade de o contribuinte compensar, em parte, via Imposto de Renda Pessoa Física, o dispêndio com a saúde privada (o que consiste num reconhecimento por parte do Estado de que não pôde oferecer saúde pública com qualidade suficiente, pelo que permite a compensação parcial), resulta que uma fatia do custo vem a, afinal, onerar os cofres públicos.
93. Como observa Carlos Alexandre Amorim Leite, analisando dados da Organização Mundial da Saúde de 2010, "Apesar de haver um significativo aumento nos investimentos em saúde por parte do governo brasileiro, cujo gasto *per capita* em 2010 (US$ 466) superou o da Argentina (US$ 405) e o do Chile (US$ 456), ainda não atingiu um patamar financeiro condizente com a riqueza nacional e com a necessidade de parcela significativa da população, pois há alguns outros países emergentes a aplicarem mais em saúde do que o Brasil, a exemplo do Uruguai (US$ 669), México (US$ 469) e Rússia (US$ 620), sem falar nos países europeus da Zona do Euro que

lidar com a administração pública e financeira, da corrupção sistêmica[94] e, por último, da interferência do Judiciário a partir da judicialização da saúde (tema que enfrentaremos logo adiante).

4.2 Envolvimento da iniciativa privada

Como alerta Mariana Filchtiner Figueiredo, "O complexo de relações público-privadas na prestação de assistência à saúde é um dos temas mais tormentosos em qualquer sistema de saúde, já que envolve interesses diferentes, e muitas vezes contrapostos, assim como formas diretas e indiretas de aplicação de recursos públicos"[95].

O envolvimento da iniciativa privada no SUS é regulado pela CRFB nos §§ 1º e 2º de seu art. 199. O regramento aí consagrado traduz parâmetros, de certo modo, restritivos. Com efeito, dispõe, em primeiro lugar, que "As instituições privadas poderão participar de forma complementar do sistema único de saúde, segundo diretrizes deste, mediante contrato de direito público ou convênio, tendo preferência as entidades filantrópicas e as sem fins lucrativos". E acrescenta, em segundo lugar, que "É vedada a destinação de recursos públicos para auxílios ou subvenções às instituições privadas com fins lucrativos".

Em suma, a participação da iniciativa privada – que é celebrada por meio de contrato ou convênio administrativo[96] – no âmbito do SUS é complementar, ou seja, tem lugar *apenas* quando o sistema público não possuir condições suficientes para assegurar a cobertura em determinada área[97]. Ademais, a CRFB estabelece preferência pela participação de entidades filantrópicas e instituições sem fins lucrativos. Finalmente, veda a destinação de recursos públicos para "auxílios ou subvenções" a instituição com fins lucrativos.

Segundo dispõe o art. 26 da Lei 8.080/90, "Os critérios e valores para a remuneração de serviços e os parâmetros de cobertura assistencial serão estabelecidos pela direção nacional do Sistema Único de Saúde (SUS), aprovados no Conselho Nacional de Saúde"[98] (*caput*). "Na fixação dos critérios, valores, formas de reajuste e de pagamento da

---

se encontram em severa crise financeira e, mesmo assim, investem no bem-estar de suas populações quantias inimagináveis em saúde para a realidade brasileira, nomeadamente Portugal (US$ 1.613), Grécia (US$ 1.695), Espanha (US$ 2.204), Itália (US$ 2.345) e Irlanda (US$ 2.562)." (*Direito Fundamental à Saúde*: efetividade, reserva do possível e o mínimo existencial. Curitiba: Juruá, 2014, p. 128).
94. O que ficou evidenciado, por exemplo, na denominada "Operação Sanguessuga".
95. Op. cit., p. 194.
96. Trata-se, segundo observa Mariana Filchtiner Figueiredo (op. cit., p. 196), de hipótese de delegação de serviço público à iniciativa privada.
97. Neste sentido, inclusive, o disposto no art. 24 da Lei 8.080/90: "Quando as suas disponibilidades forem insuficientes para garantir a cobertura assistencial à população de uma determinada área, o Sistema Único de Saúde (SUS) poderá recorrer aos serviços ofertados pela iniciativa privada".
98. Chama a atenção, ademais, o fato de que o mencionado diploma arrola, entre as atribuições da direção municipal do SUS, a de "observado o disposto no art. 26 desta Lei, celebrar contratos e convênios com entidades prestadoras de serviços privados de saúde, bem como controlar e avaliar sua execução" (art. 18, X). Tendo em vista não consignar a mesma competência nos âmbitos estadual e federal, permite extrair a impressão, *contrario sensu*, de que, segundo este diploma infraconstitucional, é apenas no âmbito municipal que se pode recorrer ao auxílio da iniciativa privada, inferência que parece ter sido adotada pelo STJ no CC 31.055.

remuneração aludida neste artigo, a direção nacional do Sistema Único de Saúde (SUS) deverá fundamentar seu ato em demonstrativo econômico-financeiro que garanta a efetiva qualidade de execução dos serviços contratados" (§ 1º). "Aos proprietários, administradores e dirigentes de entidades ou serviços contratados é vedado exercer cargo de chefia ou função de confiança no Sistema Único de Saúde (SUS)" (§ 4º)[99].

Cabe referenciar ainda que a Lei 10.742/03 cria a Câmara de Regulação do Mercado de Medicamentos – CMED[100], a qual tem por competência, dentre outras, a fixação do denominado "coeficiente de adequação de preços – CAP", por meio do qual se impõe um percentual de desconto obrigatório e linear nos preços de medicamentos vendidos para o Estado. Tem-se aí uma redução à liberdade de atuação da iniciativa privada, tendo em vista a supremacia do interesse público no atendimento à saúde. O STF já entendeu ser constitucional a prática (RMS 28.487).

Para além dessa hipótese, cabe mencionar a Lei 12.550/11, que autoriza a criação da Empresa Brasileira de Serviços Hospitalares (EBSERH), que visa coordenar a atuação dos hospitais universitários, ademais de autorizar os Estados-membros a criar "empresas públicas de serviços hospitalares" (art. 17).

Sobre a utilização de parcerias público-privadas (PPP's) na área de saúde, cabe referenciar que é algo que se apresenta de forma ainda muito tímida e que as poucas experiências implementadas se concentram mais na atenção terciária. Segundo aponta Maíra Esteves Braga[101], o Hospital do Subúrbio de Salvador foi a primeira PPP em matéria de saúde no Brasil, sendo apontada ademais como a única, até o momento, a delegar atividades clínicas ao parceiro privado. Outro exemplo de destaque é o do Hospital Metropolitano do Barreiro, em Belo Horizonte, caso em que a PPP abrangeu apenas a construção (e eventual ampliação), manutenção e gestão predial do estabelecimento, além de outros serviços administrativos, sem contemplar, contudo, os serviços clínicos. Ambos os exemplos consistem em contratos celebrados por Municípios.

5. JUDICIALIZAÇÃO DA SAÚDE

A denominada "judicialização da saúde" é um tema que alcançou enorme relevância no Brasil nos tempos recentes, razão pela qual nos parece inevitável tecer aqui

---

99. Colhemos, a título meramente exemplificativo, o relato de Rodrigo Nóbrega de Farias, sobre o município brasileiro de João Pessoa, capital do Estado da Paraíba, cuja região metropolitana tem uma população estimada de 1,2 milhão de habitantes: "A rede hospitalar do SUS em João Pessoa, própria, conveniada e contratada, possui 27 hospitais, distribuídos da seguinte forma: 4 hospitais públicos municipais, 7 públicos estaduais, 1 público federal, 4 filantrópicos e 11 hospitais privados (...). Há, na rede, ainda, 191 centros e unidades básicas de saúde, 7 clínicas e policlínicas, 3 centros de reabilitação e assistência social (CRAS), 1 central de exames, 7 farmácias do povo e 3 unidades de pronto atendimento (UPA)." (*Direito à Saúde & sua Judicialização*. Curitiba: Juruá, 2018, p. 30).
100. Ademais, estabelece "normas de regulação do setor farmacêutico, com a finalidade de promover a assistência farmacêutica à população, por meio de mecanismos que estimulem a oferta de medicamentos e a competitividade do setor".
101. Op. cit., p. 115-s.

algumas linhas sobre o assunto. Para concursos públicos de carreiras jurídicas, é este talvez o tema mais palpitante em termos de saúde, uma vez que tem gerado diversas controvérsias jurisprudenciais, muitas delas chegando aos Tribunais Superiores.

Vamos procurar fazer aqui – como de resto em toda a obra – um resumo do debate, sem, contudo, abrir mão dos pontos essenciais.

Diante da baixa qualidade, em regra, do serviço público prestado na área de saúde, o que decorre também da notória escassez de recursos que aflige o Estado brasileiro, tem-se como resultado (diríamos inevitável) a busca pelo Judiciário para arbitrar as disputas em torno dos "clarões" de cobertura. Em síntese, está aí o fator (real) principal a desencadear tamanha procura pelo Judiciário[102] (é certo que a desorganização, por parte do poder público, e a desinformação, recíproca, também contribuem para a judicialização, por vezes desnecessária).

Como dantes salientamos, o SUS, segundo o desenho que a CRFB lhe deu, é subjetivamente universal (deve estar acessível a todos) e deve prestar um serviço integral (ou seja, em todas as etapas: promoção, proteção e recuperação). Ademais, como também já anotamos, é sempre gratuito.

As demandas judiciais discutem, em síntese, questões relativas a tratamento médico-hospitalar e/ou fornecimento de medicamentos[103].

A primeira situação que se coloca no debate – mais simples – é aquela em que a cobertura está prevista em tese, contudo não é, por qualquer razão (falta de recursos, excesso de demanda, desarranjo momentâneo etc.) oferecida na prática. Em outras palavras, o próprio SUS oferece em tese aquela cobertura, mas na situação concreta ela não está sendo realizada.

O entendimento amplamente prevalecente aqui é de que o Judiciário deve intervir. Assim, se a hipótese for de falta de medicamentos, a solução é determinar a aquisição;

---

102. Segundo noticia o Conselho Nacional de Justiça, "Entre 2008 e 2017, o número de demandas judiciais relativas à saúde registrou um aumento de 130%, conforme revela a pesquisa 'Judicialização da Saúde no Brasil: Perfil das demandas, causas e propostas de solução'. O estudo, elaborado pelo Instituto de Ensino e Pesquisa (Insper) para o Conselho Nacional de Justiça (CNJ), mostra que, no mesmo período, o número total de processos judiciais cresceu 50%. (...) A pesquisa identificou que o setor de saúde foi responsável por 498.715 processos de primeira instância distribuídos em 17 tribunais de justiça estaduais, e 277.411 processos de segunda instância, distribuídos entre 15 tribunais de justiça estaduais. Os números refletem no orçamento do Ministério da Saúde, que registrou um crescimento, em sete anos, de aproximadamente 13 vezes nos gastos com demandas judiciais, alcançando R$ 1,6 bilhão em 2016." (disponível em: https://www.cnj.jus.br/noticias/cnj/88612-demandas-judiciais-relativas-a-saude-crescem-130-em-dez-anos, consulta em 06.09.2019).

103. Como explica Mariana Filchtiner Figueiredo, "no que se refere à dimensão subjetiva do direito fundamental à saúde, (...) a doutrina muitas vezes distingue entre 'direito originário' e 'direito derivado' a prestações. (...) fala-se em *direitos originários* para designar os direitos fundamentais cujas prestações são passíveis de exigibilidade judicial com base somente na norma constitucional que os consagra. Já os *direitos derivados* corresponderiam àqueles direitos ou posições subjetivas cujas prestações, para serem obtidas, necessariamente demandam a intervenção conformadora do legislador, que em geral regula o modo de acesso e os tipos de prestações (...)." (op. cit., p. 51).

se for o caso de falta de profissional ou estrutura, se tem optado por determinar que o tratamento seja feito na rede privada, porém às custas do Erário[104].

Num estágio mais avançado (em termos de complexidade), temos os casos em que o tratamento não é oferecido pelo SUS. Desde aí, temos vários desdobramentos.

Em primeiro lugar, temos aqueles casos em que o SUS oferece um determinado tratamento ou medicamento para a hipótese, contudo o profissional médico que acompanha o requerente (seja da rede pública ou privada) sustenta que é outro o mais adequado. A questão, assim, adquire contornos de um debate científico (médico), visto que o juiz, no mais das vezes, não dispõe, à partida, de conhecimento suficiente para deliberar acerca de qual seria o mais apropriado. Quando a indicação foi feita por um profissional atuando na rede pública, a questão se mostra até mais intrincada, já que há uma contradição entre orientações oriundas do próprio poder público.

A nomeação de um perito (médico) pelo juízo pode auxiliar na decisão, embora não deixe de ser, afinal, apenas outra opinião subjetiva – isenta (presumivelmente), porém, em regra, com menor conhecimento do caso concreto, se comparar à do médico que já acompanha o paciente.

De todo modo, um parâmetro que se costuma recomendar é privilegiar a medicina baseada em evidências[105] em relação à experimental, contudo isto é tormentoso quando se trata de doença terminal e/ou multifatorial, como a neoplasia maligna (câncer), na qual as variáveis são inúmeras e não há propriamente certezas científicas.

O entendimento prevalecente em jurisprudência é "no sentido de ser possível ao Judiciário a determinação de fornecimento de medicamento não incluído na lista

---

104. Naqueles casos em que há falta de espaço (por exemplo, de leito), convém destacar que o julgador deve ter o cuidado de não se estar sobrepondo à decisão médica sobre prioridades, determinando o encaixe do reclamante (na própria rede pública) tendo por consequência o desalojamento de outrem. Por isso é que a melhor doutrina tem sugerido que se determine, se possível, a internação na rede privada, às custas do Erário.
105. "As ações médicas prescritas devem estar sustentadas por documentação científica que demonstre relação causal entre o tratamento e a melhora clínica ou cura que se pretenda. Em outras palavras, as ações médicas devem estar baseadas em evidências como preconizado pela Medicina Baseada em Evidências (MBE), que propõe métodos de hierarquização e avaliação crítica das evidências com o intuito de auxiliar os médicos na tomada de decisão, embasando-a em resultados de estudos de pesquisa clínica: análises de eficácia, de segurança e de custo-efetividade das intervenções médicas. A MBE é também uma prática definida como: 'o uso consciencioso, explícito e judicioso da melhor evidência científica para a tomada de decisão no tratamento de pacientes, processo que envolve a integração entre o julgamento clínico e a experiência do médico com os dados da literatura disponível'. Assim, um bom estudo de caso ou séries de casos pode ser o caminho para melhorar a evidência disponível quando não for possível a realização de estudos controlados. A MBE é uma abordagem ao conhecimento médico baseada na aplicação do método científico; evidências, portanto, significam, aqui, provas científicas. Ela incorporou técnicas da engenharia e estatísticas como: revisões extensivas da literatura existente, chamadas de meta-análise; análise de risco-benefício; experimentos clínicos aleatórios e controlados, populacionais, entre outras. (...) A MBE, de certa forma, contrapõe-se à chamada medicina baseada na autoridade do médico. (...) Qualquer profissional que realize qualquer afirmação sobre a saúde de uma pessoa sem a embasar em estudos científicos está fazendo medicina baseada em autoridade e não medicina baseada em evidências." (BURMESTER, Haino. *Gestão da Qualidade Hospitalar*. São Paulo: Saraiva, 2013, p. 87).

padronizada fornecida pelo SUS" (STF no RE 831.385 AgR[106]). Ou seja, caso o julgador esteja, afinal, convencido acerca da ineficácia das opções fornecidas pelo SUS, deve determinar o fornecimento da alternativa sugerida (ressaltamos que não estamos cuidando aqui da hipótese de tratamento de alto custo, quando a discussão, suscitada logo adiante, é mais arrevesada).

Um segundo tipo de situação é aquele em que o medicamento sugerido pelo médico que acompanha o requerente não está registrado na ANVISA (Agência Nacional de Vigilância Sanitária), órgão responsável por autorizar a comercialização de medicamentos no país, havendo ou não alternativa oferecida pelo SUS.

Convém destacar que nalguns casos a ausência do registro decorre de uma questão meramente burocrática (ou seja, o fabricante ou o interessado não cumpriram com algumas exigências procedimentais, é dizer, a recusa não se baseia em razões técnicas acerca de inaptidão do produto em si[107]). Invariavelmente, surgem acusações no sentido de que a ANVISA é, em certa medida, suscetível ao *lobby* de determinados laboratórios, oferecendo, assim, resistência à aprovação de medicamentos de outros fabricantes, que poderiam oferecer concorrência. De resto, há casos em que o medicamento é comercializado no EUA e em vários países da Europa, Japão e ainda não está autorizado no Brasil, deixando ao julgador o dilema de definir quem está com a razão.

Em decisão recente (22/05/2019), o STF definiu, no bojo do RExt 657.718, em regime de repercussão geral, que o Estado não pode ser obrigado a fornecer medicamento experimental ou sem registro na ANVISA[108], salvo, nesta última hipótese, em

---

106. Em sentido semelhante, o STJ no bojo do EDcl no REsp 1.657.156, julgado na sistemática dos recursos repetitivos: "A concessão dos medicamentos não incorporados em atos normativos do SUS exige a presença cumulativa dos seguintes requisitos: i) Comprovação, por meio de laudo médico fundamentado e circunstanciado expedido por médico que assiste o paciente, da imprescindibilidade ou necessidade do medicamento, assim como da ineficácia, para o tratamento da moléstia, dos fármacos fornecidos pelo SUS; ii) incapacidade financeira de arcar com o custo do medicamento prescrito; iii) existência de registro do medicamento na ANVISA, observados os usos autorizados pela agência.". Portanto, segundo a visão do STJ, apenas a pessoa em situação de hipossuficiência financeira tem o direito de exigir do Estado o fornecimento de medicamentos que não constam na lista do SUS. Carlos Alexandre Amorim Leite opina que "as políticas públicas de saúde levadas a efeito pelos poderes políticos franquiam bens e serviços médicos a todos os brasileiros, sem quaisquer distinções socioeconômicas. No entanto, é plausível a defesa do princípio da subsidiariedade em situações configuradoras do mínimo existencial, porque envolvem prestações sociais não previstas em políticas públicas, mas necessárias a uma vida digna. Assim, os poderes constituídos devem exigir que o indivíduo comprove não possuir meios próprios para suprir a sua necessidade ao concederem prestações sociais não incluídas em políticas públicas, sob o arrimo do mínimo existencial" (Op. cit., p. 155).
107. Sobre o tema, remetemos o leitor aos arts. 19-O a 19-T da Lei 8.080/90.
108. O STF possui entendimento sedimentado no sentido de que, em regra, há responsabilidade solidária dos três entes federativos (União, Estado e Município) envolvidos, decorrente da competência comum na matéria (RExt 855.178, tema 793 da repercussão geral, e AgR-RE 607.381). Não obstante, nos termos do RExt 655.718, tema 500 da repercussão geral: "as ações que demandem fornecimento de medicamentos sem registro na Anvisa deverão necessariamente ser propostas em face da União" (conquanto não se exija que seja *exclusivamente* contra a União). Recentemente, contudo, foi aberta nova questão, que está sendo apreciada no bojo do RExt 1.366.243 (tema 1234 da repercussão geral), que consiste numa tese de que a competência seria da Justiça Federal, por inclusão da União no polo passivo, nas demandas que versam sobre fornecimento de medicamentos registrados na ANVISA, mas não padronizados (incorporados) no SUS. É um tema ainda em aberto porque

casos excepcionais[109]. A decisão vai na mesma senda da proferida no bojo do Agravo em Suspensão de Tutela Antecipada 175, que fincou as seguintes premissas (algumas delas aplicáveis aos debates que consignamos anteriormente): quando há política pública que abranja a prestação de saúde requerida pela parte, o Judiciário está apenas determinando o seu cumprimento, hipótese em que há direito subjetivo a execução da política pública; é preciso verificar se o fármaco pedido possui registro na ANVISA, pois é vedado a Administração Pública fornecer medicamento sem registro, salvo quando há dispensa em virtude de medicamentos adquiridos por intermédio de organismos multilaterais internacionais, para uso de programas em saúde pública pelo Ministério da Saúde; a prestação à saúde pleiteada deve ter evidência científica suficiente para a sua utilização (o Estado não está obrigado a custear tratamentos experimentais); caso o SUS forneça tratamento alternativo e não se comprove que ele não é adequado, a ele deve ser dada prioridade, exceto se for provado que por razões específicas o tratamento fornecido não é eficaz ao paciente; os tratamentos novos ainda não incluídos nos protocolos do SUS, mas fornecidos pela rede particular de saúde, podem ser determinados, desde que haja ampla instrução[110].

Podemos perceber, numa leitura cuidadosa, que as duas últimas diretrizes deixam "brechas" significativas para a casuística, ou seja, muito embora o STF tenha procurado

---

o STJ todavia reluta em acolher o entendimento, que, se for confirmado, irá congestionar dramaticamente a JF. Foi concedida em parte tutela provisória, referendada pelo Plenário, para estabelecer que, até o julgamento definitivo do Tema 1.234 da Repercussão Geral, sejam observados os seguintes parâmetros: 1) Nas demandas judiciais envolvendo medicamentos ou tratamentos padronizados: a composição do polo passivo deve observar a repartição de responsabilidades estruturada no Sistema Único de Saúde, ainda que isso implique deslocamento de competência, cabendo ao magistrado verificar a correta formação da relação processual; 2) Nas demandas judiciais relativas a medicamentos não incorporados: devem ser processadas e julgadas pelo Juízo, estadual ou federal, ao qual foram direcionadas pelo cidadão, sendo vedada, até o julgamento definitivo do Tema 1234 da Repercussão Geral, a declinação da competência ou determinação de inclusão da União no polo passivo; 3) Diante da necessidade de evitar cenário de insegurança jurídica, esses parâmetros devem ser observados pelos processos sem sentença prolatada; diferentemente, os processos com sentença prolatada até a data desta decisão (17 de abril de 2023) devem permanecer no ramo da Justiça do magistrado sentenciante até o trânsito em julgado e respectiva execução.

109. O Plenário, por maioria de votos, fixou as seguintes teses para efeito de aplicação da repercussão geral: 1) O Estado não pode ser obrigado a fornecer medicamentos experimentais; 2) A ausência de registro na ANVISA impede, como regra geral, o fornecimento de medicamento por decisão judicial; 3) É possível, excepcionalmente, a concessão judicial de medicamento sem registro sanitário, em caso de mora irrazoável da ANVISA em apreciar o pedido (prazo superior ao previsto na Lei 13.411/2016), quando preenchidos três requisitos: I – a existência de pedido de registro do medicamento no Brasil, salvo no caso de medicamentos órfãos para doenças raras e ultrarraras; II – a existência de registro do medicamento em renomadas agências de regulação no exterior; III – a inexistência de substituto terapêutico com registro no Brasil; 4) As ações que demandem o fornecimento de medicamentos sem registro na ANVISA deverão ser necessariamente propostas em face da União.

110. O STF entende que é possível determinar o bloqueio de verbas públicas em caso de descumprimento da decisão judicial (RExt 607.582). Quanto a este último ponto, destacamos também as seguintes teses fixadas pelo STJ (ambas na sistemática dos recursos repetitivos): "Tratando-se de fornecimento de medicamentos, cabe ao Juiz adotar medidas eficazes à efetivação de suas decisões, podendo, se necessário, determinar até mesmo o sequestro de valores do devedor (bloqueio), segundo o seu prudente arbítrio, e sempre com adequada fundamentação" (REsp 1.069/810) e "Possibilidade de imposição de multa diária (astreintes) a ente público, para compeli-lo a fornecer medicamento à pessoa desprovida de recursos financeiros" (REsp 1.474.665).

estabelecer contornos precisos, reside ainda "fenda" relevante. Com efeito, a ressalva na penúltima diretriz ("exceto se for provado que por razões específicas o tratamento fornecido não é eficaz ao paciente"), conquanto pareça uma exceção, é, na prática, o argumento mais corriqueiro trazido à apreciação judicial e é apto, por si só, a despertar toda a problemática que dantes relatamos. É certo, contudo, que não é tarefa simples a de fixar parâmetros genéricos numa decisão de caráter abstrato no controle de constitucionalidade, ou seja, seria mesmo complicado ao STF ir além.

Um terceiro tipo de cenário é aquele no qual o SUS não oferece o tratamento ou medicamento, por ser ele de alto custo, estando, portanto, fora da esfera orçamentária projetada pelo legislador[111]. Este talvez seja o mais complexo do ponto de vista jurídico. Com efeito, aqui mais claramente se coloca o choque entre o mínimo existencial e a reserva do possível, dispondo a questão: o que se pode razoavelmente exigir do Estado? Não se pode perder de vista, ademais, que se erige aí também um conflito entre os poderes Executivo (especialmente, mas também indiretamente o Legislativo) e Judiciário em torno da definição das políticas públicas.

Cabe destacar relevante corrente doutrinária a sustentar que a CRFB, ao consagrar o "atendimento integral" (art. 198, II), estaria garantindo o direito a todo e qualquer tratamento em quaisquer circunstâncias, ou seja, a universalidade da cobertura seria tanto subjetiva quanto objetiva[112].

Uma segunda corrente, intermediária, trabalha a partir do seguinte ideal estabelecido por Andreas Joachim Krell: "é obrigação de um Estado Social controlar os riscos resultantes do problema da pobreza, que não podem ser atribuídos aos próprios indivíduos, e restituir um status mínimo de satisfação das necessidades pessoais. As-

---

111. Carlos Alexandre Amorim Leite salienta que "Não se nega a escassez financeira como uma dificuldade para a realização dos direitos sociais, bem como, que a disponibilidade na alocação dos recursos cabe, num primeiro momento, à decisão política na feitura e na realização orçamental. Entretanto, (...) se apenas o legislador ordinário detivesse tal competência, então os direitos sociais perderiam o status de direitos fundamentais, uma vez que estariam submetidos a uma maioria eventual para a sua implementação (...)." (op. cit., p. 40). Contudo, perguntamos nós: no caso de um país como o Brasil, em que inegavelmente "o cobertor é curto", não restaria então margem para dosagem pelos poderes eleitos numa dinâmica democrática? Lidiane Nascimento Leão apresenta, no ponto, uma crítica ácida: "o ativismo judicial em matéria de saúde no Brasil tem se mostrado um desastre por manter as estruturas econômicas, jurídicas e perpetuar as iniquidades em saúde. Tudo isso porque os juízes insistem em pensar e interpretar o direito à saúde a partir da lógica mais fácil dos direitos subjetivos. Tal lógica positivista, compensatória, individualista, bilateral e excludente enfraquece os direitos sociais, especialmente o direito à saúde. É por isso que se defende que o foro legítimo e apropriado para a construção e reconstrução desse direito não é o judiciário, mas o espaço de debate público no qual as pessoas, por intermédio de uma participação ativa, podem finalmente ser '...vistas como ativamente envolvidas na conformação de seu próprio destino, e não apenas como beneficiárias passivas dos frutos de engenhosos programas de desenvolvimento" (SEN, 2000, p. 26) (...)." (*Direito à Saúde e Políticas Públicas*. Rio de Janeiro: Lumen Juris, 2017, p. 81)
112. Segundo o art. 7º, II, da Lei 8.080/90, a integralidade deve ser "entendida como conjunto articulado e contínuo das ações e serviços preventivos e curativos, individuais e coletivos, exigidos para cada caso em todos os níveis de complexidade do sistema". Ademais, o inciso I do mesmo dispositivo estabelece a "universalidade de acesso aos serviços de saúde em todos os níveis de assistência". Mariana Filchtiner Figueiredo aduz que "O princípio da integralidade relaciona-se ao princípio da universalidade, impondo o dever de prestação de assistência integral à saúde em todos os níveis de complexidade do sistema" (Op. cit., p. 332).

sim, numa sociedade onde existe a possibilidade fática da cura de uma doença, o seu impedimento significa uma violência contra a pessoa doente que é diretamente prejudicada na sua vida e integridade"[113]. Assim, tal corrente sustenta que se o tratamento ou medicamento está acessível financeiramente a alguém (hipotético) que perceba a renda média nacional (ou, noutra perspectiva, a um indivíduo que compõe a classe média), ele deve ser disponibilizado pelo SUS, pois o Estado deve arcar com os riscos resultantes da pobreza, dentro da ideia de contrato social[114]. Do contrário, porém, se o medicamento não estiver acessível a uma camada mediana da sociedade, o Estado não deve ser obrigado a arcar com o custo, tendo em vista, por um lado, a impossibilidade de se generalizar a oferta do tratamento[115] e, por outro, o fato de que a ausência de cobertura não decorre de uma situação individual de ausência de recursos, mas sim por estar a cobertura para além da riqueza média da sociedade.

O tema está com repercussão geral reconhecida pelo STF desde 2007 (no bojo do RExt 566.471), tendo sido julgado em 11.03.2020, porém restou postergada a fixação da tese de repercussão geral. Em suma, o voto vencedor entendeu que não há, em regra, obrigação estatal de fornecimento de alto custo, porém serão estabelecidas exceções que, na prática, irão alargar bastante as possibilidades de concessão diante do caso concreto. Com efeito, segundo notícia publicada no site do STF: "A maioria dos ministros – oito votos no total – desproveu o recurso tendo como condutor o voto do relator, ministro Marco Aurélio, proferido em setembro de 2016. A vertente vencedora entendeu que, nos casos de remédios de alto custo não disponíveis no sistema, o Estado pode ser obrigado a fornecê-los, desde que comprovadas a extrema necessidade do medicamento e a incapacidade financeira do paciente e de sua família para sua aquisição. O entendimento também considera que o Estado não pode ser obrigado a fornecer fármacos não registrados na agência reguladora"[116].

---

113. Controle Judicial dos Serviços Públicos Básicos na Base dos Direitos Fundamentais Sociais. In: SARLET, Ingo Wolfgang (Org.). *A Constituição Concretizada*: construindo pontes entre o público e o privado. Porto Alegre: Livraria do Advogado, 2000, p. 42.
114. Como decorrência, exigir-se-á que a pessoa comprove não dispor de meios financeiros suficientes para arcar com o tratamento, já que o Estado só estará na obrigação de acudir os riscos resultantes da pobreza.
115. Neste ponto, contudo, surge uma crítica, no sentido de que o tratamento, no mais das vezes, não precisa ser generalizado, visto que o problema de saúde do qual se ocupa tem amplitude reduzida (em regra, é o que ocorre). De todo modo, calha deixar aqui a advertência feita por Carlos Alexandre Amorim Leite: "o magistrado, ao buscar a solução de 'casos concretos' (microjustiça), não leva em consideração a carência das outras pessoas e a limitação das verbas estatais para o suprimento de todas as demandas por prestações sociais (macrojustiça)." (op. cit., p. 166). Rodrigo Nóbrega de Farias, por sua vez, salienta que "O juiz, (...) ao intervir, sem justificativa plausível, em atos políticos, viola e distorce o sistema representativo, sendo que o debate acerca dos limites dessa intervenção judicial e o papel político do juiz insere-se na discussão sobre a própria democracia, sendo imprescindível que haja uma devida justificação dessa ingerência. Apesar de se reconhecer a possibilidade de controle das políticas públicas por parte do Judiciário, a grande discussão a respeito do tema ocorre quanto à extensão dessa ação intervencionista. Restam ainda indefinidos os limites de interferência judicial sobre o mérito das decisões de governos eleitos democraticamente, no tocante à utilização de recursos destinados às políticas públicas" (op. cit., p. 97).
116. Disponível em: https://portal.stf.jus.br/noticias/verNoticiaDetalhe.asp?idConteudo=439095&ori=1. Acesso em: 25 dez. 2023.

O Conselho Nacional de Justiça (CNJ) – que é um órgão que desempenha a função de controle da atuação administrativa e financeira do Poder Judiciário e do cumprimento dos deveres funcionais dos juízes, ou seja, não possui poder jurisdicional – sentiu a necessidade de adotar algumas medidas quanto ao que reconheceu como uma "crise" no âmbito da judicialização da saúde. Conquanto, como dito, não detenha poder jurisdicional, alegou buscar uma maior padronização e racionalização das decisões, expedindo diretivas de caráter sugestivo. Neste sentido, promoveu jornadas de debates, com a proclamação de enunciados, e a Recomendação 31/2010 (que, cabe novamente frisar, não possui caráter vinculativo no que toca à atividade jurisdicional especificamente), que trouxe as seguintes orientações:

1) Recomendar aos Tribunais que celebrem convênios que objetivem disponibilizar apoio técnico composto por médicos e farmacêuticos para auxiliar os magistrados;

2) olas de formação da magistratura que incorporem o direito sanitário nos programas dos cursos de formação de magistrados e promovam a realização de seminários na área da saúde;

3) Orientar os magistrados a: procurar instruir as ações, tanto quanto possível, com relatórios médicos, com descrição da doença, inclusive CID, contendo prescrição de medicamentos, com denominação genérica ou princípio ativo, produtos, órteses, próteses e insumos em geral, com posologia exata; evitar autorizar o fornecimento de medicamentos ainda não registrados pela ANVISA ou em fase experimental; ouvir, quando possível, preferencialmente por meio eletrônico, os gestores, antes da apreciação de medidas de urgência.

Ainda que a intervenção do CNJ, mesmo que meramente sugestiva, na atividade jurisdicional seja criticável desde certo ponto de vista, aponta-se, no que aqui nos interessa, a verdadeira balbúrdia que estava instalada nessa temática, a ponto de aquele órgão sentir a necessidade de se imiscuir, numa tentativa de racionalização[117].

---

117. Carlos Alexandre Amorim Leite destaca que "verificou Daniel Wang que, até 2007, todas as decisões prolatadas pelo STF determinavam que o Poder Público fornecesse o remédio ou a terapêutica médica pleiteada pelo indivíduo, não existindo votos contrários à concessão nos acórdãos por ele pesquisados." (op. cit., p. 172). Os tempos atuais, contudo, parecem ser outros. Farias salienta que "A interferência excessiva e desorganizada pode viciar, ou prejudicar a atividade executiva. Diante do aumento exponencial da judicialização de políticas públicas, o Estado tende a permanecer numa 'inércia funcional', isto é, 'só atua se for pressionado pelo Judiciário.'" (op. cit., p. 125).

Capítulo IV
ASSISTÊNCIA SOCIAL

> *Trata-se de um tema que costumeiramente consta nos editais para os cargos de Defensor Público Federal, Delegado da Polícia Federal, Juiz Federal e Procurador Federal. A incidência de cobrança não é alta, mas também não é descartável, e costuma se concentrar mais no benefício assistencial de prestação continuada, razão pela qual o nosso estudo irá aqui se sujeitar a tal lógica.*

1. INTROITO

Nos termos do art. 203 da CRFB, "A assistência social será prestada a quem dela necessitar, independentemente de contribuição à seguridade social". Em suma, a assistência social trabalha com o conceito de "necessidade", não tendo, ademais, caráter contributivo. A saúde é para "todos", a assistência é para "quem dela necessitar", enquanto a Previdência, que tem caráter contributivo, destina-se aos segurados (e respectivos dependentes).

A assistência social visa atender situações de "miserabilidade" (embora tal termo seja criticado por parcela da doutrina). Pode-se dizer também que a ideia é, na medida do possível, tentar garantir o "mínimo existencial". Segundo Agudo e Lima, *"se puede definir la asistencia social como la técnica de protección social que consiste en un conjunto de mecanismos asbitrados para que la colectividad venga a remediar determinados estados de necesidad económica en que los individuos que la componen pueden caer, mediante la facilitación de bienes o servicios suficientes para salvar o paliar la necesidad"*[118].

Nos termos do já citado art. 203 da CRFB, os objetivos da assistência social são: I – a proteção à família, à maternidade, à infância, à adolescência e à velhice; II – o amparo às crianças e adolescentes carentes; III – a promoção da integração ao mercado de trabalho; IV – a habilitação e reabilitação das pessoas portadoras de deficiência e a promoção de sua integração à vida comunitária; V – a garantia de um salário mínimo de benefício mensal à pessoa portadora de deficiência e ao idoso que comprovem não possuir meios de prover à própria manutenção ou de tê-la provida por sua família, conforme dispuser a lei[119]; VI – a redução da vulnerabilidade socioeconômica de famílias em situação de pobreza ou de extrema pobreza.

---
118. AGUDO, Eva María Blázquez. *Derecho de la Seguridad Social*. Madrid: La Ley, 2012, p. 261.
119. O art. 2º da Lei 8.742/93, por sua vez, estabelece os seguintes objetivos: I – a proteção social, que visa à garantia da vida, à redução de danos e à prevenção da incidência de riscos, especialmente: a) a proteção à família, à

Dentre tais objetivos, o mais relevante em termos de concurso público é o benefício assistencial de prestação continuada (inciso V) – BAPC[120] –, visto que gera muitos debates jurisprudenciais e pelo fato também de funcionar como leito subsidiário de proteção em relação à previdência social.

Nos termos do art. 4º da Lei 8.742/93, "A assistência social rege-se pelos seguintes princípios: I – supremacia do atendimento às necessidades sociais sobre as exigências de rentabilidade econômica; II – universalização dos direitos sociais, a fim de tornar o destinatário da ação assistencial alcançável pelas demais políticas públicas; III – respeito à dignidade do cidadão, à sua autonomia e ao seu direito a benefícios e serviços de qualidade, bem como à convivência familiar e comunitária, vedando-se qualquer comprovação vexatória de necessidade; IV – igualdade de direitos no acesso ao atendimento, sem discriminação de qualquer natureza, garantindo-se equivalência às populações urbanas e rurais; V – divulgação ampla dos benefícios, serviços, programas e projetos assistenciais, bem como dos recursos oferecidos pelo Poder Público e dos critérios para sua concessão".

Já nos termos do art. 5º do mesmo diploma, "A organização da assistência social tem como base as seguintes diretrizes: I – descentralização político-administrativa para os Estados, o Distrito Federal e os Municípios, e comando único das ações em cada esfera de governo; II – participação da população, por meio de organizações representativas, na formulação das políticas e no controle das ações em todos os níveis; III – primazia da responsabilidade do Estado na condução da política de assistência social em cada esfera de governo".

Conforme já adiantamos quando cuidamos do tema "saúde", cabe reconhecer, desde um ponto de vista acadêmico, que a assistência social é um ramo que também muito interessa ao estudioso de previdência, por manterem entre si – tais ramos – uma relevante interligação, tanto do ponto de vista teórico ou conceitual, quanto prático (de subsidiariedade ou complementariedade), enquanto a saúde é algo bastante distinto, com fins, princípios e conceitos próprios. Destarte, desde um ponto de vista essencialmente teórico, o objeto de preocupação do estudioso em Direito Previdenciário costuma se limitar à previdência e à assistência, e quanto a esta apenas no que tange à

---

maternidade, à infância, à adolescência e à velhice; b) o amparo às crianças e aos adolescentes carentes; c) a promoção da integração ao mercado de trabalho; d) a habilitação e reabilitação das pessoas com deficiência e a promoção de sua integração à vida comunitária; e e) a garantia de 1 (um) salário-mínimo de benefício mensal à pessoa com deficiência e ao idoso que comprovem não possuir meios de prover a própria manutenção ou de tê-la provida por sua família; II – a vigilância socioassistencial, que visa a analisar territorialmente a capacidade protetiva das famílias e nela a ocorrência de vulnerabilidades, de ameaças, de vitimizações e danos; III – a defesa de direitos, que visa a garantir o pleno acesso aos direitos no conjunto das provisões socioassistenciais. Ademais, consigna em seu parágrafo único que "Para o enfrentamento da pobreza, a assistência social realiza-se de forma integrada às políticas setoriais, garantindo mínimos sociais e provimento de condições para atender contingências sociais e promovendo a universalização dos direitos sociais".

120. Vulgarmente conhecido como "LOAS", sigla para "lei orgânica da assistência social", que é a Lei 8.742/93, a qual regulamenta o benefício, constitucionalmente previsto.

sua conexão de subsidiariedade prestacional em relação à previdência. Cabe esclarecer, a seguir, o que isto significa.

A divisão metodológica que aqui fazemos é – como restou, de certa forma, antecipado – de "camadas" ou "níveis" de cobertura, sendo que agregaremos, à assistência e previdência sociais, a previdência privada. Com efeito, a previdência social, do ponto de vista finalístico, se destina a atender os trabalhadores (assim considerados aqueles devidamente inseridos por longo tempo no mercado de trabalho) e a fornecer uma cobertura razoável, que não deve ser inferior ao mínimo existencial em sentido amplo, mas também deve se limitar a um patamar adequado (que no Brasil, a nosso ver, seria próximo ao rendimento médio do cidadão[121]).

Por outro lado, a assistência social destina-se àqueles que, por uma razão ou outra, não puderam exercer atividade laborativa ou a exerceram por tempo insuficiente para alcançar os requisitos mínimos para obtenção de algum benefício previdenciário, e que se encontram, ademais, em situação de desamparo, de indigência, de vulnerabilidade econômica e social. Trata-se de um leito subsidiário de proteção[122]. Com efeito, segundo a recomendação da OIT 67, de 1944, as necessidades não cobertas pela previdência (que é de caráter contributivo) devem ser atendidas pela assistência social[123] (que, como

---

121. Maria Cristina Vidotte Blanco Tárrega e Adriana Vieira de Castro defendem posição semelhante: "A doutrina de Daniel Pulino (2001, p. 34) expõe com exatidão a prioridade finalística da Previdência Social, a partir da Constituição Federal de 1988, no sentido de garantir condições básicas de vida, de subsistência, para seus participantes, de acordo, justamente, com o padrão econômico de cada um dos sujeitos. São, portanto, duas ideias centrais que conformam esta característica essencial da previdência social brasileira: primeiro, a de que a proteção, em geral, guarda relação com o padrão-econômico do sujeito protegido; a segunda consiste em que, apesar daquela proporção, somente as necessidades tidas como básicas, isto é, essenciais – e portanto compreendidas dentro de certo patamar de cobertura, previamente estabelecido pela ordem jurídica – é que merecerão proteção do sistema. Pode-se dizer, assim, que as situações de necessidade social que interessam à proteção previdenciária dizem respeito sempre à manutenção, dentro de limites econômicos previamente estabelecidos, do nível de vida dos sujeitos filiados." (A Previdência Rural como Política Pública para Efetividade dos Princípios Constitucionais Agrários. *CONPEDI*, 2012, Goiânia. Anais do CONPEDI, 2012).
122. Neste sentido, a lição de Ilídio das Neves: "No que se refere aos objetivos prosseguidos, o subsistema não contributivo [assistencial] visa a garantia de rendimentos mínimos ou de subsistência, ou seja, de rendimentos especificamente sociais, considerados sob vários parâmetros legais, de forma individual ou familiar. A causa fundamental da atribuição do direito é a circunstância objectiva de o interessado se encontrar em situação de carência ou necessidade económica, independentemente da verificação de uma causa específica ou eventualidade, embora as eventualidades possam ser de facto relevantes para a caracterização ou especificação da situação de falta de prestações ou de recursos suficientes. (...) No que diz respeito ao âmbito pessoal, ele é, contrariamente ao que acontece no subsistema contributivo, restrito ou selectivo. Pode dizer-se que completa 'por baixo' aquele subsistema, na medida em que enquadra as pessoas excluídas de protecção social por não estarem abrangidas pelos regimes obrigatórios, quer por ausência de estatuto profissional, quer por falta de tempo suficiente de quotização para a aquisição de direitos, e que, ao mesmo tempo, não disponham de rendimentos acima de um certo nível, legalmente estabelecido (...), dada a natureza complementar (tipo '*carro-vassoura*', segundo alguns, já que realiza a complementariedade 'por baixo') que este subsistema apresenta relativamente ao sistema contributivo." (*Direito da Segurança Social: princípios fundamentais numa análise prospectiva*. Coimbra: Coimbra, 1996, p. 37-39, grifamos).
123. OIT, Recomendação 67, de 1944: "*Las necesidades que no estén cubiertas por el seguro social obligatorio deberían estarlo por la asistencia social; y ciertas categorías de personas, especialmente los niños, inválidos, ancianos y viudas necesitados, deberían tener derecho a asignaciones de una cuantía razonable, de acuerdo con el baremo establecido*."

já dito, é prestada de forma gratuita a quem esteja em situação de miserabilidade). A prestação destinada pela assistência social deve ser suficiente para estancar a condição de miserabilidade, ou seja, libertar o homem da indigência[124].

Finalmente, a previdência privada se destina àquele que pretende adquirir uma cobertura previdenciária superior ao teto estabelecido pela previdência social, ou seja, ao trabalhador que visa uma situação mais confortável na velhice e, obviamente, possui condição econômica para, facultativamente, arcar com seu financiamento. Assim, a previdência social oferece uma cobertura máxima limitada e quem pretende expandi-la deverá procurar a iniciativa privada, numa relação contratual, ainda que fortemente fiscalizada pelo Estado. A previdência privada, em suma, assegurará o padrão financeiro que o participante desejar[125] (cobertura suplementar).

Destarte, este é o desenho estrutural básico da previdência/assistência, que aqui delineamos a fim de que se possa vislumbrar qual é o campo de cobertura destinado a cada uma dessas estruturas.

Para concluir o presente tópico, convém trazer um conceito de assistência social, sendo que mais uma vez optamos por um que se encontra positivado: "A assistência social, direito do cidadão e dever do Estado, é Política de Seguridade Social não contributiva, que provê os mínimos sociais, realizada através de um conjunto integrado de ações de iniciativa pública e da sociedade, para garantir o atendimento às necessidades básicas" (art. 1º da Lei 8.742/93).

2. BENEFÍCIO ASSISTENCIAL DE PRESTAÇÃO CONTINUADA

Em primeiro lugar, convém destacar que nos parece preferível a nomenclatura em epígrafe, uma vez que traduz mais adequadamente, desde um ponto de vista técnico, o que o benefício em questão representa. Com efeito, "LOAS" é um termo vulgar e, embora popularizado, deve ser evitado em obra científica ou mesmo, parece-nos, no cotidiano forense. O termo reduzido "benefício de prestação continuada – BPC", por seu turno, é incompleto e apto a gerar confusão, visto que muitos benefícios previdenciários são também de prestação continuada. Assim, parece-nos mais adequado o termo BAPC, pelo que será o doravante por nós utilizado.

---

124. Wagner Balera e Thiago D'Avila Fernandes (op. cit.) destacam, nessa linha de raciocínio, que no âmbito da assistência social, os limites quantitativos têm caráter nitidamente mais forte. As prestações visam ao atendimento das necessidades mais básicas, não mais que isto.
125. Descreve Wagner Balera (op. cit., 2014) que os entes de previdência complementar atuam como círculos de expansão do arcabouço de proteção, formando, como já se costuma dizer em França, segunda rede de seguridade social. A repercussão da função social na esfera da previdência complementar é algo para ainda ser refletido. Diante da impossibilidade, financeira e política, de o regime básico conferir, a todos os filiados, a manutenção do mesmo padrão de vida que a atividade laborativa proporciona, se compreende e justifica a institucionalização dos planos complementares. A média nacional, no caso do Brasil, se encontra situada em nível de subsistência. Ao criar segunda rede de proteção, o legislador quer afastar limites. São dois bem definidos campos de atuação: o escopo do regime geral é destinar certa renda básica correspondente à média nacional; quanto aos planos privados, seu móvel é a complementação da proteção.

Como já vimos, o BAPC tem expressa previsão constitucional (art. 203, V). Na esfera infraconstitucional, está regulado detalhadamente pelos arts. 20 a 21-A da Lei 8.742/93.

2.1 Requisitos

A concessão do BAPC se prende, em síntese, a um critério subjetivo e a outro socioeconômico. Vamos a eles.

O benefício é subjetivamente limitado, sendo devido apenas ao maior de 65 anos (tal limite, conforme entendimento remansoso em jurisprudência, não foi alterado pelo Estatuto do Idoso, que, inclusive, traz previsão expressa sobre a idade aplicável ao BAPC) e à pessoa com deficiência[126].

O conceito de deficiência que consta na legislação é "impedimento de longo prazo de natureza física, mental, intelectual ou sensorial[127], o qual, em interação com uma ou mais barreiras, pode obstruir sua participação plena e efetiva na sociedade em igualdade de condições com as demais pessoas" (§ 2º do art. 20 da LOAS)[128]. O impedimento, portanto, precisa ser de longo prazo – é dizer, não precisa ser permanente, mas não pode também ser efêmero[129]. Segundo o § 10 do mesmo dispositivo, "considera-se impedimento de longo prazo (...) aquele que produza efeitos pelo prazo mínimo de 2 (dois) anos[130]".

---

126. O termo de preferencial utilização variou ao longo dos últimos anos, havendo hoje um consenso de que é mais adequado usar "pessoa com deficiência", já que esta – a deficiência – é parte da pessoa e não algo que é por ela "portado" (daí o abandono do termo "portador de deficiência"). A CRFB, contudo, ainda não foi atualizada, pelo que o termo lá consignado é "pessoa portadora de deficiência". A Lei 8.742/93, por sua vez, está já em consonância com o novo padrão.
127. Nos termos do § 2º do art. 1º da Lei 12.764/12, "A pessoa com transtorno do espectro autista é considerada pessoa com deficiência, para todos os efeitos legais".
128. Como bem aduz Marisa Ferreira dos Santos: "Na redação original, o § 2º do art. 20 definia a pessoa com deficiência como aquela incapacitada para a vida independente e para o trabalho. Não nos parecia correta essa definição porque confundia deficiência com incapacidade. A deficiência não leva necessariamente à incapacidade e vice-versa." (*Direito Previdenciário Esquematizado*. 1. ed. São Paulo: Saraiva, 2014, p. 128). Sob a égide da redação anterior, consolidou-se jurisprudência no sentido de que a incapacidade para o trabalho gerava, por si só, incapacidade para a vida independente, já que a pessoa não teria como se sustentar. O entendimento estava consubstanciado na Súmula 29 da TNU: "Para os efeitos do art. 20, § 2º, da Lei 8.742, de 1993, incapacidade para a vida independente não é só aquela que impede as atividades mais elementares da pessoa, mas também a impossibilita de prover ao próprio sustento".
129. Segundo a Súmula 80 da TNU, "Nos pedidos de benefício de prestação continuada (LOAS), tendo em vista o advento da Lei 12.470/11, para adequada valoração dos fatores ambientais, sociais, econômicos e pessoais que impactam na participação da pessoa com deficiência na sociedade, é necessária a realização de avaliação social por assistente social ou outras providências aptas a revelar a efetiva condição vivida no meio social pelo requerente".
130. Segundo a Súmula 48 da TNU (nova redação aprovada em 29.04.2019): "Para fins de concessão do benefício assistencial de prestação continuada, o conceito de pessoa com deficiência, que não se confunde necessariamente com situação de incapacidade laborativa, exige a configuração de impedimento de longo prazo com duração mínima de 2 (dois) anos, a ser aferido no caso concreto, desde o início do impedimento até a data prevista para a sua cessação.".

Além da limitação subjetiva acima descrita, o outro requisito é a denominada "miserabilidade" (embora criticado por parcela da doutrina, segundo a qual o termo seria pejorativo, é de uso corrente e parece-nos refletir bem o escopo ao qual o BAPC se destina, razão pela qual temos optado por utilizá-lo). No ponto, a CRFB diz que o requerente deve comprovar "não possuir meios de prover à própria manutenção ou de tê-la provida por sua família, conforme dispuser a lei".

A Lei 8.742/93, na origem, estabelecia como critério único a renda per capita familiar inferior a ¼ do salário-mínimo (§ 3º do art. 20). Diante de tal critério, único e rígido, formou-se robusto entendimento em jurisprudência no sentido de que ele poderia ser relativizado diante de peculiaridades do caso concreto. Neste sentido, dispunha a Súmula 11 da TNU (hoje, cancelada): "A renda mensal, per capita, familiar, superior a ¼ (um quarto) do salário mínimo não impede a concessão do benefício assistencial previsto no art. 20, § 3º da Lei 8.742 de 1993, desde que comprovada, por outros meios, a miserabilidade do postulante".

Tendo em vista que, afinal, o dispositivo legal não estava a ser integralmente aplicado, era de se reconhecer que estava em questão sua constitucionalidade, pelo que a controvérsia acabou por desaguar no STF, que, numa primeira oportunidade, o entendeu constitucional (ADI 1.232). Assim, a jurisprudência de instâncias inferiores, a princípio, retrocedeu, sendo que a TNU chegou até a cancelar a referida Súmula 11.

Não obstante, passado algum tempo, a jurisprudência das instâncias inferiores voltou a se rebelar e persistiu relativizando o critério diante de peculiaridades do caso concreto. De início, o INSS aviou algumas Reclamações Constitucionais, que tiveram, à partida, tutela liminarmente provida; contudo, já num segundo passo, os relatores deixaram de conceder, pelo que o INSS, estrategicamente, recuou. Diante de tal cenário, foi robustecendo, nas instâncias inferiores, cada vez mais o entendimento no sentido de que era possível dosar o critério a depender das peculiaridades do caso concreto. A questão chegou ao STJ, que acolheu tal entendimento no bojo do Resp 1.112.557, julgado pela sistemática dos recursos repetitivos.

Assim, o STF sentiu a necessidade de se debruçar novamente sobre o tema e o fez num julgamento proferido no bojo dos RExt's 580.963 e 567.985 e Rcl 4.374. O caminho argumentativo encontrado foi o de recorrer à teoria da "mutação constitucional", sustentando, assim, que a norma, outrora válida, veio a se tornar inconstitucional, em virtude de avanços econômicos, sociais e legislativos. O STF, contudo, não fixou um novo critério, por entender que tal tarefa incumbe ao legislador. Nos debates, entretanto, foi suscitado, por alguns Ministros, o critério de ½ salário-mínimo para a renda familiar *per capita* e parcela da jurisprudência passou doravante a adotá-lo.

Então, no ano de 2015, o legislador resolveu agir, incluindo o § 11 no art. 20 da Lei 8.742/93, consignando que "poderão ser utilizados outros elementos probatórios da condição de miserabilidade do grupo familiar e da situação de vulnerabilidade, conforme regulamento"[131]. Convém observar, no ponto, que o STF afirmou que o critério previsto no § 3º do art. 20 da LOAS era inconstitucional, o que significa, na teoria, ser o dispositivo extirpado do ordenamento jurídico (embora a declaração não tenha sido feita em sede de ADI). Contudo, o legislador, ao incluir o supracitado dispositivo, aderiu, de certo modo, ao entendimento que fora fixado pelo STJ – é dizer, que o critério é válido, porém não é único. Cuida-se, cabe reconhecer, de um "meio-termo", uma "conciliação". Tal solução, todavia, satisfez as instâncias inferiores, pelo que o STF não voltou a se debruçar sobre a questão.

A situação parecia pacificada; contudo, no ano de 2020, voltou a ser movimentada, tornando-se uma verdadeira "novela" e desencadeando uma queda de braço entre Poderes Executivo e Legislativo. Assim, num primeiro momento, o Legislativo aproveitou a tramitação do que se converteria na Lei 13.981/20 e alterou o critério de miserabilidade para ½ salário-mínimo (de renda familiar *per capita*), inclusive derrubando veto presidencial. Porém, em ação proposta pela AGU, o Ministro Gilmar Mendes concedeu liminarmente medida cautelar (ADPF 662) para suspender o referido dispositivo. Dentre outros argumentos, sustentou que o Congresso estava colhendo o Executivo de surpresa, ocasionando tumulto orçamentário.

Então, logo a seguir, o Congresso aprovou a Lei 13.982/20, a qual pretendia fixar que o critério continuaria sendo de ¼ até 31.12.2020 e daí em diante passaria a ser de ½, porém o Presidente da República impôs veto sobre a segunda parte, o qual acabou por ser mantido, pelo que resultamos temporariamente com uma disposição "manca": ¼ até 31.12.2020 e, daí em diante, sem critério. Antes, porém, de chegarmos a 2021, sobreveio a MP 1.023/20, a qual alterou o texto, tendo, no frigir dos ovos, resgatado aquele critério original de ¼ do salário-mínimo. Na conversão de tal MP, porém, o critério foi novamente modificado, chegando-se, finalmente, ao quadro que temos hoje, resultado da Lei 14.176 de 2021, o qual passamos a descrever.

Em primeiro lugar, estabelece o novo § 3º do art. 20 da LOAS o seguinte: "Observados os demais critérios de elegibilidade definidos nesta Lei, terão direito ao benefício financeiro de que trata o caput deste artigo a pessoa com deficiência ou a pessoa idosa com renda familiar mensal per capita igual ou inferior a 1/4 (um quarto) do salário-mínimo". Ou seja, cumprido tal requisito, há o direito ao benefício; não cumprido, cabe recorrer a outros critérios.

Quanto a estes últimos, temos, em primeiro lugar, o já citado § 11 do art. 20, que diz que "poderão ser utilizados outros elementos probatórios da condição de miserabilidade do grupo familiar e da situação de vulnerabilidade, conforme regulamento". Em segundo lugar, temos o novo § 11-A, que dispõe o seguinte: "O regulamento de que trata o § 11 deste artigo poderá ampliar o limite de renda mensal familiar per capita previsto

---

131. Segundo a Súmula 79 da TNU, "Nas ações em que se postula benefício assistencial, é necessária a comprovação das condições socioeconômicas do autor por laudo de assistente social, por auto de constatação lavrado por oficial de justiça ou, sendo inviabilizados os referidos meios, por prova testemunhal".

no § 3º deste artigo para até 1/2 (meio) salário-mínimo, observado o disposto no art. 20-B desta Lei.". Em suma, o regulamento poderá ampliar o limite para até ½ salário-mínimo, conforme os critérios trazidos pelo novo art. 20-B. Ficaremos, portanto, com um critério variável entre ¼ e ½ salário-mínimo, conjugado com outros elementos. O referido art. 20-B, por sua vez, diz o seguinte:

Na avaliação de outros elementos probatórios da condição de miserabilidade e da situação de vulnerabilidade de que trata o § 11 do art. 20 desta Lei, serão considerados os seguintes aspectos para ampliação do critério de aferição da renda familiar mensal per capita de que trata o § 11-A do referido artigo:

I – o grau da deficiência;

II – a dependência de terceiros para o desempenho de atividades básicas da vida diária;

III – o comprometimento do orçamento do núcleo familiar exclusivamente com gastos médicos, com tratamentos de saúde, com fraldas, com alimentos especiais e com medicamentos do idoso ou da pessoa com deficiência não disponibilizados gratuitamente pelo SUS, ou com serviços não prestados pelo SUAS, desde que comprovadamente necessários à preservação da saúde e da vida.

A ampliação ocorrerá na forma de escalas graduais, definidas em regulamento. O valor referente ao comprometimento do orçamento do núcleo familiar com gastos será definido em ato conjunto do Ministério da Cidadania, da Secretaria Especial de Previdência e Trabalho do Ministério da Economia e do INSS, a partir de valores médios dos gastos realizados pelas famílias exclusivamente com essas finalidades, facultada ao interessado a possibilidade de comprovação, conforme critérios definidos em regulamento, de que os gastos efetivos ultrapassam os valores médios. Por último, convém frisar que a Lei 14.176/21 estabelece também que a ampliação referida "fica condicionada a decreto regulamentador do Poder Executivo, em cuja edição deverá ser comprovado o atendimento aos requisitos fiscais". Então, só quando for publicado o regulamento é que o novo modelo vai passar a funcionar.

Em 2022, foi também incluído na LOAS que "O INSS poderá celebrar parcerias para a realização da avaliação social, sob a supervisão do serviço social da autarquia" (§ 6º-A do art. 20). Por fim, a Lei 14.176/21 cria um novo benefício, o denominado "auxílio-inclusão", que analisaremos logo adiante, veiculado pelos novos arts. 26-A a 26-H da LOAS.

Avancemos.

Sobre o cálculo da renda familiar *per capita*, cabe estabelecer em primeiro lugar qual é o conceito de família. Segundo o § 1º do art. 20 da LOAS, "a família é composta pelo requerente, o cônjuge ou companheiro, os pais e, na ausência de um deles, a madrasta ou o padrasto, os irmãos solteiros, os filhos e enteados solteiros e os menores tutelados, desde que vivam sob o mesmo teto". Destarte, a renda de todas estas pessoas será computada[132], para ser posteriormente divida por cabeça.

---

132. Nos termos do art. 4º, VI, do Regulamento do BAPC, considera-se renda mensal bruta familiar: "a soma dos rendimentos brutos auferidos mensalmente pelos membros da família composta por salários, proventos,

No cálculo da renda familiar per capita, não serão computados os valores recebidos a título de auxílio financeiro temporário ou de indenização por danos sofridos em decorrência de rompimento e colapso de barragens, bem como os rendimentos decorrentes de estágio supervisionado e de aprendizagem (§ 9º do art. 20 da LOAS).

O Estatuto do Idoso, em seu art. 34, par. único, estabelece que o BAPC já concedido a qualquer outro idoso membro da família não será computado para os fins do cálculo da renda familiar per capita. A jurisprudência veio, ao longo do tempo, amadurecendo o entendimento de que, por uma questão de isonomia, a regra deveria se aplicar também à pessoa com deficiência e também a benefícios previdenciários com renda mensal equivalente a um salário-mínimo. Tal entendimento restou sufragado, inclusive no âmbito do STF (vide RExt 580.963), sendo afinal incorporado pelo legislador (§ 14 do art. 20 da LOAS). Em suma, o BAPC ou o benefício previdenciário, este se de até um salário-mínimo, percebidos por pessoa da família *maior de 65 anos ou com deficiência* (é importante frisar, ou seja, se for benefício previdenciário de um salário mínimo percebido por pessoa de 60 anos de idade, por exemplo, entrará no cômputo) não integra a renda familiar como fator para o cálculo da renda per capita desta.

O BAPC não gera pensão por morte[133] e não há pagamento de 13º salário.

Há entendimento jurisprudencial remansoso no sentido de que o BAPC pode ser concedido até mesmo para pessoas com deficiência que estejam fora da faixa etária laboralmente ativa (por exemplo, uma criança de oito anos de idade). As restrições causadas pela deficiência devem ser avaliadas segundo a idade e as atividades tipicamente desempenhadas naquela faixa etária.

Segundo o art. 7º do Regulamento do BAPC (promulgado pelo Decreto 6.214/2007), o benefício só é devido ao brasileiro, nato ou naturalizado, e às pessoas de nacionalidade portuguesa, em consonância com o disposto no Decreto 7.999, de 8 de maio de 2013, desde que comprovem, em qualquer dos casos, residência no Brasil e atendam a todos os demais critérios postos na legislação de regência. O STF, contudo, decidiu que qualquer estrangeiro legalmente residente que atenda aos demais requisitos faz jus ao BAPC (RExt 587.970).

O BAPC não pode ser acumulado *pelo próprio beneficiário* com qualquer outro no âmbito da seguridade social ou de outro regime, salvo os da assistência médica e da pensão especial de natureza indenizatória (§ 4º do art. 20 da LOAS). São requisitos para a concessão, a manutenção e a revisão do benefício as inscrições no Cadastro de Pessoas Físicas (CPF) e no Cadastro Único para Programas Sociais do Governo Fe-

---

pensões, pensões alimentícias, benefícios de previdência pública ou privada, seguro-desemprego, comissões, pró-labore, outros rendimentos do trabalho não assalariado, rendimentos do mercado informal ou autônomo, rendimentos auferidos do patrimônio, Renda Mensal Vitalícia e Benefício de Prestação Continuada". Este último, contudo, já era afastado pela jurisprudência e, hoje, inclusive pela lei, como veremos a seguir.

133. Todavia, o valor não recebido em vida pelo beneficiário será pago aos seus herdeiros ou sucessores, na forma da lei civil (art. 23, parágrafo único, do Decreto 6.214/2007).

deral – Cadastro Único, conforme previsto em regulamento (§ 12 do art. 20 da LOAS, novidade trazida pela Lei 13.846/19[134]).

O benefício de prestação continuada deve ser revisto a cada dois anos[135], para avaliação da continuidade das condições que lhe deram origem, sendo cessado o pagamento caso sejam superadas tais condições referidas (e também em caso de morte do beneficiário). O benefício será cancelado (com efeitos potencialmente retroativos) quando se constatar irregularidade na sua concessão ou utilização.

O BAPC será suspenso pelo órgão concedente quando a pessoa com deficiência exercer atividade remunerada, inclusive na condição de microempreendedor individual. Extinta a relação trabalhista ou a atividade empreendedora – e, quando for o caso, encerrado o prazo de pagamento do seguro-desemprego e não tendo o beneficiário adquirido direito a qualquer benefício previdenciário –, poderá ser requerida a continuidade do pagamento do benefício suspenso, sem necessidade de realização de perícia médica ou reavaliação da deficiência e do grau de incapacidade para esse fim, respeitado o período de revisão.

A contratação de pessoa com deficiência como aprendiz não acarreta a suspensão do BAPC, limitado a dois anos o recebimento concomitante da remuneração e do benefício. O desenvolvimento das capacidades cognitivas, motoras ou educacionais e a realização de atividades não remuneradas de habilitação e reabilitação, entre outras, não constituem motivo de suspensão ou cessação do benefício da pessoa com deficiência. A condição de acolhimento em instituições de longa permanência não prejudica o direito do idoso ou da pessoa com deficiência ao BAPC.

Por uma questão administrativa, o INSS é colocado pela legislação de regência como o sujeito passivo para a concessão do BAPC (inclusive em ação judicial), embora não se trate de benefício previdenciário. A questão se encontra pacificada na jurisprudência: não há falar sequer em litisconsórcio necessário da União.

---

134. Para uma análise mais detalhada das alterações processadas por tal diploma, vide o nosso: Da Medida Provisória 871 à Lei 13.846/2019: o que muda no RGPS. *Revista de Direito Prática Previdenciária*, v. 11, p. 09-26, 2019.
135. Em julgado recente (RESP 1.803.530, julgado em 22.11.2023), estabeleceu a Primeira Seção do STJ as seguintes teses: conforme precedente do STF, o direito fundamental à concessão inicial ao benefício previdenciário pode ser exercido a qualquer tempo, sem que se atribua consequência prejudicial ao direito pela inércia do beneficiário, entendimento esse aplicável com muito mais força ao BAPC-LOAS, por seu caráter assistencial; assim, o direito de revisão do ato que indefere ou cessa a prestação assistencial não é completamente fulminado pela demora em exercitar o mencionado direito, ao contrário do que ocorre aos benefícios previdenciários, sobre os quais incide o prazo decadencial de dez anos, e a prescrição fulmina apenas as prestações sucessivas anteriores aos cinco anos da ação de concessão inicial ou de revisão, conforme art. 103 da Lei 8.213/1991; admitir que, sobre o direito de revisão do ato de indeferimento do BAPC-LOAS, incida a prescrição quinquenal do fundo de direito é estabelecer regime jurídico mais rigoroso que o aplicado aos benefícios previdenciários, sendo estes menos essenciais à dignidade humana que o benefício assistencial; em conclusão, a pretensão à concessão inicial ou ao direito de revisão de ato de indeferimento, cancelamento ou cessação do BAPC-LOAS não é fulminado pela prescrição do fundo de direito, mas tão somente das prestações sucessivas anteriores ao lustro prescricional previsto no art. 1º do Decreto 20.910/1932.

2.2 Auxílio-inclusão

Cabe trazer algumas anotações básicas acerca do novo benefício. Cuida-se, em síntese, de um mecanismo de incentivo ao retorno ou ao ingresso da pessoa com deficiência no mercado de trabalho. Em resumo, a pessoa com deficiência que vinha recebendo o BAPC e passa a exercer atividade remunerada, embora veja suspenso aquele, poderá ser ele "substituído" pelo auxílio-inclusão.

Em primeiro lugar, só terá direito ao auxílio-inclusão a pessoa com deficiência moderada ou grave. Ademais, a renda obtida com esta atividade remunerada não pode ser superior a dois salários-mínimos. No curso da percepção do auxílio-inclusão, a pessoa deverá, afora a remuneração obtida com a nova atividade, continuar a preencher os requisitos para o BAPC.

O valor do auxílio-inclusão é de 50% do valor do BAPC e tampouco entra no cômputo da renda familiar.

Além da pessoa que já vinha recebendo o BAPC, poderá ter acesso ao auxílio-inclusão quem tenha recebido o benefício nos cinco anos imediatamente anteriores ao exercício da atividade remunerada e que o tenha tido suspenso em virtude do disposto no art. 21-A da LOAS.

Em 2022, foi incluído o seguinte na LOAS: "O auxílio-inclusão será concedido automaticamente pelo INSS, observado o preenchimento dos demais requisitos, mediante constatação, pela própria autarquia ou pelo Ministério da Cidadania, de acumulação do benefício de prestação continuada com o exercício de atividade remunerada" (§ 2º do art. 26-B).

3. BENEFÍCIO ASSISTENCIAL PARA OS TRABALHADORES PORTUÁRIOS AVULSOS

Nos termos do art. 10-A da Lei 9.719/98, é assegurado, na forma do regulamento, benefício assistencial mensal, de até 1 (um) salário mínimo, aos trabalhadores portuários avulsos[136], com mais de 60 (sessenta) anos, que não cumprirem os requisitos para a aquisição de aposentadoria no RGPS e que não possuam meios para prover a sua subsistência[137].

---

136. O Regulamento (Decreto 8.033 de 2013) estabelece alguns requisitos para o enquadramento como trabalhador avulso para fins de concessão do benefício: a) no mínimo 15 anos de registro ou cadastro como trabalhador portuário avulso; b) comparecimento a, no mínimo, 80% das chamadas realizadas pelo respectivo órgão de gestão de mão de obra; e c) comparecimento a, no mínimo, 80% dos turnos de trabalho para os quais tenha sido escalado no período.
137. Segundo o § 2º do art. 1º da Portaria Interministerial 1/2014, "A ausência de meios para prover a subsistência é caracterizada pela renda média auferida pelo trabalhador portuário avulso nos últimos doze meses anteriores ao requerimento, no valor inferior a um salário mínimo mensal". Em suma, não se leva em conta a renda familiar, senão a do próprio interessado.

O benefício em questão não pode ser acumulado pelo próprio beneficiário com qualquer outro no âmbito da seguridade social ou de outro regime, salvo os da assistência médica e da pensão especial de natureza indenizatória. Não gera pensão por morte e não há pagamento de gratificação natalina.

O sujeito passivo é aqui também o INSS.

Parte II
PLANO DE BENEFÍCIOS DO REGIME GERAL DE PREVIDÊNCIA SOCIAL

As temáticas relacionadas ao Plano de Benefícios do RGPS – seja sua parte geral, sejam os benefícios em espécie – consistem no principal alvo de cobrança nos concursos para as carreiras jurídicas federais (para exemplificar, atingem mais de 60% das questões na primeira fase da magistratura federal). O tópico é regularmente previsto nos editais para os cargos de Advogado da União, Defensor Público Federal, Delegado da Polícia Federal, Juiz Federal, Juiz do Trabalho, Procurador da Fazenda Nacional, Procurador do Trabalho e Procurador Federal e usualmente também para os cargos de Defensor Público Estadual, Procurador do Município e Procurador do Estado.

Parte II
Plano de Benefícios do Regime Geral de Previdência Social

Capítulo I
PARTE GERAL

1. INTROITO

No segundo capítulo da primeira parte do presente trabalho, observamos que a seguridade social é um gênero que congrega três sub-ramos, quais sejam, a saúde, a assistência social e a previdência social. Ali mesmo, na primeira parte, desenvolvemos o que havia de pertinente, aos fins aos quais a presente obra se propõe, em relação à saúde e assistência social. Agora, é o momento de tratarmos mais de perto da previdência social.

Pois bem, a previdência social está subdividida, no Brasil, em regime geral de previdência social – RGPS e regimes próprios de previdência social – RPPS[1], estes aplicáveis aos servidores públicos estatutários, enquanto aquele se destina aos demais trabalhadores (precipuamente os da iniciativa privada, mas não só).

Aos regimes próprios – RPPS, dedicaremos a Parte V da presente obra. E iremos tratar agora do aspecto mais destacado do RGPS, qual seja, o seu Plano de Benefícios.

Temos optado, para fins didáticos, por dividir o tratamento da matéria em duas partes, iniciando pelo que denominamos "Parte Geral [do Plano de Benefícios do RGPS]" (capítulo I), onde tratamos dos aspectos genéricos (beneficiários, qualidade de segurado, carência etc.), que introduzem as linhas de base para a concessão dos benefícios, para, a seguir (capítulo II), tratarmos, um a um, dos benefícios em espécie[2].

Afigura-se-nos mais didático e producente agrupar e desenvolver os institutos básicos, aplicáveis indistintamente às variadas espécies de benefícios, para, em seguida, adentrar nos contornos específicos de cada benefício, ao invés de proceder à análise conjunta de tais aspectos. Destarte, sob o título "parte geral [do plano de benefícios]", a ideia é esmiuçar os requisitos genéricos – isolando-os, para conferir-lhes o devido destaque, expondo justamente sua generalidade.

---

1. Não adentraremos aqui no debate em torno da natureza da previdência complementar privada, ou seja, se ela pode (como quer o professor Wagner Balera) ou não (corrente à qual aderimos nós) ser tratada como parte integrante da previdência social (em sentido estrito). Dedicaremos a Parte VI da presente obra à previdência complementar privada.
2. Optamos, ademais, por destacar o estudo do trabalhador rural para um capítulo apartado (o de n. IV).

2. CONCEITOS BÁSICOS

2.1 Filiação

O primeiro conceito básico que o estudioso precisa conhecer é o de "filiação".

Filiação é, em síntese, o vínculo jurídico (o liame, a ligação) que se estabelece entre o segurado e o RGPS. Pela filiação, portanto, alguém adquire a qualidade de segurado perante o sistema. Trata-se, contudo, de uma relação recíproca, pois a filiação obriga ao (ou depende de, conforme o caso) recolhimento de contribuição previdenciária.

Temos duas espécies básicas de segurados: o obrigatório e o facultativo. Estudaremo-las em detalhes mais adiante.

Para o segurado obrigatório, o simples exercício de atividade remunerada já o qualifica como segurado, ou seja, a filiação é automática (fala-se em "automaticidade da filiação") e compulsória (inclusive, o exercício de atividade remunerada é fato gerador da obrigação tributária de recolhimento das contribuições previdenciárias, estabelecendo a natureza recíproca da relação, que mencionamos acima).

Já ao segurado facultativo, que não desenvolve atividade remunerada (em regra), a filiação fica a depender de sua inscrição (que é um ato formal, pelo qual o interessado "se apresenta" ao INSS[3]) e do recolhimento da primeira contribuição, sendo que ambos os atos são voluntários.

Há, contudo, alguma controvérsia no que tange ao contribuinte individual quando responsável pelo recolhimento de sua própria contribuição previdenciária[4]. Em tal caso, há uma corrente doutrinária (capitaneada por Marisa Ferreira dos Santos, à qual aderimos) que sustenta que a filiação só ocorre com a inscrição[5] e o recolhimento da primeira contribuição[6].

2.2 Qualidade de segurado

Pela filiação, adquire-se a denominada "qualidade de segurado", ou seja, aquele que antes não tinha vínculo com o RGPS o adquire pela filiação, tornando-se então segurado, qualidade a qual lhe fornece cobertura quanto a sinistros que não exigem

---

3. Nos termos do *caput* do art. 18 do RPS, "considera-se inscrição de segurado para os efeitos da previdência social o ato pelo qual o segurado é cadastrado no RGPS, por meio da comprovação dos dados pessoais". Para o segurado facultativo, complementa o inciso VI do mesmo dispositivo, a inscrição é feita "por ato próprio, por meio do cadastramento de informações pessoais que permitam a sua identificação, desde que não exerça atividade que o enquadre na categoria de segurado obrigatório".
4. Há também aquele que não é responsável tributário, como veremos mais adiante.
5. Que, nesse caso, ocorre "por ato próprio, por meio do cadastramento de informações para identificação e reconhecimento da atividade, hipótese em que o Instituto Nacional do Seguro Social – INSS poderá solicitar a apresentação de documento que comprove o exercício da atividade declarada" (art. 18, IV, *a*, do RPS).
6. Neste sentido, caminha o entendimento consubstanciado na Súmula 52 da TNU: "Para fins de concessão de pensão por morte, é incabível a regularização do recolhimento de contribuições de segurado contribuinte individual posteriormente a seu óbito, exceto quando as contribuições devam ser arrecadadas por empresa tomadora de serviços". O novo § 5º-B do art. 18 do RPS, incluído pelo Decreto 10.410/20, dispõe que "Não será admitida a inscrição *post mortem* de segurado contribuinte individual e nem de segurado facultativo".

outros requisitos (ex: morte, invalidez decorrente de acidente de trabalho etc.), abrindo caminho, ademais, para a obtenção de cobertura adicional.

Pois bem, uma vez adquirida a qualidade de segurado, o modo ordinário de mantê-la é contribuindo (segurado facultativo) ou permanecendo numa relação contributiva (segurado obrigatório). Caso, contudo, tal situação não perdure, abre-se a possibilidade de manutenção extraordinária da qualidade de segurado durante certo período (variável, conforme as circunstâncias): temos aí o denominado "período de graça" (que consiste na manutenção "gratuita" da qualidade de segurado).

O período de graça mais comum é aquele concernente ao segurado *obrigatório*, sendo o ordinário de [até] doze meses. Com efeito, diz a lei que "Mantém a qualidade de segurado, independentemente de contribuições: (...) até 12 (doze) meses após a cessação das contribuições, o segurado que deixar de exercer atividade remunerada abrangida pela Previdência Social ou estiver suspenso ou licenciado sem remuneração (...)" (art. 15, II, da Lei 8.213/91). Tal prazo pode ser estendido em duas situações: por mais doze meses, "se o segurado já tiver pago mais de 120 (cento e vinte) contribuições mensais sem interrupção que acarrete a perda da qualidade de segurado" (§ 1º do art. 15 da Lei 8.213/91); por mais doze meses, "para o segurado desempregado[7], desde que comprovada essa situação pelo registro no órgão próprio do Ministério do Trabalho e da Previdência Social[8]" (§ 2º do art. 15 da Lei 8.213/91). Tais situações podem ser aproveitadas isoladamente (atingindo-se, em qualquer caso, 24 meses) ou mesmo acumuladas, sendo que neste último caso chegar-se-ia a um prazo total possível de 36 meses de período de graça.

Outra situação que possibilita a manutenção da qualidade de segurado é a percepção de benefício previdenciário, exceto o auxílio-acidente (art. 15, I, da Lei 8.213/91). Ou seja, quem está em gozo de benefício (que não o auxílio-acidente[9]), mantém a qualidade de segurado[10].

---

7. Tradicionalmente, entendia-se que o termo "desempregado" abarcaria apenas o segurado empregado (inclusive o doméstico, e o trabalhador avulso, que é equiparado ao empregado pela Constituição) em situação de desemprego. Não obstante, tem ganhado corpo corrente jurisprudencial a sustentar a possibilidade de que o termo englobe também outras categorias de segurados. Neste sentido, há entendimento da TNU (tema 239) admitindo a inclusão aí do contribuinte individual. Assim, caso o contribuinte individual comprove situação de "desemprego" (salientamos, contudo, que o termo tecnicamente correto para tal situação é "desocupação"), poderia fazer – segundo tal corrente jurisprudencial – jus à prorrogação por doze meses do período de graça.
8. Muito embora o dispositivo legal exija a inscrição no Ministério do Trabalho e da Previdência Social, a jurisprudência tem admitido outros meios de prova. Neste sentido, temos a Súmula 27 da TNU: "A ausência de registro em órgão do Ministério do Trabalho não impede a comprovação do desemprego por outros meios admitidos em Direito". Dentre tais outros meios de prova, entende o STJ (neste sentido, o REsp 1.338.295) que não bastaria a mera ausência de anotação posterior na carteira de trabalho (CTPS), ou seja, exige-se prova mais robusta do que esta.
9. A inserção de tal exceção ocorreu com o advento da Lei 13.846, de 18 de junho de 2019. Até então, não estava expresso que a percepção [isolada] do auxílio-acidente não permitiria a manutenção da qualidade de segurado. De todo modo, tendo em vista a natureza meramente indenizatória de tal benefício, havia forte controvérsia doutrinária e jurisprudencial em torno do assunto.
10. Segundo o STJ, "A previsão legal de manutenção da qualidade de segurado, contida no art. 15, I, da Lei 8.213/1991, inclui os benefícios deferidos por decisão de caráter provisório, ainda que seja futuramente revogada" (AREsp 2.023.456).

Os demais prazos de período de graça são os seguintes (art. 15 da Lei 8.213/91): até 12 (doze) meses após cessar a segregação, o segurado acometido de doença de segregação compulsória (inciso III); até 12 (doze) meses após o livramento, o segurado retido ou recluso (inciso IV)[11]; até 3 (três) meses após o licenciamento, o segurado incorporado às Forças Armadas para prestar serviço militar (inciso V); até 6 (seis) meses após a cessação das contribuições, o segurado facultativo (inciso VI).

O § 4º do art. 15 da Lei 8.213/91 estabelece que "A perda da qualidade de segurado ocorrerá no dia seguinte ao do término do prazo fixado no Plano de Custeio da Seguridade Social para recolhimento da contribuição referente ao mês imediatamente posterior ao do final dos prazos fixados neste artigo e seus parágrafos"[12]. Ademais, o Decreto 3.048/99, em seu art. 14, consigna que "O reconhecimento da perda da qualidade de segurado no termo final dos prazos fixados (...) ocorrerá no dia seguinte ao do vencimento da contribuição do contribuinte individual relativa ao mês imediatamente posterior ao término daqueles prazos"[13].

Durante o período de graça, a qualidade de segurado está preservada, o que permite ao interessado conservar todos os seus direitos perante a Previdência Social (§ 3º do art. 15 da Lei 8.213/91). Em regra, o período de graça não é computado como tempo de contribuição, servindo apenas para manter os consectários inerentes à qualidade de segurado e à carência eventualmente já cumprida.

Caso haja, finalmente, a perda da qualidade de segurado, será necessária nova filiação ("refiliação"), nos mesmos moldes da filiação original, para se readquirir a qualidade de segurado.

2.3 Carência

2.3.1 Considerações gerais

Como vimos, pela filiação, adquire-se a qualidade de segurado. Basta iniciar num emprego ou, conforme o caso, um único recolhimento para se adquirir a qualidade de segurado.

---

11. Ademais, depreende-se do disposto no par. único do art. 118 do RPS (especialmente, mas também de outras normas) que aquele que ostentava qualidade de segurado por ocasião da reclusão a mantém enquanto recluso.
12. Nos termos dos novos §§ 7º e 8º do art. 13 do RPS (Decreto 3.048/99), inseridos pelo Decreto 10.410/20, a contribuição feita pelo contribuinte individual em valor inferior ao do salário mínimo não será útil para a manutenção da qualidade de segurado, pelo que o período de graça se inicia no primeiro dia do mês subsequente ao da última contribuição com valor igual ou superior ao salário-mínimo (a não ser que se valha dos mecanismos de complementação, utilização e agrupamento de contribuições, dinâmica criada pela EC 103/2019, que estudaremos mais adiante).
13. Um exemplo nos permite entender melhor o funcionamento da regra. Imaginemos, então, que o período de graça é de doze meses e o último mês de trabalho foi "janeiro de 2015". Assim, o período de graça tem início em fevereiro de 2015 (primeiro mês "gratuito", sem recolhimento) e vai até janeiro de 2016. Assim, para não perder a qualidade de segurado, o interessado precisaria voltar a trabalhar no mês de fevereiro de 2016. O recolhimento relativo a tal mês precisa acontecer, para o contribuinte individual, até o dia 15 do mês seguinte (março de 2016), resultando, assim, que o período de graça que seria, originariamente, de 12 meses, se transforma em um período de 13 meses e 15 dias. A mesma extensão (de um mês e 15 dias) é aplicável aos demais prazos acima descritos.

A carência, por sua vez, consiste (art. 24 da Lei 8.213/91) em um número mínimo de contribuições mensais (ou de atividade laborativa) exigido para a concessão de certos benefícios. Com efeito, temos benefícios que não exigem carência e outros que exigem, sendo que quanto a estes é variável o número de contribuições mensais exigidas, como veremos adiante.

Para os segurados empregado (inclusive o doméstico) e trabalhador avulso, a carência é computada a partir da filiação (ou seja, com o exercício de atividade remunerada), nos termos do art. 27, I, da Lei 8.213/91 (dispositivo modificado pela LC 150 de 2015, que incluiu o doméstico[14]).

Para os demais segurados (contribuinte individual, segurado especial e facultativo), a carência é computada a partir do efetivo recolhimento da primeira contribuição (art. 27, II, da Lei 8.213/91[15]), não sendo possível indenizar período pretérito. Uma vez feita a primeira contribuição, caso haja atraso quanto ao recolhimento das subsequentes, há precedentes da TNU (tema 192) e do STJ (REsp 642.243 e AR 4.372, dentre outros) admitindo o pagamento – computável para fins de carência – a destempo, desde que não se tenha ainda perdido a qualidade de segurado[16] (neste sentido, quanto ao segurado facultativo, dispõe o art. 11, § 4º, do Decreto 3.048/99[17]).

Cabe, agora, mencionar algumas situações mais específicas.

O art. 55, § 2º, da Lei 8.213/91 estabelece que "O tempo de serviço do segurado trabalhador rural, anterior à data de início de vigência desta Lei [25.07.1991], será com-

---

14. A doutrina criticava bastante a regra anterior, que excluía o doméstico, tendo em vista que este não é responsável pelo recolhimento de sua contribuição, sendo possível registrar decisões da TNU (PEDILEF 200670950114) e do STJ (AGRESP 331.748) afastando a limitação. Hoje, contudo, a questão está superada, ao menos em perspectiva ex nunc. Quanto ao período pretérito, dispõe o art. 26 RPS, alterado no ponto pelo Decreto 10.410/20, que "para fins de carência, no caso de segurado empregado doméstico, considera-se presumido o recolhimento das contribuições dele descontadas pelo empregador doméstico, a partir da competência junho de 2015, na forma prevista no art. 211" (§ 4º-A), que "para o segurado empregado doméstico filiado ao RGPS nessa condição até 31 de maio de 2015, o período de carência será contado a partir da data do efetivo recolhimento da primeira contribuição sem atraso" (§ 4º-B) e que "para o período de filiação comprovado como empregado doméstico sem a comprovação do recolhimento ou sem a comprovação da primeira contribuição sem atraso, será reconhecido o direito ao benefício na forma prevista no § 2º do art. 36 [no valor de um salário-mínimo], independentemente da categoria do segurado na data do requerimento" (§ 4º-C).
15. Não obstante, o § 4º do art. 26 do Decreto 3.048/99 dispõe que para o contribuinte individual que não é responsável pela contribuição, a carência é computada a partir do exercício de atividade remunerada. Dá-se ênfase, portanto, à responsabilidade tributária, sendo que se esta for do empregador/contratante, não se deve imputar o ônus do não recolhimento ao trabalhador.
16. A tese é pacífica no Conselho de Recursos da Previdência Social, consoante seu Enunciado 5, incisos III e IV: "III – As contribuições recolhidas em atraso pelo contribuinte individual após o período de graça não serão computadas como carência, nem para fins de manutenção da qualidade de segurado, mas apenas como tempo de contribuição. IV – Havendo perda da qualidade de segurado, somente serão consideradas para fins de carência as contribuições efetivadas sem atraso, após nova filiação do contribuinte individual ao Regime Geral de Previdência Social".
17. O novo § 4º do art. 28 do mesmo diploma, introduzido pelo Decreto 10.410/20, parece indicar o mesmo: "Para os segurados a que se refere o inciso II do caput, na hipótese de perda da qualidade de segurado, somente serão consideradas, para fins de carência, as contribuições efetivadas após novo recolhimento sem atraso (...)".

putado independentemente do recolhimento das contribuições a ele correspondentes, *exceto para efeito de carência*, conforme dispuser o Regulamento" (grifos nossos).

Segundo a Súmula 73 da TNU, "O tempo de gozo de auxílio-doença ou de aposentadoria por invalidez não decorrentes de acidente de trabalho só pode ser computado como tempo de contribuição ou para fins de carência quando intercalado entre períodos nos quais houve recolhimento de contribuições para a previdência social". É este o entendimento amplamente prevalecente em jurisprudência, inclusive do STJ. Com raciocínio similar, entende o STJ (*v. g.*, no AgRg no REsp 1.101.237) que o período de recebimento de auxílio-doença não acidentário deve ser considerado no cômputo do prazo de carência da aposentadoria por idade, se intercalado com períodos contributivos.

2.3.2 Prestações que não exigem carência

Nos termos do art. 26 da Lei 8.213/91, independe de carência a concessão de uma série de prestações, as quais passamos a examinar.

Em primeiro lugar, a pensão por morte, o salário-família e o auxílio-acidente. O auxílio-reclusão estava incluído em tal rol, contudo veio a ser daí retirado pela Lei 13.846/19, passando-se a exigir carência de 24 (vinte e quatro) contribuições mensais.

Em segundo lugar, o serviço social e a reabilitação profissional (que são serviços e não benefícios).

Em terceiro lugar, o salário-maternidade para as seguradas empregada, trabalhadora avulsa e empregada doméstica. Ou seja, para as demais espécies de segurada, não está dispensada a carência[18].

Em quarto lugar, o auxílio-doença e a aposentadoria por invalidez[19] nos casos de acidente de qualquer natureza ou causa e de doença profissional ou do trabalho, bem como nos casos de segurado que, após filiar-se ao RGPS, for acometido de alguma das doenças e afecções especificadas em lista elaborada pelos Ministérios da Saúde e da Previdência Social, atualizada a cada três anos, de acordo com os critérios de estigma, deformação, mutilação, deficiência ou outro fator que lhe confira especificidade e gravidade que mereçam tratamento particularizado. Em suma, a exigência ou não de carência nos benefícios de auxílio-doença e aposentadoria por invalidez dependerá da natureza do sinistro que acomete o segurado. Assim, se a incapacidade for decorrente

---

18. Todavia, em decisão recente, prolatada no bojo da ADI n. 2110, o STF declarou a inconstitucionalidade da exigência de carência para fruição do salário-maternidade para as demais seguradas obrigatórias (art. 25, III, da Lei n. 8.213/91). Aquando do fechamento dessa obra, porém, a referida decisão ainda não havia transitado em julgado.
19. Após o advento da EC 103/2019, o INSS passou a tratar a aposentadoria por invalidez e o auxílio-doença com nova nomenclatura: "*aposentadoria por incapacidade permanente*" e "*auxílio por incapacidade temporária*", respectivamente. O primeiro termo é efetivamente usado pela EC 103/2019, enquanto o segundo decorre de uma interpretação a partir da alteração processada no art. 201, I, da CRFB. Com a alteração processada pelo Decreto 10.410/20, o RPS já aderiu à nova nomenclatura, mas não ainda a legislação ordinária. Assim, optamos, na presente obra, por permanecer utilizando a nomenclatura anterior, enquanto não houver alteração na legislação ordinária, mas o candidato deverá estar atento à nova nomenclatura, pois pode ser abordada em prova.

de acidente (de qualquer natureza, inclusive do trabalho e equiparações) ou de certos tipos de doença, a carência será dispensada; do contrário, não.

Quanto ao rol de doenças que permitem a dispensa da carência, há de se observar o disposto no art. 2º da Portaria interministerial MTP/MS 22, de 31 de agosto de 2022, que traz as seguintes doenças: I – tuberculose ativa; II – hanseníase; III – transtorno mental grave, desde que esteja cursando com alienação mental; IV – neoplasia maligna; V – cegueira; VI – paralisia irreversível e incapacitante; VII – cardiopatia grave; VIII – doença de Parkinson; IX – espondilite anquilosante; X – nefropatia grave; XI – estado avançado da doença de Paget (osteíte deformante); XII – síndrome da deficiência imunológica adquirida (Aids); XIII – contaminação por radiação, com base em conclusão da medicina especializada; XIV – hepatopatia grave; XV – esclerose múltipla; XVI – acidente vascular encefálico (agudo); e XVII – abdome agudo cirúrgico. As doenças e afecções listadas nos incisos XVI e XVII serão enquadradas como isentas de carência quando apresentarem quadro de evolução aguda e atenderem a critérios de gravidade.

O art. 26, I, da Lei 8.213/91 diz que a carência só é dispensada se o segurado "após filiar-se ao RGPS, for acometido de alguma das doenças e afecções...". Ao regular a concessão de aposentadoria por invalidez e de auxílio-doença, diz a mesma lei (§ 2º do art. 42 e § 1º do art. 59, respectivamente) que "A doença ou lesão de que o segurado já era portador ao filiar-se ao Regime Geral de Previdência Social não lhe conferirá direito (...) [ao benefício] salvo quando a incapacidade sobrevier por motivo de progressão ou agravamento dessa doença ou lesão". Cabe aí, portanto, uma dissociação. Caso já fosse portador da doença antes da filiação, não cabe dispensa da carência *em qualquer hipótese*. Contudo, caso a incapacidade sobrevenha por motivo de progressão ou agravamento da doença ou lesão, caberia a concessão do benefício caso cumprida a carência. É a leitura conjugada que fazemos dos dispositivos em questão, mas a questão longe está de ser pacífica.

Diz o art. 26 da Lei 8.213/91, ademais, que é dispensada a carência para o segurado especial quanto aos benefícios concedidos na forma do art. 39, I, do mesmo diploma. Na verdade, para o segurado especial, a carência é substituída pela exigência de demonstração do exercício de atividade rural por certo período, em geral equivalente ao que se exige como carência aos demais segurados. Assim, no linguajar forense, é comum tratar tal período de atividade rural também por "carência", já que a natureza é similar; porém, tecnicamente não se deve, enfim, falar aí em carência.

2.3.3 Prestações que exigem carência

Nos termos do art. 25 da Lei 8.213/91, exige-se carência para a concessão dos demais benefícios não mencionados acima.

Assim, para auxílio-doença e aposentadoria por invalidez, salvo nas exceções anteriormente descritas, exige-se carência de 12 (doze) contribuições mensais. Para a aposentadoria por idade, aposentadoria por tempo de contribuição e aposentadoria especial, demanda-se carência de 180 contribuições mensais[20]. Para o auxílio-reclusão, em novidade legislativa, há exigência de 24 (vinte e quatro) contribuições mensais.

Já para o salário-maternidade, será exigida a quantia de 10 (dez) contribuições mensais para as seguradas facultativa, contribuinte individual e segurada especial[21]. Em caso de parto antecipado, o período de carência será reduzido em número de contribuições equivalente ao número de meses em que o parto foi antecipado.

No caso dos benefícios ditos "programados" (aposentadorias por idade, especial e por tempo de contribuição), tendo em vista não exigirem qualidade de segurado para sua concessão, a carência pode ser computada a partir de contribuições feitas a qualquer tempo. Basta, portanto, reunir ao longo de toda a vida laborativa os 180 meses de contribuição exigidos, ainda que de forma espaçada.

Quanto aos benefícios ditos "não programados" (auxílio-doença, aposentadoria por invalidez, salário-maternidade e auxílio-reclusão), contudo, o cômputo da carência deve observar contribuições sequenciais de modo que entre todas [e cada uma d]elas não tenha havido a perda da qualidade de segurado. Com efeito, perdida a qualidade de segurado, cai também a carência que já houvera sido cumprida.

Caso a carência tenha sido integralmente cumprida outrora e tenha posteriormente havido perda da qualidade de segurado, dispõe o art. 27-A da Lei 8.213/91 que "o segurado deverá contar, a partir da data da nova filiação à Previdência Social, com metade dos períodos previstos" para a concessão de auxílio-doença, aposentadoria por invalidez, salário-maternidade e auxílio-reclusão. Tal regra é chamada por doutrina e jurisprudência de "resgate da carência" ou "carência de reingresso".

---

20. O Decreto 10.410/20, que alterou o RPS, pretende estender a exigência de carência de 180 contribuições mensais, mesmo após a EC 103/19, à aposentadoria programada, à aposentadoria especial e à aposentadoria por idade do trabalhador rural (art. 29, II). Neste último caso, como benefício restou inalterado, parece-nos que a carência foi mantida; no caso da aposentadoria especial, como o benefício foi apenas alterado, entendemos também possível prorrogar o requisito; não obstante, no primeiro caso, consubstanciando a aposentadoria programada um benefício completamente novo, não se nos afigura possível que a legislação infralegal possa, por si só, criar tal requisito.

21. Não obstante, o par. único do art. 39 da Lei 8.213/91 diz que a segurada especial precisará comprovar 12 meses de atividade rural antes do parto para fazer jus ao salário-maternidade. A conjugação destes dois dispositivos gera polêmica. Para uma corrente, o disposto no art. 25, III (que exige dez meses de carência), só se aplica à segurada especial que recolhe [também] contribuições facultativas, sendo que o par. único do art. 39 (que exige doze meses de atividade rural) se aplica à segurada especial que não realiza tal recolhimento (até porque, como vimos, não se fala aqui tecnicamente em "carência"). É a posição de Marisa Ferreira dos Santos (op. cit., p. 212) e é também a nossa. Outra corrente, contudo, sustenta que o disposto no art. 25, III, é aplicável em virtude de se tratar de legislação mais recente (é de 1999, enquanto a do outro dispositivo é de 1994). Tal posição ganha o reforço do art. 93, § 2º, do Decreto 3.048/99: "Será devido o salário-maternidade à segurada especial, desde que comprove o exercício de atividade rural nos últimos dez meses (...)". O que consta no Decreto consubstancia, afinal, o posicionamento do Poder Executivo em torno do tema. Na jurisprudência, não há pacificação, sendo possível encontrar julgados para os dois lados.

2.4 Valor do benefício

A renda mensal inicial (RMI) do benefício corresponderá a um percentual do salário de benefício. Este, por sua vez, correspondia, até o advento da EC 103/2019, à média aritmética simples dos 80% (oitenta por cento) maiores salários de contribuição[22] (atualizados monetariamente), apurados dentro do período básico de cálculo (PBC), que corresponde a todo o período posterior à competência "julho de 1994"[23] (ou, caso a primeira filiação seja posterior, desde a primeira filiação) e até a data de entrada do requerimento (DER). Não obstante, a EC 103/2019 dispõe que "até que lei discipline o cálculo dos benefícios (...) do Regime Geral de Previdência Social, será utilizada a média aritmética simples[24] dos salários de contribuição e das remunerações adotados como base para contribuições a regime próprio de previdência social e ao Regime Geral de Previdência Social, ou como base para contribuições decorrentes das atividades militares de que tratam os arts. 42 e 142 da Constituição Federal, atualizados monetariamente, correspondentes a 100% (cem por cento) do período contributivo desde a competência julho de 1994[25] ou desde o início da contribuição, se posterior àquela competência" (art. 26, *caput*). Tal média será limitada ao valor máximo do salário de contribuição do RGPS (§ 1º). Poderão ser excluídas da média as contribuições que resultem em redução do valor do benefício[26], desde que mantido o tempo mínimo de contribuição exigido[27],

---

22. O salário de contribuição é a base de cálculo sobre a qual incidiu a contribuição do segurado para a previdência social. Há intenso debate jurisprudencial acerca da inclusão ou não do 13º salário no salário de contribuição, especialmente antes da vigência da Lei 8.870/94. A revogada Súmula 60 da TNU dizia que: "O décimo terceiro salário não integra o salário de contribuição para fins de cálculo do salário de benefício, independentemente da data da concessão do benefício previdenciário". A nova Súmula 83 diz que: "A partir da entrada em vigor da Lei 8.870/94, o décimo terceiro salário não integra o salário de contribuição para fins de cálculo do salário de benefício". O valor do auxílio-acidente integra o valor do salário de contribuição. Discutiremos maiores detalhes em torno do salário de contribuição na Parte III do presente livro, quando abordarmos o financiamento da seguridade social.
23. Cabe registrar que, quanto ao período anterior ao advento da EC 103/2019, o STJ, acolheu, em 11.12.2019, a tese denominada "revisão da vida toda", pela qual, em síntese, permite-se que o segurado busque, caso lhe seja mais vantajoso, contribuições vertidas no período anterior a julho de 1994 para o cálculo do valor de seu benefício (tema repetitivo 999). A tese, contudo, foi rechaçada pelo STF no julgamento da ADI n. 2111 - decisão ainda pendente, todavia, de trânsito em julgado.
24. Nos termos do novel art. 135-A da Lei 8.213/91, "Para o segurado filiado à Previdência Social até julho de 1994, no cálculo do salário de benefício das aposentadorias, exceto a aposentadoria por incapacidade permanente, o divisor considerado no cálculo da média dos salários de contribuição não poderá ser inferior a 108 (cento e oito) meses".
25. Segundo o novo § 9º do art. 32 do RPS, alterado pelo Decreto 10.410/20, "Quando inexistirem salários de contribuição a partir de julho de 1994, as aposentadorias concedidas nos termos do disposto nos § 5º e § 6º do art. 13 terão o valor correspondente ao do salário-mínimo (...)".
26. Em sentido semelhante ao que consta em tal dispositivo, é a tese fixada pelo STF no julgamento do RExt 630.501 (Tema 334 de Repercussão Geral): "Para o cálculo da renda mensal inicial, cumpre observar o quadro mais favorável ao beneficiário, pouco importando o decesso remuneratório ocorrido em data posterior ao implemento das condições legais para a aposentadoria, respeitadas a decadência do direito à revisão e a prescrição quanto às prestações vencidas".
27. Para aqueles benefícios nos quais não se exige tempo mínimo de contribuição, como por exemplo a aposentadoria por invalidez, é de se questionar como poderia ser feito tal "descarte" (se é que poderia). Por exemplo, seria possível manter apenas uma única contribuição mais alta (se resultasse em cálculo mais benéfico), seria preciso ao menos manter o mínimo necessário ao cumprimento da carência (quando exigida) ou seria ainda

vedada a utilização do tempo excluído para qualquer finalidade, inclusive para acrescer as alíquotas de aposentadoria, para a averbação em outro regime previdenciário ou para a obtenção dos proventos de inatividade das atividades de que tratam os arts. 42 [militares dos Estados] e 142 [militares da União] da Constituição Federal (§ 6º).

Nas aposentadorias por tempo de contribuição e por idade (benefícios extintos pela EC 103/2019) poderia ainda incidir, no cálculo do salário de benefício, o fator previdenciário (naquela, incidia obrigatoriamente, em regra[28]; nesta, incidia facultativamente, ou seja, apenas quando beneficiasse o segurado). Caso incida, o fator previdenciário será, tecnicamente, um dos componentes internos de formação do salário de benefício. O fator previdenciário é calculado considerando-se a idade, a expectativa de sobrevida[29] (segundo tábua do IBGE e conforme a média nacional para ambos os sexos) e o tempo de contribuição do segurado ao se aposentar. São adicionados cinco anos no tempo de contribuição caso o(a) segurado(a) seja mulher ou professor (dez anos no total, portanto, se for professora).

O valor do salário de benefício não será inferior ao de um salário mínimo, nem superior ao do limite máximo do salário de contribuição na data de início do benefício. Caso o período em percepção de benefício por incapacidade seja computado como tempo de contribuição, o valor do salário de benefício (e não o da renda mensal, frise-se) daquele será computado como salário de contribuição.

Nos termos do art. 32 da Lei 8.213/91, "O salário de benefício do segurado que contribuir em razão de atividades concomitantes será calculado com base na soma dos salários de contribuição das atividades exercidas na data do requerimento ou do óbito, ou no período básico de cálculo (...)"[30]. Trata-se de modificação implementada em 2019, sendo que a redação anterior consignava um regramento bastante confuso, fracionado. Não obstante, segundo entendimento do STJ, "Após o advento da Lei 9.876/1999, e para fins de cálculo do benefício de aposentadoria, no caso do exercício de atividades

---

aplicável o disposto no § 2º do art. 3º da Lei 9.876/99 ("o divisor considerado no cálculo da média (...) não poderá ser inferior a sessenta por cento do período decorrido da competência julho de 1994 até a data de início do benefício, limitado a cem por cento de todo o período contributivo")? A nosso sentir, a partir de uma interpretação teleológico-sistemática, a regra do descarte se limita aos benefícios que exigem tempo mínimo de contribuição. Nesse sentido, os novos §§ 24 e 25 do RPS, incluídos pelo Decreto 10.410/20.

28. Segundo o art. 29-C da Lei 8.213/91, o segurado que preencher o requisito para a aposentadoria por tempo de contribuição poderá optar pela não incidência do fator previdenciário no cálculo de sua aposentadoria, quando o total resultante da soma de sua idade e de seu tempo de contribuição, incluídas as frações, na data de requerimento da aposentadoria, for: I – igual ou superior a 95 pontos, se homem, observando o tempo mínimo de contribuição de 35 anos; ou igual ou superior a 85 pontos, se mulher, observado o tempo mínimo de contribuição de 30 anos. Há potencial majoração progressiva dos pontos exigidos a partir de 2018. Ao segurado que alcançar o requisito necessário ao exercício da opção e deixar de requerer aposentadoria, será assegurado o direito à opção com a aplicação da pontuação exigida na data do cumprimento do requisito.

29. Abandonado, por ora, no Brasil, o instituto vem ganhando corpo na Europa. Na Espanha, por exemplo, foi recentemente implementado o *factor de sostenibilidad*, bastante similar ao nosso fator previdenciário, que, em síntese, vincula o valor da *"pensión de jubilación"* (aposentadoria) à evolução da esperança de vida.

30. Isto não se aplica, contudo, ao segurado que, em obediência ao limite máximo do salário de contribuição, contribuiu apenas por uma das atividades concomitantes (§ 1º) ou que tenha sofrido redução do salário de contribuição das atividades concomitantes em respeito ao limite máximo desse salário (§ 2º).

concomitantes pelo segurado, o salário de contribuição deverá ser composto da soma de todas as contribuições previdenciárias por ele vertidas ao sistema, respeitado o teto previdenciário" (tema 1070 dos recursos repetitivos).

Apurado o salário de benefício, a renda mensal inicial, como já dissemos, consistirá em percentual daquele. Assim, a RMI era, até o advento da EC 103/2019: nas aposentadorias por invalidez, por tempo de contribuição e especial, de 100% do SB; no auxílio-acidente, 50% do SB; no auxílio-doença, 91% do SB; na aposentadoria por idade, 70% do SB mais 1% a cada grupo de 12 contribuições.

Até que a lei discipline o cálculo dos benefícios nos termos do novo sistema implementado pela EC 103/2019, dispõe esta (art. 26) que a RMI será, provisoriamente, de 60% do salário de benefício, com acréscimo de dois pontos percentuais para cada ano de contribuição que exceder o tempo de vinte anos de contribuição (quinze, se mulher) nos casos de *aposentadoria por incapacidade permanente* (exceto quando decorrer de acidente de trabalho, de doença profissional e de doença do trabalho, quando será de 100% do salário de benefício), *aposentadoria programada* (inclusive a do professor) e *aposentadoria especial* (exceto quando se tratar de atividade especial de quinze anos de contribuição, caso em que o acréscimo incide já sobre o tempo de contribuição que superar os referidos quinze anos).

Tais benefícios, portanto, possuem, em regra, um "craveiro" (20 anos de tempo de contribuição, se homem; 15, se mulher) a partir do qual é despoletado o incremento do coeficiente de cálculo em dois pontos percentuais a cada ano de contribuição computado – desde o piso, que é de 60%. Temos, porém, duas exceções à regra, como vimos.

O valor do auxílio-doença não poderá exceder a média aritmética simples dos últimos 12 (doze) salários de contribuição, inclusive em caso de remuneração variável, ou, se não alcançado o número de 12 (doze), a média aritmética simples dos salários de contribuição existentes (§ 10 do art. 29 da Lei 8.213/91). Trata-se de algo como um "subteto" do valor do auxílio-doença.

Segundo entendimento sedimentado no STF (RExt 630.501), o segurado, uma vez que reúna os requisitos para se aposentar, tem direito ao cálculo do melhor benefício[31], ainda que venha a fazer o requerimento posteriormente[32].

Estabelecida a renda mensal inicial do benefício, o valor será reajustado a partir da data de início do benefício (DIB). Segundo o § 4º do art. 201 da CRFB, "é assegurado

---

31. No julgamento do REsp 1.612.818, o STJ deixou claro que incide o prazo decadencial para revisão do benefício (tema que estudaremos em maiores detalhes mais adiante) mesmo no caso da tese do "direito ao melhor benefício".
32. A título exemplificativo, transcrevo, por ser elucidativa quanto ao funcionamento da referida tese, trecho da ementa do PUIL 810, julgado pelo STJ: "É aplicável o art. 187 do Decreto 3.048/1999 quando a aposentadoria foi deferida com base no direito adquirido anterior à vigência da Emenda Constitucional 20/1998, devendo a atualização dos salários de contribuição integrantes do período básico de cálculo observar como marco final a data ficta de dezembro de 1998 e, a partir de então, a renda mensal inicial deverá ser reajustada até a data da entrada do requerimento administrativo pelos índices de reajustamento dos benefícios".

o reajustamento dos benefícios para preservar-lhes, em caráter permanente, o valor *real*, conforme critérios definidos em lei" (grifamos). Diversamente do que ocorre, por exemplo, quanto à remuneração dos servidores públicos, quando não se garante expressamente a preservação do valor real, quanto a benefícios previdenciários há garantia constitucional de preservação do valor real e não apenas do nominal. Segundo o art. 41-A da Lei 8.213/91, o reajuste ocorrerá na *mesma data* em que ocorrer o reajuste do salário-mínimo, *pro rata* (ou seja, proporcionalmente à data de início do benefício ou de seu último reajuste), com base no Índice Nacional de Preços ao Consumidor (INPC).

A renda mensal atual (RMA) do benefício de prestação continuada que substituir o salário de contribuição ou o rendimento do trabalho do segurado não terá valor inferior ao do salário-mínimo, nem superior ao do limite máximo do salário de contribuição.

3. BENEFICIÁRIOS

São beneficiários do RGPS os segurados e os seus dependentes. O segurado, como vimos, é aquele que estabelece um vínculo de filiação com a previdência social. Os dependentes são pessoas que possuem relação de parentesco ou afinidade com o segurado, segundo descrição legal.

3.1 Segurados

Temos duas espécies de segurados: o obrigatório e o facultativo. Examinaremos, a seguir, cada espécie. Cabe referenciar preliminarmente, contudo, algumas figuras de trabalhadores que estão excluídos do RGPS.

Os servidores públicos (estatutários) civis e militares, desde que estejam amparados por Regime Próprio (RPPS), estão excluídos do RGPS. Todavia, se o ente público com quem o servidor público mantém vínculo funcional não ostentar regime próprio (como ocorre com vários Municípios brasileiros), o servidor público titular de cargo efetivo será filiado ao RGPS, como segurado empregado. O empregado público ("celetista") é, em qualquer caso, vinculado ao RGPS.

Os membros do Poder Judiciário, do Ministério Público, da Defensoria Pública e do Tribunal de Contas da União (servidores vitalícios) estão também excluídos do RGPS. Contudo, os advogados indicados para mandato perante o TSE ou TRE manterão o mesmo enquadramento no RGPS que possuíam antes da indicação, nos termos do art. 9º, § 11, Decreto 3.048/99.

3.1.1 *Segurado facultativo*

O segurado facultativo é aquele que não se enquadra em nenhuma das hipóteses de segurado obrigatório (trata-se, portanto, de enquadramento residual) e deseja voluntariamente contribuir para o RGPS[33]. Em regra, todo aquele que desenvolve atividade laborativa se enquadra, ao menos em tese, em alguma categoria de segurado obrigatório, pelo que se pode dizer que o segurado facultativo é aquele que não desenvolve atividade remunerada (ou esta é informal).

O participante de Regime Próprio (RPPS) não pode se filiar como segurado facultativo no RGPS, salvo (art. 201, § 5º da Constituição Federal e art. 11, § 2º, do Decreto 3.048/99) na hipótese de afastamento sem vencimento e desde que não permitida, nesta condição, contribuição ao respectivo regime próprio. O INSS tem entendido que sequer o aposentado por RPPS não pode se filiar como facultativo no RGPS (art. 107, § 5º, II da Instrução Normativa PRES/INSS 128/22).

O ingresso do segurado facultativo no sistema se faz pela inscrição e o recolhimento da primeira contribuição. Apesar de os arts. 13 e 14 da Lei 8.213/91 permitirem o ingresso com 14 anos de idade, deve-se observar a CRFB, que impõe (art. 7º, XXXIII) a idade mínima de 16 anos para o trabalho. Há corrente que sustenta que, como o facultativo não exerce atividade remunerada, a filiação nesta categoria aos 14 anos não afrontaria o comando constitucional, mas há controvérsia acesa.

Segundo consta no art. 21 da Lei 8.212/91, o segurado facultativo que optar pela exclusão do benefício de aposentadoria por tempo de contribuição poderá recolher com base em alíquota de 11%, incidente sobre o valor mínimo mensal do salário de contribuição. E se, ademais, for de família de baixa renda, sem renda própria e se dedicar exclusivamente ao trabalho doméstico no âmbito de sua residência, poderá recolher com base em alíquota de 5%. Considera-se de baixa renda a família inscrita no Cadastro Único para Programas Sociais do Governo Federal – CadÚnico, cuja renda mensal seja de até 02 salários-mínimos. Em qualquer caso, se posteriormente quiser fazer jus à aposentadoria por tempo de contribuição ou transportar o período contributivo para outro regime, na sistemática da contagem recíproca, precisará indenizar a diferença (ou seja, o que pagou a menos). Como veremos adiante, são situações que sofrem influxos indiretos da EC 103/2019, tendo em vista que a aposentadoria por tempo de contribuição acabou sendo por esta extinta.

Segundo o art. 12, § 2º, da Lei 11.788/2008, o estagiário pode se inscrever no RGPS como facultativo (trata-se, assim, de uma exceção, já que o estagiário desenvolve atividade remunerada, porém não é considerada propriamente profissional). Se, porém, o vínculo de estágio restar descaracterizado para configurar relação de emprego, ele passará a ser segurado obrigatório, como empregado.

Nos termos do art. 11, § 1º, XI do Decreto 3.048/99, poderá se inscrever como facultativo o segurado recolhido à prisão sob regime fechado ou semiaberto, que, nesta

---

33. Em outros países, existe um instituto que se aproxima da filiação facultativa: o denominado "seguro continuado". Consiste, em síntese, na possibilidade conferida àquele que já esteve filiado como segurado obrigatório de seguir voluntariamente contribuindo para o sistema, de modo a não "desperdiçar" as contribuições que já havia vertido até então.

condição, preste serviço, dentro ou fora da unidade penal, a uma ou mais empresas, com ou sem intermediação da organização carcerária ou entidade afim, ou que exerce atividade artesanal por conta própria.

A jurisprudência sempre encontrou, na prática, dificuldade para delimitar a contingência relacionada ao segurado facultativo que permitisse a concessão de benefício por incapacidade – embora a lei preveja, em tese, a concessão a ele de auxílio-doença e aposentadoria por invalidez –, uma vez que não daria aí para operar com o conceito de "incapacidade para o trabalho" (para o "exercício de atividade que lhe garanta a subsistência"), especialmente no que concerne à atividade produtiva habitual, que não existe no caso. Como, então, reconhecer a incapacidade? Na nova redação dada ao inciso I do art. 201 da CRFB pela EC 103/2019, deixou-se de garantir a "cobertura de eventos de doença e invalidez", passando-se a assegurar "garantia a cobertura dos eventos de incapacidade temporária ou permanente para o trabalho". Segundo Lazzari, "Na regulamentação do novo texto poderá ocorrer a exclusão do direito ao auxílio-doença relativo aos segurados facultativos (como donas de casa, estudantes e desempregados), sob o fundamento de que não exercem atividade laborativa remunerada"[34].

3.1.2 Segurado obrigatório

O segurado obrigatório é aquele que desenvolve atividade remunerada e, consequentemente, cujo recolhimento de contribuição previdenciária é compulsório. Como vimos, o simples exercício de atividade remunerada já o qualifica como segurado ("automaticidade da filiação").

O exercício de atividades concomitantes obriga à filiação por cada uma delas. O dirigente sindical mantém, durante o exercício do mandato eletivo, o mesmo enquadramento de antes da investidura.

Vamos examinar, a seguir, as diversas espécies de segurado obrigatório. O rol está previsto no art. 11 da Lei 8.213/91 e, com maior detalhamento, no art. 9º do Decreto 3.048/99.

3.1.2.1 Segurado empregado

A nomenclatura "empregado" transmite a ideia de estabelecimento de vínculo empregatício e efetivamente o tipo básico de segurado empregado é mesmo o denominado trabalhador "celetista", contudo o gênero reúne também outras espécies.

Neste sentido, temos, em primeiro lugar, "aquele que presta serviço de natureza urbana ou rural à empresa[35], em caráter não eventual, sob sua subordinação e median-

---

34. In: CASTRO, Carlos Alberto Pereira; KRAVCHYCHYN, Gisele; LAZZARI, João Batista; ROCHA, Daniel Machado da. *Comentários à Reforma da Previdência*. Rio de Janeiro: Forense, 2020, p. 101.
35. Considera-se empresa "a firma individual ou sociedade que assume o risco de atividade econômica urbana ou rural, com fins lucrativos ou não, bem como os órgãos e entidades da administração pública direta, indireta

te remuneração, inclusive como diretor empregado[36]" (art. 11, I, *a*, da Lei 8.213/91). Ademais, "aquele que, contratado por empresa de trabalho temporário, definida em legislação específica, presta serviço para atender a necessidade transitória de substituição de pessoal regular e permanente ou a acréscimo extraordinário de serviços de outras empresas" (art. 11, I, *b*, da Lei 8.213/91)[37]. Cabe destacar que o empregado público, celetista, é segurado empregado do RGPS.

Para além do tipo básico, supradescrito, temos algumas outras espécies.

Destacamos, em primeiro lugar, cinco situações que guardam relação com arranjos transfronteiriços (por assim dizer): o brasileiro ou o estrangeiro domiciliado e contratado no Brasil para trabalhar como empregado em sucursal ou agência de empresa nacional no exterior (art. 11, I, *c*, da Lei 8.213/91); aquele que presta serviço no Brasil a missão diplomática ou a repartição consular de carreira estrangeira e a órgãos a elas subordinados, ou a membros dessas missões e repartições, excluídos o não brasileiro sem residência permanente no Brasil e o brasileiro amparado pela legislação previdenciária do país da respectiva missão diplomática ou repartição consular (art. 11, I, *d*, da Lei 8.213/91); o brasileiro civil que trabalha para a União, no exterior, em organismos oficiais brasileiros ou internacionais dos quais o Brasil seja membro efetivo, ainda que lá domiciliado e contratado, salvo se segurado na forma da legislação vigente do país do domicílio (art. 11, I, *e*, da Lei 8.213/91); o brasileiro ou estrangeiro domiciliado e contratado no Brasil para trabalhar como empregado em empresa domiciliada no exterior, cuja maioria do capital votante pertença a empresa brasileira de capital nacional (art. 11, I, *f*, da Lei 8.213/91); o empregado de organismo oficial internacional ou estrangeiro em funcionamento no Brasil, salvo quando coberto por regime próprio de previdência social (art. 11, I, *i*, da Lei 8.213/91).

Temos, ademais, o servidor público ocupante de cargo em comissão, sem vínculo efetivo com o respectivo ente federativo (englobando suas autarquias, inclusive em

---

ou fundacional" (art. 14, I, da Lei 8.213/91). "Equiparam-se a empresa, para os efeitos desta Lei, o contribuinte individual e a pessoa física na condição de proprietário ou dono de obra de construção civil, em relação a segurado que lhe presta serviço, bem como a cooperativa, a associação ou entidade de qualquer natureza ou finalidade, a missão diplomática e a repartição consular de carreira estrangeiras" (par. único do art. 14 da Lei 8.213/91).

36. O fato de o empregado ser eleito para desempenhar uma função temporária como diretor na empresa, o que leva à suspensão do contrato de trabalho, não altera seu enquadramento como segurado empregado para fins previdenciários.
37. Nos termos da nova alínea *b* do inciso I do art. 9º do Decreto 3.048/99, alterada pelo Decreto 10.410/20, a descrição detalhada da espécie fica sendo: "aquele que, contratado por empresa de trabalho temporário, na forma prevista em legislação específica, por prazo não superior a cento e oitenta dias, consecutivos ou não, prorrogável por até noventa dias, presta serviço para atender a necessidade transitória de substituição de pessoal regular e permanente ou a acréscimo extraordinário de serviço de outras empresas". É, ademais, acrescentada a alínea *s* ao mesmo dispositivo, para reconhecer como segurado empregado "aquele contratado como trabalhador intermitente para a prestação de serviços, com subordinação, de forma não contínua, com alternância de períodos de prestação de serviços e de inatividade, em conformidade com o disposto no § 3º do art. 443 da CLT". Ademais, o novo § 10 do art. 19 estabelece que "o empregado com contrato de trabalho intermitente terá identificação específica em instrumento de prestação de informações à previdência social, de forma a permitir a identificação dos períodos de prestação serviços e dos períodos de inatividade". Reconhecem-se, aí, ajustes à novel legislação trabalhista.

regime especial, e fundações públicas) e o ocupante de cargo de Ministro de Estado, de Secretário Estadual, Distrital ou Municipal, sem vínculo efetivo com o respectivo ente (art. 11, I, *b*, da Lei 8.213/91 c/c § 16 do art. 9º do Decreto 3.048/99).

Finalmente, temos o exercente de mandato eletivo federal, estadual ou municipal, desde que não vinculado a regime próprio de previdência social (art. 11, I, *j*, da Lei 8.213/91[38]).

O menor aprendiz é enquadrado como segurado empregado[39] e a jurisprudência majoritária entende que o aluno-aprendiz também pode ser, caso haja remuneração, ainda que indireta. Neste diapasão, a Súmula 18 da TNU diz que: "Para fins previdenciários, o cômputo do tempo de serviço prestado como aluno-aprendiz exige a comprovação de que, durante o período de aprendizado, houve simultaneamente: (i) retribuição consubstanciada em prestação pecuniária ou em auxílios materiais; (ii) à conta do Orçamento; (iii) a título de contraprestação por labor; (iv) na execução de bens e serviços destinados a terceiros.". Em sentido semelhante, as súmulas 24 da AGU e 96 do TCU, o inciso V do Enunciado 2 do CRPS e o art. 188-G, IX, do Decreto 3.048/99 (este apenas quanto a períodos compreendidos até 13 de novembro de 2019).

3.1.2.2 Segurado empregado doméstico

O doméstico também é um trabalhador que possui vínculo empregatício (dito "celetista"), porém de natureza especial. É definido pela legislação previdenciária como "aquele que presta serviço de natureza contínua a pessoa [física] ou família, no âmbito residencial desta, em atividades sem fins lucrativos" (art. 11, II, da Lei 8.213/91).

Convém chamar a atenção para alguns predicados essenciais do empregado doméstico, sem os quais o vínculo restaria descaracterizado, configurando – em regra – relação de emprego comum. A primeira delas é a pessoa do contratante, que não pode ser pessoa jurídica: é pessoa física ou a família. A segunda delas é que a atividade não pode ter fins lucrativos, ou seja, caso uma pessoa seja contratada para, por exemplo, produzir, no âmbito de uma residência familiar, produtos alimentícios destinados à comercialização, restaria descaracterizado o vínculo. A terceira característica indispensável é a de a atividade ser prestada no âmbito residencial do contratante. Tal exigência é interpretada com certa maleabilidade, sendo possível que a atividade até seja exercida

---

38. A alínea *h* do referido dispositivo tem a mesma redação da alínea *j*, pois aquela foi julgada inconstitucional perante o paradigma constitucional vigente à época, sendo que esta foi introduzida após alteração constitucional que tornou viável tal disposição legal, o que ocorreu em 18.06.2004 e, tendo em vista a anterioridade nonagesimal, a contribuição respectiva só passou a ser exigível desde 19.09.2004. Dispõe o novel inciso V do art. 38 da CRFB, na redação dada pela EC 103/2019, que "Ao servidor público da administração direta, autárquica e fundacional, no exercício de mandato eletivo, (...) na hipótese de ser segurado de regime próprio de previdência social, permanecerá filiado a esse regime, no ente federativo de origem".
39. Nos termos do art. 45, IV, da IN INSS/PRES 128 de 2022, é segurado empregado "o aprendiz, maior de 14 (quatorze) anos e menor de 24 (vinte e quatro) anos, ressalvada a hipótese da pessoa com deficiência, à qual não se aplica o limite máximo de idade, com contrato de aprendizagem por prazo determinado, não superior a 2 (dois) anos, na forma dos arts. 428 a 433 da CLT". Sobre o aluno aprendiz, vide arts. 135-s do mesmo diploma.

fora do ambiente físico da residência, desde que destinada às dinâmicas internas desta, como é o caso, por exemplo, do motorista familiar que conduz os moradores da casa para suas atividades diárias.

Com a alteração processada pelo Decreto 10.410/20, o inciso II do art. 9º do Decreto 3.048/99 passou a trazer uma conceituação um pouco mais detalhada: "aquele que presta serviço de forma contínua, subordinada, onerosa e pessoal a pessoa ou família, no âmbito residencial desta, em atividade sem fins lucrativos, por mais de dois dias por semana". Há, essencialmente, uma descrição dos elementos da relação de emprego ("forma contínua, subordinada, onerosa e pessoal") e a distinção quanto ao diarista doméstico[40].

3.1.2.3 Segurado trabalhador avulso

Segundo a legislação previdenciária, o trabalhador avulso é aquele que "presta, a diversas empresas, sem vínculo empregatício, serviço de natureza urbana ou rural definidos no Regulamento" (art. 11, VI, da Lei 8.213/91).

Desdobrando melhor o conceito, diz o Regulamento (Decreto 3.048/99, com alteração, no ponto, processada pelo Decreto 10.410/20) que o trabalhador avulso é aquele que (art. 9º, IV):

> a) sindicalizado ou não, preste serviço de natureza urbana ou rural a diversas empresas, ou equiparados, sem vínculo empregatício, com intermediação obrigatória do órgão gestor de mão de obra, nos termos do disposto na Lei 12.815, de 5 de junho de 2013, ou do sindicato da categoria, assim considerados:
>
> 1. o trabalhador que exerça atividade portuária de capatazia, estiva, conferência e conserto de carga e vigilância de embarcação e bloco;
>
> 2. o trabalhador de estiva de mercadorias de qualquer natureza, inclusive carvão e minério;
>
> 3. o trabalhador em alvarenga (embarcação para carga e descarga de navios);
>
> 4. o amarrador de embarcação;
>
> 5. o ensacador de café, cacau, sal e similares;
>
> 6. o trabalhador na indústria de extração de sal;
>
> 7. o carregador de bagagem em porto;
>
> 8. o prático de barra em porto;
>
> 9. o guindasteiro; e
>
> 10. o classificador, o movimentador e o empacotador de mercadorias em portos; e
>
> b) exerça atividade de movimentação de mercadorias em geral, nos termos do disposto na Lei 12.023, de 27 de agosto de 2009, em áreas urbanas ou rurais, sem vínculo empregatício, com intermediação obrigatória do sindicato da categoria, por meio de acordo ou convenção coletiva de trabalho, nas atividades de:

---

40. Na legislação do trabalho doméstico, a conceituação de trabalhador eventual é extraída, a *contrario sensu*, do disposto no art. 1º da Lei Complementar 150/2015, que considera como empregado doméstico "aquele que presta serviços de forma contínua, subordinada, onerosa e pessoal e de finalidade não lucrativa à pessoa ou à família, no âmbito residencial destas, por mais de 2 (dois) dias por semana" (grifamos). Em suma, o eventual (ou diarista) doméstico é aquele que trabalha por até dois dias na semana (sendo classificado, nesse caso, como contribuinte individual, nos termos do § 15, VI, do art. 9º do Decreto 3.048/99). Há ideia corrente de que tal conceito se aplica indistintamente a qualquer tipo de relação de trabalho, mas não é o caso.

1. cargas e descargas de mercadorias a granel e ensacados, costura, pesagem, embalagem, enlonamento, ensaque, arrasto, posicionamento, acomodação, reordenamento, reparação de carga, amostragem, arrumação, remoção, classificação, empilhamento, transporte com empilhadeiras, paletização, ova e desova de vagões, carga e descarga em feiras livres e abastecimento de lenha em secadores e caldeiras;

2. operação de equipamentos de carga e descarga; e

3. pré-limpeza e limpeza em locais necessários às operações ou à sua continuidade;

Em síntese, portanto, é o trabalhador contratado por meio do sindicato ou órgão gestor de mão de obra (intermediação regulada) que presta, a diversas empresas, sem vínculo empregatício, serviço de natureza urbana ou rural, conforme o rol de atividades acima descrito. Quando comparado à relação empregatícia, falta ao trabalho avulso essencialmente o requisito da "pessoalidade".

Nos termos do art. 7º, XXXIV, da CRFB, determina-se a "igualdade de direitos entre o trabalhador com vínculo empregatício permanente e o trabalhador avulso", donde apreende-se que a legislação infraconstitucional não pode, em regra, estabelecer distinções entre o trabalhador avulso e o empregado comum.

3.1.2.4 Segurado contribuinte individual

Ainda nos falta examinar o segurado especial, que é aquele que dá azo ao maior número de controvérsias doutrinárias e jurisprudenciais, pelo que deixaremos para analisar tal figura mais adiante. Tendo isto em vista, podemos dizer que será contribuinte individual todo aquele que desenvolve atividade remunerada e que não se enquadra em nenhuma das demais espécies de segurado obrigatório – ou seja, há, do ponto de vista lógico-sistemático, a ideia de um enquadramento residual.

A categoria "contribuinte individual" surgiu – em perspectiva histórico-legislativa – da reunião de três espécies previstas na legislação pretérita: o empresário, o autônomo e o equiparado a autônomo. A nomenclatura "autônomo" ainda é utilizada na linguagem profana para se referir ao contribuinte individual, mas é preciso cuidado com sua utilização em prova, tendo em vista que é um termo que, no sentido descrito, toma a parte pelo todo, para além de ter sido extirpado da legislação de regência.

Examinemos, a seguir, o rol de espécies de contribuinte individual, previsto no art. 11, V, da Lei 8.213/91.

Em primeiro lugar (art. 11, V, *a*, da Lei 8.213/91), temos a pessoa física (e seu consorte), proprietária ou não, que explora atividade agropecuária, a qualquer título, em caráter permanente ou temporário, em área superior a 4 (quatro) módulos fiscais; ou, quando em área igual ou inferior a 4 (quatro) módulos fiscais ou atividade pesqueira, com auxílio de empregados ou por intermédio de prepostos; ou quando restar descaracterizado como segurado especial. Tal hipótese consubstancia, em suma, o produtor rural pessoa física que resta descaracterizado como segurado especial, seja em consequência da dimensão da área que explora (superior a quatro módulos fiscais), quer por decorrência da contratação de mão de obra acima dos limites permitidos, seja ainda em virtude de qualquer outra razão (examinaremos tal descaracterização em maiores detalhes quando estudarmos o segurado especial, mais adiante).

Em segundo lugar (art. 11, V, *b*, da Lei 8.213/91), temos a pessoa física, proprietária ou não, que explora atividade de extração mineral – garimpo, em caráter permanente ou temporário, diretamente ou por intermédio de prepostos, com ou sem o auxílio de empregados, utilizados a qualquer título, ainda que de forma não contínua. Em suma, o garimpeiro pessoa física que trabalha por conta própria. Convém salientar que o garimpeiro que desenvolve sua atividade em regime de economia familiar faz jus à aposentadoria por idade (com redução do limite etário e sem exigência de tempo mínimo de contribuição) que denominamos "rural", por abarcar precipuamente trabalhadores rurais, por expressa disposição constitucional (art. 201, § 7º, II, da CRFB). É contribuinte individual, não é segurado especial (era assim considerado pela legislação pretérita, mas não é mais) nem outra espécie de trabalhador rural, mas faz jus ao benefício descrito (o qual analisaremos mais adiante).

Em terceiro lugar (art. 11, V, *c*, da Lei 8.213/91), temos o ministro de confissão religiosa e o membro de instituto de vida consagrada, de congregação ou de ordem religiosa.

Em quarto lugar (art. 11, V, *e*, da Lei 8.213/91), temos o brasileiro civil que trabalha no exterior para organismo oficial internacional do qual o Brasil é membro efetivo, ainda que lá domiciliado e contratado, salvo quando coberto por regime próprio de previdência social. Trata-se também de uma dinâmica transfronteiriça, por assim dizer. Cuida-se, aqui, de uma opção do legislador e infelizmente não há, para fins de concurso público, outra saída que não a memorização, em contraste com as hipóteses "adjacentes" enquadradas como segurado empregado.

Em quinto lugar (art. 11, V, *f*, da Lei 8.213/91), temos os gestores e administradores, quais sejam: o titular de firma individual urbana ou rural, o diretor não empregado e o membro de conselho de administração de sociedade anônima, o sócio solidário, o sócio de indústria, o sócio gerente e o sócio cotista que recebam remuneração decorrente de seu trabalho em empresa urbana ou rural, e o associado eleito para cargo de direção em cooperativa, associação ou entidade de qualquer natureza ou finalidade, bem como o síndico ou administrador eleito para exercer atividade de direção condominial, desde que recebam remuneração[41].

Em sexto lugar (art. 11, V, *g*, da Lei 8.213/91), temos a figura daquele que presta serviço de natureza urbana ou rural, em caráter eventual, a uma ou mais empresas, sem relação de emprego. Trata-se do trabalhador eventual ou, numa conceituação que preferimos (parece-nos tecnicamente mais correta), o trabalhador esporádico.

Em último lugar (art. 11, V, *h*, da Lei 8.213/91), temos a pessoa física que exerce, por conta própria, atividade econômica de natureza urbana, com fins lucrativos ou

---

41. Convém destacar que para o síndico que é morador do condomínio, a isenção da taxa do condomínio pode ser considerada, segundo certa corrente, por si só como remuneração, qualificando-o, assim, como contribuinte individual.

não. Esta última classe é demasiado genérica, de caráter subsidiário, apta a abarcar – virtualmente – todas as demais hipóteses que envolvam trabalhadores que desenvolvem atividade urbana remunerada e que não possam ser enquadradas em outras categorias de segurados ou mesmo em outras classes de contribuinte individual. Daí termos dito que a categoria do contribuinte individual possui também um caráter residual[42].

3.1.2.5 Segurado especial

Tal categoria de segurado, cujas peculiaridades são muitas e complexas, será analisada num tópico mais adiante, dentro de um capítulo no qual trataremos da previdência do trabalhador rural como um todo. Assim, para lá remetemos o leitor (Capítulo IV da presente Parte).

3.2 Dependentes

O dependente é uma figura que não possui vínculo de filiação em sentido contributivo com a previdência social, sendo que sua relação com esta se estabelece por intermédio do segurado, com o qual mantém um liame de parentesco ou afinidade. Em suma, é dependente do segurado para fins previdenciários. Nessa relação, o segurado é denominado "instituidor" – termo técnico, largamente utilizado, ao qual o estudioso deve estar devidamente familiarizado.

O dependente faz jus a pensão por morte, auxílio-reclusão, serviço social e reabilitação profissional.

O rol de dependentes é estabelecido pela legislação e dividido em três classes, em ordem preferencial.

Na primeira classe, estão: o cônjuge, a companheira, o companheiro e o filho não emancipado, de qualquer condição, menor de 21 anos ou inválido ou que tenha deficiência intelectual ou mental ou deficiência grave (art. 16, I, da Lei 8.213/91).

Na segunda estão: os pais (art. 16, II, da Lei 8.213/91).

Na terceira (e última) estão: o irmão não emancipado, de qualquer condição, menor de 21 (vinte e um) anos ou inválido ou que tenha deficiência intelectual ou mental ou deficiência grave (art. 16, III, da Lei 8.213/91).

A ordem preferencial entre as classes significa (§ 1º do art. 16 da Lei 8.213/91) que em havendo qualquer dependente da primeira classe, os das demais classes não serão

---

42. É importante destacar que o inciso V do art. 9º do Decreto 3.048/99 foi alterado para inclusão das alíneas *q* e *r*, as quais dispõem, respectivamente, ser contribuinte individual "o médico participante do Projeto Mais Médicos para o Brasil, instituído pela Lei 12.871, de 22 de outubro de 2013, exceto na hipótese de cobertura securitária específica estabelecida por organismo internacional ou filiação a regime de seguridade social em seu país de origem, com o qual a República Federativa do Brasil mantenha acordo de seguridade social" e "o médico em curso de formação no âmbito do Programa Médicos pelo Brasil, instituído pela Lei 13.958, de 18 de dezembro de 2019".

contemplados, seja *ab initio* ou *a posteriori*. Do mesmo modo, em havendo dependente de segunda classe, os de terceira classe serão preteridos.

A dependência econômica dos dependentes de primeira classe é presumida, sendo que a das demais classes deve ser comprovada (§ 4º do art. 16 da Lei 8.213/91). Há muito que o INSS vinha exigindo a apresentação de prova documental para a comprovação da dependência econômica (e também da existência de união estável), embora a lei não fizesse, em regra, tal exigência, pelo que a jurisprudência a vinha afastando[43]. Em alteração legislativa recente (Lei 13.846/2019), contudo, foi incluída a seguinte disposição na Lei 8.213/91: "As provas de união estável e de dependência econômica exigem início de prova material contemporânea dos fatos, produzido em período não superior a 24 (vinte e quatro) meses anterior à data do óbito ou do recolhimento à prisão do segurado, não admitida a prova exclusivamente testemunhal, exceto na ocorrência de motivo de força maior ou caso fortuito, conforme disposto no regulamento" (§ 5º do art. 16). Tal previsão se alia à seguinte (já dantes existente): "O enteado e o menor tutelado equiparam-se a filho mediante declaração do segurado e desde que comprovada a dependência econômica na forma estabelecida no Regulamento[44]" (§ 2º do art. 16 da Lei 8.213/91).

Temos aí delineadas, portanto, as hipóteses em que a legislação exige prova material quanto à situação do dependente: para comprovar a situação de dependência econômica, em qualquer caso (salvo, é claro, quando é já presumida); para comprovar a existência do vínculo de união estável[45]; quanto ao enteado e ao menor tutelado, a comprovação da situação de dependência econômica deverá ser tratada pelo Regulamento, havendo quem admita aí que este erija a imposição de prova material, enquanto outra corrente defende que a delegação legislativa não possuiria tal extensão (o debate ganha novos contornos, na medida em que a lei passa a exigir prova material para as demais situações que demandam a comprovação da dependência econômica).

Cabe-nos apresentar algumas outras anotações relevantes quanto aos dependentes.

Não há mais controvérsia palpável acerca da possibilidade de reconhecer a união homoafetiva como união estável para fins previdenciários, o que é hoje admitido até pelo próprio INSS administrativamente. No bojo do REsp 395.904, o STJ confirmou determinação judicial proferida em ACP, o que levou à consolidação do entendimento.

---

43. A Súmula 63 da TNU diz que: "A comprovação de união estável para efeito de concessão de pensão por morte prescinde de início de prova material". A exigência de um mínimo de três documentos consta do art. 22, § 3º, do Decreto 3.048/99 (diploma infralegal).
44. Costumamos dizer que os equiparados a filho estão numa situação "híbrida", já que são dependentes de primeira classe, porém precisam comprovar a dependência econômica.
45. O reconhecimento da união estável pode ser feito incidentalmente, em ação que pleiteia benefício previdenciário, perante a Justiça Federal (STJ no CC 126.489).

Antes do advento da CRFB de 1988, o marido só era dependente se inválido, sendo que o STF, no bojo do RE-AgR 607907, considerou autoaplicável a novel disposição constitucional, passando o marido a ser reconhecido, de imediato, como dependente[46].

Acerca da possibilidade de o dito "concubinato impuro" (união paralela ao casamento) gerar relação de dependência, há forte polêmica jurisprudencial. O STF já não vinha admitindo que a concubina dividisse a pensão com a viúva (vide o Agravo em Rext 645.762), e confirmou tal entendimento no bojo do RExt 1.045.273, pela sistemática da repercussão geral (tema 529[47]). Havendo, porém, ao menos separação de fato, admite-se a união estável para fins previdenciários.

É entendimento assente no STJ o de que o filho é dependente apenas até os 21 anos de idade, não importando se é universitário. Neste sentido, a Súmula 37 da TNU: "A pensão por morte, devida ao filho até os 21 anos de idade, não se prorroga pela pendência do curso universitário".

O INSS só admite como dependente o filho inválido se a invalidez surgiu até os 21 anos de idade. A jurisprudência, porém, vem entendendo que basta que a invalidez tenha surgido antes do falecimento do instituidor. Se o dependente já vinha recebendo a pensão por morte como menor e se torna inválido antes de completar 21 anos de idade, entende-se que perdura o direito ao benefício.

O menor sob guarda foi excluído do rol de dependentes pela Lei 9.528/97. Não obstante, o art. 33, § 3º, do ECA diz que: "A guarda confere à criança ou adolescente a condição de dependente, para todos os fins e efeitos de direito, inclusive previdenciários". O tema é muito polêmico. O entendimento mais recente do STJ (Eresp 1.141.788, julgado pela Corte Especial) é favorável à inclusão do menor sob guarda no rol de dependentes. Em julgado recente (ADI's 4878 e 5083, julgadas em conjunto), o STF seguiu a mesma linha[48]. Não obstante, a EC 103/2019 dispôs em seu art. 23, § 6º, que "Equiparam-se a filho, para fins de recebimento da pensão por morte, exclusivamente o enteado e o menor tutelado, desde que comprovada a dependência econômica". Retira, assim, por norma constitucional a qualidade de dependente do menor sob guarda

---

46. Tal decisão, proferida em 2011, veio a superar o anterior entendimento daquela Corte, exarado em julgados como os RExt's 203.250 e 204.193.
47. Foi ali fixada a seguinte tese: "A preexistência de casamento ou de união estável de um dos conviventes, ressalvada a exceção do artigo 1.723, § 1º, do Código Civil, impede o reconhecimento de novo vínculo referente ao mesmo período, inclusive para fins previdenciários, em virtude da consagração do dever de fidelidade e da monogamia pelo ordenamento jurídico-constitucional brasileiro". Do mesmo modo, ao julgar o RExt 883.168 (tema 526 da repercussão geral), entendeu o STF que "É incompatível com a Constituição Federal o reconhecimento de direitos previdenciários (pensão por morte) à pessoa que manteve, durante longo período e com aparência familiar, união com outra casada, porquanto o concubinato não se equipara, para fins de proteção estatal, às uniões afetivas resultantes do casamento e da união estável", concluindo que "É inconstitucional o reconhecimento de direitos previdenciários nas relações que se amoldam ao instituto do concubinato, mesmo que a união tenha sido mantida durante longo período e com aparência familiar".
48. A tese fixada foi a seguinte: "A interpretação conforme a ser conferida ao art. 16, § 2º, da Lei 8213/1991 deve contemplar os 'menores sob guarda' na categoria de dependentes do Regime Geral de Previdência Social, em consonância com o princípio da proteção integral e da prioridade absoluta, desde que comprovada a dependência econômica, nos termos da legislação previdenciária".

para fins de pensão por morte. Não menciona, contudo, o auxílio-reclusão, pelo que se pode discutir se o menor sob guarda pode ser considerado dependente para tal fim (e também para a obtenção de serviços).

Segundo a Súmula 04 da TNU: "Não há direito adquirido à condição de dependente de pessoa designada, quando o falecimento do segurado deu-se após o advento da Lei 9.032/95" (a redação anterior, alterada pela mencionada lei, previa a possibilidade de o segurado designar dependentes).

O cônjuge divorciado ou separado judicialmente ou de fato que recebia pensão alimentícia concorrerá em igualdade de condições com os dependentes de primeira classe. Nessa linha – e indo além –, a Súmula 336 do STJ: "A mulher que renunciou aos alimentos na separação judicial tem direito à pensão previdenciária por morte do ex-marido, comprovada a necessidade econômica superveniente". Ou seja, ainda que tenha havido renúncia aos alimentos por ocasião da separação judicial, caso reste demonstrada a presença de necessidade econômica posteriormente (antes, obviamente, do óbito do instituidor), deve ser reconhecida a condição de dependente.

Cabe, por fim, destacar decisão inusitada do STJ: "Deve ser reconhecido aos avós de segurado falecido o direito ao recebimento de pensão por morte em razão de terem sido os responsáveis pela criação do neto, ocupando verdadeiro papel de genitores" (REsp 1.574.859). Em suma, o STJ reconheceu a condição de dependentes (de segunda classe, equiparados aos genitores) aos avós que criaram o neto (em relação a este).

Capítulo II
BENEFÍCIOS EM ESPÉCIE

1. INTROITO

A opção por abrirmos nosso estudo do Plano de Benefícios do RGPS (Parte II do nosso livro) a partir de uma parte geral (capítulo I) tem, como já adiantamos, um escopo didático, ou seja, objetiva facilitar a compreensão do conteúdo. Há disciplinas, como o Direito Penal, em que os autores adotam essa mesma estratégia (no caso dado como exemplo, por influência da própria legislação, a qual, contudo, não deixa de ser influenciada pela doutrina, reflexivamente); noutros casos, como estamos a fazer aqui, a metodologia é adotada quanto a parcela da disciplina: é o que muitos autores modernos têm feito quanto ao tratamento da temática relacionada aos direitos fundamentais.

Não obstante, para além da organização, há também um intuito de "enxugamento", ou seja, de evitar a repetição quanto à explicação de conceitos que estão presentes em [quase] todos os benefícios. Com efeito, estudamos, em nossa parte geral, os institutos da filiação, da qualidade de segurado e da carência, aspectos relacionados ao cálculo do valor do benefício e, por fim, os beneficiários em suas variadas espécies. Agora, é momento de analisarmos, um a um, os benefícios previdenciários devidos no âmbito do RGPS (sendo que a outra espécie de prestação, os serviços, será abordada no capítulo subsequente). Não repetiremos aqui o que foi dito lá, ou seja, tomaremos como pressuposta a compreensão daqueles conceitos, pelo que aqui iremos tratar apenas de aspectos peculiares a cada benefício.

2. BENEFÍCIOS

Há variadas possibilidades de abordagem e de classificação dos benefícios. Na linha do que nos propomos a fazer na presente obra, falaremos apenas do que se nos mostra essencial.

Em primeiro lugar, convém estabelecer que a previdência social é modelada a partir da ideia de seguro, ou seja, constitui-se efetivamente como um seguro social, sem prejuízo de algumas adaptações. O seguro possui quatro elementos básicos: o prêmio, o risco, o sinistro e a indenização. Em síntese, contrata-se, mediante o pagamento de um prêmio, a cobertura de um risco, o qual, se materializado pela ocorrência do sinistro, gera o pagamento da indenização. Transpondo tais elementos ao âmbito da previdência social, o prêmio pode ser reconhecido na contribuição previdenciária (especialmente aquela a cargo do próprio segurado) e a indenização no pagamento do benefício. O risco, por sua vez, está intimamente relacionado com a ideia de incapacidade – em sentido lato, inclusive virtual – para o trabalho, sendo que é possível encontrar em quase todos os benefícios um risco [social] coberto. O sinistro é a ocorrência, no mundo fático, daquela contingência descrita hipoteticamente pela legislação, que dá ensejo à materialização do risco[49].

Diante disto, há classificações, dos benefícios, que levam em consideração a natureza do risco. A que nos é mais interessante é aquela, dicotômica, que fala em benefícios programados e não programados. Os programados seriam aqueles que dependem de um longo aporte de contribuições (ou de anos de trabalho) e cujo sinistro é previsível. É o caso das aposentadorias por idade, contribuição e especial. Já os não programados são aqueles cujo sinistro é, ao menos em larga escala, imprevisível, não dependendo de um vínculo de filiação muito duradouro (pode haver – ou não – exigência de períodos relativamente curtos de carência) para que haja o direito à concessão, embora o tempo de contribuição possa influenciar no valor do benefício. São de tal classe os benefícios por incapacidade (auxílio-doença, auxílio-acidente e aposentadoria por invalidez), o salário-maternidade, o auxílio-reclusão e a pensão por morte. O salário-família está fora de tal classificação, tendo em vista que possui uma natureza não relacionada à cobertura do risco "não trabalho"[50], atendendo ao incremento de gastos[51].

De outro lado, nos interessa também observar a quais tipos de beneficiários as prestações se destinam. Neste sentido, temos a pensão por morte e o auxílio-reclusão, que são benefícios pagos aos dependentes do segurado-instituidor. Começaremos por eles nossa análise. Os demais benefícios são pagos exclusivamente aos segurados. Destarte, em seguida, avaliaremos os benefícios por incapacidade; após, as aposentadorias programadas; por fim, os demais. Abriremos ainda um tópico derradeiro para tratarmos de acumulação de benefícios.

2.1 Pensão por morte

Trata-se de benefício devido aos dependentes do segurado-instituidor, que tem como alvo de cobertura o risco "morte", que, ao estabelecer para o instituidor uma si-

---

49. Para maior aprofundamento, vide o seguinte artigo de nossa autoria: Teoria Geral do Risco Social. *Revista Brasileira de Previdência*, v. 8, p. 118-157, 2018, disponível *online*.
50. A aposentadoria por tempo de contribuição "pura", extinta como regra permanente a partir do advento da EC 103/2019, também não oferece cobertura, segundo entende a melhor doutrina, ao risco social do "não trabalho". Não obstante, pode ser enquadrada na categoria de benefício programado, sendo inclusive o mais adequado exemplo de programação.
51. A contingência coberta pelo salário-família é denominada "encargos familiares", sendo decorrente não da perda de receita, mas sim do aumento de despesa – ou seja, o fundamento é diverso. Como esclarece Xavier Prétot, *"La compensation des charges familiales est née après la Première Guerre mondiale, em particulier en France et en Belgique, de l'initiative privée: souvent inspirés des principes de la doctrine sociale de l'Église catholique, certains employeurs entendirent faire bénéficier ceux de leurs salariés qui avaient des charges de famille d'un complément de revenu: le sursalaire familial. (...) La loi du 11 mars 1932 procède à la généralisation du sursalaire familial. (...) D'autres pays catholiques (la Belgique dès 1930, L'Italie, L'Espagne ou le Brésil ultérieurement) se sont dotés de législations de même nature."* (*Droit de la Sécurité Sociale*. 13. ed. Paris: Dalloz, 2011, p. 14).

tuação definitiva de "não trabalho", desencadeia para seus dependentes a necessidade econômica (potencial ou real).

A contingência determinante do benefício é o óbito do instituidor que possuía, à data do falecimento, qualidade de segurado ou que já tivesse reunido os requisitos para a concessão de alguma aposentadoria[52]. A carência é dispensada para concessão inicial do benefício, contudo a duração deste pode ser variável conforme alguns aspectos, dentre eles o tempo de contribuição.

A data de início do benefício – DIB será (art. 74 da Lei 8.213/91): a data do óbito, quando requerido em até 180 (cento e oitenta) dias após o óbito, para os filhos menores de 16 (dezesseis) anos, ou em até 90 (noventa) dias após o óbito, para os demais dependentes[53]; do requerimento, quando requerida após os prazos anteriores; da decisão judicial, no caso de morte presumida[54].

Perde o direito à pensão por morte o condenado criminalmente por sentença com trânsito em julgado, como autor, coautor ou partícipe de homicídio doloso, ou de tentativa desse crime, cometido contra a pessoa do segurado, ressalvados os absolutamente incapazes e os inimputáveis. Se houver fundados indícios de autoria, coautoria ou participação de dependente, ressalvados os absolutamente incapazes e os inimputáveis, em homicídio, ou em tentativa desse crime, cometido contra a pessoa do segurado, será possível a suspensão provisória de sua parte no benefício de pensão por morte, mediante processo administrativo próprio, respeitados a ampla defesa e o contraditório, e serão devidas, em caso de absolvição, todas as parcelas corrigidas desde a data da suspensão, bem como a reativação imediata do benefício.

Perde também o direito à pensão por morte o cônjuge, o companheiro ou a companheira se comprovada, a qualquer tempo, simulação ou fraude no casamento ou na união estável, ou a formalização desses com o fim exclusivo de constituir benefício

---

52. Neste sentido, a Súmula 416 do STJ: "É devida a pensão por morte aos dependentes do segurado que, apesar de ter perdido essa qualidade, preencheu os requisitos legais para a obtenção de aposentadoria até a data do seu óbito". Na mesma direção, o § 2º do art. 102 da Lei 8.213/91: "Não será concedida pensão por morte aos dependentes do segurado que falecer após a perda desta qualidade, nos termos do art. 15 desta Lei, salvo se preenchidos os requisitos para obtenção da aposentadoria na forma do parágrafo anterior".
53. Trata-se de importante alteração legislativa processada pela Lei 13.846/2019. Anteriormente, a lei dizia apenas que a DIB era a data do óbito, quando requerido o benefício em até 90 dias após este, e do requerimento, quando requerido após tal prazo. Predominava na jurisprudência, inclusive a do STJ (ex: AgRg no AREsp 140813 e AgRg no REsp 14228406), que o prazo de 90 dias (inclusive, era de 30 dias até 2015) não corria para o dependente absolutamente incapaz, que, enquanto permanecesse nesta condição, poderia requerer o benefício com direito às parcelas desde a data do óbito (não obstante, o STJ entendia – REsps 1.513.977 e 1.479.948 – que isto não teria lugar se outro pensionista já vinha recebendo o benefício integralmente). É preciso aguardar como a jurisprudência irá lidar com as situações nas quais o óbito ocorreu antes do advento do novo regramento, contudo o requerimento foi feito a destempo. É assente na jurisprudência que se o óbito ocorreu antes de 11.11.1997 (advento da Lei 9.528/97), a DIB será fixada na data do óbito para qualquer segurado, observada apenas a prescrição quinquenal das parcelas vencidas, se for o caso. É que anteriormente a legislação não estabelecia prazo para o requerimento.
54. No caso de morte presumida, concede-se pensão provisória, que cessa com o eventual reaparecimento do instituidor, não sendo exigida a reposição, salvo má-fé. Prevalece na jurisprudência o entendimento de que a declaração da morte presumida pode ser feita pelo juízo federal incidentalmente na ação previdenciária.

previdenciário, apuradas em processo judicial no qual será assegurado o direito ao contraditório e à ampla defesa.

A renda mensal inicial (RMI) do benefício era (art. 75 da Lei 8.213/91): de 100% da aposentadoria que o instituidor recebia, se já aposentado; se não aposentado, de 100% da aposentadoria que receberia caso se aposentasse por invalidez[55]. Contudo, com a entrada em vigor da EC 103/2019, a RMI – até que sobrevenha legislação infraconstitucional para regular o tema – restou alterada. Vejamos os dispositivos pertinentes da referida Emenda:

> Art. 23. A pensão por morte concedida a dependente de segurado do Regime Geral de Previdência Social (...) será equivalente a uma cota familiar de 50% (cinquenta por cento) do valor da aposentadoria recebida pelo segurado (...) ou daquela a que teria direito se fosse aposentado por incapacidade permanente[56] na data do óbito, acrescida de cotas de 10 (dez) pontos percentuais por dependente, até o máximo de 100% (cem por cento).
>
> § 1º As cotas por dependente cessarão com a perda dessa qualidade e não serão reversíveis aos demais dependentes, preservado o valor de 100% (cem por cento) da pensão por morte quando o número de dependentes remanescente for igual ou superior a 5 (cinco).
>
> § 2º Na hipótese de existir dependente inválido ou com deficiência intelectual, mental ou grave, o valor da pensão por morte de que trata o caput será equivalente a:
>
> I – 100% (cem por cento) da aposentadoria recebida pelo segurado ou servidor ou daquela a que teria direito se fosse aposentado por incapacidade permanente na data do óbito, até o limite máximo de benefícios do Regime Geral de Previdência Social; e
>
> II – uma cota familiar de 50% (cinquenta por cento) acrescida de cotas de 10 (dez) pontos percentuais por dependente, até o máximo de 100% (cem por cento), para o valor que supere o limite máximo de benefícios do Regime Geral de Previdência Social.
>
> § 3º Quando não houver mais dependente inválido ou com deficiência intelectual, mental ou grave, o valor da pensão será recalculado na forma do disposto no caput e no § 1º.
>
> § 4º O tempo de duração da pensão por morte e das cotas individuais por dependente até a perda dessa qualidade, o rol de dependentes e sua qualificação e as condições necessárias para enquadramento serão aqueles estabelecidos na Lei 8.213, de 24 de julho de 1991.
>
> § 5º Para o dependente inválido ou com deficiência intelectual, mental ou grave, sua condição pode ser reconhecida previamente ao óbito do segurado, por meio de avaliação biopsicossocial realizada por equipe multiprofissional e interdisciplinar, observada revisão periódica na forma da legislação.
>
> § 6º Equiparam-se a filho, para fins de recebimento da pensão por morte, exclusivamente o enteado e o menor tutelado, desde que comprovada a dependência econômica.
>
> § 7º As regras sobre pensão previstas neste artigo e na legislação vigente na data de entrada em vigor desta Emenda Constitucional poderão ser alteradas na forma da lei para o Regime Geral de Previdência Social (...)[57].

---

55. Na legislação pretérita, o coeficiente de cálculo chegou a ser inferior a 100%. O STF entendeu que as pensões concedidas anteriormente (antes do advento da Lei 9.032/95), na vigência de coeficientes inferiores, não devem sofrer a majoração do coeficiente (RExt 415.454). A Súmula 340 do STJ dispõe que "A lei aplicável à concessão de pensão previdenciária por morte é aquela vigente na data do óbito do segurado".
56. Caso a morte decorra de acidente do trabalho e equiparações, sustenta Lazzari que a aposentadoria por invalidez "simulada" (que servirá de base de cálculo, salário de benefício para a pensão) será integral: "(...) a pensão por morte será calculada, com base no valor que o segurado passaria a receber na data do óbito, caso se aposentasse por incapacidade permanente para o trabalho, ou seja, proporcional ao tempo de contribuição, salvo no caso de acidente do trabalho ou doença a ele relacionada." (op. cit., 2020, p. 96).
57. Segundo o STF, "É constitucional o art. 23, caput, da Emenda Constitucional 103/2019, que fixa novos critérios de cálculo para a pensão por morte no Regime Geral e nos Regimes Próprios de Previdência Social" (ADI 7051).

Havendo mais de um dependente habilitado à percepção do benefício, a renda é rateada em partes iguais (é o denominado "desdobramento" do benefício, "benefício desdobrado"). Em tal caso, o valor da quota-parte poderá ser inferior ao salário-mínimo, desde que o valor global seja maior. Cessado o direito de um dependente, o valor de sua quota-parte é revertido para os demais já habilitados, embora seja eventualmente decotado o adicional de 10% gerado pela sua presença no rol de dependentes[58]. Não há reversão, porém, para outra classe de dependentes além daquela originariamente contemplada.

Ajuizada a ação judicial para reconhecimento da condição de dependente, este poderá requerer a sua habilitação provisória ao benefício de pensão por morte, exclusivamente para fins de rateio dos valores com outros dependentes, vedado o pagamento da respectiva cota até o trânsito em julgado da respectiva ação, ressalvada a existência de decisão judicial em contrário.

Nas ações em que o INSS for parte, este poderá proceder de ofício à habilitação excepcional da referida pensão, apenas para efeitos de rateio, descontando-se os valores referentes a esta habilitação das demais cotas, vedado o pagamento da respectiva cota até o trânsito em julgado da respectiva ação, ressalvada a existência de decisão judicial em contrário. Julgada improcedente a ação, o valor retido será corrigido pelos índices legais de reajustamento e será pago de forma proporcional aos demais dependentes, de acordo com as suas cotas e o tempo de duração de seus benefícios. Em qualquer caso, fica assegurada ao INSS a cobrança dos valores indevidamente pagos em função de nova habilitação.

O exercício de atividade remunerada, inclusive na condição de microempreendedor individual, não impede a concessão ou manutenção da parte individual da pensão do dependente com deficiência intelectual ou mental ou com deficiência grave.

O benefício devido ao consorte, outrora sempre vitalício, agora pode sofrer limitações no tempo. Cessará em quatro meses, se o óbito ocorrer sem que o instituidor tenha vertido 18 contribuições mensais (são computados, para tal, eventuais recolhimentos feitos a regime próprio) ou se o casamento ou a união estável tiver sido iniciado há menos de dois anos da data do óbito do segurado. Cumpridos os requisitos anteriores ou se o óbito do segurado decorrer de acidente de qualquer natureza ou de doença profissional ou do trabalho (conceito que examinaremos mais adiante), o período de duração irá variar conforme a idade do consorte supérstite por ocasião do óbito: – 03

---

58. Lazzari faz o seguinte alerta: "Importa referir que, de acordo com a Súmula 340 do STJ: 'A lei aplicável à concessão de pensão previdenciária por morte é aquela vigente na data do óbito do segurado'. Essa previsão vai gerar grandes discussões sobre a reversibilidade das cotas, justamente para saber qual a legislação a ser aplicável. Será a do óbito do segurado ou a da perda da qualidade de dependente? Por exemplo, o segurado faleceu em 2018, ano em que as cotas eram reversíveis. Em 2021, o filho atinge os 21 anos e a mãe pretende a reversão da cota do filho. Terá ela direito?" (op. cit., 2020, p. 97). Entendemos que sim. Uma coisa é o cálculo do valor integral do benefício, outra é sua divisão em quotas-partes. Não se deve confundir o adicional de 10% (denominado "cota") com a quota-parte de cada dependente, que consubstancia meramente um fragmento do todo.

anos, se contava menos de 22 anos de idade; – 06 anos, se contava entre 22 e 27 anos de idade; – 10 anos, se contava entre 28 e 30 anos de idade; – 15 anos, se contava entre 31 e 41 anos de idade; - 20 anos, se contava entre 42 e 44 anos de idade; – vitalícia, se contava 45 ou mais anos de idade[59].

Se, contudo, o consorte dependente for inválido ou pessoa com deficiência, a cessação do benefício dependerá da cessação da invalidez ou do afastamento da deficiência, observados os períodos mínimos acima descritos.

Na hipótese de o segurado falecido estar, na data de seu falecimento, obrigado por determinação judicial a pagar alimentos temporários a ex-consorte, a pensão por morte será devida pelo prazo remanescente na data do óbito, caso não incida outra hipótese de cancelamento anterior do benefício.

2.2 Auxílio-reclusão

Trata-se de benefício devido aos dependentes do segurado-instituidor, que tem como alvo de cobertura o risco "reclusão", que, ao estabelecer para o instituidor uma situação provisória de "não trabalho", desencadeia para seus dependentes a necessidade econômica (potencial ou real).

A contingência determinante do benefício é a reclusão do instituidor que possuía, à data do recolhimento à prisão, qualidade de segurado. A carência, outrora dispensada, é hoje de 24 contribuições mensais.

Segundo o art. 80 da Lei 8.213/91, o auxílio-reclusão, cumprida a carência, será devido, nas condições da pensão por morte, aos dependentes do segurado de baixa renda recolhido à prisão em regime fechado[60] que não receber remuneração da empresa nem estiver em gozo de auxílio-doença, de pensão por morte, de salário-maternidade, de aposentadoria ou de abono de permanência em serviço[61].

---

59. Após o transcurso de pelo menos três anos do advento da alteração (processada pela Lei 13.135, de 17 de junho de 2015) e desde que nesse período se verifique o incremento mínimo de um ano inteiro na média nacional única, para ambos os sexos, correspondente à expectativa de sobrevida da população brasileira ao nascer, poderão ser fixadas, em números inteiros, novas idades para os fins anteriormente previstos, em ato do Ministro de Estado da Previdência Social, limitado o acréscimo na comparação com as idades anteriores ao referido incremento. A Portaria ME 424, de 29 de dezembro de 2020, aumentou em 1 (um) ano as idades previstas originalmente no art. 77, § 2º, V "c" da Lei 8.213/91 com redação dada pela Lei 13.135/15, cuja vigência se deu a partir de 1º de janeiro de 2021. As idades que constam no corpo de nosso texto já estão atualizadas consoante esta última norma.
60. Até o advento da Lei 13.846/2019, o benefício era devido também quando o instituidor estava recolhido em regime semiaberto. O INSS também vinha admitindo a concessão do benefício se a prisão é cautelar (o ponto, contudo, já foi cobrado em prova de concurso público em sentido diverso, pelo que é preciso que o leitor tenha atenção) ou se é caso de medida socioeducativa de internação. Acerca da prisão civil, reside forte controvérsia em doutrina. No REsp Repetitivo 1.672.295/RS (DJe 26.10.2017), o STJ decidiu, à luz da legislação anterior, que o benefício também seria devido em caso de prisão domiciliar.
61. Aqui também houve alteração processada pela Lei 13.486/2019. Antes, o rol de benefícios que o instituidor não poderia perceber era só auxílio-doença, aposentadoria ou abono de permanência (além de remuneração da empresa). Agora, o legislador incluiu a pensão por morte e o salário-maternidade. Nos termos do § 4º do art. 167 do RPS: "O segurado recluso em regime fechado, durante a percepção, pelos dependentes, do benefício

Por expressa disposição constitucional (incluída pela EC 20/98), o auxílio-reclusão só é devido aos dependentes do instituidor de baixa renda (art. 201, IV, da CRFB). O requisito "baixa renda" suscita alguns interessantes debates jurisprudenciais. Vamos a eles.

Tendo em vista ser o benefício pago aos dependentes, surgiu o debate sobre quem deveria ter sua [baixa] renda aferida – o instituidor ou o(s) dependente(s) –, sendo que o STF firmou posição no sentido de que é a renda do instituidor – e não do(s) dependente(s), portanto – que deve ser levada em conta.

O requisito, como já suscitado, foi criado pela EC 20/98. Antes disto, o benefício poderia ser concedido indistintamente no que tange à renda. O art. 13 da referida Emenda então estabeleceu disposição provisória no sentido de que "Até que a lei discipline o acesso ao salário-família e auxílio-reclusão para os servidores, segurados e seus dependentes, esses benefícios serão concedidos apenas àqueles que tenham renda bruta mensal igual ou inferior a R$ 360,00 (trezentos e sessenta reais), que, até a publicação da lei, serão corrigidos pelos mesmos índices aplicados aos benefícios do regime geral de previdência social". A lei que deveria disciplinar o critério de baixa renda não sobreveio por longo tempo, pelo que ele seguiu sendo regulado pelo que dispunha o art. 13 da EC 20/98, sendo que diplomas infralegais se limitavam simplesmente a publicar o valor atualizado ano a ano.

Não obstante isso, o STJ possuía farta jurisprudência (por exemplo, no REsp 1.479.564) no sentido de ser admitida a relativização do patamar de baixa renda, diante de peculiaridades do caso concreto e caso a extrapolação não fosse gritante. A Lei 13.846/2019 procurou "reforçar" o critério, ao incluir o § 3º no art. 80 da Lei 8.213/91: "Para fins do disposto nesta Lei, considera-se segurado de baixa renda aquele que, no mês de competência de recolhimento à prisão, tenha renda, apurada nos termos do disposto no § 4º deste artigo, de valor igual ou inferior àquela prevista no art. 13 da Emenda Constitucional 20, de 15 de dezembro de 1998, corrigido pelos índices de reajuste aplicados aos benefícios do RGPS". O art. 13 da EC 20/98, contudo, foi revogado pela EC 103/2019, que dispôs, em seu art. 27, que "Até que lei discipline o acesso ao salário-família e ao auxílio-reclusão de que trata o inciso IV do art. 201 da Constituição Federal, esses benefícios serão concedidos apenas àqueles que tenham renda bruta mensal igual ou inferior a R$ 1.364,43 (mil, trezentos e sessenta e quatro reais e quarenta e três centavos)[62], que serão corrigidos pelos mesmos índices aplicados aos benefícios do Regime Geral de Previdência Social". A ver se o STJ irá agora acatar o patamar constitucional ou se manterá sua jurisprudência no sentido de ser permitida a relativização.

Quanto ao momento de aferição da renda, a lei era omissa, sendo que o Decreto 3.048/99 estabelecia que deveria ser considerado o último salário de contribuição do instituidor (art. 116, *caput*). Caso houvesse salário de contribuição no mês do recolhi-

---

de auxílio-reclusão, não terá o direito aos benefícios de salário-maternidade e de aposentadoria reconhecido, exceto se manifestada a opção pelo benefício mais vantajoso também pelos dependentes".

62. O valor é igual ao até então vigente, este segundo Portaria Ministerial publicada no DOU em 15 de janeiro de 2019, dando aplicação ao art. 13 da EC 20/98 (ou seja, atualizando o valor histórico ali fixado).

mento à prisão, a solução seria, em princípio, simples. Contudo, seria possível que o instituidor, ao ser detido, estivesse em gozo de período de graça (ou seja, sem renda no mês do encarceramento), o que lhe permite a manutenção da qualidade de segurado e, consequentemente, a possibilidade de concessão do benefício a seus dependentes. Neste sentido, o disposto no § 1º do art. 116 da Lei 8.213/91: "é devido auxílio-reclusão aos dependentes do segurado quando não houver salário de contribuição na data do seu efetivo recolhimento à prisão, desde que mantida a qualidade de segurado". E aí, qual deveria ser o momento de aferição da renda? A posição do INSS era no sentido de que deveria ser sempre observado o último salário de contribuição, por mais longínquo que fosse. O STJ, contudo, fixou posição (vide, por exemplo, o REsp 1.480.461) no sentido de que se o instituidor estivesse desempregado ou sem renda no momento do recolhimento à prisão, o requisito da baixa renda restaria preenchido, independentemente do valor do último salário de contribuição. Nós defendíamos uma posição intermediária, no sentido de que deveria ser aferida a renda média dos últimos 12 meses, a partir de uma aplicação analógica (cabível, para preenchimento lacunas) de outros dispositivos da legislação previdenciária (por exemplo, o art. 71-B, III, da Lei 8.213/91). Tal raciocínio veio a prevalecer na alteração legal processada pela Lei 13.846/2019. Assim, nos termos do novel § 4º do art. 80 da Lei 8.213/91, "a aferição da renda mensal bruta para enquadramento do segurado como de baixa renda ocorrerá pela média dos salários de contribuição apurados no período de 12 (doze) meses anteriores ao mês do recolhimento à prisão". Se o segurado tiver recebido benefícios por incapacidade no período previsto no § 4º deste artigo, sua duração será contada considerando-se como salário de contribuição no período o salário de benefício que serviu de base para o cálculo da renda mensal, reajustado na mesma época e com a mesma base dos benefícios em geral, não podendo ser inferior ao valor de 1 (um) salário-mínimo.

O requerimento do auxílio-reclusão deve ser instruído com certidão judicial que ateste o recolhimento efetivo à prisão, e será obrigatória a apresentação de prova de permanência na condição de presidiário para a manutenção do benefício. A certidão judicial e a prova de permanência na condição de presidiário poderão ser substituídas pelo acesso à base de dados, por meio eletrônico, a ser disponibilizada pelo CNJ, com dados cadastrais que assegurem a identificação plena do segurado e da sua condição de presidiário.

O exercício de atividade remunerada do segurado recluso, em cumprimento de pena em regime fechado, não acarreta a perda do direito ao recebimento do auxílio-reclusão para seus dependentes. Em caso de morte de segurado recluso que tenha contribuído para a previdência social durante o período de reclusão, o valor da pensão por morte será calculado levando-se em consideração o tempo de contribuição adicional e os correspondentes salários de contribuição, facultada a opção pelo valor do auxílio-reclusão (se maior)[63].

---

63. A faculdade de optar pelo valor do auxílio-reclusão foi excluída do RPS pelo Decreto 10.410/20 (vide, neste sentido, o novo § 2º do art. 106 em contraste com o antigo par. único do mesmo dispositivo), mas a possibilidade continua a constar na lei, razão pela qual entendemos restar mantida.

A data inicial do benefício – DIB segue a mesma lógica da pensão por morte, mas o termo de referência é o recolhimento à prisão ao invés do óbito.

Acerca do filho nascido após o encarceramento do instituidor e ainda no curso do aprisionamento, não há definição na legislação ordinária a respeito, contudo há previsão em normas infralegais no sentido de que o filho já concebido antes do e nascido durante o recolhimento do segurado à prisão terá direito ao benefício de auxílio-reclusão a partir da data do seu nascimento[64], sendo que tem prevalecido na jurisprudência entendimento no mesmo sentido[65].

Não obstante, há ainda um debate residual acerca do filho concebido após o aprisionamento, tendo em vista que o art. 80 da Lei 8.213/91 estabelece que o benefício será devido nas mesmas condições da pensão por morte e disposições infralegais trazem a previsão de que apenas os filhos nascidos em até 300 dias após a morte são considerados dependentes, em consonância com o disposto no art. 1.597, II, do Código Civil[66], uma vez que se presume que, se nascido após tal prazo, não poderia ter sido concebido pelo falecido. Em suma, a legislação infralegal admite a concessão de benefício ao dependente nascido após o sinistro (morte), sendo que a limitação trazida se relaciona a uma questão de caráter natural que guarda relação com a morte. Assim, tendo em vista que no caso de reclusão não existe o impedimento em questão[67], há corrente jurisprudencial a sustentar a possibilidade de concessão do auxílio-reclusão ao dependente concebido após o sinistro (a prisão)[68].

Em sentido contrário, outra corrente sustenta que o benefício não deve ser concedido, tendo em vista que ele se presta a assistir economicamente os dependentes do segurado já existentes ou ao menos concebidos por ocasião de sua prisão, ou seja, a proteção vislumbrada pelo legislador se justifica pela súbita supressão ou redução drástica de renda necessária para o atendimento das necessidades básicas dos dependentes, pelo que a prisão do segurado deve ser tomada como marco referencial ao exame do direito ao benefício, sob pena de desvirtuamento da finalidade da norma. Com efeito, o benefício se destina a suprir economicamente os dependentes do segurado que, ao tempo da prisão, abruptamente se veem sem amparo financeiro[69].

---

64. Neste sentido, o art. 388 da Instrução Normativa 128 de 2022 do INSS.
65. Vide, por exemplo, o TRF3 na AC 0021739-53.2018.4.03.9999.
66. Neste sentido, o art. 14 da Portaria DIRBEN/INSS 991/22 do INSS: "Os nascidos dentro dos 300 (trezentos) dias subsequentes à dissolução da sociedade conjugal por morte são considerados filhos concebidos na constância do casamento, conforme inciso II do art. 1.597 do Código Civil".
67. Convém observar que a Instrução Normativa 128 de 2022 do INSS prevê em seu art. 388 que "o filho nascido durante o recolhimento do segurado à prisão terá direito ao benefício de auxílio-reclusão a partir da data do seu nascimento, observado o art. 369, no que tange aos efeitos financeiros".
68. Neste sentido, por exemplo, a TNU no PEDILEF 0500965-76.2016.4.05.8311 e o TRF-4 na AC 0018847-52.2015.4.04.9999.
69. Neste sentido, o TRF3 nas AC's 5000053-51.2017.4.03.9999, 0030242-97.2017.4.03.9999, 0001544-18.2016.4.03.9999 e 0034813-82.2015.4.03.9999. Na AC 0035579-38.2015.4.03.9999, em caso ligeiramente diverso, versando sobre casamento ocorrido após recolhimento à prisão do instituidor, assim decidiu o TRF3: "Considerando que o auxílio-reclusão é um benefício que se presta a assistir economicamente os dependentes do segurado por ocasião de sua prisão, tem-se que a proteção vislumbrada pelo legislador pátrio se justifica

A renda mensal inicial – RMI é calculada nos mesmos moldes da pensão por morte; contudo, desde o advento da EC 103 de 2019, "até que lei discipline o valor do auxílio-reclusão (...) seu cálculo será realizado na forma daquele aplicável à pensão por morte, *não podendo exceder o valor de 1 (um) salário-mínimo*" (§ 1º do art. 27, grifamos).

2.3 Auxílio-acidente

Trata-se de benefício devido ao segurado, que tem como alvo de cobertura o risco "incapacidade parcial e permanente para o trabalho". Em suma, como o segurado resta com a capacidade laboral diminuída (e, consequentemente, fica reduzido seu potencial remuneratório), o sistema prevê o pagamento de um benefício de caráter indenizatório, a ser percebido concomitantemente à renda laboral.

A contingência determinante é: sequelas que impliquem redução da capacidade para o trabalho que habitualmente exerce, após consolidação das lesões decorrentes de acidente de qualquer natureza. Cabe o alerta: o benefício só é devido em caso de acidente, contudo este pode ser de qualquer natureza e não exclusivamente do trabalho, como outrora. A carência é dispensada.

O art. 104 do Decreto 3.048/99 (RPS) falava em: redução da capacidade para o trabalho que habitualmente exerce; redução da capacidade para o trabalho que habitualmente exerce e exija maior esforço para o desempenho da mesma atividade que exerce à época do acidente; ou impossibilidade de desempenho da atividade que exerce à época do acidente, porém permita o desempenho de outra, após processo de reabilitação profissional, nos casos indicados pela perícia médica do INSS. Com a alteração processada pelo Decreto 10.410/20, contudo, passou a falar apenas em "sequela definitiva que, a exemplo das situações discriminadas no Anexo III, implique redução da capacidade para o trabalho que habitualmente exerce". O Anexo III se limita a descrever as situações que geram incapacidade, conforme a função ou membro atingido. Tem-se, assim, a exclusão, ao menos expressa, da situação de "impossibilidade de desempenho da atividade que exerce à época do acidente, porém permita o desempenho de outra, após processo de reabilitação profissional". É certo que se poderá concluir, ainda assim, que se a redução na capacidade para o exercício da atividade habitual gera o direito ao benefício, com maior razão a perda total da capacidade para tal (ainda que com reabilitação para outra atividade) também deveria gerar, mas é preciso aguardarmos o amadurecimento da jurisprudência em torno da questão[70] (até mesmo porque

---

pela súbita supressão ou redução drástica de renda necessária para o atendimento de suas necessidades básicas. Dessa forma, denota-se que o benefício foi idealizado para amparar dependentes existentes ou já concebidos quando da prisão do segurado, sendo referido marco o fato gerador do auxílio reclusão. À luz de tais considerações, observa-se que o casamento da apelante em momento posterior à reclusão inviabiliza a concessão do benefício, pois desatendido o pressuposto fático-temporal ora exposto, sob pena de desvirtuamento da finalidade da norma".

70. Em proposta de nossa autoria, foi aprovado enunciado na I Jornada de Direito da Seguridade Social com o seguinte teor: "Enunciado 17: É devido o auxílio-acidente quando, após consolidação das sequelas resultantes

é possível entender, em sentido contrário, que a reabilitação para outra atividade faz cessar o direito ao benefício em qualquer hipótese, ou seja, tenha sido total ou parcial a perda da capacidade para a atividade habitual).

O STJ estabeleceu, no bojo do REsp 1.109.591 (julgado pela sistemática dos recursos repetitivos), o seguinte entendimento: "O nível do dano e, em consequência, o grau do maior esforço, não interferem na concessão do benefício, o qual será devido ainda que mínima a lesão". Especificamente quanto à perda de audição, o § 4º do art. 86 da Lei 8.213/91 diz que: "A perda da audição, em qualquer grau, somente proporcionará a concessão do auxílio-acidente, quando, além do reconhecimento de causalidade entre o trabalho e a doença, resultar, comprovadamente, na redução ou perda da capacidade para o trabalho que habitualmente exerça".

O benefício não é devido a todas as espécies de segurados, sendo, portanto, subjetivamente limitado. Com efeito, são sujeitos ativos (§ 1º do art. 18 da Lei 8.213/91) apenas o segurado empregado (inclusive o doméstico), o trabalhador avulso e o segurado especial. Assim, o contribuinte individual e o segurado facultativo não fazem jus a tal cobertura.

O benefício cessa com a concessão de qualquer aposentadoria, pois é inacumulável atualmente, visto que seu valor compõe o salário de contribuição[71]. No passado, como não compunha, afigurava-se possível a cumulação. Neste sentido, entende o STJ entende que se as lesões se consolidaram antes do advento da Lei 9.528/97 e a aposentadoria também fora requerida antes disto, é possível acumular auxílio-acidente e aposentadoria (EREsp 431.249). Dispõe a Súmula 507 do STJ: "A acumulação de auxílio-acidente com aposentadoria pressupõe que a lesão incapacitante e a aposentadoria sejam anteriores a 11.11.1997, observado o critério do art. 23 da Lei 8.213/1991 para definição do momento da lesão nos casos de doença profissional ou do trabalho".

O valor da renda mensal inicial (RMI) é de 50% do salário de benefício (em sendo o caso, do mesmo salário de benefício que deu origem ao auxílio-doença do segurado, corrigido até o mês anterior ao do início do auxílio-acidente). Como se trata de uma indenização ao segurado, não substituindo o rendimento do trabalho, o seu valor pode ser inferior ao salário mínimo[72] (o salário de benefício, contudo, deve ser igual ou superior). A jurisprudência tem entendido que se houver novo infortúnio, apto a gerar outro auxílio-acidente, o segurado poderá ficar com o mais vantajoso. Neste sentido, a Súmula 146 do STJ: "O segurado, vítima de novo infortúnio, faz jus a um único benefício somado ao salário de contribuição vigente no dia do acidente".

---

de acidente, o segurado ficar incapacitado para desempenhar a atividade que exercia à época do infortúnio, conquanto possa ou venha efetivamente a ser reabilitado para o exercício de atividade laborativa diversa".
71. Neste sentido, o art. 31 da Lei 8.213/91: "O valor mensal do auxílio-acidente integra o salário de contribuição, para fins de cálculo do salário de benefício de qualquer aposentadoria (...)".
72. Súmula 105 do TRF-4: "Inexiste óbice à fixação da renda mensal do auxílio-acidente em patamar inferior ao salário-mínimo, uma vez que tal benefício constitui mera indenização por redução de capacidade para o trabalho, não se lhe aplicando, assim, a disposição do art. 201, § 2º, da Constituição Federal".

No caso de reabertura de auxílio-doença por acidente de qualquer natureza que tenha dado origem a auxílio-acidente, este será suspenso até a cessação do auxílio-doença reaberto, quando será reativado (§ 6º do art. 104 do Decreto 3.048/99). Significa, enfim, que não é possível perceber auxílio-doença e auxílio-acidente cumulativamente a partir do mesmo infortúnio[73].

A data de início do benefício – DIB será a partir do dia seguinte ao da cessação do auxílio-doença. Embora a lei só fixe tal termo inicial, nada obsta a concessão de auxílio-acidente sem a percepção prévia de auxílio-doença.

2.4 Auxílio-doença

Trata-se de benefício devido ao segurado, que tem como alvo de cobertura o risco "incapacidade temporária para o exercício da atividade laborativa habitual". Em suma, o segurado fica temporariamente incapacitado para o exercício de sua atividade laborativa habitual ou, embora seja definitiva a incompatibilidade com esta, há possibilidade de reabilitação para outra atividade que lhe garanta o sustento.

A contingência determinante do benefício é a incapacidade para a atividade habitual por período superior a quinze dias consecutivos. A carência, segundo já examinamos, varia conforme a origem da incapacidade: é dispensada no caso de acidente de qualquer natureza e de alguns tipos de doença; do contrário, é de doze contribuições mensais.

A data de início do benefício é: para segurado empregado, o 16º dia do afastamento da atividade (nos primeiros 15 dias, incumbirá à empresa pagar o salário integral); demais segurados, a data de início da incapacidade – DII[74] (o benefício, portanto, só é devido se a incapacidade perdurar por mais de 15 dias, contudo, ao ser concedido, é pago desde a data de afastamento); a contar da DER, para todos os segurados, quando requerido após 30 dias do afastamento.

Cessa com o fim da incapacidade, se o segurado for reabilitado para outra atividade ou com a conversão em aposentadoria por invalidez ou auxílio-acidente. Nos termos do § 8º do art. 60 da Lei 8.213/91, "sempre que possível, o ato de concessão ou de reativação de auxílio-doença, judicial ou administrativo, deverá fixar o prazo estimado para a duração do benefício." Na ausência de fixação do prazo, o benefício cessará após o prazo de 120 dias, contado da data de concessão ou de reativação do auxílio-doença, exceto se o segurado requerer a sua prorrogação perante o INSS (§ 9º). Se for concedido novo benefício ao segurado empregado em virtude da mesma doença dentro de 60 dias da

---

73. Neste sentido também o novo art. 78 do RPS, com redação dada pelo Decreto 10.410/20: "O auxílio por incapacidade temporária cessa pela recuperação da capacidade para o trabalho, pela concessão de aposentadoria por incapacidade permanente ou, na hipótese de o evento causador da redução da capacidade laborativa ser o mesmo que gerou o auxílio por incapacidade temporária, pela concessão do auxílio acidente".
74. Se o segurado ingressa com ação judicial pleiteando o restabelecimento de auxílio-doença e a perícia não consegue constatar a DII, prevalece na TNU o entendimento no sentido de que, em decorrendo a incapacidade da mesma doença, presume-se a sua continuidade, pelo que o benefício é devido desde a cessação.

cessação do benefício anterior, a empresa fica desobrigada do pagamento relativo aos 15 primeiros dias de afastamento, prorrogando-se o benefício anterior e descontando-se os dias trabalhados, se for o caso.

Se o segurado exerce mais de uma atividade, o auxílio-doença é devido mesmo no caso de incapacidade apenas para o exercício de uma delas, desde que sejam profissões distintas (computa-se, para efeito de carência, apenas as contribuições vertidas em função da atividade para a qual ficou incapacitado; o valor do benefício poderá ser inferior ao salário-mínimo, desde que tal patamar seja atingido com a soma das demais remunerações). Se tal incapacidade for definitiva, deverá o benefício ser mantido indefinidamente, não cabendo sua transformação em aposentadoria por invalidez, enquanto essa incapacidade não se estender às demais atividades.

O segurado em gozo de auxílio-doença ou aposentadoria por invalidez está obrigado, sob pena de suspensão do benefício, a submeter-se a exames médicos, processo de reabilitação profissional custeado pelo INSS (se insuscetível de recuperação para sua atividade habitual) e tratamento dispensado gratuitamente, exceto o cirúrgico e a transfusão de sangue, que são facultativos (art. 101 da Lei 8.213/91).

Não será devido o auxílio-doença para o segurado recluso em regime fechado (se, porém, em regime aberto ou semiaberto, terá direito ao benefício); na data do recolhimento à prisão, terá o benefício suspenso; a suspensão será de até 60 (sessenta) dias, contados da data do recolhimento à prisão, cessando o benefício após o referido prazo; se o segurado for colocado em liberdade antes, o benefício será restabelecido a partir da data da soltura; em caso de prisão declarada ilegal, o segurado terá direito à percepção do benefício por todo o período devido.

A jurisprudência entende que há fungibilidade entre os benefícios por incapacidade, pelo que se a parte requer aposentadoria por invalidez e a perícia médica conclui que a incapacidade é temporária, o juiz pode conceder o auxílio-doença (e vice-versa). Prevalece o entendimento de que não é necessário prévio requerimento administrativo no caso de pedido de restabelecimento [ou revisão] de benefício.

No caso de vitória judicial do segurado, o INSS adota a tese de que não deve pagar retroativos quanto ao período em que houve exercício de atividade laborativa. Não obstante, segundo a Súmula 72 da TNU: "É possível o recebimento de benefício por incapacidade durante período em que houve exercício de atividade remunerada quando comprovado que o segurado estava incapaz para as atividades habituais na época em que trabalhou". No mesmo sentido, o STJ no REsp 1.788.700, tema repetitivo 1.013. O novo § 6º do art. 60 da LB parece caminhar no mesmo sentido ao dizer que "o segurado que *durante o gozo* do auxílio-doença vier a exercer atividade que lhe garanta subsistência poderá ter o benefício cancelado a partir do retorno à atividade" (grifamos).

É polêmica na jurisprudência a possibilidade de revisão administrativa do auxílio-doença concedido judicialmente, especialmente se a demanda ainda está em curso. O § 10 do art. 60 da Lei 8.213/91, introduzido pela Lei 13.457/2017, estabelece que "o segurado em gozo de auxílio-doença, concedido judicial ou administrativamente, poderá ser convocado a qualquer momento para avaliação das condições que ensejaram sua concessão ou manutenção".

Não será devido auxílio-doença ao segurado que se filiar ao RGPS já portador da doença ou da lesão invocada como causa para o benefício, salvo quando a incapacidade sobrevier por motivo de progressão ou agravamento dessa doença ou lesão. Segundo a Súmula 53 da TNU: "Não há direito a auxílio-doença ou a aposentadoria por invalidez quando a incapacidade para o trabalho é preexistente ao reingresso do segurado no Regime Geral de Previdência Social".

2.5 Aposentadoria por invalidez

Trata-se de benefício devido ao segurado, que tem como alvo de cobertura o risco "incapacidade total e permanente para o trabalho". Em suma, trata-se de uma incapacidade de caráter omniprofissional, uma vez que o segurado está insuscetível de reabilitação para o exercício de atividade que lhe garanta a subsistência. A análise quanto à possibilidade de reabilitação deve, segundo a jurisprudência majoritária, observar também aspectos sociológicos e mercadológicos (como, por exemplo, a idade do segurado e sua formação profissional e educacional)[75].

A contingência determinante do benefício é a situação estável de incapacidade para o exercício de qualquer atividade que garanta a subsistência. A carência, segundo já examinamos, varia conforme a origem da incapacidade: é dispensada no caso de acidente de qualquer natureza e de alguns tipos de doença; do contrário, é de doze contribuições mensais.

A data de início do benefício (DIB) é a seguinte: se resultar de conversão de auxílio-doença, será na data da cessação desta; se for originária, seguirá as mesmas regras do auxílio-doença. O benefício será cessado se o segurado retornar voluntariamente ao trabalho. A doença ou lesão de que o segurado já era portador ao filiar-se ao RGPS não lhe conferirá direito à aposentadoria por invalidez, salvo quando a incapacidade sobrevier por motivo de progressão ou agravamento dessa doença ou lesão.

O aposentado por invalidez poderá ser convocado a qualquer momento para avaliação das condições que ensejaram o afastamento ou a aposentadoria, concedida judicial ou administrativamente. O segurado em gozo de auxílio-doença, aposentadoria por invalidez e o pensionista inválido estão obrigados, sob pena de suspensão do benefício, a submeter-se a exame médico a cargo da Previdência Social, processo de

---

75. Súmula 47 da TNU: "Uma vez reconhecida a incapacidade parcial para o trabalho, o juiz deve analisar as condições pessoais e sociais do segurado para a concessão de aposentadoria por invalidez". Súmula 77 da TNU: "O julgador não é obrigado a analisar as condições pessoais e sociais quando não reconhecer a incapacidade do requerente para a sua atividade habitual". Súmula 78 da TNU: "Comprovado que o requerente de benefício é portador do vírus HIV, cabe ao julgador verificar as condições pessoais, sociais, econômicas e culturais, de forma a analisar a incapacidade em sentido amplo, em face da elevada estigmatização social da doença".

reabilitação profissional por ela prescrito e custeado, e tratamento dispensado gratuitamente, exceto o cirúrgico e a transfusão de sangue, que são facultativos. Contudo, o aposentado por invalidez e o pensionista inválido que não tenham retornado à atividade estarão isentos do exame[76]: após completarem cinquenta e cinco anos ou mais de idade e quando decorridos quinze anos da data da concessão da aposentadoria por invalidez ou do auxílio-doença que a precedeu; ou após completarem sessenta anos de idade. A pessoa com HIV/Aids também está dispensada da avaliação referida[77].

O valor da aposentadoria por invalidez do segurado que necessitar da assistência permanente de outra pessoa será acrescido de 25%. Trata-se da denominada "aposentadoria valetudinária" ou "grande invalidez"[78] ou "complemento de acompanhante". Tal acréscimo: será devido ainda que o valor da aposentadoria atinja o limite máximo legal; será recalculado quando o benefício que lhe deu origem for reajustado; cessará com a morte do aposentado, não sendo incorporável ao valor da pensão. Há tese jurídica que defende a extensão do acréscimo de 25% a qualquer tipo de aposentadoria, desde que o aposentado venha a necessitar da assistência permanente de outra pessoa. O STJ chegou a acolhê-la, no bojo do REsp 1.720.805, pela sistemática dos recursos repetitivos. O STF, contudo, suspendeu liminarmente a decisão (Pet 8.002) e, no mérito (RExt 1.221.446, tema 1095 da repercussão geral), estabeleceu que não cabe ao julgador criar ou ampliar benefícios[79].

Verificada a recuperação da capacidade de trabalho do aposentado por invalidez, será observado o seguinte procedimento (que é denominado pela doutrina "mensalidade de recuperação"):

1) quando a recuperação ocorrer dentro de 5 (cinco) anos, contados da data do início da aposentadoria por invalidez ou do auxílio-doença que a antecedeu sem interrupção, o benefício cessará: a) de imediato, para o segurado empregado que tiver direito a retornar à função que desempenhava na empresa quando

---

76. A isenção não se aplica quando o exame tem as seguintes finalidades: verificar a necessidade de assistência permanente de outra pessoa para a concessão do acréscimo de 25% (vinte e cinco por cento) sobre o valor do benefício; verificar a recuperação da capacidade de trabalho, mediante solicitação do aposentado ou pensionista que se julgar apto; subsidiar autoridade judiciária na concessão de curatela.
77. Ou seja, uma vez reconhecida a incapacidade permanente em virtude de HIV/Aids, por se tratar de doença progressiva, presume-se que não haverá regressão da incapacidade, pelo que eventual exame que conclua pela capacidade estaria na verdade revisitando a conclusão da perícia anterior.
78. O termo, trazido ao Brasil por Miguel Horvath Júnior, consta na legislação portuguesa e espanhola. Na Espanha, o conceito legal consta no artigo 194.6 da Ley General de Seguridad Social (LGSS): "*Se entenderá por gran invalidez la situación del trabajador afecto de incapacidad permanente y que, por consecuencia de pérdidas anatómicas o funcionales, necesite la asistencia de otra persona para los actos más esenciales de la vida, tales como vestirse, desplazarse, comer o análogos.*" (grifamos). No direito eurocomunitário, é chamado de "risco de dependência", em decorrência de a contingência criar uma dependência em relação a terceira pessoa (perda de autonomia). Vide, neste sentido, por exemplo o art. 34º da Carta de Direitos Fundamentais da União Europeia e os processos C-388/09, caso "Silva Martins", e C-140/12, caso "Brey", julgados pelo Tribunal de Justiça da União Europeia.
79. A tese fixada foi a seguinte: "No âmbito do Regime Geral de Previdência Social (RGPS), somente lei pode criar ou ampliar benefícios e vantagens previdenciárias, não havendo, por ora, previsão de extensão do auxílio da grande invalidez a todas as espécies de aposentadoria".

se aposentou, na forma da legislação trabalhista, valendo como documento, para tal fim, o certificado de capacidade fornecido pela Previdência Social; ou b) após tantos meses quantos forem os anos de duração do auxílio-doença ou da aposentadoria por invalidez, para os demais segurados;

2) quando a recuperação for parcial, ou ocorrer após o período de cinco anos, ou ainda quando o segurado for declarado apto para o exercício de trabalho diverso do qual habitualmente exercia, a aposentadoria será mantida, sem prejuízo da volta à atividade: a) no seu valor integral, durante 6 (seis) meses contados da data em que for verificada a recuperação da capacidade; b) com redução de 50% (cinquenta por cento), no período seguinte de 6 (seis) meses; c) com redução de 75% (setenta e cinco por cento), também por igual período de 6 (seis) meses, ao término do qual cessará definitivamente.

2.6 Aposentadoria programada

A partir da EC 103/2019, estão extintas, como regra permanente, as aposentadorias por idade (parcialmente, salvo para o trabalhador rural, como veremos adiante) e por tempo de contribuição, passando a ser prevista uma única aposentadoria programada comum para o trabalhador urbano, que congrega os requisitos de idade mínima e tempo de contribuição.

Na prática, a aposentadoria por idade, ao exigir carência de 180 contribuições mensais, nos termos da legislação infraconstitucional (a CRFB arrolava como requisito apenas a idade mínima), não se descolava da exigência de aporte contributivo. A aposentadoria por tempo de contribuição, por sua vez, efetivamente não se prendia a qualquer exigência de idade mínima, razão pela qual era alvo de fortes críticas por parte da doutrina, tendo em vista, por um lado, não atender a nenhum risco social, e, por outro, possibilitar a jubilação precoce, apta a gerar gastos desproporcionais aos cofres públicos.

O benefício é devido ao segurado. A contingência determinante é uma incapacidade virtual (ou presumida) para o trabalho, decorrente da velhice.

Os requisitos estabelecidos pela CRFB são 65 (sessenta e cinco) anos de idade, se homem, e 62 (sessenta e dois) anos de idade, se mulher, observado tempo mínimo de contribuição (art. 201, § 7º, I)[80]. O requisito etário será reduzido em 5 (cinco) anos,

---

80. O art. 29, II, do Decreto 3.048/99, com redação dada pelo Decreto 10.410/20, pretende estabelecer uma carência de 180 meses de contribuição na aposentadoria programada. Trata-se, a nosso sentir, de previsão absolutamente ilegal, já que não encontra suporte na EC 103/2019, a qual teve a oportunidade de lançar mão de disposições provisórias – e efetivamente o fez torrencialmente –, mas nada disse a respeito do ponto. Numa abordagem mais ampla da questão, resumimos nossa visão em três pontos: 1) Para benefícios que foram mantidos pela EC 103/2019, ainda que modificados – quais sejam, aposentadorias por idade, por incapacidade permanente e especial –, aplicam-se os requisitos até então estipulados pela legislação infraconstitucional (inclusive a carência), já que há continuidade do benefício, ainda que isto não seja dito expressamente pela Emenda; 2) Para benefícios criados originariamente pela EC 103/2019, que é o caso da aposentadoria programada, não se aplica

para o professor que comprove tempo de efetivo exercício das funções de magistério na educação infantil e no ensino fundamental e médio[81], nos termos de lei complementar (art. 201, § 8º, CRFB).

Até que advenha lei para regular a nova aposentadoria, estabeleceu a EC 103/2019, em suas disposições provisórias[82], que o tempo de contribuição mínimo exigido será de quinze anos, se mulher, e vinte anos, se homem (art. 19, *caput*). O professor, por sua vez, deverá comprovar 25 (vinte e cinco) anos de contribuição exclusivamente em efetivo exercício das funções de magistério na educação infantil e no ensino fundamental e médio e 57 (cinquenta e sete) anos de idade, se mulher, e 60 (sessenta) anos de idade, se homem (art. 19, § 1º, II).

É importante mencionar também o novo § 16 do art. 201 da CRFB, incluído pela EC 103/2019: "Os empregados dos consórcios públicos, das empresas públicas, das sociedades de economia mista e das suas subsidiárias serão aposentados compulsoriamente, observado o cumprimento do tempo mínimo de contribuição, ao atingir a idade máxima de que trata o inciso II do § 1º do art. 40, na forma estabelecida em lei".

2.6.1 *Aposentadorias programadas extintas pela EC 103/2019*

A EC 103 extinguiu as aposentadorias por idade no âmbito urbano e por tempo de contribuição, passando a congraçar os dois requisitos (idade e tempo de contribuição mínimos) em uma modalidade única de aposentadoria.

Com efeito, na redação anterior, a CRFB previa, para o trabalhador urbano, duas variantes: a primeira, com trinta e cinco anos de contribuição, se homem, e trinta anos de contribuição, se mulher; a segunda, com sessenta e cinco anos de idade, se homem, e sessenta anos de idade, se mulher.

---

a carência, já que a lei não se refere a ela, que até então não existia, tampouco a própria Emenda cria tal requisito; 3) No caso das regras de transição previstas na EC 103/2019, pensamos que não se enquadram tecnicamente como "aposentadoria por idade" (art. 18) ou "por tempo de contribuição" (art. 17), ainda que prevejam regras semelhantes e que sejam assim tratadas por parcela da doutrina, pois ocorre que a legislação não estabelece essa equivalência, então pensamos que não pode o intérprete, unilateralmente, fazer esse enquadramento e criar um requisito adicional.

81. Segundo a tese fixada pelo STF no bojo do RExt 1.039.644 (tema 965 da repercussão geral), "conta-se o tempo de efetivo exercício, pelo professor, da docência e das atividades de direção de unidade escolar e de coordenação e assessoramento pedagógico, desde que em estabelecimentos de educação infantil ou de ensino fundamental e médio". O novo § 2º do art. 54 do RPS, alterado pelo Decreto 10.410/20, já acatou esse entendimento.

82. Convém esclarecer que, na nomenclatura proposta pela EC 103/98, as "regras de transição" (doutrinariamente chamadas de "regras de amortecimento" ou "charneira") são aquelas aplicáveis aos segurados que já estavam inscritos no sistema, para permitir uma adaptação mais suavizada, não abrupta, ao novo regime, especialmente naquelas situações em que não se estava muito longe de preencher os requisitos para a obtenção de aposentadoria nos termos da legislação revogada. As "disposições transitórias" (de nossa parte, preferimos a denominação "provisórias"), por sua vez, são aquelas que foram postas em vigor para regular situações novas trazidas pela legislação promulgada somente até que advenha, para conferir um tratamento permanente, a legislação infraconstitucional pertinente. Em suma, estão em vigor provisoriamente.

Agora, contudo, exige "65 (sessenta e cinco) anos de idade, se homem, e 62 (sessenta e dois) anos de idade, se mulher, *observado tempo mínimo de contribuição*" (art. 201, § 7º, I, CRFB, grifamos).

Vamos aqui analisar brevemente como tais aposentadorias estavam desenhadas na legislação de regência e quais as regras de transição estabelecidas pela EC 103/2019 para aqueles segurados que já estavam inscritos no RGPS.

Convém ressaltar, preliminarmente, que, respeitando situações de direito adquirido, estabelece a EC 103/2019 que "a concessão de aposentadoria (...) ao segurado do Regime Geral de Previdência Social e de pensão por morte aos respectivos dependentes será assegurada, a qualquer tempo, desde que tenham sido cumpridos os requisitos para obtenção desses benefícios até a data de entrada em vigor desta Emenda Constitucional, observados os critérios da legislação vigente na data em que foram atendidos os requisitos para a concessão da aposentadoria ou da pensão por morte" (art. 3º).

2.6.1.1 Aposentadoria por tempo de contribuição (benefício extinto)

O benefício não cobria propriamente nenhum risco social – tendo em vista que o fato por si só de trabalhar por um longo período não gera, *a priori*, consequências incapacitantes (ressaltando-se que não estamos aqui a falar de labor insalubre, coberto pela aposentadoria especial) –, sendo, por tal razão, muito criticado pela doutrina, tendo em vista também permitir a jubilação precoce, numa equação demasiado prejudicial ao equilíbrio atuarial da previdência.

Exigia-se tão somente 35 anos de tempo de contribuição, se homem, ou 30, se mulher, e carência de 180 contribuições mensais. O professor que comprovasse, exclusivamente, tempo de efetivo exercício em função de magistério na educação infantil, no ensino fundamental ou no ensino médio, gozava de redução de cinco anos no tempo de contribuição (ademais, no cálculo do fator previdenciário, seriam adicionados cinco anos ao tempo de contribuição[83]). A perda da qualidade de segurado, assim como para as demais aposentadorias programadas, é irrelevante.

A data de início do benefício (DIB) era assim determinada: 1) para o segurado empregado, inclusive o doméstico: a) a partir da data do desligamento do emprego, quando requerida até 90 dias depois dela; b) a partir da data do requerimento, quando não houver desligamento do emprego ou quando for requerida após o prazo de 90 dias; 2) para os demais segurados, a partir da data da entrada do requerimento.

---

83. Há, contudo, questionamento em torno da aplicação do fator previdenciário na aposentadoria do professor. O STF, em 04.06.2020, voltou a se debruçar sobre a questão, reconhecendo, uma vez mais, a constitucionalidade da aplicação do fator previdenciário, mesmo no caso de aposentadoria do professor (RExt 1.221.630). Aderindo a tal posicionamento, como não poderia deixar de ser, o STJ, no julgamento do tema repetitivo 1011 (REsp 1.808.156) entendeu que "Incide o fator previdenciário no cálculo da renda mensal inicial de aposentadoria por tempo de contribuição de professor vinculado ao Regime Geral de Previdência Social, independente da data de sua concessão, quando a implementação dos requisitos necessários à obtenção do benefício se der após o início de vigência da Lei 9.876/1999, ou seja, a partir de 29.11.1999.".

A renda mensal inicial (RMI) era de 100% do salário de benefício, este com aplicação obrigatória do fator previdenciário, salvo na hipótese prevista pelo art. 29-C da Lei 8.213/91. Com efeito, tal dispositivo previa[84] que o segurado que preencher o requisito para a aposentadoria por tempo de contribuição poderia optar pela não incidência do fator previdenciário no cálculo de sua aposentadoria, quando o total resultante da soma de sua idade e de seu tempo de contribuição, incluídas as frações, na data de requerimento da aposentadoria, fosse: I – igual ou superior a noventa e cinco pontos, se homem, observando o tempo mínimo de contribuição de trinta e cinco anos; ou II – igual ou superior a oitenta e cinco pontos, se mulher, observado o tempo mínimo de contribuição de trinta anos[85]. No caso de professor seriam acrescidos cinco pontos à soma da idade com o tempo de contribuição ao se aplicar o disposto em testilha.

2.6.1.2 Aposentadoria por idade (benefício extinto para o trabalhador urbano)

O risco coberto por tal benefício era a idade avançada, que consiste em incapacidade virtual ou presumida para o trabalho[86]. A contingência exigida pela CRFB era apenas a idade mínima de sessenta e cinco anos de idade, se homem, e sessenta anos de idade, se mulher (reduzido em cinco anos o limite para os trabalhadores rurais de ambos os sexos e para os que exerçam suas atividades em regime de economia familiar, nestes incluídos o produtor rural, o garimpeiro e o pescador artesanal). Não obstante, a legislação infraconstitucional exigia também uma carência de 180 contribuições mensais, o que, resguardadas algumas exceções, consistia mesmo em exigência de tempo mínimo de contribuição. Não se exige qualidade de segurado, em se tratando de aposentadoria contributiva (ou seja, excetuando a do segurado especial e similares), razão pela qual os requisitos "idade" e "carência" poderiam ser cumpridos em momentos distintos.

Para quem já estava inscrito na Previdência antes de 24.07.1991, aplica-se a tabelinha de amortecimento prevista no art. 142 da Lei 8.213/91, que possibilita a redução da carência exigida. O STJ acolheu (vide, por exemplo, o REsp 1.412.566) a tese denominada "congelamento" ou "consolidação da carência". No mesmo sentido, a Súmula 44 da TNU: "Para efeito de aposentadoria urbana por idade, a tabela progressiva de carência prevista no art. 142 da Lei 8.213/91 deve ser aplicada em função do ano em que

---

84. Falamos no tempo passado embora o dispositivo siga em vigor, devido à sua inaplicabilidade como regra permanente, diante da incompatibilidade superveniente com a CRFB, não obstante possa ainda ser aplicado a situações que já estavam consolidadas.
85. Serão somadas as frações em meses completos de tempo de contribuição e idade. As somas de idade e de tempo de contribuição serão majoradas em um ponto em: 31 de dezembro de 2018; 31 de dezembro de 2020; 31 de dezembro de 2022; 31 de dezembro de 2024; e 31 de dezembro de 2026. Ao segurado que alcançar o requisito necessário ao exercício da opção e deixar de requerer aposentadoria será assegurado o direito à opção com a aplicação da pontuação exigida na data do cumprimento do requisito.
86. Não iremos aqui aprofundar o tema, mas convém apenas mencionar que tal incapacidade não decorre necessariamente de uma questão física [apenas], mas também tem em vista as dificuldades de alocação no mercado de trabalho, especialmente em função que garanta a manutenção [aproximada] do padrão de vida alcançado ao longo da vida laboral.

o segurado completa a idade mínima para concessão do benefício, ainda que o período de carência só seja preenchido posteriormente".

A renda mensal inicial (RMI) é de 70% (setenta por cento) do salário de benefício, mais 1% (um por cento) deste, por grupo de 12 (doze) contribuições, não podendo ultrapassar 100% (cem por cento) do salário de benefício (este terá a aplicação do fator previdenciário facultativamente, ou seja, só quando resultar favorável ao segurado). Nos termos da Súmula 76 da TNU, "a averbação de tempo de serviço rural não contributivo não permite majorar o coeficiente de cálculo da renda mensal inicial de aposentadoria por idade previsto no art. 50 da Lei 8.213/91". Nos termos da Súmula 24 da TNU, também não serve para efeito de carência[87].

A data de início do benefício (DIB) segue as mesmas regras da aposentadoria por tempo de contribuição. A aposentadoria por idade poderia ser requerida pela empresa, desde que o segurado empregado tenha cumprido o período de carência e completado 70 (setenta) anos de idade, se do sexo masculino, ou 65 (sessenta e cinco) anos, se do sexo feminino, sendo compulsória.

2.6.1.3 Regras de transição

As regras de transição para quem já se encontrava no regime estão definidas nos arts. 15-18 e 20, complementados pelo 26 (formato de cálculo), todos da EC 103/2019. Para melhor compreensão, transcrevemos os dispositivos pertinentes:

> Art. 15. Ao segurado filiado ao Regime Geral de Previdência Social até a data de entrada em vigor desta Emenda Constitucional, fica assegurado o direito à aposentadoria quando forem preenchidos, cumulativamente, os seguintes requisitos:
>
> I – 30 (trinta) anos de contribuição, se mulher, e 35 (trinta e cinco) anos de contribuição, se homem; e
>
> II – somatório da idade e do tempo de contribuição, incluídas as frações, equivalente a 86 (oitenta e seis) pontos, se mulher, e 96 (noventa e seis) pontos, se homem, observado o disposto nos §§ 1º e 2º.
>
> § 1º A partir de 1º de janeiro de 2020, a pontuação a que se refere o inciso II do caput será acrescida a cada ano de 1 (um) ponto, até atingir o limite de 100 (cem) pontos, se mulher, e de 105 (cento e cinco) pontos, se homem.
>
> § 2º A idade e o tempo de contribuição serão apurados em dias para o cálculo do somatório de pontos a que se referem o inciso II do caput e o § 1º.
>
> § 3º Para o professor que comprovar exclusivamente 25 (vinte e cinco) anos de contribuição, se mulher, e 30 (trinta) anos de contribuição, se homem, em efetivo exercício das funções de magistério na educação infantil e no ensino fundamental e médio, o somatório da idade e do tempo de contribuição, incluídas as frações, será equivalente a 81 (oitenta e um) pontos, se mulher, e 91 (noventa e um) pontos, se homem, aos quais serão acrescidos, a partir de 1º de janeiro de 2020, 1 (um) ponto a cada ano para o homem e para a mulher, até atingir o limite de 92 (noventa e dois) pontos, se mulher, e 100 (cem) pontos, se homem.
>
> § 4º O valor da aposentadoria concedida nos termos do disposto neste artigo será apurado na forma da lei.

---

87. "O tempo de serviço do segurado trabalhador rural anterior ao advento da Lei 8.213/91, sem o recolhimento de contribuições previdenciárias, pode ser considerado para a concessão de benefício previdenciário do Regime Geral de Previdência Social (RGPS), exceto para efeito de carência, conforme a regra do art. 55, § 2º, da Lei 8.213/91".

Art. 16. Ao segurado filiado ao Regime Geral de Previdência Social até a data de entrada em vigor desta Emenda Constitucional fica assegurado o direito à aposentadoria quando preencher, cumulativamente, os seguintes requisitos:

I – 30 (trinta) anos de contribuição, se mulher, e 35 (trinta e cinco) anos de contribuição, se homem; e

II – idade de 56 (cinquenta e seis) anos, se mulher, e 61 (sessenta e um) anos, se homem.

§ 1º A partir de 1º de janeiro de 2020, a idade a que se refere o inciso II do caput será acrescida de 6 (seis) meses a cada ano, até atingir 62 (sessenta e dois) anos de idade, se mulher, e 65 (sessenta e cinco) anos de idade, se homem.

§ 2º Para o professor que comprovar exclusivamente tempo de efetivo exercício das funções de magistério na educação infantil e no ensino fundamental e médio, o tempo de contribuição e a idade de que tratam os incisos I e II do caput deste artigo serão reduzidos em 5 (cinco) anos, sendo, a partir de 1º de janeiro de 2020, acrescidos 6 (seis) meses, a cada ano, às idades previstas no inciso II do caput, até atingirem 57 (cinquenta e sete) anos, se mulher, e 60 (sessenta) anos, se homem.

§ 3º O valor da aposentadoria concedida nos termos do disposto neste artigo será apurado na forma da lei.

Art. 17. Ao segurado filiado ao Regime Geral de Previdência Social até a data de entrada em vigor desta Emenda Constitucional e que na referida data contar com mais de 28 (vinte e oito) anos de contribuição, se mulher, e 33 (trinta e três) anos de contribuição, se homem, fica assegurado o direito à aposentadoria quando preencher, cumulativamente, os seguintes requisitos:

I – 30 (trinta) anos de contribuição, se mulher, e 35 (trinta e cinco) anos de contribuição, se homem; e

II – cumprimento de período adicional correspondente a 50% (cinquenta por cento) do tempo que, na data de entrada em vigor desta Emenda Constitucional, faltaria para atingir 30 (trinta) anos de contribuição, se mulher, e 35 (trinta e cinco) anos de contribuição, se homem.

Parágrafo único. O benefício concedido nos termos deste artigo terá seu valor apurado de acordo com a média aritmética simples dos salários de contribuição e das remunerações calculada na forma da lei, multiplicada pelo fator previdenciário, calculado na forma do disposto nos §§ 7º a 9º do art. 29 da Lei 8.213, de 24 de julho de 1991.

Art. 18. O segurado de que trata o inciso I do § 7º do art. 201 da Constituição Federal filiado ao Regime Geral de Previdência Social até a data de entrada em vigor desta Emenda Constitucional poderá aposentar-se quando preencher, cumulativamente, os seguintes requisitos:

I – 60 (sessenta) anos de idade, se mulher, e 65 (sessenta e cinco) anos de idade, se homem; e

II – 15 (quinze) anos de contribuição, para ambos os sexos.

§ 1º A partir de 1º de janeiro de 2020, a idade de 60 (sessenta) anos da mulher, prevista no inciso I do caput, será acrescida em 6 (seis) meses a cada ano, até atingir 62 (sessenta e dois) anos de idade.

§ 2º O valor da aposentadoria de que trata este artigo será apurado na forma da lei.

Art. 20. O segurado (...) que se tenha filiado ao Regime Geral de Previdência Social (...) até a data de entrada em vigor desta Emenda Constitucional poderá aposentar-se voluntariamente quando preencher, cumulativamente, os seguintes requisitos:

I – 57 (cinquenta e sete) anos de idade, se mulher, e 60 (sessenta) anos de idade, se homem;

II – 30 (trinta) anos de contribuição, se mulher, e 35 (trinta e cinco) anos de contribuição, se homem;

(...)

IV – período adicional de contribuição correspondente ao tempo que, na data de entrada em vigor desta Emenda Constitucional, faltaria para atingir o tempo mínimo de contribuição referido no inciso II.

§ 1º Para o professor que comprovar exclusivamente tempo de efetivo exercício das funções de magistério na educação infantil e no ensino fundamental e médio serão reduzidos, para ambos os sexos, os requisitos de idade e de tempo de contribuição em 5 (cinco) anos.

§ 2° O valor das aposentadorias concedidas nos termos do disposto neste artigo corresponderá:

(...)

II – em relação (...) aos segurados do Regime Geral de Previdência Social, ao valor apurado na forma da lei.

§ 3° O valor das aposentadorias concedidas nos termos do disposto neste artigo não será inferior ao valor a que se refere o § 2° do art. 201 da Constituição Federal e será reajustado:

(...)

II – nos termos estabelecidos para o Regime Geral de Previdência Social, na hipótese prevista no inciso II do § 2°.

Art. 26. Até que lei discipline o cálculo dos benefícios (...) do Regime Geral de Previdência Social, será utilizada a média aritmética simples dos salários de contribuição e das remunerações adotados como base para contribuições a regime próprio de previdência social e ao Regime Geral de Previdência Social, ou como base para contribuições decorrentes das atividades militares de que tratam os arts. 42 e 142 da Constituição Federal, atualizados monetariamente, correspondentes a 100% (cem por cento) do período contributivo desde a competência julho de 1994 ou desde o início da contribuição, se posterior àquela competência.

§ 1° A média a que se refere o caput será limitada ao valor máximo do salário de contribuição do Regime Geral de Previdência Social para os segurados desse regime (...).

§ 2° O valor do benefício de aposentadoria corresponderá a 60% (sessenta por cento) da média aritmética definida na forma prevista no caput e no § 1°, com acréscimo de 2 (dois) pontos percentuais para cada ano de contribuição que exceder o tempo de 20 (vinte) anos de contribuição nos casos:

I – (...) do § 4° do art. 15, do § 3° do art. 16 e do § 2° do art. 18;

(...)

§ 3° O valor do benefício de aposentadoria corresponderá a 100% (cem por cento) da média aritmética definida na forma prevista no caput e no § 1°:

I – no caso do inciso II do § 2° do art. 20;

(...)

§ 5° O acréscimo a que se refere o caput do § 2° será aplicado para cada ano que exceder 15 (quinze) anos de tempo de contribuição (...) para as mulheres filiadas ao Regime Geral de Previdência Social.

§ 6° Poderão ser excluídas da média as contribuições que resultem em redução do valor do benefício, desde que mantido o tempo mínimo de contribuição exigido, vedada a utilização do tempo excluído para qualquer finalidade, inclusive para o acréscimo a que se referem os §§ 2° e 5°, para a averbação em outro regime previdenciário (...).

Quanto ao quadro trazido pelo *art. 15* supratranscrito, salienta Machado da Rocha que ela "foi inspirada na conhecida fórmula 85/95, mecanismo que estreou no regime geral com a introdução do art. 29-C da LBPS, pela Lei 13.183/2015. Sua finalidade era afastar a incidência do fator previdenciário. A pontuação total exigida considerou os critérios vigentes no RGPS no momento da discussão da PEC 6/19 (pontuação de 86/96). Trata-se de um escore previdenciário composto pela soma da idade e do tempo de contribuição, desde que seja cumprido o tempo mínimo de contribuição anteriormente previsto na legislação (30 anos para a mulher e 35 anos para o homem)"[88]. A pontuação exigida irá progredir (§ 1°) até atingir os 100/105 (mulher/homem) pontos. O § 3° traz

---

88. Op. cit., 2020, p. 68.

regra diferenciada para o professor. O valor do benefício observará a nova forma de cálculo prevista pelo art. 26 da EC 103/2019[89].

O quadro trazido pelo *art. 16* se assemelha ao do art. 15, embora não trabalhe com sistema de pontos (contudo, ao se somar idade e tempo de contribuição mínimos exigidos, atinge-se a pontuação mínima exigida pelo dispositivo anterior). Demandam-se aí 30/35 anos de contribuição e 56/61 anos de idade (mulher/homem), também prevista progressão com o tempo (§ 1º) e regra diferenciada para o professor (§ 2º). O valor do benefício também observará (art. 26, § 2º, I) a forma de cálculo prevista pelo art. 26.

Já o quadro previsto pelo *art. 17* destoa dos anteriores. Em primeiro lugar, se aplica apenas a quem já ostentasse, por ocasião da promulgação da Emenda, 28/33 (mulher/homem) anos de contribuição (pré-requisito). Ademais, exige-se 30/35 (mulher/homem) anos de contribuição e um "pedágio" de 50% do tempo faltante para tal por ocasião da promulgação da Emenda. Não se exige idade mínima. O benefício "terá seu valor apurado de acordo com a média aritmética simples dos salários de contribuição e das remunerações calculada na forma da lei, multiplicada pelo fator previdenciário, calculado na forma do disposto nos §§ 7º a 9º do art. 29 da Lei 8.213, de 24 de julho de 1991" (parágrafo único).

O quadro previsto no *art. 18*, por sua vez, funciona como uma "ponte" em relação à aposentadoria por idade, benefício extinto pela Emenda, ao exigir tempo mínimo de contribuição de apenas 15 anos (o que se exigia de carência até então) c/c idade mínima de 60/65 (mulher/homem) anos, sendo que a idade mínima exigida da mulher progride até alcançar 62 anos (1º). O benefício será calculado segundo a fórmula prevista pelo art. 26 da Emenda.

O quadro previsto no *art. 20* (aplicável, com ligeira variação, também ao RPPS) exige 57/60 (mulher/homem) anos de idade e 30/35 (mulher/homem) anos de contribuição mais um "pedágio" correspondente ao *quantum* faltante para atingir este último requisito aquando da promulgação da Emenda. Há regra diferenciada (§ 1º) para o professor. O valor do benefício será (art. 26, § 3º, II) de 100% do salário de benefício definido pelo art. 26.

O novo art. 187-A do RPS, incluído pelo Decreto 10.410/20, dispõe que "O professor que tenha exercido atividade de magistério, em qualquer nível, e que até 16 de dezembro de 1998 não tenha implementado as condições para aposentadoria por tempo de serviço

---

89. Em síntese, o salário de benefício corresponderá à "média aritmética simples dos salários de contribuição e das remunerações adotados como base para contribuições a regime próprio de previdência social e ao Regime Geral de Previdência Social, ou como base para contribuições decorrentes das atividades militares de que tratam os arts. 42 e 142 da Constituição Federal, atualizados monetariamente, correspondentes a 100% (cem por cento) do período contributivo desde a competência julho de 1994 ou desde o início da contribuição, se posterior àquela competência" (*caput*).
O coeficiente do benefício (§ 2º, I) será de 60% do salário de benefício com o acréscimo de 2% ao ano que exceda o tempo de 15/20 (mulher/homem) anos de contribuição. Para maiores detalhes, vide acima o tópico 2.4. do Capítulo I da presente Parte.

de professor, poderá ter contado esse tempo até aquela data acrescido de dezessete por cento, se homem, e de vinte por cento, se mulher, se optar pela *aposentadoria transitória por tempo de contribuição*, desde que cumpridos trinta e cinco anos de contribuição, se homem, e trinta anos, se mulher, exclusivamente em funções de magistério" (grifei). Resta saber o que é a tal "aposentadoria transitória por tempo de contribuição" a que se refere. Segundo nos parece, seria a prevista no art. 17 da EC 103/2019, dispositivo acima transcrito.

2.7 Aposentadoria especial

Numa classificação doutrinária, a aposentadoria especial poderia ser definida como uma espécie de aposentadoria por tempo de contribuição, com redução deste, concedida em razão do exercício de atividades consideradas efetiva ou potencialmente prejudiciais à saúde ou à integridade física. A depender da nocividade do agente, o tempo de contribuição será de 15, 20 ou 25 anos.

Segundo a nova sistemática implementada pela EC 103/2019, que extinguiu a aposentadoria por tempo de contribuição "pura", criando a aposentadoria programada, podemos dizer que a aposentadoria especial consiste em modalidade de aposentadoria programada.

Costumamos dizer que o risco coberto por tal benefício é a degradação física acentuada ou, em outra expressão, o envelhecimento precoce. Tal, contudo, se dá apenas em situações reais de insalubridade, ou seja, o desgaste prematuro é imposto por condições insalubres. Não se dá, por exemplo, no caso de periculosidade (em que há um risco de acidente) ou mesmo, em regra, de exposição a agentes biológicos (em que há um risco de contaminação).

Para fins didáticos, vamos abrir dois tópicos para a análise de tal benefício. No primeiro, vamos analisar como funcionavam as regras pertinentes antes do advento da EC 103/2019; no segundo, discutiremos como fica a situação do benefício a partir de então.

2.7.1 Aposentadoria especial antes da EC 103/2019

A previsão constitucional era a seguinte: "É vedada a adoção de requisitos e critérios diferenciados para a concessão de aposentadoria aos beneficiários do regime geral de previdência social, ressalvados os casos de atividades exercidas sob condições especiais que prejudiquem a saúde ou a integridade física e quando se tratar de segurados portadores de deficiência, nos termos definidos em lei complementar" (antigo § 1º do art. 201 da CRFB).

Na legislação infraconstitucional, os requisitos para a concessão de aposentadoria especial eram: a) carência de 180 contribuições mensais (art. 25, II, da Lei 8.213/91), observada, para o segurado inscrito no RGPS até 24.07.1991, a regra de transição do art. 142 da Lei 8.213/91; b) labor em condições especiais durante 15, 20 ou 25 anos, a depender de qual seja o agente nocivo (art. 57, *caput*, da Lei 8.213/91). A perda da qualidade de segurado não é considerada na concessão deste benefício (art. 3º da Lei 10.666/03). Não se exigia idade mínima.

A renda mensal inicial – RMI era de 100% do salário de benefício, este sem aplicação de fator previdenciário (§ 1º do art. 57 da Lei 8.213/91).

No que tange à exposição a agente nocivos, cabe observar que é a legislação vigente à época da prestação de serviço que define se a atividade é ou não considerada especial (neste sentido, o § 1º do art. 70 do Decreto 3.048/99).

Em apertada síntese, *nos termos da jurisprudência predominante*, até o advento da Lei 9.032/95 (28.04.1995) admitiam-se duas formas de se considerar o tempo de serviço como especial: a) enquadramento por categoria profissional: conforme a atividade desempenhada pelo segurado prevista em regulamento; b) enquadramento por agente nocivo: independentemente da atividade ou profissão exercida, o caráter especial do trabalho decorria da exposição a agentes arrolados na legislação de regência. A lista das categorias profissionais e dos agentes nocivos resultava de uma conjugação do que consta[va] nos anexos dos Decretos 53.831/64 e 83.080/79, os quais arrola[va]m agentes perigosos, assim como atividades profissionais consideradas perigosas.

Já no período posterior a 29.04.1995 (inclusive), a legislação de regência passa a exigir dois requisitos: a) comprovação do tempo de trabalho permanente[90], em condições especiais que prejudiquem a saúde ou a integridade física (§ 3º do art. 57 da Lei 8.213/91); b) comprovação de exposição aos agentes nocivos químicos, físicos, biológicos ou associação de agentes prejudiciais à saúde ou à integridade física[91], pelo período equivalente ao exigido para a concessão do benefício (§ 4º do art. 57 da Lei 8.213/91). A lista dos agentes nocivos, a partir de então, passa a trazer apenas agentes insalubres e não mais penosos e perigosos.

Não obstante, o STJ, em decisão recente (22.05.2019) – ratificando decisões suas anteriores – deu provimento a incidente de uniformização de interpretação de lei federal (via recursal, de duvidosa constitucionalidade[92], prevista no art. 14, § 4º, da Lei 10.259/01) para, cassando acórdão da Turma Nacional de Uniformização, declarar que

---

90. Considera-se trabalho permanente aquele que é exercido de forma não ocasional nem intermitente, no qual a exposição do segurado ao agente nocivo seja indissociável da produção do bem ou da prestação do serviço (art. 65 do Decreto 3.048/99).
91. A comprovação da efetiva exposição do segurado aos agentes nocivos será feita mediante formulário denominado perfil profissiográfico previdenciário – PPP, na forma estabelecida pelo INSS, emitido pela empresa ou seu preposto, com base em laudo técnico de condições ambientais do trabalho expedido por médico do trabalho ou engenheiro de segurança do trabalho (§ 2º do art. 68 do Decreto 3.048/99).
92. Neste sentido, vide o seguinte artigo de nossa autoria: PORTO, Rafael Vasconcelos. Aspectos Processuais do Juizado Especial Federal. *Revista de Direito Prática Previdenciária*, v. 6, p. 66-97, 2019.

o vigilante, ainda que sem o uso de arma de fogo, faz jus à concessão de aposentadoria especial[93] mesmo no período posterior ao advento do Decreto 2.172/1997[94].

Tal decisão, a par de algumas especificidades – tal como o uso ou não de arma de fogo – vem sedimentar o posicionamento do STJ no sentido de ser possível a concessão de aposentadoria especial por periculosidade no âmbito do RGPS[95]. Os fundamentos centrais da decisão podem ser resumidos da seguinte forma:

1) Os Decretos 2.172/1997 e 3.048/1999 não trazem agentes perigosos no rol de agentes nocivos, contudo o art. 57 da Lei 8.213/1991 assegura o direito à aposentadoria especial ao segurado que desenvolve sua atividade em condições que coloquem em risco a sua *saúde* ou a sua *integridade física*, nos termos dos arts. 201, § 1º e 202, II, da CRFB.

2) Assim, o fato de os decretos não mais contemplarem os agentes perigosos não significa que não seja mais possível o reconhecimento da especialidade da atividade, já que o ordenamento jurídico hierarquicamente superior traz a garantia de proteção à integridade física do trabalhador.

3) As normas regulamentadoras que estabelecem os casos de agentes e atividades nocivos à saúde são exemplificativas, podendo ser tido como distinto o labor que a técnica médica e a legislação correlata considerarem como prejudiciais ao obreiro, desde que o trabalho seja permanente, não ocasional, nem intermitente.

Segundo o art. 64 do Decreto 3.048/99, a aposentadoria especial só é devida ao segurado empregado, trabalhador avulso e contribuinte individual, este somente quando cooperado filiado a cooperativa de trabalho ou de produção, pois somente quanto a eles é exigida a contribuição prevista no inciso II do art. 22 da Lei 8.212/91, que, segundo o § 6º do art. 57 da Lei 8.213/91, financia o benefício em questão. Não obstante, a Súmula 62 da TNU diz que: "O segurado contribuinte individual pode obter reconhecimento de atividade especial para fins previdenciários, desde que consiga comprovar exposição a agentes nocivos à saúde ou à integridade física". No mesmo sentido, o STJ no REsp 1.436.794.

Em julgado recente (26.06.2019), decidiu o STJ que "o segurado que exerce atividades em condições especiais, quando em gozo de auxílio-doença, seja acidentário ou previdenciário, faz jus ao cômputo desse mesmo período como tempo de serviço especial" (REsp repetitivo 1.759.098)[96].

---

93. A questão, porém, está pendente de julgamento perante o STF, com repercussão geral reconhecida (tema 1209).
94. No EDcl no REsp 1.830.508, entendeu pela possibilidade do reconhecimento da especialidade da atividade de vigilante, mesmo após a EC 103/2019.
95. O primeiro agente perigoso em torno do qual o STJ pacificou entendimento foi a "eletricidade", em decisão proferida no bojo do REsp 1.306.113/SC, na sistemática dos recursos repetitivos.
96. O novo par. único do art. 65 do RPS, com redação dada pelo Decreto 10.410/20, parece caminhar em sentido contrário, se interpretado a *contrario sensu*: "Aplica-se o disposto no caput aos períodos de descanso determi-

O tempo especial poderia ser convertido em tempo comum[97]. No caso de haver períodos de atividade especial de natureza diversa, adota-se a que for preponderante e convertem-se os demais[98]. Nos termos da Súmula 55 da TNU: "A conversão do tempo de atividade especial em comum deve ocorrer com aplicação do fator multiplicativo em vigor na data da concessão da aposentadoria". Quanto à conversão de período trabalhado como professor, o INSS, administrativamente, admite quanto a períodos trabalhados até 1981. Daí em diante, reside forte controvérsia, mas o STF proferiu recente decisão, no regime de repercussão geral, reafirmando seu posicionamento anterior no sentido de não acolher o pleito dos professores (ARE 703.550).

A fixação da data de início do benefício (DIB) segue as mesmas regras já vistas para a extinta aposentadoria por tempo de contribuição. A Primeira Seção do STJ decidiu, em 26.08.2015, que: "Se, no momento do pedido administrativo de aposentadoria especial, o segurado já tiver preenchido os requisitos necessários à obtenção do referido benefício, ainda que não os tenha demonstrado perante o INSS, o termo inicial da aposentadoria especial concedida por meio de sentença será a data do aludido requerimento administrativo" (Pet 9.582).

A aposentadoria especial será cessada se o segurado retornar voluntariamente ao exercício de labor insalubre[99].

Há diversas controvérsias jurisprudenciais acerca dos diversos agentes nocivos e da forma de comprovação. Fazemos os seguintes destaques:

A) Segundo a Súmula 05 da Turma Recursal de Santa Catarina: "exige-se laudo técnico para comprovação da efetiva sujeição do segurado a agentes agressivos somente em relação à atividade prestada a partir de 06.03.1997 (Decreto 2.172/97), exceto quanto ao ruído, para o qual imprescindível aquela prova também no período anterior"[100].

---

 nados pela legislação trabalhista, inclusive ao período de férias, e aos de percepção de salário-maternidade, desde que, à data do afastamento, o segurado estivesse exposto aos fatores de risco de que trata o art. 68".
97. Um tema polêmico, ainda indefinido em jurisprudência, é se o fator previdenciário deve ou não incidir sobre o tempo especial convertido em comum (a legislação não faz ressalva expressa, pelo que o INSS não tem retirado a aplicação).
98. Nos termos do novo § 3º do art. 66 do RPS, incluído pelo Decreto 10.410/20, "a atividade preponderante será aquela pela qual o segurado tenha contribuído por mais tempo, antes da conversão, e servirá como parâmetro para definir o tempo mínimo necessário para a aposentadoria especial e para a conversão". A conversão de atividade especial de uma natureza em atividade especial de outra natureza não tinha, até o advento da EC 103/2019, maior relevância, visto que não haveria nenhuma diferença quanto à obtenção do benefício mesmo se fosse feita na via oposta (ou seja, da mais para a menos preponderante). Agora, contudo, com a existência do requisito da idade mínima variável conforme a natureza da atividade especial, o sentido da conversão assume relevância considerável.
99. O STF, no bojo do RExt 1.072.485, entendeu que tal regra não é incompatível com a Constituição. Já no REsp 1.764.559, entendeu o STJ que o termo inicial da aposentadoria especial será a data do requerimento administrativo mesmo que o segurado tenha continuado trabalhando após o pedido, não incidindo, até a concessão do benefício, a regra do art. 57, § 8º da Lei 8.213/91.
100. Tal Súmula foi cancelada, porém reflete o entendimento ainda predominante em jurisprudência.

B) Nos termos da Súmula 26 da TNU: "A atividade de vigilante enquadra-se como especial, equiparando-se à de guarda, elencada no item 2.5.7. do Anexo III do Decreto 53.831/64". O tema, porém, é polêmico, havendo decisões dissonantes dentro da própria TNU.

C) Conforme a Súmula 49 da TNU: "Para reconhecimento de condição especial de trabalho antes de 29.04.1995, a exposição a agentes nocivos à saúde ou à integridade física não precisa ocorrer de forma permanente".

D) De acordo com a Súmula 68 da TNU: "O laudo pericial não contemporâneo ao período trabalhado é apto à comprovação da atividade especial do segurado".

E) Súmula 09 da TNU: "O uso de Equipamento de Proteção Individual (EPI), ainda que elimine a insalubridade, no caso de exposição a ruído, não descaracteriza o tempo de serviço especial prestado". Em sentido semelhante, decidiu o STF, no regime de repercussão geral, no bojo do ARE 664.335, cuja ementa transcrevemos:

RE 664335 / SC – Santa Catarina
Recurso Extraordinário com Agravo
Relator(a): Min. Luiz Fux
Julgamento: 04.12.2014
Órgão Julgador: Tribunal Pleno

Recurso extraordinário com agravo. Direito constitucional previdenciário. Aposentadoria especial. Art. 201, § 1º, da Constituição Da República. Requisitos de caracterização. Tempo de serviço prestado sob condições nocivas. fornecimento de equipamento de proteção individual – EPI. Tema com repercussão geral reconhecida pelo plenário virtual. Efetiva exposição a agentes nocivos à saúde. neutralização da relação nociva entre o agente insalubre e o trabalhador. Comprovação no perfil profissiográfico previdenciário PPP ou similar. Não caracterização dos pressupostos hábeis à concessão de aposentadoria especial. Caso concreto. Agente nocivo ruído. Utilização de EPI. Eficácia. Redução da nocividade. Cenário atual. Impossibilidade de neutralização. Não descaracterização das condições prejudiciais. Benefício previdenciário devido. Agravo conhecido para negar provimento ao recurso extraordinário.

1. Conduz à admissibilidade do Recurso Extraordinário a densidade constitucional, no aresto recorrido, do direito fundamental à previdência social (art. 201, CRFB/88), com reflexos mediatos nos cânones constitucionais do direito à vida (art. 5º, *caput*, CRFB/88), à saúde (arts. 3º, 5º e 196, CRFB/88), à dignidade da pessoa humana (art. 1º, III, CRFB/88) e ao meio ambiente de trabalho equilibrado (arts. 193 e 225, CRFB/88).

2. A eliminação das atividades laborais nocivas deve ser a meta maior da Sociedade – Estado, empresariado, trabalhadores e representantes sindicais –, que devem voltar-se incessantemente para com a defesa da saúde dos trabalhadores, como enuncia a Constituição da República, ao erigir como pilares do Estado Democrático de Direito a dignidade humana (art. 1º, III, CRFB/88), a valorização social do trabalho, a preservação da vida e da saúde (art. 3º, 5º, e 196, CRFB/88), e o meio ambiente de trabalho equilibrado (art. 193, e 225, CRFB/88).

3. A aposentadoria especial prevista no artigo 201, § 1º, da Constituição da República, significa que poderão ser adotados, para concessão de aposentadorias aos beneficiários do regime geral de previdência social, requisitos e critérios diferenciados nos "casos de atividades exercidas sob condições especiais que prejudiquem a saúde ou a integridade física, e quando se tratar de segurados portadores de deficiência, nos termos definidos em lei complementar".

4. A aposentadoria especial possui nítido caráter preventivo e impõe-se para aqueles trabalhadores que laboram expostos a agentes prejudiciais à saúde e a fortiori possuem um desgaste naturalmente maior, por que não se lhes pode exigir o cumprimento do mesmo tempo de contribuição que aqueles empregados que não se encontram expostos a nenhum agente nocivo.

5. A norma inscrita no art. 195, § 5º, CRFB/88, veda a criação, majoração ou extensão de benefício sem a correspondente fonte de custeio, disposição dirigida ao legislador ordinário, sendo inexigível quando se tratar de benefício criado diretamente pela Constituição. Deveras, o direito à aposentadoria especial foi outorgado aos seus destinatários por norma constitucional (em sua origem o art. 202, e atualmente o art. 201, § 1º, CRFB/88). Precedentes: RE 151.106 AgR/SP, Rel. Min. Celso de Mello, julgamento em 28.09.1993, Primeira Turma, DJ de 26.11.93; RE 220.742, Rel. Min. Néri da Silveira, julgamento em 03.03.98, Segunda Turma, DJ de 04.09.1998.

6. Existência de fonte de custeio para o direito à aposentadoria especial antes, através dos instrumentos tradicionais de financiamento da previdência social mencionados no art. 195, da CRFB/88, e depois da Medida Provisória 1.729/98, posteriormente convertida na Lei 9.732, de 11 de dezembro de 1998. Legislação que, ao reformular o seu modelo de financiamento, inseriu os §§ 6º e 7º no art. 57 da Lei 8.213/91, e estabeleceu que este benefício será financiado com recursos provenientes da contribuição de que trata o inciso II do art. 22 da Lei 8.212/91, cujas alíquotas serão acrescidas de doze, nove ou seis pontos percentuais, conforme a atividade exercida pelo segurado a serviço da empresa permita a concessão de aposentadoria especial após quinze, vinte ou vinte e cinco anos de contribuição, respectivamente.

7. Por outro lado, o art. 10 da Lei 10.666/2003, ao criar o Fator Acidentário de Prevenção-FAP, concedeu redução de até 50% do valor desta contribuição em favor das empresas que disponibilizem aos seus empregados equipamentos de proteção declarados eficazes nos formulários previstos na legislação, o qual funciona como incentivo para que as empresas continuem a cumprir a sua função social, proporcionando um ambiente de trabalho hígido a seus trabalhadores.

8. O risco social aplicável ao benefício previdenciário da aposentadoria especial é o exercício de atividade em condições prejudiciais à saúde ou à integridade física (CRFB/88, art. 201, § 1º), de forma que torna indispensável que o indivíduo trabalhe exposto a uma nocividade notadamente capaz de ensejar o referido dano, porquanto a tutela legal considera a exposição do segurado pelo risco presumido presente na relação entre agente nocivo e o trabalhador.

9. A interpretação do instituto da aposentadoria especial mais consentânea com o texto constitucional é aquela que conduz a uma proteção efetiva do trabalhador, considerando o benefício da aposentadoria especial excepcional, destinado ao segurado que efetivamente exerceu suas atividades laborativas em "condições especiais que prejudiquem a saúde ou a integridade física".

10. Consectariamente, a primeira tese objetiva que se firma é: o direito à aposentadoria especial pressupõe a efetiva exposição do trabalhador a agente nocivo à sua saúde, de modo que, se o EPI for realmente capaz de neutralizar a nocividade não haverá respaldo constitucional à aposentadoria especial.

11. A Administração poderá, no exercício da fiscalização, aferir as informações prestadas pela empresa, sem prejuízo do inafastável judicial review. Em caso de divergência ou dúvida sobre a real eficácia do Equipamento de Proteção Individual, a premissa a nortear a Administração e o Judiciário é pelo reconhecimento do direito ao benefício da aposentadoria especial. Isto porque o uso de EPI, no caso concreto, pode não se afigurar suficiente para descaracterizar completamente a relação nociva a que o empregado se submete.

12. In casu, tratando-se especificamente do agente nocivo ruído, desde que em limites acima do limite legal, constata-se que, apesar do uso de Equipamento de Proteção Individual (protetor auricular) reduzir a agressividade do ruído a um nível tolerável, até no mesmo patamar da normalidade, a potência do som em tais ambientes causa danos ao organismo que vão muito além daqueles relacionados à perda das funções auditivas. O benefício previsto neste artigo será financiado com os recursos provenientes da contribuição de que trata o inciso II do art. 22 da Lei 8.212, de 24 de julho de 1991, cujas alíquotas serão acrescidas de doze, nove ou seis pontos percentuais, conforme a atividade exercida pelo segurado a serviço da empresa permita a concessão de aposentadoria especial após quinze, vinte ou vinte e cinco

anos de contribuição, respectivamente. O benefício previsto neste artigo será financiado com os recursos provenientes da contribuição de que trata o inciso II do art. 22 da Lei 8.212, de 24 de julho de 1991, cujas alíquotas serão acrescidas de doze, nove ou seis pontos percentuais, conforme a atividade exercida pelo segurado a serviço da empresa permita a concessão de aposentadoria especial após quinze, vinte ou vinte e cinco anos de contribuição, respectivamente.

13. Ainda que se pudesse aceitar que o problema causado pela exposição ao ruído relacionasse apenas à perda das funções auditivas, o que indubitavelmente não é o caso, é certo que não se pode garantir uma eficácia real na eliminação dos efeitos do agente nocivo ruído com a simples utilização de EPI, pois são inúmeros os fatores que influenciam na sua efetividade, dentro dos quais muitos são impassíveis de um controle efetivo, tanto pelas empresas, quanto pelos trabalhadores.

14. Desse modo, a segunda tese fixada neste Recurso Extraordinário é a seguinte: na hipótese de exposição do trabalhador a ruído acima dos limites legais de tolerância, a declaração do empregador, no âmbito do Perfil Profissiográfico Previdenciário (PPP), no sentido da eficácia do Equipamento de Proteção Individual – EPI, não descaracteriza o tempo de serviço especial para aposentadoria.

15. Agravo conhecido para negar provimento ao Recurso Extraordinário.

F) A redação original da Súmula 32 da TNU era a seguinte: "O tempo de trabalho laborado com exposição a ruído é considerado especial, para fins de conversão em comum, nos seguintes níveis: superior a 80 decibéis, na vigência do Dec. 53.831/64 (1.1.6); superior a 90 decibéis, a partir de 05.03.97, na vigência do Dec. 2.172/97; superior a 85 decibéis, a partir da edição do Dec. 4.882, de 18.11.2003". A redação foi modificada, mas o STJ proferiu decisão em desacordo com o novo teor, pelo que a Súmula, com a nova redação, foi posteriormente cancelada. O entendimento predominante em jurisprudência, assim, segue sendo o previsto na redação original da Súmula 32 da TNU.

G) Segundo a Súmula 70 da TNU: A atividade de tratorista pode ser equiparada à de motorista de caminhão para fins de reconhecimento de atividade especial mediante enquadramento por categoria profissional.

H) Nos termos da Súmula 71 da TNU: "O mero contato do pedreiro com o cimento não caracteriza condição especial de trabalho para fins previdenciários".

I) Conforme a Súmula 82 da TNU: "O código 1.3.2 do quadro anexo ao Decreto 53.831/64, além dos profissionais da área da saúde, contempla os trabalhadores que exercem atividades de serviços gerais em limpeza e higienização de ambientes hospitalares".

J) "A percepção de adicional de insalubridade pelo segurado, por si só, não lhe confere o direito de ter o respectivo período reconhecido como especial, porquanto os requisitos para a percepção do direito trabalhista são distintos dos requisitos para o reconhecimento da especialidade do trabalho no âmbito da previdência social" (STJ no AgInt nos EDcl no AgInt no AREsp 1.865.832).

2.7.2 Aposentadoria especial pós-EC 103/2019

A previsão constitucional passa a ser a seguinte: "É vedada a adoção de requisitos ou critérios diferenciados para concessão de benefícios, ressalvada, nos termos de lei complementar, a possibilidade de previsão de idade e tempo de contribuição distintos da regra geral para concessão de aposentadoria exclusivamente em favor dos segurados: I – com deficiência, previamente submetidos a avaliação biopsicossocial realizada por equipe multiprofissional e interdisciplinar; II – cujas atividades sejam exercidas com efetiva exposição a agentes químicos, físicos e biológicos prejudiciais à saúde, ou associação desses agentes, vedada a caracterização por categoria profissional ou ocupação" (novo § 1º do art. 201 da CRFB).

A aposentadoria da pessoa com deficiência será analisada no próximo tópico. Sobre a aposentadoria especial "ordinária", convém ressaltar que a redação original da PEC que resultou na EC 103/2019 dispunha expressamente o seu não cabimento no caso de agentes perigosos, o que possivelmente teria o condão de superar a jurisprudência do STJ quanto ao ponto[101]. Já na fase final de tramitação, a vedação foi excluída. Assim, em homenagem a uma interpretação genética, parece ser possível concluir que, pelo menos desde o advento da EC 103/2019, é cabível a aposentadoria especial por periculosidade no RGPS.

Além disto, a principal novidade trazida pela EC 103/2019 é a previsão de idade mínima para a aposentadoria especial (com efeito, fala-se agora em "possibilidade de previsão de idade e tempo de contribuição distintos da regra geral"), o que antes não existia (não estava expresso na CRFB e não era exigida pela legislação infraconstitucional).

Até que a lei complementar venha regular a aposentadoria especial, a EC 103/2019 trouxe algumas disposições provisórias. Assim, no seu art. 19, § 1º, I, estabeleceu que até que lei complementar disponha sobre a redução de idade mínima ou tempo de contribuição, será concedida aposentadoria aos segurados que comprovem o exercício de atividades com efetiva exposição a agentes químicos, físicos e biológicos prejudiciais à saúde, ou associação desses agentes, vedada a caracterização por categoria profissional ou ocupação, durante, no mínimo, 15 (quinze), 20 (vinte) ou 25 (vinte e cinco) anos, nos termos do disposto nos arts. 57 e 58 da Lei 8.213/91, quando cumpridos: a) 55 (cinquenta e cinco) anos de idade, quando se tratar de atividade especial de 15 (quinze) anos de contribuição; b) 58 (cinquenta e oito) anos de idade, quando se tratar de atividade especial de 20 (vinte) anos de contribuição; ou c) 60 (sessenta) anos de idade, quando se tratar de atividade especial de 25 (vinte e cinco) anos de contribuição.

Consignou, ademais, a seguinte regra de transição:

> Art. 21. O segurado (...) que se tenha filiado ao Regime Geral de Previdência Social (...) até a data de entrada em vigor desta Emenda Constitucional cujas atividades tenham sido exercidas com efetiva exposição a agentes químicos, físicos e biológicos prejudiciais à saúde, ou associação desses agentes, vedada a caracterização por categoria profissional ou ocupação (...), na forma dos arts. 57 e 58 da Lei 8.213, de 24 de julho de 1991, poderão aposentar-se quando o total da soma resultante da sua idade e do tempo de contribuição e o tempo de efetiva exposição forem, respectivamente, de:

---

101. Cabe ressaltar que nunca concordamos com o posicionamento do STJ. Neste sentido, publicamos, em coautoria, o seguinte artigo: BALDINI, Alessandra Gomes Faria; PORTO, Rafael Vasconcelos. A aposentadoria especial por periculosidade no RGPS: uma questão de inconstitucionalidade. *Revista Juris Plenum Previdenciária*, v. 27, ago./out. 2019, p. 43-54.

I – 66 (sessenta e seis) pontos e 15 (quinze) anos de efetiva exposição;

II – 76 (setenta e seis) pontos e 20 (vinte) anos de efetiva exposição; e

III – 86 (oitenta e seis) pontos e 25 (vinte e cinco) anos de efetiva exposição.

§ 1º A idade e o tempo de contribuição serão apurados em dias para o cálculo do somatório de pontos a que se refere o caput.

§ 2º O valor da aposentadoria de que trata este artigo será apurado na forma da lei.

Convém ressaltar que para a totalização da pontuação mínima exigida na regra de transição supra, todos os períodos de contribuição podem ser levados em conta, não apenas os de atividade especial.

Até que a lei discipline o cálculo, estabelece o art. 26, §§ 2º, IV, e 5º, da EC 103/2019 que a renda mensal inicial será de 60% do salário de benefício, com acréscimo de dois pontos percentuais para cada ano de contribuição que exceder o tempo de vinte anos de contribuição (ou, no caso de aposentadoria que exija apenas quinze anos de tempo de contribuição, o acréscimo passa a incidir sobre o que a isto sobejar), inclusive no caso da regra transitória acima transcrita.

Ademais, nos termos do § 2º do art. 25 da EC 103/2019, será reconhecida a conversão de tempo especial em comum cumprido até sua entrada em vigor, sendo vedada a conversão para o tempo cumprido após tal data.

2.7.3 Aposentadoria da pessoa com deficiência

Na redação anterior à EC 103/2019, dispunha a CRFB que "é vedada a adoção de requisitos e critérios diferenciados para a concessão de aposentadoria aos beneficiários do regime geral de previdência social, ressalvados os casos de atividades exercidas sob condições especiais que prejudiquem a saúde ou a integridade física e quando se tratar de *segurados portadores de deficiência*, nos termos definidos em lei complementar" (antigo § 1º do art. 201, grifamos).

Agora, dispõe que "é vedada a adoção de requisitos ou critérios diferenciados para concessão de benefícios, ressalvada, nos termos de lei complementar, a possibilidade de previsão de idade e tempo de contribuição distintos da regra geral para concessão de aposentadoria exclusivamente em favor dos segurados: I – com deficiência, previamente submetidos a avaliação biopsicossocial realizada por equipe multiprofissional e interdisciplinar (...)" (novo § 1º do art. 201 da CRFB).

As mudanças observáveis são duas: em primeiro lugar, passou-se a exigir expressamente idade mínima; em segundo lugar, passou a mencionar "avaliação biopsicossocial realizada por equipe multiprofissional e interdisciplinar" prévia.

A Lei Complementar 142/2013 regulou o benefício, nos termos da redação constitucional anterior. Em disposição provisória, estabelece o art. 22 da EC 103/2019 que "Até que lei discipline (...) o inciso I do § 1º do art. 201 da Constituição Federal, a aposentadoria da pessoa com deficiência segurada do Regime Geral de Previdência Social

(...) será concedida na forma da Lei Complementar 142, de 8 de maio de 2013, inclusive quanto aos critérios de cálculo dos benefícios".

Podemos então, por enquanto, seguir estudando a LC 142/2013. Vamos a isso.

O conceito de "deficiência" trazido pela LC 142/2013 é assemelhado ao previsto na Lei Orgânica da Assistência Social, já estudado.

A LC 142/2013 prevê uma aposentadoria por idade (60 anos, se homem, e 55, se mulher), desde que haja 15 anos de contribuição. Prevê, ainda, uma aposentadoria por tempo de contribuição, que depende do grau de deficiência: se grave, 25 anos para o homem, 20 para a mulher; se moderado, 29 homem, 24 mulher; se leve, 33 homem, 28 mulher.

A renda mensal inicial (RMI) será de 100% do salário de benefício, na aposentadoria por tempo de contribuição, e de 70% mais 1% a cada grupo de 12 contribuições, na aposentadoria por idade. A aplicação do fator previdenciário é facultativa.

É assegurada a contagem recíproca, para averbação em Regime Próprio. É possível reconhecer o surgimento da deficiência em data anterior à entrada em vigor da lei (mas os efeitos financeiros não podem retroagir). Segundo a LC 142/2013, a redução pela deficiência não pode ser acumulada, em relação ao mesmo período, com a redução por exercício de atividade especial.

O período em atividade especial pode ser convertido para a aposentadoria da pessoa com deficiência (mas não para a carência de 15 anos de contribuição da aposentadoria por idade), mas a recíproca não é verdadeira; é possível a conversão de tempo comum em especial da pessoa com deficiência; é também possível converter tempo especial da pessoa com deficiência com determinado grau em outro com grau diverso.

2.8 Salário-maternidade

Trata-se de benefício devido à segurada, que tem como alvo de cobertura o risco "maternidade". Tal risco tem duas dimensões: por um lado, mira a parturiente (e potencial lactante), especialmente nas primeiras semanas pós-parto, a possibilitar a recuperação gradativa de suas forças (um período dito, popularmente, de "resguardo"[102]); por outro lado, tem como enfoque o recém-nascido (e potencial lactante), é dizer, o cuidado com a reprodução da espécie em condições satisfatórias[103].

---

102. O entendimento prevalecente na doutrina é de que há, no salário-maternidade, um período inicial com o caráter próprio de "licença", a permitir a convalescença de quem deu à luz. Por tal razão, em países como a Espanha e o México, por exemplo, há um período inicial (em geral, de seis semanas) que é exclusivo da mãe, não podendo ser transferido para o pai (o que daí sobeja poderia ser transferido, nos países que admitem tal transferência). Trata-se, enfim, de um período obrigatório de descanso. Há, sobre o assunto, um interessante julgado do Tribunal de Justiça da União Europeia: caso Betriu Montull, processo C-5/12.
103. Como aduz João Antônio G. Pereira Leite, "O homem é débil e nasce mais frágil e inerme do que a maioria dos seres vivos. Por isso mesmo se agrupa e associa ineslutavelmente. Solitário, ilhado, sem vínculos com seus semelhantes, não sobrevive. Nem por outro motivo o homem isolado é figura clássica de ficção, atraente porque desprotegido e em busca de outros homens que lhe estendam a mão. (*Curso Elementar de Direito Previdenciário*. São Paulo: LTr, 1977, p. 14).

Em suma, quanto à mãe, naquelas primeiras semanas, a contingência determinante é mesmo a incapacidade física [presumida] para o trabalho; já no período complementar, a contingência é especialmente a proteção da espécie humana em idade tenra, possibilitando a destinação de um dos genitores (no Brasil, exclusivamente a mãe, no caso de filho natural) ao cuidado do bebê, a fim de permitir um desenvolvimento inicial seguro.

O salário-maternidade terá duração de 120 dias, com início no período entre 28 (vinte e oito) dias antes do parto e a data de ocorrência deste. No ponto, é importante transcrever relevantíssima decisão do STF prolatada na ADI 6327[104]:

> Ementa: constitucional. Direitos sociais. Ação direta de inconstitucionalidade convertida em arguição de descumprimento de preceito fundamental. Possibilidade. Contagem de termo inicial de licença-maternidade e de salário-maternidade a partir da alta hospitalar do recém-nascido ou da mãe, o que ocorrer por último. Interpretação conforme à constituição do § 1º do art. 392, da CLT, e do art. 71 da Lei 8.213/1991. Necessária proteção constitucional à maternidade e à infância. Ação julgada procedente.
>
> 1. Cumpridos os requisitos da Lei 9.882/99, a jurisprudência do Supremo Tribunal Federal (STF) entende possível a fungibilidade entre ADI e ADPF.
>
> 2. A fim de que seja protegida a maternidade e a infância e ampliada a convivência entre mães e bebês, em caso de internação hospitalar que supere o prazo de duas semanas, previsto no art. 392, § 2º, da CLT, e no art. 93, § 3º, do Decreto 3.048/99, o termo inicial aplicável à fruição da licença-maternidade e do respectivo salário-maternidade deve ser o da alta hospitalar da mãe ou do recém-nascido, o que ocorrer por último, prorrogando-se ambos os benefícios por igual período ao da internação.
>
> 3. O direito da criança à convivência familiar deve ser colocado a salvo de toda a forma de negligência e omissão estatal, consoante preconizam os arts. 6º, caput, 201, II, 203, I, e 227, caput, da Constituição da República, impondo-se a interpretação conforme à Constituição do § 1º do art. 392 da Consolidação das Leis do Trabalho (CLT) e do art. 71 da Lei 8.213/1991
>
> 4. Não se verifica critério racional e constitucional para que o período de licença à gestante e salário-maternidade sejam encurtados durante a fase em que a mãe ou o bebê estão alijados do convívio da família, em ambiente hospitalar, nas hipóteses de nascimentos com prematuridade e complicações de saúde após o parto.
>
> 5. A jurisprudência do STF tem se posicionado no sentido de que a ausência de previsão de fonte de custeio não é óbice para extensão do prazo de licença-maternidade, conforme precedente do RE 778889, Relator(a): Min. Roberto Barroso, Tribunal Pleno, julgado em 10.03.2016. A prorrogação de benefício existente, em decorrência de interpretação constitucional do seu alcance, não vulnera a norma do art. 195, § 5º, da Constituição Federal.
>
> 6. Arguição julgada procedente para conferir interpretação conforme à Constituição ao artigo 392, § 1º, da CLT, assim como ao artigo 71 da Lei 8.213/91 e, por arrastamento, ao artigo 93 do seu Regulamento (Decreto 3.048/99), de modo a se considerar como termo inicial da licença-maternidade e do respectivo salário-maternidade a alta hospitalar do recém-nascido e/ou de sua mãe, o que ocorrer por último, prorrogando-se em todo o período os benefícios, quando o período de internação exceder as duas semanas previstas no art. 392, § 2º, da CLT, e no art. 93, § 3º, do Decreto 3.048/99.

A Lei 11.770/2008 passou a permitir que a empresa estenda a duração do benefício à sua [segurada-]empregada para 180 dias (nesse caso, receberá incentivos fiscais). Se a segurada falecer antes de cessar o benefício, o tempo restante passa ao consorte

---

104. O ponto foi cobrado em prova discursiva da segunda fase (P4) do concurso público para Advogado da União de 2022.

(em tal caso, o benefício é pago diretamente pelo INSS) – desde que tenha ele também qualidade de segurado –, salvo morte ou abandono do bebê ou se o novo beneficiário não se afastar do trabalho[105]. Em caso de aborto não criminoso, a segurada terá direito a salário-maternidade de duas semanas.

Para as seguradas empregada e trabalhadora avulsa, a renda mensal inicial (RMI) é equivalente ao salário que percebia (pode, inclusive, superar o teto do INSS, mas não o teto do funcionalismo público[106]), sendo que, para a empregada, é pago diretamente pelo empregador (salvo se microempreendedor individual, quando é pago pelo INSS[107]). Para a empregada doméstica, é igual ao último salário de contribuição. Para a segurada especial que contribui facultativamente, será correspondente a 1/12 do valor sobre o qual incidiu sua última contribuição anual. Para as demais seguradas (inclusive a (des) empregada em período de graça, nos termos do art. 101, III, do RPS), consistirá em 1/12 da soma dos doze últimos salários de contribuição, apurados em um período não superior a quinze meses.

O(a) segurado(a) que adotar ou obtiver guarda judicial para fins de adoção de criança também faz jus ao salário-maternidade pelo período de 120 dias, desde que se afaste do trabalho[108]. Neste caso, o benefício é pago diretamente pelo INSS. Pelo mesmo processo de adoção, não poderão duas pessoas receber o salário-maternidade, nem mesmo por regimes diversos.

Segundo o art. 103 do RPS, a segurada aposentada que volta a trabalhar faz jus ao salário-maternidade. Não obstante, o art. 173 do mesmo diploma dispõe que "o segurado em gozo de aposentadoria, que voltar a exercer atividade abrangida pelo

---

105. Segundo o art. 93-B do RPS (incluído pelo Decreto 10.410/20), o pagamento "deverá ser requerido até o último dia do prazo previsto para o término do salário-maternidade originário" (§ 1º), do contrário "serão indeferidos" (§ 2º). A RMI do benefício será novamente calculada, com base nos dados remuneratórios do novo beneficiário (§ 3º). Essa "transferência" do benefício é aplicável também no caso de salário-maternidade decorrente de adoção ou guarda judicial para fins de adoção (§ 4º).
106. Neste sentido, dispõe o art. 248 da CRFB: "Os benefícios pagos, a qualquer título, pelo órgão responsável pelo regime geral de previdência social, ainda que à conta do Tesouro Nacional, e os não sujeitos ao limite máximo de valor fixado para os benefícios concedidos por esse regime observarão os limites fixados no art. 37, XI".
107. Segundo dispõe o novo art. 100-B do RPS, incluído pelo Decreto 10.410/20, o salário-maternidade devido à empregada intermitente será pago diretamente pela previdência social e o valor da contribuição previdenciária será deduzido da renda mensal do benefício, a qual será apurada segundo a média aritmética simples das remunerações apuradas no período referente aos doze meses que antecederem o parto, a adoção ou a obtenção da guarda para fins de adoção. A contribuição previdenciária a cargo da empresa terá como base de cálculo a soma das remunerações pagas no período de doze meses anteriores à data de início do salário-maternidade, dividida pelo número de meses em que houve remuneração. Do mesmo modo, nos termos do novo art. 100-B daquele mesmo diploma (incluído na mesma ocasião), o salário-maternidade devido à empregada com jornada parcial *cujo salário de contribuição seja inferior ao seu limite mínimo mensal* será pago diretamente pelo INSS, no valor de um salário-mínimo (e o valor da contribuição previdenciária deverá ser deduzido da renda mensal do benefício). Sendo, contudo, superior, será pago pela(s) empresa(s). Cabe à empresa recolher a contribuição previdenciária a seu cargo durante a percepção do salário-maternidade pela segurada a seu serviço, mesmo na hipótese de o benefício ser pago pela previdência social.
108. Nos termos do art. 93-A do RPS, com redação dada pelo Decreto 10.410/20, a concessão é limitada à adoção de criança de até doze anos de idade. Tal limitação não existe na lei.

RGPS, somente terá direito ao salário-família, ao salário-maternidade e à reabilitação profissional, quando empregado ou trabalhador avulso (...)"[109].

2.9 Salário-família

O benefício não cobre propriamente um risco social, senão atende a uma situação de necessidade econômica [presumida], funcionando mesmo como um auxílio ao segurado de baixa renda que possui prole.

O benefício é pago mensalmente ao segurado empregado, inclusive o doméstico, e trabalhador avulso de baixa renda (o critério é o mesmo do adotado no auxílio-reclusão, já dantes estudado), estejam em atividade ou em gozo de auxílio-doença, aposentadoria por invalidez ou por idade ou, se contar mais de 65 anos de idade, se homem, ou 60, se mulher, de qualquer outra aposentadoria. Segundo o Decreto 3.048/99, o benefício é pago também ao trabalhador rural aposentado por idade aos 60 anos, se homem, ou 55 anos, se mulher.

É paga uma cota a cada filho ou equiparado de qualquer condição, até 14 anos de idade ou inválido de qualquer idade[110]. O pagamento é condicionado à apresentação anual de atestado de vacinação obrigatória, até os 06 anos de idade, e de comprovação semestral de frequência à escola do filho ou equiparado, a partir de 04[111] anos de idade. O doméstico deve apresentar apenas a certidão de nascimento.

As cotas do salário-família serão pagas pela empresa ou pelo empregador doméstico, mensalmente, junto com o salário, efetivando-se a compensação quando do recolhimento das contribuições. O salário-família devido ao trabalhador avulso poderá ser recebido pelo sindicato de classe respectivo, que se incumbirá de elaborar as folhas correspondentes e de distribuí-lo.

Nos termos do art. 27 da EC 103/2019, até que lei discipline o valor do salário-família, este será de R$ 46,54 (quarenta e seis reais e cinquenta e quatro centavos), valor reajustado periodicamente pelo INPC. A cota do salário-família não será incorporada, para qualquer efeito, ao salário ou ao benefício.

Nos termos do § 3º do art. 82 do RPS, quando o pai e a mãe preencherem os requisitos para a concessão do benefício, ambos terão direito a recebê-lo.

---

109. Dispõe o § 2º do art. 18 da Lei 8.213/91 que "O aposentado pelo Regime Geral de Previdência Social–RGPS que permanecer em atividade sujeita a este Regime, ou a ele retornar, não fará jus a prestação alguma da Previdência Social em decorrência do exercício dessa atividade, exceto ao salário-família e à reabilitação profissional, quando empregado".
110. Nos termos do novo art. 81 do RPS, com redação dada pelo Decreto 10.410/20, "o salário-família é devido, mensalmente, ao segurado empregado, inclusive o doméstico, e ao trabalhador avulso com salário de contribuição inferior ou igual a R$ 1.425,56 (mil quatrocentos e vinte e cinco reais e cinquenta e seis centavos), na proporção do respectivo número de filhos *ou de enteados e de menores tutelados, desde que comprovada a dependência econômica dos dois últimos* nos termos do disposto no art. 16, observado o disposto no art. 83." (grifamos).
111. Alteração processada pelo Decreto 10.410/2020 no art. 84 do RPS.

2.10 Cumulação de benefícios

A acumulação de benefícios previdenciários é um dos temas mais sensíveis no que tange à sustentabilidade financeira do sistema, assunto tão em voga no momento. Neste sentido, a EC 103/2019 introduziu no corpo da CRFB o seguinte dispositivo: "lei complementar estabelecerá vedações, regras e condições para a acumulação de benefícios previdenciários" (§ 15 do art. 201).

Em termos de disposições provisórias, previu a EC 103/2019, em seu art. 24, o seguinte:

> Art. 24. É vedada a acumulação de mais de uma pensão por morte deixada por cônjuge ou companheiro, no âmbito do mesmo regime de previdência social, ressalvadas as pensões do mesmo instituidor decorrentes do exercício de cargos acumuláveis na forma do art. 37 da Constituição Federal.
>
> § 1º Será admitida, nos termos do § 2º, a acumulação de:
>
> I – pensão por morte deixada por cônjuge ou companheiro de um regime de previdência social com pensão por morte concedida por outro regime de previdência social ou com pensões decorrentes das atividades militares de que tratam os arts. 42 e 142 da Constituição Federal;
>
> II – pensão por morte deixada por cônjuge ou companheiro de um regime de previdência social com aposentadoria concedida no âmbito do Regime Geral de Previdência Social ou de regime próprio de previdência social ou com proventos de inatividade decorrentes das atividades militares de que tratam os arts. 42 e 142 da Constituição Federal; ou
>
> III – pensões decorrentes das atividades militares de que tratam os arts. 42 e 142 da Constituição Federal com aposentadoria concedida no âmbito do Regime Geral de Previdência Social ou de regime próprio de previdência social.
>
> § 2º Nas hipóteses das acumulações previstas no § 1º, é assegurada a percepção do valor integral do benefício mais vantajoso e de uma parte de cada um dos demais benefícios, apurada cumulativamente de acordo com as seguintes faixas:
>
> I – 60% (sessenta por cento) do valor que exceder 1 (um) salário-mínimo, até o limite de 2 (dois) salários-mínimos;
>
> II – 40% (quarenta por cento) do valor que exceder 2 (dois) salários-mínimos, até o limite de 3 (três) salários-mínimos;
>
> III – 20% (vinte por cento) do valor que exceder 3 (três) salários-mínimos, até o limite de 4 (quatro) salários-mínimos; e
>
> IV – 10% (dez por cento) do valor que exceder 4 (quatro) salários-mínimos.
>
> § 3º A aplicação do disposto no § 2º poderá ser revista a qualquer tempo, a pedido do interessado, em razão de alteração de algum dos benefícios.
>
> § 4º As restrições previstas neste artigo não serão aplicadas se o direito aos benefícios houver sido adquirido antes da data de entrada em vigor desta Emenda Constitucional.
>
> § 5º As regras sobre acumulação previstas neste artigo e na legislação vigente na data de entrada em vigor desta Emenda Constitucional poderão ser alteradas na forma do § 6º do art. 40 e do § 15 do art. 201 da Constituição Federal[112].

---

112. Machado da Rocha salienta que "A regra de redução do pagamento de benefícios acumulados, considerando que não se interpreta regra excepcional de forma extensiva, não pode ser aplicada para a soma de rendimentos decorrentes de outros benefícios não previstos no § 1º do art. 24. Assim, por exemplo, no caso de acumulação de aposentadorias decorrentes de cargos constitucionalmente acumuláveis, ou de uma aposentadoria de regime

Convém observar que, segundo o disposto no § 5º, acima transcrito, a lei complementar referida no § 15 do art. 201 da CRFB (também transcrito acima) poderá estabelecer regramento diverso, donde se pode concluir que as disposições trazidas pela EC 103/2019, acima expostas, são provisórias.

Observemos agora o regramento que [já] consta[va] na legislação ordinária. Em primeiro lugar, temos o art. 124 da Lei 8.213/91, que veda, salvo direito adquirido, as seguintes acumulações: 1) aposentadoria e auxílio-doença; 2) mais de uma aposentadoria; 3) aposentadoria e abono de permanência em serviço; 4) salário-maternidade e auxílio-doença; 5) mais de um auxílio-acidente; 6) mais de uma pensão deixada por cônjuge ou companheiro, ressalvado o direito de opção pela mais vantajosa; 7) seguro-desemprego com qualquer benefício de prestação continuada da Previdência Social, exceto pensão por morte ou auxílio-acidente.

A disposição provisória da EC 103/2019, acima transcrita, repete a vedação constante no art. 124 da Lei 8.213/91 quanto à acumulação de mais de uma pensão por morte deixada por consorte no âmbito do RGPS, e, ademais, regula, estabelecendo limitações, a acumulação de tais pensões quando originárias de regimes diversos. Não há, portanto, conflito entre as normas.

Temos, ademais, o § 2º do art. 86 da Lei 8.213/91, que veda a acumulação de auxílio-acidente com qualquer aposentadoria, sendo que, contudo, a jurisprudência preserva situações de direito adquirido, como já mencionamos anteriormente.

Temos, por fim, o art. 80 da Lei 8.213/91, que veda a acumulação de auxílio-reclusão, percebido pelos dependentes, com a percepção, pelo instituidor, de remuneração da empresa, auxílio-doença, pensão por morte, salário-maternidade, aposentadoria ou abono de permanência em serviço.

Decidiu recentemente o STJ que "não é cabível a percepção simultânea de benefício previdenciário e da pensão vitalícia dos seringueiros (soldados da borracha)" (REsp 1.755.140).

---

próprio com outra decorrente de filiação do regime geral, estão fora do âmbito de incidência do § 2º do art. 24 da EC 103/2019" (op. cit., 2020, p. 36). Nos termos do novo § 3º do art. 167-A do RPS, incluído pelo Decreto 10.410/20, "na hipótese de recebimento de pensão desdobrada, para fins de aplicação do disposto no § 1º, em relação a esse benefício, será considerado o valor correspondente ao somatório da cota individual e da parcela da cota familiar, devido ao pensionista, que será revisto em razão do fim do desdobramento ou da alteração do número de dependentes".

Capítulo III
SERVIÇOS EM ESPÉCIE

1. INTROITO

Temos duas modalidades de prestações no RGPS: benefícios e serviços. A cobrança em concursos públicos quanto ao presente tópico é muito rarefeita, razão pela qual nos limitaremos a brevíssimas pinceladas.

A Lei 8.213/91 prevê, em seu art. 18, III, duas espécies de serviços, que podem ser prestados tanto a segurados quanto a seus dependentes: o serviço social e a reabilitação profissional.

2. SERVIÇO SOCIAL

Nos termos do art. 88 da Lei 8.213/91, compete ao serviço social esclarecer junto aos beneficiários seus direitos sociais e os meios de exercê-los e estabelecer conjuntamente com eles o processo de solução dos problemas que emergirem da sua relação com a previdência social, tanto no âmbito interno da instituição como na dinâmica da sociedade. Será dada prioridade aos segurados em benefício por incapacidade temporária e atenção especial aos aposentados e pensionistas. Para assegurar o efetivo atendimento dos usuários serão utilizadas intervenção técnica, assistência de natureza jurídica, ajuda material, recursos sociais, intercâmbio com empresas e pesquisa social, inclusive mediante celebração de convênios, acordos ou contratos.

O serviço social terá como diretriz a participação do beneficiário na implementação e no fortalecimento da política previdenciária, em articulação com as associações e entidades de classe. Considerando a universalização da previdência social, o serviço social prestará assessoramento técnico aos Estados e Municípios na elaboração e implantação de suas propostas de trabalho.

Trata-se de prestação que dispensa carência (art. 26, IV, da Lei 8.213/91).

3. REABILITAÇÃO PROFISSIONAL

O art. 18 da Lei 8.213/91, que estabelece o rol de prestações, menciona apenas a reabilitação profissional (como devida a segurados e dependentes). Do mesmo modo, o art. 26, que trata da dispensa de carência. Não obstante, o art. 89 já fala em habilitação e reabilitação.

Cabe mencionar que a Lei 8.742/93 (LOAS) prevê o direito à habilitação e reabilitação, mas nada mais dispõe a respeito. A Lei 8.213/91, por sua vez, prevê a habilitação e a reabilitação profissional como um serviço prestado aos beneficiários (segurados e dependentes), incapacitados parcial ou totalmente para o trabalho, e aos portadores de deficiência.

A reabilitação profissional compreende: a) o fornecimento de aparelho de prótese, órtese e instrumentos de auxílio para locomoção quando a perda ou redução da capacidade funcional puder ser atenuada por seu uso e dos equipamentos necessários à habilitação e reabilitação social e profissional; b) a reparação ou a substituição dos aparelhos mencionados no item anterior, desgastados pelo uso normal ou por ocorrência estranha à vontade do beneficiário; c) o transporte do acidentado do trabalho, quando necessário.

A prestação é devida em caráter obrigatório aos segurados, inclusive aposentados e, na medida das possibilidades do órgão da Previdência Social, aos seus dependentes.

Concluído o processo de habilitação ou reabilitação social e profissional, a Previdência Social emitirá certificado individual, indicando as atividades que poderão ser exercidas pelo beneficiário, nada impedindo que este exerça outra atividade para a qual se capacitar.

Capítulo IV
PREVIDÊNCIA DO TRABALHADOR RURAL

1. ASPECTOS CONSTITUCIONAIS

Tendo em vista serem muitas as peculiaridades envolvendo a situação do trabalhador rural perante a previdência social, afigura-se-nos mais didático desenvolver um estudo apartado, para que distinções características não passem despercebidas em meio a um tratamento global do RGPS. Vamos a isso.

A CRFB de 1988 configura o ponto culminante da evolução histórica da Previdência Social Rural, por meio de sua (desta) equiparação à Previdência Urbana, o que foi implementado, pela Lei 8.213/91 por meio da criação de um regime único, geral, que engloba trabalhadores urbanos e rurais indistintamente.

A primeira norma constitucional que nos interessa é justamente o princípio da "uniformidade e equivalência dos benefícios e serviços [devidos] às populações urbanas e rurais", o qual já desenvolvemos anteriormente (Parte I, Capítulo II, item 2.4), pelo que para lá remetemos o leitor. Apesar de tal equiparação, a Constituição cria duas importantes distinções, que são justamente as demais normas constitucionais que vão nos interessar agora. A primeira delas guarda relação com as aposentadorias programadas comuns, tendo em vista que a CRFB cria uma distinção entre o trabalhador rural e o urbano. A segunda é a criação de um sistema de custeio diferenciado para o segurado especial (que, como veremos adiante, é uma espécie do gênero "trabalhador rural").

1.1 A aposentadoria programada devida ao trabalhador rural

O § 7º do art. 201 da CRFB dispõe que "É assegurada aposentadoria no regime geral de previdência social, nos termos da lei, obedecidas as seguintes condições: I – 65 (sessenta e cinco) anos de idade, se homem, e 62 (sessenta e dois) anos de idade, se mulher, observado tempo mínimo de contribuição; II – 60 (sessenta) anos de idade, se homem, e 55 (cinquenta e cinco) anos de idade, se mulher, para os trabalhadores rurais e para os que exerçam suas atividades em regime de economia familiar, nestes incluídos o produtor rural, o garimpeiro e o pescador artesanal".

Podemos perceber aí que apenas algumas figuras têm acesso ao benefício previsto no inciso II, o qual traz duas distinções favoráveis em relação àquele que consta no inciso I, quais sejam: em primeiro lugar, uma diferença quanto ao limite etário (65/62 para 60/55); em segundo lugar, não há menção a "tempo mínimo de contribuição". A quem tal benesse é aplicável?

A CRFB, como vimos, fala em trabalhadores rurais *e* para os que exerçam suas atividades em regime de economia familiar, nestes incluídos o produtor rural, o garimpeiro e o pescador artesanal.

Interpretando o dispositivo acima transcrito, podemos perceber que todos os trabalhadores rurais, em princípio, possuem direito à benesse, sendo que, além deles (atentando à conjunção "e", destacada no texto), o têm também aqueles que exercem suas atividades em regime de economia familiar, nestes incluídos o produtor rural, o garimpeiro e o pescador artesanal. O produtor rural, na verdade, já estaria incluído dentro de um conceito amplo de "trabalhador rural", mas a menção expressa ao produtor rural que exerça atividade em regime de economia familiar serve, a nosso sentir, para permitir ao legislador infraconstitucional excluir os demais produtores rurais (que seriam o empregador rural – que pode ou não ser também trabalhador rural – e outra figura que denominamos, na forma abreviada, como "não segurado especial", consoante veremos adiante). Em suma, ficamos com os trabalhadores rurais que não sejam produtores (a serviço de outrem) e com os produtores (trabalhadores por conta própria) em regime de economia familiar – além do pescador artesanal (que é considerado trabalhador rural, em extração animal) e do garimpeiro, estes também apenas se em regime de economia familiar.

Na legislação infraconstitucional, o tema vem tratado pelo § 1º do art. 48 da Lei 8.213/91, que diz que "os limites fixados no caput são reduzidos para sessenta e cinquenta e cinco anos no caso de trabalhadores rurais, respectivamente homens e mulheres, referidos na alínea a do inciso I, na alínea g do inciso V e nos incisos VI e VII do art. 11". São estes, respectivamente: o empregado rural, o esporádico rural (espécie de contribuinte individual), o avulso rural e o segurado especial.

Convém ressaltar que o legislador infraconstitucional incluiu o pescador artesanal e o extrativista vegetal dentro do conceito de segurado especial e, consequentemente, de trabalhador rural. Quanto ao pescador artesanal, a Constituição parece apartá-lo do conceito teórico de trabalhador rural (ou, em sentido contrário, pode-se entender que faz apenas uma explicitação, para evitar confusão), mas não há consequência prática na sua inclusão – pelo legislador infraconstitucional – no espectro do segurado especial, uma vez que a CRFB lhe confere também, como veremos adiante, a prerrogativa do custeio diferenciado. Em suma, podem até não ser a mesma coisa, mas o regime jurídico é o mesmo. Já o extrativista vegetal pode ser, a nosso ver, enquadrado dentro de um conceito amplo de produtor rural.

É importante ressaltar que o garimpeiro está, hoje, fora do conceito de segurado especial, embora mantenha o direito à benesse em exame, por força de disposição constitucional expressa. Com efeito, considera-se que desde o advento da Lei 8.398/92, que alterou a Lei 8.212/91 (de custeio) – o que se torna indiscutível a partir da entrada em vigor da Lei 11.718/08, que modifica a Lei 8.213/91 (de benefícios) –, o garimpeiro que exerce sua atividade em regime de economia familiar passou a se enquadrar, tal como os demais garimpeiros que trabalhem por conta própria, como contribuinte individual (art. 11, V, *b*)[113].

1.2 O custeio diferenciado do segurado especial

Reza o § 8º do art. 195 da CRFB que o produtor, o parceiro, o meeiro e o arrendatário rurais e o pescador artesanal, bem como os respectivos cônjuges, que exerçam suas atividades em regime de economia familiar, sem empregados permanentes, contribuirão para a seguridade social mediante a aplicação de uma alíquota sobre o resultado da comercialização da produção e farão jus aos benefícios nos termos da lei. O garimpeiro esteve aí incluído até o advento da Emenda Constitucional 20 de 1998[114].

Aqui, no custeio diferenciado, estão abarcados apenas o pescador artesanal e o produtor rural, desde que exerçam sua atividade em regime de economia familiar. É o que o legislador infraconstitucional classifica, com algumas adaptações, como "segurado especial".

A dicção constitucional não é das melhores, mas podemos entender que o produtor rural é aquele que possui terra, não importando a natureza da posse. Com efeito, a CRFB prevê o arrendamento, a meação e a parceria, sendo que o legislador infraconstitucional fala também em usufruto, assentamento e comodato e, ademais, em posse (em sentido estrito ou residual) e propriedade. Poder-se ia, tecnicamente, falar apenas em posse em sentido amplo. Não nos parece haver qualquer traço de inconstitucionalidade na ampliação aqui, já que o constituinte laborou com imprecisão técnica, ao falar em "produtor, parceiro, meeiro e arrendatário", pois os três últimos dizem mesmo respeito à natureza da posse, mas o primeiro parte de outra ordem de consideração, pelo que é possível reputar que a conceituação se baseia neste termo – "produtor" – e os demais configuram exemplos, que demonstram não importar a natureza da posse – basta, portanto, tê-la, de algum modo, e produzir.

Outro dado importante é que a produção deve observar o "regime de economia familiar, sem empregados permanentes". Em primeiro lugar, observamos que o que a CRFB veda é a contratação permanente de empregados, ou seja, a *contrario sensu* permite a contratação temporária, o que é (hoje, extensamente) regulado pela legislação

---

113. O fato histórico-legislativo que talvez ajude a explicar tal tratamento diferenciado é o de ter sido o garimpeiro autônomo incluído, pelo Decreto 75.208/75, no PRORURAL, sendo considerado, para fins do regime aplicável, como trabalhador rural. Não obstante, como anotava Pereira Leite, à luz daquela legislação, trata-se de "medida de largo alcance social, mas sem amparo em lei. Os decretos que dispõem a propósito da inclusão (...) do garimpeiro dilatam, por conta e rico do Poder Executivo, as fronteiras da previdência social rural, como ditada pelo legislador." (op. cit., p. 183).

114. Percebe-se, então, que a alteração processada pela Lei 8.398/92, dantes descrita, esbarraria na previsão constitucional, que só veio a ser extirpada em 1998.

ordinária[115]. Por outro lado, cabe interpretar se o que a CRFB denomina como "regime de economia familiar" é justamente a não contratação de empregados permanentes ou se são dois requisitos que devem ser acumulados (ou, ainda, se o segundo termo complementa ou exemplifica o primeiro), ou seja, se além de não possuir empregados estáveis, deve-se observar determinado regime de exploração, classificado como "de economia familiar". Com efeito, a lei, ao tratar do tema, cria hipóteses, para além da contratação de empregados, que desqualificam o produtor rural como segurado especial, conceituando economia familiar como "a atividade em que o trabalho dos membros da família é indispensável à própria subsistência e ao desenvolvimento socioeconômico do núcleo familiar e é exercido em condições de mútua dependência e colaboração, sem a utilização de empregados permanentes" (§ 1º do art. 11 da Lei 8.213/91). Como veremos com maior vagar adiante, a lei traz outras circunstâncias – como, observados certos limites, o tamanho da propriedade, a utilização desta para outros fins ou sua outorga a terceiros, o exercício de atividade urbana ou a existência de outra fonte de renda etc. – que descaracterizam a condição de segurado especial, ou seja, parte do pressuposto de que regime de economia familiar vai além da não contratação de empregados permanentes.

Sobre o pescador artesanal, a Constituição igualmente exige o exercício em regime de economia familiar, sendo que a Lei 8.213/91 fala que ele deve fazer "da pesca profissão habitual ou principal meio de vida". Convém ressaltar, assim, que já na conceituação básica o legislador admite que a pesca não será a única atividade do segurado, o que decorre provavelmente do fato de que é profissão que está demasiado sujeita a condições ambientais – especialmente sazonais, mas não só –, havendo inclusive períodos de defeso legalmente previstos.

Estabelecidos os sujeitos agraciados com o custeio diferenciado, resta saber no que este consiste. Em síntese, a CRFB determina que devem contribuir "mediante a aplicação de uma alíquota sobre o resultado da comercialização", o que significa dizer que não se lhes pode ser exigida contribuição semelhante à que é aplicável aos demais segurados do RGPS (prevista no inciso II do art. 195 da CRFB). Em suma, se e quando comercializar a produção, o segurado especial recolhe contribuição incidente sobre o valor da venda. Desde aí, surgem muitas divergências interpretativas, mas tem prevalecido amplamente, hoje, o entendimento que delinearemos a seguir.

Sustenta-se que o legislador infraconstitucional, em observância ao que predispõe a CRFB, criou um sistema no qual a contribuição a que o segurado especial está obrigado não guarda correlação com a obtenção de benefícios. Portanto, se praticou o fato gerador e não recolheu, esta é uma questão que deve ser solvida na seara tributária. Como a Constituição não vincula a percepção de benefícios aos recolhimentos

---

115. Embora a CRFB, desde sua promulgação, vede apenas a contratação de "empregados permanentes", a Lei 8.213/91, na redação originária de seu art. 11, § 1º, estabelecia proibição absoluta ("sem a utilização de empregados"), o que sempre foi criticado pela doutrina, com repercussão na jurisprudência. Apenas com o advento da Lei 11.718/08 a situação veio a ser legislativamente modificada, como veremos mais detalhadamente adiante.

(destarte, mesmo aquele que destina a produção apenas à própria subsistência, não a comercializando, faz jus ao enquadramento[116]), o legislador exige apenas que o segurado especial comprove o exercício de atividade rural durante período equivalente à carência que seria exigida para a obtenção do benefício pretendido. Destarte, o segurado especial está inserido numa sistemática não necessariamente contributiva ou na qual a contribuição eventualmente devida não influencia – para bem ou para mal – no direito à percepção de benefícios, tampouco no seu cálculo. Em suma, a relação adquire um caráter quase assistencial – por não exigir contrapartida específica do beneficiário –, o que parece inegável, muito embora parcela da doutrina refute tal conceituação, por entendê-la depreciativa (pejorativa).

2. O TRABALHADOR RURAL

2.1 Conceito

Vimos, no item anterior, quais são as espécies que se enquadram dentro do gênero "trabalhador rural". *Em suma, ficamos com os trabalhadores rurais que não sejam produtores e com os produtores em regime de economia familiar.*

Assim, portanto, quanto aos trabalhadores rurais não produtores, são todos aqueles que estejam a serviço de outrem (como se diz em espanhol, *por cuenta ajena*; *travailleurs dépendants*, no francês), quais sejam: empregado, esporádico/eventual e avulso. No que tange aos produtores, apenas aqueles que desenvolvem sua atividade em regime de economia familiar.

Diante disto, parece-nos que o rol trazido pelo art. 48, § 1º, da Lei 8.213/91 está em perfeita consonância com o que consta na CRFB.

Destarte, estão fora de nosso raio de interesse, aqui, o empregador rural e o produtor rural pessoa física "não segurado especial". Interessam-nos, apenas, o trabalhador contratado – como empregado, avulso ou eventual – e o pequeno produtor rural (além das demais espécies abarcadas pelo conceito de "segurado especial").

O *empregador rural pessoa física* pode eventualmente até ser trabalhador rural na prática, auxiliando seus empregados, tanto é que a legislação permite, como veremos, a

---

116. Há entendimento, hoje bastante minoritário em jurisprudência, no sentido de que aquele que produz apenas para a própria subsistência – ou, na prática forense, que não comprova ter, ao menos alguma vez, recolhido contribuição – não faria jus ao enquadramento como segurado especial. Na doutrina, cabe destacar, neste sentido, a abalizada opinião de Zélia Luiza Pierdoná: "(...) não significa que é segurado especial o agricultor que produz apenas para o consumo próprio. Neste caso, não há que falar em substituição dos rendimentos do trabalho e, dessa forma, não há que falar em proteção previdenciária. (...) Assim, nem todo pequeno agricultor faz jus a proteção previdenciária. Se ele não comercializa a produção significa que ele não possui rendimentos do trabalho, não havendo que falar em substituição dos rendimentos do trabalho por meio da previdência social. (...) não há o que se substituir." (A proteção previdenciária do trabalhador rural na Constituição de 1988. Anais do XVII Encontro Preparatório para o Congresso Nacional de Pesquisa e Pós Graduação em Direito (CONPEDI). Florianópolis: Fundação Boiteux, 2008. v. 1. p. 5311-5328).

contratação, até certo limite, de mão de obra pelo segurado especial sem que este perca tal qualificação. Porém, não o é – ultrapassado o limite – no sentido que nos interessa. Assim também não o é aquele produtor que, embora não seja – ao menos não comprovadamente – empregador, mas reste desclassificado como segurado especial por alguma das várias possibilidades que a lei prevê (as quais estudaremos mais adiante, ao analisar o conceito de segurado especial), por descaracterizar o regime de economia familiar. Como exemplo, temos aquele que explora atividade rural em área superior a quatro módulos fiscais (aqui, na verdade, o legislador presume que o terreno é amplo demais para comportar exploração em regime de economia familiar, ou seja, sem o auxílio permanente de terceiros, mas veremos que a jurisprudência admite alguma relativização) e aquele que explora mais da metade da terra que possui por meio de prepostos (ou seja, em contratos de parceria, meação ou comodato), ainda que efetivamente explore por si o restante. Em qualquer caso, são segurados do RGPS, todavia a título de contribuinte individual, conforme dispõe a alínea *a* do inciso V do art. 11 da Lei 8.213/91:

> a pessoa física, proprietária ou não, que explora atividade agropecuária, a qualquer título, em caráter permanente ou temporário, em área superior a 4 (quatro) módulos fiscais; ou, quando em área igual ou inferior a 4 (quatro) módulos fiscais ou atividade pesqueira, *com auxílio de empregados* ou por intermédio de prepostos; ou ainda nas hipóteses dos §§ 9º e 10 deste artigo[117].

Tal dispositivo, frise-se, engloba o empregador rural pessoa física (que é, em sentido estrito, aquele que explora a atividade rural com o auxílio de empregados, ou seja, um administrador de mão de obra campesina, conquanto também trabalhe), mas também outras espécies que, como dito, se enquadram como "não segurado especial". As disposições constitucionais que dantes analisamos em nada lhes dizem respeito, sendo que, por exemplo, não gozam de acesso diferenciado a aposentadoria. Devem recolher para a previdência nos moldes previstos para a categoria, sem prejuízo de, quando empregadores, serem responsáveis pela retenção da contribuição de seus empregados e também pela "cota patronal" respectiva, o que delinearemos quando abordarmos a parte de custeio.

Para a hipótese em que há envolvimento de pessoa jurídica, convém transcrever o que diz a alínea *f* do mesmo dispositivo (grifamos):

> o titular de firma individual urbana ou *rural*, o diretor não empregado e o membro de conselho de administração de sociedade anônima, o sócio solidário, o sócio de indústria, o sócio gerente e o sócio cotista que recebam remuneração decorrente de seu trabalho em empresa urbana ou *rural*, e o associado eleito para cargo de direção em cooperativa, associação ou entidade de qualquer natureza ou finalidade, bem como o síndico ou administrador eleito para exercer atividade de direção condominial, desde que recebam remuneração.

Têm-se, aí, outras hipóteses de enquadramento como contribuinte individual de pessoas que lidam, direta ou indiretamente, com atividade rural. Aqui também

---

117. O § 11 do dispositivo diz que a condição se estende "ao cônjuge ou companheiro do produtor que participe da atividade rural por este explorada".

o recolhimento à previdência observa as regras atinentes à categoria e não se aplica qualquer benesse.

Vistas as subespécies de trabalhador rural, convém agora delinearmos o mais importante requisito genérico, aplicável a todas as espécies, que é a definição de "rurícola".

2.2 Da definição de "rurícola"

Iremos nos ocupar aqui da condição de rurícola, ou seja, a diferenciação entre labor urbano e rural. O tema reserva muitas controvérsias doutrinárias e jurisprudenciais[118].

Segundo prevê a CLT, em seu art. 7º, *b*, são *trabalhadores* rurais aqueles que, exercendo funções diretamente ligadas à agricultura e à pecuária, não sejam empregados em atividades que, pelos métodos de execução dos respectivos trabalhos ou pela finalidade de suas operações, se classifiquem como industriais ou comerciais. A conceituação, que se baseia nos métodos e fins da atividade do obreiro, sempre foi muito criticada pela doutrina trabalhista, já que é costume, em tal seara, determinar a categoria profissional conforme o segmento de atividade do empregador. A Lei 5.889/73, em seu art. 2º, conceitua o *empregado* rural como "toda pessoa física que, em propriedade rural ou prédio rústico, presta serviços de natureza não eventual a empregador rural [que é, conforme o artigo subsequente, aquele que desenvolve atividade agroeconômica], sob a dependência deste e mediante salário", ou seja, conjuga dois fatores básicos: a atividade do empregador e o local de trabalho ("imóvel rural ou prédio rústico"). Não obstante, a Lei Complementar 11/1971, que disciplina o programa de assistência ao trabalhador rural – PRORURAL (legislação previdenciária, portanto), estabelece, em seu art. 3º, que é trabalhador rural "a pessoa física que presta *serviços de natureza rural* a empregador, mediante remuneração de qualquer espécie" (grifamos). É certo que este último diploma já não está vigente, enquanto aquele primeiro dispositivo ainda está, mas é importante observar que tiveram vigência contemporânea, ou seja, não houve revogação daquele por este (senão o contrário, em sendo o caso, mas quer nos parecer que o âmbito de aplicação do dispositivo trabalhista sempre foi limitado), o que permite compreender que a lei trabalhista não alcançou efeitos previdenciários[119]. A lei previdenciária atualmente em vigor (8.123/91) não traz um conceito expresso de trabalhador rural, embora, ao definir os segurados do RGPS (e também em outras passagens), fale no exercício de "serviço de natureza urbana ou rural"[120], o que permite divisar que também se prende à atividade executada pelo próprio obreiro[121]

---

118. Convém ressaltar, também, que, no caso do empregado rural, se apura a função, no mais das vezes, conforme o que consta anotado na CTPS, sendo que a anotação por vezes não é elucidativa.
119. Neste sentido, o magistério de Wladimir Novaes Martinez: "Não há mais na lei básica da previdência social o conceito de trabalhador rural. Quedou-se na Lei 5.889/73 e ali, quase exclusivamente, reportando-se ao empregado rural. (...) A solução está em buscar-se a Lei Complementar 11/71 e os Decretos 69.919/72 e 72.617/74, em que o conceito é apreensível." (*Princípios de Direito Previdenciário*. 6. ed. São Paulo: LTr, 2015, p. 485).
120. Tanto ao classificar e diferenciar o empregado quanto o contribuinte individual, entre urbanos e rurais, fala em "natureza" do serviço desempenhado.
121. Berwanger, inclusive, parece ter alterado seu posicionamento, com base em tal argumento, em trabalhos mais recentes: "Ao inserir a expressão 'natureza urbana ou rural', a lei atual deixa claro que os empregados rurais

De todo modo, há ainda outro dado, a nosso ver fundamental. A definição de relação de emprego dada pela legislação trabalhista, inclusive a partir da leitura feita pela jurisprudência da justiça do trabalho, é, em geral, definitiva para fins previdenciários. Não é este o caso, porém, quanto à definição do labor como urbano ou rural, ainda que consista em relação de emprego. Isto porque o labor rural é um só, seja para o segurado especial, o esporádico (que tem relação de trabalho em sentido estrito) ou o empregado (que, este sim, tem relação de emprego). Ocorre que a CRFB de 1988 estabelece que fazem jus à aposentadoria diferenciada (que é, afinal, o único motivo que desperta a necessidade de se fazer a análise diferenciadora em andamento) "os trabalhadores rurais" e "os que exerçam suas atividades em regime de economia familiar, nestes incluídos o produtor rural, o garimpeiro e o pescador artesanal" (art. 201, § 7º, II). Com efeito, ainda que, ao definir quem é o segurado especial (§ 8º do art. 195) – que é, frisamos, o único segurado da previdência cujo conceito é trazido pelo texto constitucional (e, portanto, não pode ser modificado pela legislação ordinária) – a Constituição fale, além de produtor, em "parceiro, meeiro, e arrendatário", estas são relações que dizem respeito à natureza da posse (cujo rol a legislação ordinária até legitimamente expande), sendo que o que importa mesmo é ser produtor, o que fica claro lá, naquele outro dispositivo. Em suma, a CRFB vincula, *amarra* o conceito de labor rural – para os fins a que se destina – à natureza produtiva deste. Portanto, além dos dois requisitos descritos pela legislação trabalhista, há um terceiro. Destarte, é certo que não basta apenas trabalhar em propriedade rural (imóvel rural ou prédio rústico), não é simplesmente uma questão topográfica. E não basta também acrescentar que a natureza da atividade do eventual contratante é rural. Assim, um motorista, cozinheiro ou contador, ainda que trabalhe para uma fazenda, não é trabalhador rural[122]. Em regra, será preciso, portanto, reunir os dois fatores anteriores (quando for o caso), conjugando-os com a natureza da própria atividade desempenhada pelo trabalhador, que deve ser também de caráter rural, ou

---

passam a ser equiparados aos urbanos. Mas, também, a natureza rural o diferencia do urbano, pois é o que vai garantir o direito à aposentadoria com idade reduzida. Portanto, não é a atividade do empregador que arrasta o enquadramento do empregado, mas é necessário saber-se exatamente qual a natureza da atividade por este desempenhada." (BERWANGER, Jane Lúcia Wilhelm; SCHUSTER, Diego Henrique. A Reforma Previdenciária e os Trabalhadores Rurais. *Juris Plenum Previdenciária*, ano V, número 17, fev. 2017, p. 33-48). Do mesmo modo: "o conceito de empregado rural na norma previdenciária não coincide totalmente com o da legislação trabalhista. (...) é a natureza da atividade que dá o caráter rural para um empregado." (BERWANGER, Jane Lúcia Wilhelm. *Segurado Especial: o conceito jurídico para além da sobrevivência individual*. Curitiba: Juruá, 2013, p. 231). Silvio Marques Garcia também compartilha do mesmo entendimento, ressaltando que a definição de rurícola para fins previdenciários "não se confunde com a classificação oriunda do direito do trabalho, esta vinculada à natureza do estabelecimento em que o trabalhador presta o serviço, seja urbano ou rural. A classificação previdenciária vai além da dicotomia urbano-rural e depende da natureza rústica dos serviços prestados. (...) O que identifica um segurado como rural, portanto, é a natureza do serviço que ele presta. Os serviços rurais são as atividades diversas braçais rústicas, relacionadas à lida direta com a terra, com a plantação, com o rebanho e com atividades extrativas ou pesqueiras, exercidos na forma da lei e desde que não utilizados equipamentos sofisticados para esse trabalho direto, como as modernas colhedeiras, que exigem mão de obra qualificada e oferecem remuneração superior à dos serviços braçais tradicionalmente rurais." (*Aposentadoria por idade do trabalhador rural*. Franca: Lemos e Cruz, 2015, p. 126-128).

122. No mesmo sentido, Silvio Marques Garcia (op. cit., p. 128).

seja, agrícola ou pastoril (agropecuária) ou de extração vegetal ou animal[123]. Parece-nos, contudo, que este último dado é o mais relevante, sendo que aqueles dois outros até poderão, a depender das peculiaridades do caso concreto, se fazer ausentes[124]. Em outro ângulo de análise, podemos afirmar que se estão presentes os três requisitos, tem-se indubitavelmente um trabalhador rural, sem divergência palpável[125]. Se ausente qualquer deles, porém, entramos já numa zona *gris*, passível de controvérsia jurisprudencial.

---

123. Nilson Martins Lopes Júnior, citando Mozart Victor Russomano, aduz que "Há a considerar (...) a natureza do serviço prestado pelo trabalhador rural. Não basta que a tarefa por ele desempenhada se vincule à exploração da terra, para que seja ele considerado um trabalhador rural. É, igualmente, indispensável que o trabalho desenvolvido pelo camponês tenha por cenário a *propriedade rural ou o prédio rústico*." (*A Proteção Social do Trabalhador Rural*. 2006. 196 f. Dissertação (Mestrado em Direito das Relações Sociais) – Faculdade de Direito, Pontifícia Universidade Católica de São Paulo, São Paulo. 2006, p. 23).
124. Neste sentido, Kovalczuk Filho (*A Função Social da Proteção Previdenciária aos Trabalhadores Rurais*. São Paulo: LTr, 2015, p. 72) relata que "O Ministério da Previdência Social, mediante o Parecer 2.522/2001, de sua Consultoria Jurídica, ao analisar o caso dos trabalhadores em agroindústria, definiu que 'os trabalhadores que comprovadamente desempenham atividades rurais, independentemente da natureza da atividade do empregador, têm direito ao prazo reduzido, previsto no art. 201, § 7º, inciso II da Constituição Federal, para fins de concessão de aposentadoria por idade'". Em outra passagem deste parecer, restou anotado que: "não nos parece lógico que contadores, escriturários, cozinheiros, motoristas etc., sejam tidos como trabalhadores rurais pelo tão só motivo da natureza da atividade rural do seu empregador. Efetivamente, estes segurados não são trabalhadores rurais, mas sim urbanos". Em sentido semelhante, decidiu o TRF-4 na ação civil pública 2005.71.00.044110-9: "Evidentemente que um ato administrativo não poderia definir previamente as atividades de capataz e tratorista como sendo atividades urbanas, sem levar em consideração a própria natureza da atividade exercida pelo trabalhador. (...) A questão da comprovação do exercício da atividade urbana ou rural não é uma questão de linguagem conceitual, mas, sim, uma questão de valoração de prova material produzida pelo interessado. (...) No recurso adesivo, a parte autora apelante insurge-se contra a decisão que não reconheceu como rural a atividade do motorista e da cozinheira. Afirma o apelante que o motorista desempenharia outras atividades relacionadas ao meio rural. Afirma, também, que a cozinheira rural, além de cozinhar para os peões da fazenda, auxilia o abate de animais para o consumo próprio dos membros da propriedade, corta lenha, ordenha, cultivo de horta e capina. Na verdade, pelos argumentos apresentados no recurso adesivo, o recorrente não se insurge contra a decisão em relação ao enquadramento estabelecido pela sentença em face da atividade exclusiva de motorista ou de cozinheiro, mas o que deseja é o reconhecimento de que esses trabalhadores desempenham no âmbito rural outras atividades, além de motorista e de cozinheiro, as quais poderiam ser enquadradas como rurais. Assim, o recorrente afasta-se do âmbito do pedido inicial dessa ação civil pública, pois, no caso concreto, não se está analisando outras eventuais atividades exercidas pelos motoristas ou cozinheiros que porventura possam ser enquadradas como atividades rurais, mas, sim, a própria e exclusiva atividade por elas exercidas.".
125. Neste sentido, a Instrução Normativa INSS/PRES 128 de 2022 consigna:
    Art. 6º Observadas as formas de filiação, a caracterização do trabalho como urbano ou rural, para fins previdenciários, depende da natureza das atividades efetivamente exercidas pelos segurados obrigatórios e não da natureza da atividade do seu empregador.
    Parágrafo único. O segurado, ainda que tenha trabalhado para empregador rural ou para empresa prestadora de serviço rural, no período anterior ou posterior à vigência da Lei 8.213, de 1991, será considerado como filiado ao regime urbano, empregado ou contribuinte individual, conforme o caso, quando enquadrado, nas seguintes atividades, dentre outras:
    I – carpinteiro, pintor, datilógrafo, cozinheiro, doméstico e toda atividade que não se caracteriza como rural;
    II – motorista, com habilitação profissional, e tratorista;
    III – empregado do setor agrário específico de empresas industriais ou comerciais, assim entendido o trabalhador que presta serviços ao setor agrícola ou pecuário, desde que tal setor se destine, conforme o caso, à produção de matéria-prima utilizada pelas empresas agroindustriais ou à produção de bens que constituam objeto de comércio por parte das empresas agrocomerciais, que, pelo menos, desde 25 de maio de 1971, vigência da Lei Complementar 11, de 1971, vinha sofrendo desconto de contribuições para o antigo Instituto Nacional de Previdência Social – INPS, ainda que a empresa não as tenha recolhido;

No caso de agroindústria, é tarefa hercúlea delimitar até onde, ou seja, até qual etapa do processamento há [ainda] – se há – atividade rural. Para Arnaldo Sussekind, citado por Berwanger[126], "Para que a indústria seja considerada rural, é necessário que se dedique apenas ao primeiro tratamento dos produtos agrários, *in natura*, sem alterar sua natureza, de forma a retirar-lhe a condição de matéria-prima". A LC 11/71 traz em seu art. 15, § 1º, um conceito de "produto rural":

> Entende-se como produto rural todo aquele que, não tendo sofrido qualquer processo de industrialização, provenha de origem vegetal ou animal inclusive as espécies aquáticas, ainda que haja sido submetido a beneficiamento, assim compreendidos os processos primários de preparação do produto para consumo imediato ou posterior industrialização, tais como descaroçamento, pilagem, descaroçamento limpeza, abate e seccionamento de árvores, pasteurização, resfriamento, secagem, afervenntação e outros do mesmo teor, estendendo-se aos subprodutos e resíduos obtidos através dessas operações a qualificação de produtos rurais.

Há, aí, vinculação, ainda que indireta, com a produção (o beneficiamento apenas prepara o produto para consumo imediato ou para posterior industrialização, não o transforma), o que permite – embora não determine – que se aceite tal labor como rural. Paulo Emílio Ribeiro de Vilhena conceitua a figura do trabalhador da agroindústria, para fins trabalhistas, como

> aquele que presta serviços em prédio rústico ou propriedade rural, a estabelecimento rural e cujas operações[127], mediante tratamento primário dos produtos do campo, não impliquem em transformação de sua natureza nem em formação de produto diverso, por mistura, justaposição ou superposição, de tal forma que se autonomize o processo produtivo.[128]

O Decreto 3.048/99, em seu art. 200, § 5º, ao definir o que é produção rural para fins tributários, traz a conceituação seguinte:

> Integram a produção, para os efeitos dos incisos I e II do caput, observado o disposto no § 25 do art. 9º, os produtos de origem animal ou vegetal, em estado natural ou submetidos a processos de beneficiamento ou industrialização rudimentar, assim compreendidos, entre outros, os processos de lavagem, limpeza, descaroçamento, pilagem, descascamento, lenhamento, pasteurização, resfriamento, secagem, socagem, fermentação, embalagem, cristalização, fundição, carvoejamento, cozimento, destilação, moagem e torrefação, bem como os subprodutos e os resíduos obtidos por meio desses processos.

IV – empregado de empresa agroindustrial ou agrocomercial que presta serviço, indistintamente, ao setor agrário e ao setor industrial ou comercial;
V – motosserrista;
VI – veterinário, administrador e todo empregado de nível universitário;
VII – empregado que presta serviço em loja ou escritório; e
VIII – administrador de fazenda, exceto se demonstrado que as anotações profissionais não correspondem às atividades efetivamente exercidas.

126. Idem, ibidem.
127. Embora haja divergência jurisprudencial a respeito, é interessante perceber que, na visão de respeitável corrente, a atividade desenvolvida é relevante ao enquadramento como trabalhador da agroindústria, mesmo para fins trabalhistas.
128. *Relação de Emprego: estrutura legal e supostos*. 3. ed. São Paulo: LTr, 2005, p. 489.

Ao analisar a legislação tributária concernente ao IPI (Imposto sobre Produtos Industrializados), na busca pela diferenciação entre atividade agroindustrial e industrial propriamente dita, podemos encontrar o seguinte conceito de industrialização: "qualquer operação que modifique a natureza, o funcionamento, o acabamento, a apresentação ou a finalidade do produto, ou o aperfeiçoe para consumo" (art. 3º do Decreto 87.981/82, Regulamento do IPI, que já não está em vigor). A conjugação de todas essas normas nos permite discernir, ao menos de modo aproximado, o que pode, dentro da agroindústria, ser ainda considerado como atividade rural.

Acrescente-se, ainda, um último dado: a atividade precisa ter finalidade (destinação) econômica, ou seja, deve ser efetivamente produtiva, pelo que restam excluídas atividades como jardinagem (ainda que envolva o cultivo de pequenas hortas caseiras) ou paisagismo.

Há algumas atividades cujo enquadramento desperta forte controvérsia. É o caso, por exemplo, do capataz de uma fazenda e outros trabalhadores responsáveis pela administração da atividade. Berwanger[129] sustenta que devem ser enquadrados como empregados rurais, com o que não podemos concordar, por não exercerem atividade agropecuária. Outra hipótese é a do "caseiro", que exerce precipuamente um serviço de vigilância e administração; também não faz jus ao enquadramento, pela mesma razão, sendo enquadrado como doméstico[130]. Também fora do âmbito do trabalho rural está aquele que é apenas vigilante. A atividade de tratorista (operador de ceifadeira e afins) está numa linha tênue, visto que não lida no trato direto com a terra, se limitando a operar maquinário. Há intensa controvérsia jurisprudencial, mas tem prevalecido a possibilidade de enquadramento[131]. E o engenheiro-agrônomo e outros profissionais que exerçam atividades técnicas similares (ex: enólogo), vinculadas à pesquisa e/ou planejamento do agropastoreio? Certamente há um enlace com a produção, porém consiste numa atividade meramente de suporte, que não está sujeita aos rigores da lida campesina.

A atividade de florestamento e reflorestamento é classificada pela legislação trabalhista como urbana, porém a jurisprudência do TST[132] entende que o empregado que lhe presta serviço poderá ser enquadrado como rural. Para fins previdenciários, contudo, por não envolver produção rural propriamente dita, o enquadramento nos

---

129. Op. cit., 2008, p. 87.
130. Ou mesmo caso exerça *part-time* algum tipo de atividade rural, esta não tem destinação econômica. Neste sentido, anotam Cavalcante e Jorge Neto (CAVALCANTE, Jouberto de Quadros Pessoa; JORGE NETO, Francisco Ferreira. O Empregado Rural sob a Ótica do Direito do Trabalho Atual. In: ALMEIDA, Maria Cecília Ladeira; GRECHI, Frederico Price (Coord.). *Direito Agrário*: homenagem a Octavio Mello Alvarenga. Rio de Janeiro: GZ, 2016, p. 287): "São trabalhadores domésticos (normalmente, conhecidos como 'caseiros'), logo, a disciplina se faz pela Lei do Trabalho Doméstico (Lei 5.859/72). O enquadramento é justificável pelos seguintes motivos: (a) na propriedade não ocorre a exploração para fins de atividade econômica; (b) pode até haver pequenas plantações, porém, geralmente, são para fins familiares ou em situações eventuais para comercialização, o que não elide o labor doméstico".
131. Neste sentido, por exemplo, o TRF1 na AC 504354120124019199.
132. OJ 38 da SDI-I.

parece inviável. Berwanger, todavia, ao tratar do segurado especial, defende a possibilidade de enquadramento[133]. A corrente capitaneada por Berwanger tem como importante argumento de reforço o disposto no §§ 3º do art. 25 da Lei 8.212/91, que dispõe sobre a base de cálculo para a contribuição previdenciária devida no meio rural, que diz que "integram a produção, para os efeitos deste artigo, os produtos de origem animal ou vegetal, em estado natural ou submetidos a processos de beneficiamento ou industrialização rudimentar, assim compreendidos, entre outros, os processos de (...) lenhamento (...)". O § 4º do mesmo dispositivo, revogado em 2008, excluía da base de cálculo a produção de sementes ou mudas destinadas ao plantio ou reflorestamento. Tais circunstâncias legislativas, contudo, não permitem, a nosso ver, modificar a natureza da atividade desenvolvida, pois o critério tributário observa também nuances afetas à racionalidade da atividade de exação, já que é mais simples estabelecer um regime tributário único para cada contribuinte – até mesmo pelo fato de que a "migração" aqui observada resulta em situação prática mais branda –, pelo que caso se vislumbre a existência corriqueira de uma relação de natureza fática entre certas atividades (ou seja, que, em geral, um mesmo empregador as desenvolve mediante o uso de um mesmo corpo de trabalhadores), afigura-se percuciente reuni-las debaixo de uma mesma "projeção" tributária.

Por outro lado, são trabalhadores rurais, por exemplo, o "retireiro" (tirador de leite), o vaqueiro (atividade pastoril) e aquele que se limita a "roçar" a terra, ou seja, prepará-la para o plantio ou "limpá-la". É muito comum que conste na anotação do vínculo em CTPS, no campo referente ao cargo, "serviços gerais", sendo que a prática demonstra que é a pessoa que se envolve numa série de atividades, algumas não tipicamente rurais (ex: construir cerca, curral, cuidar dos artefatos de montaria) e outras evidentemente rurais.

O conceito de labor rural que aqui delineamos serve para todas as espécies de trabalhadores rurais (empregado, esporádico, avulso e o segurado especial), as quais analisaremos a seguir.

2.3 Espécies

O segurado especial é a única espécie de segurado que é exclusivamente rural. O segurado empregado, o esporádico e o trabalhador avulso admitem enquadramento tanto como urbanos quanto como rurais. Assim, traremos aqui apenas breves pinceladas sobre estes últimos; ao contrário, quanto ao segurado especial, faremos a análise completa (tendo em vista, inclusive, que a postergamos para o presente momento).

---

133. A Constitucionalidade do Segurado Especial. *Revista Brasileira de Direito Previdenciário*, Lex Magister, ano V, n. 29, out./nov. 2015, p. 5-29. O Decreto 3.048/99, em seu art. 201-A, § 4º, exclui do conceito de "agroindústria", para fins tributários, a pessoa jurídica que "se dedique apenas ao florestamento e reflorestamento como fonte de matéria-prima para industrialização própria mediante utilização de processo industrial que modifique a natureza química da madeira ou a transforme em pasta celulósica".

2.3.1 Empregado rural

A Lei 5.889/73 é a que [ainda] regula o trabalho rural, contemplando, expressamente (art. 1º), aplicação subsidiária da CLT. O conceito de empregado rural, trazido em seu art. 3º, é deveras similar ao constante na CLT: "toda pessoa física que, em propriedade rural ou prédio rústico, presta serviços de natureza não eventual a empregador rural, sob a dependência deste e mediante salário". Devem estar presentes, portanto, os elementos clássicos da relação de emprego: trabalho por pessoa física, pessoalidade, não eventualidade, onerosidade e subordinação.

Na legislação previdenciária, o empregado rural encontra abrigo na definição trazida pelo art. 11, I, *a*, da Lei 8.213/91 (grifos nossos): "aquele que presta serviço de natureza urbana ou *rural* à empresa, em caráter não eventual, sob sua subordinação e mediante remuneração, inclusive como diretor empregado"[134]. O conceito se aproxima daquele previsto na legislação trabalhista. Quer nos parecer, contudo, que a definição dada por esta – inclusive conforme definida pela jurisprudência da justiça do trabalho – ao conceito de "empregado" é decisiva para o direito previdenciário. Destarte, se uma relação, inicialmente não proposta como de emprego (por exemplo, foi assinado um contrato de parceria, mas verifica-se que há subordinação, ou contrata-se como esporádico, mas transforma-se em permanente na prática), é considerada desvirtuada pelo magistrado trabalhista e resulta, assim, enquadrada como relação de emprego, isto valerá, em princípio, também para o direito previdenciário. Em suma, a análise da natureza da relação de trabalho cabe à justiça do trabalho.

A Lei 5.889/73 prevê duas hipóteses diferenciadas de contrato de emprego (fora de tais hipóteses, como anota Márcio Túlio Vianna, "aplicam-se ao trabalhador rural as normas gerais sobre contrato individual de trabalho, contidas nos arts. 442 a 456 da CLT"[135]). A primeira delas é o contrato de safra, previsto no art. 14, que é, conforme Godinho, "o pacto empregatício rural a prazo, cujo termo final seja fixado em função das variações estacionais da atividade agrária"[136]. O termo pode ter por base um serviço especificado a ser prestado ou um acontecimento suscetível de previsão aproximada ou até mesmo uma data que corresponda a uma variação estacional. Esclarece Godinho,

---

134. As demais alíneas do dispositivo não fazem referência específica à atividade rural, sendo que, exceto pela alínea *b*, não faria mesmo sentido. No caso desta, contudo, o enquadramento não é, em princípio, inviável: "aquele que, contratado por empresa de trabalho temporário, definida em legislação específica, presta serviço para atender a necessidade transitória de substituição de pessoal regular e permanente ou a acréscimo extraordinário de serviços de outras empresas". Este é o caso, portanto, do trabalhador contratado por uma empresa de trabalho temporário e que presta serviço a outra, denominada "tomadora". Não obstante, a Lei 6.019/74, segundo sua própria ementa, "Dispõe sobre o Trabalho Temporário nas Empresas Urbanas". Cavalcante e Jorge Neto (op. cit., p. 292) consideram, ademais, que "o art. 4º, Lei 5.889, estabelece que o responsável pela intermediação da mão de obra na atividade econômica agroindustrial é considerado empregador rural por equiparação. Vale dizer, o empregador rural por equiparação é uma limitação à adoção de um outro intermediário na relação jurídica triangular rural, vedando, assim a adoção da empresa de trabalho rural na área rural".
135. In: BARROS, Alice Monteiro de (Coord.). *Curso de Direito do Trabalho*: estudos em memória de Célio Goyatá. 3. ed. São Paulo: LTr, 1997, v. I, p. 320.
136. DELGADO, Maurício Godinho. *Curso de Direito do Trabalho*. 16. ed. São Paulo: LTr, 2017, p. 637.

ademais, que embora "a expressão *safra* reporte-se mais diretamente à noção de produção e colheita, tem a jurisprudência compreendido que o lapso temporal dedicado ao preparo do solo e plantio também pode dar ensejo a um regular contrato de safra". Paulo Emílio Ribeiro de Vilhena descreve que "Dá-se esse trabalho em épocas próprias, a do arroteamento da terra, a do plantio, a da colheita (...)"[137]. O safrista é conceituado por parcela da doutrina como "trabalhador adventício".

A segunda é o contrato rural por pequeno prazo, previsto no art. 14-A (inserido pela Lei 11.718/2008), que tem duração máxima de dois meses dentro de um intervalo de um ano, celebrado apenas pelo produtor rural pessoa física (como contratante).

Para o segurado empregado vige a regra da "automaticidade da filiação", ou seja, o mero exercício de atividade remunerada lhe confere a qualidade de segurado e permite o cômputo do período trabalhado para todos os fins[138]. Isto se deve ao fato de que é do empregador a obrigação da retenção das contribuições. Na prática, basta estar o vínculo devidamente anotado em sua CTPS.

2.3.2 Segurado especial

O segurado especial é a única espécie de segurado exclusivamente rural (uma vez que o empregado, o esporádico e o avulso podem ser tanto urbanos quanto rurais), razão pela qual é muitas vezes tomado pelo gênero todo, o que é uma impropriedade, como esperamos já ter deixado claro a essa altura.

2.3.2.1 Conceito e requisitos gerais

Segundo já afirmamos, o segurado especial é o único segurado da previdência social que tem sua definição exposta pela própria Constituição Federal.

Pois bem, o conceito trazido pela CRFB é o seguinte: "O produtor, o parceiro, o meeiro e o arrendatário rurais e o pescador artesanal, bem como os respectivos cônjuges, que exerçam suas atividades em regime de economia familiar, sem empregados permanentes" (§ 8º do art. 195)[139]. Já a Lei 8.213/91 traz um conceito mais amplificado (inciso VII do art. 11):

> a pessoa física residente no imóvel rural ou em aglomerado urbano ou rural próximo a ele que, individualmente ou em regime de economia familiar, ainda que com o auxílio eventual de terceiros, na condição de: a) produtor, seja proprietário, usufrutuário, possuidor, assentado, parceiro ou meeiro outorgados, comodatário ou arrendatário rurais, que explore atividade: 1. agropecuária em área de até 4 (quatro) módulos fiscais; 2. de seringueiro ou extrativista vegetal que exerça suas atividades nos termos do inciso XII do caput do art. 2º da Lei 9.985, de 18 de julho de 2000, e faça dessas atividades o principal meio de vida; b) pescador artesanal ou a este assemelhado que faça da pesca profissão habitual ou principal meio de vida.

---

137. Op. cit., 2005, p. 467.
138. Nos termos do § 2º do art. 20 do Decreto 3.048/99, no caso de contrato rural por pequeno prazo, a filiação do trabalhador decorre "automaticamente de sua inclusão na GFIP, mediante identificação específica".
139. Na redação originária, constava também o garimpeiro, excluído pela EC 20/98.

Ademais, o "cônjuge ou companheiro, bem como filho maior de 16 (dezesseis) anos de idade ou a este equiparado, do segurado".

Pois bem, o primeiro debate que se deve colocar é sobre se o legislador estende (dilata) o conceito constitucional ou se apenas se limita a desenvolvê-lo, seja para especificar (detalhar) ou para aclarar, trazendo situações análogas que não foram expressamente incluídas apenas em decorrência de imperfeição ou imprecisão redacional (*lex minus dixit quam voluit*). Nesta segunda hipótese podemos enquadrar claramente a ampliação de "o produtor, o parceiro, o meeiro e o arrendatário" para "produtor, seja proprietário, usufrutuário, possuidor, assentado, parceiro ou meeiro outorgados, comodatário ou arrendatário". Laborou melhor o legislador infraconstitucional, salientando que o que realmente importa é ser produtor rural, sendo que a natureza da posse é irrelevante. A redação constitucional é confusa, pois usa o termo "produtor" ao lado de "parceiro", "meeiro" e "arrendatário", mas estes últimos dizem respeito à relação possessória com a terra, enquanto apenas aquele outro guarda consonância com a atividade desenvolvida – aspectos que, inclusive, são complementares entre si[140]. Então, o que o legislador ordinário faz é apenas salientar a atividade ("produtor") e ampliar as hipóteses (e, mesmo assim, o rol continua a ser meramente exemplificativo, a nosso ver) de relação de posse.

Quanto ao extrativista vegetal (o seringueiro, embora nomeado expressa e apartadamente, é uma espécie do gênero), parece-nos que houve apenas uma especificação (detalhamento), já que produção compreende tanto a exploração quanto a extração vegetal e animal.

Finalmente, tem-se que a CRFB arrola, ao lado do produtor rural, "os respectivos cônjuges", enquanto a legislação ordinária acrescenta também o filho maior de 16 anos[141]. Há duas possibilidades hermenêuticas. A primeira é entender que quando a CRFB consigna apenas o cônjuge, não há como admitir que a lei faça uma ampliação, com base no argumento *a contrario sensu*. A segunda é sustentar que é desimportante, como já descrevemos, a relação de posse que se estabelece com a terra, sendo que todos que nela efetivamente trabalham (e a lei exige que "comprovadamente, trabalhem com o grupo familiar respectivo") podem ser considerados produtores (independentemente do título da posse) – pois, com o perdão da redundância, produzem –, sendo que a menção constitucional ao cônjuge serviu apenas para acentuar a novidade no sentido de não mais se admitir a exclusão da mulher (ou a concessão de um único benefício ao núcleo familiar), regra na legislação pretérita.

No que tange ao pescador artesanal, há mero desenvolvimento do conceito, assim como quanto à inclusão dos demais membros (consorte e filhos maiores de 16 anos) do grupo familiar (lá, por detalhamento, cá, por especificação). Neste último caso, é

---

140. A redação constitucional parece ter se embasado no fato de que os contratos de arrendamento, parceria e meação estão previstos expressamente na legislação agrária, ou seja, são modalidades de contrato tipicamente agrário.
141. Anteriormente à Lei 11.718/2008, a idade mínima era de 14 anos, sendo que houve adaptação à legislação constitucional, que só admite o trabalho após os 16 anos, salvo como aprendiz.

importante destacar que a lei exige que "para serem considerados segurados especiais, o cônjuge ou companheiro e os filhos maiores de 16 (dezesseis) anos ou os a estes equiparados deverão ter participação ativa nas atividades rurais do grupo familiar" (§ 6º do art. 11 da Lei 8.213/91), ou seja, precisam efetivamente colaborar com a produção. Ademais, estabelece o art. 109, IV, da IN INSS/PRES 128 de 2022 que não integram o grupo familiar do segurado especial os filhos casados, separados, divorciados, viúvos e ainda aqueles que estão ou estiveram em união estável, inclusive os homoafetivos, os irmãos, os genros e as noras, os sogros, os tios, os sobrinhos, os primos, os netos e os afins[142] e o inciso V complementa: "os pais podem integrar o grupo familiar dos filhos solteiros que não estão ou estiveram em união estável". Já o art. 48 do mesmo diploma diz que a comprovação do exercício de atividade rural para os filhos casados, separados, divorciados, viúvos e ainda aqueles que estão ou estiveram em união estável, inclusive os homoafetivos, que permanecerem ou retornarem ao exercício desta atividade juntamente com seus pais, poderá ser feita por contrato de arrendamento, parceria, meação, comodato ou assemelhado, para regularização da situação daqueles e dos demais membros do novo grupo familiar.

Há ainda dois outros aspectos, aplicáveis a todas as espécies, que devem ser analisados aqui. O primeiro é a exigência legal sobre o local de residência ("residente no imóvel rural ou em aglomerado urbano ou rural próximo a ele"). A CRFB não traz tal exigência expressamente, mas pode-se sustentar que se trata apenas de detalhar o que está implícito. A nosso sentir, a expressão não tem relevância, por não adquirir significado prático. Ao permitir que o sujeito resida em aglomerado urbano próximo, acaba por, na prática, não excluir ninguém, afinal, se o sujeito é mesmo produtor rural por conta própria, não pode morar a uma distância muito significativa do imóvel que explora. Não obstante, o Decreto 3.048/99, no pretexto de regulamentar o dispositivo legal, dispõe, em seu art. 20, § 9º, que considera-se que o segurado especial reside em aglomerado urbano ou rural próximo ao imóvel rural onde desenvolve a atividade quando resida no mesmo município de situação do imóvel onde desenvolve a atividade rural, ou município contíguo ao em que desenvolve a atividade rural. Não nos parece que isto possa ser levado "ao pé da letra" e realmente não vem sendo pela jurisprudência majoritária, que tem preferido se debruçar sobre as peculiaridades do caso concreto.

O segundo aspecto a ser analisado é o termo "individualmente ou em regime de economia familiar". Para bem avaliar a controvérsia, precisamos estabelecer preliminarmente o que é "regime de economia familiar" – um requisito comum a todas as espécies de segurado especial. A CRFB, como vimos, fala em "regime de economia familiar,

---

142. Frederico Amado considera ser tal disposição regulamentar "de validade discutível, pois a Lei 8.213/91 não promoveu a referida exclusão, revelando-se ilegal se os referidos membros da família também exercerem a atividade rural ou pesqueira de subsistência com o segurado especial." (*Curso de Direito e Processo Previdenciário*. 8. ed. Salvador: JusPodivm, 2016, p. 290). Pois bem, o dispositivo não diz que os referidos membros não são segurados especiais, diz apenas que não são componentes do grupo familiar, o que tão somente impede o aproveitamento da prova material em nome do outro e estabelece uma separação de núcleos familiares para aferição do regime de economia familiar.

sem empregados permanentes". A primeira análise a ser feita é se são dois requisitos autônomos, complementares ou se são uma coisa só. Há quem defenda essa terceira hipótese, dizendo que "regime de economia familiar" é simplesmente não ter empregados permanentes. Entendemos que são complementares, ou seja, "regime de economia familiar" engloba a inexistência de empregados permanentes, mas não se limita a isso. De fato, a interpretação literal não permite concluir que um termo conceitua o outro, mas apenas que o exemplifica ou estabelece parcela de seu conteúdo. Por outro lado, a lógica impede que sejam considerados como requisitos autônomos do ponto de vista técnico, já que se há empregados permanentes, regime de economia familiar não será, então existe uma interligação, uma interdependência.

Há de se considerar, ademais, que o conceito previdenciário de "regime de economia familiar" vigente por ocasião da promulgação da CRFB era o constante no art. 3º, § 1º, *b*, da LC 11/71 (grifos nossos): "o produtor, proprietário ou não, *que sem empregado*, trabalhe na atividade rural, individualmente ou em regime de economia familiar, *assim entendido o trabalho dos membros da família indispensável à própria subsistência e exercido em condições de mútua dependência e colaboração*".

Ou seja, ali não era permitida a contratação de empregados, enquanto a CRFB passou a admiti-la, desde que não permanentes. De todo modo, os requisitos estão apartados, sendo que a parte final do dispositivo traz a definição do que é o regime de economia familiar. Por outro lado, havia outro conceito, sindical, constante no Decreto-Lei 1.166/71, que definia como trabalhador rural quem, proprietário ou não, trabalhe individualmente ou regime de economia familiar, assim entendido o trabalho dos membros da mesma família, indispensável à própria subsistência e exercido em condições de mútua dependência e colaboração, *ainda que com ajuda eventual de terceiros* (art. 1º, I, *b*) e como empregado ou empresário rural (art. 1º, II) a pessoa física ou jurídica que, *tendo empregado*, empreende, a qualquer título, atividade econômica rural, quem, proprietário ou não, e *mesmo sem empregado*, em regime de economia familiar, explore imóvel rural que lhe absorva toda a força de trabalho e lhe garanta a subsistência e progresso social e econômico em área superior a dois módulos rurais da respectiva região e os proprietários de mais de um imóvel rural, desde que a soma de suas áreas *seja superior a dois módulos rurais* da respectiva região. Em suma, um produtor rural tornava-se empresário por duas razões: por contratar empregados ou por extrapolar dois módulos rurais (ainda que por somatória da área de mais de um imóvel). Na primeira hipótese, como havia contratação de empregados, já nem se falava em regime de economia familiar. Na segunda, como não havia contratação de empregados, abria-se a possibilidade de haver regime de economia familiar, ainda que com ajuda eventual de terceiros ("troca de dia", precipuamente). O que se percebe, em síntese, apesar de este último diploma não primar pela técnica e não ter natureza previdenciária, é que a contratação de empregados era por si só servível para descaracterizar o regime de economia familiar, ou seja, um fator de comprometimento independente, mas o simples fato de não se contratar empregados não era por si só definidor do regime de economia familiar – é dizer, havia algo a mais. Transpondo isto para o regime de hoje, em que a CRFB apenas não permite a contratação de empregados permanentes, é de se entender no mesmo sentido, qual seja: se há empregados permanentes, descaracterizado está o regime de economia familiar; se não há, cabe verificar ainda os demais requisitos.

Pois bem, o conceito de regime de economia familiar trazido pela lei é o seguinte (§ 1º do art. 11 da Lei 8.213/91):

> Entende-se como regime de economia familiar a atividade em que o trabalho dos membros da família é indispensável à própria subsistência[143] e ao desenvolvimento socioeconômico do núcleo familiar e é exercido em condições de mútua dependência e colaboração, sem a utilização de empregados permanentes.

Pela lei, portanto, os termos são tratados como complementares. Quanto à não utilização de empregados permanentes, a lei estabelece que o grupo familiar poderá utilizar-se de empregados contratados por prazo determinado ou de trabalhador de que trata a alínea g do inciso V do caput, à razão de no máximo 120 (cento e vinte) pessoas por dia no ano civil, em períodos corridos ou intercalados ou, ainda, por tempo equivalente em horas de trabalho[144], não sendo computado nesse prazo o período de afastamento em decorrência da percepção de auxílio-doença (§ 7º do art. 11 da Lei 8.213/91). Torna objetivo o requisito, portanto[145]. Quanto ao mais, ou seja, ser a atividade "indispensável

---

143. Doutrinariamente, parece-nos superada a tese de que o segurado especial deveria desenvolver atividade destinada exclusivamente – ou quase – à própria subsistência (a dita "agricultura de subsistência"), sob pena de desclassificação. Está obsoleta inclusive legislativamente (veja-se, por exemplo, que o § 1º do art. 109 da IN INSS/PRES 128 de 2022 diz até mesmo que "a atividade é desenvolvida em regime de economia familiar (...) independentemente do valor auferido pelo segurado especial com a comercialização da sua produção, quando houver"), mas, claro, se pode sempre argumentar pela inconstitucionalidade da legislação ordinária que busca definir o conceito. Não obstante, o melhor argumento a afastar a tese restritiva é justamente constitucional, conforme explicam Berwanger e Schuster: "a Constituição diz que (...) contribuirão sobre o resultado da *comercialização* da produção, ou seja, prevê justamente a contribuição sobre o excedente. Se não se admitir excedente, se subsistência seria apenas plantar para consumo próprio, como seria possível contribuir sobre a produção comercializada?" (op. cit., 2017). É certo que há ainda alguma resistência jurisprudencial, tanto é que Kovalczuk Filho (op. cit., 2015, p. 62) se preocupa em dizer que "Em nenhum momento o legislador estabeleceu o autoconsumo ou o consumo em caráter de subsistência como condição exclusiva para caracterização do trabalhador rural em exercício de atividade familiar e, por ausência de previsão legal, a venda de excedente agrícola não descaracteriza a condição de rurícola.". De todo modo, deixaremos de desenvolver tal debate aqui, já que nos parece que as demais considerações que faremos são suficientes para demonstrar qual é a nossa posição sobre o tema.

Por outro lado, há ademais a corrente – também dramaticamente minoritária – que considera que não é segurado especial aquele que trabalha exclusivamente em regime de subsistência, devendo haver excedente e, consequentemente, comercialização deste, já que o que o constituinte quis prestigiar foi a segurança alimentar do país. Na prática, se o postulante não comprovar que houve comercialização da produção, ficaria sem cobertura previdenciária. É certo que, em muitos casos, há a comercialização direta (ou até indireta) informal, ou seja, sem o registro e, consequentemente, sem o recolhimento do tributo. Tal tese inegavelmente é um pouco mais difícil de rebater do que a anterior. Parece-nos, contudo, que configura uma injustificável leitura restritiva do conceito colocado na CRFB, que não diz nada além do que "em regime de economia familiar, sem a contratação de empregados". Destarte, entendemos que a comercialização (ou não) é elemento acidental.

144. Segundo o Decreto 3.048/99, "à razão de oito horas/dia e quarenta e quatro horas/semana" (§ 21 do art. 9º).

145. A permissão para a contratação de empregados, dentro de certo limite, sem prejudicar o enquadramento como segurado especial surgiu após o advento da Lei 11.718/2008, sendo que a legislação anterior até mencionava "auxílio eventual de terceiros", mas, ao definir o que era "regime de economia familiar", falava em "sem a uti-

à própria subsistência e ao desenvolvimento socioeconômico do núcleo familiar", a lei não traz dados mais precisos. Parcela da doutrina, inclusive, contesta a definição consagrada na lei, por acreditar que ultrapassaria os limites de aperfeiçoamento do conceito ou, os mais radicais, por sustentar aquela primeira posição que descrevemos, de que "regime de economia familiar" equivale apenas a não ter empregados permanentes. A nosso ver, como já explanamos, a melhor interpretação do dispositivo é no sentido de que "regime de economia familiar" engloba a inexistência de empregados permanentes, contudo a isto não se limita – e aí cabe indagar o que há a mais.

Pois bem, quando a Constituição se vale de um conceito técnico e não o define ou especifica, presume-se que ela encampa aquele até então vigente na legislação de regência, que, neste caso, pode ser buscado no que diz a LC 11/71, em seu art. 3º, § 1º, *b* (grifamos):

> o produtor, proprietário ou não, que sem empregado, trabalhe na atividade rural, individualmente ou em regime de economia familiar, *assim entendido o trabalho dos membros da família indispensável à própria subsistência e exercido em condições de mútua dependência e colaboração.*[146]

---

lização de empregados" (revogado § 1º do art. 11 da Lei 8.213/91), levando a crer que permitia apenas o uso de mão de obra sem configuração de vínculo empregatício (esporádicos) ou, para os mais radicais, apenas a denominada "troca de dia" com a vizinhança (neste sentido, inclusive, é a definição do termo dada pelo § 6º do art. 9º do Decreto 3.048/99: "entende-se como auxílio eventual de terceiros o que é exercido ocasionalmente, em condições de mútua colaboração, não existindo subordinação nem remuneração"). A CRFB, contudo, sempre falou em "sem utilização de empregados *permanentes*", expressão de certo modo paradoxal (pois a não eventualidade é requisito do vínculo empregatício, ou seja, todo empregado é, tecnicamente, permanente), a não ser, a nosso juízo, que seja interpretada no sentido de permitir a contratação temporária (safristas ou por tempo determinado) ou eventual. A jurisprudência majoritária referendava este último posicionamento. Luís Rodrigues Kerbauy (*A Previdência na Área Rural*: benefício e custeio. 2008. 249 f. Dissertação (Mestrado em Direito) – Faculdade de Direito, Pontifícia Universidade Católica de São Paulo, São Paulo. 2008, p. 84) defende o mesmo ponto de vista, aduzindo que "a devida medida da expressão 'sem empregados permanentes'[,] utilizada no texto constitucional, comporta o sentido de 'ausência de contratos de trabalho por tempo indeterminado'. Deveras, no âmbito do trabalho rural mostra-se comum a prática de contratação de trabalhadores em períodos específicos do ano para efetuarem os afazeres da produção rural, que sazonalmente demanda maior força de trabalho.". Não obstante, o INSS segue defendendo aquele outro posicionamento para o período pretérito, tanto é que a IN INSS/PRES 128 de 2022, em seu art. 128, diz que é contribuinte individual "a pessoa física, proprietária ou não, que explora atividade agropecuária (agrícola, pastoril ou hortifrutigranjeira), ou atividade pesqueira e extrativista, a qualquer título, em caráter permanente ou temporário, nas seguintes condições: a) para o período de 1º de janeiro de 1976, data da vigência da Lei 6.260, de 6 de novembro de 1975, até 22 de junho de 2008, véspera da publicação da Lei 11.718, de 20 de junho de 2008, diretamente ou por intermédio de terceiros e *com o auxílio de empregado, utilizado a qualquer título, ainda que de forma não contínua*; e b) a partir de 23 de junho de 2008, data da publicação da Lei 11.718, de 2008, na atividade agropecuária em área, contínua ou descontínua, superior a 4 (quatro) módulos fiscais, ou, quando em área igual ou inferior a 4 (quatro) módulos fiscais ou atividade pesqueira ou extrativista, *com auxílio de empregados, em desacordo com o § 7º do art. 11 da Lei 8.213, de 1991*, ou por intermédio de prepostos;" (grifamos).

146. Em sentido diverso, o Estatuto da Terra (Lei 4.504/64), também em vigor por ocasião da promulgação da CRFB, define (inciso II, do art. 4º) como "propriedade familiar": "o imóvel rural que, direta e pessoalmente explorado pelo agricultor e sua família, lhes absorva toda a força de trabalho, garantido-lhes a subsistência e o progresso social e econômico, com área máxima fixada para cada região e tipo de exploração, e eventualmente, trabalhado com a ajuda de terceiros". Em suma, a definição é até mais restrita aqui, pois se exige que o imóvel absorva toda a força de trabalho.

Destarte, é certo que a novel legislação não extrapolou as fronteiras postas pela CRFB – pelo contrário, deu fiel cumprimento –, uma vez que o conceito atualmente em vigor em muito se assemelha ao que vigia por ocasião de sua (dela) promulgação[147]. É relevante mencionar, ainda que como argumento de reforço, o que dispõe a legislação que rege a agricultura familiar. A Lei 11.326/2006, conforme reza seu art. 1º, "estabelece os conceitos, princípios e instrumentos destinados à formulação das políticas públicas direcionadas à Agricultura Familiar e Empreendimentos Familiares Rurais". Define que se considera agricultor familiar e empreendedor familiar rural aquele que pratica atividades no meio rural, atendendo, simultaneamente, aos seguintes requisitos: I – não detenha, a qualquer título, área maior do que 4 (quatro) módulos fiscais; II – utilize predominantemente mão de obra da própria família nas atividades econômicas do seu estabelecimento ou empreendimento; III – tenha percentual mínimo da renda familiar originada de atividades econômicas do seu estabelecimento ou empreendimento, na forma definida pelo Poder Executivo; IV – dirija seu estabelecimento ou empreendimento com sua família (art. 3º). Os elementos adotados, portanto, são similares aos que constam na legislação previdenciária: empreendimento familiar; limite da área explorada em quatro módulos fiscais; utilização precípua de mão de obra própria (na legislação previdenciária, há um limite objetivo de utilização de mão de obra de terceiros, "à razão de no máximo 120 pessoas por dia no ano civil"); e relevância da atividade rural dentro da renda familiar total. Percebe-se, assim, que se observa certo padrão, uma coerência legislativa no trato do tema, ou seja, não se pode sustentar que a legislação previdenciária tenha sido casuística. Tomemos, ademais, o conceito de "agricultura familiar" que consta no sítio eletrônico do Ministério do Desenvolvimento Agrário, baseado na lei citada (grifamos): "A agricultura familiar tem dinâmica e características distintas em comparação à agricultura não familiar. Nela, a gestão da propriedade é compartilhada pela família e *a atividade produtiva agropecuária é a principal fonte geradora de renda*"[148]. É relevante observar que, ao contrário do que faz a legislação previdenciária, a da agricultura familiar delega ao Executivo a definição do percentual mínimo da renda familiar que deve derivar da atividade rural para que não se perca a qualificação. Com efeito, a Lei 8.213/91 fala apenas em ser o "trabalho dos membros da família indispensável à própria subsistência", ou seja, se vale de um conceito aberto, que deve ser preenchido pelo intérprete.

---

147. E foi praticamente idêntico até o advento da modificação imposta pela Lei 11.718/08, pois foi esta lei que acresceu o trecho "e ao desenvolvimento socioeconômico do núcleo familiar". Caso a disposição seja interpretada literalmente, não parece nada agregar, já que se a atividade é indispensável à subsistência, inegavelmente o será também ao desenvolvimento socioeconômico do núcleo familiar. A recíproca é que não seria verdadeira, ou seja, a atividade pode ser indispensável ao desenvolvimento, mas não chegar ao ponto de ser essencial à subsistência. Então, ao que nos parece, a melhor interpretação é ler os requisitos como cumulativos no sentido de somatória – ou seja, onde está "e" ler-se-ia "ou" –, pelo que a atividade pode ser tanto essencial à subsistência como também apenas ao desenvolvimento (no fim das contas, bastaria este, mas em nosso país esse tipo de excesso costuma ser útil ao processo hermenêutico).

148. Disponível em: http://www.mda.gov.br/sitemda/noticias/o-que-%C3%A9-agricultura-familiar. Acesso em: 31 maio 2017.

Não obstante, a Lei 8.213/91, embora não traga uma definição (e nem delegue a função), estabelece alguns parâmetros esparsos. Podemos colher, no § 8º do art. 11, que não descaracteriza a condição de segurado especial ser beneficiário ou fazer parte de grupo familiar que tem algum componente que seja beneficiário de programa assistencial oficial de governo. Por outro lado, conforme o § 9º, não é segurado especial o membro de grupo familiar que possuir outra fonte de rendimento (ou seja, se o agraciado for o próprio postulante), exceto se decorrente de: benefício de pensão por morte, auxílio-acidente ou auxílio-reclusão, cujo valor não supere o do menor benefício de prestação continuada da Previdência Social (é dizer, se a renda for decorrente de outro tipo de benefício ou superar o salário mínimo, estaria excluído, ao menos pela literalidade da lei[149]); benefício previdenciário pela participação em plano de previdência complementar instituído por entidade classista a que seja associado em razão da condição de trabalhador rural ou de produtor rural em regime de economia familiar; exercício de atividade remunerada em período não superior a 120 dias, corridos ou intercalados, no ano civil; exercício de mandato eletivo de dirigente sindical de organização da categoria de trabalhadores rurais; exercício de mandato de vereador do Município em que desenvolve a atividade rural ou de dirigente de cooperativa rural constituída, exclusivamente, por segurados especiais[150]; atividade artesanal desenvolvida com matéria-prima produzida pelo respectivo grupo familiar, podendo ser utilizada matéria-prima de outra origem, desde que a renda mensal obtida na atividade não exceda ao menor benefício de prestação continuada da Previdência Social; atividade artística, desde que em valor mensal inferior ao menor benefício de prestação continuada da Previdência Social.

Ademais, não descaracteriza a condição de segurado especial: a participação em plano de previdência complementar instituído por entidade classista a que seja associado em razão da condição de trabalhador rural ou de produtor rural em regime de economia familiar; a utilização pelo próprio grupo familiar, na exploração da atividade,

---

149. Os benefícios de pensão por morte e auxílio-reclusão são percebidos a partir da qualidade de dependente. Assim, se o instituidor for também segurado especial, o benefício terá o valor de 1 salário-mínimo e não desconfigura a qualidade de segurado. Poderá, ademais, ser segurado de outra espécie, desde que o salário de benefício não supere 1 salário-mínimo. Em suma, o que se pode extrair daí é que a lei acaba por permitir, indiretamente, que outro membro da família exerça atividade remunerada em até 1 salário-mínimo, o que resulta ser um parâmetro de aferição para um tema que enfrentaremos logo adiante. Quanto ao auxílio-acidente, o menor valor possível é de meio salário-mínimo – trata-se de benefício de natureza indenizatória, não substitui a renda, apenas a complementa –, que será mesmo o valor caso a concessão decorra de atividade como segurado especial, mas é possível que fique também em tal patamar em outra atividade, se o salário de benefício for de um salário-mínimo. Insta salientar que o Decreto 3.048/99 passou a dispor, a partir da alteração processada pelo Decreto 10.410/20, que o benefício concedido ao segurado qualificado como segurado especial, independentemente do valor, não é fonte de rendimento apta a descaracterizar a qualidade de segurado especial, ou seja, mesmo se o valor do benefício eventualmente superar um salário-mínimo (o que pode ocorrer, por exemplo, no caso de contribuições facultativas ou quando há percepção de auxílio-acidente no PBC), se o beneficiário for segurado especial, não há descaracterização.

150. Em suma, se for dirigente de cooperativa e receber remuneração como tal, é preciso que a cooperativa seja composta exclusivamente por segurados especiais. Não obstante, na simples associação em cooperativa agropecuária ou de crédito rural, não há igual exigência, ou seja, não é preciso que todos os cooperados sejam segurados especiais (art. 11, § 8º, VI, da Lei 8.213/91).

de processo de beneficiamento ou industrialização artesanal, na forma do § 11 do art. 25 da Lei 8.212, de 24 de julho de 1991; a associação em cooperativa agropecuária ou de crédito rural; a incidência do Imposto Sobre Produtos Industrializados – IPI sobre o produto das atividades desenvolvidas nos termos do § 12[151]; a participação em programas e ações de pagamento por serviços ambientais.

Perde-se a condição de segurado especial ao se enquadrar em outra categoria de segurado obrigatório (salvo se dentro das exceções acima mencionadas) ou ao se tornar segurado obrigatório de outro regime. Igualmente, se participar de sociedade empresária, de sociedade simples, como empresário individual ou como titular de empresa individual de responsabilidade limitada em desacordo com as limitações impostas pelo § 12[152].

Kovalczuk Filho defende a ideia de que, no caso de o postulante desempenhar outra atividade, não se deveria ter por norte a renda nesta obtida, mas sim o tempo despendido em cada uma delas. Em suas palavras, "o trabalho não rural pode representar maior proveito econômico em período de entressafra, mas demandar um período muito inferior de trabalho em comparação ao cultivo de uma safra inteira". Diz, ademais, citando José Graziano Silva, que "Uma ocupação agrícola pode ser considerada secundária em termos de renda que propicia, mas será considerada principal se o critério for o tempo de ocupação (...)"[153]. A nosso sentir, a atividade rural não pode adquirir contornos de secundária em nenhum dos dois aspectos – tempo de dedicação e renda obtida – no que se refere à outra atividade desenvolvida pelo próprio postulante. Com efeito, está aí o limite entre ser segurado especial com complemento de renda oriundo de outra atividade e ser a atividade rural o complemento.

Muito mais complexa é a análise sobre a descaracterização do regime de economia familiar em virtude do exercício de atividade remunerada por outro membro do grupo familiar. Em primeiro lugar, embora o conceito legal ("o trabalho dos membros da família é indispensável à própria subsistência e ao desenvolvimento socioeconômico do núcleo familiar") não traga propriamente uma diferenciação entre exercer o próprio postulante outra atividade – de um lado – e outro membro do grupo familiar exercer outra atividade – de outro –, parece-nos que a própria lógica interpretativa impõe uma diferenciação, a qual tem sido feita pela própria lei (em outros dispositivos, como vimos)

---

151. "A participação do segurado especial em sociedade empresária, em sociedade simples, como empresário individual ou como titular de empresa individual de responsabilidade limitada de objeto ou âmbito agrícola, agroindustrial ou agroturístico, considerada microempresa nos termos da Lei Complementar no 123, de 14 de dezembro de 2006, não o exclui de tal categoria previdenciária, desde que, mantido o exercício da sua atividade rural na forma do inciso VII do caput e do § 1º, a pessoa jurídica componha-se apenas de segurados de igual natureza e sedie-se no mesmo Município ou em Município limítrofe àquele em que eles desenvolvam suas atividades". Berwanger justifica, a respeito do dispositivo transcrito, que "Se o agricultor familiar que (...) industrializa a produção (...) e aquele que desenvolve atividade turística no meio rural não perde a condição de segurado especial, (...) pouco importa se o faça como pessoa física ou pessoa jurídica, individual ou coletivamente." (*Segurado Especial*: novas teses e discussões. Curitiba: Juruá, 2016, p. 27).
152. Vide nota de rodapé imediatamente anterior.
153. Op. cit., 2015, p. 68.

e também por doutrina e jurisprudência. Assim, tem-se sustentado que, em relação ao próprio sujeito, a sua atividade rural precisa ser a preponderante – caso contrário, ele deverá ser enquadrado como segurado de outra espécie –, mas quando é outro membro que desempenha atividade externa (seja urbana ou mesmo rural como contratado), o parâmetro passa a ser, segundo o que pode extrair do entendimento prevalecente, a manutenção da relevância (nas raias da indispensabilidade) da atividade, do postulante, à subsistência e ao desenvolvimento do grupo familiar[154]. Os critérios para aferição, porém, ainda não estão bem fixados.

A posição dominante no âmbito da TNU está consubstanciada em sua Súmula 41: "A circunstância de um dos integrantes do núcleo familiar desempenhar atividade urbana não implica, por si só, a descaracterização do trabalhador rural como segurado especial, condição que deve ser analisada no caso concreto". Como se vê, não é muito elucidativa. O STJ, por sua vez, já entendeu que "o trabalho urbano exercido pelo cônjuge não descaracteriza a condição de segurado especial da autora, desde que não seja suficiente para a manutenção do núcleo familiar" (REsp 969.473). Em REsp submetido ao rito dos recursos repetitivos (1.304.479), confirmou a tese: "O trabalho urbano de um dos membros do grupo familiar não descaracteriza, por si só, os demais integrantes como segurados especiais, devendo ser averiguada a dispensabilidade do trabalho rural para a subsistência do grupo familiar"[155]. Um pouco mais esclarecedora, ao falar em ser o trabalho urbano do outro "suficiente para a manutenção" e em "dispensabilidade do trabalho rural". Para fixação de tese jurídica abstrata, seria difícil – há de se reconhecer – ir disto além, em vista do que a legislação de regência dispõe. Segundo já deixamos consignado em nota de rodapé anterior, o legislador parece admitir que outro membro do grupo familiar exerça atividade alheia remunerada em até um salário-mínimo, o que é já, a quem assim entender, uma baliza. Tal solução também atenderia, de algum modo, uma razão de preponderância, em vista de que a atividade do segurado especial tem, para fins previdenciários, o valor de um salário-mínimo, visto que é este, afinal, o salário de contribuição virtual considerado, seja indiretamente, na aposentadoria "pura", seja até diretamente, como se dá na dita "híbrida" (como veremos adiante). Não obstante, nos parece ser possível vislumbrar que não é ainda aí que a atividade rural perde a relevância.

Em suma, e repisando, o entendimento prevalecente, que é o nosso também, é de que a análise deve ser feita em cada caso concreto[156], para verificar se a atividade rural

---

154. Neste sentido, Baltazar Júnior e Rocha: "somente estaria descaracterizado o regime de economia familiar quando a renda obtida com a outra atividade fosse suficiente para a manutenção da família, de modo a tornar dispensável a atividade agrícola." (BALTAZAR JÚNIOR, José Paulo; ROCHA, Daniel Machado da. *Comentários à Lei de Benefícios da Previdência Social*. 10. ed. Porto Alegre: Livraria do Advogado, 2011, p. 69).
155. No mesmo julgado, contudo, fixou a seguinte tese: "Em exceção à regra geral fixada no item anterior, a extensão de prova material em nome de um integrante do núcleo familiar a outro não é possível quando aquele passa a exercer trabalho incompatível com o labor rurícola, como o de natureza urbana", o que enfrentaremos mais adiante.
156. Neste sentido, por exemplo, Giseli Canton Nicolao Yoshioka: "Melissa Folmann e João Marcelino Soares, ao se referir à Súmula 41 da TNU, discorrem que a jurisprudência analisará o caso concreto para caracterizar ou

desempenha ou não um papel relevante para o desenvolvimento socioeconômico da família[157]. Destarte, diversamente do que se dá quando a outra atividade é desempenhada pelo próprio postulante – caso em que esta deve ser apenas um "bico" e a rural deve ser a principal –, aqui não gera obstáculo ao reconhecimento o fato de a atividade rurícola ser secundária na perspectiva do grupo familiar, desde que seja relevante.

Sobre a idade mínima a permitir a filiação como segurado especial, há intensa controvérsia doutrinária e jurisprudencial, tendo em vista que se trata de atividade que não depende de formalização, ou seja, não há contratação, sendo que a pessoa passa simplesmente, a partir de certo momento, a auxiliar a família na atividade, muitas vezes desde idade deveras tenra. Na prática, não é incomum que já preste algum auxílio desde os sete ou oito anos de idade, ainda que se possa debater sobre a real relevância do aporte. Vinha prevalecendo – embora com muita vacilação – o entendimento de que é preciso observar a legislação, especialmente a constitucional, em vigor na época da prestação do serviço, mais especificamente a idade mínima posta para o trabalho[158]. Neste sentido, dispõe o art. 5º da Instrução Normativa INSS/PRES 128, de 28 de março de 2022:

---

não o segurado especial, observando conjuntamente outros elementos, 'como a predominância da atividade rural em face da urbana, o tempo de exercício da atividade urbana, o valor auferido pela atividade não rurícola, entre outros.'" (Segurada Especial: obstáculos para a obtenção de benefícios previdenciários gerados a partir de um histórico de discriminação legalizada. In: BERWANGER, Jane Lucia Wilhelm; DARTORA, Cleci Maria; FOLMANN, Melissa (Coord.). *Direito Previdenciário Revisitado*. Porto Alegre: Lex Magister, 2014).

157. Neste sentido, tem-se a seguinte decisão do TRF4:
APELREEX – Apelação/Reexame necessário
Processo: 2008.72.99.000056-9
Data da Decisão: 29.04.2010
Órgão Julgador: Quinta Turma
Relator Rômulo Pizzolatti.
Aposentadoria por idade. Trabalhadora rural. Regime de economia familiar descaracterizado.
É indevida aposentadoria por idade à autonomeada trabalhadora rural quando a renda obtida com a agricultura não for indispensável à subsistência familiar, considerada a remuneração recebida pelo marido como empregado urbano, ainda que somente em parte do período aquisitivo.

158. Berwanger traz opinião em sentido contrário retirada de obra de autoria de Leandro Paulsen e Simone Barbisan Fortes: "Ocorre que o segurado especial não é empregado, e o trabalho do jovem não deixará de existir pelo limite etário mais avançado, já que é indispensável ao sustento do grupo familiar, diversamente do que ocorre no caso das relações de emprego, em que a (...) disciplina traz limites para os empregadores contratantes de mão de obra de menores. Por outro lado, a previsão constitucional de limite etário de 16 anos para a formação da relação de emprego é norma protetiva do menor, de modo que não poderia ser invocada para desconsiderar-se tempo de serviço efetivamente laborado (...)." (op. cit., 2013, p. 104). José Antonio Savaris, por sua vez, considera que "se convencionou, de modo razoável a nosso ver, que a partir dos 12 anos de idade o trabalho do menor pode ser considerado significativo." (*Direito Processual Previdenciário*. 2. ed. Curitiba: Juruá, 2009, p. 268).

Em nossa visão, se a Constituição proíbe o *trabalho* (em sentido lato, não apenas o empregado) do menor de 16 anos, o direito, inclusive o previdenciário, deve desestimulá-lo, mesmo no seio da família, e o desestímulo se volta também ao próprio trabalhador, de modo a preservar sua integridade física e buscar direcioná-lo a outras atividades próprias à idade – como o estudo e mesmo a recreação. Assim, não nos parece salutar que a legislação ou a jurisprudência previdenciária caminhe em sentido contrário ao que a CRFB propõe, conferindo efeitos previdenciários ao labor juvenil, salvo em circunstâncias excepcionais, como veremos logo a seguir. De todo modo, há ainda mais um argumento: na definição de segurado especial trazida pela CRFB (embora assim não o denomine, frise-se), tem-se "O produtor, o parceiro, o meeiro e o arrendatário rurais e o pescador artesanal,

Art. 5º O limite mínimo de idade para ingresso no RGPS do segurado obrigatório que exerce atividade urbana ou rural e do facultativo é o seguinte:

I – até 14 de março de 1967, véspera da vigência da Constituição Federal de 1967, 14 (quatorze) anos;

II – de 15 de março de 1967, data da vigência da Constituição Federal de 1967, a 4 de outubro de 1988, véspera da promulgação da Constituição Federal de 1988, 12 (doze) anos;

III – a partir de 5 de outubro de 1988, data da promulgação da Constituição Federal, à 15 de dezembro de 1998, véspera da vigência da Emenda Constitucional 20, 14 (quatorze) anos, exceto para menor aprendiz, que conta com o limite de 12 (doze) anos, por força do inciso XXXIII do art. 7º da Constituição Federal; e

IV – a partir de 16 de dezembro de 1998, data da publicação e vigência da Emenda Constitucional 20, 16 (dezesseis) anos, exceto para menor aprendiz, que é de 14 (quatorze) anos, por força do art. 1º da referida Emenda, que alterou o inciso XXXIII do art. 7º da Constituição Federal de 1988.

Não obstante, a jurisprudência já vinha excepcionando tal limite no caso de gravidez precoce – em idade inferior ao limite posto –, para fim de percepção de salário-maternidade, pois que, neste caso, entende-se que a teoria deve ceder à realidade (neste sentido, por exemplo, o STF no RExt 1.086.351[159]). É possível imaginar outras possibilidades, como o advento de incapacidade, mormente quando se tratar de acidente em serviço, ou no caso de casamento precoce com cônjuge que comprovadamente exerça a atividade rural.

Contudo, o STJ tem decisão recente no sentido de se admitir o cômputo do trabalho rural do menor de 12 anos. Com efeito, no AgInt no AREsp 956.558, entendeu o STJ que "apesar da proibição do trabalho infantil, o tempo de labor rural prestado por menor de 12 anos deve ser computado para fins previdenciários", devido à "prevalência da realidade diante de regras positivadas proibitivas do trabalho do infante". Trata-se de julgado relatado pelo Min. Napoleão Nunes Maia, que veio a se aposentar

---

bem como os respectivos cônjuges" (§ 8º do art. 195, grifei), não incluindo, portanto, os filhos dentro do regime contributivo especial. Destarte, a lei já propicia uma extensão, um alargamento da benesse constitucional, por outro lado respeitando o limite mínimo para o trabalho colocado pela própria CRFB, razão pela qual não nos parece que se possa aqui falar em qualquer vício de inconstitucionalidade.

159. No mesmo sentido:
Tribunal Regional Federal da 4ª Região
Processo: AC 180224520144049999 SC 0018022-45.2014.404.9999
Órgão Julgador: Sexta Turma
Julgamento: 22 de Julho de 2015
Relator: Vânia Hack de Almeida
Ementa
Previdenciário. Segurada especial em regime de economia familiar. Comprovação. Menor de 16 anos de idade. Norma constitucional protetiva.
1. Demonstrada a maternidade e a qualidade de segurada especial, mediante início razoável de prova documental, corroborada pela prova testemunhal, durante período equivalente ao da carência, é devido o salário-maternidade.
2. A vedação constitucional ao trabalho do adolescente (inciso XXXIII do art. 7º da Carta da Republica) é norma protetiva, que não serve para prejudicar o menor que efetivamente trabalhou, retirando-lhe a proteção de benefícios previdenciários.
(...)

posteriormente, razão pela qual é preciso observar se a posição será sustentada em julgados vindouros.

Insta mencionar, por fim, que o segurado especial pode optar por recolher também contribuições facultativas, caso em que fará jus a todos os demais benefícios previstos na legislação de regência, conforme prevê o art. 39, II, da Lei 8.213/91 c/c § 1º do art. 25 e art. 21 da Lei 8.212/91 (alíquota de 20%). Caso não o faça, há restrições, que veremos adiante.

Analisaremos cada espécie de segurado especial a seguir, em tópicos separados.

2.3.2.2 Espécies

Vistos os requisitos gerais, convém examinar de perto cada uma das espécies, tendo em vista que guardam peculiaridades importantes.

2.3.2.2.1 Pequeno produtor agrário ou pecuarista

A primeira e mais comum espécie de segurado especial é o pequeno produtor agropecuário (agrário e/ou pecuário). Embora seja uma espécie do gênero, é comumente tomada pelo todo. O conceito técnico é "produtor que explora atividade agropecuária em área de até quatro módulos fiscais", devendo reunir também as características genéricas já acima examinadas. E conforme também já salientamos, não importa a razão pela qual possui a terra, até mesmo porque a lei fala no termo genérico "possuidor", ao lado de "proprietário", usufrutuário, assentado, parceiro ou meeiro outorgados, comodatário ou arrendatário", sendo que várias destas consistem em nada além do que uma espécie de posse.

Não obstante, a IN 128/2022 reza (art. 110, § 6º) que, por força da decisão judicial proferida na Ação Civil Pública – ACP 000380795.2011.4.05.8300, o requerente que possui forma de ocupação como "acampado" deixou de ser considerado como segurado especial a partir de 16 de janeiro de 2020, considerando que permanecem válidos para todos os fins, os períodos de segurado especial com forma de ocupação "acampado" reconhecidos até tal data. De todo modo, o reconhecimento do período até 16 de janeiro de 2020 realizado em data posterior a esta somente será válido se vinculado a requerimento com Data de Entrada do Requerimento – DER anterior. Ademais, caso o segurado apresente novos elementos que permitam o enquadramento em outra forma de ocupação de segurado especial, o período indeferido deverá ser revisto. Finalmente, deverão ser observadas as regras para indenização previstas na legislação previdenciária.

A nosso pensar, porém, deveria valer inclusive a detenção, pois ao direito previdenciário não importa sequer a eventual ilicitude na posse da terra.

Há ainda um último requisito, específico a este tipo de segurado especial, de que a atividade seja desenvolvida em terreno não superior a quatro módulos fiscais[160]. A

---

160. É importante referenciar que "módulo fiscal" não se confunde com "módulo rural" e que é aquele – e não este – o conceito utilizado pela legislação previdenciária. O módulo rural – que é também uma unidade de medida

exigência – que, diga-se de passagem, apareceu na lei apenas em 2008[161] – é contestada por parcela relevante da doutrina, sob a alegação de que ultrapassaria as balizas constitucionais[162]. Parece-nos, contudo, que o legislador trabalha com a ideia de que este seria o limite máximo a permitir a exploração mediante a utilização precípua de mão de obra familiar, razão pela qual, inclusive, o limite é aplicável, como norte, mesmo para o período anterior ao advento da lei. Não obstante, entendemos também, na linha da jurisprudência majoritária, que tal presunção pode ser elidida a partir dos dados colhidos em determinado caso concreto. Assim é que, caso se trate de uma família bastante numerosa (um casal com vários filhos, todos trabalhando no empreendimento), se o terreno detiver características muito peculiares a dificultar a exploração[163], se a atividade desenvolvida permite parca utilização de mão de obra (por exemplo, gado bovino para corte) e especialmente quando presentes mais de uma ou todas estas circunstâncias, será possível, desde que a extrapolação seja singela (*v.g.*, o terreno tenha cinco módulos fiscais), relativizar a limitação no caso concreto. Em suma, o limite serve como um norte, um parâmetro, que deve ser respeitado em situações ordinárias, mas não consiste em dogma intransponível.

---

agrária, expressa em hectares – é calculado para cada imóvel rural – a partir dos dados constantes no cadastro de Imóveis Rurais no SNCR (Sistema Nacional de Cadastro Rural), gerenciado pelo Instituto Nacional de Colonização e Reforma Agrária (INCRA) –, e sua área reflete o tipo de exploração predominante no imóvel, segundo sua região de localização.

161. Parcela da jurisprudência adotava anteriormente o critério de dois módulos rurais, baseando-se no que dispõe o Decreto-Lei 1.166/71 – que dispõe sobre enquadramento e contribuição sindical rural – que, ao diferenciar trabalhador de empresário rural, estabelece aquele patamar como o limite que os separa, ou seja, a partir de dois módulos rurais deixa-se de ser trabalhador, passando-se à categoria de empresário rural. Não obstante, tal posicionamento não prevalecia, sendo que a TNU editou a Súmula 30, com o seguinte teor: "Tratando-se de demanda previdenciária, o fato de o imóvel ser superior ao módulo rural não afasta, por si só, a qualificação de seu proprietário como segurado especial, desde que comprovada, nos autos, a sua exploração em regime de economia familiar".

162. Neste sentido, Kovalczuk Filho (op. cit., 2015, p. 75) defende que a disposição "fere diretamente a Constituição da República Federativa do Brasil de 1988, a qual não estabeleceu limite algum no tocante à propriedade rural. Por esse motivo, defendemos que o dispositivo legal é inconstitucional por contrariar o art. 195, § 8º, da Constituição Federal de 1988.". Berwanger (op. cit., 2013, p. 170) tem o mesmo entendimento, sustentando a inconstitucionalidade no fato de que "Não se trata de regulamentar, mas de inovar, criando condições diversas daquelas expressas na Carta Maior"

163. É importante considerar que o tamanho do módulo fiscal varia conforme o Município, ou seja, já se leva em consideração as características ordinárias da região. Destarte, podemos considerar que, ao menos implicitamente, circunstâncias ordinárias de cada município já estão compreendidas dentro da definição de qual é seu módulo fiscal (como, por exemplo, o solo pedregoso ou arenoso, o relevo montanhoso, o clima árido etc.). Assim, o que pode ser levado em conta para afastar o critério legal é algo diferenciado na gleba em relação à própria região, como, por exemplo, um solo arenoso quando o padrão regional não é, um terreno extremamente acidentado em Município de relevo plano, uma extensa Área de Preservação Permanente etc.. Nesta direção, dispõe a própria Lei 4.504/64, em seu art. 50: "§ 3º O número de módulos fiscais de um imóvel rural será obtido dividindo-se sua área aproveitável total pelo modulo fiscal do Município. § 4º Para os efeitos desta Lei; constitui área aproveitável do imóvel rural a que for passível de exploração agrícola, pecuária ou florestal. Não se considera aproveitável: a) a área ocupada por benfeitoria; b) a área ocupada por floresta ou mata de efetiva preservação permanente, ou reflorestada com essências nativas; c) a área comprovadamente imprestável para qualquer exploração agrícola, pecuária ou florestal". Nos termos do art. 10 da Lei 9.393/96, o proprietário da gleba poderá comprovar por meio da Declaração Anual do ITR que parte da terra não é aproveitável. Não se está a dizer, frisamos, que seja a única maneira de comprovar o fato.

Por fim, importante salientar que não descaracteriza a condição de segurado especial: a outorga, por meio de contrato escrito de parceria, meação ou comodato, de até 50% de imóvel rural cuja área total não seja superior a quatro módulos fiscais, desde que outorgante e outorgado continuem a exercer a respectiva atividade, individualmente ou em regime de economia familiar[164]; a exploração da atividade turística da propriedade rural, inclusive com hospedagem, por não mais de 120 dias ao ano.

2.3.2.2.2 Pescador artesanal

O conceito legal, como já vimos, é: "pescador artesanal ou a este assemelhado que faça da pesca profissão habitual ou principal meio de vida". O destaque fica por conta da parte final, ou seja, a não exigência, de plano, de exclusividade, mas apenas de que a pesca seja a atividade primária *ou* fonte principal de subsistência. Não obstante, isto parece ter perdido relevância com o advento do inciso III do § 9º do art. 11 da Lei 8.213/91, que permite, ao segurado especial em geral, o "exercício de atividade remunerada em período não superior a 120 (cento e vinte) dias, corridos ou intercalados, no ano civil". A novel redação é de 2013, sendo que a original, de 2008, possibilitava o "exercício de atividade remunerada em período de entressafra ou do defeso, não superior a 120 (cento e vinte) dias, corridos ou intercalados, no ano civil", ou seja, estabelecia também limites quanto à época da prestação de serviço externo[165].

Como a Lei 8.213/91 não traz a definição do que seja "pesca artesanal", mergulhou em tal tarefa o Regulamento (Decreto 3.048/99). É importante ressalvar, porém, que o conceito ali trazido restou alterado em 2015, sendo adaptado à novel legislação de regência, estabelecida pela Lei 11.959/09. Antes, era pescador artesanal aquele que: não utiliza embarcação; utiliza embarcação de até seis toneladas de arqueação bruta, ainda que com auxílio de parceiro; na condição, exclusivamente, de parceiro outorgado, utiliza embarcação de até dez toneladas de arqueação bruta[166].

Agora, contudo, define o Decreto 3.048/99 (§ 14 do art. 9º) que pesca artesanal consiste em: não utilização de embarcação ou utilização de embarcação de pequeno porte nos termos da Lei 11.959/09[167]. Ademais, estabelece (art. 9º, § 15, XI) que é con-

---

164. Em suma, o tamanho total da propriedade deve permanecer dentro do limite de quatro módulos fiscais, o postulante deve exercer atividade rural na parcela restante e o(s) outorgado(s) igualmente deve(m) desenvolver atividade rural – em regime de economia familiar, em todas as hipóteses. A remuneração eventualmente recebida do outorgado, se respeitadas tais balizas, também não serve para descaracterizar a condição de segurado especial.
165. Conforme já referenciamos, a limitação ainda consta do Regulamento, cuja redação não foi alterada desde 2008.
166. E a "desclassificação" para contribuinte individual se dava nas seguintes hipóteses: o pescador que trabalha em regime de parceria, meação ou arrendamento, em barco com mais de duas toneladas brutas de tara; e o pescador que trabalha em regime de parceria, meação ou arrendamento, em embarcação com mais de seis toneladas de arqueação bruta, ressalvado o disposto no inciso III do § 14.
167. No mesmo ano, porém, foi acrescida a figura do "assemelhado ao pescador artesanal", que é "aquele que realiza atividade de apoio à pesca artesanal, exercendo trabalhos de confecção e de reparos de artes e petrechos de pesca e de reparos em embarcações de pequeno porte ou atuando no processamento do produto da pesca artesanal"

tribuinte individual (e não segurado especial, portanto) "o pescador que trabalha em regime de parceria, meação ou arrendamento, em embarcação de médio ou grande porte, nos termos da Lei 11.959, de 2009". A sistemática adotada é um pouco confusa, já que, por um lado, considera-se pescador artesanal apenas aquele que utiliza embarcação de pequeno porte (ou nenhuma), mas o enquadramento residual como contribuinte individual é, aparentemente, para aquele que trabalha em regime de parceria, meação ou arrendamento, em embarcação de médio ou grande porte[168]. Assim, fica sem enquadramento expresso aquele que trabalha em regime de parceria, meação ou arrendamento em embarcação de pequeno porte (mas, por exclusão lógica, é possível enquadrá-lo como pescador artesanal) e aquele que trabalha em embarcação própria de médio ou grande porte.

A solução, então, passa pela análise do que dispõe a Lei 11.959/09 (que dispõe sobre a Política Nacional de Desenvolvimento Sustentável da Aquicultura e da Pesca e regula as atividades pesqueiras). Tal diploma estabelece, em seu art. 8º, que a pesca é classificada como: I – comercial: a) *artesanal: quando praticada diretamente por pescador profissional, de forma autônoma ou em regime de economia familiar, com meios de produção próprios ou mediante contrato de parceria, desembarcado, podendo utilizar embarcações de pequeno porte*; b) industrial: quando praticada por pessoa física ou jurídica e envolver pescadores profissionais, empregados ou em regime de parceria por cotas-partes, utilizando embarcações de pequeno, médio ou grande porte, com finalidade comercial; II – não comercial: a) científica: quando praticada por pessoa física ou jurídica, com a finalidade de pesquisa científica; b) amadora: quando praticada por brasileiro ou estrangeiro, com equipamentos ou petrechos previstos em legislação específica, tendo por finalidade o lazer ou o desporto; c) *de subsistência: quando praticada com fins de consumo doméstico ou escambo sem fins de lucro e utilizando petrechos previstos em legislação específica*. As duas atividades em negrito são as que nos interessam. A primeira, pois permite a intelecção de que só pode ser pescador artesanal aquele que atua em embarcação de pequeno porte. A segunda, pois, embora não mencionada lá no Regulamento, está compreendida dentro da noção de segurado especial, por tudo aquilo que já examinamos anteriormente no sentido de que a atividade de mera subsistência também não escapa ao conceito.

Cumpre destacar, de passagem, que a pesca é considerada atividade rural pela legislação tributária. A pesca é conceituada, mais especificamente, como uma atividade de extração

---

(§ 14-A do art. 9º). Tal disposição, ao incluir aquele que realiza reparos em embarcações e confecção de artes e petrechos de pesca parece extrapolar os lindes constitucionais (e legais), visto que a CRFB fala apenas em "pescador", ou seja, quem exerce atividade de pesca, por óbvio. Seria possível, por exemplo, incluir um pequeno produtor ou fabricante de insumos, sementes, adubos? Parece-nos que não. Acerca do processamento do produto da pesca artesanal, assim se considera, segundo o § 5º do art. 111 da IN INSS/PRES 128 de 2022 "a fase da atividade pesqueira destinada ao aproveitamento do pescado e de seus derivados, provenientes da pesca e da aquicultura, aí incluídas, dentre outras, as atividades de descamação e evisceração".

168. Pode-se, contudo, fazer a leitura do dispositivo em questão como um arrolamento alternativo, ou seja, que estariam excluídos tanto os que trabalham em regime de parceria, como os que se utilizam de embarcação de médio ou grande porte, mas a primeira hipótese parece-nos um tanto quanto drástica.

animal. A atividade pode ser realizada em rios, lagos ou no mar e o objeto não é apenas o pescado, como também frutos do mar ou qualquer outro tipo de animal (ex: jacaré)[169].

Segundo dispõe o art. 111, § 5º, da Instrução Normativa 128 INSS/PRES de 20122, entende-se como processamento do produto da pesca artesanal a fase da atividade pesqueira destinada ao aproveitamento do pescado e de seus derivados, provenientes da pesca e da aquicultura. Esta última atividade é definida pela Lei 11.959/2009 como "a atividade de cultivo de organismos cujo ciclo de vida em condições naturais se dá total ou parcialmente em meio aquático, implicando a propriedade do estoque sob cultivo, equiparada à atividade agropecuária" (art. 2º, II). Portanto, o aquicultor é aquele que explora reservatórios hídricos, como, por exemplo, tanques de peixes, criadouros. Segundo a Lei 11.326/2006, que "estabelece as diretrizes para a formulação da Política Nacional da Agricultura Familiar e Empreendimentos Familiares Rurais", são beneficiários do programa os aquicultores que trabalham em regime de economia familiar e explorem reservatórios hídricos com superfície total de até dois hectares ou ocupem até 500m^3 de água, quando a exploração se efetivar em tanques-rede. A legislação previdenciária não chega a incluir expressamente o aquicultor como equiparado ao pescador artesanal, mas parece-nos plausível a interpretação extensiva, sendo possível se valer do critério da Lei 11.326/2006, por analogia. Em julgado do TRF4, relatado pelo juiz federal convocado José Antonio Savaris (recurso cível 50045593720134047007), chegou-se ao seguinte entendimento: "Seria desarrazoado, parece-me, reconhecer a pesca artesanal como atividade produtiva a se enquadrar no conceito de segurado especial e não conferir o mesmo tratamento previdenciário à atividade de criação de peixes, a qual significa inegável ampliação da produção de pescado. Neste sentido, note-se, a pesca artesanal está para o extrativismo assim como a piscicultura está para a atividade agropecuária".

2.3.2.2.3 Extrativista vegetal

O conceito trazido pela Lei 8.213/91 é (art. 11, VI, a, 2): a pessoa física residente no imóvel rural ou em aglomerado urbano ou rural próximo a ele que, individualmente ou em regime de economia familiar, ainda que com o auxílio eventual de terceiros, na condição de produtor, seja proprietário, usufrutuário, possuidor, assentado, parceiro ou meeiro outorgados, comodatário ou arrendatário rurais, que explore atividade de seringueiro ou extrativista vegetal que exerça suas atividades nos termos do inciso XII do caput do art. 2º da Lei 9.985, de 18 de julho de 2000[170], e faça dessas atividades o principal meio de vida.

A redação atual da Lei 8.213/91, a incluir o seringueiro e o extrativista, foi dada pela Lei 11.718/08, sendo que anteriormente a esta não havia previsão expressa de tal atividade. Não

---

169. O art. 11, III, da IN INSS/PRES 128 de 2022 estabelece que "são considerados pescadores artesanais, também, os mariscadores, caranguejeiros, catadores de algas, observadores de cardumes, entre outros que exerçam as atividades de forma similar, qualquer que seja a denominação empregada".
170. "XII – extrativismo: sistema de exploração baseado na coleta e extração, de modo sustentável, de recursos naturais renováveis".

obstante, conforme salienta Berwanger, constava na Lei 8.212/91, na definição de produção rural (art. 25, § 3º), a inclusão de produtos de origem vegetal, "podendo se afirmar que ali estava incluída a extração do látex ou de outras atividades de silvicultura"[171].

Haverá, todavia, quem defenda que a inclusão do extrativista como segurado especial só pode ser admitida a partir do advento da novel legislação citada; mas, tendo em vista que o conceito de segurado especial tem assento constitucional, não se pode admitir que a lei o expanda sem que esteja lá, na CRFB, presumido, e, se assim estava, a lei não veio a inovar, senão teve apenas o escopo de explicitar.

A outra situação que deve ser salientada é que, embora a lei mencione, no conceito, uma relação de posse do extrativista com a terra, esta muitas vezes se dá – especialmente a do seringueiro – em florestas nativas situadas em áreas de domínio público, não disponíveis à propriedade privada. Destarte, aqui fica ainda mais evidente o que dantes já insistentemente salientamos no sentido de que o rol (de relação jurídica com a terra) trazido pela legislação de regência é exemplificativo, já que aqui se tem uma situação na qual sequer haverá detenção, já que o extrativista estará apenas de passagem. Do mesmo modo e pela mesma razão, não há que se cogitar, em tal situação, de limitação do tamanho do terreno (o que a lei, diga-se de passagem, não faz).

Importante ressaltar que a lei fala em ser a atividade "o principal meio de vida", com o que evidencia a possibilidade de exercício de atividades complementares, não se exigindo, assim, exclusividade. Pois bem, é certo que se permite ao segurado especial – em princípio, como gênero – o "exercício de atividade remunerada em período não superior a 120 (cento e vinte) dias, corridos ou intercalados, no ano civil" (art. 11, § 9º, III, da Lei 8.213/91). Cabe, contudo, cogitar se tal "permissão limitada" é aplicável, na limitação, a todas as espécies de segurado especial (como vimos, quanto ao pescador artesanal, a lei fala em "profissão habitual"), ou apenas ao pequeno produtor agropecuário (pois quanto a este não há, na definição do tipo, ressalvas), enquanto para os demais a tolerância poderia ser até maior.

2.3.2.2.4 Indígena e quilombola

A situação específica das comunidades indígenas e quilombolas não está regulada em lei, embora, é claro, nada impeça o enquadramento genérico como segurado especial de um seu membro que preencha os requisitos legais.

O tema, porém, sempre suscitou debates jurisprudenciais. É importante observar, por exemplo, que tais comunidades geralmente desenvolvem atividade rural em regime de cooperação entre membros que não são parte de um mesmo grupo familiar e em extensas glebas, ou seja, um empreendimento grupal, muitas vezes comunitário. Em suma, há peculiaridades que poderiam dificultar o ajustamento dentro dos requisitos legais genéricos.

---

171. Op. cit., 2013, p. 175.

Pois bem, com relação ao indígena, estabelecia a revogada Instrução Normativa INSS/PRES 20 de 2007 que seria considerado segurado especial o índio em vias de integração ou isolado: aquele que, não podendo exercer diretamente seus direitos, é tutelado pelo órgão regional da Fundação Nacional do Índio-FUNAI (art. 7º, § 3º, IX) e que o índio integrado, assim denominado o incorporado à comunhão nacional e reconhecido no pleno exercício de seus direitos civis, ainda que conserve usos, costumes ou tradições características de sua cultura, deveria ser tratado como qualquer dos demais beneficiários da Previdência Social, devendo ser apresentada pela FUNAI, responsável pela tutela dos índios, uma declaração formal reconhecendo sua condição de integrado (art. 8º, II).

Estabeleceu a Instrução Normativa INSS/PRES 128/2022 que se enquadra como segurado especial o indígena reconhecido pela Fundação Nacional do Índio – FUNAI, inclusive o artesão que utilize matéria-prima proveniente de extrativismo vegetal, independentemente do local onde resida ou exerça suas atividades, sendo irrelevante a definição de indígena aldeado, não aldeado, em vias de integração, isolado ou integrado, desde que exerça a atividade rural individualmente ou em regime de economia familiar, observado os requisitos contidos nos arts. 112 e 113.

Tal mudança, na origem, decorreu do manejo de ação civil pública pelo Ministério Público Federal, que tramitou inicialmente perante a Justiça Federal do Rio Grande do Sul sob o n. 2008.71.00.024546-2, cuja sentença, com efeitos sobre todo o território nacional, determinou, em apertada síntese, que não se pode estabelecer distinção entre indígenas, podendo ser segurado especial inclusive o artesão residente no meio urbano. A sentença foi confirmada em segundo grau e transitou em julgado.

Com relação ao quilombola, define a IN INSS/PRES 128/2022 que é o afrodescendente remanescente dos quilombos que integra grupos étnicos compostos de descendentes de escravos (art. 110, IX). Assim, considera-se que a atividade rural estabelecida dentro das comunidades quilombolas pode ser considerada como desenvolvida em regime [equiparado ao] de economia familiar.

2.3.2.3 Recolhimentos facultativos

A legislação de regência prevê a possibilidade de que o segurado especial verta contribuições facultativas; caso queira, deverá fazê-lo (§ 1º do art. 25 da Lei 8.212/91) nos mesmos moldes previstos para os segurados facultativo e contribuinte individual (ou seja, com alíquota de 20% sobre o salário de contribuição). Convém salientar que o fato de o segurado especial recolher também facultativamente não altera o seu enquadramento, ou seja, permanece sendo segurado especial, não se torna segurado facultativo, tampouco contribuinte individual[172]; as contribuições é que são facultativas, portanto.

---

172. Convém ressaltar que, na prática, se o segurado especial contribuir facultativamente, o fará usando os códigos de contribuição mensal ou trimestral específicos de segurado especial e não de facultativo, tampouco de contribuinte individual.

Pois bem, efetuando tais recolhimentos, passa a fazer jus (art. 39, II, da Lei 8.213/91) às demais prestações previstas no cardápio do plano de benefícios (em especial, a aposentadoria programada) e o cálculo da renda mensal inicial do benefício observará os valores dos salários de contribuição utilizados para as contribuições facultativas.

Em relação mais especificamente à extensão do rol de prestações, a mais relevante destas seria a hoje extinta aposentadoria por tempo de contribuição. Com a nova sistemática implementada pela EC 103/2019, cabe cogitar o acesso à aposentadoria programada, o que nos parece possível.

Insta ressaltar que, no caso de o segurado especial resolver indenizar, com contribuições facultativas, período pretérito, dispõe o art. 194, V, da IN INSS/PRES 128 de 2022 que não caberá o cômputo como carência. Trata-se de um debate extenso, que não se fará aqui, mas sustentamos que tal limitação deve ficar restrita à carência dos benefícios não programados[173].

2.3.3 Avulso rural

Segundo a definição de Godinho, o trabalhador avulso "corresponde a modalidade de trabalhador eventual, que oferta sua força de trabalho, por curtos períodos de tempo, a distintos tomadores, sem se fixar especificamente a qualquer deles.". O que distingue o avulso do eventual, segundo o mesmo autor, "é a circunstância de sua força de trabalho ser ofertada (...) através de uma *entidade intermediária*. Esse ente intermediador é que realiza a interposição da força de trabalho avulsa em face dos distintos tomadores de serviço (...)"[174]. Tal entidade intermediária pode ser o sindicato ou o órgão gestor de mão de obra. No mesmo sentido, salienta Vilhena que

> Tratar o avulso como subespécie do trabalho eventual será desfigurar-lhe os contornos e mantê-lo em uma área de especulação jurídica de que já retirou o legislador (...). O trabalho que se presta a uma empresa, o efetivo, o temporário, o avulso ou o eventual, é o mesmo: parte de dispêndio de energia humana, presta-se pessoalmente e se configura como uma relação de trato sucessivo. A sua divisão, para fins de tutela, incorporação ou não na legislação do trabalho, não atende senão a direções de política jurídica. E política jurídica não se censura, pois traduz opinião dominante no plano histórico e esta é que dita as leis. (...) Os serviços do avulso são periódicos e não ocasionais. As jornadas gozam de previsão, cujo perímetro é relativamente condicional (a chegada do navio, a chegada do caminhão). Tomado o avulso como grupo, pode-se dizer que a sua prestação é ininterrupta; o que varia são os seus componentes (...).[175]

A definição previdenciária dada pela Lei 8.213/91 é simplória: "quem presta, a diversas empresas, sem vínculo empregatício, serviço de natureza urbana ou rural definidos no Regulamento" (art. 11, VI). O Decreto 3.048/99 confere um conceito mais preciso: "aquele que, sindicalizado ou não, presta serviço de natureza urbana ou rural, a diversas empresas, sem vínculo empregatício, com a intermediação obrigatória do

---

173. Para maior detalhamento, vide o nosso artigo: Teoria Geral do Risco Social. *Revista Brasileira de Previdência*, v. 8, segundo semestre de 2018, p. 118-157.
174. Op. cit., p. 341. Entendemos que outro traço distintivo, em relação ao empregado, é a ausência de pessoalidade.
175. Op. cit., 2005, p. 432-433.

órgão gestor de mão de obra (...) ou do sindicato da categoria" (art. 9º, VI), trazendo um rol das atividades passíveis de enquadramento. Assim, é preciso haver previsão expressa da atividade no Regulamento para que um trabalhador possa ser considerado avulso, ou seja, trata-se de uma relação de *numerus clausus*. Observando a lista que consta na legislação de regência, a única possibilidade de enquadramento como avulso rural que ali vislumbramos seria o ensacador de café ou de cacau, caso se considere tal atividade como rurícola.

2.3.4 Esporádico rural

Apontamos, na introdução ao presente capítulo, alguns atores do meio rural que se enquadram como contribuintes individuais, contudo não nos interessam, por não fazerem jus à aposentadoria diferenciada. Aqui, cuidaremos da única hipótese que nos preocupa, prevista na alínea *g* do inciso V do art. 11 da Lei 8.213/91: "quem presta serviço de natureza urbana ou rural, em caráter eventual, a uma ou mais empresas, sem relação de emprego". Trata-se do "esporádico rural"[176], que desenvolve o denominado "trabalho eventual".

Esclarece Maurício Godinho Delgado[177] que estão, no esporádico, presentes todos os requisitos da relação de emprego, exceto justamente o elemento "permanência", razão pela qual é também denominado "subordinado de curta duração". Ele esclarece, contudo, que a conceituação dessa "eventualidade" admite diversas teorias, sendo quatro as mais destacadas: da descontinuidade[178]; do evento; dos fins do empreendimento; e da fixação jurídica ao tomador de serviços. O autor, contudo, prefere trabalhar com todas estas características em conjunto. Em suas palavras, "O conceito de eventualidade, definitivamente, não resulta de um único ponto constitutivo". Segundo tal autor, a caracterização do trabalho eventual deve ser feita da seguinte maneira: a) descontinuidade da prestação do trabalho, entendida como a não permanência em uma organização com ânimo definitivo; b) não fixação jurídica a uma única fonte de trabalho, com pluralidade variável de tomadores de serviços; c) curta duração do trabalho prestado; d) natureza do trabalho concernente a evento certo, determinado e episódico quanto à regular dinâmica do empreendimento do tomador de serviços; e) em consequência, a natureza do trabalho não seria também correspondente ao padrão dos fins normais do

---

176. Há quem conceitue "diarista rural", expressão que nos parece admissível caso o enfoque seja no tempo trabalhado (em geral, um dia só), porém é nomenclatura que tende a causar confusão, uma vez que os leitores podem se prender ao diarista mais conhecido, que é o doméstico, cuja conceituação, como veremos logo a seguir, é distinta. Assim, o termo "esporádico" nos parece mais adequado, pelo que é o que optamos por utilizar aqui (também o termo "eventual" se nos afigura pertinente, todavia menos elucidativo).
177. Op. cit., p. 316-321 e 378-379.
178. Tal teoria – pura – é amplamente rejeitada pela doutrina, uma vez que a CLT se vale da expressão negativa "serviços de natureza não eventual", ao contrário do que faz a legislação do trabalho doméstico, acima vista, que fala em "forma contínua". Destarte, defende-se que o elemento "descontinuidade" não pode, ao menos por si só, servir para caracterizar a eventualidade na legislação trabalhista comum, pelo que haverá, em regra, relação de emprego ainda que a pessoa trabalhe apenas uma vez por semana, se há estabilidade (e a presença dos demais elementos) nessa relação.

empreendimento. É importante ressaltar que a dilação temporal do trabalho, embora não deva ficar necessariamente limitada a um dia apenas, não pode se tornar muito ampla, pois desfiguraria a relação[179]. Godinho salienta, inclusive, que a figura do eventual deve ser dissociada da do trabalhador sazonal ou adventício (o "safrista", que já examinamos acima), justamente pelo fato de que a duração do trabalho deste acaba não sendo tão diminuta.

O Decreto 3.048/99 estabelece, no § 4º de seu art. 9º, que "entende-se por serviço prestado em caráter não eventual aquele relacionado direta ou indiretamente com as atividades normais da empresa". Aparentemente, adere àquela quarta característica descrita por Godinho, enquadrando-se na corrente que defende a teoria dos fins do empreendimento, a qual, inclusive, é a mais prestigiada na doutrina trabalhista.

Wladimir Novaes Martinez assim define tal espécie de trabalhador, o qual denomina "eventual":

> pessoa dependente, não tem profissão definida ou está adestrando-se antes de dominá-la, e presta serviços subordinadamente para as empresas, sem chegar a ser empregado. Deste se distingue por trabalhar em função ocasional, serviço não permanente, em tarefa esporádica. (...) Definir eventual é tarefa árdua e (...) o legislador (...) desceu a níveis insuspeitáveis de insuficiência técnica e o considera um prestador de serviços, 'em caráter eventual, a uma ou mais empresas, sem relação de emprego'. A rigor, a oração é precária e pouco esclarecedora (...); é tautologia pretender-se definir o eventual com a palavra 'eventual', pior ainda não deixando bem claro se essa ocasionalidade diz respeito ao trabalhador (sic) ou à tarefa (sic) (...). Ninguém confunde o eventual com o empregado. Um é trabalhador fortuito, e o outro, um prestador permanente de serviços, cifrada a frequência de ambos em relação à tarefa executada. A oração legal reduz-se à essência da atividade empreendida: tem de ser acidental (...). Suas características básicas são a pessoalidade, a eventualidade e, consequentemente, a não habitualidade do labor e, assinale-se, a dependência hierárquica. Exatamente como o empregado, é subordinado ao poder de comando da empresa. Tem seu trabalho conduzido pelo contratante e não é autossuficiente como o autônomo. (...) alguém iniciando-se numa carreira, marginalizado no mercado de trabalho ou na sociedade.[180]

Em síntese, podemos, embora adotando uma estratégia de conceituação "negativa" e bastante simplista, definir como esporádico aquele que presta serviço a diversos contratantes, mas sem que a relação aí estabelecida configure vínculo empregatício.

A grande nota deste trabalhador (e de qualquer contribuinte individual) é a de que ele é o responsável pelo próprio recolhimento, salvo quando prestar serviço a pessoa

---

179. Nos idos de 1971, com base na legislação vigente à época, Elcir Castelo Branco assim definia o "tarefeiro": "Esta especificação não teria nenhuma utilidade por compreender-se, aparentemente, no conceito de trabalhador rural. O pagamento por tarefa não passa de um modo de remuneração de um empregado. Acontece porém que, no meio rural, costuma-se em certas épocas, principalmente de colheitas, contratar o trabalho esporádico de pessoas mediante o pagamento por quilo, por litro ou por arrôba de frutos colhidos. Êste pessoal temporário será avulso pela índole de suas atribuições. Sòmente fará jus à condição de trabalhador rural se fôr utilizado pelo equivalente a um ano, somando-se para êste efeito as prorrogações. Aliás, esta continuidade é exigível até para êsses tarefeiros se configurarem segurados. Deixando de reunir essa condição por espaço superior a doze meses seguidos, perdem êles a qualidade de segurados" (*Previdência Social Rural*. São Paulo: LTr, 1971, p. 41).
180. *Comentários à Lei Básica da Previdência Social*. 8. ed. São Paulo: LTr, 2009, t. II, p. 93-94.

jurídica, sendo que, acaso não recolha, não poderá computar o período trabalhado como tempo de contribuição.

2.3.4.1 O enquadramento do "boia-fria"

Conforme bem descreve Paulo Emílio Ribeiro de Vilhena[181],

> O boia-fria cognominado, também, *volante*[182], social e juridicamente é tratado como um *pingente*. Personagem à busca de localização jurídica, seja como um paradeiro, seja como um pouso de atração de regras jurídicas, o *boia-fria* transita, tal qual o *mutante*, na pesquisa doutrinária e na jurisprudência trabalhista, em três faixas em que o é ou não o é: a) o avulso; b) o safrista; c) o eventual; e, nos dias de hoje, d) o cooperativado; e) até mesmo o componente de um contrato de equipe. Está em todos e não está em nenhum, o que obriga a meditação à volta ao milenar apanhado do bestunto dos julgadores: *cada caso é um caso*.

Pois bem, a primeira observação que fazemos é que se está configurada a relação de emprego, a prazo indeterminado ou como safrista, ele é empregado rural. É muito comum, no dia a dia forense, que o postulante, em seu depoimento pessoal, descreva que trabalha há anos e diariamente para um mesmo empregador, sem estar, porém, a CTPS devidamente anotada. Trata-se de empregado rural sem registro – pura e simplesmente. Embora o termo "boia-fria" sequer seja técnico, entendemos que, para evitar confusão, não deveria ser utilizado em tal hipótese. No caso de safrista, ou seja, de o trabalhador laborar para um único empregador, diariamente, durante certo período (em geral, na época de colheita) – conforme já examinamos acima –, trata-se também de empregado rural em sentido estrito. Em qualquer caso, a obrigação de recolher as contribuições é do empregador; não obstante, a prova material que deverá ser produzida não pode ser a genérica (ex: uma certidão de casamento na qual conste que sua profissão é de "lavrador"), mas deve ser sim específica, ou seja, dizer respeito ao vínculo em si (cujo reconhecimento é postulado).

Parece-nos melhor reservar o termo "boia-fria" – ainda que a origem deste venha de algo comum a qualquer trabalhador rural, que é sair de casa muito cedo carregando o almoço numa "marmita", que já está frio ao ser consumido – àquele que trabalha efetivamente como "volante", ou seja, presta serviços a contratantes diversos, sem qualquer estabilidade, em curtos períodos, recebendo sua remuneração ao final de cada empreitada. Deixamos frisado, portanto, que deve restar configurada tal hipótese fática como pressuposto ao debate que faremos na sequência.

O enquadramento como trabalhador avulso afigura-se-nos inviável na prática. Com efeito, para a legislação previdenciária, avulso é "quem presta, a diversas empresas, sem vínculo empregatício, serviço de natureza urbana ou rural definidos no Regulamento" (art. 11, VI, da Lei 8.213/91). O Regulamento, mais detalhado, assim o define: aquele que, sindicalizado ou não, presta serviço de natureza urbana ou rural,

---

181. Op. cit., 2005, p. 475.
182. Pau-de-arara, camarada, jornaleiro, tarefeiro, corumba, birolo etc.

a diversas empresas, sem vínculo empregatício, com a intermediação obrigatória do órgão gestor de mão de obra, nos termos da Lei 8.630, de 25 de fevereiro de 1993[183], ou do sindicato da categoria, assim considerados: a) o trabalhador que exerce atividade portuária de capatazia, estiva, conferência e conserto de carga, vigilância de embarcação e bloco; b) o trabalhador de estiva de mercadorias de qualquer natureza, inclusive carvão e minério; c) o trabalhador em alvarenga (embarcação para carga e descarga de navios); d) o amarrador de embarcação; e) o ensacador de café, cacau, sal e similares; f) o trabalhador na indústria de extração de sal; g) o carregador de bagagem em porto; h) o prático de barra em porto; i) o guindasteiro; e j) o classificador, o movimentador e o empacotador de mercadorias em portos. Em síntese, a atividade do trabalhador avulso precisa estar expressamente prevista na legislação de regência como passível de intermediação para possa ser assim considerada, sendo que se a do trabalhador rural não está, isto impossibilita a existência fática do avulso rural. Neste sentido, Anníbal Fernandes, citado por Vilhena: "A existência de avulsos na área rural está ainda no mundo dos fatos. Infelizmente, disposição específica não os conceitua."[184]. Como não há intermediação por OGM ou sindicato, até porque a legislação não o permite, não há como enquadrar o boia-fria como avulso. Em muitos casos, até existe a intermediação "informal", por meio do denominado "gato" (ou "turmeiro" ou "zangão"), que recruta os trabalhadores volantes[185], os aloca em determinado estabelecimento rural e os remunera[186] (por vezes, não há qualquer contato do trabalhador com o dono do empreendimento), mas isto não serve para estabelecê-los como avulsos[187]. Convém ressaltar, inclusive, que a intermediação, conforme o pressuposto de trabalhador volante que dantes estabelecemos, não é um fator necessário, embora possa estar presente. De todo modo, ainda que esteja, não se nos demonstra viável o enquadramento como avulso. Neste sentido, aduz Vianna que

---

183. Tal lei está revogada, tendo sido substituída pela Lei 12.815/2013, a nova Lei dos Portos.
184. Op. cit., 2005, p. 475.
185. Em muitos casos, tal recrutamento é aleatório, sendo que os trabalhadores interessados e disponíveis aguardam num "ponto" e o "gato" ali passa – de caminhão, van o ônibus –, "recolhendo" o número necessário ou possível para posterior distribuição a um ou mais postos de trabalho.
186. Com efeito, é frequente que o "gato" receba o pagamento junto ao dono da fazenda para executar determinada tarefa, então ele contrata diretamente os trabalhadores, negociando e efetuando a remuneração, e retém o montante excedente. Tem-se, portanto, uma intermediação completa ou total. Ela pode, porém, ser apenas parcial, com o "gato" sendo responsável, por exemplo, apenas pelo recrutamento, mas não por efetivar a remuneração.
187. Como bem destaca Miguel Cabrera Kauam (A Sustentabilidade Econômico-Financeira da Previdência Social quanto à Clientela Rural. In: BATISTA, Flávio Roberto; MACIEL, Fernando; MORAIS, Dalton Santos; RIBEIRO, Rodrigo Araújo (Org.). A *Seguridade Social em Questão*: da normatividade à jurisprudência. Belo Horizonte: D'Plácido, 2016, p. 226), seria interessante, de *lege ferenda*, que o trabalhador rural volante fosse enquadrado como avulso, a partir da intermediação do trabalho pelo sindicato, que, inclusive, ficaria responsável pelos recolhimentos previdenciários. Isto serviria para melhorar o combate à fraude, aumentar a arrecadação e também diminuir o número de ações judiciais. Interessante destacar que o art. 45, XXIV, da IN INSS/PRES 128 de 2022 estabelece que é segurado empregado "o trabalhador volante, que presta serviços a agenciador de mão de obra constituído como pessoa jurídica, observado que, na hipótese de o agenciador não ser pessoa jurídica constituída, ambos serão considerados empregados do contratante dos serviços".

Para a maioria da doutrina, são avulsos apenas os trabalhadores arrolados em leis especiais, que trabalham agrupados em torno de órgãos aglutinadores, em geral na área portuária. Em consequência, seriam eventuais e não avulsos os 'boias-frias' recrutados por 'turmeiros', que 'pulam' de uma fazenda para outra, sem se prender a lugar algum"[188].

Berwanger e Schuster caminham no mesmo sentido:

Não há nenhuma norma que trata do avulso rural. Seria possível instituir a intermediação de mão de obra (característica principal desse segurado), mas até hoje isso não foi feito. A instituição do avulso no meio rural poderia ser uma solução para regularizar a atividade rural dos que trabalham na total informalidade, com pouca documentação e trabalho eventual[189].

A nosso sentir, a equiparação com o segurado especial é também inviável, pois, como já exposto acima, tal espécie de segurado tem sua descrição trazida pela própria CRFB, o que impede sua ampliação até mesmo pelo legislador infraconstitucional, quanto mais pela jurisprudência. Com efeito, a CRFB cria uma situação jurídica distinta, individualizada, consistente num custeio diferenciado – que é uma benesse generosa, ainda que justificável sociologicamente –, pelo que a interpretação do conceito deve ser realizada nos lindes do que está ali previsto. Argumentos de cunho pseudo-humanista como "o boia-fria é o mais hipossuficiente dos trabalhadores rurais"[190] devem ficar reservados ao campo político, de convencimento do legislador (no caso, o constituinte, para alterar o texto constitucional, ou ao infraconstitucional, para criar uma situação jurídica mais "acessível") – de *lege ferenda*, portanto –, e não adentrar o campo jurídico, especialmente o de decisões judiciais (que, em tal caso, flertam com o voluntarismo). Pois bem, o conceito trazido pela CRFB é "o produtor, o parceiro, o meeiro e o arrendatário rurais..." (além do pescador artesanal, que não vem aqui ao caso), ou seja, aquele que detém uma gleba e produz por conta própria, no que o boia-fria por óbvio não se enquadra, já que não detém terra e trabalha para terceiro. Em síntese, o segurado especial é trabalhador por conta própria, o boia-fria é trabalhador por conta alheia.

---

188. Op. cit., p. 315. O autor, contudo, defende a posição, minoritária inclusive entre os doutrinadores trabalhistas, de que o boia-fria pode ser considerado avulso. "O que caracteriza o avulso não é a intermediação do sindicato ou outro órgão, mas a alternância de polos empregadores. Ao contrário do que sucede com o eventual, seu trabalho é essencial à empresa, embora de forma intermitente." (ainda, p. 315).
189. Op. cit.
190. Para além do fato de que a CRFB escolheu o segurado especial para merecer proteção diferenciada – o que é já insindicável por si só –, também não concordamos com o argumento em si. O boia-fria, por mais hipossuficiente que seja, trabalha para terceiros e percebe remuneração. O risco que corre é o desemprego (ou desocupação), ou seja, ficar sem serviço, além de que, quando falta trabalho, pode buscar em outras bandas ou mesmo no meio urbano. O pequeno produtor rural que trabalha em regime de economia familiar arca com o risco do negócio (pragas, intempéries, furtos, valor de mercado daquilo que produz etc.), muitas vezes contrata financiamentos para viabilizar o plantio e cultivo (é extremamente comum que tal espécie de trabalhador possua dívidas bancárias, por vezes impagáveis), em suma, depende de obter sucesso em sua atividade, algo que não afeta diretamente o trabalhador volante. Parece-nos, portanto, que não é apropriado dizer que o boia-fria é "o mais hipossuficiente"; ambos o são, cada um a seu modo.

Remanesce, portanto, a possibilidade de enquadramento como esporádico[191], desde que não haja desvirtuamento do enlace, para configurar relação de emprego. Vimos anteriormente quais são os requisitos para configuração da relação de trabalho como eventual. O ponto mais polêmico certamente é a exigência, decorrente da junção de dois dos requisitos, de que "a natureza do trabalho não seja correspondente ao padrão dos fins normais e seja concernente a evento certo, determinado e episódico quanto à regular dinâmica do empreendimento". Com efeito, a se considerar tal requisito como imprescindível, nos moldes do que faz a jurisprudência trabalhista amplamente majoritária, o boia-fria apenas seria enquadrado como esporádico caso laborasse em atividade alheia à dinâmica normal do empreendimento rural e decorrente de necessidade circunstancial (ocasional) deste. Se, exemplificativamente, trata-se de plantação de café e o trabalhador é agregado por ocasião da colheita, não se tem aí atividade alheia à dinâmica normal do empreendimento. É certo que há estabelecimentos que contam com poucos ou até nenhum trabalhador rural fixo e dependem do serviço de boias-frias em sua atividade principal e regular ao longo do ano todo, o que é corriqueiro em locais onde é alta a oferta desse tipo de mão de obra. Por outro lado, é mais comum que isto tenha lugar apenas nos períodos de incremento do trabalho regular, especialmente na safra. Em suma, a *vexata quaestio* que se nos coloca é se, no limite, o trabalhador contratado para exercer, por um único dia, serviço transitoriamente complementar[192] do empreendimento estabelece com este relação de emprego?

Segundo bem salienta Kovalczuk Filho,

> O mercado de trabalho rural é diretamente ligado ao elo 'agricultura x natureza', porque a produção agrícola é dependente da natureza; mesmo existindo grande avanço tecnológico que busca o contrário, o mercado agrícola depende de épocas de plantio e das condições favoráveis ou não da natureza. Nesse viés, o mercado de trabalho urbano é contínuo e o mercado rural é sazonal[193], associado a ciclos biológicos das plantas e animais, assim, a necessidade de trabalho no campo também é sazonal. (...) O argumento de que o avanço dos meios tecnológicos contribuiu para a redução da sazonalidade laboral nos últimos 50 anos

---

191. Neste sentido, dispõe o § 4º do art. 94 da IN INSS/PRES 128 de 2022: "Aplica-se o disposto no inciso IX do caput aos trabalhadores rurais denominados volantes, eventuais ou temporários, caracterizados como contribuintes individuais".
192. A Lei 6.019/74, que dispõe sobre o trabalho temporário nas empresas urbanas, trazia o seguinte conceito: "Trabalho temporário é aquele prestado por pessoa física a uma empresa, para atender à necessidade transitória de substituição de seu pessoal regular e permanente ou à [sic] acréscimo extraordinário de serviços". Este era criticado pela doutrina pelo uso da expressão "acréscimo extraordinário", que dá a entender ser decorrente de situação inusitada, inesperada, mas tal legislação visava atender a situações como o período de natal no comércio, quando o incremento é esperado, embora transitório. O novel conceito, porém, conforme alteração processada pela Lei 13.429/2007, corrigiu tal inconsistência, passando a dispor que: "Trabalho temporário é aquele prestado por pessoa física contratada por uma empresa de trabalho temporário que a coloca à disposição de uma empresa tomadora de serviços, para atender à necessidade de substituição transitória de pessoal permanente ou à demanda complementar de serviços". Destarte, seguindo tal lição, evitamos aqui o uso do termo "extraordinário".
193. Repetiremos esse argumento quando formos analisar a expressão "ainda que de forma descontínua" prevista no inciso I e no par. único do art. 39 da Lei 8.213/91 (e também "ainda que descontínua", prevista no art. 143), adiante.

não se confirma, porque o foco foi a elevação do rendimento da terra, redução dos custos de produção e a redução da força de trabalho.[194]

E acrescenta, citando Buainain, que

> a sazonalidade e a dependência da natureza[195] criam dificuldades para a plena aplicação, no meio rural, da mesma legislação trabalhista usada para empresas do setor industrial e/ou de serviços [...] à transposição mecânica de normas válidas no meio urbano e que, se aplicadas ao pé da letra no meio rural, inviabilizariam a própria produção com base no trabalho assalariado. (...) Isso significa que a necessidade de mão de obra é também sazonal: em algumas etapas do processo de produção utiliza-se mais mão de obra do que em outras. (...) A tecnologia estimulou a especialização na produção agrícola e trouxe a monocultura, inclusive sobre parte dos agricultores familiares que passaram a produzir *commodities* a grande multinacionais (...), situação que contribuiu para o aumento da sazonalidade diante da eliminação da produção rural diversificada que possibilita a produção em períodos de ociosidade rural de uma atividade rural em outra.[196]

Vamos além, para dizer que a própria necessidade de contratação esporádica varia conforme as ocorrências climáticas. Com efeito, basta observar que até mesmo a periodicidade de contratação de um jardineiro para uma residência no meio urbano dependerá da quantidade de chuva e de sol na semana ou no mês[197]. Assim, na lavoura, a necessidade surge repentinamente, se prolonga por dias não úteis (a natureza não para e a colheita por vezes não pode esperar o fim de semana passar) e se vai indefinidamente[198]. Em suma, é preciso separar aqueles casos em que o produtor rural pauta toda a sua produção na contratação de boias-frias, quando poderia tranquilamente manter empregados permanentes (ao menos parcialmente), daqueles em que a necessidade de contratar é transitória e imprevisivelmente intermitente.

Acrescente Vilhena que as relações de trabalho no meio rural são marcadas pelo descompromisso recíproco entre contratante e contratado. Em suas palavras,

> O que emaranha e confunde na situação jurídica do safrista, apanhada em seu conjunto, é sentir-se ele, muitas vezes, desobrigado do cumprimento de um ajuste feito, e, ato contínuo, como que descompromissado, desligar-se da fazenda em que iniciara ou iniciava as tarefas para as quais foi contratado, ao que pode corresponder igual conduta da fazenda ou do credor de seu trabalho, que da mesma maneira não recebe o safrista *boia-fria* ou dele se desfaz. (...) Tais situações, carregadas na maioria das vezes de ocasional imponderabilidade e de insegurança nos laços contratuais do *boia-fria*, tendem a revelar um princípio de

---

194. Op. cit., 2015, p. 106.
195. Na lavoura de café, por exemplo, é costume dizer que há "um ano bom" seguido de "um ano ruim" para a colheita.
196. Op. cit., 2015, p. 106-107.
197. Imagine-se então uma tempestade seguida de alagamento ou uma geada, que podem gerar a necessidade de contratação de vultosa mão de obra a lidar com o abrandamento dos efeitos da intempérie e eventualmente até antecipar parcialmente a colheita.
198. Carlos Alberto Gonzalez, citado por Elisabete Maniglia (*O Trabalho Rural Sob a Ótica do Direito Agrário*: uma opção ao desemprego no Brasil. Franca: Unesp-FHDSS, 2002, p. 44) ressalta que "el trabajo campesino es por lo demás estacional, intermitente y descontinuo por la periodicidad cíclica de las estaciones y fundamentalmente por império del ciclo biológico animal o vegetal que escapa a la acción del hombre, gobierna y domina la descontinuidad de las tareas, provocando una división natural del trabajo agrario en dos grandes categorias, modalidades que el legislador no puede ignorar, según se trate de trabajos permanentes de la explotación o bien de tareas cíclicas estacionales o *acidentales*, lo que impone reglas propias para cada una de ellas". (destacamos)

autonomia da vontade na formação do negócio, desfigurando-se este em sua índole empregatícia. (...) Não se trata, em tais ajustes, de um contrato de execução instantânea ou de prestação de cada parte, mas, na verdade, de um autêntico e inverossímil contrato *instantâneo* que a ordem jurídica não logra agarrar para disciplinar e tutelar.[199]

De todo modo, o que é preciso perceber é o seguinte: não há falar em "equiparação" do boia-fria com o empregado rural. Com efeito, não é de equiparação que se trata. Ou se o reconhece como trabalhador esporádico e aí é contribuinte individual ou entende-se que não há trabalho eventual, desbordando, assim, para relação de emprego, e aí ele é empregado rural (e não "equiparado a", frisamos)[200]. Em sendo empregado rural, a prova material que precisará produzir – como já dito acima e conforme será detalhado mais adiante – é específica e não genérica. Deixamos isto bem enfatizado, pois é comum, na práxis forense, que o postulante alegue ser empregado rural para transferir o ônus do recolhimento ao empregador e, assim, ter a possibilidade de computar automaticamente o tempo de trabalho, mas ocorre que isto vem agregado à necessidade de provar materialmente a existência do vínculo. Caso seja contribuinte individual, será responsável pelos próprios recolhimentos, salvo se prestar serviço a pessoa jurídica, quando esta é a responsável, mas, neste caso, novamente a prova material necessária é, segundo entendemos, específica.

3. BENEFÍCIOS DEVIDOS AOS TRABALHADORES RURAIS

3.1 Parte geral

Analisaremos aqui algumas peculiaridades relacionadas com os institutos gerais aplicáveis aos benefícios, para depois tratarmos dos benefícios em espécie.

3.1.1 *Manutenção extraordinária da qualidade de segurado*

A manutenção extraordinária da qualidade de segurado é denominada doutrinariamente "período de graça", como já vimos. Com efeito, a manutenção ordinária

---
199. Op. cit., 2005, p. 477-478.
200. A crítica de Lizarb Cilindro Cardoso, Helimar Fialho Guimarães e Débora Silva Melo merece transcrição: "de rigor observar o extenuante exercício exegético empreendido pela vasta maioria dos magistrados, os quais procuram esgarçar até não poder mais conceito de segurado especial, buscando erroneamente enquadrar nesta categoria de segurado o trabalhador rural volante, diarista ou boia-fria, noutros casos, verifica-se o enquadramento do trabalhador rural volante na categoria empregado rural (a despeito da manifesta ausência dos requisitos caracterizadores da relação de emprego) (...). Entretanto, apesar de louvável, tal estratagema encontra óbice na ausência de previsão específica para esse acréscimo de poder ao Juiz, sendo ilícito ao magistrado substituir o Poder Legislativo, sob o pretexto da imoral máxima maquiavélica de que os fins justificam os meios, como vem sustentando a corrente vanguardista. Cuida-se, aqui, de uma questão que ultrapassa, e muito, a análise hermenêutica e casuística que comumente legitima uma série de concessões em sede de análise pelo Judiciário. Isto porque a indigitada liberalidade no enquadramento jurídico do trabalhador rural volante consiste em um ponto crítico que, levado às últimas consequências, engloba toda a hermenêutica jurídico-processual do Direito Previdenciário e, se procedida nos termos em que vem sendo proposta, abre portas para que se instaure uma celeuma babilônica de instabilidade jurídica e de sucessivas e elásticas concessões judiciais." (Da Aposentadoria por Idade ao Trabalhador Rural Enquadrado na Categoria Contribuinte Individual. *Juris Plenum Previdenciária*, ano III, n. 09, fev. 2015, p. 151-172).

se dá pelo exercício de atividade remunerada, quando não há a obrigatoriedade de contribuição por parte do trabalhador, ou pela contribuição, quando há.

O art. 15 da Lei 8.213/91 consigna hipóteses de manutenção extraordinária, sendo que apenas algumas interessam de perto ao presente estudo. A primeira delas é (inciso II): "até 12 (doze) meses após a cessação das contribuições, o segurado que deixar de exercer atividade remunerada abrangida pela Previdência Social ou estiver suspenso ou licenciado sem remuneração". Tal hipótese pode se somar, inclusive cumulativamente, às previstas nos §§ 1º e 2º, que, respectivamente, são: prorrogação por mais 12 meses se o segurado já tiver recolhido mais de 120 contribuições mensais sem interrupção que acarrete a perda da qualidade de segurado; por mais doze meses, para o segurado desempregado, desde que comprovada essa situação pelo registro no órgão próprio do Ministério do Trabalho e da Previdência Social. Percebe-se, portanto, que o período de graça pode aí chegar a até 36 meses. Não há maiores dificuldades se estamos tratando de relações de natureza contributiva, mas no caso do segurado especial, em que não há, tecnicamente, "cessação das contribuições", há de se discutir a possibilidade de aplicação de tais benesses[201]. Tal debate sempre suscitou polêmica em doutrina e jurisprudência, havendo quem não admita qualquer período de graça para o segurado especial e quem admita, por analogia, por 12, 24 ou até 36 meses, conforme o caso. Atualmente, desde 2008, a própria Lei 8.213/91 prevê a aplicabilidade do período de graça em certas hipóteses, consignadas no art. 11, § 10, I, *a* e *b*,[202] ao usar a expressão "sem prejuízo do disposto no art. 15". Por outro lado, prevê também, nas alíneas *c* e *d* do inciso I e no inciso II daquele mesmo dispositivo algumas hipóteses que, em princípio, são de perda imediata da qualidade de segurado especial. A IN INSS/PRES 128/2022, por sua vez, prevê, no § 9º do art. 184, que "Para o segurado especial que esteja contribuindo facultativamente ou não, observam-se as condições de perda e manutenção de qualidade de segurado a que se referem os incisos I a V do caput", as quais abarcam, no que nos interessa, a manutenção por doze meses no caso de cessação da atividade laborativa, mas não expressamente a extensão por mais 12 ou 24 meses.

A extensão do período de graça ganhou muita relevância para delimitar o marco final dos efeitos do término do prazo da regra de transição que permitia a aposentadoria do empregado e do contribuinte individual rurais mesmo sem contribuição, o que é mais decisivo especialmente quanto a este último. Examinaremos tal debate em mais detalhes adiante.

---

201. Elas têm importância, pois é possível que o surgimento da contingência – como o advento da idade mínima ou a superveniência de incapacidade ou de morte – se dê justamente durante o período de graça.
202. "§ 10. O segurado especial fica excluído dessa categoria:
   I – a contar do primeiro dia do mês em que:
   a) deixar de satisfazer as condições estabelecidas no inciso VII do caput deste artigo, sem prejuízo do disposto no art. 15 desta Lei, ou exceder qualquer dos limites estabelecidos no inciso I do § 8º deste artigo;
   b) enquadrar-se em qualquer outra categoria de segurado obrigatório do Regime Geral de Previdência Social, ressalvado o disposto nos incisos III, V, VII e VIII do § 9º e no § 12, sem prejuízo do disposto no art. 15".

3.1.2 Carência

3.1.2.1 A regra de transição prevista no art. 143 da Lei 8.213/91

A Lei 8.213/91 veio para implantar o novo sistema previdenciário desenhado pela CRFB de 1988, sendo que no período anterior a cobertura destinada ao trabalhador rural era bastante restrita e, com o advento na nova ordem constitucional, tornou-se bem mais ampla, equivalente à do trabalhador urbano. Pois bem, como uma técnica de transição entre dois regimes muito distintos[203] – sendo que o anterior, especialmente, não exigia contrapartida direta pelo próprio segurado[204] –, o art. 143, em sua redação originária, estabeleceu que o empregado rural, o esporádico rural e o segurado especial (já por nós anteriormente definidos)[205], poderiam requerer os seguintes benefícios, no valor de um salário mínimo: auxílio-doença, aposentadoria por invalidez, auxílio-reclusão e pensão por morte, durante um ano, bastando para tal comprovar o exercício de atividade rural com relação aos meses imediatamente anteriores ao requerimento, mesmo que de forma descontínua, durante período igual ao da carência respectiva[206]; e aposentadoria por idade, durante quinze anos, contados a partir da data da vigência da lei, desde que fosse comprovado o exercício de atividade rural nos últimos cinco anos (60 meses) anteriores à data do requerimento, mesmo de forma descontínua, não se aplicando, nesse período, para o segurado especial, o disposto no inciso I do art. 39 da lei (que exige a "carência cheia"). Em suma, estavam dispensados de comprovar o recolhimento de contribuições durante os interregnos ali fixados, para obtenção dos benefícios arrolados.

---

203. No ponto, percuciente a observação de Cardoso, Guimarães e Melo: "o advento desta regra de transição, embrionariamente prevista desde o texto original da Lei de Benefícios, pautava-se na anterior existência de dois regimes distintos de previdência social (urbano e rural), cada qual com fontes de custeio e benefícios próprios. Destarte, a fim de promover a inclusão dos trabalhadores rurais que não houvessem realizado recolhimento de contribuição previdenciária no período anterior ao advento da Lei 8.213/91, tampouco se enquadrassem na categoria dos segurados especiais, foi criada a aludida regra de transição, constante do artigo 143, prevendo um lapso de aplicação temporal equivalente à carência máxima para a concessão do benefício de aposentadoria por idade (15 anos, ou 180 meses), de modo a assegurar a cobertura previdenciária ao trabalhador rural independentemente do recolhimento de contribuições previdenciárias" (Op. cit.).
204. No mesmo sentido, José Paulo Baltazar Júnior e Daniel Machado da Rocha descrevem que "O fundamento da regra (...) foi o de compatibilizar a proteção social na velhice para os trabalhadores rurais que estavam expressamente excluídos do regime da Lei 3.087/60 (...). Ora, se não eram exigidas contribuições no momento em que a atividade econômica foi realizada, o legislador entendeu não ser adequado surpreender o segurado que permaneceu toda a sua vida produtiva no campo, dele exigindo carência para a concessão de benefícios." (op. cit., p.429).
205. "É assente que o benefício de Aposentadoria por Idade Rural, então previsto no art. 143 da Lei 8.213/91, destinava-se ao gênero trabalhador rural, a englobar o empregado rural, o autônomo e o segurado especial. Pelos termos do texto legal em destaque, norma transitória e especial, bastava o trabalhador rural demonstrar período trabalhado no campo equivalente ao número de contribuições exigidas, de acordo com a tabela do art. 142, da mesma lei de benefícios, para a obtenção do benefício em questão. O benefício em questão era essencialmente não contributivo." (TNU, Pedido 200461842107508, Pedido de Uniformização de Interpretação de Lei Federal, DOU 31.03.2012)
206. Ocorre que pensão por morte e auxílio-reclusão não exigem carência, a qual é também dispensada em certas hipóteses para a concessão de aposentadoria por invalidez e auxílio-doença.

Em 1995, o dispositivo foi alterado, passando a prever que poderiam, os mesmos segurados[207], requerer apenas aposentadoria por idade – de todo modo, o prazo relativo aos demais benefícios, que era de apenas um ano, já estava esgotado –, no valor de um salário mínimo, durante quinze anos, contados a partir da data originária de vigência da lei, desde que comprovassem o exercício de atividade rural, ainda que descontínua, no período imediatamente anterior ao requerimento do benefício, em número de meses idênticos à carência do referido benefício. Em suma, já não se exigia mais apenas cinco anos de atividade rural, mas sim a "carência cheia"[208]. Tal redação permanece ainda hoje em vigor, porém com o prazo já esgotado. Há, assim, uma drástica alteração no tempo de atividade rural exigido (com a ressalva do que deixamos consignado na nota de rodapé imediatamente anterior), que passa de cinco para quinze anos, atingindo situações de expectativa de direito.

No ano de 2006, pouco antes do esgotamento do prazo, houve uma prorrogação, por dois anos, imposta pela Lei 11.368/2006, a qual, porém, manteve ali apenas o empregado, excluindo o esporádico e o segurado especial. O esporádico veio a ser incluído pela MP 385 de 2007, a qual, contudo, foi revogada pela MP 397 de 2007. A Lei 11.718/2008 voltou a prorrogar o prazo por mais dois anos, até 31 de dezembro de 2010, desta feita incluindo o esporádico ao lado do empregado[209]. Não houve prorrogação posterior. Convém mencionar que parcela da jurisprudência, por aplicação analógica do "período de graça" (art. 15 da Lei 8.213/91), estendeu a possibilidade de se implementar o requisito etário (desde que o da "carência" estivesse preenchido até 2010) por

---

207. O avulso rural esteve incluído, aparentemente por engano, durante um curto período no ano de 1995, entre as Leis 9.032 (que incluiu) e 9.063 (que retirou).
208. Porém, a jurisprudência majoritária admite a aplicação da regra de transição prevista no art. 142. Baltazar Júnior e Rocha (op. cit., p. 431) entendem que a regra do dispositivo (que diz, em seu *caput*, "para o segurado inscrito na Previdência Social Urbana até 24 de julho de 1991, bem como para o trabalhador e o empregador rural cobertos pela Previdência Social Rural") "é direcionada para os trabalhadores urbanos, uma vez que poucos eram os trabalhadores rurais cobertos pela previdência (...). De fato, apenas os proprietários em geral, bem como os empresários rurais podiam ser contribuintes facultativos do IAPI, nos termos do art. 161 do Estatuto do Trabalhador Rural (...)". Em suma, os autores entendem que o termo "Previdência Social Rural" foi usado em sentido técnico e, portanto, limitativo. Não obstante, como o art. 143 da Lei 8.213/91 fala em "número de meses idêntico à carência do referido benefício" – ou seja, não diz qual é o período, mas remete à legislação aplicável ao benefício –, o entendimento prevalecente – inclusive dos autores citados – é de que a regra do art. 142 é, por tal razão, extensível ao trabalhador rural (neste sentido, o art. 199, § 2º, da IN INSS/PRES 128 de 2022). É possível entender também que quando o dispositivo fala em "Previdência Social Rural" congrega os segurados do PRORURAL, o que incluiria o empregado rural e o segurado especial, contudo apenas o "chefe de família", deixando, assim, de fora do âmbito de aplicação do dispositivo os demais membros da família, além do esporádico rural.
209. Criou, ademais, uma regra de "amortecimento", aplicável apenas ao empregado rural. Poderia continuar requerendo aposentadoria por idade no valor de um salário mínimo, aproveitando o período de atividade rural anterior a 2010 e computando o período posterior da seguinte maneira: de janeiro de 2011 a dezembro de 2015, cada mês comprovado de emprego, multiplicado por três, limitado a doze meses, dentro do respectivo ano civil; e de janeiro de 2016 a dezembro de 2020, cada mês comprovado de emprego, multiplicado por dois, limitado a doze meses dentro do respectivo ano civil. Para o esporádico rural, contudo, embora fosse possível continuar aproveitando – para "emendar" – o período anterior a 2010, a partir de 2011 seus recolhimentos seriam computados normalmente, ou seja, cada mês valendo por apenas um.

mais um, dois ou até três anos[210]. De todo modo, ao menos desde o fim de 2013, não há mais a possibilidade de dispensa das contribuições para o empregado e o esporádico rurais, ao menos não numa leitura razoável da legislação posta.

Aí está a descrição objetiva do histórico legislativo do tema, o qual desperta algumas controvérsias.

Convém descrever, de passagem, o entendimento que possuímos em relação ao escopo da regra descrita. Pois bem, no regime anterior (o PRORURAL), não havia, em regra generalíssima, contrapartida direta por parte dos segurados rurais, sendo que o novo regime possui natureza marcadamente contributiva – com a ressalva da situação diferenciada prevista constitucionalmente para o segurado especial. Assim, seria preciso conduzir (quem já era) e agregar (quem não era, como o esporádico) os segurados ao novo regime. No mesmo sentido, anota Lopes Júnior: "percebe-se em relação aos trabalhadores rurais um tratamento diferenciado, o qual consiste exatamente na aplicação de um regime de transição para sua integração ao regime geral de previdência social, sem o qual, ao contrário do que quer a Constituição Federal, restaria totalmente desprotegido, principalmente no que se refere aos benefícios que exigem um maior lapso de filiação. (...) A necessidade (...) de transição decorre do fato de que, existindo anteriormente regimes diversos para os trabalhadores urbanos e para os rurais, extinguindo-se este segundo, necessariamente as condições ou requisitos preenchidos para obtenção de benefício naquele regime deverão ser recebidas pelo novo e unificado, pois, caso contrário, haveria um retrocesso na situação daquele trabalhador, o qual apesar de todos os anos de trabalho no campo, voltaria ao início, contando do zero seu período para aquisição do direito aos benefícios previdenciários"[211].

3.1.2.1.1 Quanto ao segurado especial

Embora o segurado especial goze de regra permanente a seu favor – como já vimos e ainda consignaremos maiores detalhes –, sua inclusão na regra de transição originária fazia sentido tendo em vista que se exigia ali apenas cinco anos de atividade rural e não a "carência cheia". A partir da alteração processada pela Lei 9.032/95, sua manutenção na regra transitória perderia o sentido, mas é certo que o legislador fez tal opção em virtude de que, à época, a jurisprudência não estava sedimentada no sentido em que está hoje, entendendo que ao segurado especial, em regra permanente e que expressa

---

210. A depender da amplitude do posicionamento pessoal do julgador. O período de graça básico é de um ano, aplicável a todo segurado obrigatório. A prorrogação por mais um ano é aplicável àquele que comprova o desemprego e por mais um ano – chegando a 36 meses, limite máximo – àquele "já tiver pago mais de 120 (cento e vinte) contribuições mensais sem interrupção que acarrete a perda da qualidade de segurado". É certo que qualquer dessas prorrogações depende de uma interpretação analógica e deveras ampliativa da legislação posta, mas a básica (por um ano), é mais "aceitável". As outras duas dependem de um esforço hermenêutico que flerta com o arbítrio, o que de resto não é incomum na jurisprudência previdenciária pátria. A bem da verdade, aqueles que aceitavam a prorrogação por três anos, hoje criam outros argumentos para continuar concedendo benefícios sem a necessária contrapartida.
211. Op. cit., p. 113-114.

a diretiva constituinte, basta comprovar o exercício de atividade rural. Enfim, sua inclusão, aos olhos da hermenêutica hoje prevalecente, foi desnecessária, mas à época encontrou importância prática.

3.1.2.1.2 Quanto ao empregado rural

O empregado rural, contudo, necessitava mesmo de um período de "amortecimento". Imaginemos, por exemplo, um empregado rural que alcançasse o requisito etário em 1993, apenas dois anos após se passar a exigir 15 anos de tempo de contribuição como carência para a concessão de aposentadoria por idade? Ele teria até ali, no máximo, dois anos de tempo contributivo, já que antes não se lhe exigia contribuição. Esta é, portanto, a razão pela qual o legislador concedeu um período [inicial] de quinze anos – até 2006 – no qual ele estava dispensado de demonstrar período contributivo, bastando comprovar o exercício de atividade rural. Em suma, o objetivo era que ele pudesse aproveitar o período pré-1991, apenas comprovando o exercício da atividade rural, para somá-lo ao período contributivo pós-1991. Tal regra, conjugada com o que dispõe o § 2º do art. 55 da Lei 8.213/91 ("O tempo de serviço do segurado trabalhador rural, anterior à data de início de vigência desta Lei, será computado independentemente do recolhimento das contribuições a ele correspondentes, exceto para efeito de carência"), permitiria uma transição apropriada entre os regimes, tornando o período de atividade rural anterior aproveitável.

A redação do art. 143, porém, não foi das mais felizes, dando a entender, até mesmo, que o empregado rural estaria dispensado de recolher contribuições por 15 anos, o que não condiz com a realidade, pois ele está, pelo menos desde 1991, obrigado a recolher (na verdade, é o empregador o responsável por efetuar o/a desconto/retenção e recolher a contribuição aos cofres públicos). Uma posição intermediária seria entender que ele está sim obrigado aos recolhimentos, mas não precisa demonstrar que esteve inserido numa relação contributiva (de emprego), bastando comprovar o exercício de atividade rural, assim genericamente. Como examinaremos com maior detalhamento adiante, entendemos que o empregado rural precisa demonstrar, inclusive materialmente, a existência de relação de emprego específica e seus limites (mínimos, pelo menos), ou seja, tem de comprovar a existência da relação contributiva. Destarte, tendo em vista que a obrigação de recolhimento é do empregador, tal demonstração já é suficiente, a qualquer tempo, para o cômputo do tempo de serviço como tempo de contribuição, donde resulta que, na prática, demonstrar exercício de atividade rural e comprovar tempo de contribuição são situações que se confundem. Não obstante, cabe a crítica no sentido de que a lei deveria ter explicitado que no período posterior a 1991 era necessário comprovar tempo de contribuição e apenas no período pretérito é que isto estaria dispensado (ainda que a comprovação, mesmo quanto ao período remoto, se dê, em nosso entender, de modo similar).

A prorrogação do prazo, que terminaria inicialmente em 2006, para até 2010, foi salutar em relação a tal segurado, já que no caso, por exemplo, de possuir apenas um curto período de atividade rural pré-1991, precisaria de um longo lapso no interregno posterior, o que nem sempre pode ser obtido em vista da instabilidade empregatícia que se verifica especialmente no meio rural. É certo que a exigência é de que demonstre o exercício de atividade rural no período imediatamente anterior à data-base, pelo que seria dificultoso buscar, em 2010, o tempo anterior a 1991, mas, conforme a interpretação que se dê ao termo "de forma descontínua", não seria impossível.

Ademais, a Lei 11.718/2008, em seu art. 3º, criou uma nova regra de "amortecimento", como já vimos. Convém destacar que tal regra não se estende ao esporádico rural, cuja situação se analisa a seguir.

3.1.2.1.3 Quanto ao esporádico rural

No regime anterior, o esporádico rural não era segurado da Previdência Social, pelo que não haveria necessidade de conduzi-lo ao novo regime, já que só a partir do advento deste ele se tonou segurado. Assim, não se trata aqui de efetuar transição, mas sim de agregar tal segurado ao RGPS. Quanto a ele, portanto, a possibilidade de aproveitamento do período de atividade rural pré-1991 (a quem o admite) tem sentido emancipatório e não propriamente de adequação entre regimes. Quanto ao período posterior, tendo em vista ser ele, em regra, o responsável pelos próprios recolhimentos, a dispensa – consubstanciada, a *contrario sensu*, na exigência de meramente demonstrar o exercício de atividade rural – configura verdadeiro "período de graça" (qualificado[212]), favor fiscal, ao prever cobertura sem contrapartida[213].

3.1.2.1.4 Constitucionalidade da regra

Em suma, como já dito, a regra de transição vinha para permitir a transposição dos trabalhadores rurais de um regime não contributivo para um contributivo. Parcela da doutrina, porém, a critica, defendendo sua inconstitucionalidade, quer seja com base na regra da contrapartida, como na que prega a equivalência entre urbanos e rurais. De nossa parte, não vislumbramos o vício da inconstitucionalidade a partir de nenhum dos dois aspectos, visto que se trata, como dito, de uma regra de transição[214], sendo que a previdência urbana já era contributiva antes do advento da CRFB de 1988, pelo que se os regimes não eram similares, parece-nos natural que sejam tratados de forma distinta no período inicial de vigência do novo ordenamento. Quanto à dita

---

212. Qualificado, pois o período de graça permite apenas a prorrogação da qualidade de segurado, mas não é, em regra, computado como tempo de contribuição.
213. As mesmas considerações podem ser feitas em relação aos demais membros da família, que não o dito "arrimo de família", de outros segurados rurais, que também não eram segurados no regime anterior.
214. Silvio Marques Garcia afirma que "a exigência de prova da atividade rural em substituição à carência se coaduna com a sistemática própria de uma regra de transição. É, portanto, constitucional." (op. cit., p. 203).

"regra da contrapartida", conforme já defendemos em outros trabalhos (abordaremos o tema também na Parte III da presente obra), ela diz apenas que nenhum benefício será criado, majorado (valor) ou estendido (rol de beneficiários) sem a correspondente fonte de custeio total (art. 195, § 4º), o que serve para garantir o equilíbrio atuarial do sistema, mas não exige que a dita fonte deva consistir em contrapartida do próprio beneficiário, até mesmo porque a regra se aplica a toda a seguridade social – e no âmbito da assistência social, como se sabe, contrapartida do beneficiário em regra não há. Até mesmo por isso, a denominação "regra da contrapartida" parece-nos inadequada. A prorrogação para além dos 15 anos iniciais gera ainda mais polêmica. Neste sentido, Jorge André de Carvalho Mendonça aduz que "considerando a natureza constitucionalmente contributiva do benefício, e já passado o prazo de transição, parece-nos evidentemente inconstitucional a ampliação, por nitidamente ofensiva ao disposto no caput do art. 201 da CF/88". O autor defende que "o prazo de 15 anos estabelecido no art. 143 da LBPS se justificava porque, a partir da publicação da Lei 8.212/91 (LCPS), em atenção à CF, todos os trabalhadores urbanos e rurais deveriam obrigatoriamente contribuir. Assim sendo, se regularmente contribuintes desde julho de 1991, em julho de 2006 já contariam com 180 contribuições mensais para o Regime Geral e poderiam requerer o benefício de aposentadoria nas mesmas condições dos trabalhadores urbanos"[215]. Em suma, na visão do autor (que se nos afigura bastante respeitável), como a partir do advento da Lei 8.213/91 surge a obrigação de contribuir, que antes não existia, quinze anos mais tarde quem contribuiu regularmente já ostentará o tempo de carência necessário – exatamente quinze anos – para obtenção da aposentadoria por idade e não precisará mais da regra de transição. Ocorre que, pensamos, a situação descrita depende de o postulante ter contribuído ininterruptamente desde 1991 até 2006, então não nos parece que uma breve prorrogação por mais quatro anos carregue a mácula de inconstitucionalidade, em homenagem à possibilidade de haver períodos de inatividade e, portanto, não contributivos, permitindo, assim, a organização da classe sem perder de vista a realidade fática.

No que tange ao segurado especial, excluído da regra de transição a partir de 2006, houve, de início, certa polêmica na jurisprudência, mas consolidou-se o entendimento de que ele "não precisava" da regra de transição (salvo na redação originária, que previa apenas cinco anos de atividade rural para a obtenção de aposentadoria por idade), pois dispunha – e ainda dispõe – de uma regra permanente, que é a prevista no art. 39, I, da Lei 8.213/91[216], a qual será examinada logo adiante. Destarte, os que não dispunham de

---

215. Por um Conceito-Base de Segurado Especial: da sua obrigação contributiva. *Revista de Doutrina do TRF4*, Edição n. 52, publicada em 28.02.2013. No mesmo sentido, apontando a inconstitucionalidade da prorrogação, Pierdoná: "(...) a previsão é inconstitucional, pois viola as disposições do art. 201 da Constituição Federal relativas ao caráter contributivo da previdência social" (op. cit.).
216. Neste sentido, o magistério de Cardoso, Guimarães e Melo (op. cit.): "é importante recordar (e espera-se que este ponto inexista dificuldade para compreensão), que as considerações que se seguem não implicam em alteração ao regime de aposentação do segurado especial, em favor de quem, sem prazo, milita a regra especial constante do inciso I, do art. 39, da Lei 8.213/1991 (segundo a qual lhes é garantida a concessão de aposentadoria por

regra permanente a "dispensar" as contribuições – empregado e esporádico rurais – é que usufruíram temporariamente da regra de transição.

Afora tal regra de transição, a carência é regulada, para empregado e esporádico rurais – salvo para o segurado especial, que, como dito, tem uma regra permanente específica, a ser examinada já no próximo tópico –, nos mesmos moldes aplicáveis ao respectivo congênere urbano.

Salientamos, por fim, que como os termos "ainda que de forma descontínua" e "período imediatamente anterior ao requerimento" são usados também na regra permanente aplicável ao segurado especial, postergamos sua análise, que guarda alguma complexidade, para o tópico subsequente.

3.1.2.2 A regra permanente do segurado especial

O art. 39, I, da Lei 8.213/91 dispõe que aos segurados especiais fica garantida a concessão de aposentadoria por idade ou por invalidez, de auxílio-doença, de auxílio-reclusão ou de pensão, no valor de um salário mínimo, e de auxílio-acidente, conforme disposto no art. 86, desde que comprove o exercício de atividade rural, ainda que de forma descontínua, no período, imediatamente anterior ao requerimento do benefício, igual ao número de meses correspondentes à carência do benefício requerido. Já o par. único do mesmo dispositivo garante o salário-maternidade, nos mesmos moldes, exigindo doze meses de atividade rural no período imediatamente anterior ao do início do benefício.

Em suma, como já debatemos antes, o segurado especial é obrigado a contribuir sobre a venda da produção, mas o fato de contribuir ou não afigura-se[-nos] irrelevante para fins previdenciários[217] e, neste sentido, a lei garante a concessão dos benefícios que arrola – todos os previstos para os demais segurados, exceto aposentadorias por tempo de contribuição e especial e salário-família[218] – dispensando o cumprimento

---

idade, independentemente do recolhimento de contribuições previdenciárias, sem limite de prazo para gozo desta prerrogativa)".
217. Poderá, naturalmente, gerar uma cobrança fiscal. Neste sentido, Berwanger aduz que: "Não se exige prova de contribuição, tampouco de venda de produção. Não se quer dizer que não há previsão legal para a contribuição, podendo, inclusive, o segurado ser autuado pela Receita Federal caso não recolha as contribuições, quando esta obrigação for dele. A contribuição é devida, quando ocorrer o fato gerador, mas não é condição para o benefício." (Elementos Estranhos ao Conceito de Segurado Especial. In: BERWANGER, Jane Lúcia Wilhelm; FOLMANN, Melissa; SERAU JÚNIOR, Marco Aurélio (Coord.). *Previdência em Tempo de Reformas*. Porto Alegre: Lex Magister, 2015). A tese que sustentava não ser segurado especial aquele que não apresentasse recolhimentos está hoje praticamente superada. Em 2006, Lopes Júnior a defendia, com a seguinte argumentação: "Há necessidade de se registrar ainda uma característica essencial para a qualificação dos segurados especiais, qual seja, a existência de comercialização do resultado da produção, sobre o qual incidirá a alíquota de cálculo do valor da contribuição a ser paga, sem o que não existe o vínculo com a previdência nesta qualidade de segurado, pois se tratando de sistema estritamente contributivo, a inexistência de produto comercializado não gera base de cálculo para incidência da alíquota de contribuição[,] o que afasta os benefícios previstos na lei previdenciária dos trabalhadores rurais em tais condições, ao menos no que se refere à condição de segurados obrigatórios, nada impedindo que se inscrevam como segurados facultativos." (op. cit., p. 90).
218. Tal limitação, embora contestada por parcela (minoritária) da doutrina, parece encontrar abrigo na CRFB, que diz que os segurados especiais "farão jus aos benefícios dispostos nos termos da lei" (195, § 8º), é dizer, autoriza o legislador infraconstitucional a limitar/delinear o rol.

da carência mediante períodos contributivos, ou seja, a "carência"[219] do segurado especial é preenchida pelo mero exercício – comprovado – de atividade rural. A forma pela qual se dá tal comprovação será objeto de nosso estudo no capítulo destinado ao processo previdenciário rural. Aqui, nos interessa definir, como já adiantamos, o que significa "descontinuidade" e como deve ser interpretada a expressão "imediatamente anterior".

Pois bem, embora a lei fale em "imediatamente anterior ao requerimento", é pacífico na jurisprudência que o requerimento se presta apenas à definição da data de início do benefício, que estabelece, em geral, o despertar da fruição de seus efeitos. A denominada "data-base" do benefício, porém, poderá não ser correspondente. Basta imaginar, por exemplo, o falecimento do segurado/instituidor, se o requerimento for feito dois anos depois, como é que se irá comprovar o exercício de atividade rural no período imediatamente anterior ao do requerimento? No caso, a data-base é a da contingência – *in casu*, a morte – e a atividade rural deve ser comprovada no período imediatamente anterior a esta (ainda que, na hipótese, sequer se exija carência para a concessão, mas o tempo de serviço/contribuição pode ser, hoje, determinante para a definição do tempo de duração do benefício). O mesmo se dá quanto aos benefícios por incapacidade (vale a data da incapacidade como parâmetro temporal) e ao auxílio-reclusão (vale a data do recolhimento à prisão). No caso do salário-maternidade, a lei fala em "data do início do benefício", que, conforme art. 71 da lei, fica compreendida "no período entre 28 (vinte e oito) dias antes do parto e a data de ocorrência deste".

Já na aposentadoria por idade, como a contingência – implemento do requisito etário – não é determinante à sua percepção imediata, mas apenas permite que, a partir de sua ocorrência, o interessado possa, a qualquer tempo, pleitear o benefício, a situação é um pouco diversa. Em suma, nos outros casos a "carência" precisa estar realizada na data do advento da contingência, mas aqui ela poderá ser completada a qualquer momento a partir do implemento do requisito etário. Destarte, pacificou-se em jurisprudência o entendimento de que o tempo de exercício de atividade rural deve ser contado em período imediatamente anterior a qualquer marco posterior ao implemento da idade (inclusive)[220]. Examinaremos mais detalhes daí decorrentes quando formos analisar o benefício em espécie.

---

219. Embora tecnicamente não seja carência, já que a lei fala em "número de meses correspondentes à carência", é de uso comum, inclusive na práxis forense, o uso do termo com tal designação.
220. O INSS, inclusive, já o admite administrativamente, como deixa claro o art. 258 da IN INSS/PRES 128 de 2022: "Para fins de concessão de aposentadoria por idade dos trabalhadores rurais, o segurado deve estar exercendo a atividade rural ou em período de graça na DER *ou na data em que implementou todas as condições exigidas para o benefício*" (grifamos). Kerbauy (op. cit., p. 116-117) anota que as circunstâncias que deram ensejo à alteração da Súmula 359 do STF, que mencionava na anterior redação a apresentação do requerimento como um dos requisitos para usufruir da lei então vigente, "evidencia[m] os moldes de aplicação do direito adquirido no que se refere à concessão de benefícios previdenciários, cristalizando a assertiva de que requerimento não configura requisito a ser implementado para que o direito integre o patrimônio do segurado".

A carência, uma vez cumprida, é mantida enquanto perdurar a qualidade de segurado. Perdida esta, será necessário "resgatá-la", nas hipóteses em que a lei permite[221], ou cumpri-la integralmente novamente. Esta é a regra. Contudo, em virtude do adereço da "descontinuidade", o debate ganha maior complexidade. Logo veremos qual, mas sigamos examinando a regra.

No caso dos benefícios por incapacidade, quando exigida carência, esta deverá estar presente – assim como a qualidade de segurado, por óbvio – quando da ocorrência do sinistro, ou seja, por ocasião do advento da incapacidade. No caso do salário-maternidade, deverá estar completa em qualquer ocasião entre a data do parto e o 28º dia anterior. Já na aposentadoria por idade, se em algum momento o postulante reuniu *todos os requisitos* – "carência" completa, qualidade de segurado e idade mínima – para a concessão do benefício, haverá o direito à sua concessão, sendo que a eventual perda posterior da qualidade de segurado não o afasta. Neste sentido, dispõe o § 2º do art. 102 da Lei 8.213/91: "A perda da qualidade de segurado não prejudica o direito à aposentadoria para cuja concessão tenham sido preenchidos todos os requisitos, segundo a legislação em vigor à época em que estes requisitos foram atendidos". Ainda que, após ter preenchido concomitantemente todos os requisitos, o postulante passe a exercer atividade urbana, o benefício rural continuará a ser devido, como deixa claro o art. 258, § 2º, da IN INSS/PRES 128 de 2022[222].

É importante esclarecer que o disposto no § 1º do art. 3º da Lei 10.666/2003[223] não se aplica na aposentadoria por idade do segurado especial (ou na dos demais trabalhadores rurais, se na regra de transição do art. 143 da Lei 8.213/91), conforme inclusive já reconheceu o STJ[224]. Isto porque não há, aqui, "tempo de contribuição" e nem mesmo "carência" em sentido técnico. Assim, se o segurado especial, por exemplo, alcançou quinze anos de atividade rural antes de implementar o requisito etário, mas quando do advento deste já tinha perdido a qualidade de segurado, não haverá direito

---

221. O denominado "resgate da carência" (ou "carência de reingresso") está previsto no art. 27-A da Lei 8.213/91 e consiste, basicamente, na possibilidade que tem o segurado que já cumpriu a carência de, ao retornar ao sistema após perder a qualidade de segurado, recolher apenas a metade do número de contribuições necessárias para "resgatar" a carência. A lei nada diz sobre o assunto especificamente quanto ao segurado especial. A IN INSS/PRES 128 de 2022 estabelece em seu art. 200, § 2º, que a regra "não se aplica aos trabalhadores rurais sem contribuição".
222. "(...) será devido o benefício ao segurado empregado, contribuinte individual e segurado especial, ainda que a atividade exercida na DER seja de natureza urbana, desde que o segurado tenha preenchido todos os requisitos para a concessão do benefício rural até a expiração do prazo de manutenção da qualidade na condição de segurado rural".
223. "(...) na hipótese de aposentadoria por idade, a perda da qualidade de segurado não será considerada para a concessão desse benefício, desde que o segurado conte com, no mínimo, o tempo de contribuição correspondente ao exigido para efeito de carência na data do requerimento do benefício".
224. Dispõe neste exato sentido, em relação ao segurado especial, o § 2º do art. 150 da IN INSS/PRES 77 de 2015. De outro lado, o art. 142, par. único, diz que a regra se aplica ao trabalhador rural. Com efeito, mas apenas àquele que está em relação contributiva. Assim, é equivocado dizer que a regra só se aplica ao segurado urbano (há alguns desavisados que o fazem), ela só se aplica a relações contributivas, sejam rurais ou urbanas.

ao benefício[225]. Destarte, apenas se a consecução dos quinze anos de atividade rural se deu já após superar a idade mínima é que haverá o direito (adquirido) ao benefício, ainda que não tenha havido requerimento. Em outras palavras – e insistindo no ponto –, o postulante deverá ter reunido todos os requisitos – idade, "carência" e qualidade de segurado – ao mesmo tempo em determinada data-base.

Passemos, agora, a debater o termo "ainda que de forma descontínua". Em nossa visão, a "descontinuidade" comporta uma aplicação dúplice ou até tríplice.

Em primeiro lugar, como já deixamos anotado, o mercado de trabalho rural é sazonal, o que significa que, em muitos casos, não há trabalho o ano todo. Assim, o trabalhador rural poderá ficar sem ocupação durante parte do ano, mas, ainda assim, poderá contar o ano "cheio" no cômputo da atividade rural.

Uma segunda aplicação: na hipótese de exercício intercalado de atividade urbana e rural. A IN INSS/PRES 77 de 2015 dispunha neste sentido, como podemos perceber a partir da transcrição do par. único de seu art. 158: "Entendem-se como forma descontínua os períodos intercalados de exercício de atividades rurais, ou urbana e rural, com ou sem a ocorrência da perda da qualidade de segurado"[226]. Desde aí, exsurgem algumas controvérsias. A mais crucial delas é: poderá ser aproveitado o período de atividade rural anterior à migração para o meio urbano, somando-se ao período rural mais recente? O art. 157 da mencionada IN parecia admiti-lo, senão vejamos: "No caso de comprovação de desempenho de atividade urbana entre períodos de atividade rural, com ou sem perda da qualidade de segurado, poderá ser concedido benefício (...) desde que cumpra o número de meses de trabalho idêntico à carência relativa ao benefício, exclusivamente em atividade rural". Apenas exige que, após cada período urbano, seja produzida nova prova material do labor rural[227]. Não obstante, a posição ainda majoritária em jurisprudência é no sentido de que um largo período de migração para o meio urbano impede o cômputo do período rural remoto[228], havendo, contudo,

---

225. Daniela Gonçalves de Carvalho resume bem o ponto: "A *mens legis*, claramente, é a de não abranger aquele trabalhador que só laborou no campo em tempos remotos. A Lei de Benefícios não se propõe a ser uma medida a amparar o êxodo rural. Seu fulcro, outrossim, é amparar os trabalhadores rurais, que vivem em regime de economia familiar, extraindo diretamente do campo o seu sustento." (O Segurado Especial: desmistificação e implemento de condições para aposentadoria à luz da jurisprudência do STJ. *Juris Plenum Previdenciária*, ano IV, número 14, maio de 2016, p. 21-32).
226. Não houve reprodução de disposição equivalente na IN 128/2022, tampouco nas portarias que a regulamentaram.
227. Não obstante, no caso de curtos períodos de migração para o meio urbano, a jurisprudência tem entendido que o início de prova material anteriormente produzido mantém sua eficácia probatória prospectiva, não havendo necessidade de produzir o denominado "reinício" de prova material. Estudaremos isto com maior detalhamento mais adiante, quando abordarmos o processo previdenciário. Por ora, convém, para elucidar o conceito, apenas transcrever o que diz o inciso V do § 2º do art. 116 da IN INSS/PRES 128 de 2022: "na hipótese de períodos intercalados de exercício de atividade rural e urbana superior a 120 (cento e vinte) dias no ano civil, deverá ser apresentado instrumento ratificador (base governamental ou documento) a cada retorno à atividade rural". No mesmo sentido, inciso V do § 2º do art. 93 da Portaria DIRBEN/INSS 990 de 2022.
228. Neste sentido, a TNU, no PEDILEF 0505945-60.2006.4.05.8103: "Deve-se compreender a descontinuidade admitida em lei como a intercalação do labor rural ainda que com atividades de natureza diversa da rural, desde que com duração curta, ou seja, por período não relevante, que não infirme o princípio da presunção

divergência quanto ao limite. Prevalece que é de no máximo um ano, mas não há uma definição segura[229]. Hoje, a lei já permite, como vimos, que o segurado especial exerça atividade remunerada (urbana ou rural) por até 120 dias, sem que isto resulte em sua desclassificação como tal. Há, por isso, quem defenda que seja tal o limite para desclassificação (tal posição, inclusive, tem ganhado fôlego no STJ[230]). Porém, não nos parece ser este o melhor entendimento. Com efeito, há outras possibilidades mais plausíveis. No limite, é possível entender que o exercício de até 120 dias de atividade remunerada num ano não impede que aquele ano seja integralmente computado como de exercício de atividade rural[231]. Contudo, a fixação no meio urbano por período superior (desde que não extrapole certo limite, o qual, como consignamos, tem-se entendido ser de um ano), possibilita a junção do período de atividade rural anterior com o novo (além de permitir o uso, por extensão, da prova material com data pretérita), para que do somatório deles resulte a configuração do tempo necessário. Em suma, ficaria de fora do cômputo apenas o tempo de efetivo exercício de atividade urbana. Uma posição intermediária seria a de admitir a projeção da prova material pretérita, sem, contudo, o aproveitamento do período de atividade rural anterior.

Pois bem, e se o postulante a segurado especial exerceu atividade remunerada rural (por exemplo, como empregado rural) por período superior ao limite máximo

---

de continuidade do trabalho rural, pelo qual é possível inferir toda uma vida dedicada ao trabalho no campo. Insere-se nesse contexto o trabalhador rural que nos curtos períodos de entressafra deixa o campo em busca de trabalho urbano para sobreviver, retornando, logo após, às lides campesinas.". Mais recentemente, contudo, julgando o tema 301, entendeu a TNU que é possível computar período de atividade rural exercido a qualquer tempo, o que pode influenciar uma guinada jurisprudencial, conquanto o entendimento ainda não encontre ressonância junto ao STJ.

229. Há, por exemplo, quem defenda a possibilidade de afastamento por até três anos, em analogia ao período de graça máximo. Parece-nos, contudo, que no caso, como a hipótese não é de inatividade, mas sim de mudança de atividade, deve ser aplicado o período de graça mínimo, que é aquele necessário à readaptação ordinária do trabalhador (no caso, de sua aclimatação/ambientação ao meio urbano, ou seja, após um ano considera-se que já se encontra estabelecido, vencido um período de "teste"). Há ainda quem defenda que o afastamento pode ser de no máximo 120 dias ou quem defenda que não há limite, sendo sempre possível somar o período anterior. Esta última é a posição mais recente da TNU, como vimos logo acima.

230. Decidiu o STJ recentemente (14.10.2019), no bojo do AgInt no REsp 1.793.246, que o exercício de mais de 120 dias de atividade remunerada no ano civil (art. 11, § 9º, III, da Lei 8.213/91) serve para descaracterizar a qualidade de segurado especial, o que por si só gera a interrupção da contagem do prazo de atividade rural. Cabe analisar também os seguintes julgados: AgRg no REsp 1.354.939, AgRg nos EDcl no AREsp 786.554 e EDcl nos EDcl no AgRg no AREsp 811.512. Cabe aguardar, contudo, se essa posição irá mesmo se sedimentar naquele Tribunal.

231. Tal posição é defendida por Berwanger (O cômputo de períodos intercalados de atividade: uma abordagem constitucional voltada à cidadania do trabalhador rural. In: BERWANGER, Jane Lucia Wilhelm; DARTORA, Cleci Maria; FOLMANN, Melissa (Coord.). *Direito Previdenciário Revisitado*. Porto Alegre: Lex Magister, 2014, p. 252): "o efeito (...) é de incluir esse período no cômputo da atividade rural. (...) não se trata de interrupção, mas período que deve ser considerado como de segurado especial.". Em outro trabalho (op. cit., 2013, p. 221), é ainda mais explícita: "A atividade rural em regime de economia familiar não deixa de existir pelo exercício temporário de trabalho urbano, ainda que remunerado, porque este é temporário, no período de entressafra. A atividade essencial continua sendo a agropecuária. Nesse período de até 120 (cento e vinte) dias, há duplo enquadramento: como segurado especial e como empregado. Ele não deixa de ser empregado, na sua relação com o empregador. Assim, não há qualquer alteração na relação trabalhista, tampouco nas obrigações tributárias do empregador".

tido como suportável pelo julgador? Seria possível, pelo fato de não ter migrado para o meio urbano, aproveitar a prova material prévia e computar o período anterior como segurado especial? Ou seria possível até mesmo agregar o período como empregado rural, visto que o art. 39, I, fala apenas em "exercício de atividade rural" (ou seja, genericamente)? Não é possível encontrar uma definição clara na jurisprudência, mas parece-nos que esta última, ou seja, a mais ampla (possibilidade plena de junção de períodos de atividade rural contributivos e não contributivos), é a melhor solução.

Uma terceira e última aplicação do termo "descontinuidade": caso o postulante fique comprovadamente sem exercer nenhuma atividade laborativa (por exemplo, era segurado especial há alguns anos, mas, por qualquer razão, perde a posse da terra que explorava) durante certo tempo, caso a retome poderá agregar o período anterior à inatividade. Neste sentido, dispõe o art. 259 da IN INSS/PRES 128 de 2022: "Para as aposentadorias por idade dos trabalhadores rurais, não será considerada a perda da qualidade de segurado nos intervalos entre as atividades rurícolas". Em suma, aqui não se está a falar de migração para o meio urbano, mas sim de inatividade total.

Enfim, estas são as três potencialidades que vislumbramos na expressão.

Cabe, em arremate, analisar a possibilidade de prorrogação da qualidade de segurado após a cessação da atividade rural – seja por inatividade total, sem retomada, seja por ingresso definitivo em atividade urbana –, ou seja, a aplicação do "período de graça". Como vimos, há quem a admita por até três anos, há quem admita por dois, há quem admita por apenas um e há até quem não admita (sem prejuízo de outros posicionamentos possíveis). Convém deixar demarcado que no caso do segurado especial, mesmo quanto ao período base de um ano, temos que a lei fala em "até 12 (doze) meses após a cessação *das contribuições*, o segurado que deixar de exercer *atividade remunerada* abrangida pela Previdência Social ou estiver suspenso ou licenciado sem remuneração" (grifamos), ou seja, até neste caso tratar-se-á de aplicação analógica, já que o segurado especial não está em regime contributivo propriamente dito e não exerce atividade remunerada. Não obstante, o próprio INSS vem admitindo tal sistemática, como se pode extrair do que dispõe o art. 258 da IN INSS/PRES 128 de 2022: "Para fins de concessão de aposentadoria por idade dos trabalhadores rurais, o segurado deve estar exercendo a atividade rural *ou em período de graça* na DER ou na data em que implementou todas as condições exigidas para o benefício." (grifamos). Tal prorrogação poderá ser útil caso a contingência, inclusive a velhice, se verifique no curso do período de graça.

3.1.3 *Salário de benefício*

Importante peculiaridade a ser aqui destacada diz respeito ao cálculo do fator previdenciário. Com efeito, o cálculo do salário de benefício engloba, em regra (para a imensa maioria dos benefícios), a seguinte sequência: define-se qual é o período básico de cálculo e, dentro de tal interregno, apura-se a média dos 80% maiores salários de contribuição (agora, pós EC 103/2019, todos os SCs), monetariamente atualizados, podendo ainda incidir ou não o fator previdenciário (incide facultativamente na aposentadoria por idade – ou seja, quando resultar em incremento do valor – e obrigatoriamente, em princípio, na aposentadoria por tempo de contribuição). O valor da renda mensal inicial do benefício corresponderá a um coeficiente aplicável sobre o salário de benefício, o que significa dizer que o cálculo deste é uma etapa precedente.

Pois bem, o fator previdenciário "será calculado considerando-se a idade, a expectativa de sobrevida e o tempo de contribuição do segurado ao se aposentar" (§ 7º do art. 29 da Lei 8.213/91), segundo fórmula constante no anexo da lei. Segundo o § 9º do mesmo dispositivo, "para efeito da aplicação do fator previdenciário, ao tempo de contribuição do segurado serão adicionados: cinco anos, quando se tratar de mulher; cinco anos, quando se tratar de professor (...).", o que pode ser acumulado, resultando em adição de cinco anos no caso de professora. Isto decorre do fato de que a mulher poderia se aposentar com cinco anos de tempo de contribuição a menos que o homem, idem quanto ao professor. Ademais, a mulher também poderia se aposentar com redução de cinco anos em relação ao homem no requisito etário da aposentadoria por idade. Não obstante, não há diferenciação no cálculo no que tange ao trabalhador rural, o que pode resultar em especial prejuízo no cálculo do valor da aposentadoria por idade, em se tratando de relação contributiva.

Outro ponto que merece aqui menção é a regra que consta no § 6º do art. 36 do Decreto 3.048/99, *in verbis*: "Para o segurado especial que não contribui facultativamente, o disposto no inciso II será aplicado somando-se ao valor da aposentadoria a renda mensal do auxílio-acidente vigente na data de início da referida aposentadoria, não sendo, neste caso, aplicada a limitação contida no inciso I do § 2º do art. 39 e do art. 183". Isto significa, em síntese, que caso o segurado especial que não contribui facultativamente receba auxílio-acidente antes de se aposentar, o valor deste será incorporado (somado) ao valor da aposentadoria.

O cálculo do salário de benefício da aposentadoria por idade dita "híbrida" também reserva especificidades, mas deixaremos para analisá-lo adiante, já que se afigura importante conhecer previamente o delineamento do benefício (ou da modalidade) em si.

3.2 Benefícios em espécie

Convém apontar, em caráter introdutório, qual é o leque de benefícios devidos a cada espécie de segurado rural. Pois bem, ao empregado, avulso e contribuinte individual rurais são devidos, em tese, todos os benefícios que são destinados aos respectivos congêneres urbanos, ou seja, não há peculiaridades que valham a análise aqui, em termos de regra permanente. Aos segurados especiais não são devidos os seguintes benefícios: aposentadoria por tempo de contribuição (benefício extinto), aposentadoria especial e salário-família. Se contribuir facultativamente, fariam jus àquele primeiro[232], mas não a

---

232. Neste sentido, a Súmula 272 do STJ: "O trabalhador rural, na condição de segurado especial, sujeito à contribuição obrigatória sobre a produção rural comercializada, somente faz jus à aposentadoria por tempo de

este último, de todo modo. Quanto à aposentadoria especial, há polêmica, assim como quanto ao auxílio-acidente e quanto ao preenchimento da carência no salário-maternidade, questões que serão requentadas logo adiante. Ademais, o segurado especial que contribui facultativamente faz jus à concessão das aposentadorias (por tempo de contribuição e idade) devidas ao segurado com deficiência, nos termos do parágrafo único do art. 70-B do Decreto 3.048/99[233].

É importante ressaltar que serão aqui analisadas apenas as eventuais peculiaridades que os benefícios possuem no meio rural, ou seja, não se fará um exame amplo deles (para então destacar as diferenças), o que deve ser buscado linhas acima. Em suma, nos concentramos aqui nas especificidades.

Cabe analisar inicialmente a regra de transição trazida pelo art. 143 da Lei 8.213/91, em relação à sua extensão quanto ao rol de benefícios.

3.2.1 A regra de transição prevista no art. 143 da Lei 8.213/91

Em sua redação, o dispositivo mencionado previa a possibilidade de concessão dos seguintes benefícios, no valor de 1 salário mínimo: aposentadoria por idade, durante 15 (quinze) anos, contados a partir da data da vigência da lei, se comprovado o exercício de atividade rural nos últimos cinco anos anteriores à data do requerimento, mesmo de forma descontínua; auxílio-doença, aposentadoria por invalidez, auxílio-reclusão ou pensão por morte, durante um ano, contado a partir da data da vigência da lei, desde se comprovado o exercício de atividade rural com relação aos meses imediatamente anteriores ao requerimento do benefício, mesmo que de forma descontínua, durante período igual ao da carência do benefício.

Trata-se de uma [mais uma] regra que tinha por escopo possibilitar a devida adaptação dos trabalhadores rurais ao novo regime, ou seja, sua transferência desde um regime que não previa sua contribuição direta para um novo essencialmente contributivo. Destarte, considerando que a "carência" anterior da aposentadoria por idade era de 60 meses, permitiu-se a concessão "graciosa" do benefício por igual período, o que, a nosso sentir, possibilitava, inclusive e sobretudo, o aproveitamento do período não contributivo anterior. Não obstante, quem completasse o requisito etário após o prazo, veria ser descartado aquele período de atividade rural não contributiva anterior ao

---

serviço, se recolher contribuições facultativas". Do mesmo modo, o tempo de serviço como segurado especial, ainda que comprovadas as contribuições obrigatórias sobre a comercialização, não pode ser utilizado como tempo de contribuição (muito menos como carência), salvo, como veremos adiante, se em período anterior ao advento da Lei 8.213/91, por expressa disposição legal.

233. A IN INSS/PRES 128 de 2022 dispõe em seu art. 311, § 2º, que o trabalhador rural, inclusive o segurado especial, terá direito à aposentadoria especial *por idade* da pessoa com deficiência (no § 4º, admite, inclusive, o cômputo de período urbano, nos mesmos termos do que ocorre quanto à aposentadoria dita "híbrida", mantendo a redução em cinco anos no requisito etário em virtude da deficiência). O dispositivo é ligeiramente confuso, visto que exige, no inciso II, "15 (quinze) anos de tempo de contribuição cumpridos na condição de pessoa com deficiência, independentemente de seu grau".

advento do novel regime, visto que não pode ser utilizado como carência[234]. Parece-nos que foi por tal razão que, em 1995, tal prazo foi ampliado para quinze anos, período equivalente ao da nova carência do benefício em questão, havendo de se considerar ainda a tabela progressiva de transição prevista no art. 142 da Lei 8.213/91[235]. Como já vimos, tivemos ainda prorrogações posteriores.

Pois bem, quanto aos demais benefícios, que possuem carência de um ano (auxílio-doença e aposentadoria por invalidez) ou nenhuma (pensão por morte e, à época, auxílio-reclusão), o legislador optou por mantê-los por apenas um ano e não houve posterior prorrogação. Havia, portanto, uma cobertura "gratuita" pelo prazo de um ano, possibilitando a adaptação, sendo que a partir daí exigir-se-ia o cumprimento da carência, quando fosse o caso, além da qualidade de segurado, sempre em regime contributivo (salvo para o segurado especial).

O que se pode extrair daí, a nosso sentir, é que a partir do advento do novo regime, passou-se a exigir o recolhimento de contribuições, ou seja, o que se intencionava era apenas possibilitar o aproveitamento do período pretérito, não propiciar uma isenção futura.

Quanto ao empregado rural, a questão relacionada ao porvir era solucionável, de toda forma, a partir do entendimento de que, sendo do empregador a obrigação de recolher, a comprovação do vínculo já permitiria o cômputo do período.

Quanto ao esporádico rural (que é hoje contribuinte individual, antigo autônomo), porém, o dilema é demasiado mais complexo, pois deveria estar já recolhendo, não fosse a previsão excepcional de concessão graciosa de aposentadoria por idade. Não obstante, a cobertura residual (quanto aos demais benefícios supracitados) não lhe seria estendida, caso não estivesse contribuindo.

No que tange ao segurado especial, embora hoje prevaleça que quanto a ele há uma regra permanente, nem sempre houve tal consenso, razão pela qual também perdurou durante muito tempo corrente prestigiada que sustentava a ausência dessa cobertura residual se não houvesse contribuição.

Importante ressaltar, todavia, que se formou corrente em sentido contrário no que concerne à cobertura que descrevemos como residual (benefícios não programados). Tal facção sustentava que se a lei "incentivava" o não recolhimento das contribuições (não é

---

234. Em suma, o período rural não contributivo anterior pode ser utilizado como tempo de serviço na aposentadoria por tempo de contribuição, embora não como carência, e pôde ser utilizado como carência na aposentadoria por idade durante dado interregno. Baltazar Júnior e Rocha fazem considerações similares às nossas: "se não eram exigidas contribuições no momento em que a atividade econômica foi realizada, o legislador entendeu não ser adequado surpreender o segurado que permaneceu toda a sua vida no campo, dele exigindo carência para a concessão de benefícios." (op. cit., p. 429).
235. O dispositivo em questão é aplicável ao "segurado inscrito na Previdência Social Urbana na data da publicação desta Lei, bem como para os trabalhadores e empregados rurais cobertos pela Previdência Social Rural", o que significa dizer que não abarca em seu âmbito subjetivo quem antes não era segurado. Não obstante, uma vez mais a jurisprudência consolidou-se em sentido contrário...

o que nos parece, conforme já ressaltamos) – pois concedia o benefício "principal", que é a aposentadoria programada por idade, sem a necessidade de recolhimentos –, não poderia deixar o trabalhador a descoberto quanto à cobertura residual não programada. Assim, determinada linha jurisprudencial propugnava a concessão daqueloutros benefícios mesmo após vencido o prazo de um ano fixado na lei.

Trata-se de um debate superado pelo tempo, mas afigura-se conveniente referenciá-lo, como parte de um escorço histórico pós-CRFB de 1988.

Em seguida, passamos a analisar os benefícios que selecionamos – conforme os critérios de pertinência já descritos –, segundo sua conformação legislativa atual de caráter permanente.

3.2.2 Aposentadoria programada

Convém ressaltar que antes do advento da EC 103/2019, o trabalhador rural, desde que estivesse em relação contributiva, fazia jus à aposentadoria por tempo de contribuição, porém sem regras mais favoráveis em relação ao urbano. Quanto à aposentadoria por idade, fazia jus a uma redução de cinco anos no limite etário. O segurado especial, por sua vez, conforme já examinamos, não faria jus – salvo se recolhesse contribuições facultativas – às aposentadorias por tempo de contribuição e especial, além de gozar de uma regra diferenciada quanto ao cômputo da carência (substituída pela comprovação do exercício de atividade rural, em relação a todos os benefícios aos quais faz jus).

Hoje, com a extinção da aposentadoria por tempo de contribuição (para todos), temos dois tipos de aposentadorias programadas comuns previstas pela CRFB: uma, devida prioritariamente aos trabalhadores urbanos (não nos parece, porém, que esteja vedado o acesso aos trabalhadores rurais), exigindo a junção de idade mínima e tempo de contribuição (já examinada anteriormente); outra, devida aos rurais (além do garimpeiro que laborar em regime de economia familiar), exigindo apenas idade mínima (art. 201, § 7º, II).

As regras de transição previstas pelos arts. 15-18, 20 e 26 da EC 103/2019 (vistas acima), são potencialmente aplicáveis também aos segurados rurais em regime contributivo já previamente filiados ao regime (pode, porém, surgir alguma controvérsia no que tange ao art. 18, que menciona expressamente os segurados de que trata o inciso I do § 7º do art. 201, mas pensamos que àqueles que dispõem de regras mais brandas para aceder a uma aposentadoria não está vedado o acesso aos benefícios que exigem requisitos mais rigorosos).

Em relação à aposentadoria por idade devida aos trabalhadores rurais, a EC 103/2019 não efetuou nenhuma alteração material na CRFB. Com efeito, restou mantida integralmente a possibilidade de se aposentar com idade mínima de 60 anos, se homem, e 55, se mulher, sem exigência de tempo mínimo de contribuição[236]. Podemos, assim, continuar falando tecnicamente em aposentadoria por idade no caso dos trabalhadores rurais (os sujeitos agraciados são aqueles que examinamos na abertura do presente capítulo, ou seja, empregado, trabalhador avulso e esporádico rurais e o segurado especial, acrescentando-se, todavia, também o garimpeiro que desenvolve sua atividade em regime de economia familiar). A EC 103/2019 também não trouxe qualquer regra de transição aplicável a tal benefício (o que não teria mesmo razão de ser, visto que foi mantido na íntegra), tampouco qualquer disposição provisória, o que nos permite entender que o regime a ele aplicável continua a ser o mesmo de antes, ou seja, permanece em vigor a legislação infraconstitucional de outrora.

Os requisitos comuns para a concessão do benefício são, em síntese, a idade mínima (55 anos para a mulher, 60 anos para o homem) e uma carência de 180 contribuições mensais. Em relação ao empregado, ao avulso e ao contribuinte individual, salvo na regra de transição que já abordamos anteriormente, o cumprimento da carência se faz por meio de estabelecimento de vínculo contributivo, ou seja, são exigidas contribuições para o cumprimento da carência, ainda que no caso do empregado e do avulso (e mesmo para o contribuinte individual, se contratado por pessoa jurídica) a exigência se dirija a seu contratante, que é o responsável tributário.

Para o segurado especial, contudo, o atendimento da carência é observado pela demonstração do exercício de atividade rural, como vimos anteriormente, ou seja, precisará demonstrar o exercício de atividade rural por 180 meses, ainda que de forma descontínua, no período imediatamente anterior à data-base utilizada para concessão do benefício, a qual deve ser concomitante ou posterior ao implemento da idade mínima. Ademais, precisará ostentar qualidade de segurado por ocasião de tal data-base, observada a possibilidade de prorrogação extraordinária da qualidade de segurado, o que também já examinamos algumas linhas atrás. Assim, em resumo, o segurado especial precisará cumprir 180 meses de atividade rural, ainda que de forma descontínua, mas em período imediatamente anterior ao da data-base, eventualmente observada, caso o cumprimento se dê antes do advento do requisito etário, a prorrogação extraordinária da qualidade de segurado, ou seja, a partir do momento em que cumpriu os 180 meses de atividade rural, precisa manter a qualidade de segurado até o advento da idade mínima (que, nesse caso, será a data-base utilizada na concessão do benefício)[237].

---

236. "60 (sessenta) anos de idade, se homem, e 55 (cinquenta e cinco) anos de idade, se mulher, para os trabalhadores rurais e para os que exerçam suas atividades em regime de economia familiar, nestes incluídos o produtor rural, o garimpeiro e o pescador artesanal" (art. 201, § 7º, II, da CRFB).

237. No mesmo sentido, o magistério de Baltazar Júnior e Rocha: "quanto à questão do que deve ser considerado como período imediatamente anterior ao requerimento, não se pode considerar (...) o período trabalhado pelo segurado há mais de 20 anos (...). Não é possível a concessão de *aposentadoria rural* por *idade* quando não comprovado o desempenho de *atividade rural* no período imediatamente anterior ao implemento do requisito etário. Nossa sugestão é fixar como um critério razoável, o maior prazo de manutenção da qualidade de segurado (...), ou seja, 36 meses. Assim, para fazer jus ao benefício (...), o segurado deve comprovar o exercício de atividade rural (...) [e] desde que entre a cessação do exercício de atividade e a data do implemento da idade não tenha decorrido um prazo maior do que 36 meses." (op. cit., p. 433).

A qualidade de segurado é um requisito expressamente dispensado no caso em que a carência é cumprida em regime contributivo, nos termos do que dispõe o art. 3º, § 1º, da Lei 10.666/2003: "Na hipótese de aposentadoria por idade, a perda da qualidade de segurado não será considerada (...), desde que o segurado conte com, no mínimo, o *tempo de contribuição* correspondente ao exigido para efeito de *carência* (...)." (grifamos). Ou seja, o requisito é dispensado apenas quanto à regra permanente (contributiva) aplicável aos segurados empregado, avulso e contribuinte individual (e, segundo entendemos, até ao segurado especial que contribua facultativamente, desde que cumpra, com contribuições, a carência exigida). Há, naturalmente, tese que pretende estender a regra ao segurado especial, mas a jurisprudência majoritária a tem refutado[238], o que nos parece evidente em vista dos termos que destacamos em grifos no dispositivo transcrito, que exigem tempo de contribuição efetivo e carência em sentido [legal] estrito (o que o exercício de atividade rural não é, tendo em vista que a lei fala em "por tempo igual ao número de meses de contribuição correspondente à carência do benefício pretendido"). É certo, contudo, que o dispositivo não tem seus efeitos limitados à aposentadoria urbana, como descuradamente alguma doutrina tem propagado, sendo aplicável também à aposentadoria rural de natureza contributiva, como não poderia deixar de ser, em vista do princípio constitucional que equipara urbanos e rurais.

Convém ressaltar que o § 2º do art. 48 da Lei 8.213/91 fala que "o *trabalhador rural* deve comprovar o efetivo exercício de atividade rural, ainda que de forma descontínua, no período imediatamente anterior ao requerimento do benefício, por tempo igual ao número de meses de contribuição correspondente à carência do benefício pretendido" (grifamos), ou seja, se refere ao trabalhador rural gênero. Não obstante, há de se fazer uma leitura sistemática, considerando que tal regra, em perspectiva permanente, se destina exclusivamente ao segurado especial, o que fica claro ao se analisar os demais dispositivos constantes na mesma lei e ao observar que apenas o segurado especial poderia merecer tratamento diferenciado com respaldo constitucional, para o que há expressa previsão, não sendo possível conferir prerrogativas aos demais segurados em detrimento de sua congênere urbana, já que, como já salientamos, o princípio-regra constitucional da equivalência entre urbanos e rurais é uma via de mão-dupla (para não falarmos, ademais, na exigência de contrapartida direta). Assim, quanto aos demais segurados, a aplicação se limita à regra de transição do art. 143 da Lei 8.213/91.

Sobre o valor da renda mensal inicial do benefício, caso de trate de relação contributiva, o cálculo observará o disposto no art. 50 da Lei 8.213/91, sendo de "70% (setenta

---

238. O STJ, por exemplo, decidiu, pela sistemática dos recursos repetitivos (no bojo do REsp 1.354.908, tema 642), que "o segurado especial tem que estar laborando no campo, quando completar a idade mínima para se aposentar por idade rural, momento em que poderá requerer seu benefício. Se, ao alcançar a faixa etária exigida no artigo 48, § 1º, da Lei 8.213/1991, o segurado especial deixar de exercer atividade rural, sem ter atendido a regra transitória da carência, não fará jus à aposentadoria por idade rural pelo descumprimento de um dos dois únicos critérios legalmente previstos para a aquisição do direito. Ressalvada a hipótese do direito adquirido em que o segurado especial preencheu ambos os requisitos de forma concomitante, mas não requereu o benefício".

por cento) do salário de benefício, mais 1% (um por cento) deste, por grupo de 12 (doze) contribuições, não podendo ultrapassar 100% (cem por cento) do salário de benefício". Quanto ao salário de benefício, a aplicação do fator previdenciário é facultativa, ou seja, tem lugar apenas caso beneficie o segurado.

No caso de concessão para o segurado especial em situação não contributiva, o valor do benefício será de um salário mínimo, assim como, no que lhe diz respeito, para todos os demais benefícios que substituam a renda.

3.2.2.1 A regra de transição prevista no art. 142 da Lei de Benefícios

O dispositivo em epígrafe cria uma regra de "amortecimento" em vista da transição de um regime anterior, que previa apenas 60 meses de carência para a concessão dos benefícios programados, para o atual, que prevê 180 meses. Estabelece, assim, que "Para o segurado inscrito na Previdência Social Urbana até 24 de julho de 1991, bem como para o trabalhador e o empregador rural cobertos pela Previdência Social Rural, a carência das aposentadorias por idade, por tempo de serviço e especial obedecerá à seguinte tabela, levando-se em conta o ano em que o segurado implementou todas as condições necessárias à obtenção do benefício (...)", seguindo, daí, uma progressividade que começa no ano de 1991 e com 60 meses de carência, chegando até 180 meses a partir de 2011. A tabela tem o claro objetivo de não "colher de surpresa" nenhum segurado em trânsito para o cumprimento da carência (por exemplo, aquele que ostentasse 55 meses de contribuição em 24.07.1991, com a expectativa de apenas mais 06 meses para atender o requisito, seria surpreendido com um incremento de mais 120 meses, não fosse essa regra de transição).

O debate mais relevante que tal dispositivo gerou se refere à exigência de que o postulante ostentasse qualidade de segurado em 24 de julho de 1991 ou se bastaria que houvesse ostentado tal qualidade em alguma ocasião anterior a tal marco, tendo prevalecido esta última interpretação, com ênfase na expressão "segurado inscrito (...) até", ou seja, bastaria a filiação anterior, ainda que houvesse perda posterior da qualidade de segurado.

Outro debate interessante, mas que alcançou menor repercussão, diz respeito ao rol de segurados abrangidos pelo dispositivo, o qual já descrevemos anteriormente. Entendemos que abrange apenas aqueles segurados que estavam já em regime contributivo (excluídos, assim, os do PRORURAL) ou, no máximo, quem ao menos era segurado, ainda que em regime sem contrapartida direta.

Como se percebe, a partir da leitura do dispositivo transcrito, a regra se aplica também aos benefícios de aposentadoria por tempo de contribuição e especial – não apenas por idade, portanto, mas é aqui que ganha mais relevância prática (pois as outras, afinal, exigem também tempo de contribuição), especialmente para o que nos interessa, sendo esta a razão pela qual optamos por abordar a temática nesse momento.

3.2.2.2 Aposentadoria dita "híbrida" ou "mista"

O § 3º do art. 48 da Lei 8.213/91 diz que *os trabalhadores rurais de que trata o § 1º deste artigo* (i) *que não atendam ao disposto no § 2º deste artigo* (ii), *mas que satisfaçam essa condição, se forem considerados períodos de contribuição sob outras categorias do segurado* (iii), *farão jus ao benefício ao completarem 65 (sessenta e cinco) anos de idade, se homem, e 60 (sessenta) anos, se mulher* (iv).

Ao que nos parece, o benefício (ou, a nosso sentir, a modalidade) permanece em vigor mesmo após a EC 103/2019.

Pois bem, o primeiro passo é analisar detidamente o texto, acima transcrito, que carrega o enunciado normativo, o qual foi destacado em partes para ser mais bem esquadrinhado. Em primeiro lugar, é preciso isolar uma delimitação subjetiva de aplicação do dispositivo. Observando o trecho designado como (i), podemos concluir que o dispositivo é aplicável apenas aos trabalhadores rurais de que trata o § 1º, que já dissemos quais são. Observando, ademais, o trecho (ii), percebe-se que o dispositivo é aplicável apenas à conjugação de período rural não contributivo com período contributivo (inclusive urbano), até mesmo porque a junção de períodos rurais e urbanos contributivos sempre foi possível. Isto significa que, atualmente, para períodos completados do fim de 2010 pra cá, o dispositivo é aplicável apenas ao segurado especial, o único dispensado de contribuir com base em regra permanente. A segunda parte contém ainda uma delimitação subjetiva de condição objetiva, ou seja, quem não ostentar 180 meses de atividade rural imediatamente anterior ao requerimento[239] (exigida para a aposentadoria rural por idade que denominamos – doravante e para fins didáticos – "pura não contributiva" ou, para simplificação, apenas "pura"), poderá complementar. Isto significa, em síntese, que quem possui 180 meses de atividade rural imediatamente anterior, pode obter a aposentadoria "pura"; quem não tem – ou seja, tem menos do que 180 – poderá complementar. Complementar o quê? O que falta para chegar a 180, obviamente. Por último, no trecho (iii), temos o que pode ser usado para complementar, ou seja, períodos de contribuição sobre outras categorias de segurado (em síntese, urbano ou averbado em contagem recíproca). A parte final do dispositivo traz o último requisito, que é a implementação do requisito etário de 60/65 anos (iv).

Resta claro, portanto, que a aposentadoria dita "híbrida" consiste em desdobramento da aposentadoria rural não contributiva, permitindo àquele que ostenta atividade rural imediatamente anterior, mas por período inferior a 180 meses, complemente o que falta com período urbano. Em suma, destacando o que irá nos interessar mais especificamente, o período rural que pode ser utilizado não muda da "pura" para a "híbrida", continua a ser apenas o imediatamente anterior, ou seja, não se abre a possibilidade de

---

239. Como já analisamos, embora a lei fale em "requerimento", a interpretação prevalecente, em homenagem ao direito adquirido e ao desapego a um simples ato formal, é de que o ponto de partida (ou de chegada, na verdade) deve ser qualquer marco posterior ao implemento da idade mínima.

resgatar período rural remoto que não poderia ser utilizado na "pura"[240], mas permite-se tão somente a utilização adicional de período urbano. Trata-se, portanto, de uma regra destinada a melhorar a situação do segurado especial, ao permitir que à sua aposentadoria não-contributiva agreguem-se períodos contributivos, sendo mista ou híbrida apenas neste sentido. Por ser, assim, uma regra de exceção dentro de um sistema que é, por exigência constitucional, essencialmente contributivo, deve ser interpretada dentro desse espectro não contributivo, o qual, novamente invocando a CRFB, limita-se ao segurado especial (salvo quanto a regras transitórias com eficácia já extinta).

Convém salientar que tal dispositivo foi inserido no ano de 2008, sendo que a situação que se verificava antes de seu advento – e que inspirou sua criação – era a de que o segurado especial que ostentava 15 anos de atividade rural não contributiva fazia jus à concessão do benefício, mas aquele que possuía 10 anos somados a outros 5 de efetiva contribuição (como trabalhador urbano, por exemplo) ficava desprotegido, mesmo que, para o sistema, sua situação fosse, no mais das vezes, até financeiramente mais benéfica, afinal efetivamente verteu contribuições por algum tempo. Algumas decisões judiciais esparsas, diante de casos concretos com tais circunstâncias, concediam o benefício, mas ainda não havia um posicionamento jurisprudencial firme a respeito. Destarte, o legislador objetivou sanar esse paradoxo aparente, permitindo o acréscimo de período contributivo sob outras categorias de segurado ao tempo de exercício de atividade rural recente não contributivo, desde que restasse observado o limite etário urbano, para evitar fraudes[241].

O que deve ser ressaltado – uma vez mais antes de prosseguirmos – é que o período de atividade rural que pode ser utilizado aqui, na aposentadoria por idade dita "híbrida", é o mesmo que poderia ser utilizado lá, na aposentadoria por idade rural "pura", ou seja, apenas o imediatamente anterior à data-base. De fato, o § 3º, supracitado, faz expressa referência ao § 2º, dizendo que quem não ostentar período de atividade rural suficiente ao preenchimento deste, pode se valer de períodos contributivos sob outras categorias de segurado. Em suma: se tem 15 anos de atividade rural, se enquadra no § 2º; se tem menos, pode somar período contributivo. É evidente, assim, que o § 3º não permite a utilização de período não contributivo que não poderia ser aproveitado pela regra do § 2º, ou seja, não possibilita que se busque, em resgate, aquele período rural dito "remoto", que seria irrelevante no § 2º. Trata-se de uma regra que observa um princípio de justiça e de lógica, a permitir que aquele que exerceu atividade rural recente em tempo

---

240. Neste sentido exato sentido, decisão prolatada pela Turma Nacional de Uniformização no bojo do processo 0001508-05.2009.4.03.6318, de cujo voto vencedor extraímos o seguinte trecho: "aquele que pretende contar período laborado como trabalhador rural para fins de obtenção do benefício de aposentadoria por idade híbrida, deve observar o disposto nos artigos 26, III; 39, I, e 48, § 2º, todos da Lei 8.213, de 1991, ou seja, deve utilizar o tempo de trabalho rural imediatamente anterior ao implemento da idade ou ao requerimento administrativo, pelo número de meses equivalente à carência desse benefício, ainda que de forma descontínua". Como veremos, porém, a tese foi refutada pelo STJ.

241. Do contrário, bastaria ao trabalhador urbano que já ostentasse 15 anos de atividade rural, migrar, ao implementar o requisito etário rural, para o meio campesino por um mês, quando já faria jus ao benefício com cinco anos de antecipação.

insuficiente possa agregar período de contribuição, e não de regra que visa colher a situação do trabalhador que deixou o campo com destino à cidade[242] – o que não passa de invencionice "romanesca" de parcela da jurisprudência, sempre muito criativa em criar despesas para os cofres da previdência social às margens das potencialidades dos enunciados normativos.

Destarte, segundo nos parece, reside incompreensão, em doutrina e jurisprudência – especialmente a do STJ –, em torno do tema, a qual tem origem no próprio percurso hermenêutico, como acreditamos ter demonstrado. Com efeito, sustentamos que a interpretação, embora não se resuma ao postulado normativo, deve por este começar. Não obstante, a corrente doutrinária dominante (dominante, pois a tese foi sufragada pelo STJ, embora flagrantemente minoritária do ponto de vista numérico entre os julgadores) acaba passando ao largo do que o dispositivo diz, propagando a ideia de que se trata de um benefício que visa contemplar aquele que optou pelo êxodo rural, uma noção "romântica" que carece de fonte e substrato jurídico.

O próprio INSS tem emprestado uma interpretação equivocada (a nosso sentir) ao dispositivo, entendendo que ele se aplica apenas ao postulante que tem a atividade rural como a última desempenhada. Isto fere até a lógica, pois bastaria ao trabalhador migrar para o campo por um dia e então requerer o benefício. Na verdade, não importa propriamente qual foi a atividade desenvolvida por último, mas sim qual é o período rural aproveitável, que, como já deixamos delineado, é apenas aquele que poderia ser utilizado na aposentadoria por idade rural "pura". Em suma, se o período rural é descartado lá, é inútil também aqui, então tem-se aí qual é o trajeto que deve ser percorrido para apurar o direito ao benefício.

Vejamos, por exemplo, a argumentação da qual se vale Berwanger para defender a criação da regra: "se o direito à aposentadoria era admissível com 180 contribuições e com 180 meses de atividade rural também, não havia razão para que não o fosse caso parte do período fosse numa condição e parte fosse noutra."[243]. Falta, porém, acrescer que o direito era admissível àquele que reunisse 180 meses de atividade rural *imediatamente anterior ao requerimento* (ou, como já vimos, a qualquer marco posterior ao implemento da idade mínima), e não a qualquer tempo – e aí está justamente a diferença

---

242. Segundo nos parece, há certa anarquia na jurisprudência e doutrina em torno do tema. Frederico Amado, por exemplo, afirma que "permitir a aposentadoria por idade híbrida somente ao segurado que ostente a qualidade de trabalhador rural (...) se afigura uma discriminação negativa contra o trabalhador urbano (...)." (op. cit., p. 664). No mesmo sentido, Lazzari e Castro: "Não existe justificativa fática ou jurídica para que se estabeleça qualquer discriminação em relação ao segurado urbano (...)." (op. cit., p. 696). Ora, o trabalhador urbano pode agregar períodos rurais contributivos. A diferença que se coloca aqui é a possibilidade de computar período rural não contributivo recente, o que a CRFB possibilita apenas ao segurado especial, pelo que a lei se limita a atender à determinação constitucional, pelo que não há falar em atentado à isonomia aqui. A justificativa jurídica está na própria CRFB, na exceção que ela abre ao segurado especial – e somente a ele – dentro de um regime marcadamente contributivo. Portanto, estender a regra para contemplar outras hipóteses é que se afigura inconstitucional, pois o único segurado que goza da possibilidade de computar tempo não contributivo a título de "carência" é o segurado especial.
243. Op. cit., 2016, p. 51.

crucial, da qual o magistério de Berwanger se desgarra, um obstáculo significativo ao qual o STJ também não se atenta. Aí se situa, portanto, o ponto nodal da divergência, sendo que, *data maxima venia*, a legislação posta não comporta esse "resgate" do tempo rural remoto[244]. De fato, a aposentadoria dita "híbrida" é apenas um desenvolvimento ou decomposição da aposentadoria por idade rural "pura" – o que a própria topografia do dispositivo que a cria, somada à referência expressa que este faz ("os trabalhadores rurais *de que trata o § 1º deste artigo que não atendam ao disposto no § 2º deste artigo*, mas que satisfaçam *essa condição*, se forem considerados períodos de contribuição sob outras categorias do segurado") deixam evidenciado – e não algo absolutamente novo.

Não obstante, a posição do STJ é contrária àquela por nós aqui sustentada. O candidato a um concurso público, portanto, deve conhecer a divergência, porém observar o que prevalece no âmbito do STJ.

Num primeiro momento, entendeu o STJ que "o reconhecimento do direito à aposentadoria híbrida por Idade não está condicionado ao exercício de atividade rurícola no período imediatamente anterior ao requerimento administrativo" (REsp 1.476.383) e que "é possível considerar o tempo de serviço rural anterior ao advento da Lei 8.213/1991 para fins de carência de aposentadoria híbrida por idade, sem que seja necessário o recolhimento de contribuições previdenciárias para esse fim" (REsp 1.476.383). Ambos os julgados foram publicados nos Informativos de 2015.

Posteriormente, provocado por decisões de outras instâncias (inclusive a da TNU, acima mencionada), percebeu o equívoco do ângulo de abordagem e sujeitou o tema a novo julgamento, pela sistemática dos recursos repetitivos. Persistiu, porém, com um entendimento que nos parece completamente estapafúrdio, *data maxima venia*. A tese fixada foi a seguinte: "O tempo de serviço rural, ainda que remoto e descontínuo, anterior ao advento da Lei 8.213/1991, pode ser computado para fins da carência necessária à obtenção da aposentadoria híbrida por idade, ainda que não tenha sido efetivado o recolhimento das contribuições, nos termos do artigo 48, parágrafo 3º, da Lei 8.213/1991, seja qual for a predominância do labor misto exercido no período de carência ou o tipo de trabalho exercido no momento do implemento do requisito etário ou do requerimento administrativo" (Tema 1.007, resultado da afetação dos REsp's 1.674.221 e 1.788.404). Em síntese, permite a junção de atividade rural computável exercida a qualquer tempo com período contributivo urbano também de qualquer época para preenchimento da "carência".

---

244. Berwanger (idem, p. 54) aduz ainda que "a norma seria praticamente sem efeito se não fosse possível essa interpretação (de que a última atividade pode ser urbana) ou o dispositivo seria de pouca aplicabilidade, vez que a realidade demonstra que a tendência é a atividade rural seguida da atividade urbana". O argumento fala por si só, ou melhor, nada diz. O fato de que os casos que se subsumem à norma serem mais raros numa interpretação do que em outra é irrelevante juridicamente, em especial quando o que está em jogo é uma norma de exceção, que permite a aposentação com utilização de tempo não contributivo, ou seja, um favor fiscal. Como dito, o legislador cria uma benesse com um escopo específico, mas a jurisprudência – baseando-se num suposto princípio *in dubio pro misero*, nebuloso, que não está escrito em lugar nenhum e não parece encontrar solo fértil numa relação de seguro – esgarça a própria semântica do enunciado normativo.

Diante da nova sistemática implementada pela EC 103/2019, que passa a exigir tempo de contribuição mínimo no meio urbano e não no rural, a aposentadoria dita "híbrida" passará a apresentar uma problemática adicional, pois o homem que não reúna tempo mínimo de 20 anos de contribuição para se aposentar no meio urbano, porém reúna os 15 anos necessários ao preenchimento da carência rural, poderia migrar para o meio rural por um único mês e assim obter a aposentadoria na modalidade "híbrida". Lazzari sustenta que "permanece válida a hipótese de concessão da aposentadoria híbrida, pois não houve revogação expressa nem tácita desse modelo de benefício. No entanto, as regras deverão ser ajustadas para contemplar as mudanças trazidas pela EC 103/2019, quais sejam, a elevação da idade mínima para a mulher (62 anos) e a carência de 20 anos para o homem, para os segurados ingressantes no RGPS após a entrada em vigor da Reforma da Previdência"[245].

3.2.2.2.1 Cálculo do valor do benefício

A forma de calcular a renda mensal inicial – RMI do benefício é trazida pelo § 4º do art. 48 da Lei 8.213/91, de forma pouco precisa. Com efeito, o dispositivo diz que o cálculo da renda mensal do benefício será apurado de acordo com o disposto no inciso II do caput do art. 29 da Lei, considerando-se como salário de contribuição mensal do período como segurado especial o limite mínimo de salário de contribuição da Previdência Social.

Ocorre que o dispositivo a que se refere – o 29, II – cuida apenas do salário de benefício, que é um dos componentes do cálculo da RMI, sendo necessário ainda aplicar uma alíquota, que não se diz qual será. Trata-se, portanto, de uma previsão "manca". O que está dito apenas é que, no cálculo do salário de benefício, apuram-se os salários de contribuição da seguinte forma: nos meses em que houve efetiva contribuição, a base de cálculo utilizada; nos meses de atividade rural não contributiva, toma-se por base de cálculo o salário-mínimo. Isto, porém, não resolve todos os problemas, como dito.

Admitimos, a partir de uma interpretação sistemática, que é aplicável no cálculo o art. 50 da Lei 8.213/91 (o que parece, além de lógico, inevitável, já que não há outra opção), que diz que "A aposentadoria por idade (...) consistirá numa renda mensal de 70% (setenta por cento) do salário de benefício, mais 1% (um por cento) deste, por grupo de 12 (doze) contribuições, não podendo ultrapassar 100% (cem por cento) do salário de benefício". Resta saber, por fim, se o período de atividade rural não contributivo serve ou não para majorar tal coeficiente de cálculo. Pois bem, o dispositivo diz que se deve partir de um piso de 70% e agregar 1% a cada grupo de doze *contribuições*. Destarte, onde não há contribuição, não há possibilidade de cômputo, pelo que apenas o período efetivamente contributivo poderia ser aí utilizado. O raciocínio parece evidente – e é mesmo –, mas há decisões dissonantes no âmbito do STJ. Ora, na aposentadoria por idade urbana "pura", o STJ não admite que o período de atividade rural, mesmo o ante-

---

245. Op. cit., 2020, p. 114.

rior a 1991, seja utilizado no preenchimento da carência[246], muito menos para majorar o coeficiente de cálculo. Aqui, na dita "híbrida", contudo, contraditoriamente admite a primeira hipótese e há julgados admitindo também a segunda (todavia, quanto ao segundo ponto, há também julgados em sentido diverso).

3.2.3 Salário-maternidade

Conforme advertência que fizemos no início do presente capítulo, ressaltamos que tal benefício não resguarda distinções relevantes próprias ao meio rural[247], exceto duas, que se circunscrevem à segurada especial.

A primeira, que já aventamos, é a possibilidade de o benefício ser concedido à segurada especial menor de 16 anos, tendo em vista que o exercício de atividade rural é uma situação de fato que, caso demonstrada, ainda que eivada de ilicitude, não poderia deixar a gestante/lactante a descoberto. Trata-se do entendimento hoje prevalecente em jurisprudência.

A segunda diz respeito ao período de carência, que também já examinamos, mas retomaremos aqui com mais vagar. O que ocorre é que o art. 25, III, da Lei 8.213/91 diz que o período de carência no salário-maternidade aplicável às seguradas de que tratam os incisos V [contribuinte individual] e VII [segurada especial] do art. 11 e o art. 13 [segurada facultativa] é de dez contribuições mensais, respeitado o disposto no parágrafo único do art. 39. Este último dispositivo, por sua vez, diz que para a segurada especial fica garantida a concessão do salário-maternidade no valor de um salário mínimo, desde que comprove o exercício de atividade rural, ainda que de forma descontínua, nos doze meses imediatamente anteriores ao do início do benefício.

A primeira corrente, capitaneada por Marisa Ferreira dos Santos e à qual aderimos, diz que o período será de dez meses no caso de segurada especial que também contribua facultativamente, visto que o supracitado art. 25, III, além de fazer ressalva expressa à regra do par. único do art. 39, ainda fala em "dez *contribuições* mensais", ou seja, se limita ao regime contributivo. Assim, no caso da segurada especial que não contribui facultativamente, aplica-se a outra regra transcrita, que exige doze meses de atividade rural.

A segunda corrente, que tem como expoente a doutrina de Baltazar Júnior e Machado da Rocha, diz que é aplicável, sempre, a regra do art. 25, III, visto que sua redação data do ano de 1999 (até então, a carência era, em regra, dispensada em qualquer hipótese), enquanto a outra é de 1994. Esta tese vem prevalecendo na prática, tendo

---

246. No mesmo sentido, a Súmula 76 da TNU: "a averbação de tempo de serviço rural não contributivo não permite majorar o coeficiente de cálculo da renda mensal inicial de aposentadoria por idade previsto no art. 50 da Lei 8.213/91".
247. Cabe referenciar, porém, um dado de caráter histórico-legislativo. A Lei 8.213/91 não previa em sua redação original o salário-maternidade para a segurada especial (houve veto presidencial ao art. 100 daquela lei, que trazia a previsão), o que foi alterado apenas com o advento da Lei 8.861/94. O benefício era originariamente restrito às seguradas empregada, inclusive doméstica, e trabalhadora avulsa. Em 1999, pela Lei 9.876, foi estendido à contribuinte individual e à facultativa.

em vista que o próprio Regulamento (Decreto 3.048/99), diz, em seu art. 93, § 2º, que a carência é dez meses, ou seja, o INSS vem observando tal prazo administrativamente (também assim dispõe a IN INSS/PRES 128 de 2022, em seu art. 197). Do ponto de vista teórico, contudo, a outra nos parece irrefutável, já que o fato de a legislação ser posterior obviamente não alcança qualquer relevância se ela própria estabelece uma ressalva, tornando, portanto, o conflito aparente de normas uma questão de relação entre norma geral e especial.

3.2.4 Auxílio-acidente

A controvérsia essencial relacionada a tal benefício já foi examinada anteriormente, mas a retomaremos aqui brevemente.

Nos termos do art. 18, § 1º, da Lei 8.213/91, "somente poderão beneficiar-se do auxílio-acidente os segurados incluídos nos incisos I [empregado], II [doméstico], VI [trabalhador avulso] e VII [segurado especial] do art. 11 desta Lei", ressaltando que o doméstico foi incluído no rol apenas em 2015, enquanto os demais ali constam desde a redação originária. Inclusive, até o advento da Lei 9.032/95, todos os benefícios decorrentes de acidente de trabalho (e, até então, a contingência para a concessão do auxílio-acidente se limitava às sequelas decorrentes de acidente de trabalho), com tal rótulo ("acidentário"), se limitavam àquele rol de segurados e seus dependentes (é dizer, inclusive a pensão por morte acidentária).

Ocorre que o art. 39, I, da Lei 8.213/91, em sua redação originária, não previa o auxílio-acidente no rol de benefícios devidos ao segurado especial que não recolhe contribuições facultativas, situação que se alterou somente em 2013. Assim, determinada corrente, à qual aderimos, sustenta que, até então, o benefício seria devido apenas no caso de o segurado especial recolher contribuições facultativas, numa interpretação sistemática[248]. A outra corrente defendia uma aplicação plena e isolada do supracitado art. 18, § 1º, reconhecendo o direito ao benefício em qualquer hipótese[249]. Hoje, a

---

248. Neste sentido, v. g., Luiz Rogério da Silva Damasceno: "No caso específico do segurado especial, o intérprete precisa lançar mão do critério sistemático para chegar à conclusão correta acerca do direito ao benefício. É necessário fazer um cotejo legal com outros dispositivos da própria Lei 8.213/91 para saber em que condições o seguro especial faz jus ao auxílio-acidente. (...) Desse modo, a concessão do auxílio-acidente para o segurado especial, tal como a aposentadoria por tempo de contribuição, cairia na regra contida no dispositivo do inciso II [do art. 39 da Lei 8.213/91] (...), ou seja, para fazer jus a percepção do referido benefício o segurado especial precisa estar contribuindo facultativamente." (A concessão de auxílio-acidente ao segurado especial: a reviravolta legislativa decorrente do advento da lei 12.873/2013. *Revista Juris Plenum Previdenciária*, Caxias do Sul, v. 2, n. 8, p. 51-62, nov. 2014). Neste sentido, decidiu o STJ no AgRg no AREsp 149.912.

249. Decidiu recentemente o STJ, no bojo do REsp 1.361.410, pela sistemática dos recursos repetitivos, no sentido de que o segurado especial já fazia, mesmo antes do advento da Lei 12.873/2013, jus à percepção de auxílio-acidente, independentemente de recolher contribuições facultativas. O entendimento central foi o de que no caso de conflito de preceitos, "deve prevalecer aquele mais favorável ao trabalhador, em face do caráter social do direito previdenciário e da observância do princípio *in dubio pro misero*". Não é aqui o lugar adequado para um debate mais aprofundado em torno da interpretação das normas previdenciárias, pelo que deixamos apenas registrada nossa discordância ao que consideramos ser uma postura – recorrente – demasiado voluntarista por parte do STJ.

questão está legislativamente superada quanto a sinistros ocorridos a partir da alteração processada em 2013.

Há ainda outra controvérsia de natureza temporal. Na legislação anterior à CRFB/1988, o segurado rural não fazia jus à concessão de auxílio-acidente, razão pela qual entendemos que no caso de o evento incapacitante ter ocorrido em momento anterior, não deve ser coberto pelo RGPS. Neste sentido, já decidiu o STF:

> RE 190968 / SP – São Paulo
> Recurso Extraordinário
> Relator(a): Min. Marco Aurélio
> Julgamento: 14.03.2000
> Órgão Julgador: Segunda Turma
> Ementa
> Benefício previdenciário – Trabalhadores urbanos e rurais – Igualização.
> A igualização dos trabalhadores urbanos e rurais para efeito de benefícios previdenciários decorreu da Carta de 1988. Descabe emprestar ao diploma eficácia retroativa.

Não obstante, há corrente jurisprudencial em sentido contrário, que também encontra ressonância em julgado do STF, cuja ementa passamos a transcrever:

> RE 197516 AgR / SP – São Paulo
> AG.REG.no Recurso Extraordinário
> Relator(a): Min. Maurício Corrêa
> Julgamento: 15.12.1998
> Órgão Julgador: Segunda Turma
> Ementa
> Agravo regimental em recurso extraordinário. Previdenciário. Lei 6.367/76. Auxílio suplementar ao trabalhador rural. Benefício concedido após a promulgação da Constituição Federal de 1988. Distinção entre trabalhador rural e urbano. Inexistência.
> 1. Conquanto o infortúnio tenha ocorrido na vigência da EC- 01/69, há que se observar que o direito fora deferido ao rurícula na vigência da Constituição Federal de 1988, que não mais estabelece diferença entre o trabalhador urbano e o rural.
> 2. Tratando-se de fato modificativo do direito postulado, deve-se tomá-lo em consideração no momento da prestação jurisdicional requerida. Agravo regimental não provido.

No mesmo sentido, decisão proferida pelo próprio STF no ARE 713338 AgR. Há, destarte, indefinição sobre o tema, sendo que no caso de a controvérsia sobre direito intertemporal ser solucionada aqui no sentido de aplicação "regressiva" (quanto a colher o sinistro ocorrido em data anterior, embora os efeitos financeiros sejam *ex nunc*) da legislação posterior, naquela outra situação que examinamos, por coerência, o entendimento deverá guardar similitude[250].

---

250. Damasceno, em relação ao debate anterior, sustenta que "a nova previsão legislativa não vem a infirmar toda a tese sustentada acima acerca da necessidade de contribuições para que o segurado especial fizesse jus ao auxí-

É conveniente destacar, uma vez mais, o disposto no § 6º do art. 36 do Decreto 3.048/99, que estabelece que "para o segurado especial que não contribui facultativamente, o disposto no inciso II [cálculo do valor da RMI] será aplicado somando-se ao valor da aposentadoria a renda mensal do auxílio-acidente vigente na data de início da referida aposentadoria". Em suma, o auxílio-acidente percebido pelo segurado especial "comum" (ou seja, o que não recolhe contribuições facultativas) irá integrar (agregando-se a) o valor da aposentadoria.

3.2.5 Aposentadoria especial

Já trouxemos, acima, os contornos do benefício pré e pós EC 103/2009. Nessa passagem, portanto, faremos apenas considerações específicas relacionadas com o trabalhador rural.

Vimos que até o advento da Lei 9.032/95 (28.04.1995), admitia-se duas formas de se considerar o tempo de serviço como especial: a) enquadramento por categoria profissional (conforme a atividade desempenhada pelo segurado prevista em regulamento); b) enquadramento por agente nocivo (independentemente da atividade ou profissão exercida, o caráter especial do trabalho decorria da exposição a agentes insalubres arrolados na legislação de regência). Os anexos dos Decretos 53.831/64 e 83.080/79 consignavam as categorias profissionais consideradas como de atividade especial, assim como os agentes nocivos.

A legislação mais recente (pós 29.04.1995) exige dois requisitos: a) comprovação do tempo de trabalho permanente, em condições especiais que prejudiquem a saúde ou a integridade física (§ 3º do art. 57 da Lei 8.213/91); b) comprovação de exposição aos agentes nocivos químicos, físicos, biológicos ou associação de agentes prejudiciais à saúde ou à integridade física, pelo período equivalente ao exigido para a concessão do benefício (§ 4º do art. 57 da Lei 8.213/91).

Quanto ao trabalhador rural, o enquadramento por categoria profissional, possível até 1995, é plausível especialmente a partir do disposto no item 2.2.1 do Decreto 53.831/64, que menciona: "Ocupações Agrícolas, Florestais, Aquáticas; Agricultura; Trabalhadores na agropecuária".

O primeiro ponto a se ressaltar é o de que até o advento da Lei 8.213/91, os trabalhadores rurais (salvo os vinculados à previdência urbana) não faziam jus sequer à aposentadoria por tempo de contribuição, muito menos à aposentadoria especial, sendo que não lhes era exigida contribuição previdenciária direta. Destarte, é difícil sustentar que poderiam ver reconhecido tempo especial nesse período anterior. A principal controvérsia, portanto, se coloca a partir de 1991 e até 1995.

---

lio-acidente. Muito pelo contrário, ela a confirma. (...) A Lei 12.873/13 não pode ser aplicada retroativamente para acidentes ocorridos em períodos anteriores a sua vigência em atenção aos princípios da segurança jurídica, da irretroatividade da Lei e do *tempus regit actum*" (op. cit.).

O excerto a seguir transcrito faz um interessante escorço acerca da legislação de regência, consignando um interessante, e bem respaldado, posicionamento acerca da matéria em exame:

> Em relação à especialidade da atividade campesina, embora o item 2.2.1 do Decreto 53.831/64 disponha como insalubres as funções dos trabalhadores na agropecuária, não é possível o enquadramento de todo e qualquer labor rural. Ressalte-se que os empregados do setor agrário da empresa agroindustrial apenas, com o Decreto-Lei 704, de 24 de julho de 1969, que passou a dispor sobre a Previdência Social Rural, foram alçados a categoria dos segurados obrigatórios. Por sua vez, a Lei Complementar 11, de 25 de maio de 1971 extinguiu o Plano Básico da Previdência Social (Decreto-Lei 564/69) e instituiu o PRORURAL, estabelecendo que a empresa agroindustrial, anteriormente vinculada ao extinto IAPI e ao INPS, continuaria vinculada ao sistema geral da Previdência Social. Com a Lei Complementar 16, de 30 de outubro de 1973, os empregados das empresas agroindustriais e agrocomerciais passaram a beneficiários do PRORURAL, com exceção dos empregados que desde a data da Lei Complementar 11/1971, contribuíram para o INPS, restando-lhes garantida a condição de segurado deste Instituto. Tal garantia continuou sendo assegurada pelo Decreto 89.312, de 23 de janeiro de 1984, em seu artigo 6º, § 4º. Observe-se que, os segurados do Plano Básico da Previdência Social e do PRORURAL faziam jus à aposentadoria por velhice ou por invalidez, e os empregados de agroindústria, que foram incluídos no regime geral, a aposentadoria por tempo de serviço e, consequentemente, a aposentadoria especial, tendo em vista que realizavam o recolhimento das contribuições previdenciárias. Assim, a especialidade da atividade campesina é assegurada ao empregado de empresa agroindustrial, incluída no regime urbano, na forma do Decreto 704/69, que se encontrava no Plano Básico da Previdência Social ou no regime geral da previdência."
>
> (Tribunal Regional Federal da 3ª Região – Processo: AC 24502 SP 2002.03.99.024502-6 – Relator(a): Desembargadora Federal Marianina Galante – Julgamento: 02.06.2008 – Órgão Julgador: Oitava Turma)[251]

Em suma, embora não seja um entendimento pacífico, prevalece que no período anterior à entrada em vigor da Lei 8.213/91, apenas os empregados de empresas agroindustriais e agrocomerciais vinculados ao regime urbano fariam jus ao cômputo da atividade exercida como especial.

No período posterior, porém, desaparece o óbice acima suscitado, pelo que ao menos o empregado e o avulso rurais poderiam pleitear o enquadramento (e os demais, a depender da solução que se dê àquela controvérsia anterior acerca da limitação subjetiva para percepção de aposentadoria especial[252]). Neste sentido:

---

251. Em sentido semelhante, o TRF-3 na AC 3733 SP 2002.03.99.003733-8: "tempo laborado como lavrador não pode ser considerado como atividade especial, não obstante o item 2.2.1 do Decreto 53.831/64, pois inexistente, à época da prestação do serviço agrícola, amparo legal acerca da possibilidade de percebimento de aposentadoria por tempo de serviço pelo trabalhador rural".
252. A Segunda Turma do STJ, no AgInt no AREsp 860.631/SP (Rel. Ministro Mauro Campbell Marques, julgado em 07.06.2016), manifestou-se sobre a temática da seguinte forma: "O STJ possui entendimento no sentido de que nos termos do Decreto 53.831/1964, somente se consideram nocivas as atividades desempenhadas na agropecuária por outras categorias de segurados, não sendo possível o enquadramento como especial da atividade exercida na lavoura pelo segurado especial em regime de economia familiar.". No mesmo sentido, a Primeira Turma, no REsp 1.309.245/RS (Rel. Ministro Sérgio Kukina, julgado em 06.10.2015): "Os segurados especiais (rurícolas) já são contemplados com regras específicas que buscam protegê-los das vicissitudes próprias das estafantes atividades que desempenham, assegurando-lhes, de forma compensatória, a aposentadoria por idade com redução de cinco anos em relação aos trabalhadores urbanos; a dispensa do recolhimento de contribuições até o advento da Lei 8.213/91; e um menor rigor quanto ao conteúdo dos documentos aceitos como início de prova material. (...) Assim, a teor do entendimento do STJ, o Decreto 53.831/64, no item 2.2.1 de seu anexo, considera como insalubres as atividades desenvolvidas na agropecuária por outras categorias de segurados, que não a dos segurados especiais (rurícolas) que exerçam seus afazeres na lavoura em regime de economia familiar".

Anteriormente à edição da Lei 8.213/91, impossível o enquadramento dos períodos trabalhados para fins de conversão como tempo especial. Após, com a equiparação do trabalhador rural ao urbano, viável se presentes os pressupostos legais, em especial que o desempenho laboral se relacione à agropecuária, conforme exige a descrição contida no código 2.2.1, do anexo ao Decreto-lei 53.831/64.

(Tribunal Regional Federal da 3ª Região – Processo: AC 3283 SP 0003283-77.2003.4.03.6120 – Relator(a): Desembargadora Federal Therezinha Cazerta – Julgamento: 29.04.2013 – Órgão Julgador: Oitava Turma)

Manifestamos nossa adesão ao entendimento acima consignado, que é o que vem prevalecendo na jurisprudência (embora sem pacificação). Não sendo prevista a aposentadoria por tempo de serviço para o trabalhador rural, não era, por uma razão lógica, possível o enquadramento da atividade como labor sob condições especiais. Não obstante, com o advento da Lei 8.213/91, o trabalhador rural foi equiparado ao urbano, razão pela qual o enquadramento passou a ser viável. Assim já pacificou o Pleno do Conselho de Recursos da Previdência Social, com a edição do seu Enunciado 15:

> Os períodos laborados pelo empregado rural anteriores a 25.07.91, data da publicação da Lei 8.213, com vinculação exclusivamente à Previdência Social Urbana à época, poderão ser enquadrados como tempo especial no código 2.2.1 do quadro anexo ao Decreto 53.831/64, considerando-se presumido o recolhimento das suas contribuições, observados os incisos I e II.
>
> I – Para fins de enquadramento como atividade especial até 24.07.91, considera-se vinculado à Previdência Urbana o empregado que exerceu o seu labor no setor rural de pessoa jurídica, seja ela agroindústria, empresa industrial ou comercial.
>
> II – A atividade desenvolvida pelo empregado no setor rural deve estar diretamente ligada à extração da produção rural utilizada ou comercializada, independentemente de ter sido prestado na agropecuária, na agricultura ou na pecuária.
>
> III – Entre 25.07.91 e 28.04.95, data da publicação da Lei 9.032, admite-se o enquadramento como especial do tempo laborado pelo empregado rural na agropecuária, agricultura ou pecuária prestado a pessoa física ou jurídica, observado o inciso II.
>
> IV – Considera-se agroindústria a pessoa jurídica cuja atividade econômica é a produção rural e a industrialização da produção rural própria ou da produção rural própria e da adquirida de terceiros.
>
> V – Considera-se agropecuária a atividade humana destinada ao cultivo da terra (agricultura) e à criação de animais (pecuária), nas suas relações mútuas.
>
> VI – Considera-se produção rural os produtos de origem animal ou vegetal, em estado natural ou submetidos a processos de beneficiamento ou de industrialização rudimentar, bem como os subprodutos e os resíduos obtidos por esses processos.
>
> (Alterado pela Resolução 30/CRPS, DE 26 de julho de 2023, DOU 142, de 27.07.2023, Seção: 1, p. 63)

Destarte, é passível de reconhecimento como especial do período laborado entre 24.07.1991 a 28.04.1995.

Contudo, discute-se ainda o âmbito de aplicação do termo "trabalhadores na agropecuária", categoria profissional que possibilitaria o enquadramento. Em síntese, há quem exija que o labor seja tanto na agricultura como na pecuária, mas há quem defenda que pode ser tanto num setor quanto no outro, como é o caso do CRPS, conforme inciso II do Enunciado 15 (supratranscrito). Trata-se de controvérsia ainda sem solução evidente em jurisprudência. A Portaria DIRBEN/INSS 991, de 2022 estabelece, em seu art. 309, que o período de atividade rural do trabalhador amparado pela Lei

11, de 25 de maio de 1971 (FUNRURAL) exercido até 24 de julho de 1991, não será computado como especial, por inexistência de recolhimentos previdenciários e consequente fonte de custeio à Previdência Social e, no seu art. 308, que somente a atividade desempenhada na agropecuária (prática de agricultura e da pecuária nas suas relações mútuas), exercida por trabalhador rural, permite o enquadramento no item 2.2.1 do quadro anexo ao Decretos 53.831, de 25 de março de 1964. Tem-se aí o posicionamento administrativo do INSS[253]. O termo "agropecuária" é, em nossa percepção, equívoco, se nos basearmos na linguagem corrente, ou seja, se observamos as ocasiões em que normalmente é utilizado. Com efeito, segundo os léxicos, designa o "estudo da agricultura e da pecuária, em suas relações recíprocas" ou a "atividade que combina agricultura e pecuária"[254]. Não obstante, o termo é também usado, especialmente em linguagem coloquial, como um gênero, a se referir indistintamente a ambas a atividades, sem que estejam necessariamente associadas. Cabe indagar, ainda, porque apenas a atividade agropecuária, envolvendo agricultura e pecuária, é que seria considerada insalubre, se elas individualmente não o são, ou seja, qual fator determinaria a insalubridade a partir da associação? Não temos como apontar aqui uma solução segura.

3.2.6. Averbação de período de atividade rural pretérito como tempo de serviço

Nos termos do art. 55, § 2º, da Lei 8.213/91, "o tempo de serviço do segurado trabalhador rural, anterior à data de início de vigência desta Lei, será computado independentemente do recolhimento das contribuições a ele correspondentes, exceto para efeito de carência, conforme dispuser o Regulamento".

Em suma, o dispositivo permite o aproveitamento do período de atividade rural pré-1991, quando não se exigia contrapartida direta por parte do segurado – ou seja, trata-se de relação que não possuía natureza contributiva –, como tempo serviço.

O dispositivo transcrito está inserido em tópico da lei que cuida da aposentadoria por tempo de serviço (ainda assim denominada pela lei, mas, em virtude de alteração constitucional, foi transformada em aposentadoria por tempo de contribuição, a qual veio a ser posteriormente extinta pela EC 103/2019); não obstante, nos termos do art. 107 do mesmo diploma, "o tempo de serviço de que trata o art. 55 desta Lei será considerado para cálculo do valor da renda mensal de *qualquer* benefício" (grifamos). Permite-se, assim, o uso daquele período como "tempo de serviço" (posteriormente, tempo de contribuição), salvo a título de carência, quanto a qualquer benefício.

---

253. É também o entendimento prevalecente no âmbito do STJ, como ilustram vários julgados (REsp 291.404, AgRg no REsp 909.036, AgRg no REsp 1.208.587, AgRg no REsp 1.084.268), cabendo destacar especialmente decisão recente (08.05.2019) proferida no PUIL (Pedido de Uniformização de Interpretação de Lei) 452, que ratifica tal posicionamento, cassando decisão da TNU em sentido contrário.
254. Dicionário Priberam da Língua Portuguesa (online). Disponível em: https://www.priberam.pt/dlpo/agropecu%C3%A1ria. Acesso em: 16 abr. 2018.

Tendo em vista que os requisitos para a concessão da aposentadoria por tempo de contribuição (hoje extinta) eram de 35 (homem) ou 30 (mulher) anos de tempo de contribuição (i) somados a 15 anos de carência (ii), o período de atividade rural pré-1991 poderia ser utilizado lá (i), mas não cá (ii), significando, assim, que seria preciso reunir ao menos 15 anos de efetivo tempo de contribuição destinados ao preenchimento da carência. Trata-se, como já dantes salientado, de regra que possibilita abrandar a transição entre regimes essencialmente distintos[255].

Entendemos que a aplicabilidade do dispositivo persiste para a nova aposentadoria criada a partir da EC. 103/2019 – denominada "aposentadoria programada", acima analisada –, para cômputo do período rural remoto como tempo de contribuição, mas convém esperar a reação da jurisprudência.

Vamos cuidar de algumas controvérsias decorrentes da aplicação de tal dispositivo diante da legislação pretérita.

Em primeiro lugar, quanto ao âmbito subjetivo da norma, convém salientar que sua aplicação parece, a nosso sentir, estar limitada apenas àqueles que eram segurados (do PRORURAL) no regime anterior, ou seja, apenas ao dito "chefe de família" empregado rural ou pequeno produtor rural em regime de economia familiar[256]. Estão fora da esfera de aplicação do dispositivo, portanto, os demais membros da família[257] e, em todo caso, o esporádico rural. Estas figuras, portanto, não poderão realizar tal aproveitamento, visto que não eram segurados perante o regime anterior. É certo, contudo, que se trata de ponto polêmico (na doutrina e jurisprudência), muito embora a redação do dispositivo faça referência a "o tempo de serviço do *segurado* trabalhador rural, anterior à data de início de vigência desta Lei", o que é corroborado pelo disposto no par. único do art. 138

---

255. A redação do dispositivo chegou a ser alterada pela Medida Provisória 1.523 de 1996 (reeditada quatorze vezes) para a seguinte: "O tempo de atividade rural anterior a novembro de 1991, dos segurados de que tratam a alínea a do inciso I [empregado] ou do inciso IV do art. 11 [antigo autônomo], bem como o tempo de atividade rural do segurado a que se refere o inciso VII do art. 11 [segurado especial], serão computados exclusivamente para fins de concessão do benefício previsto no art. 143 desta Lei e dos benefícios de valor mínimo, vedada sua utilização para efeito de carência, de contagem recíproca e de averbação de tempo de serviço de que tratam os arts. 94 a 99 desta Lei, salvo se o segurado comprovar recolhimento das contribuições relativas ao respectivo período, feito em época própria". O STF concedeu medida liminar no bojo da ADI 1.664, com o seguinte entendimento: "Trabalhador rural. Plausibilidade da arguição de inconstitucionalidade da exigência de contribuições anteriores ao período em que passou ela a ser exigível, justificando-se ao primeiro, exame essa restrição apenas em relação à contagem recíproca de tempo de serviço público". Quando da conversão na Lei 9.528/97, a modificação não foi mantida, sendo que a referida ADI inclusive perdeu o objeto e foi extinta.
256. Neste sentido, Baltazar Júnior e Rocha: "(...) o que ela [a Lei 8.213/91] efetivamente fez foi somente reconhecer, no § 2º do art. 55, a validade do tempo de serviço rural não contributivo, prestado em conformidade com a lei vigente no período anterior, que se restringia ao laborado pelo arrimo de família. (...) apenas o tempo laborado em conformidade com uma relação jurídica preexistente poderia ser aproveitado. Em nosso sentir, (...) houve uma flexibilização exagerada da interpretação (...), acarretando um desequilíbrio ainda mais sério na efetivação da proteção previdenciária em nosso País." (op. cit., p. 66-67).
257. Giseli Yoshioka (op. cit., p. 241) anota que: "em tempos pregressos (...) não havia a preocupação por parte dos trabalhadores do campo em 'produzir prova' para fins de comprovação da atividade rural. No caso das mulheres, menos ainda, pois nem direito possuíam para justificar alguma preocupação em demonstrar a existência de trabalho rural.".

do mesmo diploma[258]. Na mesma toada, quanto à extensão temporal, entendemos que o período que pode ser aproveitado é apenas aquele posterior ao advento do PRORURAL, já que só então foi efetivamente implantada a previdência para o trabalhador rural, pelo que só a partir de então se pode tecnicamente falar em "segurado trabalhador rural"[259].

A segunda controvérsia que se coloca guarda relação com o empregado rural. Salientamos que mesmo o segurado *empregado* rural esteve dispensado de contribuir para a Previdência no regime anterior ao estabelecido pela CRFB de 1988 e implementado pela Lei 8.213/91. Na verdade, o [hoje] segurado especial tinha a mesma obrigação contributiva que possui atualmente, de recolher sobre a venda da produção, sendo que do empregado rural é que não se exigia mesmo qualquer contrapartida direta. Não obstante, o STJ – em entendimento lamentável, em que demonstra amplo desconhecimento acerca do tema – proferiu a seguinte decisão, pelo sistema dos recursos repetitivos:

Processo: REsp 1352791 / SP

Relator(a): Ministro Arnaldo Esteves Lima (1128)

Órgão Julgador: S1 – Primeira Seção

Data do Julgamento: 27.11.2013

Previdenciário. Recurso especial representativo de controvérsia. Aposentadoria por tempo de serviço. Averbação de trabalho rural com registro em carteira profissional para efeito de carência. Possibilidade. Alegação de ofensa ao art. 55, § 2º, e 142 da Lei 8.213/91. Não ocorrência. Recurso especial improvido.

1. Caso em que o segurado ajuizou a presente ação em face do indeferimento administrativo de aposentadoria por tempo de serviço, no qual a autarquia sustentou insuficiência de carência.

2. Mostra-se incontroverso nos autos que o autor foi contratado por empregador rural, com registro em carteira profissional desde 1958, razão pela qual não há como responsabilizá-lo pela comprovação do recolhimento das contribuições.

---

258. Art. 138. Ficam extintos os regimes de Previdência Social instituídos pela Lei Complementar 11, de 25 de maio de 1971, e pela Lei 6.260, de 6 de novembro de 1975, sendo mantidos, com valor não inferior ao do salário mínimo, os benefícios concedidos até a vigência desta Lei.

Parágrafo único. Para os que vinham contribuindo regularmente para os regimes a que se refere este artigo, será contado o tempo de contribuição para fins do Regime Geral de Previdência Social, conforme disposto no Regulamento.

259. Há mais uma controvérsia, daí decorrente, que consiste na possibilidade ou não de se computar período de labor rural do filho do pequeno produtor rural em idade inferior ao limite mínimo então vigente na legislação de regência para o início de atividade laborativa (12 anos, na vigência da Constituição de 1967; 14 anos, nos demais períodos). A discussão só tem lugar, obviamente, para aqueles que admitem o cômputo de período laboral inclusive daquele trabalhador rural que não era segurado do PRORURAL, o que, a nosso sentir, contraria frontalmente a literalidade do dispositivo. Pois bem, admitido o cômputo, é de se discutir a aplicabilidade do limite etário. Aqueles que pregam a possibilidade argumentam com base na proteção do menor (a norma existe para protegê-lo, pelo que não poderia prejudicá-lo) e primazia da realidade. Não obstante, não nos parece que os argumentos se justifiquem. O menor esteve desprotegido durante toda a vigência do PRORURAL, visto que não era segurado do regime. A regra constante no § 2º do art. 55 da Lei 8.213/91 consiste em técnica de transição entre regimes distintos. Caso se faça a leitura interpretativa de que abarca todos os trabalhadores rurais, mesmo os que não eram segurados, consiste em verdadeira liberalidade, a admitir cômputo de período *não contributivo* de quem sequer era segurado, razão pela qual é incabível uma hermenêutica ampliativa que chegue ao ponto inclusive de abarcar trabalho ilícito. Parece-nos óbvio que o legislador, em ato de franca liberalidade, não pretende englobar trabalho ilícito. Não obstante, o tema é controverso em jurisprudência, havendo, mesmo aqui, decisões dissonantes.

3. Não ofende o § 2º do art. 55 da Lei 8.213/91 o reconhecimento do tempo de serviço exercido por trabalhador rural registrado em carteira profissional para efeito de carência, tendo em vista que o empregador rural, juntamente com as demais fontes previstas na legislação de regência, eram os responsáveis pelo custeio do fundo de assistência e previdência rural (FUNRURAL).

4. Recurso especial improvido. Acórdão sujeito ao regime do art. 543-C do CPC e Resolução STJ 8/2008.

Os equívocos são evidentes. O argumento de que "não há como responsabilizá-lo [o empregado] pela comprovação do recolhimento das contribuições" é falho. Hoje, como a obrigação de retenção é do empregador, não há como responsabilizar o empregado pelo efetivo recolhimento, bastando comprovar a existência do vínculo empregatício. No regime anterior, contudo, não haveria como se "responsabilizar" ninguém, pois a contribuição simplesmente não era exigida, ou seja, não há que se falar em obrigação de retenção por parte do empregador, pois esta não existia! A anotação em CTPS tinha, à época, outras funções, de natureza essencialmente trabalhista, mas não gerava a obrigação tributária aventada. Por outro lado, falho – em consequências – é também o argumento de que "o empregador rural, juntamente com as demais fontes previstas na legislação de regência, eram os responsáveis pelo custeio do fundo de assistência e previdência rural (FUNRURAL)". Sim, o produtor rural, empregador inclusive, recolhia contribuição incidente sobre a venda da produção. Ocorre que, em primeiro lugar, tal espécie contributiva sequer era suficiente para custear os gastos gerados pelo PRORURAL, havendo necessidade de subsídio decorrente de contribuição de natureza urbana. E, em segundo lugar, dentre os benefícios previstos por aquele regime – que, por não exigir contrapartida direta por parte do segurado, possuía natureza marcadamente assistencial – não estava a aposentadoria por tempo de serviço, mas apenas amparos no caso de invalidez ou velhice (e ainda no valor de meio salário-mínimo e devida somente ao arrimo de família, mesmo no caso de empregado rural). Destarte, e nos termos do que vem entendendo a jurisprudência majoritária em outros casos, não havendo o benefício correspondente no regime anterior, ou seja, não havendo a previsão daquele tipo de cobertura, não seria possível, em regra, o aproveitamento do tempo de atividade anterior com o fito de obter o benefício em questão perante o novo regime. Tal entendimento decorre, inclusive, do princípio/regra constitucional da prévia fonte de custeio, ou seja, o que se exigia de contribuição naquela época possuía a capacidade de cobrir apenas o plano de benefícios então previsto[260]. Tem-se, assim, que se não houvesse previsão legal expressa no sentido de se aproveitar o tempo de atividade rural do regime anterior, que não tinha natureza contributiva, perante o novo regime, como tempo de serviço na aposentadoria por tempo de serviço/contribuição, isto sequer seria possível. Trata-se, portanto, de uma benesse legal, favor fiscal, de duvidosa constitucionalidade (em vista da já mencionada exigência de custeio prévio), admissível excepcionalmente apenas por se tratar de uma transição entre regimes distintos.

---

260. Berwanger anota que "Para que se pudesse computar, no Regime Geral, período laborado em outro regime previdenciário, fazia-se necessária a previsão legal, assim como ocorre com a contagem recíproca. Não decorre de simples lógica admitir, incluir, no Regime Geral períodos laborados sob outros regimes (...); foi necessária a intervenção expressa da lei" (op. cit., 2016, p. 76).

Destarte, quando a lei veda o aproveitamento a título de carência, ela não está criando uma limitação indevida, pois na verdade ela criou sim, na origem, uma benesse, pelo que os contornos que lha conferiu não podem ser sindicados pelo intérprete, inclusive porque em favores fiscais a regra é de que a interpretação seja restritiva e não extensiva e muito menos revogadora em sentido ampliativo. Em outras palavras, por ser um favor legal, sem lastro tributário, não se pode admitir uma interpretação que supere o que está expressamente vedado. Finalmente, tem-se verdadeiro contrassenso quando se veda ao [hoje] segurado especial, que até possuía obrigação contributiva – limitada, assim como hoje – no regime pretérito, o aproveitamento da atividade como carência e se o permita ao empregado rural, que não recolhia contribuição direta alguma.

O terceiro ponto discutido diz respeito ao instituto da contagem recíproca, ou seja, à possibilidade de se averbar o tempo de serviço rural não contributivo anterior à competência "novembro/1991" perante um dado Regime Próprio de Previdência Social – RPPS. Em sua redação original, o art. 96, V, da Lei 8.213/91 previa que, para fins de contagem recíproca, "o tempo de serviço do segurado trabalhador rural, anterior à data de início de vigência desta lei, será computado sem que seja necessário o pagamento das contribuições a ele correspondentes, desde que cumprido o período de carência". Destarte, claramente possibilitava o cômputo sem que fosse necessária a indenização. Já o inciso IV do mesmo dispositivo dizia que "o tempo de serviço anterior ou posterior à obrigatoriedade de filiação à Previdência Social só será contado mediante indenização da contribuição correspondente ao período respectivo, com os acréscimos legais". Trata-se de regra geral, a qual, contudo, não se aplicava à hipótese especial prevista no inciso V. Pois bem, ocorre que este último dispositivo veio a ser revogado pela Medida Provisória 1.523/96, o que se confirmou com a Lei 9.528/97. É no mínimo questionável, em termos de compatibilidade com a CRFB, uma exigência, que possui natureza tributária, retroativa, já que até dado momento a lei conferia uma espécie de isenção que veio a ser revogada. Com a extirpação do dispositivo mencionado, restou a regra geral prevista no inciso IV do art. 96, que em sua redação atual é a seguinte: "o tempo de serviço anterior ou posterior à obrigatoriedade de filiação à Previdência Social só será contado mediante indenização da contribuição correspondente ao período respectivo (...)". Em suma, o que se quer aí dizer é que eventual período não contributivo (ou seja, o de qualquer segurado rural anteriormente ao advento do novel regime e mesmo posteriormente quanto ao segurado especial) até poderá ser averbado – em homenagem ao princípio do valor social do trabalho –, mas apenas se for feita a respectiva indenização contributiva. Pois bem, parece-nos que o dispositivo possui redação hialina, pelo que a controvérsia deveria se colocar quanto à constitucionalidade da revogação do inciso V, que gerou efeitos retroativos. O entendimento prevalecente em jurisprudência é no sentido de que a indenização é exigível[261]. Tendo em vista que

---

261. Neste sentido, por exemplo, a Súmula 10 da TNU: "O tempo de serviço rural anterior à vigência da Lei 8.213/91 pode ser utilizado para fins de contagem recíproca, assim entendida aquela que soma tempo de atividade privada, rural ou urbana, ao de serviço público estatutário, desde que sejam recolhidas as respectivas contribuições previdenciárias". O STJ, em decisão recente (julgamento em 25.04.2018), ratificou tal entendimento, fixando, pela sistemática dos recursos repetitivos (tema 609), a seguinte tese: "O segurado que tenha provado o desempenho de

na contagem recíproca o RGPS precisaria indenizar o outro regime que irá receber a averbação do tempo de serviço, ao se admitir o cômputo de período não contributivo, o resultado consiste em se exigir do RGPS que pague o que não recebeu. Assim, abstraindo a controvérsia constitucional, parece que a regra homenageia a lógica[262]. Não obstante, a imposição de juros moratórios e multa é um ponto bastante discutível, uma vez que se pode reconhecer aí um locupletamento ilícito da Administração no caso específico em que não havia obrigação contributiva. De fato, se o segurado não estava obrigado a recolher, não há que se falar propriamente em "mora", não havendo como justificar a imposição de juros e multa a tal título. Em outras palavras, o que se tem aí é mera indenização, sendo cabível a correção monetária por consistir simples atualização, e não obrigação tributária (contribuição), pelo que não nos parece haver base para incidência de acessórios de natureza moratória.

A quarta controvérsia que se coloca é sobre a possibilidade de se aproveitar o tempo de atividade como segurado especial desenvolvida sob a égide do novel regime como tempo de serviço, especialmente quando comprova que efetivamente recolheu contribuições incidentes sobre a comercialização da produção. Prevalece amplamente em jurisprudência a impossibilidade, já que o art. 39, II, da Lei 8.213/91 está a exigir contribuições adicionais (facultativas) para que o segurado tenha acesso à aposentadoria por tempo de contribuição. A lei admite a possibilidade de se aproveitar o período rural anterior ao atual regime como uma forma de propiciar uma transição suave do trabalhador rural ao novo regime, o qual é essencialmente contributivo, inclusive para

---

serviço rurícola em período anterior à vigência da Lei 8.213/1991, embora faça jus à expedição de certidão nesse sentido para mera averbação nos seus assentamentos, somente tem direito ao cômputo do aludido tempo rural, no respectivo órgão público empregador, para contagem recíproca no regime estatutário se, com a certidão de tempo de serviço rural, acostar o comprovante de pagamento das respectivas contribuições previdenciárias, na forma da indenização calculada conforme o dispositivo do art. 96, IV, da Lei 8.213/1991" (REsp 1.682.682).

262. Lopes Júnior refuta o entendimento jurisprudencial majoritário, discordando da opção legislativa, sob os seguintes argumentos: "se o regime geral de previdência aceita o período sem contribuição e concede benefício às suas expensas para o segurado computando tal período, não há razão para que não possa reconhecer o mesmo período para contagem recíproca e compensação financeira do regime diverso de previdência social. Caso não se permita tal certificação de tempo para fins de contagem recíproca estaremos criando uma diferenciação ou distinção de situações que são as mesmas e guardam total isonomia entre si, mas que não atingem o mesmo fim, sem que para tanto exista um fator aceitável para discriminação das situações. (...) em razão da interpretação sistemática dos dispositivos da Lei 8.213/91, deve ser considerado também para fins de emissão de certidão para contagem recíproca em outro sistema de previdência." (op. cit., p. 144-145). No mesmo sentido, Wânia Alice Ferreira Lima Campos: "o sistema ficou completamente desigual, eis que, se a pessoa for segurada do RGPS e quiser averbar este tempo rural neste regime, não precisará indenizar (...). Ora, nesse sentido, ser servidor público é uma punição para a pessoa." (Reflexões sobre a Averbação no Regime Próprio de Previdência Social dos Servidores Públicos de Tempo de Atividade Rural Exercido Antes da Lei 8.213/91. In: FOLMANN, Melissa; FERRARO, Suzani Andrade (Coord.). *Previdência; entre o direito social e a repercussão econômica no século XXI*. Curitiba, Juruá, 2009, p. 410).

Assim não nos quer parecer. O legislador pretende apenas permitir uma integração ampla do trabalhador rural ao RGPS, ainda que às custas de um sacrifício financeiro, de aceitar como contributivo o que não é, não tendo o objetivo, porém, de a ele conceder uma "nota promissória", um *travel check*, reconhecendo uma dívida que não possui. Não se pode falar em "interpretação sistemática" quando o legislador foi extremamente claro ao criar uma benesse limitada. Infelizmente, a jurisdição previdenciária brasileira tem sido pródiga neste sentido, ou seja, quando o legislador "dá a mão", ela "arranca o braço".

o trabalhador rural, com a única exceção, por expressa previsão constitucional, do segurado especial. Esta essência foi reforçada com o advento da Emenda Constitucional 20/98, inclusive com alteração do *nomen juris* do benefício, que deixou de ser "por tempo de serviço" e passou a ser "por tempo de contribuição". É claro que há doutrina que defende a possibilidade de aproveitamento mesmo do período posterior, mas os argumentos são de tal tibiez que não merecem que percamos muito tempo com isso[263].

A quinta controvérsia já não se relaciona com o benefício de aposentadoria por tempo de contribuição, mas sim ao de aposentadoria [contributiva] por idade. Nos termos do art. 107 da Lei 8.213/91, "O tempo de serviço de que trata o art. 55 desta Lei será considerado para cálculo do valor da renda mensal de *qualquer* benefício" (grifamos). É certo que não poderá ser computado para preenchimento da carência, por expressa vedação legal, na aposentadoria por idade, mas há duas possibilidades residuais de aplicação: a primeira, para aumentar o coeficiente de cálculo da renda mensal inicial do benefício, já que esta consistirá, nos termos do art. 50 da Lei 8.213/91, em "70% (setenta por cento) do salário de benefício, mais 1% (um por cento) deste, por grupo de 12 (doze) contribuições, não podendo ultrapassar 100% (cem por cento) do salário de benefício"; a segunda, para incrementar o valor do fator previdenciário, já que o tempo de contribuição é um dos fatores utilizados em seu cálculo. Não há definição jurisprudencial a respeito de tais temas. Diante da nova sistemática implementada pela EC 103/2019, a questão pode se avolumar, visto que agora temos outros benefícios levando em conta o tempo de contribuição para definição do coeficiente de cálculo, como já vimos.

Uma sexta controvérsia – residual, já que dependente do que já foi analisado em linhas anteriores – versa sobre a possibilidade de se indenizar o período rural não contributivo, pré e pós novembro de 1991, para que possa ser computado inclusive como carência. O § 1º do art. 55 da Lei 8.213/91 diz que a averbação de tempo de serviço durante o qual o exercício da atividade não determinava filiação obrigatória ao anterior regime urbano só será admitida mediante o recolhimento das contribuições correspondentes, conforme dispuser o Regulamento. Ou seja, tal dispositivo versa apenas sobre a indenização do período pré-novembro/1991, exclusivamente para fins de carência (pois não se faz necessário indenizar para o cômputo como tempo de serviço/contribuição apenas). Quanto ao período pós-novembro/1991, tem-se admitido a indenização para cômputo como tempo de contribuição (neste sentido, o art. 514, IV, da IN INSS/PRES 128 de 2022), mas a tendência é não se admitir o cômputo como carência, especialmente no que tange a benefícios não programados.

---

263. Argumenta-se, por exemplo, que se é aceito período de atividade não contributivo em que o trabalhador sequer era segurado do Regime Geral, é de se admitir então, ainda mais, a partir de quando ele passa a ser. Ocorre que não há falar em "passa a ser", pois o que ocorre é uma *unificação* entre os regimes urbano e rural, que dissociados estavam, sendo que, para facilitar esta unificação, permite-se uma flexibilidade no intuito de possibilitar uma adaptação ao novo dos segurados vinculados aos regimes que foram extintos. De todo modo, o tema está sumulado pelo STJ: "O trabalhador rural, na condição de segurado especial, sujeito à contribuição obrigatória sobre a produção rural comercializada, somente faz jus à aposentadoria por tempo de serviço, se recolher contribuições facultativas" (Súmula 272).

Capítulo V
TÓPICOS FINAIS

1. INTROITO

No presente capítulo, iremos analisar algumas temáticas que ou não se enquadram nos tópicos anteriores ou então, embora lá se encaixem, merecem um tratamento apartado por razões de organização didática. Vamos, assim, falar aqui de prescrição, decadência, tempo de contribuição, contagem recíproca e de acidente de trabalho.

2. PRESCRIÇÃO E DECADÊNCIA

A prescrição e a decadência consistem em temática muito cara à teoria geral do direito, sobre o qual muitos juristas, especialmente civilistas, se debruçaram ao longo da história. Debates em torno de sua conceituação, sua distinção (entre si[264]), sua classificação e seu regime jurídico foram recorrentes e, a nosso sentir, todos os critérios que conhecemos são insuficientes para delinear com absoluta precisão técnica todos os meandros pertinentes.

Aqui, contudo, não ingressaremos na contenda. Vamos simplesmente adotar a nomenclatura atribuída pela legislação previdenciária, ainda que nos pareça indevida, pois não é esse o lugar para maiores divagações. Cabe apenas consignar algumas considerações didáticas. Sob o nome de "decadência" são descritas situações normalmente tratadas pela doutrina como de "prescrição do fundo de direito"; já a título de "prescrição", são enfocadas situações de trato sucessivo.

Pois bem, para o segurado, há um prazo de decadência (art. 103 da Lei 8.213/91) para a "revisão do ato de concessão, indeferimento, cancelamento ou cessação de benefício e do ato de deferimento, indeferimento ou não concessão de revisão de benefício", sendo de dez anos, contados: do dia primeiro do mês subsequente ao do recebimento da primeira prestação ou da data em que a prestação deveria ter sido paga com o valor revisto; ou do dia em que o segurado tomar conhecimento da decisão de indeferimento, cancelamento ou cessação do seu pedido de benefício ou da decisão de deferimento ou indeferimento de revisão de benefício, no âmbito administrativo.

---

264. Aqui, valiosíssimo o célebre artigo de Agnelo Amorim Filho: Critério científico para distinguir a prescrição da decadência e para identificar as ações imprescritíveis. *Revista dos Tribunais*, v. 49, n. 300, p. 7-37, out. 1960.

O dispositivo acima examinado foi alterado pela Lei 13.846/2019. Antes, ele dispunha que o prazo de decadência para o segurado seria de dez anos "para a revisão do ato de concessão de benefício, a contar do dia primeiro do mês seguinte ao do recebimento da primeira prestação ou, quando for o caso, do dia em que tomar conhecimento da decisão indeferitória definitiva no âmbito administrativo" (redação dada pela Lei 9.528/97).

Surgiram, desde aí, algumas polêmicas.

Em primeiro lugar, questionava-se se o prazo valeria quanto a benefícios concedidos antes do advento da Lei 9.528/97. STF (vide RExt 626.489) e STJ entenderam que sim, correndo o prazo a partir da entrada em vigor da nova legislação.

Em segundo lugar, questionava-se se incidiria decadência quanto ao ato administrativo de indeferimento do benefício. Num primeiro momento, a TNU entendeu que sim, editando a Súmula 64: "O direito à revisão do ato de indeferimento de benefício previdenciário ou assistencial sujeita-se ao prazo decadencial de dez anos". Posteriormente, mudou de ideia, cancelando aquela e editando a Súmula 81: "Não incide o prazo decadencial previsto no art. 103, caput, da Lei 8.213/91, nos casos de indeferimento e cessação de benefícios, bem como em relação às questões não apreciadas pela Administração no ato da concessão"[265]. O STJ, contudo, afastou essa parte final, entendendo que "Aplica-se o prazo decadencial de dez anos estabelecido no art. 103, *caput*, da Lei 8.213/1991 às hipóteses em que a questão controvertida não foi apreciada no ato administrativo de análise de concessão de benefício previdenciário" (REsp 1.644.191, pela sistemática dos recursos repetitivos). A TNU, inclusive, alterou a redação de sua Súmula 81, que hoje é a seguinte: "A impugnação de ato de indeferimento, cessação ou cancelamento de benefício previdenciário não se submete a qualquer prazo extintivo, seja em relação à revisão desses atos, seja em relação ao fundo de direito".

O debate tenderia a se renovar com a nova redação dada ao art. 103 da LB, acima transcrito, porém o STF veio a declarar, no bojo da ADI 6096, a inconstitucionalidade *in totum* do novo texto, determinando a repristinação da redação anterior, por entender, em síntese, que não cabe criar um prazo extintivo que impossibilite o acesso ao benefício em si[266].

---

265. Decidiu recentemente o STJ que "incide o prazo decadencial previsto no caput do artigo 103 da Lei 8.213/1991 para reconhecimento do direito adquirido ao benefício previdenciário mais vantajoso" (REsp repetitivo 1.612.818).

266. Transcrevemos um trecho elucidativo da ementa: "O núcleo essencial do direito fundamental à previdência social é imprescritível, irrenunciável e indisponível, motivo pelo qual não deve ser afetada pelos efeitos do tempo e da inércia de seu titular a pretensão relativa ao direito ao recebimento de benefício previdenciário. Este Supremo Tribunal Federal, no RE 626.489, de relatoria do i. Min. Roberto Barroso, admitiu a instituição de prazo decadencial para a revisão do ato concessório porque atingida tão somente a pretensão de rediscutir a graduação pecuniária do benefício, isto é, a forma de cálculo ou o valor final da prestação, já que, concedida a pretensão que visa ao recebimento do benefício, encontra-se preservado o próprio fundo do direito. (...) No caso dos autos, ao contrário, admitir a incidência do instituto para o caso de indeferimento, cancelamento ou cessação importa ofensa à Constituição da República e ao que assentou esta Corte em momento anterior, porquanto, não preservado o fundo de direito na hipótese em que negado o benefício, caso inviabilizada pelo decurso do tempo a rediscussão da negativa, é comprometido o exercício do direito material à sua obtenção".

Outra controvérsia surgida diz respeito ao termo *a quo* para a decadência no caso de pensão por morte originada de outro benefício (dito "benefício-filhote"). Num primeiro momento (REsp 1.529.562, julgado em 20.08.2015), entendeu o STJ que o prazo deveria ser contado da concessão da própria pensão. Posteriormente (EREsp 1.605.554, julgado em 27.02.2019), mudou de ideia, passando a entender que o prazo é contado desde a concessão do benefício originário. No mesmo sentido, a TNU, em 23.05.2019, cancelou o Tema 125 do Colegiado, aderindo ao posicionamento do STJ. Em suma, se o pensionista postula a revisão do benefício originário com efeitos reflexos na pensão, a decadência deve ser aferida em relação ao ato de concessão do benefício originário.

É também de dez anos o prazo decadencial para a Previdência anular os atos administrativos de que decorram efeitos favoráveis para os beneficiários, contados da data em que foram praticados, salvo comprovada má-fé (art. 103-A da Lei 8.213/91). No caso de efeitos patrimoniais contínuos, o prazo decadencial contar-se-á da percepção do primeiro pagamento. Tal prazo foi introduzido pela Lei 10.839/2004, sendo que antes disto o prazo, que era genérico para toda a administração pública federal, era de cinco anos. Este, por sua vez, fora criado pela Lei 9.784/99, sendo que antes disto não havia qualquer prazo. O entendimento do STJ sobre essa sucessão de leis no tempo está bem delineado na ementa do REsp repetitivo 1.114.938, razão pela qual pedimos licença ao leitor para fazer a transcrição:

> Recurso especial repetitivo. Art. 105, III, alínea a da CF. Direito previdenciário. Revisão da renda mensal inicial dos benefícios previdenciários concedidos em data anterior à vigência da Lei 9.787/99. Prazo decadencial de 5 anos, a contar da data da vigência da Lei 9.784/99. Ressalva do ponto de vista do relator. Art. 103-A da Lei 8.213/91, acrescentado pela MP 19.11.2003, convertida na lei 10.839/2004. Aumento do prazo decadencial para 10 anos. Parecer do ministério público federal pelo desprovimento do recurso. recurso especial provido, no entanto.
>
> 1. A colenda Corte Especial do STJ firmou o entendimento de que os atos administrativos praticados antes da Lei 9.784/99 podem ser revistos pela Administração a qualquer tempo, por inexistir norma legal expressa prevendo prazo para tal iniciativa. Somente após a Lei 9.784/99 incide o prazo decadencial de 5 anos nela previsto, tendo como termo inicial a data de sua vigência (01.02.99). Ressalva do ponto de vista do Relator.
>
> 2. Antes de decorridos 5 anos da Lei 9.784/99, a matéria passou a ser tratada no âmbito previdenciário pela MP 138, de 19.11.2003, convertida na Lei 10.839/2004, que acrescentou o art. 103-A à Lei 8.213/91 (LBPS) e fixou em 10 anos o prazo decadencial para o INSS rever os seus atos de que decorram efeitos favoráveis a seus beneficiários.
>
> 3. Tendo o benefício do autor sido concedido em 30.7.1997 e o procedimento de revisão administrativa sido iniciado em janeiro de 2006, não se consumou o prazo decadencial de 10 anos para a Autarquia Previdenciária rever o seu ato.
>
> (...)

Prescreve em cinco anos, a contar da data em que deveriam ter sido pagas, toda e qualquer ação para haver prestações vencidas ou quaisquer restituições ou diferenças devidas pela Previdência Social, salvo o direito dos menores, incapazes e ausentes, na forma do Código Civil (par. único do art. 103 da Lei 8.213/91). Portanto, a prescrição, para o segurado, se refere a prestações vencidas, restituições ou diferenças devidas pela Previdência e é de cinco anos. O prazo é contado a partir da data em que a verba deveria ter sido paga[267].

No caso de acidente de trabalho, a prescrição também se dá em cinco anos (art. 104 da Lei 8.213/91), contados da data: do acidente, quando dele resultar a morte ou a incapacidade temporária, verificada esta em perícia médica a cargo da Previdência Social; ou em que for reconhecida pela Previdência Social, a incapacidade permanente ou o agravamento das sequelas do acidente.

Pelo Código Civil atual, prescrição (art. 198, I) e decadência (art. 208) não correm contra o absolutamente incapaz. A Lei 8.213/91 dizia em seu art. 79 que "não se aplica o disposto no art. 103 [que cuida tanto da decadência quanto da prescrição para o segurado] desta Lei ao pensionista menor, incapaz ou ausente, na forma da lei". Tal dispositivo, contudo, foi revogado pela Lei 13.846/2019. Não obstante, restou mantido o texto do par. único do art. 103 da Lei 8.213/91, acima mencionado, que, com relação à prescrição, põe a "salvo o direito dos menores, incapazes e ausentes, na forma do Código Civil". Portanto, é cabível sustentar que no caso de decadência, o prazo, doravante, corre mesmo para tais figuras.

Nos termos da Súmula 74 da TNU, "o prazo de prescrição fica suspenso pela formulação de requerimento administrativo e volta a correr pelo saldo remanescente após a ciência da decisão administrativa final". O STJ entende no mesmo sentido.

3. TEMPO DE CONTRIBUIÇÃO

Cabe esclarecer, preliminarmente, uma questão de nomenclatura. O termo "tempo de serviço" é utilizado em várias passagens da legislação previdenciária em virtude de que no passado o benefício da aposentadoria por tempo de contribuição (hoje também extinto) era denominado "aposentadoria por tempo de serviço". Esta é a razão precípua para utilização do termo, qual seja, desatualização da legislação. A consagração da locução no uso cotidiano, porém, dá azo também à sua utilização – por doutrina, jurisprudência e por vezes até mesmo pelo legislador – ainda na atualidade, o que é feito, geralmente, como sinônimo de "tempo de contribuição". Com efeito, no mais das vezes os termos são intercambiados indiscriminadamente. Não obstante, parcela da doutrina reserva o uso do termo "tempo de serviço" para aquelas situações – especialmente pretéritas – em que não há mesmo contribuição, mas admite-se o cômputo do período como equivalente a tempo de contribuição. Esta seria, portanto, a classificação técnica (por assim dizer) do termo "tempo de serviço", num sentido mais estrito. Aqui, contudo, para não confundir o leitor, não faremos a distinção: simplesmente evitaremos o uso do termo "tempo de serviço", salvo quando resultar de transcrição legislativa.

---

267. Assim, por exemplo, o segurado pode buscar a revisão do ato de concessão de seu benefício dentro de um prazo de até dez anos, todavia aufere os reflexos financeiros de tal revisão só quanto às prestações vencidas nos cinco anos anteriores ao pleito.

O cômputo do tempo de contribuição se processa, ordinariamente, enquanto o segurado está a desenvolver atividade de natureza contributiva (é dizer, exercendo atividade laborativa, quando não é sua a responsabilidade tributária, ou contribuindo efetivamente, quando é).

Ao lado dessa dinâmica ordinária, porém, há hipóteses de cômputo extraordinário de tempo de contribuição, previstas pela legislação. Há de se ter em vista, porém, o disposto no § 10 do art. 201 da CRFB: "A lei não poderá estabelecer qualquer forma de contagem de tempo de contribuição fictício".

O art. 55 da Lei 8.213/91 (complementado pelo Decreto 3.048/99) arrola os períodos extraordinários que podem ser considerados como tempo de contribuição. Destacaremos aqui os mais relevantes.

Computa-se o tempo de serviço militar, inclusive o voluntário, e o previsto no § 1º do art. 143 da CRFB[268], ainda que anterior à filiação ao RGPS, desde que não tenha sido contado para inatividade remunerada nas Forças Armadas ou aposentadoria no serviço público.

Computa-se o tempo que o segurado esteve em gozo de auxílio-doença ou aposentadoria por invalidez, se intercalado[269] com períodos de atividade[270].

---

268. "Às Forças Armadas compete, na forma da lei, atribuir serviço alternativo aos que, em tempo de paz, após alistados, alegarem imperativo de consciência, entendendo-se como tal o decorrente de crença religiosa e de convicção filosófica ou política, para se eximirem de atividades de caráter essencialmente militar".
269. O art. 60, IX, do Decreto 3.048/99 dispunha que se o benefício fosse decorrente de acidente de trabalho, o período seria computado mesmo se não houvesse intercalação. Tal dispositivo, contudo, foi revogado. De todo modo, é previso ter em vista o art. 118 da Lei 8.213/91, o qual dispõe que "O segurado que sofreu acidente do trabalho tem garantida, pelo prazo mínimo de doze meses, a manutenção do seu contrato de trabalho na empresa, após a cessação do auxílio-doença acidentário, independentemente de percepção de auxílio-acidente". Destarte, em se tratando de segurado empregado (ou trabalhador avulso, por equiparação), como há garantia de retorno ao vínculo laboral mantido por ocasião do acidente, cabe cogitar de presunção de retorno à atividade laborativa, conquanto isto possa ser controverso, no caso concreto, como em situações que se enquadram no denominado "limbo previdenciário".
270. Nos termos do § 5º do art. 29 da Lei 8.213/91: "Se, no período básico de cálculo, o segurado tiver recebido benefícios por incapacidade, sua duração será contada, considerando-se como salário de contribuição, no período, o salário de benefício que serviu de base para o cálculo da renda mensal, reajustado nas mesmas épocas e bases dos benefícios em geral, não podendo ser inferior ao valor de 1 (um) salário mínimo". Já o art. 55, II, do mesmo diploma dispõe que: "O tempo de serviço será comprovado na forma estabelecida no Regulamento, compreendendo, além do correspondente às atividades de qualquer das categorias de segurados de que trata o art. 11 desta Lei, mesmo que anterior à perda da qualidade de segurado: (...) II – o tempo intercalado em que esteve em gozo de auxílio-doença ou aposentadoria por invalidez (...)". O STF, no julgamento do RExt 583.834-0, entendeu que no caso de aposentadoria por invalidez imediatamente precedida de auxílio-doença, basta, no cálculo da RMI, converter o coeficiente de 91 para 100% (é, portanto, utilizado o mesmo salário de benefício), pelo que a regra do § 5º do art. 29 apenas tem lugar quando há período intercalado de atividade entre benefício por incapacidade anterior e a nova concessão. Há uma controvérsia residual quanto à possibilidade de computar tal período como carência. O novo § 1º do art. 19-C do RPS, introduzido pelo Decreto 10.410/20, dispõe que "Será computado o tempo intercalado de recebimento de benefício por incapacidade, na forma do disposto no inciso II do caput do art. 55 da Lei 8.213, de 24 de julho de 1991, *exceto para efeito de carência*" (grifei). Não obstante, por se tratar de disposição infralegal, sem o condão, portanto, de inovar no ordenamento, é de se aguardar qual será a interpretação dada pela jurisprudência.

É computado normalmente o tempo de contribuição efetuada como segurado facultativo. O tempo de serviço referente ao exercício de mandato eletivo federal, estadual ou municipal será computado, desde que não tenha sido contado para efeito de aposentadoria por outro regime de previdência social.

Nos termos da antiga redação da Súmula 18 da TNU, "provado que o aluno aprendiz de Escola Técnica Federal recebia remuneração, mesmo que indireta, à conta do orçamento da União, o respectivo tempo de serviço pode ser computado para fins de aposentadoria previdenciária"[271]. No mesmo sentido, a Súmula 24 da AGU: "É permitida a contagem, como tempo de contribuição, do tempo exercido na condição de aluno-aprendiz referente ao período de aprendizado profissional realizado em escolas técnicas, desde que comprovada a remuneração, mesmo que indireta, à conta do orçamento público e o vínculo empregatício". E, ainda, o inciso V do Enunciado 2 do CRPS: "É permitida a contagem, como tempo de contribuição, do tempo exercido na condição de aluno-aprendiz, exceto para fins de contagem recíproca, referente ao período de aprendizado profissional realizado em escolas técnicas, desde que comprovada a remuneração, mesmo que indireta, à conta do orçamento público e o vínculo empregatício, admitindo-se, como confirmação deste, o trabalho prestado na execução de atividades com vistas a atender encomendas de terceiros".

Computa-se como tempo de contribuição o período em gozo de salário-maternidade (art. 19-C, II, do Decreto 3.048/99).

O tempo de exercício de atividade rural anterior à vigência da Lei 8.213/91 é computado independentemente do recolhimento de contribuições, exceto para efeito de carência.

Conforme o art. 45-A da Lei 8.212/91, mesmo que se trate de período de atividade alcançado pela decadência (tributária), poderá o contribuinte individual indenizar período pretérito, com o fito de computá-lo como tempo de contribuição, inclusive podendo transportá-lo em contagem recíproca.

Por razões didáticas, o debate em torno da comprovação do tempo de serviço será feito na Parte IV, que cobre os aspectos processuais do direito previdenciário, pelo que para lá remetemos o leitor.

4. CONTAGEM RECÍPROCA

A possibilidade de contagem recíproca entre os diversos sistemas de previdência social é prevista pela CRFB: "Para fins de aposentadoria, será assegurada a contagem recíproca do tempo de contribuição entre o Regime Geral de Previdência Social e os

---

271. A nova redação é mais detalhada e mais exigente: "Para fins previdenciários, o cômputo do tempo de serviço prestado como aluno-aprendiz exige a comprovação de que, durante o período de aprendizado, houve simultaneamente: (i) retribuição consubstanciada em prestação pecuniária ou em auxílios materiais; (ii) à conta do Orçamento; (iii) a título de contraprestação por labor; (iv) na execução de bens e serviços destinados a terceiros".

regimes próprios de previdência social, e destes entre si, observada a compensação financeira, de acordo com os critérios estabelecidos em lei[272]" (§ 9º do art. 201[273]). A contagem recíproca visa, especialmente, propiciar àquele segurado que transitou entre mais de um regime a possibilidade de somar os períodos contributivos em todos eles de modo a eventualmente reunir, pela somatória, os requisitos necessários à obtenção de aposentadoria. Para viabilizar a contagem recíproca, o regime a partir do qual será transferido o tempo de contribuição deve emitir uma certidão de tempo de contribuição (CTC), a qual será utilizada para averbar o período naquele o regime perante o qual se pretende obter o benefício.

Estabelece a CRFB, ademais, que "o tempo de serviço militar exercido nas atividades de que tratam os arts. 42, 142 e 143 e o tempo de contribuição ao Regime Geral de Previdência Social ou a regime próprio de previdência social terão contagem recíproca para fins de inativação militar ou aposentadoria, e a compensação financeira será devida entre as receitas de contribuição referentes aos militares e as receitas de contribuição aos demais regimes" (§ 9º-A do art. 201). Trata-se de novidade trazida pela EC 103/2019[274].

Outra novidade trazida por tal diploma é o novo § 14 do art. 201 da CRFB: "é vedada a contagem de tempo de contribuição fictício para efeito de concessão dos benefícios previdenciários e de contagem recíproca". Dispõe a EC 103/2019, ademais, que "será assegurada a contagem de tempo de contribuição fictício no Regime Geral de Previdência Social decorrente de hipóteses descritas na legislação vigente até a data de entrada em vigor desta Emenda Constitucional para fins de concessão de aposentadoria[275], observando-se, a partir da sua entrada em vigor, o disposto no § 14 do art. 201 da Constituição Federal" e que "considera-se nula a aposentadoria que tenha sido concedida ou que venha a ser concedida por regime próprio de previdência social com contagem recíproca do Regime Geral de Previdência Social mediante o cômputo de tempo de serviço sem o recolhimento da respectiva contribuição ou da correspondente indenização pelo segurado obrigatório responsável, à época do exercício da atividade, pelo recolhimento de suas próprias contribuições previdenciárias" (são, respectivamente, o art. 25, *caput* e § 3º, dispositivos não incorporados ao texto da CRFB).

---

272. A Lei 9.796/99 dispõe sobre a compensação financeira entre o RGPS e os RPPS no caso de contagem recíproca de tempo de contribuiçao.
273. Trata-se de redação dada pela EC 103/2019. A redação anterior era a seguinte: "Para efeito de aposentadoria, é assegurada a contagem recíproca do tempo de contribuição na administração pública e na atividade privada, rural e urbana, hipótese em que os diversos regimes de previdência social se compensarão financeiramente, segundo critérios estabelecidos em lei".
274. Como destaca Machado da Rocha, "os militares foram preservados dos efeitos mais sensíveis da reforma. Tendo em vista que para eles a aposentadoria continua sendo assegurada mesmo que não exista a respectiva contribuição, para evitar discussões sobre o aproveitamento do tempo de serviço militar foi introduzido o § 9º-A no art. 201 da CF/1988." (op. cit., 2020, p. 49).
275. Na mesma linha, o § 6º do art. 26 do RPS, alterado pelo Decreto 10.410/20, dispõe que "para fins de carência, as contribuições anteriores à data de publicação da Emenda à Constituição 103, de 12 de novembro de 2019, serão consideradas em conformidade com a legislação vigente à época". No mesmo sentido, as hipóteses elencadas pelo art. 188-G do mesmo diploma.

Regulamentando a situação, dispõe a Lei 8.213/91 que "para efeito dos benefícios previstos no Regime Geral de Previdência Social ou no serviço público é assegurada a contagem recíproca do tempo de contribuição na atividade privada, rural e urbana, e do tempo de contribuição ou de serviço na administração pública, hipótese em que os diferentes sistemas de previdência social se compensarão financeiramente" (art. 94). A compensação financeira será feita ao sistema perante o qual o interessado requerer o benefício, pelos demais sistemas, em relação aos respectivos tempos de contribuição ou de serviço (§ 1º do art. 94 da Lei 8.213/91).

Não é computado o período de recolhimento com alíquotas reduzidas dos segurados facultativo e contribuinte individual, já que em tais hipóteses não há direito à aposentadoria por tempo de contribuição. Não será admitida a contagem em dobro ou em outras condições especiais. É vedada a contagem de tempo de serviço público com o de atividade privada, quando concomitantes. Não será contado por um sistema o tempo de serviço utilizado para concessão de aposentadoria pelo outro.

Dispõe a lei que "Quando a soma dos tempos de serviço ultrapassar 30 (trinta) anos, se do sexo feminino, e 35 (trinta e cinco) anos, se do sexo masculino, o excesso não será considerado para qualquer efeito". Não obstante, entende o STJ que o interessado pode requerer a expedição de CTC relativamente a tal período excedente, para utilização em outro Regime (vide, *v. g.*, o REsp 674.708)[276].

Nos termos da Súmula 10 da TNU, "o tempo de serviço rural anterior à vigência da Lei 8.213/91 pode ser utilizado para fins de contagem recíproca, assim entendida aquela que soma tempo de atividade privada, rural ou urbana, ao de serviço público estatutário, desde que sejam recolhidas as respectivas contribuições previdenciárias".

A Lei 13.846/2019 efetuou algumas alterações quanto às regras aplicáveis à contagem recíproca. Passou a estabelecer ser "vedada a emissão de Certidão de Tempo de Contribuição (CTC) com o registro exclusivo de tempo de serviço, sem a comprovação de contribuição efetiva, exceto para o segurado empregado, empregado doméstico, trabalhador avulso e, a partir de 1º de abril de 2003, para o contribuinte individual que presta serviço a empresa obrigada a arrecadar a contribuição a seu cargo (...)[277]", que "a CTC somente poderá ser emitida por regime próprio de previdência social para ex-servidor" e que "é vedada a contagem recíproca de tempo de contribuição do RGPS por regime próprio de previdência social sem a emissão da CTC correspondente, ainda que

---

276. Inclusive, em situação ligeiramente distinta, o STJ decidiu que "o segurado que manteve dois vínculos concomitantes com o RGPS – um na condição de contribuinte individual e outro como empregado público – pode utilizar as contribuições efetivadas como contribuinte individual na concessão de aposentadoria junto ao RGPS, sem prejuízo do cômputo do tempo como empregado público para a concessão de aposentadoria sujeita ao Regime Próprio, diante da transformação do emprego público em cargo público" (AgRg no REsp 1.444.003).
277. Isto, contudo, "não se aplica ao tempo de serviço anterior à edição da Emenda Constitucional 20, de 15 de dezembro de 1998, que tenha sido equiparado por lei a tempo de contribuição" (parágrafo único do art. 96 da Lei 8.213/91).

o tempo de contribuição referente ao RGPS tenha sido prestado pelo servidor público ao próprio ente instituidor" (art. 96, V a VII, da Lei 8.213/91).

Há outras duas alterações, cujo entendimento depende de contextualização.

Consiste em tema polêmico em jurisprudência a possibilidade (ou não) de o segurado renunciar ao benefício de aposentadoria que já percebe para então solicitar a expedição de CTC com o fito de usar o tempo ali consignado para obter benefício em outro regime. O STJ vem admitindo a sistemática, sem condicioná-la à devolução dos valores recebidos em decorrência da aposentadoria à qual se renunciou (vide, por exemplo, o AgRg no REsp 1.258.614 e o REsp 1.401.755). Parcela relevante da doutrina critica a medida, pois, além de consistir em modalidade de desaposentação, fere o preceito constitucional que exige a compensação financeira entre os regimes. É preciso observar como a jurisprudência do STJ irá reagir, considerando a decisão do STF no sentido de não ser permitida a desaposentação (RExt 661.256).

O novo inciso VIII do art. 96 da Lei 8.213/91 dispõe que "é vedada a desaverbação de tempo em regime próprio de previdência social quando o tempo averbado tiver gerado a concessão de vantagens remuneratórias ao servidor público em atividade". A alteração poderia ter ido além, para coibir expressamente a "desaposentação entre regimes", que consiste no procedimento acima descrito, em que, por exemplo, o aposentado pelo RGPS renuncia ao benefício que percebe para então solicitar a expedição de certidão de tempo de contribuição (CTC) – que engloba todo o período de contribuição utilizado para a concessão daquele benefício, o qual em certos casos recebeu ao longo de muitos anos – a ser utilizada em regime próprio para possibilitar a concessão (ou majorar a renda) da aposentadoria a ser neste obtida. Porém, não o fez. Daí, é possível chegar a dois raciocínios distintos: um, dar ênfase à teleologia da vedação, estendendo-a; outro, dar-lhe aplicação limitada e extrair a *contrario sensu* a possibilidade de desaverbação quando a utilização foi feita para fins de obtenção de aposentadoria. Obviamente, há também a opção de não se admitir nenhuma consequência imediata diretamente extraível do novel dispositivo.

4.1 Contagem recíproca de atividade especial

Para situar o debate, convém ventilar, de início, a possibilidade (ou não) de se obter aposentadoria especial no âmbito do RPPS. Com efeito, o STF sinalizou, em vários julgados, pela possibilidade de o servidor público obter aposentadoria especial, apesar da omissão legislativa, por meio da aplicação analógica das regras previstas no RGPS, culminando com a edição da Súmula Vinculante 33: "Aplicam-se ao servidor público, no que couber, as regras do regime geral da previdência social sobre aposentadoria especial de que trata o artigo 40, § 4º, inciso III da Constituição Federal, até a edição de lei complementar específica". Estreme de dúvidas, portanto, tal possibilidade, que passou a ser prevista legislativamente apenas com o advento da EC 103/2019.

Desde aí, porém, surgiram duas polêmicas, não solvidas pelo entendimento consagrado na referida Súmula Vinculante.

A primeira consiste em saber se o servidor poderia, no âmbito do RPPS, converter tempo especial em comum. O STF, num primeiro momento, se inclinou no sentido de que isto não seria possível, por ausência de previsão legal. Depois, ao decidir o tema 942 da repercussão geral, RExt 1014286, firmou posição em sentido contrário: "Até a edição da Emenda Constitucional 103/2019, o direito à conversão, em tempo comum, do prestado sob condições especiais que prejudiquem a saúde ou a integridade física de servidor público decorre da previsão de adoção de requisitos e critérios diferenciados para a jubilação daquele enquadrado na hipótese prevista no então vigente inciso III do § 4º do art. 40 da Constituição da República, devendo ser aplicadas as normas do regime geral de previdência social relativas à aposentadoria especial contidas na Lei 8.213/1991 para viabilizar sua concretização enquanto não sobrevier lei complementar disciplinadora da matéria. Após a vigência da EC 103/2019, o direito à conversão em tempo comum, do prestado sob condições especiais pelos servidores obedecerá à legislação complementar dos entes federados, nos termos da competência conferida pelo art. 40, § 4º-C, da Constituição da República (...). O parâmetro a ser utilizado para a verificação da conversão do tempo especial em comum (...) é o regramento do regime geral de previdência (Lei 8.213/91), nos termos do art. 40, § 4º, III, da CF, até a edição da EC 103/2019, enquanto não sobrevier lei complementar disciplinadora da matéria.".

Persistiu polêmica residual, porém, em torno da possibilidade de transposição de tempo de atividade especial entre regimes, na contagem recíproca.

O novo inciso IX do art. 96 da Lei 8.213/91 parece trazer novas luzes à problemática. Com efeito, diz o referido dispositivo que "para fins de elegibilidade às aposentadorias especiais referidas no § 4º do art. 40 e no § 1º do art. 201 da Constituição Federal, os períodos reconhecidos pelo regime previdenciário de origem como de tempo especial, sem conversão em tempo comum, deverão estar incluídos nos períodos de contribuição compreendidos na CTC e discriminados de data a data". Parece, assim, permitir a contagem recíproca de período de atividade especial entre regimes diversos, sem, contudo, a possibilidade de conversão do tempo especial em comum. O novo art. 125 do RPS, com redação dada pelo Decreto 10.410/20, dispõe ser vedada, para efeito de contagem recíproca, a "conversão do tempo de contribuição exercido em atividade sujeita à condições especiais, nos termos do disposto no art. 66 [que trata da conversão recíproca de tempo especial de diferentes naturezas]" (§ 1º, I) e também a "conversão do tempo cumprido pelo segurado com deficiência, reconhecida na forma do art. 70-D, em tempo de contribuição comum" (§ 1º, II).

O legislador, portanto, parece admitir a transposição, mas não a posterior conversão do tempo especial em comum.

Isso é importante porque, até então, o INSS vinha se recusando a expedir Certidão de Tempo de Contribuição (CTC) constando que a atividade é especial. Contra isso, o STF há muito tem posição contrária (citamos, por exemplo, os RExt 433.305 e 383.998).

Cabe consignar, ademais, que o § 6º do art. 57 diz que o benefício de aposentadoria especial será financiado com os recursos provenientes da contribuição de que trata o inciso II do art. 22 da Lei 8.212/91, ou seja, houve contribuição específica para tal fim, pelo que ainda que o RGPS venha a ter de indenizar o RPPS, deveria ter saldo para tal.

Resta, portanto, a análise sobre a possibilidade (ou não) de conversão de tempo especial prestado no âmbito do RGPS em tempo comum com averbação consequente no RPPS (ou vice-versa). A pretensão de se converter tempo especial em tempo comum não está expressamente prevista na CRFB e agora inclusive passou a ser vedada *ex nunc* pela EC 103/2019.

Segundo a Súmula 66 da TNU: "O servidor público ex-celetista que trabalhava sob condições especiais antes de migrar para o regime estatutário tem direito adquirido à conversão do tempo de atividade especial em tempo comum com o devido acréscimo legal, para efeito de contagem recíproca no regime previdenciário próprio dos servidores públicos". Tal posicionamento tem respaldo em aresto do STF, mas consiste em situação muito específica.

Como vimos, o novo inciso IX do art. 96 da Lei 8.213/91, segundo a leitura que fazemos, parece vedar a conversão de tempo especial em comum para averbação entre regimes. Com efeito, veda que conste na CTC o tempo convertido, o que nos leva a crer que pretenda proibir a transposição de período convertido. O STJ, contudo, decidiu recentemente no seguinte sentido (REsp 1.592.380): "Até a edição da EC 103/2019, é admissível, aos servidores públicos, a conversão do tempo de serviço especial em comum objetivando a contagem recíproca de tempo de serviço. No caso pretende-se a conversão de tempo especial em comum, com ulterior emissão de certidão por tempo de contribuição, para se utilizar do tempo de serviço exercido no Regime Geral da Previdência Social – RGPS na aposentadoria no Regime Próprio de Previdência Social – RPPS.".

5. ACIDENTE DE TRABALHO

No passado, a distinção entre benefícios acidentários e previdenciários em sentido estrito era um tema ao qual a doutrina dava muita importância, tendo em vista o regime jurídico consideravelmente diverso segundo o benefício decorresse ou não de acidente de trabalho. Posteriormente, contudo, a distinção perdeu muito de seu relevo, conquanto ainda subsistissem algumas poucas diferenciações. A primeira delas é de competência, tendo em vista que esta será, em regra, da justiça estadual no caso de a ação versar sobre benefício derivado de acidente de trabalho (e da justiça federal, nos demais casos). A segunda é a dispensa da carência, no caso de acidente do trabalho (em verdade, se fruto de acidente de qualquer natureza, ao lado de outras hipóteses, o que faz tal distinção não alcançar muita repercussão). A terceira é que o período em gozo de benefício por incapacidade decorrente de acidente de trabalho, seja intercalado ou não com atividade, era computado como tempo de contribuição (art. 60, IX, do Decreto 3.048/99, dispositivo contudo atualmente revogado, como já vimos).

Destarte, embora diminuta, residia ainda alguma importância prática na aferição do acidente de trabalho, razão pela qual não poderíamos mesmo nos furtar a estudá-lo. Com o advento da EC 103/2019, contudo, a distinção certamente voltará a ganhar relevo, tendo em vista que esta dispõe (art. 26) que a RMI da aposentadoria por incapacidade será, provisoriamente (ou seja, até a superveniência da lei, que, contudo, tende a manter sistemática aproximada), de 60% do salário de benefício, com acréscimo de dois pontos percentuais para cada ano de contribuição que exceder o tempo de vinte anos de contribuição, exceto quando decorrer de acidente de trabalho, de doença profissional e de doença do trabalho, quando será de 100% do salário de benefício. Ou seja, doravante o impacto – conforme se trate ou não de afastamento decorrente de acidente de trabalho e afins – na renda mensal inicial do benefício é potencialmente vigoroso, razão pela qual a dicotomia resgata sua relevância.

Pois bem, nos termos do art. 19 da Lei 8.213/91, "Acidente do trabalho é o que ocorre pelo exercício do trabalho a serviço de empresa ou de empregador doméstico ou pelo exercício do trabalho dos segurados referidos no inciso VII do art. 11 desta Lei, provocando lesão corporal ou perturbação funcional que cause a morte ou a perda ou redução, permanente ou temporária, da capacidade para o trabalho".

Tal é o conceito de acidente de trabalho dito "típico" ou "próprio".

Como dispositivo fala em "exercício do trabalho a serviço de empresa ou de empregador doméstico", a doutrina sustenta que o conceito de "acidente do trabalho" está restrito aos segurados empregado (inclusive doméstico) e trabalhador avulso, além do segurado especial, que é expressamente referenciado. Estaria, assim, fora do conceito o contribuinte individual[278].

O art. 20 da Lei 8.213/91 traz os conceitos de doença profissional (ou "do trabalho típica" ou "idiopatia") e do trabalho (ou "mesopatia"), que são entidades mórbidas

---

278. Não obstante, cabe o debate: caso um contribuinte individual sofra, concretamente, um sinistro de natureza laborativa, teria direito a uma aposentadoria por invalidez integral (é dizer, de 100% do salário de benefício)? Ou seja, é válida a limitação subjetiva imposta pela legislação ordinária quanto aos sujeitos que podem sofrer acidente de trabalho? Por um lado, é certo que a EC 103/19 não traz tal limitação (ressaltando que a sistemática de cálculo que ali consta é provisória, ou seja, subsiste até o advento de lei que venha regular o tema, é dizer, pode ser suplantada por legislação ordinária). Por outro, o conceito limitativo de acidente de trabalho estava já vigente quando do advento da EC 103/19, razão pela qual é cabível entender que foi por ela incorporado/encampado. Agregue-se a isso o fato de que, como veremos quando tratarmos do custeio, o contribuinte individual não recolhe a contribuição denominada "SAT", que se destina à cobertura dos benefícios "concedidos em razão do grau de incidência de incapacidade laborativa decorrente dos riscos ambientais do trabalho". Com efeito, sequer quando presta serviço a pessoa jurídica, esta não recolhe, na dita "cota patronal", o "SAT" (ao contrário do que ocorre quanto a empregados e trabalhadores avulsos). O segurado especial, que é trabalhador por conta própria, recolhe SAT (e, como vimos, está dentro do espectro subjetivo daqueles segurados que podem sofrer acidente de trabalho, nos termos da legislação ordinária em exame). Diante de tais argumentos, tendemos a não reconhecer o direito ao contribuinte individual, mas é preciso aguardar o encaminhamento do tema pela jurisprudência quando as controvérsias concretas começarem a surgir. Inclusive, a questão possivelmente suscitará debate também acerca da competência para dirimir a controvérsia: se da Justiça Estadual ou Federal (uma vez que o que está em jogo, no mérito, é o próprio enquadramento como acidente de trabalho ou não).

equiparadas ao acidente de trabalho. Assim, a doença profissional é "a produzida ou desencadeada pelo exercício do trabalho peculiar a determinada atividade e constante da respectiva relação elaborada pelo Ministério do Trabalho e da Previdência Social" (inciso I) e a doença do trabalho é "a adquirida ou desencadeada em função de condições especiais em que o trabalho é realizado e com ele se relacione diretamente, constante da relação mencionada no inciso I" (inciso II). Dispõe, ademais, o § 2º que "em caso excepcional, constatando-se que a doença não incluída na relação prevista nos incisos I e II deste artigo resultou das condições especiais em que o trabalho é executado e com ele se relaciona diretamente, a Previdência Social deve considerá-la acidente do trabalho".

Em suma, a doença profissional é aquela própria de determinado tipo de atividade, enquanto a doença do trabalho consiste em moléstia comum, que pode atingir qualquer pessoa, mas é desencadeada por circunstâncias especiais em que o trabalho é desenvolvido.

Consigna o § 1º do art. 20 da Lei 8.213/91 que não são consideradas como doença do trabalho: a doença degenerativa; a inerente a grupo etário; a que não produza incapacidade laborativa; a doença endêmica adquirida por segurado habitante de região em que ela se desenvolva, salvo comprovação de que é resultante de exposição ou contato direto determinado pela natureza do trabalho.

O art. 21 da Lei 8.213/91 estabelece as hipóteses de acidentes do trabalho por equiparação. Assim, equiparam-se ao acidente do trabalho:

> I – o acidente ligado ao trabalho que, embora não tenha sido a causa única, haja contribuído diretamente para a morte do segurado, para redução ou perda da sua capacidade para o trabalho, ou produzido lesão que exija atenção médica para a sua recuperação;
>
> II – o acidente sofrido pelo segurado no local e no horário do trabalho, em consequência de: a) ato de agressão, sabotagem ou terrorismo praticado por terceiro ou companheiro de trabalho; b) ofensa física intencional, inclusive de terceiro, por motivo de disputa relacionada ao trabalho; c) ato de imprudência, de negligência ou de imperícia de terceiro ou de companheiro de trabalho; d) ato de pessoa privada do uso da razão; e) desabamento, inundação, incêndio e outros casos fortuitos ou decorrentes de força maior;
>
> III – a doença proveniente de contaminação acidental do empregado no exercício de sua atividade;
>
> IV – o acidente sofrido pelo segurado ainda que fora do local e horário de trabalho: a) na execução de ordem ou na realização de serviço sob a autoridade da empresa; b) na prestação espontânea de qualquer serviço à empresa para lhe evitar prejuízo ou proporcionar proveito; c) em viagem a serviço da empresa, inclusive para estudo quando financiada por esta dentro de seus planos para melhor capacitação da mão de obra, independentemente do meio de locomoção utilizado, inclusive veículo de propriedade do segurado; d) no percurso da residência para o local de trabalho ou deste para aquela, qualquer que seja o meio de locomoção, inclusive veículo de propriedade do segurado.

Nos períodos destinados a refeição ou descanso, ou por ocasião da satisfação de outras necessidades fisiológicas, no local do trabalho ou durante este, o empregado é considerado no exercício do trabalho (§ 1º do art. 21). Não é considerada agravação ou complicação de acidente do trabalho a lesão que, resultante de acidente de outra origem, se associe ou se superponha às consequências do anterior (§ 2º do art. 21).

A perícia médica do INSS[279] considerará caracterizada a natureza acidentária da incapacidade quando constatar ocorrência de nexo técnico epidemiológico entre o trabalho e o agravo, decorrente da relação entre a atividade da empresa ou do empregado doméstico e a entidade mórbida motivadora da incapacidade elencada na Classificação Internacional de Doenças (CID), em conformidade com o que dispuser o regulamento (art. 21-A). A empresa ou o empregador doméstico deverão comunicar o acidente do trabalho à Previdência Social até o primeiro dia útil seguinte ao da ocorrência e, em caso de morte, de imediato, à autoridade competente, sob pena de multa variável entre o limite mínimo e o limite máximo do salário de contribuição, sucessivamente aumentada nas reincidências, aplicada e cobrada pela Previdência Social (art. 22). Considera-se como dia do acidente, no caso de doença profissional ou do trabalho, a data do início da incapacidade laborativa para o exercício da atividade habitual, ou o dia da segregação compulsória, ou o dia em que for realizado o diagnóstico, valendo para este efeito o que ocorrer primeiro (art. 23).

Cabe referenciar, por fim, que o § 10 do art. 201 da CRFB, criado pela EC 20/1998, dispunha que "Lei disciplinará a cobertura do risco de acidente do trabalho, a ser atendida concorrentemente pelo regime geral de previdência social e pelo setor privado". Tal norma não chegou a ter sua potencialidade utilizada. Esta, contudo, restou ampliada com o advento da EC 103/2019, já que o dispositivo em questão passa a dispor o seguinte: "Lei complementar poderá disciplinar a cobertura de benefícios não programados, inclusive os decorrentes de acidente do trabalho, a ser atendida concorrentemente pelo Regime Geral de Previdência Social e pelo setor privado". Em síntese, exige lei complementar, mas amplia a possibilidade de cobertura pelo setor privado a todos os benefícios ditos "não programados". Como destaca Machado da Rocha, "Conquanto a proteção acidentária fosse um direito constitucional do trabalhador, desde a Constituição de 1934, o fortíssimo lobby das seguradoras privadas havia logrado obter sua exclusão da previdência oficial. Somente em 14.09.1967, esse risco social foi integrado na previdência social pela Lei 5.316, rompendo-se com a resistência das seguradoras privadas que dominavam esse segmento desde 1919. Sobrevindo a EC 01/1969, o seguro de acidentes do trabalho restou reincluído no rol de prestações da previdência social. Incrivelmente, agora estamos trilhando o caminho inverso no rumo da desconstrução da proteção social. A EC 20/1998 havia introduzido a possibilidade de se estabelecer concorrência entre o sistema público e o privado para a tutela de acidentes do trabalho, mediante a contratação de seguros, o que poderia ser feito por lei ordinária. A nova redação do § 10 do art. 201 amplia essa possibilidade, abarcando os benefícios não programados, independentemente da causa, destinados a tutelar o cidadão afligido pela incapacidade"[280].

---

279. A Lei 13.846/19 transformou o cargo de perito médico do INSS em Perito Médico Federal, nomenclatura que não foi atualizada na Lei 8.213/91, mas que já consta no RPS com as alterações trazidas pelo Decreto 10.410/20.
280. In: CASTRO, Carlos Alberto Pereira; KRAVCHYCHYN, Gisele; LAZZARI, João Batista; ROCHA, Daniel Machado da. *Comentários à Reforma da Previdência*. Rio de Janeiro: Forense, 2020, p. 31.

6. SISTEMA ESPECIAL DE INCLUSÃO

Nos termos do § 12 do art. 201 da CRFB, "lei instituirá sistema especial de inclusão previdenciária, com alíquotas diferenciadas, para atender aos trabalhadores de baixa renda, inclusive os que se encontram em situação de informalidade, e àqueles sem renda própria que se dediquem exclusivamente ao trabalho doméstico no âmbito de sua residência, desde que pertencentes a famílias de baixa renda". Dispõe, ademais, o § 13 que "a aposentadoria concedida ao segurado de que trata o § 12 terá valor de 1 (um) salário-mínimo". Trata-se de redação dada pela EC 103/2019.

Na redação anterior, dispunha o § 12 que "lei disporá sobre sistema especial de inclusão previdenciária para atender a trabalhadores de baixa renda e àqueles sem renda própria que se dediquem exclusivamente ao trabalho doméstico no âmbito de sua residência, desde que pertencentes a famílias de baixa renda, garantindo-lhes acesso a benefícios de valor igual a um salário-mínimo" e que "O sistema especial de inclusão previdenciária de que trata o § 12 deste artigo terá alíquotas e carências inferiores às vigentes para os demais segurados do regime geral de previdência social" (§ 13).

É, portanto, mantido o sistema (ou regime) especial de inclusão previdenciária (também denominado "plano simplificado de previdência social"), contudo com algumas modificações. Agora, fala-se apenas em "alíquotas diferenciadas" e não mais em "alíquotas e carências inferiores". Ademais, a redação anterior não trazia limitação quanto ao leque de benefícios, já a nova redação menciona "aposentadoria no valor de um salário mínimo", o que permite cogitar que o sistema está limitado a tal benefício, embora não nos pareça ser a melhor exegese.

O legislador infraconstitucional, desenvolvendo a determinação anterior, criou uma sistemática que permitia a contribuição com alíquota inferior (nunca chegou, porém, a implementar a carência inferior). Na verdade, criou, no art. 21 da Lei 8.212/91, quatro possibilidades de recolhimento com alíquota inferior, condicionando à renúncia ao benefício de aposentadoria por tempo de contribuição: 11% (onze por cento), no caso do segurado contribuinte individual que trabalhe por conta própria, sem relação de trabalho com empresa ou equiparado e do segurado facultativo; 5% (cinco por cento) no caso do microempreendedor individual, de que trata o art. 18-A da LC 123/2006 e do segurado facultativo sem renda própria que se dedique exclusivamente ao trabalho doméstico no âmbito de sua residência, desde que pertencente a família de baixa renda.

Restou estabelecido, ademais, que o segurado que tenha contribuído na forma acima descrita e pretenda contar o tempo de contribuição correspondente para fins de obtenção da aposentadoria por tempo de contribuição ou da contagem recíproca, deverá complementar a contribuição mensal mediante recolhimento, sobre o valor correspondente ao limite mínimo mensal do salário de contribuição em vigor na competência a ser complementada, da diferença entre o percentual pago e o de 20% (vinte por cento), acrescido dos juros moratórios (§ 3º do art. 21 da Lei 8.212/91).

Finalmente, considera-se de baixa renda a família inscrita no Cadastro Único para Programas Sociais do Governo Federal – CadÚnico cuja renda mensal seja de até 2 (dois) salários-mínimos (§ 4º do art. 21 da Lei 8.212/91).

Tendo em vista a extinção, pela EC 103/2019, da aposentadoria por tempo de contribuição, cabe indagar como fica o sistema até ulterior intervenção do legislador infraconstitucional. Parece-nos que fica mantida a possibilidade de contribuição com as mesmas alíquotas e a possibilidade de acesso à nova aposentadoria programada no valor de um salário-mínimo, ou seja, apenas a impossibilidade de acesso à aposentadoria por tempo de contribuição deixa de ter lugar, já que esta deixou mesmo de existir[281].

---

281. Neste sentido, pareceu caminhar o Decreto 10.410/20, que alterou o RPS, com destaque especial para o disposto no novo § 2º do art. 51: "O período pelo qual os segurados contribuinte individual e facultativo tiverem contribuído na forma prevista no art. 199-A será considerado como tempo de contribuição (...)".

Parte III
CUSTEIO DA SEGURIDADE SOCIAL

O tema do custeio é usualmente previsto nos editais para os cargos de Advogado da União, Defensor Público Federal, Delegado da Polícia Federal, Juiz Federal, Juiz do Trabalho, Procurador da Fazenda Nacional, Procurador da República[1], Procurador do Trabalho e Procurador Federal e ocasionalmente também para Defensor Público Estadual, Procurador do Município e Procurador do Estado. Certamente que o candidato a ingresso na PFN deve ter redobrada atenção na matéria. Optamos por realizar aqui uma análise razoavelmente abrangente, sem, contudo, desbordar para a prolixidade, tendo em vista sempre a otimização do tempo.

---

1. O tema foi cobrado no último concurso dentro da disciplina de Direito Tributário (item 7.c).

Parte III
CUSTEIO DA SEGURIDADE SOCIAL

Capítulo I
TEORIA GERAL DO PLANO DE CUSTEIO DA SEGURIDADE SOCIAL

1. INTROITO

Como já adiantamos na primeira parte do presente trabalho, optamos por deixar para esta terceira parte a análise dos princípios atinentes ao custeio da seguridade social. Agora, trazemos as razões para tal opção.

A nossa proposta aqui é abrir a análise do financiamento com a teoria geral do plano de custeio[2], pelo que o plano de trabalho, no primeiro capítulo, é partir dos princípios constitucionais atinentes ao ramo – quais sejam, os da diversidade da base de financiamento, equidade na forma de participação no custeio e contrapartida direta – e deles nos valer como ferramenta para analisar a relação existente entre os planos de custeio e de benefícios (num cotejo, de ir e vir), numa análise de sobrevoo da regra-matriz das contribuições destinadas à Seguridade Social, com enfoque especial nas previdenciárias em sentido estrito.

Na sequência, examinaremos os demais temas, inclusive as contribuições em espécie.

2. PRINCÍPIOS CONSTITUCIONAIS APLICÁVEIS AO CUSTEIO

Dentre os princípios previstos expressamente na Constituição Federal no âmbito da Seguridade Social, podemos apontar dois que são direcionados especificamente ao custeio: o da diversidade da base de financiamento e o da equidade na forma de participação no custeio. O terceiro princípio com o qual pretendemos trabalhar é o da contrapartida direta, que não está – na concepção que adotamos – expresso na CRFB, ao menos não de forma evidente, decorrendo de uma construção interpretativa a partir de outras normas constitucionais – o que delinearemos melhor adiante, mas é importante

---

2. O presente capítulo é baseado, em grande parte, em artigo que publicamos em coautoria com o insigne Miguel Hovarth Júnior: HORVATH JÚNIOR, Miguel; PORTO, Rafael Vasconcelos. Teoria Geral do Plano de Custeio da Seguridade Social. In: FERNANDES, Ana Paula; SERAU JÚNIOR, Marco Aurélio; SANTOS, Roberto de Carvalho (Org.). *Temas Relevantes e Pontos Controvertidos do Direito Previdenciário*. São Paulo: LTr, 2018, p. 177-192. Destarte, deixaremos de fazer a ele referências pontuais, para não soar repetitivo (e eventualmente desgastante para o leitor), consignando a presente referência genérica no sentido de que muito que aqui está foi extraído de lá.

deixar desde já consignado, destacando-se, inclusive, que não se confunde com o que a doutrina costuma denominar "regra da contrapartida".

Iniciaremos nossa análise pelo princípio da diversidade da base de financiamento – o mais simples dos três, por despertar menos controvérsias –, que nos permitirá efetuar um breve desenvolvimento histórico do custeio e, a partir daí, construir o raciocínio teórico que objetivamos atingir.

Em seguida, abordaremos o princípio da equidade na forma de participação no custeio, que cumpre papel mais relevante na estruturação conceitual e especialmente teleológica das contribuições para a seguridade social, especialmente as previdenciárias (em sentido estrito), para em seguida adentrarmos na lógica da teoria geral do seguro, para identificação (ou não) do *elo* entre a relação de custeio e a de benefício. Por fim, analisaremos o princípio da contrapartida direta, que desempenha uma função de conexão ainda mais íntima entre custeio e cobertura.

2.1 Diversidade da base de financiamento

Cumpre salientar, preliminarmente, que o dispositivo constitucional que prevê o referido princípio teve seu texto alterado pela EC 103/2019. Com efeito, antes falava apenas em "diversidade da base de financiamento" e agora fala em "diversidade da base de financiamento, identificando-se, em rubricas contábeis específicas para cada área, as receitas e as despesas vinculadas a ações de saúde, previdência e assistência social, preservado o caráter contributivo da previdência social". Não obstante, essa parte final que foi incluída não interfere, segundo nos parece, na conceituação do princípio, pois se refere a circunstâncias que lhe são alheias, razão pela qual não nos preocuparemos com isto aqui[3].

Em brevíssimo escorço histórico, podemos apontar que a Seguridade Social consiste num momento culminante de evolução, no qual Previdência e Assistência [sociais] são acopladas para constituir um todo unitário de proteção social – embora numa relação de subsidiariedade/complementariedade, na qual os subsistemas ainda possuem plena autonomia, tanto prática quanto teórica. Anteriormente a tal conjugação, cabe analisar, portanto, a evolução, até então paralela, de cada um dos ramos, também de modo bastante resumido.

A assistência social evoluiu da assistência privada (caritativa) para a pública (financiada e administrada pelo Estado), havendo um estágio intermediário em que o Estado se pôs primeiramente como incentivador (inclusive por meio da legislação

---

3. O trecho "identificando-se, em rubricas contábeis específicas para cada área, as receitas e as despesas vinculadas a ações de saúde, previdência e assistência social" consubstancia, segundo a doutrina, a expressão de um princípio da especialização, especificação ou discriminação orçamentária. Já o trecho "preservado o caráter contributivo da previdência social" reforça o caráter contributivo de tal ramo, o que até já constava no caput do art. 201.

posta) e, posteriormente, como organizador/administrador das verbas destinadas voluntariamente (ou por vezes até compulsoriamente) por particulares.

Já a previdência social tem sua origem no mutualismo, sendo que num primeiro momento os próprios trabalhadores se reuniram voluntariamente para organizar ou contratar um seguro contra riscos sociais (especialmente laborativos); num segundo momento, passou a ser imposta ao empregador a contratação de um seguro junto à iniciativa privada; finalmente, num terceiro momento, ocorre a assunção pelo Estado da administração do seguro social, geralmente acompanhada de expansão da cobertura para outras categorias além dos empregados e, por não se pretender imputar a empregadores o financiamento de um seguro para outros trabalhadores que não os [seus] empregados, de aporte de recursos por parte do próprio Estado a partir de fontes distintas. Dessarte, podemos perceber que o financiamento evolui progressivamente em termos de número de fontes: inicialmente, só os próprios trabalhadores; depois, agregam-se os empregadores; e, a seguir, o Estado. Em tal momento, tinha-se o que se denomina "custeio tripartite" (ou "tríplice"): trabalhadores (que usufruem da cobertura), empregadores (que se beneficiam do trabalho prestado[4]) e Estado. Nos anos vindouros, surgem outras fontes adicionais de custeio, pelo que já não se pode mais, na atualidade, falar estritamente em "custeio tripartite", embora a expressão carregue um significado ainda importante para delinear a ideia contemporânea de seguro social[5].

Pois bem, a nossa CRFB vem a lume numa quadra histórica em que se tem, de um lado, um contexto de Seguridade Social – que embora não imponha, sugere um custeio ao menos tripartite – e, de outro, a cultura de se criar uma maior variedade de fontes de custeio[6].

Destarte, a CRFB elabora um desenho em que, ao lado da expressa referência ao princípio ora em exame, resta estabelecido que o financiamento da seguridade social será (art. 195, *caput*) direto (o que se dá por meio das contribuições sociais) e indireto (o que se implementa por meio de aporte frontal a partir dos orçamentos dos entes públicos). Ademais, dentro das contribuições que enumera (há a possibilidade de a União estabelecer contribuições residuais por meio de lei complementar, respeitados certos requisitos), há aquelas imputadas ao empregador/contratante (art. 195, I) e a

---

4. Balera salienta, quanto ao assunto, que "o empregador (...) [provoca] especial despesa para o Estado. A atividade do empregador gera contingências sociais (...) que deflagram a atividade estatal de seguridade (...). Essas utilidades específicas devem ser custeadas, também de modo especial, pelos empregadores." (A contribuição social sobre o lucro. *Revista de Direito Tributário*, v. 67. São Paulo: Malheiros, p. 292-322).
5. Há autores que entendem que há já seguro social no momento em que o Estado impõe ao empregador a contratação obrigatória de um seguro laborativo para seus empregados junto à iniciativa privada, mas para outros o seguro social propriamente dito surge apenas quando o Estado assume a administração do fundo e também verte ele mesmo aportes a este.
6. Anotam Balera e Fernandes (op. cit.) que antes da implementação de um sistema de seguridade social, via-se um direcionamento exclusivo de proteção aos empregados. Assim, o financiamento deste tipo de proteção baseava-se, quase exclusivamente, sobre a folha de pagamento, tendo como atores sociais, o empregado, a empresa e o Estado. Se o sistema passa a proteger toda a sociedade, indiscutível que a forma de financiamento deve ampliar a sua base.

devida pelos segurados (art. 195, II), mas há também – e é aqui que o custeio deixa de ser apenas tripartite – a requerida do "importador de bens ou serviços do exterior, ou de quem a lei a ele equiparar" (art. 195, IV) e a incidente "sobre a receita de concursos de prognósticos" (art. 195, III). Em síntese, a CRFB prevê contribuições estatal (o que denomina "financiamento indireto"), por parte de empregadores/contratantes, exigida dos próprios segurados e outras duas espécies distintas.

No ponto, anota Balera que "em perspectiva genérica, a diretriz da diversidade das bases de financiamento funciona como premissa para que seja mensurada a carga tributária que cada categoria social deve suportar. Considerado dentro do contexto em que se insere, o princípio pretendeu ampliar, de imediato, as bases de financiamento da seguridade social. Na tradição do nosso Direito Positivo (...) recaía exclusivamente sobre a folha de pagamento de salários a contribuição previdenciária. (...) O constituinte, ao pôr remédio a essa situação assaz crítica, tratou de diversificar desde logo as bases de financiamento do sistema"[7].

Por um lado, a diversidade da base de financiamento é um princípio visto pela doutrina como expressão da solidariedade, senão vejamos: "O financiamento da seguridade social é de responsabilidade de toda a comunidade, na forma do art. 195 da CF. Trata-se da aplicação do princípio da solidariedade, que impõe a todos os segmentos sociais – Poder Público, empresas e trabalhadores – a contribuição na medida de suas possibilidades. A proteção social é encargo de todos porque a desigualdade social incomoda a sociedade como um todo"[8]. Destarte, chama-se toda a sociedade, por meio da criação de fontes diversificadas, para aportar recursos à seguridade social, espraiando o ônus e – outra face da moeda – sem sobrecarregar demasiadamente um único setor, embora se deva onerar mais, por uma razão lógica, aqueles que usufruem, direta (segurados) ou indiretamente (empresários), da cobertura previdenciária[9].

Por outro lado, contudo, aponta a doutrina que há também uma utilidade prática – pragmática, financista – na existência de variadas fontes de custeio, como bem ressalta Zambitte: "Enfim, a ideia da diversidade da base de financiamento é apontar para um custeio da seguridade social o mais variado possível, de modo que oscilações setoriais não venham a comprometer a arrecadação de contribuições. Da mesma forma, com amplo leque de contribuições, a seguridade social tem maior possibilidade de atingir sua principal meta, que é a universalidade de cobertura e atendimento"[10]. Em suma,

---

7. A contribuição, cit...
8. SANTOS, Marisa Ferreira dos. Op. cit., p. 41.
9. Flávio Roberto Batista anota que "um exame da execução orçamentária da seguridade social dos anos 2008 a 2011 revela que a soma das contribuições dos segurados e de seus respectivos empregadores (...) responde por cerca de metade de todo o financiamento da seguridade social e por entre noventa e cem por cento do montante necessário para saldar todos os gastos efetuados com benefícios previdenciários." (Reformas da Previdência sob o Prisma do Custeio e da Distribuição de Benefícios: um olhar de totalidade. Revista do TRF3, ano XXIV, n. 117, abr./jun. 2013, p. 17-30).
10. Op. cit., p. 94.

é aquela arraigada ideia de não investir tudo numa única fonte, senão diversificar os investimentos de modo a amainar o risco, o que é salutar em se tratando de um sistema que necessita de solidez e atende continuamente milhões de pessoas em situação de necessidade social.

Neste sentido, aponta o célebre Peter L. Bernstein que "Em 1952, o ganhador do prêmio Nobel Harry Markowitz (...) demonstrou matematicamente por que colocar todos os ovos na mesma cesta é uma estratégia incrivelmente arriscada, e porque a diversificação é o melhor negócio para um investidor ou gerente de empresa. Essa revelação desencadeou o movimento intelectual que revolucionou Wall Street, as finanças corporativas e as decisões empresariais em todo o mundo; seus efeitos até hoje se fazem sentir"[11]. É também nessa linha de pensamento, portanto, que parece ter laborado nosso Constituinte.

2.2 Equidade na forma de participação no custeio

Segundo a doutrina majoritária, o princípio em estudo expressa parcialmente o princípio tributário (genérico) da capacidade contributiva. Com efeito, tendo em vista a já apontada ideia de solidariedade e outros princípios (como o da isonomia) e objetivos fundamentais (tal como "erradicar a pobreza e a marginalização e reduzir as desigualdades sociais e regionais", consagrado no art. 3º, III) previstos na CRFB, a seguridade social – e mesmo a previdência – não deixa de desempenhar também um papel redistributivo. Neste sentido, anota Balera que "a equidade é a dimensão específica da isonomia no campo do custeio da seguridade social. (...) a equidade no custeio tal como o princípio da capacidade contributiva acabam adjudicando aos tributos 'uma função política e colocando o critério fiscal sob a influência preponderante de sua repercussão no terreno social, subordinando o seu *quantum* à capacidade econômica do contribuinte'"[12].

Não obstante, tal fator não é o único – e talvez não seja o principal – que deve ser levado em conta na análise do princípio da equidade (até porque, sendo as contribuições sociais espécies do gênero "tributo", não haveria necessidade de se valer aqui de outra – é dizer, diversa – expressão), sendo preciso, portanto, sopesar também o dispêndio, potencial ou real, que a atividade ou setor tributado pode gerar à Seguridade. Neste sentido, afirma Balera que "A medida da capacidade econômica de certa empresa, e a carga fiscal que lhe incumbe suportar, estará relacionada, necessariamente, com o lugar social que a mesma ocupa e com as repercussões da respectiva atividade no universo da seguridade social"[13]. No subsistema previdenciário, pautado na teoria geral do seguro – em que o prêmio pago deve guardar relação proporcional com a magnitude do risco

---

11. *Desafio aos Deuses: a fascinante história do risco.* 21. ed. Trad. Ivo Korylowski. Rio de Janeiro: Elsevier, 1997, p. 06.
12. BALERA, Wagner. A contribuição, cit...
13. Idem.

coberto –, tal concepção é até mais vigorosa[14]. Neste sentido, anota Marisa Ferreira dos Santos: "A nosso ver, a equidade na forma de participação no custeio não corresponde, exatamente, ao princípio da capacidade contributiva. O conceito de 'equidade' está ligado à ideia de 'justiça', mas não à justiça em relação às possibilidades de contribuir, e sim à capacidade de gerar contingências que terão cobertura pela seguridade social. Então, a equidade na participação no custeio deve considerar, em primeiro lugar, a atividade exercida pelo sujeito passivo e, em segundo lugar, sua capacidade econômico-financeira. Quanto maior a probabilidade de a atividade exercida gerar contingências com cobertura, maior deverá ser a contribuição"[15].

Em suma, além da capacidade contributiva, é preciso levar em conta também outros fatores, como especialmente o risco gerado pela atividade, já que isto acarreta mais despesas para o subsistema previdenciário e tende a gerar também para os subsistemas de saúde e assistência. Balera reforça que "As contribuições sociais, com seu peculiaríssimo regime jurídico, exigirão que (...) todos os princípios conduzam ao mesmo objetivo: cada contribuinte pagará o tributo na proporção do risco que sua atividade provoca e na medida de segurança que a comunidade lhe oferece. (...) O custo de cada risco define, no contrato de seguro disciplinado pelo Direito Privado, o prêmio a ser invertido pelo adquirente da apólice. Guardadas as devidas proporções, cumpre considerar o custo das atividades estatais de seguridade social como a medida da contribuição social a ser paga pelos obrigados. É indispensável essa consideração do custo da atividade no caso das contribuições sociais, por serem vedadas a criação, a majoração ou a extensão dessa espécie tributária sem a contrapartida nos benefícios e serviços. (...) A apuração desse custo, como já ficou dito linhas atrás, é um dos misteres da Ciência Atuarial, que, para tanto, elabora o Plano de Custeio (...)"[16].

Veremos, adiante, que as contribuições endereçadas aos segurados costumam se pautar mais na capacidade contributiva (progressividade das alíquotas e sistemas de inclusão), enquanto o risco surge como um fator que desempenha um papel mais relevante nas contribuições direcionadas ao empregador.

É possível dizer que o princípio da equidade é, de certo modo, complementado pelo que consta no § 9º do art. 195 da CRFB – apenas, contudo, quanto às contribuições patronais –, *in verbis*: "As contribuições sociais previstas no inciso I do caput deste artigo poderão ter alíquotas diferenciadas em razão da atividade econômica, da utilização intensiva de mão de obra, do porte da empresa ou da condição estrutural do mercado de trabalho, sendo também autorizada a adoção de bases de cálculo diferenciadas

---

14. Anota Balera (*A Contribuição*, cit...) que "Como pano de fundo desse vínculo, sutilmente estabelecido pela legislação, podemos identificar o vetusto contrato de seguro, inspirador do modo bismarckiano de financiamento dos programas de tipo previdenciário. A relação sinistro/prêmio, inerente ao contrato de seguro, estabelece que, quanto maior o risco de sinistro, tanto maior deve ser o prêmio vertido pelo tomador do seguro".
15. Op. cit., p. 41.
16. *A Contribuição*, cit...

apenas no caso das alíneas 'b' e 'c' do inciso I do caput"[17]. Assim, há outros critérios que poderão ser utilizados na dosagem da alíquota ou na diferenciação da base de cálculo; todavia, em nosso entender, tais critérios devem ser utilizados com observância de uma proporcionalidade pautada no princípio da equidade[18].

2.3 Contrapartida direta

A doutrina costuma denominar "regra da contrapartida" (embora alguns se valham, mesmo aqui, do termo "princípio da contrapartida") aquela prevista no § 5º do art. 195 da CRFB: "nenhum benefício ou serviço da seguridade social poderá ser criado, majorado ou estendido sem a correspondente fonte de custeio total"[19]. De nossa parte, preferimos reservar o termo "contrapartida" para outro fenômeno, tendo em vista que, a nosso sentir, ele transmite a ideia de um vínculo entre um dever contributivo do segurado e o seu direito à cobertura. Todavia, a disposição mencionada consiste apenas numa regra (em sentido forte) de precedência da fonte de custeio, aplicável, frise-se, à Seguridade Social como gênero. Tal fonte não precisa estar vinculada ao próprio beneficiário ou instituidor, o que é óbvio se considerarmos que é aplicável também na assistência social e na saúde, setores nos quais não se exige a contrapartida direta. Repisando, vemos no disposto no § 5º do art. 195 da CRFB uma *regra de preexistência de fonte de custeio* (que, inclusive, comporta, segundo a abalizada opinião de Balera, uma dimensão recíproca, no sentido de que não pode, em regra, haver criação de fonte de custeio sem expansão da cobertura), que consiste num elemento de garantia do sistema, evitando a expansão desmedida de proteção sem a indicação do manancial financeiro, inclusive de quem suportará tal encargo.

---

17. A redação transcrita foi dada pela EC 103/2019. A redação anterior era a seguinte: "As contribuições sociais previstas no inciso I do *caput* deste artigo poderão ter alíquotas ou bases de cálculo diferenciadas, em razão da atividade econômica, da utilização intensiva de mão de obra, do porte da empresa ou da condição estrutural do mercado de trabalho". Em síntese, a modificação implementada foi apenas a de não mais permitir aí a adoção de base de cálculo diferenciada para a contribuição patronal incidente sobre a folha de salários. Não obstante, nos termos do art. 30 da EC 103/2019, "A vedação de diferenciação ou substituição de base de cálculo decorrente do disposto no § 9º do art. 195 da Constituição Federal não se aplica a contribuições que substituam a contribuição de que trata a alínea "a" do inciso I do caput do art. 195 da Constituição Federal instituídas antes da data de entrada em vigor desta Emenda Constitucional".
18. No ponto, convém trazer a lume a crítica de Flávio Roberto Batista: "[É] possível (...) constatar que (...) [a] contribuição (...) incidente sobre a folha de pagamentos é pouco adequada ao princípio da equidade da forma de participação no custeio, seja por fazer o empregado concorrer (...) com mais da metade do valor da contribuição do empregador, (...) seja por criar disparidade entre as próprias empresas, privilegiando aquelas menos intensivas em mão de obra" (op. cit.).
19. Lazzari e Castro apontam que "tal princípio tem íntima ligação com o princípio do equilíbrio financeiro e atuarial, de modo que somente possa ocorrer aumento de despesa para o fundo previdenciário quando exista também, em proporção adequada, receita que venha a cobrir os gastos decorrentes da alteração legislativa, a fim de evitar o colapso das contas do regime. Tal determinação constitucional nada mais exige do legislador senão a conceituação lógica de que não se pode gastar mais do que se arrecada." (op. cit., p. 95-96). Sobre o princípio do equilíbrio financeiro e atuarial (que está inscrito no *caput* do art. 201 da CRFB), anotam os mesmos autores que "na execução da política previdenciária, atentar sempre para a relação entre custeio e pagamento de benefícios, a fim de manter o sistema em condições superavitárias, e observar as oscilações da média etária da população, bem como sua expectativa de vida, para a adequação dos benefícios a estas variáveis" (idem, p. 99).

Destarte, o *princípio da contrapartida direta* é, em nossa visão, justamente essa exigência de uma vinculação contributiva do segurado para com o sistema, o que é aplicável tão somente ao subsistema previdenciário, que é o único efetivamente contributivo[20]. Trata-se, assim, de princípio constitucional, extraível de diversas normas (inclusive a acima mencionada, da prévia fonte de custeio, mas não só) e, especialmente, da própria teoria geral do seguro. Com efeito, os elementos do seguro são: *prêmio, risco, sinistro e indenização*. Tem-se, em primeiro lugar, um pagamento que gera uma cobertura a riscos determinados; se e quando ocorrido o sinistro, ou seja, materializado o risco, passa-se a uma segunda fase, que consiste no pagamento da indenização. No âmbito do seguro social, o prêmio corresponde, *mutatis mutandis*, à contribuição social (especialmente a devida pelo próprio segurado) e a indenização é o benefício (ou seja, é paga em caráter continuativo). Nesse sentido, o princípio da contrapartida consiste na exigência de filiação prévia ao regime antes da ocorrência do sinistro e, em alguns casos, no aporte de um número mínimo de contribuições (carência) a fazer despertar outros segmentos da cobertura. Trata-se de um princípio cuja utilização lógica se revela bastante útil no momento da concessão de benefícios, notadamente os não programados.

3. RELAÇÃO JURÍDICA DE CUSTEIO

Podemos conceituar "relação jurídica obrigacional" como o vínculo intersubjetivo de atributividade que se estabelece entre duas ou mais pessoas, normativamente regulado, tendo por objeto uma prestação. No âmbito do Direito Previdenciário, é relevante o conceito de "filiação", já acima suscitado, que consiste no vínculo jurídico que se estabelece entre o segurado e a Previdência Social.

Retomando brevemente lição anterior, temos que para o segurado obrigatório, que é aquela espécie de segurado cujo recolhimento é compulsório, o simples exercício de atividade remunerada – que gera a obrigação de contribuir – já o qualifica como segurado (automaticidade da filiação). Já para o segurado facultativo, a filiação ocorre com a inscrição (que é um ato meramente formal, pelo qual o interessado "se apresenta" ao INSS) e o recolhimento da primeira contribuição, tendo em vista que não exerce

---

20. Neste sentido, cabe destacar a já mencionada alteração processada pela EC 103/2019 no inciso VI do art. 194 da CRFB, cuja parte final agora prevê o seguinte: "identificando-se, em rubricas contábeis específicas para cada área, as receitas e as despesas vinculadas a ações de saúde, previdência e assistência social, preservado o caráter contributivo da previdência social". A ideia de efetuar a dissociação dos orçamentos dos três segmentos da Seguridade Social pode ser vista a partir de várias vertentes. Alegadamente, o escopo seria permitir um maior controle sobre a equação gasto/receita, para melhor monitoramento do equilíbrio econômico-financeiro em cada segmento, especialmente o atuarial no setor previdenciário. Não obstante, a existência ou não de déficit na previdência (o que significa sua cobertura com receitas oriundas de outras fontes) e o montante deste resulta de uma opção política (cabe referenciar, inclusive, que "equilíbrio" não significa necessariamente ausência de déficit ou superávit, senão apenas uma situação controlada, dentro de certos parâmetros). Ao estabelecer a dissociação entre receitas propriamente previdenciárias e receitas outras de seguridade social, o intuito subjacente parece ser o de procurar "amarrar" os gastos da Previdência [somente] às receitas previdenciárias [ditas] em sentido estrito.

atividade remunerada e manifesta vontade em ter acesso à proteção previdenciária de caráter contributivo.

Pois bem, estando o segurado numa relação contributiva (é dizer, seja ou não sua a obrigação de contribuir e, em sendo, havendo contribuição efetiva), ele está filiado à Previdência Social, o que significa estar sob o manto da proteção securitária. Assim, há, a nosso sentir, uma relação que tem um caráter, de certo modo, dúplice, já que existem, de um lado, a obrigação contributiva e, de outro, a cobertura (do risco), com o potencial de gerar uma relação de prestação de benefício, a depender da interposição do sinistro. A cobertura surge a partir da relação contributiva, concomitantemente ou condicionada a um período mínimo de carência, razão pela qual visualizamos um nexo entre as relações de custeio e prestacional[21].

Esclarecem Lazzari e Castro que "há duas espécies (...) de relações decorrentes da aplicação da legislação previdenciária: a relação de custeio e a relação de prestação. Numa delas, o Estado é credor, noutra, devedor. Na primeira, o Estado impõe coercitivamente a obrigação de que as pessoas consideradas pela norma jurídica como contribuintes do sistema de seguridade – logo, contribuintes também da Previdência Social – vertam seus aportes, conforme as regras para tanto estabelecidas. Na segunda, o Estado é compelido, também pela lei, à obrigação de dar – pagar benefício – ou de fazer – prestar serviço – aos segurados e dependentes que, preenchendo os requisitos legais para a obtenção do direito, o requeiram"[22].

Balera e Fernandes[23] ressalvam a existência de discussão doutrinária quanto ao número de relações jurídicas de seguridade social, consoante explica Pedro Vidal Neto, por eles citado. Relatam a existência de não apenas duas, senão três interpretações possíveis, que podem ser resumidas da seguinte forma: (i) há única relação jurídica de seguridade social, bastante complexa, mas que abarca a cotização e prestação; (ii) duas são as relações jurídicas securitárias, sendo uma de custeio e outra de prestação; (iii) e, por fim, há os que percebem a presença de três relações jurídicas: filiação, cotização e prestação. Alinham-se, aqueles autores, à interpretação segundo a qual duas são as relações de seguridade social: uma de custeio e outra prestacional.

Por sua vez, Machado da Rocha, inspirando-se na lição de Ilídio das Neves, aduz que "Uma divisão metodológica do ordenamento jurídico previdenciário (...) que

---

21. O tema, contudo, não é pacífico em doutrina. Com efeito, interessante e desafiador debate doutrinário, no que tange à efetivação da proteção social, se coloca em torno da análise das relações jurídicas de custeio e de benefício, para se aferir se entre elas existe um liame ou se são autônomas e distintas. Para a teoria unitária, embora se possa identificar o conteúdo de cada uma dessas relações, elas estão, congênita e hermeticamente, interligadas, numa relação inclusive sinalagmática; já para as teorias separatistas ou escisionistas, as relações são distintas e autônomas, razão pela qual a proteção previdenciária, materializada na entrega das prestações, deve ser concedida e honrada ainda que sem uma contributividade direta real. A adesão a esta segunda concepção favorece os segurados em situação de vulnerabilidade social. Sustentamos que no direito positivo brasileiro é possível vislumbrar claramente a conectividade entre as relações.
22. Op. cit., p. 131.
23. Op. cit.

pode ser interessante do ponto de vista didático é a seguinte: a) normas que tratam da estrutura da proteção social: abrange as medidas políticas de prevenção e de superação do estado de necessidade para a consecução dos fins assecuratórios da previdência social, a definição dos riscos a serem protegidos e os direitos prestacionais que serão alcançados, bem como os beneficiários protegidos; b) normas que tratam do sistema de custeio: contempla o regime de financiamento, a definição dos contribuintes e das contribuições, a metodologia para a definição dos níveis de contribuição e benefício etc.; c) normas que tratam das entidades administradoras dos regimes de previdência: englobam os vínculos que envolvem os beneficiários e as entidades de previdência, os procedimentos de acesso às prestações previdenciárias e as relações que são desenvolvidas entre as diversas entidades de previdência"[24].

É importante consignar, ainda com Rocha, que "As contribuições dos segurados, em nosso sistema, não apenas financiam os benefícios previdenciários, como também instrumentam o processo de determinação dos benefícios (...), o qual guardará certa proporção com os aportes vertidos"[25]. Com efeito, o cálculo do valor dos benefícios leva em conta, em geral, o montante da base de cálculo das contribuições vertidas pelos segurados – denominada "salário de contribuição" – como um dos elementos – o principal, a bem dizer – para estabelecer a renda mensal inicial. Em síntese, afere-se a média dos [80% ou 100%] maiores salários de contribuição, retirados do período básico de cálculo, chegando-se ao salário de benefício, sendo que eventualmente pode incidir ainda outro elemento, que é o fator previdenciário. A renda mensal inicial consiste, como já vimos, num percentual do salário de benefício. Acerca do fator previdenciário, cabe trazer à baila a lição de Flávio Roberto Batista:

> O fator previdenciário é comumente interpretado como um mecanismo de redução do valor das aposentadorias que estimula o segurado a se aposentar mais tarde. Sua função no sistema, entretanto, vai muito além desta. (...) desde que o sistema previdenciário brasileiro (...) tornou-se (...) um regime de repartição simples, (...) toda verba que ingressa no sistema é imediatamente utilizada para pagar os benefícios atualmente em manutenção. Trata-se do mecanismo conhecido por solidariedade transgeracional (...). Os sistemas previdenciários de repartição simples entraram na alça de mira dos governos neoliberais que se espalharam pelo mundo, primeiro na Europa e nos Estados Unidos, com a ascensão ao poder de Tatcher e Reagan no final da década de 1970, mas também nos países em desenvolvimento, incluindo o Brasil, ao longo das décadas de 1980 e 1990. O motivo de tal rejeição (...) está ligado ao fato de que (...) o Estado deve arcar com eventuais insuficiências financeiras das contribuições [específicas] (...). A solução a que se chegou [no Brasil] foi buscar simular um sistema de capitalização dentro do próprio sistema de repartição, com inspiração no sistema sueco de capitalização virtual ou escritural. Para tanto, era necessário desenvolver uma fórmula matemática que induzisse o sistema a operar segundo os dois pilares essenciais a qualquer sistema de capitalização: o pagamento dos benefícios com recursos oriundos da própria contribuição dos segurados e o rendimento de juros a partir do investimento do capital acumulado pelas contribuições vertidas. Para simular a primeira característica, a ideia é muito simples, bastando que o segurado não receba, em média, mais dinheiro do que contribuiu. Na impossibilidade de verificar financeiramente tal ocorrência, em razão da não acumulação de recursos, a comparação deve ser feita em termos temporais, de modo que o segurado não receba benefícios por mais tempo do que contribuiu. Por isso, a primeira

---

24. Op. cit., 2004, p. 126.
25. Idem, p. 156.

parte da fórmula do fator previdenciário consiste numa comparação entre o tempo total de contribuição com a expectativa de sobrevida do segurado. (...) Considerando que o segurado jamais entrega todos os seus rendimentos ao custeio (...), mas apenas parte (...), o tempo de contribuição, ao ingressar na fórmula, deve ser multiplicado pela alíquota de contribuição, que corresponde sempre a trinta e um por cento, representando uma soma dos onze por cento descontados do trabalhador e dos vinte por cento pagos pelo empregador sobre sua folha de remunerações. A expectativa de sobrevida (...) é divulgada na forma de uma tábua que estabelece a expectativa de sobrevida para cada idade e não coincide perfeitamente com a expectativa média de vida ao nascer, uma vez que, conforme cada indivíduo aumenta a idade e supera as principais causas de óbito relativas a sua faixa etária – a mortalidade infantil, a violência urbana, as doenças coronárias, certos tipos de neoplasia etc., a expectativa de quantos anos mais a pessoa viverá em média muda. (...) é imprescindível inclusive porque permite calcular a expectativa de sobrevida das pessoas que já ultrapassaram a expectativa de vida média ao nascer. Por isso, a primeira parte da fórmula consiste em dividir o tempo de contribuição, multiplicado pela alíquota de trinta e um por cento, pela expectativa média de sobrevida na idade em que requerido o benefício, simulando, assim, o pagamento dos benefícios pelos próprios recursos aportados ao sistema pelo beneficiário. (...) a segunda parte da fórmula tem a função de simular os rendimentos de juros pelos recursos acumulados. Por isso, a estrutura do fator previdenciário é similar à da fórmula dos juros simples (...). A fração que representa a taxa de juros simulada tem por numerador uma soma da idade do segurado com a multiplicação de seu tempo de contribuição pela alíquota de trinta e um por cento. Este numerador jamais alcançará a contagem centenária, ficando, em média, entre sessenta e setenta. Sendo o denominador da fração fixo, sempre igual a cem, logicamente a fictícia taxa de juros do sistema de capitalização virtual brasileiro apresenta um valor médio de sessenta a setenta por cento. Essa taxa é irrisória se comparada aos rendimentos de qualquer sistema previdenciário de capitalização real (...). Além disso, o fator previdenciário tornou o sistema automaticamente reformável, pois inclui em sua fórmula uma variável – a expectativa de sobrevida (...). O fator previdenciário possui apenas um "defeito", na visão dos reformadores da previdência social, que consiste no fato de ele não contemplar atuarialmente a concessão de pensões por morte, principalmente as pensões vitalícias de cônjuges jovens[26].

Sobre o ponto, esclarece Machado da Rocha o seguinte:

No modelo de repartição simples (...), os atuais contribuintes esperam que os seus benefícios sejam suportados pelas gerações vindouras. No modelo de capitalização, associado à ideia de poupança individual, trata-se de assegurar, mediante cotização prévia e individualizada de cada segurado, a constituição de reservas para o custeio dos benefícios que serão mantidos em período posterior. (...) não tem sido possível afirmar a superioridade prévia de um sistema sobre outro, em face da profunda diversidade de circunstâncias que influenciam uma macrorrealidade, devendo cada país eleger um sistema compatível com o seu contexto peculiar. (...) O sistema misto de previdência foi adotado pelos países que promoveram reformas no seu sistema de previdência. Seguindo recomendação do Banco Mundial, passaram a adotar "pilares múltiplos de proteção". Esses pilares seriam destinados a reequilibrar as funções redistributivas, de poupança e de seguro dos programas de previdência consistindo: a) um pilar obrigatório gerenciado pelo governo, com fins redistributivos, e financiado a partir dos impostos o qual concederia prestações não ligadas às remunerações (flat-rate), no modelo universalista, ou proporcionais à remuneração até um teto baixo nos países que apresentam um modelo laboralista (no qual as prestações previdenciárias se vinculam aos proventos oriundos do trabalho); b) um segundo pilar que pode ser facultativo ou obrigatório de poupança, não redistributivo – que aplica a técnica da previdência em modalidades coletivas, por intermédio de mutualidade, fundações de empresas, fundos de pensões e seguradoras privadas – gerenciado pelo setor privado, baseada na solidariedade do grupo e, em regra, plenamente capitalizado; e c) um pilar voluntário, individual, financiado por capitalização, para aquelas pessoas que desejam mais

---

26. Op. cit. Convém ressaltar que o benefício da pensão por morte foi recentemente reformado, a não mais permitir, em regra, a pensão vitalícia ao cônjuge supérstite demasiado jovem.

proteção na aposentadoria. (...) Na capitalização escritural (ou capitalização virtual), combina-se a forma de financiamento do sistema de repartição simples com a mecânica de cálculo de aposentadorias do sistema de capitalização. A geração ativa continua recolhendo contribuições para o financiamento dos inativos, porém a aposentadoria de cada indivíduo é calculada com base nas suas próprias contribuições, capitalizadas por uma taxa de juros fictícia, havendo uma acumulação apenas contábil. Quando o segurado passa para a inatividade, o capital virtual será convertido em uma anualidade ou mensalidade vitalícia, considerando-se a expectativa de sobrevida da geração dos jubilados. (...) O sistema foi desenvolvido pela Suécia, tendo sido adotado também pela Itália. No Brasil, com o advento da Lei 9.876/99, a qual modificou a regra de cálculo da aposentadoria por tempo de contribuição (...) introduziu no sistema previdenciário brasileiro princípios que regem o sistema de capitalização escritural[27].

Destarte, podemos perceber, em suma, que as duas relações fundamentais – a contributiva e a prestacional – são interdependentes inclusive do ponto de vista financeiro, ou seja, tal como se dá em qualquer relação de seguro, o valor do "prêmio" é influenciado pela magnitude do risco, mas também, como não poderia deixar de ser, pelo valor potencial da indenização[28] (e vice-versa).

Na nova sistemática implementada pela EC 103/2019 – que passa a exigir, no meio urbano, a conjugação de idade e tempo de contribuição mínimos –, o fator previdenciário foi aí abandonado, sendo que a equação [relacional] passou a ser ditada por outros aspectos, como o coeficiente de cálculo, determinado pelo número de anos de contribuição.

4. PANORAMA BASILAR DAS CONTRIBUIÇÕES SOCIAIS

É hoje entendimento pacificado na doutrina e na jurisprudência o de que as contribuições sociais possuem natureza tributária, embora ainda seja disputado o seu encaixe entre as espécies de tributos, até mesmo porque há controvérsia acesa quanto à própria quantidade de espécies (e subespécies). No mais das vezes, a classificação se diferencia em virtude do critério escolhido e não por haver efetivamente divergência sobre algum ponto essencial subjacente. Na lição de Wagner Balera, "a distinção entre a contribuição social e os impostos, segundo classificação cunhada por Geraldo Ataliba, é estabelecida pelo papel que o Estado é chamado a desempenhar na relação jurídica. Os impostos podem ser definidos como tributos não vinculados, porque não exigem contraprestação do Estado. Por seu turno, taxas e contribuições encontram-se vinculadas a certa atuação estatal, diferindo tão somente quanto ao grau de referibilidade entre o agir do Poder Público e o obrigado. (...) [Nas] taxas, é direta (...) e imediata (...). No que diz respeito às contribuições, infiltra-se elemento intermediário (...) [:] o risco, caracterizando a referibilidade ao obrigado como indireta e mediata"[29]. De nossa parte,

---
27. Op. cit., p. 159-161.
28. Usando como exemplo o seguro de automóvel, pode ser que o seguro de um veículo mais dispendioso (seja para reparos, seja para aquisição de um novo) tenha um prêmio mais barato em virtude de o seu proprietário residir em local menos sujeito a furtos e roubos (ou mesmo acidentes) do que o de outro segurado que possui um automóvel menos custoso, porém resida em local que oferece um risco maior.
29. BALERA, Wagner. Op. cit., 2014, p. 59.

como conferimos enfoque justamente ao papel desempenhado pela contribuição social como "prêmio", a ensejar cobertura sobre o risco, adotamos, de costume, esta última classificação.

Pois bem, conforme ensina Fabiana Del Padre Tomé[30], são três as espécies de contribuição: sociais, de intervenção no domínio econômico e de interesse das categorias profissionais ou econômicas. As sociais subdividem-se em: genéricas (art. 149, *caput*, CRFB) e destinadas ao financiamento da seguridade social (art. 149, par. único, e art. 195, CRFB), sendo esta última a única espécie que aqui nos interessa.

Neste passo, cumpre observar, ademais, que, dentre as contribuições destinadas à Seguridade Social, temos aquelas que são expressamente enumeradas pela CRFB, que, contudo, permite também, no âmbito de uma competência residual da União, a instituição de contribuições adicionais. Dentre as enumeradas, temos as seguintes (art. 195, CRFB): as devidas pelo empregador, incidentes sobre a receita ou faturamento (COFINS[31]), sobre o lucro (CSLL) e sobre a folha de salários; a devida pelos segurados da Previdência; a incidente sobre a receita de concursos de prognósticos; e a do importador de bens ou serviços do exterior. Dentre estas, há as que são classificadas doutrinariamente como "contribuições previdenciárias" (em sentido estrito), em virtude do que dispõe o art. 167, XI, da CRFB, estabelecendo ser vedada "a utilização dos recursos provenientes das contribuições sociais de que trata o art. 195, I, *a* [do empregador sobre a folha de salários], e II [dos segurados], para a realização de despesas distintas do pagamento de benefícios do regime geral de previdência social de que trata o art. 201".

5. O FINANCIAMENTO DA SEGURIDADE SOCIAL

Os recursos aportados constituem o cabedal financeiro apto a dar sustentação aos encargos gerados pelo programa de benefícios. Segundo o já multicitado art. 195 da CRFB: "A seguridade social será financiada por toda a sociedade, de forma direta e indireta, nos termos da lei, mediante recursos provenientes dos orçamentos da União, dos Estados, do Distrito Federal e dos Municípios, e das seguintes contribuições sociais (...)". O financiamento direto, como vimos, é aquele decorrente das contribuições. É importante ressaltar que a opção do constituinte foi por sustentar a Seguridade Social, ao menos primordialmente, com tributos específicos a ela destinados, pelo que o financiamento indireto possui uma perspectiva complementar. Neste sentido, anotam Lazzari e Castro: "O modelo de financiamento da Seguridade Social

---

30. *Contribuições para a Seguridade Social: à luz da Constituição Federal*. 2. ed. Curitiba: Juruá, 2013, p. 95-s e passim.
31. A EC 132 de 2023 (denominada "Reforma Tributária") revoga, a partir do ano de 2027, a alínea *b* do inciso I, o inciso IV e o § 12 do art. 195 da CRFB, no que consubstanciará o fim da COFINS e também do PIS/COFINS importação, tributos que serão "substituídos" (ou "absorvidos") pela nova CBS – Contribuição sobre Bens e Serviços, que, segundo classificação doutrinária, consistirá numa modalidade de Imposto sobre o Valor Agregado (IVA). Tendo em vista que o referido marco ainda está significativamente distante no tempo, optamos por ainda não aprofundar o tratamento aqui.

previsto na Carta Magna se baseia no sistema contributivo, em que pese ter o Poder Público participação no orçamento da Seguridade, mediante a entrega de recursos provenientes do orçamento da União e dos demais entes da Federação, para a cobertura de eventuais insuficiências do modelo, bem como para fazer frente a despesas com seus próprios encargos previdenciários, recursos humanos e materiais empregados"[32]. Cabe referenciar, contudo, que se trata de uma *opção* do nosso constituinte, já que há outras formas de financiamento, sendo que o direito comparado atual já dá provas suficientes disso mesmo. Tomemos à guisa de exemplo a Nova Zelândia, que possui um modelo não contributivo no qual as verbas destinadas aos programas de proteção social são todas sacadas do orçamento fiscal geral, destacando-se da massa de recursos hauridos pela via ordinária dos impostos certas partes (cotas) que custearão a seguridade social[33].

Cai a lanço notar, nessa passagem, que a vinculação do segurado e do empregador com o custeio do sistema contribui, do ponto de vista político, para criar um maior consenso em torno do financiamento, ou seja, o fato de quem usufrui do sistema mais de perto ser responsável pela maior parte de seu financiamento facilita uma maior adesão política à sua manutenção[34]. Ademais, como já deixamos devidamente explanado, possibilita que o valor do benefício guarde proporção com o rendimento na ativa.

Gosta Esping-Andersen aduz que os social-democratas buscaram um *welfare state* que promovesse a igualdade com os melhores padrões de qualidade e não uma igualdade das necessidades. Assim, todas as camadas são incorporadas a um sistema universal de seguro, mas mesmo assim os benefícios são graduados de acordo com os ganhos habituais. Todos se beneficiam, todos são dele dependentes e, destarte, supostamente todos se sentirão obrigados a pagar. De outra parte, os enormes custos de manutenção de um sistema de bem-estar solidário, universalista e desmercadorizante indicam que é preciso minimizar os problemas sociais e maximizar os rendimentos. A melhor forma de conseguir isso é, obviamente, com o maior número possível de pessoas trabalhando e com o mínimo possível vivendo de transferências sociais. Os perigos de reações violentas contra o *welfare state* não dependem dos gastos, mas do caráter de classe dos *welfare*

---

32. Op. cit., p. 217.
33. Balera referencia, ademais, que "O Direito comparado descreve, adequadamente, os possíveis modelos de gestão dos planos e programas de bem-estar que o Estado moderno implementa. (...) onde o financiamento da seguridade social é atendido pelas receitas gerais do Estado, a gestão forma parte das atribuições comuns do Poder Público. Já, onde as bases de financiamento envolvem (...) exações específicas (...) [e] orçamento próprio (...), prevalece o modelo autárquico de gestão, que goza, inclusive, de certa autonomia. O constituinte brasileiro optou pelo segundo modelo." (*A Contribuição*, cit...).
34. Balera chega a afirmar que "Somente aqueles que gravitam em torno do sistema de seguridade social podem ser chamados a integrar o que denominamos, alhures, de 'corrente de solidariedade que o Direito torna compulsória'. (...) Disso bem se apercebeu Geraldo Ataliba quando afirmou: 'Impõe-se, destarte, reconhecer a necessidade – constitucionalmente postulada – de que haja, ainda que indiretamente (embora clara e objetiva), correlação entre beneficiários da ação do Estado e as pessoas chamadas a contribuir; ou seja: correlação entre os efeitos ou causa da ação estatal custeada pela 'contribuição' e seus contribuintes (sujeitos passivos)'" (idem).

states. Aqueles que contemplam a classe média – sejam eles social-democratas (como na Escandinávia) ou corporativistas (como na Alemanha) – forjam lealdades por parte desta, o que é crucial à sustentação política do sistema. Os *welfare states* residuais, liberais, como os do EUA, Canadá e, cada vez mais, a Grã-Bretanha, dependem da lealdade de uma camada social numericamente pequena e muitas vezes politicamente residual, o que pode gerar instabilidade especialmente em momentos de crise. Em suma, retirar o interesse/vigilância da classe média na/sobre a previdência social é um passo decisivo para o seu sucateamento[35].

As contribuições previdenciárias em sentido estrito nos interessam mais de perto para a análise que faremos logo a seguir, por razões que – acreditamos – se mostrarão óbvias, contudo é conveniente traçar breves linhas [preliminares] sobre as demais. Vamos a isso.

No que tange às contribuições que têm o empregador como sujeito passivo, opta o constituinte por estabelecer três bases de cálculo diversas, quais sejam a folha de salários, a receita ou faturamento e o lucro. Com isto, visa "atacar" todas as expressões de riqueza da atividade empresarial[36]. De fato, caso não houvesse incidência sobre o faturamento, o empresário poderia empreender um planejamento tributário de modo a distribuir previamente os ganhos, reduzindo o lucro juridicamente considerável. Assim, atingem-se esses dois momentos da atividade empresarial. A OIT já demonstrou que a tributação baseada na folha de salários tende a se apresentar como socialmente regressiva e recomenda que o custeio da seguridade social encontre fundamento financeiro nos chamados tributos progressivos, o que consiste no suporte teórico à implementação dessas outras espécies de contribuição.

No que tange à contribuição sobre a folha de salários, há quem a condene, tendo em vista que onera a contratação de mão de obra, desestimulando-a, nos termos do que, como acima frisamos, revelou estudo da OIT. Não obstante, o emprego de mão de obra é um fato mais intimamente ligado ao montante de risco previdenciário (em sentido estrito) gerado e apto a demonstrar a vantagem auferida pelo contratante a partir de tal risco, pelo que, numa ideia similar à do princípio ambiental do "poluidor-pagador" (ou o do "usuário-pagador"), quem usufrui mais deve pagar mais e o modo de se aferir quem desfruta mais é justamente a contribuição sobre a folha – muito embora o desemprego seja também, por si próprio, um risco social, apto a ameaçar seriamente o sistema caso se avolume. É um equilíbrio sem dúvida dificultoso, mas há de se levantar também o já suscitado argumento do consenso político, no sentido

---

35. ESPING-ANDERSEN, Gosta. *As Três Economias Políticas do Welfare State*. Trad. Dinah de Abreu Azevedo. Revista Lua Nova, n. 24, 1991.
36. Balera considera que "o constituinte quer estabelecer certos nexos entre as categorias da produção. (...) De algum modo, o constituinte estabelece certo liame entre proteção social e produção empresarial. Ao sacar do faturamento e do lucro parcelas que irão integrar as receitas da seguridade social, a legislação cogita (...) do dado econômico." (*A Contribuição...*).

de ser facilitada a adesão quando se cobra de quem gera diretamente o gasto. Destarte, opta – o constituinte – por um ponto intermediário, a partir do qual atinge o empregador também em outras frentes, distribuindo melhor o ônus, sem, contudo, abrir mão da contribuição sobre a folha.

A contribuição social sobre o faturamento – *COFINS* esteve presente na primeira lei previdenciária brasileira, a Eloy Chaves (1932), que instituía a contribuição sobre o faturamento das empresas (as estradas de ferro). Do mesmo modo, as contribuições para o PRORURAL, em sua maioria, tomaram por base de cálculo o faturamento das empresas. Assim, trata-se de modalidade já há muito consagrada no Direito nacional.

Já a contribuição social sobre o lucro líquido – *CSLL* teve sua concepção originária Lei Orgânica da Previdência Social – LOPS (1960), mas não como se de um tributo autônomo se tratasse. Segundo sua fórmula, o imposto adicional de renda incidente sobre o lucro das pessoas jurídicas teve parcela de sua receita carreada para os cofres da Previdência Social. Balera anota que, ainda hoje, tal contribuição se assemelha ao IRPJ[37], salientando que "qualquer fato pode estar apto a gerar dois tributos de espécies diferentes (...)"[38]. O autor defende a ideia de que "Pela via diferenciada da tributação, o constituinte acaba, em verdade, instituindo a tão ansiada participação dos trabalhadores nos lucros das empresas (...), pois (...) os empregadores transferem parcela ponderável de seus lucros ao fundo social"[39].

O importador de bens ou serviços do exterior, ou quem a lei a ele equiparar, também contribuirá para o sistema da seguridade social, como vimos. A origem remota do preceito é a Lei 159, de dezembro de 1935. Posteriormente extinta, foi substituída pela taxa a que se referia o art. 71 da LOPS.

A receita de concursos de prognósticos, por sua vez, é um remanescente atual das antigas "cotas de previdência", que, a partir de 1960, a LOPS definira como modalidades de contribuições da União.

Passemos, no tópico seguinte, a analisar o Plano de Custeio, oportunidade em que examinaremos maiores detalhes em torno das contribuições previdenciárias em sentido estrito.

---

37. No ponto, anota que "Assiste razão a Gilberto de Ulhôa Canto quando sustenta: 'É certo que uma prestação compulsória que tenha como origem situação idêntica à definida como aspecto material do fato gerador do imposto sobre a renda será, em realidade, imposto sobre a renda e não contribuição social'. A matéria tributável – o lucro –, medida da hipótese de incidência da contribuição social, de nenhum modo se relacionou com a vantagem diferencial auferida pelo empregador em razão da existência e funcionamento do aparato de proteção." (*A Contribuição*, cit...).
38. Idem.
39. Idem.

6. O PLANO DE CUSTEIO

O Plano de Custeio atualmente em vigor foi instituído pela Lei 8.212/91, conforme reza sua própria ementa. Não obstante, há corrente doutrinária de relevo (por todos, Balera) que considera que a lei não cria verdadeiramente um plano de custeio no sentido técnico[40]. Com efeito, o consagrado autor afirma que a mencionada lei, ao dispor sobre os recursos, não estabelece relação entre despesas e receitas, pelo que não é possível afirmar que contenha um plano de custeio, o que se poderia supor pela ementa. Cria, sem nenhum apoio técnico, apenas o catálogo dos recursos. Consoante leciona Balera, a "exigência constitucional do equilíbrio financeiro e atuarial obriga o legislador a cuidar das projeções aptas a legitimar a criação e a majoração de contribuições sociais. (...) o plano de custeio deve conter previsão de insumos e despesas, baseado em avaliações atuariais (...). Timidamente, o art. 96 (...) estabelece (...) que se ajunte à proposta orçamentária a projeção atuarial da seguridade social, (...) [mas] é daquelas [normas] a que não se conferiu eficácia (...)"[41].

Balera considera, ademais, que "a implementação dos programas a serem desenvolvidos pela seguridade social exige prévia definição a respeito do regime financeiro de todo o arcabouço de proteção; fixação precedente das contribuições por meio das quais os segurados e as empresas a ele aderem e, finalmente, disciplina minudente da aplicação de reservas a serem auferidas em cada exercício. (...) nestes termos, (...) o Plano de Custeio, no qual estarão devidamente demonstradas as necessidades financeiras do sistema e o destino das receitas a serem instituídas, majoradas ou estendidas. É o Plano de Custeio que dirá, por conseguinte, qual a composição do custo de cada prestação a ser concedida na conformidade do Plano de Prestações"[42]. O ilustre doutrinador recorda, ainda, que o art. 273 do Decreto 72.771/73, que regulamentou a LOPS, trazia um conceito didático do que é um verdadeiro Plano de Custeio: "O Plano de Custeio consistirá em um conteúdo de

---

40. Neste sentido, a seguinte passagem: "É certo que ainda não foi elaborado um verdadeiro Plano de Custeio da Seguridade Social. Aliás, a própria ementa pela qual foi identificada a Lei 8.212, de julho de 1991, desvela elementar equívoco do legislador federal. De feito, tal diploma legal, falto de qualquer tipo de levantamento (estatístico, demográfico e atuarial), conquanto tenha criado, modificado e estendido as atuais bases de financiamento da seguridade social, não se achava calçado pelo apoio técnico do Plano de Custeio. (...) essa lei catalogou as diversas fontes financeiras do sistema[, mas] (...) não veio acompanhada das projeções (...) que justificariam e legitimariam (...) a criação (...) de contribuições sociais." (*A Contribuição*, cit...). Em outra obra, é ainda mais direto: "No rigor da expressão, portanto, não se pode dizer que essa lei contenha um plano de custeio." (*Noções Preliminares de Direito Previdenciário*. 2. ed. São Paulo: Quartier Latin, 2010).
41. BALERA, Wagner. Op. cit., 2014, p. 60-61. Em inclusão feita em 2022, o art. 80 da Lei 8.212/91 passou a prever o seguinte: "§ 1º O Ministério do Trabalho e Previdência divulgará, mensalmente, o resultado financeiro do Regime Geral de Previdência Social, no qual considerará: I – para fins de aferição do equilíbrio financeiro do regime, as renúncias previdenciárias em adição às receitas realizadas; e II – para os demais fins, apenas as receitas efetivamente arrecadadas e as despesas orçamentárias e financeiras efetivamente liquidadas e pagas. § 2º Para fins de apuração das renúncias previdenciárias de que trata o inciso I do § 1º deste artigo, serão consideradas as informações prestadas pela Secretaria Especial da Receita Federal do Brasil do Ministério da Economia".
42. A contribuição, cit...

normas e previsões de despesas e receitas, estabelecidas com base em avaliações atuarias e destinadas à planificação econômica do regime e seu consequente equilíbrio técnico-financeiro"[43]. Segundo o mestre, "Essa importantíssima peça técnica, por conseguinte, cumpriria duas específicas finalidades: a) a planificação econômica do regime e b) a busca do equilíbrio técnico-financeiro do sistema. (...) mais do que mera tabela das receitas e das despesas, estaria vocacionado a garantir que, durante o universo temporal que projetou, o sistema de proteção social funcionaria, na perspectiva financeira, de modo equilibrado"[44].

Sobre o cronograma de execução do custeio, descreve Balera que "O sistema constitucional estabelece, ao nosso ver, o seguinte cronograma para a edição da norma de financiamento da seguridade social: a) elaboração inicial do Plano de Custeio (...); b) definição, na Lei de Diretrizes Orçamentárias, das metas e prioridades da seguridade social (...); c) fixação, em anexo à Proposta Orçamentária, das projeções Atuariais da Seguridade Social (...) e, finalmente, se for o caso; d) edição da lei de tributação (...). Eis o esquema de atuação que a estratégia do constituinte estabeleceu"[45].

É importante mencionar que a Lei de Custeio surge concomitantemente à Lei de Benefícios (8.213/91), sendo que ambas são regulamentadas pelo Decreto 3.048/99. Isto explicita, de certo modo, a necessária correlação que o Plano de Custeio deve possuir com o Plano de Benefícios.

Convém, na sequência, analisar as contribuições previdenciárias separadamente, divididas conforme quem seja o sujeito passivo.

6.1 Contribuição previdenciária devida pelo empregador/contratante

Tal contribuição é comumente chamada de "patronal" (ou "cota patronal"), embora a expressão seja criticada por parte da doutrina, uma vez que não é devida apenas pelo "patrão". De todo modo, embora seja um conceito tecnicamente falho, trata-se de uma condensação terminológica útil para transmitir a ideia, ou seja, a quem a contribuição se destina, desempenhando, ao leigo, uma função de facilidade comunicativa, e ao técnico, que não se deixará levar por equívoco, um papel de confluência.

Pois bem, a contribuição sobre a folha de salários e demais rendimentos, conforme demonstraremos a seguir, possui, além da proporcionalidade meramente aritmética – que se impõe pela aplicação de mesma alíquota sobre uma base de

---

43. Convém trazer a lume também o conceito estampado no art. 1º do Decreto 84.245/79: "O Plano Plurianual de Custeio do Sistema Nacional de Previdência e Assistência Social é um conjunto de normas e indicadores apoiados em previsões de receita e despesa, calculados com base na experiência de riscos, na prestação de serviços e nas expectativas futuras de desenvolvimento do regime de previdência e assistência social, a cargo das entidades do Sistema Nacional de Previdência e Assistência Social, tendo como objetivo orientar a programação econômica do sistema e assegurar o seu equilíbrio financeiro".
44. *A contribuição*, cit...
45. Idem.

cálculo variável, consistente na folha de salários –, também traços de progressão geométrica – que se desenvolve especialmente por meio de alíquotas diferenciadas. É certo que a base de cálculo já permite, como descrevemos anteriormente, perquirir e implementar uma carga que guarde relação com a utilização efetiva ou potencial do sistema[46]. Não obstante, a variação da alíquota desenvolve esse viés com eficiência ainda maior.

É o risco (em sentido amplo, a englobar o potencial e o materializado), portanto, o elemento que se interpõe entre o sistema de custeio e o prestacional, ou seja, a partir da observância do que ocorre neste, ditam-se as linhas que devem reger aquele, o que encontra abrigo claro no âmbito da contribuição patronal.

Podemos observar que a própria CRFB faz expressa referência a isso no § 4º de seu art. 239: "O financiamento do seguro-desemprego receberá uma contribuição adicional da empresa cujo índice de rotatividade da força de trabalho superar o índice médio da rotatividade do setor, na forma estabelecida por lei"[47]. É possível reconhecer aí, sem sombra de dúvidas, uma utilidade extrafiscal de desestímulo à rotatividade – que pode ter sido até mesmo desejada (ou não), mas, segundo nos parece, o objetivo mais específico é onerar mais quem desperta uma utilização maior do seguro-desemprego[48]. A legislação ordinária, por sua vez, consagra ao menos duas outras hipóteses em que o risco gerado irá funcionar como "bico dosador".

A primeira delas se refere ao denominado SAT, que consiste num adicional incidente sobre a contribuição patronal, cuja alíquota varia entre 1, 2 e 3% conforme a atividade seja considerada de risco leve, médio ou grave, respectivamente, quanto à ocorrência de acidentes do trabalho. A equidade, relacionada com o grau de risco da atividade, permitirá que se atinja aqui dúplice repercussão: a) preventiva, porque estimula a adoção de medidas que ampliam a segurança no trabalho; e b) repressiva, por onerar aqueles que provoquem maior número de acidentes.

A segunda delas consiste num adicional sobre o SAT. Conforme dita o § 6º do art. 57 da Lei 8.213/91, as alíquotas daquela contribuição "serão acrescidas de doze, nove ou seis pontos percentuais, conforme a atividade exercida pelo segurado a serviço da empresa permita a concessão de aposentadoria especial após quinze, vinte ou vinte

---

46. Anotam Balera e Fernandes (op. cit.) que a simples capacidade econômica não é critério para se atribuir maior carga de contribuição para o custeio da seguridade social. As cargas devem ser distribuídas de acordo com maior ou menor utilização do próprio sistema de seguridade.
47. Balera (*A Contribuição*, cit...) anota que "A Constituição de 1988 deixou evidenciado, de modo expresso, que, no âmbito das contribuições sociais, cumpre ao legislador, para cumprir a diretriz da equidade, fazer prevalecer, sempre que possível, a relação sinistro/prêmio. Assim é que estabelece o art. 239 (...). Quanto maior o risco, maior deve ser a alíquota, eis o princípio que norteia a relação sinistro/prêmio".
48. Balera (idem) relata que "Baseando-se no financiamento norte-americano do programa do seguro-desemprego, a Carta Magna determina que a lei venha a criar a *Experience Rating* nacional. Explica José Paulo Zeetano Chahad que esse sistema (...) é representado basicamente pela 'variação da alíquota devida ao fundo de desemprego frente à flutuação da força de trabalho da empresa durante certo período'. (...) o adicional será poderoso instrumento de política fiscal".

e cinco anos de contribuição, respectivamente". Trata-se, portanto, de um adicional pautado na incidência de utilização pela empresa de trabalhadores sujeitos a atividade insalubre. Entendemos que tal adicional não desempenha, *prima facie*, aquele mesmo duplo papel que apontamos quanto ao SAT, já que não tem uma função primordial de desestímulo e punição (como inegavelmente há quanto a acidentes de trabalho), já que o desenvolvimento de atividade insalubre é – talvez na imensa maioria dos casos – imprescindível para certos setores [tidos por] essenciais da economia, como a mineração por exemplo. Então, o que há aí é aquela ideia de "usuário-pagador", ou seja, o empresário que desenvolve a atividade (e com ela lucra), em contrapartida onera mais a Previdência, pelo que deve arcar com os custos daí decorrentes, ao menos em parte. Há, ademais, o FAP – Fator Acidentário de Prevenção, criado pela Lei 10.666/2003, que pode reduzir em até 50% ou aumentar em até 100% essa alíquota, que se baseia no desempenho da empresa dentro de seu segmento econômico. Aí, já se pode vislumbrar um caráter preventivo/repressivo.

Não obstante a importância do risco, há outros fatores que são levados em conta na contribuição patronal.

O empregador doméstico contribui com alíquota diferenciada, de 8,8%, o que homenageia a natureza do vínculo (para serviço doméstico, sem fins lucrativos) e o caráter do contratante (pessoa física ou família), é dizer, não seria equânime impor carga equivalente à do empresário que desenvolve atividade econômica a partir do uso de mão de obra.

A associação desportiva que mantém equipe de futebol profissional, em substituição à contribuição sobre a folha e para o SAT, recolhe com alíquota de cinco por cento sobre receita bruta, decorrente dos espetáculos desportivos de que participem em todo território nacional em qualquer modalidade desportiva, inclusive jogos internacionais, e de qualquer forma de patrocínio, licenciamento de uso de marcas e símbolos, publicidade, propaganda e de transmissão de espetáculos desportivos. Caberá à entidade promotora do espetáculo a responsabilidade de efetuar o desconto. Trata-se de contribuição que visa também se adequar à situação fática do sujeito passivo.

De se destacar também a forma diferenciada de contribuição do empregador rural (pessoa física, de 1,3% sobre a comercialização; pessoa jurídica, de 1,8%; e agroindústria, de 2,6%). Em virtude da sazonalidade ínsita à atividade rural, revela-se mais adequado tributar apenas quando há comercialização. Aqui também, portanto, há uma acomodação à realidade fática.

Cabe referenciar, por fim, que no caso de certas instituições financeiras (§ 1º do art. 22 da Lei 8.212/91[49]), é devida a contribuição adicional de 2,5% sobre a folha. Tal sobrecarga se baseia naquela disposição constitucional que aparenta complementar

---

49. A Lei 12.715/2012 altera a alíquota da contribuição para uma série de empresas.

o princípio da equidade[50], que já anteriormente citamos[51]. Houve questionamento acerca de tal constitucionalidade da exação no bojo do RExt 598.572, sendo que o STF entendeu ser válido o incremento descrito. Não há, contudo, precisão sobre qual seria exatamente o fundamento de tal tratamento diferenciado, já que nos parece que os critérios postos pelo dispositivo constitucional citado precisam guardar uma relação de proporcionalidade para com o princípio da equidade, ou seja, não são autônomos (é dizer, não pode o legislador ordinário escolher aleatoriamente qual setor econômico irá onerar mais pesadamente)[52]. Pode-se argumentar que se deve ao tipo de atividade

---

50. "É constitucional a majoração diferenciada de alíquotas em relação às contribuições sociais incidentes sobre o faturamento ou a receita de instituições financeiras ou de entidades a elas legalmente equiparáveis. Com esse entendimento, o Plenário, ao apreciar o Tema 515 da repercussão geral, em conclusão de julgamento e por maioria, negou provimento ao recurso extraordinário. No caso, houve a majoração de 3% para 4% da alíquota da Contribuição para o Financiamento da Seguridade Social (COFINS) com base no art. 18 da Lei 10.684/2003. O Colegiado afirmou que, desde a edição da Emenda Constitucional (EC) 20/1998, o art. 195, § 9º, do texto constitucional autoriza, expressamente, em relação às contribuições sociais previstas no art. 195, I, da Constituição Federal (CF), a adoção de alíquotas ou de bases de cálculo diferenciadas em razão, entre outros critérios, da atividade econômica desenvolvida pelo contribuinte. A conformação do princípio da isonomia no texto constitucional, sobretudo na vertente tributária, busca autorizar a adoção de medidas discriminativas. O objetivo disso é privilegiar ou onerar determinadas categorias, incentivar ou desestimular determinados comportamentos, ou, ainda, incrementar o desenvolvimento de certas regiões do País. A Constituição cria mecanismos para a promoção da igualdade em sentido material, portanto. A imposição de alíquotas diferenciadas em razão da atividade econômica pode estar fundada nas funções fiscais ou extrafiscais da exação. Se fundada na função fiscal, a distinção deve corresponder à capacidade contributiva; se embasada na extrafiscal, deve respeitar a proporcionalidade, a razoabilidade bem como o postulado da vedação do excesso. Em todo caso, a norma de desequiparação e o seu critério de discrímen (a atividade econômica) devem respeitar o conteúdo jurídico do princípio da igualdade." (retirado do Informativo 905 do STF, referente ao RExt 656.089).
51. A redação anterior, sob a égide da qual foi promulgada a lei, era a seguinte: "As contribuições sociais previstas no inciso I do caput deste artigo poderão ter alíquotas ou bases de cálculo diferenciadas, em razão da atividade econômica, da utilização intensiva de mão de obra, do porte da empresa ou da condição estrutural do mercado de trabalho" (§ 9º do art. 195). A redação atual, alterada pela EC 103/2019, passou a ser a seguinte: "As contribuições sociais previstas no inciso I do caput deste artigo poderão ter alíquotas diferenciadas em razão da atividade econômica, da utilização intensiva de mão de obra, do porte da empresa ou da condição estrutural do mercado de trabalho, sendo também autorizada a adoção de bases de cálculo diferenciadas apenas no caso das alíneas "b" e "c" do inciso I do caput". Ademais, dispôs o art. 30 da EC 103/2019 que "A vedação de diferenciação ou substituição de base de cálculo decorrente do disposto no § 9º do art. 195 da Constituição Federal não se aplica a contribuições que substituam a contribuição de que trata a alínea "a" do inciso I do caput do art. 195 [patronal sobre a folha de salários] da Constituição Federal instituídas antes da data de entrada em vigor desta Emenda Constitucional".
52. Não obstante, o STF já entendeu ser constitucional a diferenciação mesmo antes da EC 20/1998: "É constitucional a contribuição adicional de 2,5% (dois e meio por cento) sobre a folha de salários instituída para as instituições financeiras e assemelhadas pelo art. 3º, § 2º, da Lei 7.787/1989, ainda que considerado o período anterior à Emenda Constitucional (EC) 20/1998. Com esse entendimento, o Plenário, ao apreciar o Tema 470 da repercussão geral, em conclusão de julgamento e por maioria, negou provimento ao recurso extraordinário. No caso, a contribuição adicional foi estabelecida pelo art. 3º, § 2º, da Lei 7.787/1989, antes da EC 20/1998, que autorizou a adoção de alíquotas diferenciadas de contribuições sociais. O Colegiado afirmou que, com a Constituição Federal (CF) de 1988, o princípio da solidariedade assumiu papel de enorme relevo a justificar que os contribuintes sejam chamados para participar da manutenção do sistema, sem a exigência de vínculo com os demais segurados, ou direito a determinada retribuição ou qualquer espécie de benefício. (...) O custeio da seguridade social baseia-se na diversidade de seu financiamento, assim como no princípio da equidade, sem qualquer ofensa ao princípio constitucional da isonomia. Por essa razão, antes mesmo da Emenda Constitucional 20/1998, que introduziu o § 9º no art. 195 do texto constitucional, já existia a possibilidade de o Estado exigir aportes diferenciados para a seguridade social, levando em consideração a maior ou menor capacidade

econômica, que é essencialmente especulativo, retirando seu lucro especialmente do setor produtivo, sem que produza qualquer bem de consumo. Ou pode-se justificar a partir da [relativamente] escassa utilização de mão de obra, já que as atividades bancárias se encontram altamente automatizadas por meio da utilização de recursos eletrônicos. De todo modo, parece-nos que seria salutar que o legislador indicasse expressamente no corpo da lei o fim social ao qual a contribuição se destina, mas estamos demasiado longe desse estágio de evolução democrática[53].

6.2 Contribuição previdenciária devida pelos segurados

Nas contribuições devidas pelos segurados, o "bico dosador" se pauta mais pela capacidade contributiva, o que dá aplicação à função redistributiva que a previdência social deve também possuir, o que de resto deve pautar toda a atividade estatal. Tendo em vista que a contribuição incide sobre a remuneração e repercute no âmbito prestacional – como examinamos acima –, o critério de aferição da capacidade contributiva é – e deve ser mesmo – a remuneração percebida. Não faria sentido, assim, buscar outras formas de expressão econômica.

Pois bem, na contribuição que denominamos "básica" – devida pelo empregado, inclusive doméstico, e trabalhador avulso –, temos a alíquota variando entre 8, 9 e 11%, conforme o valor do salário de contribuição[54] (que se pauta na remuneração, dentro de um limite, o denominado "teto do RGPS"). Trata-se da clássica alíquota progressiva, utilizada também no imposto de renda, por exemplo.

Já no que concerne ao contribuinte individual e o facultativo não há, em princípio, variação de alíquota em virtude do salário de contribuição. Não obstante, cabe apontar a existência dos denominados "regimes diferenciados de contribuição". Assim, caso o segurado optasse pela exclusão do direito ao benefício de aposentadoria por tempo de contribuição (benefício hoje extinto), a alíquota de contribuição incidente sobre o limite mínimo mensal do salário de contribuição seria: para o facultativo e o contribuinte individual que trabalha por conta própria, sem relação de trabalho com empresa ou equiparado, de 11%; para o microempreendedor individual ou o segurado facultativo sem renda própria que se dedique exclusivamente ao trabalho doméstico no âmbito de

---

de participação dos contribuintes na manutenção do sistema. Portanto, em momento anterior à promulgação da citada emenda, já se colocava em prática o conceito de diversidade da base de financiamento da seguridade pública, cujo fundamento é a ideia de equidade, com base no princípio da solidariedade. A previsão de tributação diferenciada para segmentos econômicos determinados com destaque para as empresas que se utilizam de mão de obra intensiva, como no caso da Lei 7.789/1989, é compatível com a Constituição" (retirado do Informativo 905 do STF, referente ao RExt 599.309, tema 470 da repercussão geral).

53. A Lei 7.689/88, que cuida da CSLL, estabelece alíquota maior para um rol semelhante de contribuintes. Balera considera que "A discriminação que se criou entre os empregadores é inadmissível (...). É que (...) a medida do lucro não guarda qualquer relação com os riscos cobertos pelos planos de seguridade. (...) Inexiste regime próprio de seguridade social em favor dos trabalhadores que prestam serviços às entidades financeiras e equiparadas, única hipótese em que se poderia cogitar de vantagem diferencial das mesmas quando comparadas aos demais setores da atividade econômica" (*A Contribuição*, cit...).

54. Tal variação restou alterada pela EC 103/2019, como veremos adiante.

sua residência, desde que pertencente a família de baixa renda, de 5%. Como já vimos, a situação restou modificada pela EC 103/2019, sendo preciso aguardar manifestação ulterior do legislador infraconstitucional (ou da jurisprudência, quanto ao *status* provisório) para que se possa precisar como ficará o novo regime.

Cabe mencionar, ainda, a regra, com previsão constitucional (§ 8º do art. 195), para o segurado especial, que recolhe com alíquota de 1,3% sobre a comercialização da produção, o que se baseia na já apontada sazonalidade da atividade rural. Cumpre chamar a atenção para a circunstância de que aqui não se trata da cota patronal – como se dá lá na contribuição devida pelo empregador rural –, mas sim da contribuição devida como segurado (trabalhador por conta própria, no caso).

Outro dado importante a ser aqui considerado é o relativo à transferência da responsabilidade tributária ao contratante, ou seja, a retenção e recolhimento da contribuição devida pelo segurado a seu serviço. Isto se dá no caso de contribuintes individuais[55] a serviço de pessoa jurídica, empregados, trabalhadores avulsos e empregados domésticos. Tal transferência de responsabilidade, como vimos, gera a automaticidade da filiação. A intenção do legislador, ao estabelecer tal regra, é a de retirar da esfera de disponibilidade do segurado a retenção (ou seja, se é o empregador quem desconta da remuneração do trabalhador e recolhe, terá menos interesse em sonegar, sendo que pode responder inclusive criminalmente por isso), além de facilitar a fiscalização e a cobrança compulsória.

6.3 A relação entre custeio e carência

A relação, de natureza securitária, entre o prêmio pago pelo segurado com o risco coberto se revela especialmente por meio da carência. Com efeito, a lei exige, em regra, um período mínimo de contribuição para fazer despertar a cobertura, variável conforme o evento visado. Assinala Almansa Pastor que a exigência de período de cotização prévia objetiva defender o sistema, a fim de que os gastos gerais deste observem um mínimo de equilíbrio compensatório com os recursos previamente ingressados[56]. Por isso que o requisito da carência, além de se prestar a cumprir o princípio da solidariedade é utilizado pelo legislador como ferramenta de equilíbrio financeiro e atuarial, conforme ensina Horvath Júnior,

> A carência, mesmo sob a égide da seguridade social inserida no Brasil pela Constituição Federal de 1988, continua tendo natureza de elemento de manutenção e garantia do equilíbrio financeiro e atuarial do sistema previdenciário. A OIT encara a carência como instrumento de lastro financeiro, visando o mínimo de equilíbrio compensatório, funcionando como âncora do sistema. Nos termos da Convenção 102 co-

---

55. No ponto, Machado da Rocha anota que "as profundas mudanças sentidas no âmbito do mercado de trabalho obrigaram a previdência social a criar um mecanismo que (...) não apenas evitasse a grande evasão de receita na categoria dos contribuintes individuais como também permitisse a esses segurados desfrutar efetivamente da cobertura previdenciária. Assim, para as empresas, também restou estipulada uma obrigação de retenção e repasse das contribuições devidas pelos contribuintes individuais (...)." (op. cit., 2004, p. 153).
56. PASTOR, José Manuel Almansa. *Derecho de La Seguridad Social*. 7. ed. Madrid: Tecnos, 1991, p. 483.

nhecida como Norma Mínima de Seguridade Social, aprovada na 35ª reunião da Conferência Internacional do Trabalho (Genebra -1952), entrou em vigor no plano internacional em 27.4.55. Aprovada pelo Brasil pelo Decreto Legislativo 269, de 19.09.2008, do Congresso Nacional, e ratificada em 15 de junho de 2009, o termo "período de carência" significa um período de cotização, seja de emprego ou de residência, seja uma combinação qualquer desses períodos, segundo o que for determinado. (...) A exigência de período de cotização ou de vinculação ao emprego ou exercício de atividade laboral está intimamente ligada à forma de repartição dos custos do sistema, principalmente em modelo que se lastreia na fórmula tripartite de custeio[57].

A OIT, recolhendo os dados da legislação comparada, considera que a carência é indispensável para que o sistema de seguro social seja dotado de lastro financeiro e para que se evitem inscrições em momentos nos quais os riscos já se avizinham. Traço marcante do antigo esquema do seguro, tal como fora engendrado pelos fenícios e aprimorado pelos romanos, a carência implica estabelecimento de lastro financeiro inicial para a sustentação do plano. O estabelecimento de certo lapso de tempo necessário à aquisição do direito e das prestações é, em si mesmo, típico ato de previdência. As verbas que integram o Fundo de Seguridade Social se transformam em propriedade comum da coletividade protegida. Parcelas desse fundo, deixando de pertencer à comunidade, integrarão o patrimônio jurídico do sujeito de direito no exato instante em que este se veja colhido pela situação de necessidade. A carência, no seguro privado, está preordenada a permitir a constituição do necessário alicerce financeiro para que o direito possa ser exercido. Para Feijó Coimbra, "mais acertado seria ver-se na exigência de período mínimo de vinculação, para a concessão de certas prestações, a natural cautela contra tentativas de fraude"[58]. Com efeito, o estabelecimento de certo decurso de tempo para que o beneficiário possa requerer o benefício reduz possibilidades de fraude e evita que se manipulem falsas situações[59].

Sobre o ponto, Daniel Machado da Rocha anota que "(...) muitas prestações demandam um tempo mínimo de vinculação ao regime assecuratório, requisito nominado de carência, (...) como imposição decorrente da densificação do princípio do equilíbrio financeiro e atuarial (...). Contudo, (...) determinadas situações de necessidade social, excepcionais, permitem que o requisito de contrapartida seja afastado (...)"[60].

Temos sustentado, inclusive, que a carência, em sentido técnico e estrito, existe apenas quanto aos benefícios não programados, que cobrem riscos imprevisíveis, já que nos benefícios programados há, ao menos em tese, a constituição de assento financeiro suficiente para arcar com os gastos relativos ao benefício que será concedido, pelo que o que se tem é uma relação de capitalização – e, portanto, tempo de contribuição mínimo e não propriamente carência.

---

57. Op. cit., p. 247.
58. *Direito Previdenciário Brasileiro*. Rio de Janeiro: Editora Rio, 1980, p. 177.
59. *Sistema*, cit...
60. Op. cit., p. 149.

Capítulo II
CONTRIBUIÇÕES PREVIDENCIÁRIAS EM ESPÉCIE

1. INTROITO

Acreditamos que o primeiro capítulo possui uma funcionalidade especial como introdução ao plano de custeio da seguridade social, mormente para o estudioso que irá começar a se debruçar sobre o tema, permitindo que adquira uma noção geral que propiciará uma melhor costura, em termos de raciocínio, nos estudos subsequentes. Com efeito, ao compreender a lógica imanente e subjacente do sistema, o caminhar posterior se torna mais simplificado e profícuo.

A partir de agora, analisaremos com maior detalhamento o perfil das contribuições previdenciárias. Tendo em vista se tratar de um estudo sobre o direito previdenciário, não iremos descer às minúcias relacionadas às demais contribuições para a seguridade social, em relação às quais faremos apenas breves considerações. Com efeito, o maior aprofundamento deve ser buscado em obras de direito tributário.

2. CONSIDERAÇÕES GERAIS

A CRFB enumera expressamente algumas espécies de contribuições sociais (ditas, assim, "enumeradas"), as quais podem ser instituídas pela União por meio de lei ordinária. Residualmente, poderá a União instituir outras contribuições sociais (ditas "residuais"), mediante lei complementar e desde que sejam não cumulativas e não tenham fato gerador ou base de cálculo próprios das contribuições já discriminadas na CRFB (§ 4º do art. 195 c/c art. 154, I, da CRFB). A natureza jurídica das contribuições sociais é tema que suscita feroz divergência, mas predomina o entendimento de que são tributos, da espécie "contribuições especiais".

As contribuições sociais só poderão ser exigidas após decorridos noventa dias (dita "anterioridade nonagesimal" ou "noventena") da data da publicação da lei que as houver instituído ou modificado, não se lhes aplicando a anterioridade comum prevista no art. 150, III, *b*, da CRFB, ou seja, podem ser cobradas no mesmo exercício financeiro em que haja sido publicada a lei que as instituiu ou aumentou (§ 6º do art. 195 da CRFB). Há quem sustente que a anterioridade nonagesimal só se aplicaria às contribuições sociais enumeradas, não às novas, criadas por lei complementar, pois o §

6º do art. 195 da CRFB faz referência às "contribuições sociais de que trata este artigo", mas tem-se aí posição minoritária.

Nos termos da Súmula Vinculante 08 do STF (que declarou a inconstitucionalidade de dispositivos da Lei 8.212/91, que vieram até a ser revogados posteriormente, em virtude de que o tratamento do tema deveria ser feito por lei complementar), a decadência para o lançamento de contribuições sociais segue a regra geral do CTN (ou seja, se dá em cinco anos). A prescrição também segue o prazo de cinco anos.

Cabe destacar três situações de imunidade previstas pela CRFB. Em primeiro lugar, as contribuições sociais não podem incidir sobre aposentadorias e pensões concedidas pelo RGPS (art. 195, II, parte final). Não podem também, em segundo lugar, incidir sobre as receitas decorrentes de exportação (art. 149, § 2º, I, da CRFB)[61].

Finalmente, são isentas de contribuição para a seguridade social as entidades beneficentes de assistência social que atendam às exigências estabelecidas em lei (§ 7º do art. 195 da CRFB). O STF entendeu – no bojo das ADI's 2028, 2036, 2228 e 2621 – que "os requisitos para o gozo de imunidade hão de estar previstos em lei complementar", contudo "aspectos meramente procedimentais referentes à certificação, fiscalização e controle administrativo continuam passíveis de definição em lei ordinária. A lei complementar é forma somente exigível para a definição do modo beneficente de atuação das entidades de assistência social contempladas pelo art. 195, § 7º, da CF, especialmente no que se refere à instituição de contrapartidas a serem observadas por elas." Declarou a inconstitucionalidade do art. 1º da Lei 9.732/1998, na parte em que alterou a redação do art. 55, inciso III, da Lei 8.212/1991 e acrescentou-lhe os §§ 3º, 4º e 5º, bem como dos arts. 4º, 5º e 7º da Lei 9.732/1998. Segundo a Súmula 352 do STJ, "a obtenção ou renovação do CEBAS não exime a entidade do cumprimento dos requisitos legais supervenientes"[62]. Já a Súmula 612 do mesmo Tribunal diz que "o certificado de entidade beneficente de assistência social (CEBAS), no prazo de sua validade, possui natureza declaratória para fins tributários, retroagindo seus efeitos à data em que demonstrado o cumprimento dos requisitos estabelecidos por lei complementar para a fruição da imunidade".

Nos termos do novo § 11 do art. 195 da CRFB (criado pela EC 103/2019), São vedados a moratória e o parcelamento em prazo superior a 60 (sessenta) meses e, na forma de lei complementar, a remissão e a anistia das contribuições previdenciárias em sentido estrito (ou seja, as previstas na alínea *a* do inciso I e no inciso II do art. 195 da

---

61. O STF, no RExt 564.413, decidiu que tal imunidade não alcança a CSLL; contudo, no RExt 627.815, deliberou que deve ser afastada a incidência de PIS e Cofins sobre as receitas decorrentes de variações cambiais positivas. Em julgado recente (ADI 4735 e RExt 759.244, julgados em conjunto) estabeleceu a seguinte tese: "A norma imunizante contida no inciso I do § 2º do art. 149 da Constituição Federal (CF) (1) alcança as receitas decorrentes de operações indiretas de exportação caracterizadas por haver participação negocial de sociedade exportadora intermediária".
62. No mesmo passo, decidiu recentemente o STJ que "Os atos de cancelamento da imunidade tributária pela ausência do preenchimento dos requisitos são dotados de carga declaratória, retroagindo à data em que estes deixaram de ser observados" (AgInt nos EDcl no AREsp 1.878.937).

CRFB)[63]. Nos termos do art. 114, VIII, da CRFB, a Justiça do Trabalho deve executar, de ofício, as contribuições previdenciárias em sentido estrito decorrentes das sentenças que proferir[64].

Nos termos do art. 239 da CRFB, "a arrecadação decorrente das contribuições para o Programa de Integração Social [PIS], criado pela Lei Complementar 7, de 7 de setembro de 1970, e para o Programa de Formação do Patrimônio do Servidor Público [PASEP], criado pela Lei Complementar 8, de 3 de dezembro de 1970, passa, a partir da promulgação desta Constituição, a financiar, nos termos que a lei dispuser, o programa do seguro-desemprego, *outras ações da previdência social*[65] e o abono de que trata o § 3º deste artigo[66]" (grifamos). Nos termos da Súmula 659 do STF, "é legítima a cobrança da COFINS, do PIS e do FINSOCIAL sobre as operações relativas a energia elétrica, serviços de telecomunicações, derivados de petróleo, combustíveis e minerais do País".

Segundo o § 12º do art. 195 da CRFB, "a lei definirá os setores de atividade econômica para os quais as contribuições incidentes na forma dos incisos I, b [COFINS]; e IV [do importador de bens ou serviços do exterior, ou de quem a lei a ele equiparar] do *caput*, serão não cumulativas".

A União é, hoje, o sujeito ativo de todas as contribuições sociais, mesmo as previdenciárias, por meio da Secretaria da Receita Federal do Brasil (a dita "Super-Receita"). Outrora, o INSS era o sujeito ativo das contribuições previdenciárias[67].

3. CONTRIBUIÇÕES "PATRONAIS"

As denominadas "contribuições patronais" estão previstas no inciso I do art. 195 da CRFB: "do empregador, da empresa e da entidade a ela equiparada na forma da lei, incidentes sobre: a) a folha de salários e demais rendimentos do trabalho pagos ou creditados, a qualquer título, à pessoa física que lhe preste serviço, mesmo sem vínculo empregatício; b) a receita ou o faturamento; c) o lucro". Temos, portanto, como sujeito ativo "o empregador, a empresa e a entidade a ela equiparada na forma da lei".

---

63. Estabelece, contudo, o art. 31 da EC 103/2019 que "o disposto no § 11 do art. 195 da Constituição Federal não se aplica aos parcelamentos previstos na legislação vigente até a data de entrada em vigor desta Emenda Constitucional, sendo vedadas a reabertura ou a prorrogação de prazo para adesão".
64. Nesse sentido é a Súmula Vinculante 53 do STF: "A competência da Justiça do Trabalho prevista no art. 114, VIII, da Constituição Federal alcança a execução de ofício das contribuições previdenciárias relativas ao objeto da condenação constante das sentenças que proferir e acordos por ela homologados".
65. O trecho em negrito foi adicionado pela EC 103/2019.
66. § 3º do art. 239 da CRFB: "Aos empregados que percebam de empregadores que contribuem para o Programa de Integração Social ou para o Programa de Formação do Patrimônio do Servidor Público, até dois salários mínimos de remuneração mensal, é assegurado o pagamento de um salário mínimo anual, computado neste valor o rendimento das contas individuais, no caso daqueles que já participavam dos referidos programas, até a data da promulgação desta Constituição".
67. Quando o INSS foi criado, ele incorporou as funções dos antigos INPS (responsável pela concessão e pagamento de benefícios) e IAPAS (responsável pela arrecadação das contribuições ao sistema).

As bases de cálculo previstas são "a folha de salários e demais rendimentos do trabalho pagos ou creditados, a qualquer título, à pessoa física que lhe preste serviço, mesmo sem vínculo empregatício" (dita "cota patronal"), "a receita ou o faturamento" (COFINS) e o lucro (CSLL).

A exação que mais nos interessa é a dita "cota patronal", visto possuir a natureza de contribuição previdenciária em sentido estrito. Assim, falaremos dela com maior detalhamento. Já sobre as demais, serão apenas breves pinceladas. Por tal razão, começaremos por elas.

3.1 COFINS

Como já dito, a base de cálculo, definida pela CRFB, é "a receita ou o faturamento". O tributo é regulado pela Lei Complementar 70/91 (assim, está tacitamente revogado o disposto no art. 23, I, da Lei 8.212/91).

Atualmente, a base de cálculo da COFINS é o total das receitas auferidas no mês pela pessoa jurídica, independentemente de sua denominação ou classificação contábil, segundo dispõe a Lei 10.833/2003, alterada pela Lei 12.973/2014.

Não obstante, cabe consignar um breve relato histórico.

A Lei 9.718/98 elevou, à época, a alíquota da COFINS para 3% do faturamento (salvo para as operações realizadas por refinarias e distribuidoras de combustíveis, que passaram a ter regulação específica) e também modificou sua base de cálculo, ao determinar que o faturamento corresponderia à receita bruta, entendendo-se como tal a totalidade das receitas auferidas, sendo irrelevantes o tipo de atividade exercida e a classificação contábil adotada para as receitas.

Tal definição de receita bruta dada foi declarada inconstitucional pelo STF no RExt 346.084 (vide também o RExt 585.235), por violar o conceito de faturamento consagrado no art. 195, I, *b*, da CRFB (na redação da época).

A EC 20/98 alterou a redação do art. 195, I, da CRFB, sendo que a partir daí passou a ser possível a instituição da COFINS sobre a receita ou o faturamento (antes, apenas o faturamento)[68].

A periodicidade de apuração da COFINS é mensal.

No regime não cumulativo[69], a alíquota é, em regra, de 7,6% (art. 2º da Lei 10.833/2003), admitindo-se o aproveitamento de créditos referentes, entre outros, à

---

68. Em julgados recentes (RExt 1.187.264, tema 1048 da repercussão geral; RExt 1.285.845, tema 1135 da RG), o STF fixou entendimento no sentido de que é constitucional a inclusão tanto do ICMS quanto do ISSQN na base de cálculo da Contribuição Previdenciária sobre a Receita Bruta – CPRB, pois "a receita bruta, para fins de determinação da base de cálculo da CPBR, compreende os tributos sobre ela incidentes".
69. O STF fixou a seguinte tese de repercussão geral: "É constitucional a previsão em lei ordinária que introduz a sistemática da não cumulatividade da COFINS, dado que observa os princípios da legalidade, isonomia, capacidade contributiva global e não confisco" (RExt 570.122/RS).

aquisição de bens para revenda, bens e serviços utilizados na produção ou fabricação de bens ou na prestação de serviços e despesas financeiras.

No regime cumulativo, a alíquota é de 3% para as empresas em geral (art. 8º da Lei 9.718/1998) e 4% para as instituições financeiras e equiparadas.

A COFINS não incide sobre as receitas decorrentes das operações de exportação de mercadorias para o exterior; prestação de serviços para pessoa física ou jurídica domiciliada no exterior, com pagamento em moeda conversível; e vendas à empresa comercial exportadora com o fim específico de exportação[70].

O empregador rural pessoa física está isento da COFINS e também da CSLL.

3.2 CSLL

A contribuição social sobre o lucro líquido – CSLL é regulada pela Lei 7.689/88.

A base de cálculo da contribuição é o valor do resultado (ajustado, presumido ou arbitrado) do exercício, antes da provisão para o imposto de renda. A alíquota é de 9% para as pessoas jurídicas em geral; de 15% para as pessoas jurídicas de seguros privados, das de capitalização e das distribuidoras de valores mobiliários, corretoras de câmbio e de valores mobiliários, sociedades de crédito, financiamento e investimentos, sociedades de crédito imobiliário, administradoras de cartões de crédito, sociedades de arrendamento mercantil, cooperativas de crédito e associações de poupança e empréstimo; e de 20% para as instituições financeiras e assemelhadas (art. 3º da Lei 7.689/1988). São isentas as entidades fechadas de previdência complementar[71].

Dispôs o art. 32 da EC 103/2019 (segundo o art. 36, I, do mesmo diploma, a novel regulação entrou em vigor "no primeiro dia do quarto mês subsequente ao da data de publicação desta Emenda Constitucional", que ocorreu em 12 de novembro de 2019) que "Até que entre em vigor lei que disponha sobre a alíquota da contribuição de que trata a Lei 7.689, de 15 de dezembro de 1988, esta será de 20% (vinte por cento) no caso das pessoas jurídicas referidas no inciso I do § 1º do art. 1º da Lei Complementar 105, de 10 de janeiro de 2001 [instituições financeiras]".

A periodicidade de apuração da CSLL é mensal.

---

70. É conveniente mencionar ainda os seguintes enunciados sumulados pelo STJ: "A Contribuição para Financiamento da Seguridade Social – Cofins incide sobre as receitas provenientes das operações de locação de bens móveis" (423); "A isenção da Cofins concedida pelo art. 6º, II, da LC 70/1991 às sociedades civis de prestação de serviços profissionais foi revogada pelo art. 56 da Lei 9.430/1996" (508); "As sociedades corretoras de seguros, que não se confundem com as sociedades de valores mobiliários ou com os agentes autônomos de seguro privado, estão fora do rol de entidades constantes do art. 22, § 1º, da Lei 8.212/1991, não se sujeitando à majoração da alíquota da Cofins prevista no art. 18 da Lei 10.684/2003" (584).
71. O STF fixou a seguinte tese, em sede de repercussão geral (tema 699): "É constitucional a cobrança, em face das entidades fechadas de previdência complementar não imunes, do imposto de renda retido na fonte (IRRF) e da contribuição social sobre o lucro líquido (CSLL)" (RExt 612.686). Convém mencionar que, num contexto legislativo anterior, apreciado no referido julgado, apenas as entidades sem fins lucrativos eram isentas.

3.3 "Cota patronal"

Trata-se, nos termos da CRFB, da contribuição incidente sobre "a folha de salários e demais rendimentos do trabalho pagos ou creditados, a qualquer título, à pessoa física que lhe preste serviço, mesmo sem vínculo empregatício"[72].

Nos termos do art. 15 da Lei 8.212/91, considera-se empresa "a firma individual ou sociedade que assume o risco de atividade econômica urbana ou rural, com fins lucrativos ou não, bem como os órgãos e entidades da administração pública direta, indireta e fundacional" (inciso I) e equiparam-se a empresa "o contribuinte individual e a pessoa física na condição de proprietário ou dono de obra de construção civil, em relação a segurado que lhe presta serviço, bem como a cooperativa, a associação ou a entidade de qualquer natureza ou finalidade, a missão diplomática e a repartição consular de carreira estrangeiras" (par. único). Finalmente, considera-se empregador doméstico "a pessoa ou família que admite a seu serviço, sem finalidade lucrativa, empregado doméstico" (inciso II).

Nos termos do art. 22 da Lei 8.212/91, a contribuição sobre a folha é de "vinte por cento sobre o total das remunerações pagas, devidas ou creditadas a qualquer título, durante o mês, aos segurados *empregados e trabalhadores avulsos* que lhe prestem serviços, destinadas a retribuir o trabalho, qualquer que seja a sua forma, inclusive as gorjetas, os ganhos habituais sob a forma de utilidades e os adiantamentos decorrentes de reajuste salarial, quer pelos serviços efetivamente prestados, quer pelo tempo à disposição do empregador ou tomador de serviços, nos termos da lei ou do contrato ou, ainda, de convenção ou acordo coletivo de trabalho ou sentença normativa" (inciso I, grifamos[73]) e de "vinte por cento sobre o total das remunerações pagas ou creditadas a qualquer título, no decorrer do mês, aos segurados *contribuintes individuais* que lhe prestem serviços" (inciso III, grifamos)[74].

No caso de bancos comerciais, bancos de investimentos, bancos de desenvolvimento, caixas econômicas, sociedades de crédito, financiamento e investimento, sociedades de crédito imobiliário, sociedades corretoras, distribuidoras de títulos e valores mobiliários, empresas de arrendamento mercantil, cooperativas de crédito, empresas de seguros privados e de capitalização, agentes autônomos de seguros privados e de crédito e entidades de previdência privada abertas e fechadas, é devida a contribuição adicional de 2,5% sobre as bases de cálculo acima descritas (§ 1º do art. 22 da Lei 8.212/91).

---

72. Nos termos do § 19 do art. 201 do Decreto 3.048/99, "a cooperativa de trabalho não está sujeita à contribuição [em questão] em relação às importâncias por ela pagas, distribuídas ou creditadas aos respectivos cooperados, a título de remuneração ou retribuição pelos serviços que, por seu intermédio, tenham prestado a empresas" (em regra, salvo burla).

73. Em disposição incluída em 2023, dispõe o § 17 do art. 22 o seguinte: "A alíquota da contribuição prevista no inciso I do caput deste artigo será de 8% (oito por cento) para os Municípios enquadrados nos coeficientes inferiores a 4,0 (quatro inteiros) da tabela de faixas de habitantes do § 2º do art. 91 da Lei 5.172, de 25 de outubro de 1966.".

74. Há de se ter atenção, porém, à Lei 12.715 de 2012, que cria um modelo específico para alguns setores econômicos.

A jurisprudência tem entendido, em síntese, que as verbas de natureza indenizatória não integram a base de cálculo das referidas contribuições. Nos termos da Súmula 60 da AGU, "não há incidência de contribuição previdenciária sobre o vale transporte pago em pecúnia, considerando o caráter indenizatório da verba" (está em conformidade com a jurisprudência dos Tribunais Superiores).

Convém mencionarmos algumas situações que já foram examinadas pela jurisprudência dos Tribunais Superiores.

Incide contribuição previdenciária sobre: o auxílio quebra de caixa, consubstanciado em pagamento efetuado mês a mês ao empregado em razão da função que desempenha, que tenha sido pago por liberalidade do empregador, mesmo que não se verifiquem diferenças no caixa (REsp 1.434.082); os valores pagos a título de licença casamento (art. 473, II, da CLT) e de licença para prestação de serviço eleitoral (art. 98 da Lei 9.504/1997) (REsp 1.455.089); valores pagos a título de salário paternidade (REsp 1.230.957); valor pago a título de férias gozadas (AgRg no REsp 1.240.038); o valor correspondente à participação do trabalhador no auxílio alimentação ou auxílio transporte, descontado do salário do trabalhador, deve integrar a base de cálculo da contribuição previdenciária patronal (REsp 1.928.591); incide a contribuição previdenciária patronal sobre os valores pagos a título de Hora Repouso Alimentação – HRA (EREsp 1.619.117).

Não incide contribuição previdenciária sobre: prêmios e gratificações de caráter eventual e salário-família (REsp 1.275.695); terço constitucional de férias gozadas[75] ou indenizadas, aviso prévio indenizado e a importância paga nos 15 dias que antecedem o auxílio-doença (REsp 1.230.957); o valor dos medicamentos adquiridos pelo empregado e pagos pelo empregador ao estabelecimento comercial de forma direta, mesmo que o montante não conste na folha de pagamento (REsp 1.430.043).

Em decisão recente, entendeu o STJ que "Os valores descontados dos empregados relativos à participação deles no custeio do vale-transporte e auxílio-alimentação não constam no rol das verbas que não integram o conceito de salário de contribuição, listadas no § 9º do art. 28 da Lei 8.212/1991, razão pela qual devem constituir a base de cálculo da contribuição previdenciária, de terceiros e do SAT/RAT a cargo da empresa." (REsp 2.033.904). Já no AgInt no REsp 1.951.995, entendeu o mesmo STJ que "Os valores descontados a título de contribuição previdenciária e de imposto de renda retido na fonte compõem a base de cálculo da contribuição previdenciária patronal e das contribuições destinadas a terceiros e ao RAT".

A contribuição de "quinze por cento sobre o valor bruto da nota fiscal ou fatura de prestação de serviços, relativamente a serviços que lhe são prestados por cooperados por intermédio de cooperativas de trabalho" (inciso IV do art. 22 da Lei 8.212) foi

---

75. No que tange, porém, à cota patronal incidente sobre o terço constitucional de férias gozadas, entendeu o STF que é legítima a incidência (vide, neste sentido, o RExt 1072485, tema 985 da repercussão geral).

suspensa por Resolução do Senado Federal, após ter sido declarada inconstitucional pelo STF no Rext 595.838[76].

Além da "cota patronal" básica, temos ainda (art. 22, II, da Lei 8.212/91) a contribuição para o financiamento da aposentadoria especial e para os benefícios "concedidos em razão do grau de incidência de incapacidade laborativa decorrente dos riscos ambientais do trabalho" (denominada "SAT"), que incide sobre o total das remunerações pagas ou creditadas, no decorrer do mês, aos segurados *empregados e trabalhadores avulsos* e é de: a) 1% (um por cento) para as empresas em cuja atividade preponderante[77] o risco de acidentes do trabalho seja considerado leve; b) 2% (dois por cento) para as empresas em cuja atividade preponderante esse risco seja considerado médio; c) 3% (três por cento) para as empresas em cuja atividade preponderante esse risco seja considerado grave[78].

Conforme dita o § 6º do art. 57 da Lei 8.213/91, as alíquotas de tal contribuição "serão acrescidas de doze, nove ou seis pontos percentuais, conforme a atividade exercida pelo segurado a serviço da empresa permita a concessão de aposentadoria especial após quinze, vinte ou vinte e cinco anos de contribuição, respectivamente". Tal verba tem destinação exclusiva: o pagamento dos benefícios de aposentadoria especial.

Segundo a Súmula 351 do STJ, "a alíquota de contribuição para o Seguro de Acidente do Trabalho (SAT) é aferida pelo grau de risco desenvolvido em cada empresa, individualizada pelo seu CNPJ[79], ou pelo grau de risco da atividade preponderante quando houver apenas um registro".

A Lei 10.666/2003 previu a possibilidade de reduzir em até 50% ou aumentar em até 100% as alíquotas acima, em razão do desempenho da atividade da empresa em relação à respectiva atividade econômica. Com base nisso, criou-se o FAP – Fator Acidentário de Prevenção (vide art. 202-A do Decreto 3.048/99)[80]. Segundo descreve Marisa Ferreira

---

76. Com efeito, procurou o legislador tributário estabelecer um regime de tributação diferenciado no caso em que a empresa contrate serviços por intermédio de cooperativa de trabalho, conforme dita[va] o art. 22, IV, da Lei 8.212/91: "quinze por cento sobre o valor bruto da nota fiscal ou fatura de prestação de serviços, relativamente a serviços que lhe são prestados por cooperados por intermédio de cooperativas de trabalho". Destarte, segundo anota Kerbauy, ao invés da alíquota padrão de 20%, "Houve, portanto, a redução da alíquota para 15%, o que se justificaria para estimular que as empresas contratassem por intermédio de cooperativas, em atenção à valorização do trabalho que esse tipo de associação promove." (op. cit.). Não obstante, o dispositivo foi declarado inconstitucional pelo STF, no bojo do REXT 595.838 (entendeu-se que a base de cálculo – o faturamento – não estava prevista na CRFB, o que impediria a criação do tributo por meio de lei ordinária), e suspensa sua execução, em seguida, pela Resolução 10 de 2016 do Senado Federal.
77. Nos termos do art. 202, § 3º, do Decreto 3.048/99 (RPS), atividade preponderante é a atividade que ocupa, em cada estabelecimento da empresa, o maior número de segurados empregados e de trabalhadores avulsos.
78. O Anexo V do Decreto 3.048/99 contém a relação de atividades preponderantes e correspondentes graus de riscos.
79. O novo § 3º-A do art. 202 do RPS, acrescido pelo Decreto 10.410/20, já adere a tal entendimento, dispondo que "considera-se estabelecimento da empresa a dependência, matriz ou filial, que tenha número de Cadastro Nacional da Pessoa Jurídica – CNPJ próprio e a obra de construção civil executada sob sua responsabilidade". No mesmo sentido, o § 2º do art. 202-A do mesmo diploma, alterado na mesma ocasião.
80. O STF, no bojo do REXT 677.725 (tema 554 da repercussão geral) definiu as seguintes teses: "É constitucional a incidência do Fator Acidentário de Prevenção (FAP) para a definição da redução ou majoração das alíquotas da contribuição para o Seguro de Acidente de Trabalho (SAT), conforme disposto no art. 10 da Lei 10.666/2003

dos Santos, "O FAP considera os índices de frequência, gravidade e custos dos acidentes do trabalho. Objetiva-se que seja maior o valor da contribuição das empresas em que com mais frequência ocorram acidentes, e, ainda, aquelas em que os acidentes sejam de natureza mais grave. Inversamente, as empresas em que os acidentes sejam menos frequentes ou menos graves contribuirão com alíquota menor"[81].

A Lei 10.666/2003 dispõe sobre a concessão de aposentadoria especial ao cooperado de cooperativa de trabalho ou de produção[82] e cria contribuição de: "nove, sete ou cinco pontos percentuais, a cargo da empresa tomadora de serviços de cooperado filiado a cooperativa de trabalho[83], incidente sobre o valor bruto da nota fiscal ou fatura de prestação de serviços, conforme a atividade exercida pelo cooperado permita a concessão de aposentadoria especial após quinze, vinte ou vinte e cinco anos de contribuição, respectivamente" (§ 1º do art. 1º); "doze, nove ou seis pontos percentuais, a cargo da cooperativa de produção, incidente sobre a remuneração paga, devida ou creditada ao cooperado filiado, na hipótese de exercício de atividade que autorize a concessão de aposentadoria especial após quinze, vinte ou vinte e cinco anos de contribuição, respectivamente" (§ 2º do art. 1º). Dispõe, ademais, que "o percentual de retenção do valor bruto da nota fiscal ou fatura de prestação de serviços relativa a serviços prestados mediante cessão de mão de obra, inclusive em regime de trabalho temporário, a cargo da empresa contratante, é acrescido de quatro, três ou dois pontos percentuais, relativamente aos serviços prestados pelo segurado empregado cuja atividade permita a concessão de aposentadoria especial após quinze, vinte ou vinte e cinco anos de contribuição, respectivamente" (art. 6º)[84].

Cabe mencionar ainda outras situações específicas.

---

e de sua regulamentação pelo art. 202-A do Decreto 3.048/1999" e "O Fator Acidentário de Prevenção (FAP), previsto no art. 10 da Lei 10.666/2003, nos moldes do regulamento promovido pelo Decreto 3.048/99 (RPS), atende ao princípio da legalidade tributária (art. 150, I, CRFB/88)". Na mesma linha, estabeleceu, julgando a ADI 4397, que "É constitucional a delegação prevista no art. 10 da Lei 10.666/2003 para que norma infralegal fixe a alíquota individual de forma variável da contribuição previdenciária destinada ao custeio do Seguro de Acidente do Trabalho (SAT)".
81. Op. cit., p. 82.
82. "Considera-se cooperativa de produção aquela em que seus associados contribuem com serviços laborativos ou profissionais para a produção em comum de bens, quando a cooperativa detenha por qualquer forma os meios de produção" (§ 3º do art. 1º da Lei 10.666/2003).
83. Não obstante, com a declaração de inconstitucionalidade do disposto no art. 22, IV, da Lei 8.212/91, a Receita Federal definiu que "não constituirá crédito tributário decorrente da contribuição de que trata o § 1º do art. 1º da Lei 10.666, de 8 de maio de 2003, que instituiu contribuição adicional àquela prevista no inciso IV do art. 22 da Lei 8.212, de 1991, para fins de custeio de aposentadoria especial para cooperados filiados a cooperativas de trabalho" (art. 2º do Ato Declaratório Interpretativo RFB n. 5, de 25.05.2015).
84. Dispõe o art. 31 da Lei 8.212/91 que "A empresa contratante de serviços executados mediante cessão de mão de obra, inclusive em regime de trabalho temporário, deverá reter 11% (onze por cento) do valor bruto da nota fiscal ou fatura de prestação de serviços e recolher, em nome da empresa cedente da mão de obra, a importância retida até o dia 20 (vinte) do mês subsequente ao da emissão da respectiva nota fiscal ou fatura, ou até o dia útil imediatamente anterior se não houver expediente bancário naquele dia, observado o disposto no § 5o do art. 33 desta Lei". Tal regime de substituição tributária foi declarado *constitucional* pelo STF no bojo do RExt 603.191.

A associação desportiva que mantém equipe de futebol profissional, em substituição à contribuição sobre a folha e para o SAT, recolhe com alíquota de cinco por cento sobre receita bruta, decorrente dos espetáculos desportivos de que participem em todo território nacional em qualquer modalidade desportiva, inclusive jogos internacionais, e de qualquer forma de patrocínio, licenciamento de uso de marcas e símbolos, publicidade, propaganda e de transmissão de espetáculos desportivos. Caberá à entidade promotora do espetáculo a responsabilidade de efetuar o desconto.

O proprietário, o incorporador, o dono da obra ou condômino da unidade imobiliária, qualquer que seja a forma de contratação da construção, reforma ou acréscimo, são solidários com o construtor, e estes com a subempreiteira, pelo cumprimento das obrigações para com a Seguridade Social, ressalvado o seu direito regressivo contra o executor ou contratante da obra e admitida a retenção de importância a este devida para garantia do cumprimento dessas obrigações, não se aplicando, em qualquer hipótese, o benefício de ordem (art. 30, VI, da Lei 8.212/91). Exclui-se da responsabilidade solidária perante a Seguridade Social o adquirente de prédio ou unidade imobiliária que realizar a operação com empresa de comercialização ou incorporador de imóveis, ficando estes solidariamente responsáveis com o construtor (art. 30, VII, da Lei 8.212/91).

As empresas que integram grupo econômico de qualquer natureza respondem entre si, solidariamente, pelas obrigações tributárias.

Os administradores de autarquias e fundações públicas, criadas e mantidas pelo Poder Público, de empresas públicas e de sociedades de economia mista sujeitas ao controle da União, dos Estados, do Distrito Federal ou dos Municípios, que se encontrarem em mora, por mais de 30 (trinta) dias, no recolhimento das contribuições, tornam-se solidariamente responsáveis pelo respectivo pagamento (art. 42 da Lei 8.212/91).

3.3.1 Contribuição patronal no âmbito rural

A contribuição previdenciária (em sentido estrito) devida pelo contratante de mão de obra ("empregador, empresa e entidade a ela equiparada na forma da lei") incide, regra geral, sobre a folha de salários (e demais rendimentos do trabalho pagos ou creditados, a qualquer título, à pessoa física que lhe preste serviço, mesmo sem vínculo empregatício). No âmbito rural, contudo, isto sempre foi alvo de contestação, em virtude da já apontada sazonalidade inerente à atividade agropecuária, razão pela qual os produtores alegavam não ter condições de manter uma contribuição periódica pautada em folha de salários[85]. Destarte, o legislador acabou por criar um sistema contributivo

---

85. Zambitte, por exemplo, anota que "Para o campo, a receita é extremamente variável, sendo em geral nula na época de plantio e atingindo seu ápice na colheita, quando usualmente ocorre a venda da produção, salvo negociações em mercado futuro. A cobrança mensal do segmento rural certamente iria provocar sua inviabilidade econômica, excluindo diversos trabalhadores do sistema previdenciário, e deixando inúmeras empresas da área rural em situação de inadimplência. (...) a cobrança alternativa da área rural é tanto útil como necessária (...). Aqui há correta aplicação do princípio da equidade no custeio, com o consequente permissivo constitucional

especial, segundo o qual a base de cálculo deixa de ser aquela e passa a ser a receita oriunda da comercialização da produção, propiciando, com isso, que o produtor rural recolha apenas quando efetivamente ostentar capacidade financeira para tal, além de estimular a formalização da contratação dos prestadores de serviço, o que se dá por meio da desoneração da folha.

A sistemática contributiva que tem por base o resultado da comercialização era a adotada já no regime que precedeu a ordem constitucional atual, como vimos ao proceder à retrospectiva histórica, em nosso capítulo de abertura. Não obstante, com o advento da CRFB/1988, o legislador estabeleceu, inicialmente, uma sistemática equivalente à vigente no meio urbano, ou seja, tendo por base de cálculo a folha de salários, até mesmo porque é a grandeza com a qual a CRFB trabalha expressamente, nada consignando a respeito de possibilidade de reenquadramento. Em virtude, contudo, das dificuldades e vantagens já relatadas, houve modificação legislativa, substituindo-se a folha de salários pelo resultado da comercialização como base de cálculo[86]. Cabe destacar que aqui, diversamente do que ocorre em relação ao segurado especial, a contribuição, embora tenha base de cálculo equivalente, corresponde à parcela devida pelo empregador/contratante, ou seja, trata-se da denominada "cota patronal", o que significa dizer que o produtor rural qualificado como empregador rural pessoa física, por exemplo, ao recolher tal contribuição não se filia como segurado à Previdência Social. Com efeito, a sua – para o exemplo dado – eventual relação a título de segurado se dará na condição de contribuinte individual, devendo recolher a partir de alíquota incidente sobre o salário de contribuição. Isto pode parecer óbvio, mas vem despertando muita confusão, até mesmo em alguns julgados – sim, por mais incrível que possa parecer, chegou-se a falar aqui em "bitributação"!

O que se tem, em resumo, é que a base de cálculo "comercialização da produção" é uma grandeza que substitui a folha de salários, ou seja, em virtude das peculiaridades inerentes à atividade rural, há um regime tributário especial para a contribuição do empregador rural.

Não obstante, embora se tratasse nitidamente de uma benesse legal, claramente mais favorável (além de adequada), os contribuintes carregaram ao Judiciário a tese de que a sistemática seria inconstitucional, por não haver, como já dito, brecha constitucional para o regime substitutivo, tampouco previsão da "receita bruta" como base de cálculo das contribuições à seguridade social, razão pela qual haveria nova hipótese de contribuição social, que deve ser instituída por lei complementar, dentre outras razões.

---

para alteração da base de cálculo de contribuições sociais (...), que dimensiona a tributação de acordo com a natural sazonalidade da atividade rural" (op. cit., p. 288).
86. A Lei 8.540/92 estendeu a sistemática ao empregador rural pessoa física e a Lei 8.870/94 à agroindústria e ao empregador rural pessoa jurídica.

O STF acabou reconhecendo a inconstitucionalidade dessa modalidade substitutiva de exação: para o empregador rural pessoa física, no julgamento do RExt 363.852[87] e do RExt 596.177; para a agroindústria, na ADIn 1103.

A EC 20/98 alterou o art. 195 da CRFB, passando este a prever como base de cálculo para contribuições sociais "a receita ou o faturamento" (e não mais apenas o faturamento). Adveio, posteriormente, a Lei 10.259/2001, que resgatou a sistemática em relação a todos os atores dantes mencionados – consagrando expressamente, já no próprio *caput* dos dispositivos pertinentes, que se trata de contribuição que substitui a incidente sobre a folha de salários. Não obstante, ainda subsista um resíduo de controvérsia material em torno do tema, além de uma intrincada discussão de natureza formal, tendo em vista que a nova lei se limitou a alterar o *caput* do art. 25 das Leis 8.212/91 e 8.870/94, sem, contudo, reeditar os incisos, razão pela qual surgiu a dúvida sobre a extensão da declaração de inconstitucionalidade – se abarcava também os incisos ou só o *caput*[88] – e, conforme o caso, sobre a possibilidade de a nova lei, ao alterar o *caput*, "aproveitar" ou "resgatar" os incisos.

A jurisprudência esteve vacilante e parecia se inclinar por nova declaração de inconstitucionalidade. Não obstante, o STF acabou por entender pela constitucionalidade da dinâmica contributiva: em relação ao empregador rural pessoa física, no bojo do RExt 718.874, entendendo que "é constitucional, formal e materialmente, a contribuição social do empregador rural pessoa física, instituída pela Lei 10.256/2001, incidente sobre a receita bruta obtida com a comercialização de sua produção"; para a agroindústria, ao julgar o RExt 611.601; para o empregador rural pessoa jurídica, no seio do RExt 700.922.

A situação parecia solucionada definitivamente, mas adveio mais um "capítulo" nessa interminável "novela". Com base na anterior declaração de inconstitucionalidade, o Senado editou a Resolução 13/2017, com o escopo de suspender os mencionados incisos, com o que a exação ficaria despojada de alíquota. Segundo notícia constante no sítio eletrônico do próprio Senado Federal,

> A intenção dos parlamentares ligados ao setor agropecuário, com a aprovação da resolução, é evitar a cobrança retroativa das dívidas do Funrural. O passivo é bilionário. Produtores já estiveram no Senado tentando sensibilizar os parlamentares e mostrar a impossibilidade de quitar tais dívidas.[89]

---

87. No voto do relator, Min. Marco Aurélio, restou mencionado que a contribuição sobre a comercialização da produção seria cumulativa em relação à contribuição sobre a folha de salários; ocorre que esta era expressamente afastada, em relação ao produtor rural pessoa física, pelo disposto no § 5º do art. 22 da Lei 8.212/91. A bem da verdade, o reconhecimento da inconstitucionalidade da sistemática substitutiva deveria resultar na repristinação da sistemática anterior, em geral mais gravosa, de incidência sobre a folha de salários. Convém anotar, ademais, que o empregador rural pessoa física não está previsto como contribuinte da COFINS na legislação de regência.
88. Sempre entendemos que a declaração de inconstitucionalidade se limitava a parcela do *caput*, já que o dispositivo previa a contribuição do empregador rural pessoa física *e também* do segurado especial, sendo que a deste sempre foi inegavelmente hígida, pelo que parte do *caput* e os incisos não poderiam ter sido extirpados do ordenamento.
89. Disponível em: http://www12.senado.leg.br/noticias/materias/2017/08/23/aprovada-resolucao-que-evita-a--cobranca-retroativa-das-dividas-do-funrural. Acesso em: 23 set. 2017.

Alguns Senadores alertaram para a circunstância de que se estaria sustando leis já revogadas, mas esteve evidenciado o caráter estritamente político da medida.

Diante do impasse, o Executivo fez publicar a Medida Provisória 793, de 31 de julho de 2017, que instituiu o "Programa de Regularização Tributária Rural" – uma espécie de REFIS (parcelamento) –, aplicável ao produtor rural pessoa física (e também ao adquirente de sua produção rural que assim figure como responsável tributário) em débito com a Fazenda, além de diminuir a alíquota básica da contribuição devida, a partir de 2018. A mencionada MP, após perder a vigência, acabou sendo substituída pela Lei 13.606/2018, a qual, ademais, veio a criar para o empregador rural[90] a possibilidade de optar por recolher sua contribuição patronal tendo como base de cálculo a folha de salários, manifestando sua opção mediante o pagamento da contribuição incidente sobre a folha de salários relativa a janeiro de cada ano, ou à primeira competência subsequente ao início da atividade rural, sendo irretratável para todo o ano-calendário (nos termos da novel redação dada ao § 13 do art. 25 da Lei 8.212/91 e ao § 7º do art. 25 da Lei 8.870/94).

Veremos, em seguida, as espécies de contribuições patronais no âmbito rural.

3.3.1.1 Empregador rural pessoa física

A lei estabelece (art. 25, Lei 8.212/91) que o empregador rural pessoa física[91], em substituição à contribuição sobre a folha de salários (inclusive o RAT), recolhe com alíquota de 1,3% (alteração processada pela recente Lei 13.606/2018) incidente sobre a receita bruta proveniente da comercialização da sua produção. Convém salientar, uma vez mais, que tal contribuição é a que ele faz como empregador, ou seja, é a sua "cota patronal". Como já dissemos anteriormente, o produtor rural que não é segurado especial é contribuinte individual. Assim, o empregador rural, em sua relação pessoal como segurado da previdência, deve recolher como contribuinte individual.

A responsabilidade tributária segue os mesmos moldes delineados quanto ao segurado especial, ou seja, é o adquirente, em regra, o responsável pela retenção.

---

90. Para a agroindústria, todavia, não houve a introdução expressa de tal opção na lei. É possível cogitar, porém, de um viés hermenêutico a sustentar que a nova regra a ela também se aplica, quer seja pelo fato de ser uma espécie de empregador rural pessoa jurídica ou então desde uma interpretação analógica e sistemática. De se ressaltar, contudo, que a partir das alterações processadas pela Lei 13.606/2018, a alíquota da contribuição incidente sobre a venda da produção já não é mais a mesma para a agroindústria que para os demais, já que a aplicável a estes caiu para 1,8%, enquanto a aplicável àquela foi mantida em 2,6%. Destarte, pela ausência de similitude, considerando o tratamento mais oneroso destinado à agroindústria, torna-se duvidosa a extensão paritária.

91. Equipara-se ao empregador rural pessoa física o consórcio simplificado de produtores rurais, formado pela união de produtores rurais pessoas físicas, que outorgar a um deles poderes para contratar, gerir e demitir trabalhadores para prestação de serviços, exclusivamente, aos seus integrantes, mediante documento registrado em cartório de títulos e documentos. O consórcio deverá ser matriculado no INSS em nome do empregador a quem hajam sido outorgados os poderes, na forma do regulamento. Os produtores rurais integrantes do consórcio serão responsáveis solidários em relação às obrigações previdenciárias.

Convém ressaltar, contudo, que tal contribuição, pela letra da lei, substitui apenas aquela que incidiria sobre a remuneração paga ou creditada aos segurados empregados e trabalhadores avulsos que lhe prestem serviços e o RAT correspondente (incisos I e II do art. 22 da Lei 8.212/91), ou seja, não substitui a incidente sobre remunerações pagas ou creditadas aos segurados contribuintes individuais que lhe prestem serviços (inciso III)[92].

3.3.1.2 Empregador rural pessoa jurídica

A contribuição da empresa rural (exceto a da agroindústria, tratada no item seguinte) está definida no art. 25 da Lei 8.870/94, sendo de 1,8% (0,1% ao RAT) da receita bruta proveniente da comercialização de sua produção, consistindo também em modalidade substitutiva da incidente sobre a folha de salários. Isto, contudo, não se aplica às operações relativas à prestação de serviços a terceiros, que observa a sistemática padrão. Aqui não há transferência da responsabilidade tributária ao adquirente.

Essa sistemática de contribuição – aplicável, como vimos, também ao empregador rural pessoa física – foi adotada em virtude da sazonalidade da atividade rural – que já referenciamos anteriormente –, o que torna difícil para o produtor rural estabelecer um fluxo de caixa que lhe permita contribuir sobre a folha de salários[93]. Em suma, ao vincular a contribuição à venda da produção, o legislador tem por intenção direcionar a arrecadação para o momento em que há a demonstração da capacidade econômica para contribuir. Ademais, colabora para procurar reduzir a informalidade laboral no meio rural, já que a formalização da contratação não gera maior dispêndio ao contratante em termos de contribuição social (pelo contrário até, já que, como vimos, a contribuição substitutiva não engloba a devida no caso de contratação de prestadores de serviço não empregados). Delgado e Schwazer consideram que

> As bases fiscais sobre as quais incide a arrecadação rural legal – valor bruto da produção agropecuária e salários pagos no setor formal da economia rural – padecem de dois dilemas no campo da arrecadação previdenciária. A primeira base fiscal é susceptível, principalmente, de inúmeras formas de evasão da produção oriunda da economia familiar (do segurado especial) se comercializada no pequeno varejo e nos mercados locais. A grande produção também encontra formas de evasão fiscal. A segunda base fiscal é talvez a que tem menor potencial contributivo (...) em razão do histórico alto grau de informalização do trabalho rural, cuja taxa de formalização é a mais baixa dos setores da economia (...).[94]

---

92. No mesmo sentido, Zambitte: "(...) estão excluídas da substituição as contribuições sobre a remuneração de contribuintes individuais e a incidente sobre as faturas das cooperativas de trabalho." (op. cit., p. 290). Ainda, Pierdoná: "Referida substituição dá-se apenas quando se remunera empregados, não se aplicando nas situações de remuneração a contribuintes individuais, casos em que o empregador deve recolher 20% sobre citada remuneração" (op. cit.).

93. Neste sentido, a lição de Schwarzer (op. cit., p. 214): "A realidade rural (...) apresenta rendimentos em periodicidades diferentes, com irregularidade de fluxos monetários (...) [pelo que] é frequente que parcelas significativas da população ocupada agrícola não tenham capacidade contributiva comparável à da população urbana. Desse modo, é comum encontrarem-se adaptações do vínculo contributivo que se desviam do formato contributivo clássico".

94. DELGADO, Guilherme; SCHWARZER, Helmut. Evolução Histórico-Legal e Formas de Financiamento da Previdência Rural no Brasil. In: CARDOSO JR., José Celso; DELGADO, Guilherme (Org.). *A Universalização de Direitos Sociais no Brasil*: a Previdência Rural nos anos 90. Brasília: IPEA, 2000, p. 187-210.

3.3.1.3 Agroindústria

A contribuição da agroindústria (definida como sendo o produtor rural pessoa jurídica cuja atividade econômica seja a industrialização de produção própria ou de produção própria e adquirida de terceiros[95]) é feita (art. 22-A, Lei 8.212/91) nos mesmos moldes da do empregador rural pessoa física, ou seja, substitui a incidente sobre a folha de salários (de empregados e trabalhadores avulsos, apenas), incorrendo sobre o valor da receita bruta proveniente da comercialização da produção, mas com alíquota de 2,6% (sendo 0,1% ao RAT). Isto, porém, não se aplica às operações relativas à prestação de serviços a terceiros, que seguem a sistemática padrão[96].

Convém salientar que, aqui, a Lei 8.212/91 não estabelece a substituição tributária, ou seja, não coloca o adquirente como o responsável pela retenção por ocasião da venda da produção pela agroindústria.

3.3.1.4 Cooperativa de produção rural

Conforme dispõe o art. 25A da Lei 8.870/94, quando a cooperativa de produção rural contratar pessoal, exclusivamente, para colheita de produção de seus cooperados, contribuirá da seguinte forma: se o cooperado for pessoa jurídica, nos mesmos moldes do empregador rural pessoa jurídica; já se for pessoa física, conforme as regras previstas para o empregador rural pessoa física[97]. Os encargos daí decorrentes serão apurados separadamente dos relativos aos empregados regulares da cooperativa.

---

95. Em síntese, a atividade de agroindústria consiste na transformação de matéria-prima proveniente do ofício agropecuário em seu primeiro processamento. Esclarece Daniel Zanetti Marques Carneiro que "A agroindústria explora duas atividades, uma agrária e outra industrial, em um mesmo empreendimento econômico (...). A agroindústria equivale a um produtor rural pessoa jurídica mais evoluído, com capacidade para beneficiar a produção rural realizada." (*Custeio da Seguridade Social*: aspectos constitucionais e contribuições específicas. São Paulo: Atlas, 2010, p. 119).
96. No ponto, esclarece Zambitte: "(...) caso determinada agroindústria utilize sua capacidade ociosa para industrializar produção de terceiros, devolvendo o produto final ao solicitante, estará realizando mera prestação de serviços, sendo esta receita excluída da base de cálculo aqui tratada. A mão de obra envolvida nesta tarefa sofrerá incidência de contribuições pela regra geral" (op. cit., p. 292-293). O regime de substituição igualmente não se aplica às sociedades cooperativas e às agroindústrias de piscicultura, carcinicultura, suinocultura e avicultura (art. 22-A, § 4º, da Lei 8.212/91) bem como à pessoa jurídica que, relativamente à atividade rural, se dedique apenas ao florestamento e reflorestamento como fonte de matéria-prima para industrialização própria mediante a utilização de processo industrial que modifique a natureza química da madeira ou a transforme em pasta celulósica (§ 6º do mesmo dispositivo).
97. O Decreto 3.048/99, em seu art. 201-C, estabelece o seguinte:
    Art. 201-C. Quando a cooperativa de produção rural contratar empregados para realizarem, exclusivamente, a colheita da produção de seus cooperados, as contribuições de que tratam o art. 201, I, e o art. 202, relativas à folha de salário destes segurados, serão substituídas pela contribuição devida pelos cooperados, cujas colheitas sejam por eles realizadas, incidentes sobre a receita bruta da comercialização da produção rural, na forma prevista no art. 200, se pessoa física, no inciso IV do caput do art. 201 e no § 8º do art. 202, se pessoa jurídica.
    § 1º A cooperativa deverá elaborar folha de salários distinta e apurar os encargos decorrentes da contratação de que trata o caput separadamente dos relativos aos seus empregados regulares, discriminadamente por cooperado, na forma definida pelo INSS.
    § 2º A cooperativa é diretamente responsável pela arrecadação e recolhimento da contribuição previdenciária dos segurados contratados na forma deste artigo.

Insta ressaltar que o art. 187 da CRFB faz expressa referência às cooperativas rurais, ao dizer que a política agrícola será planejada e executada na forma da lei, com a participação efetiva do setor de produção, envolvendo produtores e trabalhadores rurais, bem como dos setores de comercialização, de armazenamento e de transportes, levando em conta, especialmente: "(...) VI – o cooperativismo; (...)".

3.3.1.5 Produtor rural pessoa física que não é segurado especial, nem empregador – o "não segurado especial"

Na definição dada pela Lei 8.212/91, em seu art. 25, *caput*, a contribuição de 1,3% incidente sobre a receita proveniente da comercialização da produção é devida pelo *empregador rural pessoa física* e pelo segurado especial. No caso deste, trata-se de sua contribuição como segurado da previdência; já no caso daquele, trata-se de sua contribuição como empregador (substitutiva da contribuição sobre a folha de salários), sendo que, como segurado, deverá recolher outra contribuição, a título de contribuinte individual.

Não obstante, a doutrina tem tratado tal contribuição como devida pelo "produtor rural pessoa física" e [ou, melhor dizendo, "inclusive"] pelo segurado especial[98]. Ocorre que os conceitos de "empregador rural" – que, frisamos, é o que a lei utiliza[99] – e de "produtor rural pessoa física não segurado especial" não se confundem, não são coincidentes. Com efeito, haverá a hipótese em que o produtor rural, embora não seja empregador, resta desclassificado como segurado especial[100] (delas já tratamos anteriormente), caso em que: não deve recolher como segurado especial, já que não o é, sendo que, caso recolha, tal contribuição não ingressa no sistema como sendo paga por um segurado, uma vez que ele é contribuinte individual, devendo, portanto, recolher nos moldes previstos para tal espécie de segurado, caso queira estabelecer tal relação de filiação com a previdência; não deve também recolher como empregador rural, visto

---

98. Neste sentido, Marisa Ferreira dos Santos (op. cit., p. 79) abre um tópico para tratar da "Contribuição do produtor rural pessoa física, do segurado especial e do consórcio de produtores rurais", aparentemente sem fazer a distinção. Kerbauy também não vislumbra a existência de uma terceira espécie, ao deduzir que "a diferença básica entre essas duas espécies de segurados reside no fato de que o produtor rural pessoa física contará com a utilização de empregados e o segurado especial não." (op. cit., 2008, p. 216). E, mais adiante, trata os termos "empregador rural pessoa física" e "produtor rural pessoa física" indistintamente, como se sinônimas fossem as expressões.
99. Não obstante, em alguns dispositivos esparsos, a lei chega a utilizar o termo "produtor rural pessoa física" (e, frise-se, não como gênero a contemplar como espécies o empregador rural e o segurado especial), como, por exemplo, no art. 30, XII.
100. Berwanger faz a mesma advertência: "Mas, aqui é importante deixar claro que nem todos os produtores rurais são segurados especiais ou empregadores rurais. Há um terceiro grupo que, apesar de não ter empregados, também não é segurado especial. Há diversas situações que implicam na exclusão da condição de segurado especial, sendo que o fato de ter empregados permanentes é apenas uma delas. (...) A Lei 8.212/91 não prevê que os produtores rurais que não tenham empregados permanentes, bem como não se enquadram (por outras razões) como segurados especiais, sejam obrigados a contribuir sobre a produção. Esse[s] produtores, que não são empregadores rurais e nem segurados especiais, portanto, não são obrigados a recolher a contribuição previdenciária" (op. cit., 2013, p. 325).

que não o é, não fazendo sentido, portanto, que recolha uma contribuição que substitui a incidente sobre a folha de salários, já que ele não tem folha de salários e, portanto, a contribuição não é devida.

Em suma, tal espécie de produtor rural não deveria verter contribuição sobre a comercialização da produção, cabendo recolher apenas, se for o caso, como segurado contribuinte individual. É importante salientar, inclusive, que a Lei 8.212/91, que é lei ordinária, não poderia criar nova (ou seja, não prevista na CRFB) espécie de contribuição social. Em suma, esse *tertium genus*, que temos denominado "não segurado especial", vem, na prática, recolhendo "a fundo perdido", ou melhor dizendo, sem qualquer contrapartida securitária em termos de cobertura, seja para si ou para outrem a seu serviço. Não é que tal contribuição não seja, cabe ressalvar, justificável do ponto de vista social, já que a desoneração resultaria inegavelmente no incremento da informalidade no meio rural e, consequentemente, no aumento da sonegação, já que muitos empregadores rurais efetivos possivelmente optariam por não formalizar a contratação para fugirem da tributação (muitos já o fazem, cabe dizer, para não restarem desqualificados como segurado especial). Em suma, presume-se que o produtor rural ou é segurado especial ou empregador rural – abstrai-se, enfim, da existência dessa terceira espécie que descrevemos – e, como a alíquota aplicável é a mesma e a contribuição do segurado especial não gera efeitos na concessão de benefícios, tributa-se toda e qualquer comercialização de produção – enfim, mira-se o aspecto material e não o pessoal.

3.3.2 *Contribuição do empregador doméstico*

O empregador doméstico recolhe sobre o salário de contribuição[101] do empregado (cujo conceito veremos melhor adiante) com alíquota de 8,8% (sendo 0,8% para o financiamento do seguro contra acidentes de trabalho).

O empregador doméstico deve também arrecadar e recolher a contribuição devida pelo seu empregado (não deverá fazê-lo, porém, durante o gozo de licença-maternidade da empregada doméstica, quando deve apenas recolher a contribuição patronal).

4. CONTRIBUIÇÕES DEVIDAS PELOS SEGURADOS

Nos termos do art. 195, II, da CRFB, é devida contribuição social pelo trabalhador e os demais segurados da previdência social, *podendo ser adotadas alíquotas progressivas de acordo com o valor do salário de contribuição*. O trecho em negrito foi inserido pela

---

101. Consoante destaca Gustavo Filipe Barbosa Garcia, "Nota-se que a contribuição do empregador doméstico, diversamente da empresa (art. 22 da Lei 8.212/1991), incide sobre o salário de contribuição do empregado doméstico, e não sobre a remuneração. Com isso, entende-se que a base de cálculo da contribuição do empregador doméstico (assim como do empregado doméstico) está sujeita ao valor atualizado do limite máximo do salário de contribuição (art. 28, § 5º, da Lei 8.212/1991) quanto a cada empregado doméstico, o que não ocorre com a contribuição da empresa, incidente sobre o valor total das remunerações." (*Curso de Direito Previdenciário: seguridade social*. 7. ed. São Paulo: Saraiva, 2023, p. 76).

EC 103/2019. Assim, passa a estar expressamente prevista a possibilidade de se instituir alíquotas progressivas, o que porém já era feito até então. Fica evidenciado, também, que a base de cálculo da contribuição devida pelo segurado é o salário de contribuição (que também já era a regra até então). Cabe destacar, contudo, que a própria CRFB cria uma situação diferenciada para o segurado especial, como já vimos.

Pois bem, cabe-nos aqui, preliminarmente, trabalhar o conceito de salário de contribuição. Antes, impende destacar que o segurado é o sujeito passivo da relação jurídica de natureza tributária, ainda que em muitos casos não seja o responsável tributário.

Convém relembrar, no ponto, que inclusive o aposentado que retorna ao mercado de trabalho deverá contribuir sobre a remuneração auferida na ativa (§ 4º do art. 12 da Lei 8.212/91).

4.1 Salário de contribuição

O salário de contribuição não pode ser superior ao teto máximo estabelecido pela legislação de regência (assim, se a remuneração percebida supera o teto, a contribuição devida pelo segurado terá como base de cálculo o teto), mesmo no caso de exercício de atividades concomitantes. Não poderá ser inferior ao salário mínimo ou, no caso do empregado (inclusive o doméstico) e o trabalhador avulso, ao piso salarial da categoria (se houver).

Segundo o art. 28 da Lei 8.212/91, o salário de contribuição é:

- para o empregado e trabalhador avulso: a remuneração auferida em uma ou mais empresas, assim entendida a totalidade dos rendimentos pagos, devidos ou creditados a qualquer título, durante o mês, destinados a retribuir o trabalho, qualquer que seja a sua forma, inclusive as gorjetas, os ganhos habituais sob a forma de utilidades e os adiantamentos decorrentes de reajuste salarial, quer pelos serviços efetivamente prestados, quer pelo tempo à disposição do empregador ou tomador de serviços nos termos da lei ou do contrato ou, ainda, de convenção ou acordo coletivo de trabalho ou sentença normativa;
- para o empregado doméstico: a remuneração registrada na CTPS;
- para o contribuinte individual: a remuneração auferida em uma ou mais empresas ou pelo exercício de sua atividade por conta própria, durante o mês;
- para o segurado facultativo: o valor por ele declarado.

Quando a admissão, a dispensa, o afastamento ou a falta do empregado ocorrer no curso do mês, o salário de contribuição será proporcional ao número de dias de trabalho efetivo (§ 1º).

Nos termos do novel § 14 do art. 195 da CRFB, criado pela EC 103/2019, o segurado somente terá reconhecida como tempo de contribuição ao RGPS a competência cuja contribuição seja igual ou superior à contribuição mínima mensal exigida para sua categoria, assegurado o agrupamento de contribuições[102]. O art. 28 da EC 103/2019 estabelece que "Até que entre em vigor lei que disponha sobre o § 14 do art. 195 da Constituição Federal, o segurado que, no somatório de remunerações auferidas no período de 1 (um) mês, receber remuneração inferior ao limite mínimo mensal do salário de contribuição poderá: I – complementar a sua contribuição, de forma a alcançar o limite mínimo exigido; II – utilizar o valor da contribuição que exceder o limite mínimo de contribuição de uma competência em outra; ou III – agrupar contribuições inferiores ao limite mínimo de diferentes competências, para aproveitamento em contribuições mínimas mensais". Porém, "os ajustes de complementação ou agrupamento de contribuições previstos nos incisos I, II e III do caput somente poderão ser feitos ao longo do mesmo ano civil" (par. único).

Para regular a questão, o Decreto 10.410/20 efetuou algumas alterações no RPS, sendo conveniente destacar o mais importante.

Em primeiro lugar, é dito, no § 2º do art. 19-C, que "as competências em que o salário de contribuição mensal tenha sido igual ou superior ao limite mínimo serão computadas integralmente como tempo de contribuição, independentemente da quantidade de dias trabalhados". Em suma, a competência será computada[103] ainda que só se tenha trabalhado em parte do mês, mas apenas se o salário de contribuição que serviu de base para o recolhimento seja igual ou superior ao limite mínimo mensal. Isto, é claro, a princípio, ou seja, se não houver ajuste.

Já o art. 19-E dispõe que "a partir de 13 de novembro de 2019, para fins de aquisição e manutenção da qualidade de segurado, de carência, de tempo de contribuição e de cálculo do salário de benefício exigidos para o reconhecimento do direito aos benefícios do RGPS e para fins de contagem recíproca, somente serão consideradas as competências cujo salário de contribuição seja igual ou superior ao limite mínimo mensal do salário de contribuição"[104].

Sobre o ajuste em si, o art. 19-E, para além de repetir o que consta na EC 103/2019, estabelece que "os ajustes de complementação, utilização e agrupamento (...) poderão

---

102. Quanto ao contribuinte individual, já dispunha o art. 5º da Lei 10.666/03 nesse sentido: "O contribuinte individual a que se refere o art. 4o [que presta serviço a pessoa jurídica, a qual é responsável pela retenção da contribuição do segurado] é obrigado a complementar, diretamente, a contribuição até o valor mínimo mensal do salário de contribuição, quando as remunerações recebidas no mês, por serviços prestados a pessoas jurídicas, forem inferiores a este". Quanto às demais situações, não havia regulação expressa. O § 1º do art. 28 da Lei 8.212/91 dispõe apenas que "quando a admissão, a dispensa, o afastamento ou a falta do empregado ocorrer no curso do mês, o salário de contribuição será proporcional ao número de dias de trabalho efetivo, na forma estabelecida em regulamento".
103. Destacamos que isto gera efeitos quando o cômputo é feito a partir da ideia do número de "contribuições mensais", como ocorre na aferição da carência, por exemplo, ao contrário de quando é feito com base em meses de contribuição, quando o cômputo é feito conforme o número de dias trabalhado (o que é o caso, por exemplo, na contagem do tempo de contribuição).
104. Quanto à carência, isto é confirmado no art. 26 do mesmo diploma: "Período de carência é o tempo correspondente ao número mínimo de contribuições mensais indispensáveis para que o beneficiário faça jus ao benefício, consideradas as competências cujo salário de contribuição *seja igual ou superior* ao seu limite mínimo mensal." (grifamos).

ser efetivados, a qualquer tempo, por iniciativa do segurado, hipótese em que se tornarão irreversíveis e irrenunciáveis após processados" (§ 2º); que "a complementação (...) poderá ser recolhida até o dia quinze do mês subsequente ao da prestação do serviço e, a partir dessa data, com os acréscimos previstos no art. 35 da Lei 8.212, de 1991" (§ 3º); que "a efetivação do ajuste (...) não impede o recolhimento da contribuição referente à competência que tenha o salário de contribuição transferido, em todo ou em parte, para agrupamento com outra competência a fim de atingir o limite mínimo mensal do salário de contribuição" (§ 5º) (ou seja, é possível combinar formas diferentes de ajuste); e que "na hipótese de falecimento do segurado, os ajustes (...) poderão ser solicitados por seus dependentes para fins de reconhecimento de direito para benefício a eles devidos até o dia quinze do mês de janeiro subsequente ao do ano civil correspondente" (§ 7º)[105].

O § 9º do art. 28 da Lei 8.212/91 enumera algumas verbas que não integram o salário de contribuição (o § 9º do art. 214 do Decreto 3.048/99 é ainda mais detalhado). Destacaremos algumas situações que chamam mais a atenção.

Em alteração processada em 2017, as diárias para viagens passaram a não integrar o salário de contribuição (art. 28, § 9º, h, da Lei 8.212/91, com revogação do § 8º, a, do mesmo dispositivo).

O 13º salário integra o salário de contribuição, exceto para o cálculo de benefício. Trata-se de redação dada pela Lei 8.870/94. Assim, dispõe a Súmula 83 da TNU que "a partir da entrada em vigor da Lei 8.870/94, o décimo terceiro salário não integra o salário de contribuição para fins de cálculo do salário de benefício". Segundo a Súmula 688 do STF, "é legítima a incidência da contribuição previdenciária sobre o 13º salário".

Segundo a Súmula 67 da TNU, "o auxílio-alimentação recebido em pecúnia por segurado filiado ao Regime Geral da Previdência Social integra o salário de contribuição e sujeita-se à incidência de contribuição previdenciária". Nos termos da Súmula 207 do STF, "as gratificações habituais, inclusive a de Natal, consideram-se tacitamente convencionadas, integrando o salário". Conforme a Súmula 310 do STJ, "o auxílio-creche não integra o salário de contribuição".

> Nos termos da alínea *a* do § 9º do art. 28 da Lei 8.212/91, os benefícios previdenciários não integram o salário de contribuição, exceto o salário-maternidade. Cabe ressaltar, contudo, que o STJ decidira, no bojo do REsp 1.230.957, ser devida a cota patronal incidente sobre o salário-maternidade. Não obstante, o STF declarou a inconstitucionalidade da exação no bojo do RExt 576.967.

4.2 EMPREGADO, EMPREGADO DOMÉSTICO E TRABALHADOR AVULSO

Segundo o art. 20 da Lei 8.212/91, a contribuição do empregado, inclusive o doméstico, e a do trabalhador avulso é calculada mediante a aplicação da correspondente

---
105. Vale mencionar ainda, para quem se interessar em conhecer com mais detalhes a dinâmica do ajuste, o novo § 27-A do art. 216, também acrescido pelo Decreto 10.410/20, o qual deixamos de aqui desenvolver por já fugir ao escopo da presente obra.

alíquota sobre o seu salário de contribuição mensal, de forma não cumulativa[106]. A alíquota variava entre 8, 9 e 11%, conforme a remuneração, segundo tabela que era atualizada periodicamente por ato infralegal. Não obstante, o art. 28 da EC 103/2019 (segundo o art. 36, I, do mesmo diploma, a novel regulação entrou em vigor "no primeiro dia do quarto mês subsequente ao da data de publicação desta Emenda Constitucional", que ocorreu em 12 de novembro de 2019) estabeleceu que "Até que lei altere as alíquotas da contribuição de que trata a Lei 8.212, de 24 de julho de 1991, devidas pelo segurado empregado, inclusive o doméstico, e pelo trabalhador avulso, estas serão de: I – até 1 (um) salário-mínimo, 7,5% (sete inteiros e cinco décimos por cento); II – acima de 1 (um) salário-mínimo até R$ 2.000,00 (dois mil reais), 9% (nove por cento); III – de R$ 2.000,01 (dois mil reais e um centavo) até R$ 3.000,00 (três mil reais), 12% (doze por cento); e IV – de R$ 3.000,01 (três mil reais e um centavo) até o limite do salário de contribuição, 14% (quatorze por cento)". As alíquotas previstas são aplicadas de forma progressiva sobre o salário de contribuição do segurado, incidindo cada alíquota sobre a faixa de valores compreendida nos respectivos limites. As faixas remuneratórias devem ser reajustadas, a partir da data de entrada em vigor da Emenda, na mesma data e com o mesmo índice em que se der o reajuste dos benefícios do RGPS, ressalvados aqueles vinculados ao salário-mínimo, aos quais se aplica a legislação específica.

A obrigação pela retenção e recolhimento é do empregador/contratante (inclusive no caso do trabalhador avulso), conforme dispõe o art. 30, I, da Lei 8.212/91, razão pela qual se tem entendido que, para fins de assegurar a cobertura, basta ao empregado comprovar a existência do vínculo[107].

Nos moldes do que dispõe o art. 14-A da Lei 5.889/73, o produtor rural pessoa física poderá realizar contratação de trabalhador rural por pequeno prazo para o exercício de atividades de natureza temporária, sendo que, em tal caso, a contribuição devida pelo trabalhador será de 8% sobre seu salário de contribuição (§ 5º), sendo do contratante a obrigação de fazer a retenção e o recolhimento.

4.3 Contribuinte individual e segurado facultativo

A EC 103/2019 não interferiu aqui. Assim, a alíquota atribuída a tais segurados segue sendo, em regra, de 20%, salvo as situações de regime especial de inclusão, que já vimos anteriormente. Ademais, a lei prevê que na hipótese de o contribuinte individual

---

106. Em julgado recente (RExt 852.796, tema 833 da repercussão geral), o STF entendeu que, "É constitucional a expressão 'de forma não cumulativa' constante do 'caput' do art. 20 da Lei 8.212/1991. (...) É compatível com a Constituição Federal (CF) a progressividade simples estipulada no art. 20 da Lei 8.212/1991, ou seja, a apuração das contribuições previdenciárias devidas pelo segurado empregado, inclusive o doméstico, e pelo trabalhador avulso mediante a incidência de apenas uma alíquota — aquela correspondente à faixa de tributação — sobre a íntegra do salário de contribuição mensal.".
107. Dispõe o novo § 23 do art. 201 do RPS, introduzido pelo Decreto 10.410/20, que "nos contratos de trabalho intermitente, a empresa recolherá as contribuições previdenciárias da empresa e do empregado e o valor devido ao FGTS, o qual será calculado com base nos valores pagos no período mensal, e fornecerá ao empregado o comprovante de cumprimento dessas obrigações.".

prestar serviço a uma ou mais empresas, poderá deduzir, da sua contribuição mensal, 45% da contribuição da empresa, efetivamente recolhida ou declarada, incidente sobre a remuneração que esta lhe tenha pagado ou creditado, limitada a dedução a 9% do respectivo salário de contribuição.

No que tange à responsabilidade pelo recolhimento da contribuição devida pelo contribuinte individual, ela irá variar conforme preste serviço a empresa ou não. Com efeito, a partir do advento da Lei 10.666/2003, restou estabelecido que "fica a empresa obrigada a arrecadar a contribuição do segurado contribuinte individual a seu serviço" (art. 4º)[108]. Não obstante, isto não se aplica ao contribuinte individual, quando contratado por outro contribuinte individual equiparado a empresa ou por produtor rural pessoa física[109] ou por missão diplomática e repartição consular de carreira estrangeiras, e nem ao brasileiro civil que trabalha no exterior para organismo oficial internacional do qual o Brasil é membro efetivo (§ 3º).

Caso a PJ contratante seja responsável pela retenção da cota do contribuinte individual, dispõe o § 26 do art. 216 do Decreto 3.048/99 que a alíquota será de 11%, salvo se se tratar de entidade beneficente de assistência social isenta das contribuições sociais patronais, quando será de 20%.

4.4 Segurado Especial

As circunstâncias mais relevantes relacionadas ao custeio desta espécie de segurado já foram dantes analisadas, tendo em vista que a hipótese guarda uma peculiaridade ímpar trazida pela Constituição. A legislação infraconstitucional se limita, assim, a estabelecer qual é a alíquota e dar os contornos do conceito de "receita bruta". Nos termos do art. 25 da Lei 8.212/91, a contribuição do segurado especial é de 1,3% (sendo que 0,1% se destina ao "financiamento das prestações por acidente do trabalho"), incidentes sobre a "receita bruta proveniente da comercialização da sua produção". Definindo o que é a receita bruta, estabelece o § 3º do mesmo dispositivo que:

---

108. O § 1º do dispositivo estabelece que "as cooperativas de trabalho arrecadarão a contribuição social dos seus associados como contribuinte individual e recolherão o valor arrecadado".
109. Segundo a Lei 8.212/91, empresa é "a firma individual ou sociedade que assume o risco de atividade econômica urbana ou rural, com fins lucrativos ou não, bem como os órgãos e entidades da administração pública direta, indireta e fundacional". Equiparam-se a empresa o contribuinte individual e a pessoa física na condição de proprietário ou dono de obra de construção civil, em relação a segurado que lhe presta serviço, bem como a cooperativa, a associação ou a entidade de qualquer natureza ou finalidade, a missão diplomática e a repartição consular de carreira estrangeiras. É importante salientar que até o advento da Lei 13.202/2015, a Lei 8.212/91 dizia que se equiparava a empresa o contribuinte individual em relação a segurado que lhe presta serviço. Por isso é que a Lei 10.666/2003 – que transferiu a responsabilidade tributária à pessoa jurídica contratante, vez que antes o contribuinte individual deveria proceder ao próprio recolhimento em qualquer hipótese – fez a ressalva mencionada. Destarte, se o esporádico rural presta serviço a pessoa física, será ele – o trabalhador – o responsável pelo próprio recolhimento. Não obstante, se prestar serviço a empresa *stricto sensu*, esta é a substituta tributária.

§ 3º Integram a produção, para os efeitos deste artigo, os produtos de origem animal ou vegetal, em estado natural ou submetidos a processos de beneficiamento ou industrialização rudimentar[110], assim compreendidos, entre outros, os processos de lavagem, limpeza, descaroçamento, pilagem, descascamento, lenhamento, pasteurização, resfriamento, secagem, fermentação, embalagem, cristalização, fundição, carvoejamento, cozimento, destilação, moagem e torrefação, bem como os subprodutos e os resíduos obtidos por meio desses processos, exceto, no caso de sociedades cooperativas, a parcela de produção que não seja objeto de repasse ao cooperado por meio de fixação de preço.

Ainda, diz o § 10:

§ 10. Integra a receita bruta de que trata este artigo, além dos valores decorrentes da comercialização da produção relativa aos produtos a que se refere o § 3o deste artigo, a receita proveniente:

I – da comercialização da produção obtida em razão de contrato de parceria ou meação de parte do imóvel rural;

II – da comercialização de artigos de artesanato de que trata o inciso VII do § 10 do art. 12 desta Lei;

III – de serviços prestados, de equipamentos utilizados e de produtos comercializados no imóvel rural, desde que em atividades turística e de entretenimento desenvolvidas no próprio imóvel, inclusive hospedagem, alimentação, recepção, recreação e atividades pedagógicas, bem como taxa de visitação e serviços especiais;

IV – do valor de mercado da produção rural dada em pagamento ou que tiver sido trocada por outra, qualquer que seja o motivo ou finalidade; e

V – de atividade artística de que trata o inciso VIII do § 10 do art. 12 desta Lei.

Finalmente, o novel (incluído em 2018) § 12 do mesmo dispositivo diz que:

§ 12. Não integra a base de cálculo da contribuição de que trata o caput deste artigo a produção rural destinada ao plantio ou reflorestamento, nem o produto animal destinado à reprodução ou criação pecuária ou granjeira e à utilização como cobaia para fins de pesquisas científicas, quando vendido pelo próprio produtor e por quem a utilize diretamente com essas finalidades e, no caso de produto vegetal, por pessoa ou entidade registrada no Ministério da Agricultura, Pecuária e Abastecimento que se dedique ao comércio de sementes e mudas no País.

Sobre a responsabilidade tributária, estabelece a Lei 8.212/91, em seu art. 30, IV, que a empresa adquirente, consumidora ou consignatária ou a cooperativa [e, ademais, a pessoa física não produtor rural que adquire produção para venda no varejo a consumidor pessoa física, conforme dispõe o inciso XI] ficam sub-rogadas nas obrigações do segurado especial, independentemente de as operações de venda ou consignação terem sido realizadas diretamente com o produtor ou com intermediário pessoa física, devendo fazer o recolhimento até o dia 20 (vinte) do mês subsequente ao da operação de venda ou consignação da produção. O segurado especial ficará responsável diretamente por efetuar o recolhimento apenas quando comercializar a sua produção: a) no exterior[111]; b) diretamente, no varejo, a consumidor pessoa física; c) a outro produtor rural, quer

---

110. O § 11 do mesmo dispositivo estabelece que: "Considera-se processo de beneficiamento ou industrialização artesanal aquele realizado diretamente pelo próprio produtor rural pessoa física, desde que não esteja sujeito à incidência do Imposto Sobre Produtos Industrializados – IPI".

111. Há que se recordar, contudo, do disposto no § 2º, I, do art. 149 da CRFB: "As contribuições sociais e de intervenção no domínio econômico de que trata o caput deste artigo: I – não incidirão sobre as receitas decorrentes de exportação".

seja empregador, segurado especial ou o "não segurado especial"[112]. É responsável direto, ademais, por recolher a contribuição incidente sobre a receita bruta proveniente: a) da comercialização de artigos de artesanato elaborados com matéria-prima produzida pelo respectivo grupo familiar; b) de comercialização de artesanato ou do exercício de atividade artística; e c) de serviços prestados, de equipamentos utilizados e de produtos comercializados no imóvel rural, desde que em atividades turística e de entretenimento desenvolvidas no próprio imóvel, inclusive hospedagem, alimentação, recepção, recreação e atividades pedagógicas, bem como taxa de visitação e serviços especiais.

O recolhimento efetuado pelo segurado especial tem o caráter de contribuição devida pelo trabalhador, ou seja, é a parcela que cabe ao próprio segurado – no caso, não há, contudo, parcela paga pelo contratante, já que não existe uma relação de contratação, mas sim de trabalho por conta própria (autônomo). Por expressa disposição constitucional, a contribuição tem como base de cálculo – que, segundo Alfredo Augusto Becker, consiste no núcleo da hipótese de incidência da regra de tributação e confere o gênero jurídico ao tributo[113] – "o resultado da comercialização da produção" – e não o salário de contribuição, como se dá em relação aos demais segurados –, que, na prática, pode ou não existir.

Finalmente, cabe frisar que o segurado especial deverá também fazer a retenção da contribuição dos trabalhadores a seu serviço, como responsável tributário.

5. OUTRAS CONTRIBUIÇÕES

Além das contribuições devidas pelos segurados e pelos contratantes, há ainda outras previstas pela própria CRFB, como já vimos: a devida pelo "importador de bens ou serviços do exterior, ou de quem a lei a ele equiparar" (art. 195, IV) e a incidente "sobre a receita de concursos de prognósticos" (art. 195, III).

O art. 27 da Lei 8.212/91 enumera, ademais, outras receitas da seguridade social: I – as multas, a atualização monetária e os juros moratórios; II – a remuneração recebida por serviços de arrecadação, fiscalização e cobrança prestados a terceiros; III – as receitas provenientes de prestação de outros serviços e de fornecimento ou arrendamento de bens; IV – as demais receitas patrimoniais, industriais e financeiras; V – as doações, legados, subvenções e outras receitas eventuais; VI – 50% (cinquenta por cento) dos valores obtidos e aplicados na forma do parágrafo único do art. 243 da Constituição Federal; VII – 40% (quarenta por cento) do resultado dos leilões dos bens apreendidos

---

112. Como bem elucida Berwanger, sendo o segurado especial responsável pelo próprio recolhimento, "ele deve fazer uma matrícula chamada Cadastro Específico do INSS (CEI) e recolher a contribuição sobre a produção, da mesma forma do inciso III do art. 30 da Lei 8.212/91, ou seja, somar a produção comercializada no mês e recolher até o dia 20 (vinte) do mês seguinte, na Guia da Previdência Social. Há um código específico para que seja efetuado o recolhimento dessa contribuição (2704)." (op. cit., 2013, p. 329).
113. *Teoria Geral do Direito Tributário*. 4. ed. São Paulo: Noeses, 2007, p. 279-s.

pelo Departamento da Receita Federal; VIII – outras receitas previstas em legislação específica[114].

A contribuição social incidente sobre apostas feitas em concursos de prognósticos é regulada pelo art. 26 da Lei 8.212/1991, o qual foi modificado pela Lei 13.756/2018. Assim, hoje prevê apenas que "o produto da arrecadação da contribuição será destinado ao financiamento da Seguridade Social" (§ 1º), que "a base de cálculo da contribuição equivale à receita auferida nos concursos de prognósticos, sorteios e loterias" (§ 2º) e que "a alíquota da contribuição corresponde ao percentual vinculado à Seguridade Social em cada modalidade lotérica, conforme previsto em lei"[115].

Lazzari e Castro sustentam que "Os contribuintes, no caso, são os indivíduos que vertem valores em apostas feitas em concursos de loterias, reuniões hípicas e sorteios patrocinados pelo Poder Público. (...) O fato de caber à pessoa jurídica responsável pelo concurso o recolhimento das contribuições não retira do apostador sua condição de contribuinte, transferindo-se apenas a responsabilidade pela entrega do numerário ao ente arrecadador da Seguridade Social. Tal contribuição, contudo, não acarreta qualquer contrapartida devida ao apostador em matéria de proteção social"[116].

Quanto à contribuição devida pelo "importador de bens ou serviços do exterior, ou de quem a lei a ele equiparar" (art. 195, IV, CRFB), ela foi criada por meio do PIS/PASEP e COFINS na importação. A Lei 10.865/2004 regula tal exação. O art. 3º de tal diploma depura o fato gerador, conquanto o art. 2º mencione uma série de situações que devem ser excluídas da incidência. Em síntese, o fato gerador é: I – a entrada de bens estrangeiros no território nacional; e II – o pagamento, o crédito, a entrega, o emprego ou a remessa de valores a residentes ou domiciliados no exterior como contraprestação por serviço prestado.

No caso de importação de serviço, a base de cálculo será o valor pago, creditado, entregue, empregado ou remetido para o exterior, antes da retenção do imposto de renda, acrescido do ISS e do valor das próprias contribuições (art. 7º, II). As alíquotas básicas aí serão: PIS/PASEP-importação, de 1,65%; COFINS-importação, de 7,6%.

---

114. O par. único do dispositivo em questão diz que "As companhias seguradoras que mantêm o seguro obrigatório de danos pessoais causados por veículos automotores de vias terrestres, de que trata a Lei 6.194, de dezembro de 1974 [DPVAT], deverão repassar à Seguridade Social 50% (cinquenta por cento) do valor total do prêmio recolhido e destinado ao Sistema Único de Saúde-SUS, para custeio da assistência médico-hospitalar dos segurados vitimados em acidentes de trânsito".
115. Apenas para contextualizar, o dispositivo previa, antes da alteração, que "constitui receita da Seguridade Social a renda líquida dos concursos de prognósticos, excetuando-se os valores destinados ao Programa de Crédito Educativo" (*caput*), que "consideram-se concursos de prognósticos todos e quaisquer concursos de sorteios de números, loterias, apostas, inclusive as realizadas em reuniões hípicas, nos âmbitos federal, estadual, do Distrito Federal e municipal" (§ 1º) e que "entende-se por renda líquida o total da arrecadação, deduzidos os valores destinados ao pagamento de prêmios, de impostos e de despesas com a administração, conforme fixado em lei, que inclusive estipulará o valor dos direitos a serem pagos às entidades desportivas pelo uso de suas denominações e símbolos" (§ 2º). Ademais, o Decreto 3.048/99 determina, em seu art. 212 (em redação anterior à alteração legal mencionada), que estão englobados os concursos promovidos por sociedades comerciais ou civis.
116. Op. cit., p. 134.

Quando, porém, se tratar de entrada de bens estrangeiros no território nacional, a base de cálculo será o valor aduaneiro (art. 7º, II)[117]. As alíquotas básicas aí serão: PIS/PASEP-importação, de 2,1%; COFINS-importação, de 9,65%.

Convém referenciar que há alíquotas diferenciadas para uma série de produtos (vide §§ 1º a 23 do art. 8º).

Como salientam Lazzari e Castro, "Considerando-se a existência de modalidades distintas de incidência da Contribuição para o PIS/PASEP e da COFINS – cumulativa e não cumulativa – no mercado interno[118], nos casos dos bens ou serviços importados para revenda ou para serem empregados na produção de outros bens ou na prestação de serviços, será possibilitado, também, o desconto de créditos pelas empresas sujeitas à incidência não cumulativa do PIS/PASEP e da COFINS, nos casos que especifica a Lei 10.865/2004. A medida procura conduzir a um tratamento tributário isonômico entre os bens e serviços produzidos internamente e os importados: tributação com as mesmas alíquotas e possibilidade de desconto de crédito para as empresas sujeitas à incidência não cumulativa. As hipóteses de vedação de créditos vigentes para o mercado interno foram estendidas para os bens e serviços importados sujeitos às contribuições instituídas pela Lei 10.865/2004."[119].

São contribuintes (art. 5º): I – o importador, assim considerada a pessoa física ou jurídica que promova a entrada de bens estrangeiros no território nacional (equiparam-se ao importador o destinatário de remessa postal internacional indicado pelo respectivo remetente e o adquirente de mercadoria entrepostada); II – a pessoa física ou jurídica contratante de serviços de residente ou domiciliado no exterior; e III – o beneficiário do serviço, na hipótese em que o contratante também seja residente ou domiciliado no exterior. Convém apontar, ademais, o disposto no art. 149, § 3º, da CRFB: "A pessoa natural destinatária das operações de importação poderá ser equiparada a pessoa jurídica, na forma da lei".

---

117. Na redação anterior, o valor aduaneiro era definido como o valor que servir ou que serviria de base para o cálculo do imposto de importação, acrescido do valor do ICMS incidente no desembaraço aduaneiro e do valor das próprias contribuições. Tal conceito foi alvo de intensa contestação judicial, tendo o debate chegado até o STF, que reconheceu sua inconstitucionalidade no bojo do RExt 559.937.
118. "Não ofende o art. 173, § 1º, II, da Constituição Federal (CF) a escolha legislativa de reputar não equivalente a situação das empresas privadas com relação às sociedades de economia mista, às empresas públicas e suas respectivas subsidiárias exploradoras de atividade econômica, para fins de submissão ao regime tributário das contribuições para o Programa de Integração Social (PIS) e para o Programa de Formação do Patrimônio do Servidor Público (PASEP), à luz dos princípios da igualdade tributária e da seletividade no financiamento da Seguridade Social. Com base nessa orientação, o Plenário, por maioria, ao apreciar o Tema 64 da repercussão geral, negou provimento a recurso extraordinário em que discutida a possibilidade de se criar tratamento mais gravoso para as estatais que exploram atividade econômica em comparação às empresas privadas, no que tange às contribuições para o PIS/PASEP. Para a Corte, é válida a cobrança da contribuição para o PASEP das estatais, ao passo que as demais empresas privadas recolhem para o PIS, tributo patrimonialmente menos gravoso. Não há inconstitucionalidade nessa diferenciação que justifique a apontada ofensa ao art. 173, no § 1º, II, da CF (1), de modo que é legítima a escolha legislativa de reputar como não equivalentes a situação das empresas privadas num cotejo com as estatais." (retirado do Informativo 927 do STF, referente ao RExt 577.494, tema 64 da repercussão geral).
119. Op. cit., p. 252.

São responsáveis solidários (art. 6º): I – o adquirente de bens estrangeiros, no caso de importação realizada por sua conta e ordem, por intermédio de pessoa jurídica importadora; II – o transportador, quando transportar bens procedentes do exterior ou sob controle aduaneiro, inclusive em percurso interno; III – o representante, no País, do transportador estrangeiro; IV – o depositário, assim considerado qualquer pessoa incumbida da custódia de bem sob controle aduaneiro; e V – o expedidor, o operador de transporte multimodal ou qualquer subcontratado para a realização do transporte multimodal.

Parte IV
ASPECTOS PROCESSUAIS DO DIREITO PREVIDENCIÁRIO

Os aspectos processuais do Direito Previdenciário é tema usualmente cobrado nos concursos para os cargos de Advogado da União, Defensor Público Federal, Juiz Federal e Procurador Federal, ou seja, aquelas profissões que lidam com o assunto mais intensamente na prática. Como o título do tópico permite entrever, não faremos aqui uma análise completa do processo previdenciário, mas tocaremos apenas em alguns elementos mais destacados, que são recorrentes nos referidos certames. Não obstante, procuramos, ao invés de meramente enfeixá-los difusamente, organizá-los dentro de uma estrutura que, conquanto simples, observa um encadeamento lógico que – acreditamos – possibilita ao leitor melhor absorvê-los.

Parte IV
Aspectos Processuais do Direito Previdenciário

Capítulo I
PROCESSO JUDICIAL PREVIDENCIÁRIO

1. INTROITO

Como já adiantamos na ementa, iremos abordar apenas certos aspectos concernentes ao desenvolvimento do processo previdenciário. Nesse primeiro capítulo, trataremos do processo judicial; no segundo, falaremos sobre o procedimento administrativo. Tendo em vista que a maior parte dos processos previdenciários corre perante o Juizado Especial Federal e que alguns editais (por exemplo, o da magistratura federal) fazem uma junção parcial entre os temas, abordaremos também ligeiramente tal assunto.

2. COMPETÊNCIA

A competência para as demandas judiciais previdenciárias é, em regra, da Justiça Federal, em razão da pessoa que consta no polo passivo, ou seja, o INSS, que é uma autarquia federal. Com efeito, estabelece o art. 109, I, da CRFB que "Aos juízes federais compete processar e julgar (...) as causas em que a União, *entidade autárquica* ou empresa pública *federal* forem interessadas na condição de autoras, rés, assistentes ou oponentes, exceto as de falência, *as de acidentes de trabalho* e as sujeitas à Justiça Eleitoral e à Justiça do Trabalho" (grifamos).

Contudo, nas ações envolvendo acidente de trabalho, em exceção prevista pelo próprio dispositivo acima transcrito, a competência não é da JF, razão pela qual fica a cargo da Justiça Estadual. Nos termos da Súmula 15 do STJ, "compete à justiça estadual processar e julgar os litígios decorrentes de acidente do trabalho"[1]. Trata-se, convém frisar, de competência originária da Justiça Estadual para as ações de natureza acidentária, mesmo estando o INSS no polo passivo. O STF tem o entendimento de que isto se aplica inclusive no caso de ações revisionais ou de restabelecimento de benefícios acidentários (por exemplo, no Rext 638.483). Contudo, no caso de pensão por morte decorrente de acidente de trabalho, há certa polêmica (o entendimento que atualmente parece prevalecer no âmbito do STJ – vide, por exemplo, o AgRg no CC 139.399 – é no sentido de que somente se a causa de pedir estiver relacionada ao acidente de trabalho,

---

1. No mesmo sentido, a Súmula 501 do STF: "Compete à justiça ordinária estadual o processo e o julgamento, em ambas as instâncias, das causas de acidente do trabalho, ainda que promovidas contra a união, suas autarquias, empresas públicas ou sociedades de economia mista". Convém ressalvar, porém, que tal Súmula foi publicada sob a égide da Constituição anterior.

a competência será da justiça estadual), assim como em relação ao benefício para segurado especial decorrente de acidente de trabalho[2].

Sendo a competência originária da justiça estadual, os recursos à segunda instância serão dirigidos ao respectivo Tribunal de Justiça.

A par da hipótese de competência originária, temos a situação de competência *delegada* à Justiça Estadual. Nos termos do novel § 3º do art. 109 da CRFB, em redação dada pela EC 103/2019, "Lei poderá autorizar que as causas de competência da Justiça Federal em que forem parte instituição de previdência social e segurado possam ser processadas e julgadas na justiça estadual quando a comarca do domicílio do segurado não for sede de vara federal". Ou seja, a lei *poderá* (ou não) autorizar e, se o fizer, nos limites do que dispuser. A redação anterior era a seguinte: "Serão processadas e julgadas na justiça estadual, no foro do domicílio dos segurados ou beneficiários, as causas em que forem parte instituição de previdência social e segurado, sempre que a comarca não seja sede de vara do juízo federal, e, se verificada essa condição, a lei poderá permitir que outras causas sejam também processadas e julgadas pela justiça estadual". Em suma, pela redação anterior, a própria CRFB já diretamente determinava a competência delegada previdenciária à justiça estadual sempre que a comarca não fosse sede de vara do juízo federal, a par de permitir que a lei fizesse delegação também em outros tipos de matéria ou situação[3].

Pois bem, a vetusta Lei 5.010/66 dispunha, em seu art. 15, III, que nas comarcas do interior onde não funcionar vara da Justiça Federal, os juízes estaduais são competentes para processar e julgar os feitos ajuizados contra instituições previdenciárias por segurados ou beneficiários residentes na comarca, que se referirem a benefícios de natureza pecuniária. Contudo, tal previsão perdeu utilidade com o advento da CRFB de 1988, embora não pareça ser com esta incompatível. Não obstante, com a modificação implementada pela EC 103/2019, o disposto no art. 15, III, da Lei 5.010/66 passaria a ser novamente útil, tendo o condão de manter a competência delegada com a mesma amplitude de antes. Todavia, a Lei 13.876/2019, que foi publicada antes da EC 103/2019, alterou aquele outro diploma, contudo postergando a entrada em vigor da alteração para 1º.01.2020, quando a EC 103/2019 já havia alterado a CRFB. É possível que o STF seja instado a definir se a novel redação, que parece ser incompatível com o texto constitucional em vigor aquando de sua publicação, pode subsistir, considerando que sua vigência fora postergada para data em que já não mais havia incompatibilidade com o diploma normativo máximo.

---

2. Prevaleceu no STJ, por muitos anos, o entendimento de que a competência seria da Justiça Federal. Em decisões mais recentes, contudo, o STJ passou a se inclinar pela competência da Justiça Estadual (neste sentido, vide o AgInt no CC 152.187, julgado pela 1ª Seção).
3. O STF, julgando o RExt 860.058 (tema 820 da repercussão geral) procurou deixar claro que "A competência prevista no § 3º do artigo 109 da Constituição Federal, da Justiça comum, pressupõe inexistência de Vara Federal na Comarca do domicílio do segurado". No mesmo julgado, ratificou o entendimento de que "Compete a tribunal regional federal, no âmbito da respectiva região, dirimir conflito de competência entre juiz federal ou juizado especial federal e juiz estadual no exercício da competência federal delegada".

De todo modo, cabe-nos, por enquanto, analisar a nova redação atribuída ao art. 15, III, da Lei 5.010/66: "Quando a Comarca não for sede de Vara Federal, poderão ser processadas e julgadas na Justiça Estadual (...) as causas em que forem parte instituição de previdência social e segurado e que se referirem a benefícios de natureza pecuniária, quando a Comarca de domicílio do segurado estiver localizada a mais de 70 km (setenta quilômetros) de Município sede de Vara Federal". Em suma, se a comarca em que reside o segurado distar mais de 70 km da vara federal mais próxima, ele terá a opção de ajuizar a ação perante o juízo estadual da comarca de domicílio[4].

A competência delegada, portanto, tem lugar nas hipóteses em que a competência seria da JF (ainda que do JEF) e se estende também às ações que buscam benefício assistencial. Na prática, observa-se que há uma faculdade: o segurado pode ajuizar a ação perante o juízo federal que tem competência sobre o seu domicílio ou então no juízo estadual de sua comarca[5]. Em se tratando de competência delegada à justiça estadual, os recursos à segunda instância são dirigidos ao Tribunal Regional Federal com jurisdição sobre o município de residência do segurado.

A Súmula 689 do STF cria mais uma hipótese: "O segurado pode ajuizar ação contra a instituição previdenciária perante o juízo federal do seu domicílio ou nas Varas federais da capital do Estado-membro"[6]. Ademais, o § 2º do art. 109 da CRFB diz que: "As causas intentadas contra a União poderão ser aforadas na seção judiciária em que for domiciliado o autor, naquela onde houver ocorrido o ato ou fato que deu origem à demanda ou onde esteja situada a coisa, ou, ainda, no Distrito Federal". Há jurisprudência do STJ (CC 138.832) e STF (Rext 627.709) estendendo tal regra às autarquias federais. Em suma, o segurado também poderá optar por ingressar com sua ação em uma das varas federais da capital de seu Estado ou da Seção Judiciária do Distrito Federal.

No caso de Mandado de Segurança, por ser aplicável o disposto no art. 109, VIII, da CRFB ("aos juízes federais compete processar e julgar (...) os mandados de segurança e os habeas data contra ato de autoridade federal, excetuados os casos de competência dos tribunais federais"), não é cabível a competência delegada (neste sentido, a Súmula

---

4. No bojo do CC 170.051, entendeu o STJ que "Os efeitos da Lei 13.876/2019 na modificação de competência para o processamento e julgamento dos processos que tramitam na Justiça Estadual no exercício da competência federal delegada insculpido no art. 109, § 3ª, da Constituição Federal, após as alterações promovidas pela Emenda Constitucional 103, de 12 de novembro de 2019, aplicar-se-ão aos feitos ajuizados após 1º de janeiro de 2020. As ações, em fase de conhecimento ou de execução, ajuizadas anteriormente a essa data, continuarão a ser processadas e julgadas no juízo estadual, nos termos em que previsto pelo § 3º do art. 109 da Constituição Federal, pelo inciso III do art. 15 da Lei 5.010, de 30 de maio de 1965, em sua redação original".
5. Tem-se entendido que a competência – seja originária ou delegada – será sempre da vara comum, não cabendo o manejo de ação previdenciária no juizado especial cível estadual, pois não cabe ação contra pessoa jurídica de direito público no JEC. Com efeito, o § 2º do art. 3º da Lei 9.099/95 exclui da competência do JEC as causas de interesse da Fazenda Pública, enquanto a Lei 12.153/2009, que dispõe sobre os Juizados Especiais da Fazenda Pública, não trata da União. Em julgado recente, o STJ ratificou que "mesmo quando o INSS for réu na Justiça Estadual, a ação não pode tramitar no Juizado Especial da Fazenda Pública" (REsp 1.866.015).
6. A possibilidade de aplicar tal entendimento quando a ação for de competência [absoluta] do JEF é controversa em jurisprudência.

216 do TFR). O STJ tem entendido, ademais, que mesmo quando o MS envolver causa de pedir derivada de acidente de trabalho, a competência será da JF.

Sendo federal a competência, é preciso averiguar ainda se será da vara comum ou do juizado especial. Abriremos, a seguir, um tópico específico para tratar da competência do JEF.

2.1 Juizado Especial Federal

A previsão acerca da existência (ou criação) dos Juizados Especiais Federais está na Constituição da República – CRFB, o que denota a importância dada ao microssistema processual pelo Constituinte de 1988. Com efeito, a CRFB estabelece, em seu art. 24, X, que "Compete à União, aos Estados e ao Distrito Federal legislar concorrentemente sobre: (...) criação, funcionamento e processo do juizado de pequenas causas". Traz aí, portanto, as regras sobre a competência legislativa. Não obstante, estabelece, ademais, a determinação para que sejam criados os juizados, senão vejamos:

> Art. 98. A União, no Distrito Federal e nos Territórios, e os Estados criarão:
>
> I – juizados especiais, providos por juízes togados, ou togados e leigos, competentes para a conciliação, o julgamento e a execução de causas cíveis de menor complexidade e infrações penais de menor potencial ofensivo, mediante os procedimentos oral e sumariíssimo, permitidos, nas hipóteses previstas em lei, a transação e o julgamento de recursos por turmas de juízes de primeiro grau;
>
> (...)
>
> § 1º Lei federal disporá sobre a criação de juizados especiais no âmbito da Justiça Federal.

Em suma, a CRFB determina a criação dos Juizados Especiais Cíveis [e Criminais], no âmbito das Justiças estaduais e federal, estabelece a sua competência ("julgamento e execução de causas cíveis de menor complexidade"), os tipos de procedimento (oral e sumariíssimo) e o julgamento de recursos por turmas de juízes de primeiro grau. Trata-se de uma regulação relativamente extensa fornecida pela Lei Maior, o que deixa transparecer a relevância que já destacamos.

Pois bem, em obediência aos ditames constitucionais, a Lei 9.099/95 dispôs, pioneiramente no assunto, sobre os Juizados Especiais Cíveis e Criminais na esfera estadual, ou seja, estabeleceu as regras gerais em torno da matéria. Apenas, porém, com o advento da Lei 10.259/2001 é que surgiram os Juizados Especiais Federais, considerando que a previsão constitucional, acima transcrita (§ 1º do art. 98), adveio apenas com a Emenda Constitucional 22 de 1999, enquanto a previsão em torno dos juizados estaduais existe desde a redação constituinte originária[7].

É importante deixar consignado, desde logo, que no procedimento do JEF a Lei 10.259/2001 tem aplicação primária, enquanto a Lei 9.099/95 tem aplicação subsidiária – é dizer, tem lugar quando aquela é omissa e desde que não contrarie sua sistemática

---

7. Para maiores detalhes em torno do JEF, vide o seguinte artigo de nossa autoria: PORTO, Rafael Vasconcelos. Aspectos Processuais do Juizado Especial Federal. *Revista de Direito Prática Previdenciária*, v. 6, p. 66-97, 2019.

–, sendo que o Código de Processo Civil surge ainda como um terceiro degrau, ou seja, seus ditames podem ser utilizados quando aqueloutros diplomas se fizerem omissos.

Como vimos, a CRFB estabelece a competência do juizado para "causas de menor complexidade". O legislador ordinário, porém, optou por erigir um critério meramente econômico, de valor da causa, para definir a competência do JEF, talvez por não ter encontrado outro que pudesse se mostrar claro e objetivo.

O dispositivo básico que estabelece o critério de competência do JEF é o art. 3º da Lei 10.259/2001, *in verbis*: "Compete ao Juizado Especial Federal Cível processar, conciliar e julgar causas de competência da Justiça Federal até o valor de sessenta salários mínimos, bem como executar as suas sentenças". A Lei 9.099/95 elegeu (art. 3º) critério semelhante (40 salários mínimos), porém ao lado de alguns outros: as causas enumeradas no art. 275, inciso II, do antigo Código de Processo Civil[8]; a ação de despejo para uso próprio; as ações possessórias sobre bens imóveis de valor não excedente a 40 salários mínimos. Permitiu, ainda, a execução dos títulos executivos extrajudiciais, no valor de até 40 vezes o salário mínimo.

Em suma, ao contrário do que ocorre no JEC, o único critério para determinação da competência no JEF é o do valor da causa. Não obstante, há algumas causas que estão expressamente excluídas, conforme consta no § 1º do art. 3º da Lei:

> § 1º Não se incluem na competência do Juizado Especial Cível as causas:
>
> I – referidas no art. 109, incisos II [as causas entre Estado estrangeiro ou organismo internacional e Município ou pessoa domiciliada ou residente no País], III [as causas fundadas em tratado ou contrato da União com Estado estrangeiro ou organismo internacional] e XI [a disputa sobre direitos indígenas], da Constituição Federal, as ações de mandado de segurança, de desapropriação, de divisão e demarcação, populares, execuções fiscais e por improbidade administrativa e as demandas sobre direitos ou interesses difusos, coletivos ou individuais homogêneos;
>
> II – sobre bens imóveis da União, autarquias e fundações públicas federais;
>
> III – para a anulação ou cancelamento de ato administrativo federal, salvo o de natureza previdenciária e o de lançamento fiscal;
>
> IV – que tenham como objeto a impugnação da pena de demissão imposta a servidores públicos civis ou de sanções disciplinares aplicadas a militares.

---

8. Tal dispositivo regulava o procedimento sumaríssimo. A sistemática está mantida pelo art. 1063 do NCPC. As causas são as seguintes, qualquer que seja o valor: a) de reivindicação de coisas móveis e de semoventes; b) de arrendamento rural e de parceria agrícola; c) de responsabilidade pelo pagamento de impostos, taxas, contribuições, despesas e administração de prédio em condomínio; d) de ressarcimento por danos em prédio urbano ou rústico; e) de reparação de dano causado em acidente de veículo; f) de eleição de cabecel; g) que tiverem por objeto o cumprimento de leis e posturas municipais quanto à distância entre prédios, plantio de árvores, construção e conservação de tapumes e paredes divisórias; h) oriundas de comissão mercantil, condução e transporte, depósito de mercadorias, gestão de negócios, comodato, mandato e edição; i) de cobrança da quantia devida, a título de retribuição ou indenização, a depositário e leiloeiro; j) do proprietário ou inquilino de um prédio para impedir, sob cominação de multa, que o dono ou inquilino do prédio vizinho faça dele uso nocivo à segurança, sossego ou saúde dos que naquele habitam; l) do proprietário do prédio encravado para lhe ser permitida a passagem pelo prédio vizinho, ou para restabelecimento da servidão de caminho, perdida por culpa sua; m) para a cobrança dos honorários dos profissionais liberais, ressalvado o disposto em legislação especial.

Como a lei traz um rol de ações que estão excluídas, há quem defenda ser incabível qualquer outra exclusão, porém há corrente que sustenta a exclusão também no caso de o procedimento (especial) ser incompatível com o rito do JEF. Na jurisprudência, prevalece a possibilidade, por exemplo, de propor ação de consignação em pagamento no JEF.

Em relação à complexidade da causa, tem-se que a lei não dispõe a respeito, mas há quem sustente que se pode extrair da própria CRFB a vedação. Destarte, haveria, além do limite quantitativo, o qualitativo. De todo modo, entende-se que a complexidade da matéria em si não pode servir como vedação, então apenas a complexidade probatória, que dificultaria a celeridade, é que poderia ser suscitada como óbice à propositura (ou continuidade) da ação perante o JEF. Convém ressaltar que, ao contrário da Lei 9.099/95, a Lei 10.259/2001 prevê a possibilidade de "exame técnico" (art. 12). Porém, há relevante corrente jurisprudencial a sustentar que no caso de perícias muito complexas ou algum outro tipo de prova de mesma natureza, o processo deve[ria] ser excluído da competência do JEF. A Lei 9.099/95 veda (art. 18, § 2º) a citação por edital, razão pela qual, em sendo necessária tal modalidade de citação, há quem entenda pela necessidade de declinar de competência para a vara comum.

Finalmente, convém anotar que, conforme dispõe o § 3º do art. 3º da Lei. 10.259/2001, "No foro onde estiver instalada Vara do Juizado Especial, a sua competência é absoluta". Isto significa que, ao contrário do que ocorre no âmbito do Juizado Estadual, no qual ajuizar ou não uma ação de valor inferior a 40 salários mínimos lá ou na vara comum é uma opção discricionária do autor, no JEF há obrigação de que a ação com valor inferior a 60 salários mínimos seja ali proposta[9].

2.1.1 Determinação do valor da causa

A dificuldade maior para a fixação do valor da causa tem lugar nas ações que versam sobre obrigações de trato sucessivo, como ocorre, em geral, naquelas que pleiteiam a concessão ou revisão de benefício previdenciário. Nos moldes do que dispõe o § 2º do art. 3º da lei, levar-se-á em consideração a soma das prestações vencidas (por ocasião do ajuizamento) e das doze vincendas.

Por outro lado, vinha sendo expediente comum a inserção de pleito de dano moral, mesmo em ações previdenciárias das mais simples, com o objetivo tão somente de elevar o valor da causa para acima do patamar do JEF, para escolha do juízo processante, quer seja em virtude de se buscar um juiz com posicionamento favorável ou como estratégia do advogado para obter eventual condenação em honorários de sucumbência. Destarte,

---

9. O STF reconheceu, em 23.09.2023, a existência de repercussão geral da questão constitucional suscitada no RExt 1426083 (tema 1277), em que se discute: "à luz dos artigos 109, § 2º, e 110 da Constituição Federal, se o estabelecimento da competência absoluta prevista no § 3º do art. 3º da Lei 10.259/2001, no sentido de que, no foro onde estiver instalada Vara do Juizado Especial, a sua competência é absoluta, seria consentâneo com os limites constitucionais da competência da Justiça Federal".

a jurisprudência tem hoje descartado o valor pedido a título de dano moral (ou qualquer outro que tenha sido embutido visivelmente para elevar o valor da causa) no cálculo.

Tem-se entendido possível, embora haja controvérsia, a renúncia pelo autor do valor excedente a 60 salários mínimos[10], porém deverá ser expressa[11] e manifestada em declaração de próprio punho ou por advogado que detenha procuração com poderes especiais.

Se à época da propositura, o valor da causa era mesmo inferior a 60 salários-mínimos, a jurisprudência, inclusive da TNU, tem entendido que nada impede que a sentença condene a um valor superior em virtude de prestações que venceram ao longo do processo ou mesmo por incidência de juros e correção monetária (apenas não será possível receber por via de RPV, pois incide também aí o limite de 60 salários mínimos). Se o salário mínimo é elevado, em índice superior ao da inflação, no curso do processo, caso tenha havido a devida renúncia por ocasião da propositura, há controvérsia sobre se é o caso de apenas atualizar monetariamente o teto da época do ajuizamento ou se vale o novo teto.

2.1.2 Competência territorial

Como a parte ré é ente público, com representação em todo o país, entende-se que a ação poderá (deverá, na verdade) ser proposta no foro do domicílio do autor (lembrando que a Lei 9.099/95 traz o domicílio do réu como regra). Em não havendo JEF instalado, a ação deve ser proposta na vara federal da localidade. Se não houver tampouco vara federal comum funcionando, dispõe o art. 20 da Lei 10.259/2001 que "a causa poderá ser proposta no Juizado Especial Federal mais próximo". Embora a lei fale em "mais próximo", o entendimento é de que a ação deve ser, em regra, ajuizada perante a Subseção Judiciária com jurisdição sobre a Comarca, nos termos das leis de organização judiciária. Como já vimos, caso o autor pretenda se valer da competência delegada da Justiça Estadual, não poderá propor a ação no JEC Estadual.

Não obstante tais regras, há quem defenda a possibilidade de se aplicar o disposto na Súmula 689 do STF ("O segurado pode ajuizar ação contra a instituição previdenciária perante o Juízo Federal do seu domicílio ou nas Varas Federais da capital do Estado-membro") no âmbito do JEF, o que é controverso, como já vimos. É possível suscitar ainda a aplicabilidade do § 2º do art. 109 da CRFB ("As causas intentadas contra a União[12] poderão ser aforadas na seção judiciária em que for domiciliado o autor, naquela onde houver ocorrido o ato ou fato que deu origem à demanda ou onde esteja situada a coisa, ou, ainda, no Distrito Federal"), especificamente na parte que dispõe sobre a competência dita "universal" do Distrito Federal.

---

10. Neste sentido, decidiu o STJ no bojo do REsp 1.807.665, tema repetitivo 1.030.
11. Segundo a Súmula 17 da TNU: "Não há renúncia tácita no Juizado Especial Federal, para fins de competência".
12. Como já vimos, muito embora o dispositivo mencione apenas a União, prevalece em jurisprudência o entendimento de que a regra se estende às autarquias federais.

O art. 51, III, da Lei 9.099/95 coloca a incompetência territorial como hipótese de extinção do processo (e não, portanto, de declínio, com envio do processo ao juízo declinado), sendo que parcela considerável da jurisprudência tem se valido do dispositivo, por analogia, também no caso de incompetência absoluta.

2.1.3 Conflito de competência

Tem prevalecido o entendimento de que o conflito de competência entre duas varas de JEF vinculadas à mesma Turma Recursal é decidido por esta (neste sentido, Enunciado 106 do FONAJEF), mas há quem sustente que a Turma Recursal simplesmente não detém competência para julgar conflitos em nenhuma hipótese, pois a CRFB não faz tal previsão. Caso o conflito se coloque entre JEF's vinculados a Turmas Recursais diversas, porém dentro da mesma Região, é competente o TRF respectivo. O mesmo se dá se o conflito é entre JEF e vara de uma mesma Região. Em qualquer caso (JEF x JEF, JEF x vara), se de regiões diversas, é competente o STJ.

Se a dúvida se coloca entre Turma Recursal e o TRF a que aquela esteja vinculada, entende-se que não há tecnicamente conflito, valendo o que o Tribunal decidir, em analogia ao que dispõe a Súmula 22 do STJ ("Não há conflito de competência entre o Tribunal de Justiça e Tribunal de Alçada do mesmo Estado-membro"). Se é entre duas Turmas Recursais da mesma Região, como são todos juízes federais que aí atuam, entende-se que cabe ao TRF respectivo. Se, contudo, são de Regiões diversas, incumbe ao STJ.

2.1.4 Legitimidade ativa e passiva

O tema é tratado pelo art. 6º da Lei, que estabelece que podem ser autores no JEF as pessoas físicas e as microempresas e empresas de pequeno porte. Admite-se, porém, interpretação analógica para incluir, por exemplo, o condomínio edilício (neste sentido, o enunciado 128 do FONAJEF, decorrente de proposta de nossa autoria).

Por outro lado, podem figurar como parte ré a União, autarquias, fundações e empresas públicas federais. Segundo o Enunciado 21 do FONAJEF, no caso de litisconsórcio necessário com aquelas instituições, as pessoas físicas, jurídicas, de direito privado ou de direito público estadual ou municipal podem figurar no polo passivo. Não obstante, a inclusão de pessoa jurídica de direito privado é algo ainda muito controverso. A inclusão de pessoa física é bastante comum em ações de pensão por morte, quando já há outro beneficiário percebendo o benefício.

3. O PROCEDIMENTO

Há variadas possibilidades de pleitos no âmbito previdenciário, mas convém aqui adotarmos como base para análise um pedido de concessão de benefício, em vista de sua maior amplitude.

Quanto à exigência de prévio requerimento administrativo para configuração do interesse de agir em juízo, o STF, no bojo do RExt 631.240, estabeleceu as seguintes teses: 1) a concessão de benefícios previdenciários depende de requerimento do interessado, não se caracterizando ameaça ou lesão a direito antes de sua apreciação e indeferimento pelo INSS, ou se excedido o prazo legal para sua análise; 2) é bem de ver, no entanto, que a exigência de prévio requerimento não se confunde com o exaurimento das vias administrativas; 3) a exigência de prévio requerimento administrativo não deve prevalecer quando o entendimento da Administração for notória e reiteradamente contrário à postulação do segurado; 4) na hipótese de pretensão de revisão, restabelecimento ou manutenção de benefício anteriormente concedido, considerando que o INSS tem o dever legal de conceder a prestação mais vantajosa possível, o pedido poderá ser formulado diretamente em juízo – salvo se depender da análise de matéria de fato ainda não levada ao conhecimento da Administração –, uma vez que, nesses casos, a conduta do INSS já configura o não acolhimento ao menos tácito da pretensão.

O STJ, no bojo do REsp 1.488.940 estabeleceu, ademais, o seguinte: "Para o ajuizamento de ação judicial em que se objetive a concessão de benefício previdenciário, dispensa-se, excepcionalmente, o prévio requerimento administrativo quando houver: (i) recusa em seu recebimento por parte do INSS; ou (ii) resistência na concessão do benefício previdenciário, a qual se caracteriza (a) pela notória oposição da autarquia previdenciária à tese jurídica adotada pelo segurado ou (b) pela extrapolação da razoável duração do processo administrativo". No caso de ação revisional, prevalece ser dispensável o prévio requerimento. No caso de restabelecimento de auxílio-doença, quando não houve pedido de prorrogação pelo segurado, há controvérsia, sendo que o STJ tende a entender no sentido de que é inexigível o prévio requerimento administrativo[13].

Pois bem, o procedimento que visa à concessão de benefício, em apertada síntese, é iniciado pela fase postulatória, na qual o [pretenso] segurado (ou dependente) formula o seu pedido, seguida por uma fase instrutória, em que são produzidas as provas relacionadas com o pleito, passando-se, afinal, à fase decisória, na qual o pedido é considerado improcedente ou parcial ou totalmente procedente. As etapas seguintes e derradeiras – recursal e de cumprimento – não reservam nenhum aspecto que nos interesse diretamente (salvo as peculiaridades atinentes ao JEF, que analisaremos mais adiante). Por outro lado, a fase que guarda maior relevância é a instrutória e, por isso mesmo, será analisada mais detalhadamente. Consideremos, desde logo e em breve linhas, as fases postulatória e decisória, sendo que a análise da fase instrutória, subsequente, será subdividida em itens, a permitir que contemplemos todas as suas facetas.

Convém, no entanto, ressaltar previamente o que dispõe o § 3º do art. 55 da Lei 8.213/91: "A comprovação do tempo de serviço (...) só produzirá efeito quando for baseada em início de prova material contemporânea dos fatos, não admitida a prova

---

13. Nos termos da Súmula 576 do STJ: "Ausente requerimento administrativo no INSS, o termo inicial para a implantação da aposentadoria por invalidez concedida judicialmente será a data da citação válida".

exclusivamente testemunhal, exceto na ocorrência de motivo de força maior ou caso fortuito (...)"[14]. Não ingressaremos aqui no debate acerca da constitucionalidade do regramento, a qual é reconhecida pela jurisprudência dos Tribunais Superiores de forma remansosa[15], sendo que, de resto, é ele amplamente aplicado na jurisdição previdenciária. Destarte, para comprovação de tempo de serviço, não basta prova testemunhal, exigindo-se, em regra generalíssima, a apresentação de [início de] prova material[16].

O dispositivo é aplicável indistintamente a benefícios urbanos e rurais. Contudo, em relação aos rurais, há algumas especificidades, que analisaremos logo adiante.

Na seara judicial, a petição inicial pode ser apresentada por advogado ou, se no Juizado Especial Federal, pela própria parte, diretamente ou por meio de atermação.

Conforme as regras processuais vigentes, toda a documentação relevante disponível deve ser veiculada por ocasião da apresentação da inicial, mas como a parte autora muitas vezes não sabe qual é o tipo de prova que o julgador costuma exigir ou exigirá naquele caso concreto, o ideal é que o juiz analise a inicial e determine eventualmente a emenda, com a complementação da documentação.

Na quase totalidade dos casos, o INSS, após ser citado, apresenta contestação (pode ocasionalmente trazer alguma exceção), já que, em geral, não celebra acordo sem a oitiva do autor e das testemunhas deste, o que significa dizer que a eventual conciliação fica postergada para a audiência de instrução. Cumpre ao INSS, além de refutar as teses autorais, trazer também provas documentais que as ilidam. O ideal é que o despacho de citação do INSS já contenha a determinação para que junte o procedimento administrativo integral nos autos.

Passando à fase decisória, é a ocasião na qual, sucintamente, o juiz irá analisar toda a prova produzida, para determinar se o postulante faz jus à concessão do benefício pleiteado (juízo de procedência) ou, subsidiariamente, faz jus ao menos a parcela do que foi pedido (juízo de procedência parcial, como se dá, por exemplo, na averbação de tempo de serviço controverso insuficiente para a concessão do benefício almejado) ou se não tem qualquer razão (juízo de improcedência). Quando o caso não está devidamente esclarecido, o juiz pode determinar algum tipo de complementação, ou, quando ainda residem sérias dúvidas, pode diligenciar de ofício, preparando o processo para julgamento.

---

14. A redação atual foi dada pela Lei 13.846/19. Antes, não havia expressamente a exigência de que o início de prova material fosse contemporâneo. Não obstante, sempre sustentamos que isto consistia numa decorrência lógica (e, ademais, bastante óbvia), mas parcela da jurisprudência, inclusive a do STJ, tergiversava a respeito.
15. Neste sentido, o STF no RExt 226.588. A Súmula 149 do STJ dispõe que "a prova exclusivamente testemunhal não basta à comprovação da atividade de rurícola, para efeito da obtenção de benefício previdenciário".
16. Sobre o ponto, anota Savaris que "a prova real carrega maior carga de espontaneidade, porque, em princípio, retrata um acontecimento desvinculado de qualquer disputa judicial (...)[;] a prova material pode-se apresentar ao magistrado com diferentes graus de eficácia probante, sendo tanto mais forte (...) quanto mais esteja próxima do fato que se pretenda comprovar" (op. cit., p. 265).

A seguir, analisaremos com maior vagar a fase que intermedeia as duas anteriores, qual seja, a de produção probatória.

3.1 Fase instrutória

Tal fase já se inicia, na prática, por ocasião da fase postulatória, quando são trazidos, na inicial e na contestação, os documentos com os quais as partes pretendem trabalhar ao longo do feito. Após a citação, o procedimento, em geral seguido pelos juízes, tanto no JEF quanto na vara comum (já que, como dito, a conciliação não costuma ser feita pelo INSS antes da colheita dos depoimentos orais, o que torna dispensável uma audiência de conciliação prévia), é de designar a audiência de instrução e julgamento.

Não obstante, em se tratando de benefício por incapacidade, será necessário, em geral, realizar a prova pericial, consistente no exame médico por perito judicial[17] acerca da condição de saúde do postulante. É comum, inclusive, que tal perícia médica seja feita antes da própria citação do INSS para contestação (especialmente no JEF), caso em que este é intimado previamente apenas para apresentar quesitos[18]. No âmbito administrativo, quando a perícia médica resulta desfavorável ao postulante, o INSS, em geral, encerra ali a fase instrutória, indeferindo desde logo o benefício, sem aferir se havia ou não a qualidade de segurado e a carência. Em juízo, é este também o modo corriqueiro de se proceder, até mesmo porque a aferição acerca da qualidade de segurado depende do estabelecimento da data de início da incapacidade.

Em se tratando de pensão por morte, além da prova relativa à qualidade de segurado do falecido instituidor (é benefício que não exige carência, mas o tempo de atividade pode influenciar na duração do benefício, razão pela qual eventualmente se pode produzir prova a respeito), poderá, conforme o caso, ser preciso demonstrar também a existência (e duração) de união estável, a permanência da dependência econômica pós-separação ou nos demais casos em que a lei exige tal tipo de prova.

Para efeitos de comprovação do trabalho prestado, será observada, em regra, a legislação vigente na data do fato que se pretende provar.

Na audiência de instrução e julgamento, ouve-se primeiramente o postulante (as perguntas são feitas pelo juiz e pelo procurador do INSS, embora se costume permitir uma complementação, para esclarecimentos, ao advogado do autor, quando a solicita) e em seguida as testemunhas (é pouco comum, mas acontece especialmente em casos de pensão por morte, que o INSS arrole suas).

---

17. Conforme Enunciado 106 do FONAJEF, prevalece o entendimento de que não se exige especialista, salvo em casos excepcionais.
18. É muito comum que o INSS já deixe seus quesitos "depositados" junto à secretaria vara, que apenas os imprime e junta aos autos, ou até mesmo que chegue num acordo com o juiz sobre os quesitos, que assim ficam "consolidados" numa quesitação única.

3.1.1 Prova material

Como já vimos, a legislação de regência exige a apresentação de "início de prova material" para a comprovação de tempo de serviço[19] do segurado[20] e, quanto à qualidade de dependente, para comprovação da união estável e da dependência econômica (quando não presumida)[21]. Convém ressalvar que esta última exigência surgiu a partir de alteração processada pela Lei 13.846/2019, razão pela qual será preciso aguardar o amadurecimento da jurisprudência em torno de seu alcance, quanto às modalidades de prova material admitidas[22]. Quanto ao início de prova material para demonstração de tempo de serviço, é um tema já razoavelmente amadurecido, pelo que passível de ser desenvolvido com maior detalhamento.

O que seria, então, esse "início"? Há algumas variáveis interpretativas, mas é possível encontrar um "núcleo duro" comum a partir da análise da jurisprudência majoritária, o qual passamos a descrever.

É importante não confundir "início" com "indício" – o que não raramente se vê na prática –, embora este último termo até possa alcançar um significado congruente por aqui. Não obstante, embora aceitável dentro de uma linguagem coloquial (forense), não é recomendável dela se valer caso se queira primar pela técnica. De fato, a expressão "indício de prova" [material] configura, desde um ponto de vista de lógica enunciativa, uma redundância, senão vejamos. Afigura-se-nos percuciente buscar a definição do termo "indício" a partir da doutrina processual penal, visto que ele

---

19. Aqui, utilizamos o termo "tempo de serviço" devido ao fato de que quando há efetiva contribuição, não há, em regra, de se preocupar com a comprovação do exercício da atividade. A comprovação, assim, tem lugar quando não há contribuição por parte do contratante (tomador de serviços) que é responsável tributário (e, assim, o interessado quer demonstrar que houve o exercício da atividade, a qual poderá computar mesmo sem a respectiva contribuição, já que não era sua a obrigação de recolhimento) ou quando a legislação não exige a contribuição (por exemplo, quanto ao segurado especial ou mesmo quanto aos demais trabalhadores rurais se no período anterior ao advento da Lei 8.213/91). Tem-se aqui, portanto, a utilização do termo "tempo de serviço" naquele sentido estrito que dantes descrevemos (sem contribuição ou, melhor dizendo, independentemente de haver ou não contribuição), pois ficaria sem sentido utilizar aqui o termo "tempo de contribuição".
20. § 3º do art. 55 da Lei 8.213/91: "A comprovação do tempo de serviço para os fins desta Lei, inclusive mediante justificativa administrativa ou judicial, observado o disposto no art. 108 desta Lei, só produzirá efeito quando for baseada em início de prova material contemporânea dos fatos, não admitida a prova exclusivamente testemunhal, exceto na ocorrência de motivo de força maior ou caso fortuito, na forma prevista no regulamento".
21. § 5º do art. 16 da Lei 8.213/91: "As provas de união estável e de dependência econômica exigem início de prova material contemporânea dos fatos, produzido em período não superior a 24 (vinte e quatro) meses anterior à data do óbito ou do recolhimento à prisão do segurado, não admitida a prova exclusivamente testemunhal, exceto na ocorrência de motivo de força maior ou caso fortuito, conforme disposto no regulamento".
22. O rol constante no § 3º do art. 22 do Decreto 3.048/99 fornece um panorama interessante. Tal dispositivo infralegal está vigente desde antes da alteração legal, sendo que anteriormente a jurisprudência não o acolhia, por não haver exigência legal expressa de prova material. Agora, porém, o dispositivo ganha reforço, ainda que se possa debater o alcance de sua legitimidade (considerando, por exemplo, que exige no mínimo três documentos). De todo modo, parece-nos que comprovar prole em comum, especialmente se plural, configura, em princípio, uma prova material robusta. A comprovação de endereço em comum (por exemplo, por meio de correspondência recebida) por um período mais ou menos longo também possui uma robustez significativa. Do mesmo modo, uma conta bancária conjunta.

alcança muita relevância dentro da temática da prova penal. O próprio Código de Processo Penal traz, em seu art. 239, uma descrição: "Considera-se indício a circunstância conhecida e provada, que, tendo relação com o fato, autorize, por indução, concluir-se a existência de outra ou outras circunstâncias.". Muito embora o simples fato de constar na lei um conceito não assuma, em casos que tais, especial relevância, a doutrina processual penal caminha nesta mesma senda, ou seja, o conceito doutrinário prevalecente se aproxima do legal. Assim, em consonância com as lições doutrinárias, podemos entender que "indício" consiste em prova, desde um ponto de vista amplo, contudo não se relaciona diretamente ao(s) fato(s) que se pretende provar, ou seja, estabelece com este(s) uma relação indireta, provando outro fato que o(s) implique, que nele(s) deságue ou possa desaguar por indução (ou dedução), mormente quando robustecido por outros indícios. Há quem defina, sucintamente, como "prova indireta". Podemos encontrar outras conceituações, que enfocam o fato provado (ou seja, o indício seria a construção presuntiva imediata obtida a partir do dado colhido, seja este uma informação ou substância) ou até o próprio método indutivo (ou dedutivo) que conduz ao fato que se quer provar. O indício, portanto, pode ser qualificado como um tipo (indireta, de menor robustez), meio ou método de prova. Em qualquer caso, não cabe falar em "indício de prova", pois o termo "prova" já é elemento interno do conceito de indício.

Concluímos, assim, que é melhor adotar o termo utilizado pelo legislador – qual seja, "início" [de prova material] –, não apenas pela razão de estar consagrado na legislação, mas também pela impropriedade do termo "indício de prova". E, cabe acrescentar, parece-nos que o termo "início" conduz mesmo a uma interpretação apropriada da intenção do legislador.

Com efeito, exige-se a prova material como abertura do percurso probatório, ou seja, caminha-se a partir dali. A prova material é o início, sem ela não faz sentido prosseguir, pois faltaria um alicerce fundamental. Ademais de abrir os trabalhos de instrução, parece-nos que serve também para delinear o "recipiente" que deve ser preenchido pelas demais provas a serem produzidas, ou seja, estas deverão sempre se remeter àquela, não assumem vida própria, autonomia, senão se vinculam ao que a prova material permite edificar.

Pois bem, dissemos que o uso coloquial do termo "indício" não se revela de todo pernicioso. Com efeito, isto decorre da circunstância de que a prova material que se exige é [pelo menos] indiciária, ou seja, não precisa ser plena (embora possa até ser) tampouco se relacionar direta e estritamente ao(s) fato(s) que se pretende provar, mas deve permitir o vislumbre de um quadro minimamente satisfatório, o qual será preenchido (corroborado e complementado) pela produção de prova oral.

O nível de exigência, contudo, irá variar conforme a natureza da relação que se pretende provar (e, também, é claro, conforme o julgador e o caso concreto), ou seja, as máximas de experiência ditam a confiabilidade da prova em cada caso.

Temos sustentado que o segurado empregado, seja rural ou urbano[23], deverá trazer prova que guarde relação direta e específica com o vínculo empregatício cuja existência pretende comprovar, pois é comum que uma relação de tal natureza gere tal tipo de prova e afigura-se demasiado inseguro permitir que seja demonstrada de outro modo. Já o segurado especial tem, em muitos casos, dificuldade para produzir prova específica sobre a atividade (como o contrato que lhe assegura a posse da terra, notas fiscais de venda da produção, declarações de ITR com informações sobre a atividade etc.), pelo que se admite a prova genérica sobre a condição de trabalhador rural (o exemplo clássico é a certidão de casamento na qual conste que a profissão é "lavrador"), mas parece-nos essencial que aponte também o local de trabalho, apresentando documento que comprove a propriedade ou a posse, admitindo-se, neste último caso, se o contrato for verbal, a indicação do terreno combinada com a oitiva do proprietário. Em suma, a prova "genérica" é aquela que indica apenas a profissão (de natureza rural) do postulante em dado momento pretérito, enquanto a prova dita "específica" é aquela que se refere à existência de um vínculo determinado. Examinaremos maiores detalhes em torno da comprovação do exercício de atividade rural pelo segurado especial mais adiante, em subtópico separado.

A prova material deverá ser, ademais, contemporânea – cabe aqui reforçar – ao período que se pretende comprovar, em regra generalíssima. Com efeito, a prova material revela a ocorrência, ainda que apenas provável, de um fato ou dado relevante em determinada ocasião, a qual, até mesmo por uma razão lógica, deve coincidir com o período em que alega ter desenvolvido a atividade.

3.1.1.1 Provas materiais em espécie: trabalhando algumas hipóteses

A anotação contemporânea em CTPS faz prova plena (independe de complementação) – embora, por cautela, alguns juízes determinem a complementação testemunhal – e gera presunção relativa (*juris tantum*, ou seja, vale até prova em contrário, mas a admite[24]) a respeito da existência do vínculo empregatício (e, consequentemente, de filiação à Previdência), indicando o tempo de serviço e a remuneração (caso conste a informação e esta seja verossímil).

Como saber, contudo, se a anotação é ou não contemporânea? Anota Lopes Júnior que "o requisito da contemporaneidade aqui é muito importante, uma vez que, ainda que se trate de documento público, (...) seu preenchimento se faz por ato de

---

23. O art. 114 da IN 77/PRES/INSS de 2015 dizia que a comprovação da atividade rural do contribuinte individual e do empregado se dá conforme as mesmas regras aplicáveis ao respectivo congênere urbano. O dispositivo não encontra similar na IN 128 de 2022.
24. Neste sentido, a Súmula 75 da TNU: "A Carteira de Trabalho e Previdência Social (CTPS) em relação à qual não se aponta defeito formal que lhe comprometa a fidedignidade goza de presunção relativa de veracidade, formando prova suficiente de tempo de serviço para fins previdenciários, ainda que a anotação de vínculo de emprego não conste no Cadastro Nacional de Informações Sociais (CNIS)".

particulares, sem qualquer intervenção do poder público (...)"[25]. Assim, complementa o autor, "lançamentos de períodos de trabalho anteriores até mesmo à sua expedição não se prestam a cumprir a exigência de início de prova material"[26]. E não só. Qualquer anotação acerca da qual não se tenha nenhum registro no CNIS (ou outro banco de dados oficial) poderia, em tese, ter sido feita a qualquer tempo. Isto parece ainda mais evidente quando a anotação vergastada é a única ou a última constante na CTPS. Com efeito, se a última anotação verdadeira é de vínculo que se encerrou há mais de 20 anos, poder-se-ia inserir falsamente, por último, um vínculo com duração de até 20 anos. Assim, temos optado por considerar como contemporânea apenas aquela anotação que esteja situada antes de uma anotação posterior que possua "espelho" (ou seja, registro idêntico, ressonância, reflexo) no CNIS. Com efeito, se a anotação posterior é contemporânea, como restou revelado pelo CNIS, é de se presumir, até prova em contrário, que a anterior também o seja. Trata-se, parece-nos, de um modo seguro e relativamente abrangente de aferição da contemporaneidade da anotação. É conveniente, ademais, examinar as demais anotações relativas ao vínculo constantes na CTPS, como registro de férias, alterações salariais e de função, FGTS etc.

Quanto à anotação extemporânea resultante de sentença trabalhista, trata-se de tema bastante intrincado, que desperta enorme controvérsia doutrinária e jurisprudencial, razão pela qual somos levados a tecer aqui alguns comentários.

Em primeiro lugar, é preciso considerar que a Justiça do Trabalho aprecia uma demanda na qual não há exigência de início de prova material, o que significa dizer ser possível julgar procedente uma ação a partir exclusivamente de prova testemunhal[27] ou de reconhecimento jurídico do pedido ou mesmo homologar um acordo entre o empregador e o empregado. Ora, se o postulante ingressar com uma ação previdenciária, ser-lhe-á exigida a produção de prova documental. Ou seja, para que o reconhecimento do vínculo gere efeitos previdenciários, a lei exige início de prova material. Parece-nos óbvio, portanto, que o fato de ter ingressado com anterior ação trabalhista não cria como que um *by-pass* em relação à prova documental, não pode a ação trabalhista funcionar como um "atalho" para quem não dispõe de prova documental[28]. Não é uma questão – frisamos – de se negar efeitos à sentença trabalhista, ela produz todos os seus

---

25. Op. cit., p. 155.
26. Idem, ibidem.
27. Neste sentido, é a lição de Carlos Alberto Pereira de Castro: "(...) sob o ponto de vista dos princípios que norteiam o Direito do Trabalho, a relação de emprego é um "contrato-realidade", no qual se deve investigar a existência ou não das característica típicas do empregado e do empregador, independentemente da formalização deste contrato. Ou seja: não será a falta de prova documental o empecilho para que se caracterize alguém como empregado de fato." (Efeitos das Decisões Proferidas pela Justiça do Trabalho Perante a Previdência Social. In: FERRARO, Suzani Andrade; FOLMANN, Melissa (Org.). *Previdência*: entre o direito social e a repercussão econômica no século XXI. Curitiba: Juruá, 2009, p. 44).
28. Neste sentido, dispõe o novo parágrafo único do art. 144 do RPS, introduzido pelo Decreto 10.410/20: "A inclusão, a exclusão, a ratificação e a retificação de vínculos, remunerações e contribuições, ainda que reconhecidos em ação trabalhista transitada em julgado, dependerão da existência de início de prova material contemporânea dos fatos".

efeitos previstos em lei – ou seja, os trabalhistas –, mas não tem a capacidade de produzir efeitos previdenciários em virtude – também – da ausência de início de prova material.

É importante, ademais, mencionar ser extremamente comum que uma sentença produzida no exercício de uma jurisdição de determinada natureza não possa gerar, em certos casos, efeitos em outra esfera. Neste sentido, dispõe o art. 65 do Código de Processo Penal que "faz coisa julgada no cível a sentença penal que reconhecer ter sido o ato praticado em estado de necessidade, em legítima defesa, em estrito cumprimento de dever legal ou no exercício regular de direito", enquanto o art. 66 do mesmo *codex* diz que "não obstante a sentença absolutória no juízo criminal, a ação civil poderá ser proposta quando não tiver sido, categoricamente, reconhecida a inexistência material do fato". Há, assim, condicionantes para que a sentença criminal produza efeitos civis, tendo em vista que na esfera criminal a exigência probatória é, no geral, mais severa, o que significa dizer que enquanto o reconhecimento penal da existência do fato pode ser civilmente admitido (em vista de que, em tese, exigiu-se prova até mais robusta), a absolvição com base em insuficiência de provas (art. 386, II e V, do CPP) não gera efeitos civis, já que um conjunto probatório menos denso pode ser suficiente fora do âmbito criminal, tendo por base inclusive a regra da distribuição do ônus probatório e os efeitos da revelia ou da não impugnação específica. O mesmo raciocínio pode ser feito no tema do qual tratamos, ou seja, como a lei previdenciária é mais exigente em matéria probatória, a sentença trabalhista só poderá [se é que poderá] gerar efeitos se atender aos requisitos lá postos.

Há, ademais, outro inconveniente, consistente na ausência do INSS na demanda trabalhista, o que fere o princípio do contraditório. Assim, ainda que apresentada na demanda trabalhista o início de prova material, fica o INSS impedido de, lá, produzir a contraprova. Não é por outra razão que a jurisprudência se sedimentou no sentido de que a união estável *deve* ser reconhecida perante o juízo estadual para todos os fins (inclusive hereditários), salvo previdenciários. Para tal, ou seja, quanto a efeitos previdenciários, deve haver um reconhecimento meramente incidental no bojo de ação que pleiteia benefício previdenciário perante o juízo federal competente (ou o estadual, se exercendo jurisdição delegada). E veja-se que, quando tal entendimento foi solidificado, não havia, aqui, uma exigência probatória mais rigorosa prevista em lei.

É certo, cabe referir, que do contrário não se cogita: o reconhecimento acerca da existência de um vínculo empregatício no bojo de uma ação previdenciária gerar efeitos trabalhistas e tributários em relação ao [suposto] empregador que não foi parte naquela ação[29]. A pergunta que fica é: porque quando a demanda envolve verbas públicas é que haverá maior "flexibilidade"?

---

29. Marco Aurélio Serau Júnior, defendendo a possibilidade de se reconhecer efeitos previdenciários imediatos à sentença trabalhista, alega que "Trata-se, a nosso ver, de mais uma inadequação das regras de processo civil comum ao Processo Judicial Previdenciário – sem falar da diminuição da força normativa e de validade jurídico-operativa das decisões da Justiça Trabalhista, consideradas, nessa ordem de raciocínio, como decisões judiciais de *segunda linha*, merecedoras de reparos não pelos seus órgãos de cúpula, mas por outras instâncias

A Súmula 31 da TNU dispunha que "a anotação na CTPS decorrente de sentença trabalhista homologatória constitui início de prova material para fins previdenciários". Não obstante, tal entendimento nunca encontrou amparo na jurisprudência do STJ[30]. Recentemente, a Primeira Seção deste Sodalício estabeleceu a tese de que a sentença trabalhista homologatória de acordo somente será considerada início válido de prova material quando estiver baseada em elementos probatórios contemporâneos aos fatos alegados, aptos a evidenciar o exercício da atividade laboral, o trabalho desempenhado e o respectivo período que se pretende ter reconhecido em ação previdenciária. A tese foi fixada por maioria de votos no pedido de uniformização de interpretação de lei (Puil) 293, apresentado pelo INSS contra acórdão da TNU. Em suma, não havendo instrução probatória ou exame de mérito da demanda trabalhista – os quais poderiam demonstrar a atividade profissional desempenhada e o período correspondente –, não haverá início válido de prova material[31]. A TNU acabou optando, após tal julgamento, por cancelar sua Súmula 31.

Visando uma apreciação mais ampla da questão, a Primeira Seção do STJ afetou os REsp's 2.056.866 e 1.938.265 para julgamento sob o rito dos repetitivos (tema 1188). A questão representativa da controvérsia é "definir se a sentença trabalhista homologatória de acordo, assim como a anotação na CTPS e demais documentos dela decorrentes, constitui início de prova material para fins de reconhecimento de tempo de serviço".

Acerca da sentença trabalhista em geral, o que a jurisprudência majoritária tem observado é o momento de ajuizamento da reclamatória trabalhista e a tramitação desta. Destarte, quando a ação é proposta pouco tempo após o fim do suposto vínculo, ainda a tempo de buscar todos ou grande parte dos direitos trabalhistas e também permitir a execução das contribuições previdenciárias, especialmente quando há resistência efetiva pelo reclamado (e produção de robusta prova testemunhal sustentando a tese

---

judiciais de mesma hierarquia (Justiça Estadual ou Federal)." (*Curso de Processo Judicial Previdenciário*. 4. ed. São Paulo: Método, 2014, p. 285). Não nos parece que assim seja. A sentença trabalhista é plenamente válida para os fins a que se destina: trabalhistas. Do mesmo modo, a sentença previdenciária também é apta a gerar apenas efeitos previdenciários. Não é questão de uma ser "menor" do que a outra, é questão de respeitar o princípio do contraditório, em primeiro lugar, as regras relacionadas à prova, em segundo lugar, e a separação entre instâncias, em terceiro lugar.

30. No STJ, prevalece o entendimento de que a sentença trabalhista deve ser corroborada pelo conjunto probatório carreado aos autos e/ou deve ter sido fundada em elementos que evidenciam o labor exercido. Com efeito, o acordo consubstancia uma mera declaração do empregador lançada no papel, o que não configura início de prova material. Sobre a declaração do empregador, estabelecia a IN INSS/PRES 77 de 2015, em seu art. 10, § 4º, IV, que deve conter "informação sobre a existência de registro em livros, folhas de salários ou qualquer outro documento que comprove o vínculo". O dispositivo não encontra similar na IN 128 de 2022.

31. Traçou o julgado, ademais, as seguintes conclusões: "a sentença trabalhista meramente homologatória do acordo não constitui início válido de prova material, apto à comprovação do tempo de serviço, na forma do artigo 55, parágrafo 3º, da Lei 8.213/1991, uma vez que, na prática, equivale à homologação de declaração das partes, reduzida a termo" e "Ainda que fosse possível admitir a sentença trabalhista meramente homologatória de acordo como início de prova material, na forma exigida pelo artigo 55, parágrafo 3º, da Lei 8.213/1991 – mesmo desacompanhada ela de outros elementos probatórios do tempo de serviço, inclusive de início de prova material –, persistiria o óbice da ausência de contemporaneidade, porquanto a sentença, em regra, é posterior ao período que o segurado pretende comprovar, na ação previdenciária".

autoral), tem sido comum se admitir a mera "averbação" do tempo de serviço reconhecido pela Justiça do Trabalho, eventualmente disponibilizando ao INSS a possibilidade de oferecer contraprova e/ou exigindo-se a corroboração por prova testemunhal. Entendemos, particularmente, que em certos casos a própria propositura da reclamatória trabalhista poderia funcionar como início de prova material (por exemplo, de um vínculo curto, reconhecido numa ação judicial contemporânea aos fatos, num passado mais ou menos distante do momento em que foram implementados os requisitos para a aposentadoria[32]). Não é incomum, porém, que sejam ajuizadas ações trabalhistas para mero reconhecimento de tempo de serviço (geralmente longo ou pouco maior do que o postulante precisa para se aposentar) prestado num passado distante, sem o escopo de buscar verbas trabalhistas (prescritas) e, de todo modo, sem possibilidade de executar as contribuições previdenciárias respectivas (também já prescritas), por vezes até mesmo contra uma empresa de um parente[33].

A anotação contemporânea em livro de registro de empregados faz igualmente prova plena e com força de presunção relativa. Como saber, porém, que a anotação é contemporânea aqui? O ideal é observar toda a sequência de anotações (cronologia), os dados e, ademais, os carimbos de conferência do Ministério do Trabalho e Emprego.

Outra possibilidade é ter o empregador informado o vínculo corretamente em GFIP – o que fica, em regra, registrado no CNIS – embora não efetue os recolhimentos correspondentes, hipótese em que – em havendo o registro no CNIS – poderá computar o período independentemente de qualquer outra prova. Outros meios documentais – que, em se tratando de relação empregatícia, devem, de todo modo, se referir especificamente

---

32. Julgamos, em dada ocasião, um caso no qual a parte ajuizara a ação trabalhista no ano de 1989, logo após a rescisão contratual (verbal), com pretensão resistida e produção de robusta prova testemunhal, sendo que apenas veio a requerer benefício previdenciário no ano de 2015 (cuja concessão, inclusive, dependia de uma série de vínculos laborativos posteriores). Neste caso, nos parece que o próprio ajuizamento da reclamatória trabalhista funciona como início de prova material, uma vez que, em outros casos, admite-se que uma declaração unilateral do próprio postulante, desde que remota e desvinculada, faça as vezes. Segundo o magistério de Savaris, "A prova material, ainda que ofereça apenas uma via para presunções, goza de alta credibilidade por sua natureza causal e por sua contemporaneidade e na justa medida em que se percebe que, de fato, originou-se espontaneamente (tão espontaneamente quanto um vestígio), de uma só vez ou aos poucos, mas sempre contemporaneamente (tão contemporaneamente como um vestígio) ao fato que afirma, ao fato cuja existência sugere. (...) a prova material, por seu elevado quilate de credibilidade, isto é, pela segurança que costuma incutir, pela sua contemporaneidade, pela sua espontaneidade e pelo indício descomprometido que oferece, será sempre uma aliada na compreensão dos fatos, um instrumento de apoio de que vai se valer o magistrado para a decisão da causa" (op. cit., p. 270).
33. Baltazar Júnior e Rocha observam que "muitas reclamatórias trabalhistas são ajuizadas com desvirtuamento da finalidade, ou seja, não visam a dirimir controvérsia entre empregador e empregado, mas sim, a obter direitos perante a Previdência Social. Em alguns casos há uma verdadeira simulação de reclamatória, com o reconhecimento do vínculo empregatício por parte do empregador, em acordo[,] ou quando os direitos trabalhistas já estão prescritos (...)." (op. cit., p. 221-222). É curioso considerar a hipótese em que a demanda trabalhista é ajuizada com o único escopo de obter a anotação, sem nenhuma consequência trabalhista, meramente para alcançar efeitos previdenciários. Com esse único objetivo, deveria mesmo ser apreciada pelo juízo trabalhista e sem a presença do INSS?

ao vínculo[34] – sem a mesma expressão devem necessariamente ser complementados pela prova testemunhal.

3.1.2 Comprovação do período de atividade rural

Como já dissemos, temos quatro espécies de segurados trabalhadores rurais: empregado, trabalhador avulso, esporádico (contribuinte individual) e segurado especial.

Em se tratando de segurado especial, o ideal é que aponte – preferencialmente já na petição inicial – os períodos, a forma e o local de trabalho e os dados pessoais (nome, CPF, data de nascimento etc.) dos membros que compõem seu grupo familiar (o que, inclusive, deve já vir consignado na autodeclaração do segurado especial, caso esta tenha sido devidamente preenchida). Caso o labor seja desenvolvido em terreno próprio, é importante que apresente certidão do imóvel, que indique, inclusive, os detalhes sobre a aquisição (forma e data); já se for por meio de utilização de terreno alheio (parceria, comodato, arrendamento, meação), ideal que traga o(s) contrato(s) ou, caso seja(m) verbal(is), indicar o local e o outorgante, sendo que é recomendável que este seja ouvido como testemunha do juízo; se for assentado, deve trazer a licença de ocupação ou permissão outorgada pelo INCRA. Deverá, ademais, trazer início de prova material a comprovar sua qualificação profissional como rurícola.

Em se tratando de empregado rural, é relevante que indique detalhes sobre o contrato de trabalho (datas de início e fim, remuneração, horário e local de trabalho etc.) e sobre o empregador. Será preciso consignar também, é claro, início de prova material.

No caso do dito boia-fria, a argumentação necessária dependerá da visão que o julgador tem sobre o tema, especialmente conforme o enquadre como equiparado a segurado especial, a empregado ou como contribuinte individual, controvérsia que já examinamos anteriormente. Em sendo equiparado a segurado especial, bastará descrever alguns locais em que trabalhou e os nomes de alguns contratantes (a forma pela qual se deu o trabalho é relevante até mesmo para se analisar se o enquadramento cabível é mesmo como boia-fria, já que, como dantes descrevemos, muitos assim se intitulam, quando na verdade são empregados sem CTPS anotada), além de consignar prova material de sua qualificaçao profissional como rurícola ("genérica"). Caso seja classificado como contribuinte individual (esporádico) que presta serviço a pessoa

---

34. Trata-se do que denominamos "prova específica", em contraposição à "genérica", como dantes referenciamos. Neste sentido: "O empregado rural deverá comprovar que exerceu atividade de forma subordinada e habitual (e não eventual), percebendo salários do empregador rural que explora atividade econômica. Para ter acesso aos benefícios previdenciários como trabalhador(a) rural, deverá comprovar o vínculo empregatício, que, uma vez reconhecido, ensejará a anotação na Carteira do Trabalho e exigirá, do empregador, a retenção e o recolhimento das contribuições sociais devidas. Com isso, verifica-se que o empregado rural foi tratado pela legislação previdenciária, bem como pela própria Constituição, de forma idêntica ao empregado urbano, salvo em relação à idade de aposentadoria cujo redutor da idade em cinco anos é mais que justificável para essa categoria de segurado" (*Previdência Social Rural*: potencialidades e desafios. Relatório da CONTAG, Brasília, julho de 2016).

física, é ele responsável pelos próprios recolhimentos, não havendo que se falar, portanto, em prova material (ou de qualquer outro tipo, salvo a apresentação dos carnês de pagamento, quando não houver registro no CNIS) do labor[35]. Em suma, ou recolheu

---

35. Convém, nessa passagem, consignar o que dispõe o art. 94 da IN 128/PRES/INSS de 2022:
Art. 94. Na impossibilidade de reconhecer período de atividade a partir das informações existentes nos sistemas corporativos à disposição do INSS, a comprovação do exercício de atividade do segurado contribuinte individual e do segurado anteriormente denominado empresário, trabalhador autônomo e o equiparado a trabalhador autônomo far-se-á: (...) VI – para o contribuinte individual prestador de serviços à empresa ou equiparado e o associado à cooperativa:
a) para período até a competência março de 2003, por meio de contrato de prestação de serviços, recibo de pagamento autônomo – RPA ou outros documentos contemporâneos que comprovem a prestação de serviços; e
b) para período compreendido entre a competência abril de 2003 até a competência anterior à substituição da GFIP pelo eSocial, conforme cronograma de implantação previsto em ato específico, tendo em vista o disposto no art. 4º da Lei 10.666, de 2003, por documento contemporâneo que comprove o pagamento pelos serviços prestados, no qual conste a razão ou denominação social, o CNPJ da empresa contratante, o valor da remuneração percebida, o valor retido e a identificação do filiado; (...) IX – para o contribuinte individual que presta serviços a outro contribuinte individual equiparado a empresa, a produtor rural pessoa física, a missão diplomática ou a repartição consular de carreira estrangeira ou para o brasileiro civil que trabalha no exterior para organismo oficial internacional do qual o Brasil é membro efetivo, inclusive para período a partir da competência abril de 2003, em virtude da desobrigação do desconto da contribuição, nos termos do § 3º do art. 4º da Lei 10.666, de 2003, por meio de contrato de prestação de serviços, recibo de pagamento autônomo – RPA ou outros documentos contemporâneos que comprovem a prestação de serviços; (...) § 4º Aplica-se o disposto no inciso IX do caput aos trabalhadores rurais denominados volantes, eventuais ou temporários, caracterizados como contribuintes individuais, quando prestarem serviços a produtor rural pessoa física, e o disposto no inciso VI, quando o contratante for pessoa jurídica, observado que:
I – para fins de aposentadoria por idade, com o benefício da redução da idade previsto no § 1º do art. 48, da Lei 8.213, de 1991, para período até 31 de dezembro de 2010, ainda que existam as contribuições recolhidas a partir da competência novembro de 1991, em face do disposto no art. 143 da Lei 8.213, de 1991, deverá ser comprovado o efetivo exercício da atividade rural, podendo para isso o segurado:
a) apresentar contrato de prestação de serviços, recibo de pagamento ou outros documentos contemporâneos que comprovem a prestação de serviço rural;
b) na falta de documentos contemporâneos que comprovem a prestação de serviço rural, apresentar declaração do contratante do serviço, prevista no § 4º do art. 19-B do RPS, na qual constem as datas de início e término do serviço prestado, a identificação do contratante do serviço rural com os respectivos números do CPF, do Cadastro Específico do INSS – CEI, do Cadastro de Atividade Econômica da Pessoa Física – CAEPF ou, quando for o caso, do CNPJ, bem como a identificação e o endereço completo do imóvel onde os serviços foram prestados, e a que título o contratante detinha a posse do imóvel, desde que extraídos de registros existentes, que serão confirmados pelo INSS; e
c) na impossibilidade de apresentar declaração do contratante do serviço rural, o interessado poderá solicitar o processamento de Justificação Administrativa – JA, a qual será autorizada pelo INSS se houver a apresentação de início de prova material da prestação do serviço rural no período declarado pelo segurado, observado o art. 571;
II – para fins de aposentadoria por idade, com o benefício da redução da idade previsto no § 1º do art. 48 da Lei 8.213, de 1991, bem como para os demais benefícios do RGPS:
a) para período a partir de 1º de janeiro de 2011 até a competência anterior à substituição da GFIP pelo eSocial, conforme cronograma de implantação previsto em ato específico, quando houver prestação de serviços de natureza rural, a contratante desobrigada de efetuar o desconto e o recolhimento tratados na Lei 10.666, de 2003, além da contribuição recolhida em código de pagamento próprio do contribuinte individual rural, deverá apresentar contrato de prestação de serviços, recibo de pagamento ou outros documentos contemporâneos, que comprovem a prestação de serviços de natureza rural; e
b) para período a partir de 1º de janeiro de 2011 até a competência anterior à substituição da GFIP pelo eSocial, conforme cronograma de implantação previsto em ato específico, quando a prestação de serviços se der à pes-

(e pode computar o tempo) ou não. Haverá, aí, o interesse em se comprovar a atividade apenas quando se pretenda indenizar período pretérito (ou seja, recolher contribuições em atraso), nos moldes do que prevê o art. 45-A da Lei 8.212/91[36]. Caso preste serviço a pessoa jurídica, que é responsável pela retenção[37], deverá consignar prova específica quanto à existência da relação. Caso seja tido como equiparado a empregado, entendemos que a prova material a ser produzida deverá ser específica. De fato, como já salientamos anteriormente, não se pode admitir que um vínculo empregatício seja comprovado por meio de início de prova material genérica. É certo que a produção de prova específica é dificultosa, tendo em vista que são vários os tomadores de serviço, mas se há a pretensão de reconhecimento de vínculo empregatício, este nos parece ser o único caminho admissível, inclusive porque é o que se exige no meio urbano. Não obstante, há quem entenda que aqui a prova material pode ser "genérica", ou seja, se quer simplesmente "o melhor dos mundos": equiparação com o empregado para transferir a obrigação de recolhimentos ao empregador e equiparação com o segurado especial quanto ao modo de produção da prova material. E há robusta corrente jurisprudencial que chega até mesmo a dispensar a produção de prova material[38] (!!!), ou seja, coloca-se

---

soa jurídica, deverá apresentar contrato de prestação de serviços, recibo de pagamento ou outros documentos contemporâneos que comprovem a prestação de serviço de natureza rural, observado que o recolhimento da contribuição é presumido; e

c) para período a partir da implantação do eSocial, quando houver prestação de serviços de natureza rural à contratante pessoa jurídica ou pessoa física equiparada, observado o § 2º do art. 20 do RPS e os incisos III e IV e o § 9º, todos do caput do art. 225 do RPS, a comprovação deverá ser feita de acordo com o art. 97, devendo o comprovante conter também a natureza da atividade rural no eSocial.

Quanto à aposentadoria por idade a que se refere tal dispositivo, foi possível, para o empregado e o contribuinte individual rurais, o cômputo de tempo de serviço, independentemente de contribuição, até 31 de dezembro de 2010, conforme já examinamos linhas acima.

36. Vide, ademais, arts. 94 a 97 da IN 128/PRES/INSS de 2022. A indenização, em sentido estrito, refere-se a período já alcançado pela decadência tributária (o procedimento observará o disposto no arts. 100 a 106 da IN supramencionada). Se não for o caso, ou seja, em se tratando de período ainda não caduco, será o caso de recolher as contribuições em atraso, calculando o valor dos juros, multa e correção monetária. Segundo descrevem Adriano Mauss e Alexandre Schumacher Triches (*Processo Administrativo: Prática para um processo de benefício eficiente*. 2. ed. Caxias do Sul: Plenum, 2015, p. 247), em havendo inscrição em aberto, "não há necessidade de provar o exercício da atividade, já que a declaração de atividade feita contemporaneamente numa APS já é prova suficiente da condição de contribuinte individual". Em não sendo este o caso, a comprovação, no âmbito administrativo, deve observar os já mencionados arts. 94 a 97 da IN 128/PRES/INSS de 2022. Em qualquer hipótese, o pagamento em atraso das competências não se presta ao cômputo como carência, salvo enquanto não perdida a qualidade de segurado. Caso o segurado comprove a atividade, mas não as remunerações percebidas no período, tomar-se-á por base o salário-mínimo vigente à época.

37. Apenas quanto a períodos posteriores a 01/04/2003, conforme art. 4º da Lei 10.666/2003, o que já foi examinado em maiores detalhes anteriormente.

38. Neste sentido, por exemplo, a Súmula 14 da TRU da 4ª Região: "a falta de início de prova material não é impeditiva da valoração de outros meios de prova para o reconhecimento do labor rural por boia-fria". No mesmo sentido, decidiu a TNU nos PEDILEF's 200770550012380, 200570510019810 e 200770660005046. O TRF4 também já adotou tal entendimento em várias ocasiões, senão vejamos: "Em se tratando de trabalhador rural 'boia-fria', a exigência de início de prova material para efeito de comprovação do exercício da atividade agrícola deve ser interpretada com temperamento, podendo, inclusive, ser dispensada em razão da informalidade com que é exercida a profissão e a dificuldade de comprovar documentalmente o exercício da atividade rural nessas condições." (AC 9888682010409999, julgada em 19.01.2011). No mesmo sentido, na AC 1999.70.04.002624-1. Na AC 2006.70.99.001600-0 estabeleceu que "Cuidando-se de trabalhadora rural que desenvolve atividade na

o boia-fria em patamar superior até mesmo ao segurado especial, o que não nos parece ser constitucionalmente admissível.

3.1.2.1 A situação do segurado especial

Como já vimos, o segurado especial está, por expressa disposição constitucional, incluído num regime diferenciado de custeio, ou seja, não verte contribuições vinculadas propriamente ao exercício de atividade laborativa. Assim, a lei exige que ele comprove o exercício de atividade rural pelo período equivalente ao da carência. Já analisamos anteriormente os aspectos concernentes a tal situação peculiar, exceto quanto à forma de comprovação, o que faremos agora.

A Lei 13.846/2019 pretende implementar uma nova sistemática para a comprovação do exercício de atividade rural pelo segurado especial. Com efeito, os novéis arts. 38-A e 39-A da Lei 8.213/91 consignam o seguinte:

> Art. 38-A O Ministério da Economia manterá sistema de cadastro dos segurados especiais no Cadastro Nacional de Informações Sociais (CNIS), observado o disposto nos §§ 4º e 5º do art. 17 desta Lei, e poderá firmar acordo de cooperação com o Ministério da Agricultura, Pecuária e Abastecimento e com outros órgãos da administração pública federal, estadual, distrital e municipal para a manutenção e a gestão do sistema de cadastro.
>
> § 1º O sistema de que trata o caput deste artigo preverá a manutenção e a atualização anual do cadastro e conterá as informações necessárias à caracterização da condição de segurado especial, nos termos do disposto no regulamento.
>
> § 2º Da aplicação do disposto neste artigo não poderá resultar nenhum ônus para os segurados, sem prejuízo do disposto no § 4º deste artigo.
>
> § 3º O INSS, no ato de habilitação ou de concessão de benefício, deverá verificar a condição de segurado especial e, se for o caso, o pagamento da contribuição previdenciária, nos termos da Lei no 8.212, de 24 de julho de 1991, considerando, dentre outros, o que consta do Cadastro Nacional de Informações Sociais (CNIS) de que trata o art. 29-A desta Lei.

---

qualidade de bóia-fria (diarista), deve a exigência do início de prova material ser flexibilizada, quando não mesmo dispensada diante de uma prova testemunhal coesa e firme, face à dificuldade desta classe de trabalhadores, que trabalha por dia na zona agrícola, em propriedades diversas, de formar prova documental de seu labor, dada a informalidade que rege suas relações de trabalho.". Não deixa de ser espantoso que um Tribunal Regional Federal simplesmente recuse a aplicação de um dispositivo legal sem declarar sua inconstitucionalidade, já que para tal far-se-ia necessário submeter a questão a sua Corte Especial. Não é por outra razão que o STF fez aprovar a Súmula Vinculante 10, com o seguinte teor: "Viola a cláusula de reserva de plenário (CF, artigo 97) a decisão de órgão fracionário de tribunal que, embora não declare expressamente a inconstitucionalidade de lei ou ato normativo do Poder Público, afasta sua incidência, no todo ou em parte". Pois bem, procurando padronizar a interpretação no ponto, o STJ apreciou o tema pela sistemática dos recursos repetitivos (tema 554), no bojo do REsp 1321493, adotando a seguinte tese: "3. Aplica-se a Súmula 149/STJ (...) aos trabalhadores rurais denominados 'boias-frias', sendo imprescindível a apresentação de início de prova material. 4. Por outro lado, considerando a inerente dificuldade probatória da condição de trabalhador campesino, o STJ sedimentou o entendimento de que a apresentação de prova material somente sobre parte do lapso temporal pretendido não implica violação da Súmula 149/STJ, cuja aplicação é mitigada se a reduzida prova material for complementada por idônea e robusta prova testemunhal. 5. No caso concreto, o Tribunal a quo, não obstante tenha pressuposto o afastamento da Súmula 149/STJ para os 'boias-frias', apontou diminuta prova material e assentou a produção de robusta prova testemunhal para configurar a recorrida como segurada especial, o que está em consonância com os parâmetros aqui fixados". A decisão é de 10.10.2012.

§ 4º A atualização anual de que trata o § 1º deste artigo será feita até 30 de junho do ano subsequente.

§ 5º É vedada a atualização de que trata o § 1º deste artigo após o prazo de 5 (cinco) anos, contado da data estabelecida no § 4º deste artigo.

§ 6º Decorrido o prazo de 5 (cinco) anos de que trata o § 5º deste artigo, o segurado especial só poderá computar o período de trabalho rural se efetuados em época própria a comercialização da produção e o recolhimento da contribuição prevista no art. 25 da Lei 8.212, de 24 de julho de 1991.

Art. 38-B. O INSS utilizará as informações constantes do cadastro de que trata o art. 38-A para fins de comprovação do exercício da atividade e da condição do segurado especial e do respectivo grupo familiar.

§ 1º A partir de 1º de janeiro de 2023, a comprovação da condição e do exercício da atividade rural do segurado especial ocorrerá, exclusivamente, pelas informações constantes do cadastro a que se refere o art. 38-A desta Lei.

§ 2º Para o período anterior a 1º de janeiro de 2023, o segurado especial comprovará o tempo de exercício da atividade rural por meio de autodeclaração ratificada por entidades públicas credenciadas, nos termos do art. 13 da Lei 12.188, de 11 de janeiro de 2010, e por outros órgãos públicos, na forma prevista no regulamento.

§ 3º Até 1º de janeiro de 2025, o cadastro de que trata o art. 38-A poderá ser realizado, atualizado e corrigido, sem prejuízo do prazo de que trata o § 1º deste artigo e da regra permanente prevista nos §§ 4º e 5º do art. 38-A desta Lei.

§ 4º Na hipótese de divergência de informações entre o cadastro e outras bases de dados, para fins de reconhecimento do direito ao benefício, o INSS poderá exigir a apresentação dos documentos referidos no art. 106 desta Lei.

§ 5º O cadastro e os prazos de que tratam este artigo e o art. 38-A desta Lei deverão ser amplamente divulgados por todos os meios de comunicação cabíveis para que todos os cidadãos tenham acesso à informação sobre a existência do referido cadastro e a obrigatoriedade de registro.

Até então, tal como em qualquer outra situação em que se deva comprovar tempo de serviço, o segurado especial deveria apresentar início de prova material, corroborada por outros meios de prova. Agora, a legislação determina que, a partir de 2023[39], a comprovação só poderá ser feita por meio do cadastro acima descrito[40]. Determina, ademais, que no período anterior, a comprovação será feita por meio de autodeclaração. Não obstante, se a autodeclaração for refutada pelo INSS, parece-nos que eventual revisão judicial acabará observando os mesmos moldes até então vigentes, até mesmo porque a própria ratificação da autodeclaração depende de estar esta arrimada em início de prova material. Quanto ao próprio cadastro, eventuais divergências possivelmente também serão solucionadas judicialmente pelo método tradicional, razão pela qual cabe continuar tratando deste.

---

39. Não obstante, o § 1º do art. 25 da EC 103/2019 determinou que *"para fins de comprovação de atividade rural exercida até a data de entrada em vigor desta Emenda Constitucional*, o prazo de que tratam os §§ 1º e 2º do art. 38-B da Lei 8.213, de 24 de julho de 1991, será prorrogado até a data em que o Cadastro Nacional de Informações Sociais (CNIS) atingir a cobertura mínima de 50% (cinquenta por cento) dos trabalhadores de que trata o § 8º do art. 195 da Constituição Federal, apurada conforme quantitativo da Pesquisa Nacional por Amostra de Domicílios Contínua (Pnad)" (grifamos).
40. Muito embora sejamos entusiastas de uma melhoria quanto à comprovação da atividade do segurado especial, que é, na atualidade, possivelmente a maior fresta para fraudes existente no sistema, somos um pouco céticos em relação à metodologia, pois já foi feita uma tentativa anterior similar, que não chegou sequer a entrar em funcionamento.

Como já salientamos acima, a prova material exigida do segurado especial é aquela que denominamos "genérica", ou seja, versa sobre sua qualificação profissional como trabalhador rural, embora nos pareça essencial que aponte também o local de trabalho, apresentando documento que comprove a propriedade ou a posse, admitindo-se, neste último caso, se o contrato for verbal, a indicação do terreno combinada com a oitiva do proprietário.

Há diversas possibilidades de se comprovar a condição genérica de trabalhador rural. O contrato de arrendamento, parceria ou meação, desde que esteja registrado em cartório ou ao menos quando haja reconhecimento das firmas[41] (e desde que o registro seja contemporâneo – não havendo a necessidade de que seja imediatamente coincidente, podendo ser um pouco posterior – à data de celebração colocada no contrato[42]), irá gerar, ao segurado especial, um início de prova material de alta potencialidade, já que induz a comprovação, ao mesmo tempo, da posse da terra e do exercício da atividade rural.

A declaração do sindicato de trabalhadores rurais é uma excrescência, embora fosse exigida pelo INSS administrativamente, já que sozinha (não homologada) consubstancia mero depoimento colocado no papel, sendo que para ser homologada pelo INSS exigia-se a apresentação de documentos constantes nos róis consignados na legislação de regência, ou seja, sua força probatória era extraída mesmo destes.

Outras possibilidades (constando, conforme o caso, a indicação de profissão rural): certidões de casamento e de nascimento (de filhos); comprovante(s) de recolhimento de contribuição à Previdência Social decorrente de comercialização da produção[43]; comprovante de cadastro no INCRA[44], o certificado de cadastro do imóvel

---

41. Não havendo registro, não há como aferir quando foi efetivamente produzido. Neste sentido, é também a opinião de Berwanger: "Enquanto elemento de prova somente é considerado contemporâneo e, portanto, hábil pela Administração se for registrado ou, pelo menos, contiver firma reconhecida ou outro elemento que possa comprovar a data em que foi firmado." (op. cit., 2013, p. 273).
42. Lopes Júnior, em enxuta e feliz definição, descreve que "Ser contemporâneo ou possuir tal característica para fins de contemporaneidade, significa, basicamente, ser da mesma época, ou seja, ocupar o mesmo espaço de tempo, de forma que um documento contemporâneo é aquele que tenha sido criado, elaborado ou confeccionado na mesma época em que os fatos a que ele se refere, surgindo de maneira concomitante ou ao menos imediatamente posterior aos acontecimentos certificados." (op. cit., p. 179).
43. Como vimos quando analisamos o custeio, o segurado especial é obrigado a recolher diretamente a contribuição quando vende a produção para consumidor final ou outro produtor rural. Esse comprovante de recolhimento, explica Berwanger, "nada mais é do que uma Guia da Previdência Social (GPS) com um código específico para o recolhimento da contribuição previdenciária sobre a produção comercializada. Assim, nada mais lógico do que incluir esse documento como comprovante da atividade rural, já que prova venda da produção, da mesma forma que as notas fiscais de produtor rural." (op. cit., 2013, p. 282).
44. Com relação ao pescador artesanal, diz o art. 111 da IN INSS/PRES 128 de 2022:
    Art. 111. Pescador artesanal ou a este assemelhado será considerado segurado especial desde que exerça a atividade individualmente ou em regime de economia familiar, ainda que com o auxílio eventual de terceiros, fazendo da pesca sua profissão habitual ou principal meio de vida, devendo ser observado o seguinte:
    I – pescador artesanal é aquele que:
    a) não utiliza embarcação; ou
    b) utilize embarcação de pequeno porte, nos termos da Lei 11.959, de 2009;
    II – é assemelhado ao pescador artesanal aquele que realiza atividade de apoio à pesca artesanal exercendo as atividades:
    a) de confecção e de reparos de artes e petrechos de pesca;

rural – CCIR⁴⁵; título de eleitor antigo; carteirinha antiga do sindicato rural; bloco

---

b) de reparos em embarcações de pequeno porte; ou

c) atuando no processamento do produto da pesca artesanal, nos termos do inciso XI do art. 2º da Lei 11.959, de 2009;

III – são considerados pescadores artesanais, também, os mariscadores, caranguejeiros, catadores de algas, observadores de cardumes, entre outros que exerçam as atividades de forma similar, qualquer que seja a denominação empregada.

§ 1º Para período trabalhado a partir de 31 de março de 2015, o pescador artesanal deverá estar cadastrado no Registro Geral de Atividade Pesqueira – RGP, na categoria de Pescador Profissional Artesanal, conforme inciso I do art. 2º do Decreto 8.425, de 31 de março de 2015.

§ 2º Os pescadores de subsistência, aqueles que exercem as atividades sem fins lucrativos, caso assim se declarem, estão desobrigados do cadastramento no RGP.

§ 3º A verificação do cadastro no RGP deverá ser realizada mediante consulta aos sistemas corporativos ou apresentação de documento comprobatório emitido pelo órgão competente.

§ 4º A não apresentação do documento citado no § 1º ou, ainda, a constatação de que o pescador teve seu registro suspenso ou cancelado, não constitui fato suficiente para descaracterizar a condição de segurado especial, pois não há como afirmar que houve, necessariamente, a suspensão de suas atividades, cabendo a continuidade da análise da comprovação da atividade com base nos documentos ou registros constantes no processo, observado o constante nesta Seção".

45. Tal documento, instituído em 1964, pelo Estatuto da Terra, é obrigatório para todos os proprietários e possuidores rurais. Traz dados como descrição do proprietário, o título de domínio, a natureza da posse, localização geográfica, detalhes sobre o modo de utilização da terra e discrimina a existência ou não de assalariados, arrendatários e parceiros. O primeiro cadastramento ocorreu em 1965 e deveria ser repetido de cinco em cinco anos, conforme prescrevia a lei; contudo ocorreu apenas em 1972, 1978 e 1992.

Uma informação relevante – e que desperta polêmica – trazida por tal documento é se tratar, o proprietário ou possuidor de "trabalhador rural" ou "empregador rural", que pode ser, este último, "II –A", "II-B" ou "II-C". A descrição detalhada desta tipologia consta no art. 1º do Decreto-Lei 1.166/71. Vamos a ela:

I – trabalhador rural:

a) a pessoa física que presta serviço a empregador rural mediante remuneração de qualquer espécie;

b) quem, proprietário ou não, trabalhe individualmente ou em regime de economia familiar, assim entendido o trabalho dos membros da mesma família, indispensável à própria subsistência e exercido em condições de mútua dependência e colaboração, ainda que com ajuda eventual de terceiros.

II – empresário ou empregador rural:

a) a pessoa física ou jurídica que tendo empregado, empreende, a qualquer título, atividade econômica rural;

b) quem, proprietário ou não e mesmo sem empregado, em regime de economia familiar, explore imóvel rural que lhe absorva tôda a fôrça de trabalho e lhe garanta a subsistência e progresso social e econômico em área igual ou superior à dimensão do módulo rural da respectiva região;

c) os proprietários de mais de um imóvel rural, desde que a soma de suas áreas seja igual ou superior à dimensão do módulo rural da respectiva região.

Como podemos perceber, o tipo trazido no I-A é o empregado rural e o do I-B se enquadra como pequeno produtor rural (o hoje denominado segurado especial). Não obstante, os tipos previstos em II-B e II-C permitem o enquadramento tanto de empregador rural como de pequeno produtor rural não empregador, vez que se prendem à dimensão do terreno explorado. Assim, vem reconhecendo a jurisprudência e o próprio INSS (neste sentido, o § 5º do art. 110 da IN INSS/PRES 128 de 2022) que a presença de tal informação não se presta, por si só, à desqualificação como pequeno produtor (o "segurado especial" à época, embora sem tal denominação). Apenas o tipo do II-A, que é o que tem empregado(s) fixo(s), é que impõe desclassificação.

Na opinião de Berwanger (op. cit., 2013, p. 282), "trata-se, o CCIR, de um documento que demonstra a propriedade e a utilização ou não de empregados. Mas, a finalidade previdenciária do Cadastro é secundária, (...) se trata de prova indiciária, na medida em que, da prova da propriedade ou da posse decorre a probabilidade do exercício de atividade rural.".

de notas do produtor rural[46]; notas fiscais de aquisição de mercadoria ou de venda da produção; certificado de alistamento militar ou de dispensa de incorporação[47]; notas fiscais de produtor rural ou de aquisição de insumos; escritura pública de compra e venda de imóvel rural, constando a informação de profissão rurícola etc.[48].

A Súmula 14 da TNU diz que: "Para a concessão de aposentadoria rural por idade, não se exige que o início de prova material corresponda a todo o período equivalente à carência do benefício". O INSS costumava exigir uma prova material por ano de atividade que se pretende comprovar, mas a prática hodierna revela que já não o faz. O Parecer CJ/MPS 3136/2003[49], elaborado por Daniel Pulino, vem sendo a pedra de toque da atuação administrativa do INSS no período mais recente. De mais relevante, o parecer considera que podem ser aceitos, como início de prova material, a qualificação profissional de rurícola em atos de registro civil ou militar, "os quais, uma vez corroborados por outros elementos de instrução, num conjunto probatório harmônico, robusto e convincente, serão aptos a comprovar os períodos de trabalho referidos" e ressalva também que a lei previdenciária não exige que o início de prova material seja contemporâneo, necessariamente, ao período de atividade rural que o segurado tem que comprovar, podendo servir de começo de prova documento anterior a este período. Em suma, segundo o parecer, bastaria um único documento comprobatório da profissão rural, desde que corroborado pela prova testemunhal e não quebrantado pela contraprova trazida pelo INSS ou outra que venha aos autos. A nosso ver, o documento tem valor probatório progressivo, exclusiva e indefinidamente[50].

---

46. As notas fiscais demonstram não só a existência de produção agrícola, como também de excedente, já que há justamente a venda deste. Em suma, apontam o preenchimento da hipótese de incidência da contribuição do produtor rural (segurado especial, no caso).
47. Muitos desses documentos são produzidos, na verdade, a partir da declaração do próprio interessado, ou seja, se consta, por exemplo, na certidão de casamento que o sujeito era "lavrador", possivelmente foi ele próprio quem o declarou. Então, em sentido estrito, trata-se também de declaração colocada no papel. Não obstante, como bem observa Lopes Júnior, "não há como se inferir que há mais de vinte anos aproximadamente o autor fez constar informações que não seriam condizentes com a realidade, tão somente para no futuro poder alegar a atividade rural." (op. cit., p. 181-182). Em suma, é o fato de a declaração ser demasiado remota que a torna presumivelmente desinteressada e, assim, confiável.
48. Quanto ao pescador artesanal, descreve Berwanger (op. cit., 2013, p. 291-292) que os documentos comumente aceitos pela jurisprudência são: a declaração do sindicato ou colônia de pescadores, notas fiscais de compras de instrumentos de pesca, registro de embarcação e documentos de registro civil, onde consta a profissão de pescador. Acrescentamos: requerimento de seguro desemprego-pescador artesanal; carteira de pescador profissional expedida por órgão oficial, ficha de inscrição na SUDEPE (Superintendência de Desenvolvimento da Pesca). Sem prejuízo, frisamos, dos demais documentos já descritos para o segurado especial (gênero), no que couber.
49. Disponível em: http://sislex.previdencia.gov.br/paginas/60/2003/3136.htm. Acesso em: 13 out. 2017.
50. O STJ, contudo, tem entendimento sumulado em sentido contrário: "É possível reconhecer o tempo de serviço rural anterior ao documento mais antigo apresentado, desde que amparado em convincente prova testemunhal colhida sob o contraditório." (Súmula 577). Não obstante, podemos observar que os precedentes que deram origem à súmula partiram de casos que guardavam certas especificidades, em especial situações nas quais não faltava muito tempo para completar o necessário à obtenção da aposentadoria. Enfim, entendimentos de ocasião, decorrentes, a nosso sentir, mais de um [suposto] sentimento de complacência, sem qualquer embasamento teórico. Com efeito, se se exige prova material para comprovar tempo de serviço, parece-nos evidente que não se pode produzir hoje (o exemplo extremo é muitas vezes útil para demonstrar a inconsistência da tese) prova

Com efeito, temos exigido, em regra, não mais que um documento revelando a condição de trabalhador rural, desde que conjugado com prova relacionada à posse da gleba onde a atividade era (ou ainda é) desenvolvida, a qual vale a partir da data em que foi produzida, para o futuro (efeitos exclusivamente prospectivos), indefinidamente, salvo comprovação de que deixou a atividade[51]. Há algo como uma inversão do ônus da prova, ou seja, comprovando, materialmente, a parte autora que estava exercendo atividade rural em dado momento, presume-se, desde que a prova oral o corrobore, que assim permanece, cabendo então, especialmente à contraparte (mas o juiz também, estando em dúvida ou de praxe, pode determinar diligências probatórias), comprovar que houve alteração.

Há quem, contudo, exija mais de uma prova, quem exija ao menos duas provas[52] e considere o tempo compreendido entre elas[53], há quem não acate prova demasiado remota etc.[54].

---

documental de fato ocorrido no passado, o que fere qualquer lógica razoável. Prova material é aquela que deixa rastros, sua marca no tempo, e seus efeitos só podem ser prospectivos. O período pretérito estaria, portanto, a descoberto de prova material. Savaris, por exemplo, considera que "A prova testemunhal guarda sensível nota de precariedade. Enquanto a prova material é vestígio de um fato, ação humana ou acontecimento – e, sendo vestígio, constitui um dado ou indício contemporâneo ao fato que se pretende demonstrar – a prova testemunhal é inapta para fixação de datas remotas. Se a prova material emana da ocorrência própria do fato que se pretende demonstrar (ou de um fato próximo a ele por meio de um juízo de presunção) e não tem vínculo com qualquer ação judicial, a prova testemunhal, de outra sorte, é produzida apenas porque há um litígio, isto é, porque existe interesse de uma das partes em influenciar futura decisão judicial." (op. cit., p. 253). Com a alteração legislativa, que passou a consignar expressamente a exigência de contemporaneidade, é preciso aguardar para perceber se o STJ irá alterar sua jurisprudência e, se o fizer, em que medida.

51. Caso haja comprovação de que migrou para atividade urbana por período relativamente longo, deverá produzir outra prova material, posterior (é o denominado "reinício de prova material"). Neste sentido, dispõe o inciso V do § 2º do art. 116 da IN INSS/PRES 128 de 2022: "na hipótese de períodos intercalados de exercício de atividade rural e urbana superior a 120 (cento e vinte) dias no ano civil, deverá ser apresentado instrumento ratificador (base governamental ou documento) a cada retorno à atividade rural".

52. Neste sentido, o disposto no art. 571, III, da IN INSS/PRES 128 de 2022: "deverá ser apresentado um documento como marco inicial e outro como marco final e, na existência de indícios que tragam dúvidas sobre a continuidade do exercício de atividade no período compreendido entre o marco inicial e final, poderão ser exigidos documentos intermediários". Já no inciso IV do mesmo dispositivo, consta o seguinte: "a aceitação de um único documento está restrita à prova do ano a que ele se referir, ressalvado os casos em que se exige uma única prova para cada metade do período de carência".

53. Savaris, por exemplo, considera que "o período compreendido entre documentos que indicam a profissão do segurado como sendo a de trabalhador rural conduz, em regra, à presunção da continuidade do estado anterior. Moacyr Amaral Santos faz referência à teoria de Fitting, segundo a qual 'presume-se a permanência de um estado preexistente, se não for alegada a sua alteração, ou, se alegada, não tiver sido feita a devida prova desta. Amaral Santos, citando Soares de Faria na síntese dos resultados obtidos por Fitting, pontifica que 'só a afirmação de uma mudança de um estado anterior necessita de prova, que não a permanência do mesmo: affirmanti non neganti incumbit probatio'" (op. cit., p. 260).

54. As nuances jurisprudenciais em torno do nível de comprovação são praticamente inesgotáveis, não havendo definição a respeito, pelo que cada juiz opera a partir de um parâmetro e segundo o caso concreto posto em julgamento. Sobre os tipos de documento admitidos como início de prova material, os entendimentos são também virtualmente infinitos. Cabe, contudo, o alerta de Savaris: "algumas folhas de atendimento relativas a serviços de saúde estão sendo apresentadas em juízo como o único indício do exercício de atividade rural existente no período de carência. Algumas anotações acerca da qualificação dos interessados se dão de maneira não contemporânea, sendo evidente, em alguns casos, que o preenchimento do campo correspondente se deu posteriormente e por outra pessoa." (op. cit., p. 254). É preciso, portanto, ter bastante cuidado nessa análise.

3.1.2.2 Extensão subjetiva da prova material

A extensão subjetiva da prova (também coloquialmente denominada "prova emprestada") diz respeito à possibilidade de aproveitamento da prova material existente em nome de outro membro do grupo familiar. O mais comum, na prática, é a utilização por um cônjuge da prova em nome do outro e do filho(a) em nome de um dos pais[55].

Tal construção adveio da constatação de que, por um lado, o trabalho rural da mulher é geralmente escamoteado ou subestimado, razão pela qual é deveras comum que: em certidões, sua profissão seja consignada como "do lar", enquanto a do esposo é aposta como "lavrador", ainda que estejam vivenciando um mesmo contexto laborativo[56]; documentos que demonstrem o exercício da atividade rural familiar (contratos, notas fiscais etc.) sejam produzidos em nome do marido. Por outro lado, como bem aponta Lopes Júnior, "dificilmente se encontra em nome de um menor de dezoito anos de idade qualquer documento contemporâneo a comprovar-lhe o exercício de atividade rural"[57], razão pela qual há de se aceitar, ao menos para o período da menoridade, a prova em nome dos pais[58]. A IN INSS/PRES 77 de 2015 dispunha nesse sentido, em seu art. 47, § 1º: "os documentos de que tratam os incisos I e III a X do caput devem ser considerados para todos os membros do grupo familiar, (...) *quando corroborados com outros que confirmem o vínculo familiar*[59] (...)" (grifamos). No mesmo sentido, o art. 115 do mesmo diploma: "tratando-se de comprovação na categoria de segurado especial, o documento existente em nome de um dos componentes do grupo familiar poderá ser utilizado como início de prova material por qualquer dos integrantes desse grupo (...)".

A ideia ou a presunção que se constrói a partir da existência de prova material em nome de um dos membros da família é a de que os demais se encontram no mesmo contexto laborativo, mas, segundo nos quer parecer, se e somente se a atividade é

---

55. Nos termos da Súmula 32 da AGU, "(...) serão considerados como início razoável de prova material documentos públicos e particulares dotados de fé pública, desde que não contenham rasuras ou retificações recentes, nos quais conste expressamente a qualificação do segurado, de seu cônjuge, enquanto casado, ou companheiro, enquanto durar a união estável, ou de seu ascendente, enquanto dependente deste, como rurícola, lavrador ou agricultor, salvo a existência de prova em contrário".
56. Neste sentido, a Súmula 06 da TNU: "A certidão de casamento ou outro documento idôneo que evidencie a condição de trabalhador rural do cônjuge constitui início razoável de prova material da atividade rurícola". Jane Berwanger e Osmar Veronese apontam que, especialmente em tempo pretéritos, "Toda documentação era concentrada em nome do homem, que era o proprietário da terra, que era contribuinte diante da Fazenda Estadual (notas fiscais de produtor), que era sócio do sindicato, da cooperativa, enfim, a mulher não tinha indício de prova material em nome próprio. (...) Conforme Yoshioka, (...) não havia preocupação (...) em 'produzir prova' para fins de comprovação de atividade rural (...), pois nem direito possuíam para justificar alguma preocupação em demonstrar a existência de trabalho rural." (*Constituição*: um olhar sobre minorias vinculadas à seguridade social. 2. ed. Curitiba: Juruá, 2015, p. 86-87).
57. Op. cit., p. 174.
58. Como bem destaca Kerbauy (op. cit., 2008, p. 140), "a unidade produtiva tem como regra a emissão de documentação em nome do *pater familiae*, que representa o grupo familiar".
59. Assim, segundo tal normativa, o vínculo familiar (por exemplo, uma união estável) também deve ser documentalmente provado, o que faz todo o sentido, uma vez que, do contrário, representar-se-ia uma burla à exigência de início de prova material.

desenvolvida em regime autônomo de economia familiar[60]. Com efeito, é importante deixar claro que não se pode presumir que, sendo o marido ou o pai empregado rural (trabalhando para terceiro em troca de salário, portanto), especialmente se registrado, a esposa ou o filho desenvolva o mesmo serviço (sem registro) – ainda que isto eventualmente ocorresse sob o denominado "regime de colonato" e haja até algum resquício atual, mas não se pode construir presunção neste sentido. De fato, se a produção é da própria família, é natural trabalhar com a hipótese de que todos os membros contribuem de alguma forma na atividade, mas se a produção é de terceiro e há contrapartida salarial, isto já não tem lugar. Há casos, sim, em que o pagamento é feito conforme a produtividade (parcial ou totalmente), quando os demais membros da família poderiam auxiliar o contratado para aumentar o lucro auferido, mas isto precisaria restar demonstrado, inclusive a ciência por parte do contratante, para que então restasse configurado o vínculo de emprego informal. É por isso que, embora se observe vacilação, a melhor jurisprudência vem admitindo a extensão da prova apenas quando se trata de segurado especial[61].

Com relação ao filho, cabem ainda algumas anotações. Até quando se admite a extensão? Como vimos, ao menos durante a menoridade, salvo se verificada alguma hipótese de emancipação. Não obstante, tem-se que a filha mulher, mesmo após a maioridade, enquanto não se casar e/ou deixar o núcleo familiar originário, ainda assim raramente terá algum documento em nome próprio, até mesmo porque eventuais documentos relacionados com a atividade em si são produzidos em nome do proprietário ou possuidor do terreno, que geralmente é o pai. Já o filho homem tem a possibilidade de, ao completar 18 anos, ter algum documento relacionado com o alistamento ou dispensa no serviço militar obrigatório, além de que é mais comum que abandone o núcleo familiar de origem mesmo antes do casamento, constituindo vida própria. Contudo, é possível que se lhe escape a produção de prova naquelas oportunidades descritas e que permaneça residindo e trabalhando com os pais até se casar. Destarte, será preciso analisar cada caso concreto. De nossa parte, temos admitido a extensão subjetiva da prova, em relação ao filho homem, mesmo após a maioridade, desde que traga alguma prova em

---

60. Neste sentido, a Súmula 73 do TRF4: "Admitem-se como início de prova material do efetivo exercício de atividade rural, *em regime de economia familiar*, documentos de terceiros, membros do grupo parental." (grifamos). No mesmo sentido, a Súmula 09 da Turma Regional de Uniformização dos Juizados Especiais Federais da 4ª Região: "Admitem-se como início de prova material, documentos em nome de integrantes do grupo envolvido *no regime de economia familiar* rural" (grifamos).
61. Neste sentido, o § 3º do art. 116 da IN INSS/PRES 128 de 2022: "Quanto à extensão do instrumento ratificador em relação ao grupo familiar: I – considerando o contido no § 2º, todo e qualquer instrumento ratificador vale para qualquer membro do grupo familiar, devendo o titular do documento possuir condição de *segurado especial* no período pretendido, caso contrário a pessoa interessada deverá apresentar documento em nome próprio; II – se o titular do instrumento ratificador for *segurado especial* na data de emissão/registro/homologação do cadastro ou documento e, posteriormente, perder a condição de segurado especial, poderá ser realizada a ratificação parcial do período em que o titular do instrumento ratificador manteve a qualidade de segurado especial, observado o limite temporal da metade da carência da aposentadoria por idade; e III – a situação de estar o cônjuge ou companheiro(a) em lugar incerto e não sabido, decorrente de abandono do lar, não prejudica a condição do cônjuge ou companheiro(a) remanescente" (grifamos).

nome próprio com marco ligeiramente posterior (por exemplo, quando traz certidão de casamento ocorrido aos 23 anos de idade). Em relação à mulher, há de se ter um pouco mais de flexibilidade[62], pelas razões já expostas e em virtude de não ser incomum que a mulher rural solteira permaneça indefinidamente com o núcleo familiar originário[63].

Há que se acrescentar, por fim, que em qualquer das hipóteses descritas, a extensão só é válida se e enquanto aquele em nome de quem está a prova está exercendo a atividade rural, no entender da jurisprudência amplamente majoritária. Exemplificando, se a esposa pretende aproveitar prova em nome do marido consistente numa certidão de casamento de 1996 na qual conste que este é "lavrador", havendo prova de que ele deixou o meio rural e passou a desenvolver atividade urbana regular a partir de 1998, a prova só valerá até tal marco (ou, noutro exemplo, se faleceu nesse ano). Neste sentido, o STJ no REsp 1.304.479, julgado no sistema dos recursos repetitivos.

Não obstante, cabe fazer aqui algumas importantes distinções. A hipótese que nos parece indiscutível é aquela em que a prova material em nome do cônjuge (ou de um dos pais) é remota, havendo comprovação de que posteriormente passou a exercer outra atividade (especialmente se urbana). Nesse caso, realmente não pode persistir a presunção de que segue a exercer atividade rural em regime de economia familiar. Situação diversa, porém, é aquela em que a prova material de ocupação rural é posterior – especialmente se muito posterior – ao início do exercício de atividade urbana[64], condição que, se corroborada com prova de posse de gleba rural, pode conduzir ao raciocínio de que exerce dupla atividade – o que, como já vimos anteriormente, pode servir para descaracterizar o próprio exercente como segurado especial (ou não), sem, contudo, comprometer o enquadramento do cônjuge como tal. No caso de a prova material se referir diretamente ao exercício da atividade rural – como, por exemplo, bloco de notas do produtor rural, documentos fiscais de entrada de mercadorias emitidas pela empresa adquirente da produção ou cooperativa, comprovantes de recolhimento de contribuição à previdência social decorrentes da comercialização da produção, cópias de declarações de IRPF com indicação de renda proveniente da comercialização de produção rural (ou até mesmo contrato de arrendamento, parceria, meação ou comodato rural registrado ou com reconhecimento de firma em cartório) –, a hipótese ganha ainda mais robustez,

---

62. Anita Brumer relata que "em meados de 1996, após uma série de pressões sindicais e negociações com o INSS/MPAS, as trabalhadoras puderam novamente requerer a aposentadoria com a apresentação de documentos em nome do companheiro, desde que comprovassem o vínculo familiar. Elas também podiam comprovar a atividade no período em que eram solteiras, através da documentação em nome do pai (...)." (*Previdência social rural e gênero*. Sociologias, Porto Alegre, [online], v.4, n. 7, p. 50-81, jan./jun. 2002).
63. Nos termos do art. 109 da IN INSS/PRES 128/2022, "não integram o grupo familiar do segurado especial os filhos casados, separados, divorciados, viúvos e ainda aqueles que estão ou estiveram em união estável", "os pais podem integrar o grupo familiar dos filhos solteiros que não estão ou estiveram em união estável" e que "integram o grupo familiar, também podendo ser enquadrados como segurado especial, o cônjuge ou companheiro, inclusive homoafetivos, e o filho solteiro maior de 16 (dezesseis) anos de idade ou a este equiparado, desde que comprovem a participação ativa nas atividades rurais do grupo familiar".
64. Caso, porém, a outra atividade seja rural (por exemplo, como empregado rural), aí a prova material de [mera] ocupação rural já não gera o mesmo efeito, visto que pode se referir justamente ao outro trabalho.

restando evidenciado que o cônjuge exerce as duas atividades, o que a nosso ver não impede a extensão subjetiva da prova, cabendo aferir no caso concreto o preenchimento dos requisitos para o enquadramento como segurado especial[65].

3.1.2.3 Depoimento pessoal

O juiz, conhecendo bem a região e conforme o tipo de atividade declarada na inicial ou mesmo por ocasião do próprio depoimento, deverá dirigir os trabalhos de modo a trazer indagações que permitam aferir se o depoente efetivamente detém conhecimento sobre as lidas rurais. Há algum tempo, a Procuradoria do INSS produziu um documento intitulado "cartilha do segurado especial", que contém diversas informações relevantes sobre vários tipos de lavoura.

---

65. Com um rol até mais extenso do que o que aqui consignamos, a IN INSS/PRES 128 de 2022 estabelece, no inciso I do § 3º de seu art. 116, que "considerando o contido no § 2º, todo e qualquer instrumento ratificador vale para qualquer membro do grupo familiar, devendo o titular do documento possuir condição de segurado especial no período pretendido, caso contrário a pessoa interessada deverá apresentar documento em nome próprio". Os documentos referidos são: contrato de arrendamento, parceria, meação ou comodato rural, cujo período da atividade será considerado somente a partir da data do registro ou do reconhecimento de firma do documento em cartório; Declaração de Aptidão ao Programa Nacional de Fortalecimento da Agricultura Familiar, de que trata o inciso II do *caput* do art. 2º da Lei 12.188, de 11 de janeiro de 2010, ou por documento que a substitua; bloco de notas do produtor rural; notas fiscais de entrada de mercadorias, de que trata o § 7º do art. 30 da Lei 8.212, de 1991, emitidas pela empresa adquirente da produção, com indicação do nome do segurado como vendedor; documentos fiscais relativos à entrega de produção rural a cooperativa agrícola, entreposto de pescado ou outros, com indicação do segurado como vendedor ou consignante; comprovantes de recolhimento de contribuição à Previdência Social decorrentes da comercialização da produção; cópia da declaração de imposto de renda, com indicação de renda proveniente da comercialização de produção rural; licença de ocupação ou permissão outorgada pelo Instituto Nacional de Colonização e Reforma Agrária – INCRA ou qualquer outro documento emitido por esse órgão que indique ser o beneficiário assentado do programa de reforma agrária; comprovante de pagamento do Imposto sobre a Propriedade Territorial Rural – ITR, Documento de Informação e Atualização Cadastral do Imposto sobre a Propriedade Territorial Rural – DIAC e/ou Documento de Informação e Apuração do Imposto sobre a Propriedade Territorial Rural – DIAT, com comprovante de envio à RFB, ou outros que a RFB vier a instituir; certidão fornecida pela FUNAI, certificando a condição do índio como trabalhador rural; certidão de casamento civil ou religioso ou certidão de união estável; certidão de nascimento ou de batismo dos filhos; certidão de tutela ou de curatela; procuração; título de eleitor, ficha de cadastro eleitoral ou certidão eleitoral; certificado de alistamento ou de quitação com o serviço militar; comprovante de matrícula ou ficha de inscrição em escola, ata ou boletim escolar do trabalhador ou dos filhos; ficha de associado em cooperativa; comprovante de participação como beneficiário em programas governamentais para a área rural nos Estados, no Distrito Federal ou nos Municípios; comprovante de recebimento de assistência ou de acompanhamento de empresa de assistência técnica e extensão rural; escritura pública de imóvel; recibo de pagamento de contribuição federativa ou confederativa; registro em processos administrativos ou judiciais, inclusive inquéritos, como testemunha, autor ou réu; ficha ou registro em livros de casas de saúde, hospitais, postos de saúde ou do programa dos agentes comunitários de saúde; carteira de vacinação e cartão da gestante; título de propriedade de imóvel rural; recibo de compra de implementos ou de insumos agrícolas; comprovante de empréstimo bancário para fins de atividade rural; ficha de inscrição ou registro sindical ou associativo junto ao sindicato de trabalhadores rurais, colônia ou associação de pescadores, produtores ou outras entidades congêneres; contribuição social ao sindicato de trabalhadores rurais, à colônia ou à associação de pescadores, produtores rurais ou a outras entidades congêneres; publicação na imprensa ou em informativos de circulação pública; registro em livros de entidades religiosas, quando da participação em batismo, crisma, casamento ou em outros sacramentos; registro em documentos de associações de produtores rurais, comunitárias, recreativas, desportivas ou religiosas; título de aforamento; ou ficha de atendimento médico ou odontológico.

3.1.2.4 Testemunhas

Silvio Marques Garcia afirma que

> A fragilidade da prova testemunhal fica bem demonstrada quando se comparam os depoimentos testemunhais com as declarações do próprio autor da ação. Não é difícil encontrar casos em que as testemunhas informam que o autor trabalhou em atividade rural inclusive por mais tempo do que admitido por ele próprio. É preciso lembrar, ademais, o possível interesse na causa que as testemunhas podem ter em razão do ajuizamento de ação de aposentadoria contra o INSS. Além disso, quando se comparam esses depoimentos com outros elementos, estes mais seguros, como a CTPS ou as informações do Cadastro Nacional de Informações Sociais (Cnis), constata-se que são genéricos, imprecisos e às vezes ocultam importantes períodos de atividade urbana.[66]

O autor faz, ademais, uma dura crítica à atuação judicial: "A maior confiabilidade dos depoimentos demandaria audiências mais longas e cansativas e esbarraria, em certos casos, na falta de disposição de alguns magistrados para elaborar uma grande quantidade de perguntas sobre detalhes da prestação dos serviços"[67]. É certo que quando o julgador detém um conhecimento apurado das peculiaridades do local onde exerce a jurisdição, tem condições de conduzir melhor o processo, especialmente por ocasião da colheita da prova oral, mas há limites intransponíveis a impedir um desempenho eficiente. Com efeito, de um lado o postulante escolhe pessoas, geralmente amigos seus, que possam depor favoravelmente à sua narrativa; de outro, é evidente que o INSS, em regra, não tem como buscar, na prática, pessoas que possam depor em sentido contrário, ou seja, de dizer que o postulante não trabalhou em tal lugar ou que não trabalhava no meio rural em determinado período (prova negativa). Ao interrogar o postulante ou as testemunhas escolhidas a dedo por este, o juiz ou o Procurador do INSS, caso detenha conhecimento da região e das características do labor alegado, tem condições de "desmascarar" aquele que detém pouco conhecimento das lidas rurais, mas tais casos não estão entre os mais comuns, pois em geral o postulante e suas testemunhas detêm razoável noção da atividade, quer seja por ter ocasionalmente laborado no meio rural (em nossa região, é comum que trabalhadores urbanos informais de baixa renda, como serventes de pedreiro, faxineiras diaristas, vigias, camareiras, barbeiros etc. trabalhem no meio rural durante tão somente o período de colheita do café), quer seja por ser, como o questionador, da região e ter acesso a um conhecimento "profano" da faina, especialmente quando se trata de uma região com uma cultura predominante. Assim, não é sempre que será possível ao magistrado desvendar a realidade a partir dos depoimentos pessoais da parte e das testemunhas, pelo que é por isso mesmo que sugerimos sejam criados mecanismos que permitam coibir melhor as fraudes.

---

66. Op. cit., p. 228.
67. Idem, ibidem.

3.2 Peculiaridades sobre o procedimento no JEF

3.2.1 Fase postulatória

A propositura da ação pode observar a mesma forma que se tem na vara comum, ou seja, por meio de uma petição inicial, subscrita ou não por um advogado, mas há também a opção da denominada "atermação", quando a parte não acompanhada por advogado comparece na presença de um servidor que reproduz, com singeleza, no papel a pretensão apresentada. Em geral, os juízes têm sido mais especialmente maleáveis quanto aos requisitos da peça inicial quando a parte não se encontra assistida por advogado, mas é certo que há um padrão mínimo que deve ser observado, a permitir ao menos a compreensão do que está em disputa para possibilitar o julgamento da causa e, inclusive, que a parte ré exerça seu direito de defesa.

Conforme dita o art. 7º da Lei 10.259/01, as citações e intimações da União serão feitas na forma prevista nos arts. 35 a 38 da Lei Complementar 73/93 (é dizer, na pessoa do Procurador-Chefe, se em primeira instância). A citação das autarquias, fundações e empresas públicas será feita na pessoa do representante máximo da entidade, no local onde proposta a causa, quando ali instalado seu escritório ou representação; se não, na sede da entidade. A prerrogativa alcança, portanto, inclusive a Caixa Econômica Federal, que, em regra, dela não dispõe em outras situações.

No que tange à resposta, é vedada a reconvenção e, ao menos em regra, o pedido contraposto[68]. Cabível exceção de suspeição ou impedimento, cujo processamento deve observar o que diz o CPC, ou seja, deve ser oferecida em petição à parte (mesmo sob a égide do NCPC, por força do art. 146 deste). Entende-se que a exceção de incompetência deve vir no bojo da contestação. É situação muito comum a inversão do procedimento (hoje, sugerida pelo próprio CNJ) nas ações em que é pleiteado benefício por incapacidade: ao despachar a inicial, o juiz designa perícia médica e só após a apresentação desta é que o INSS é citado para responder. O procedimento se justifica, pois o INSS não terá muito a dizer sobre o caso antes de que o perito judicial apresente sua manifestação, sendo que, quando esta é favorável ao pleito, o INSS inclusive oferece acordo na maior parte dos casos. O INSS deverá ser apenas intimado para, se quiser, apresentar quesitos (no mais das vezes, o juízo entra em acordo prévio com o INSS, que deixa seus quesitos já previamente "depositados", ou então entram em acordo para uma quesitação única) e, se for o caso, designar assistente técnico para acompanhar a perícia.

---

68. O art. 31 da Lei 9.099/95 diz que: "Não se admitirá a reconvenção. É lícito ao réu, na contestação, formular pedido em seu favor, nos limites do art. 3º desta Lei (ou seja, se dentro da competência do juizado), desde que fundado nos mesmos fatos que constituem objeto da controvérsia". No JEF, contudo, como aqueles que são réus não podem ser autores, incabível também o pedido contraposto. Neste sentido, o enunciado 12 do FONAJEF: "No Juizado Especial Federal, não é cabível o pedido contraposto formulado pela União Federal, autarquia, fundação ou empresa pública federal". Não obstante, como outras partes podem constar como réus em virtude de litisconsórcio necessário, como já vimos, seria possível imaginar a possibilidade de pedido contraposto em tal hipótese.

3.2.2 Prazos e tutelas de urgência

Segundo o art. 9º da Lei, não há prazo diferenciado para a prática de qualquer ato processual pelas pessoas jurídicas de direito público, inclusive a interposição de recursos, devendo a citação para audiência de conciliação[69] ser efetuada com antecedência mínima de trinta dias. Como o Ministério Público e a Defensoria Pública não são propriamente pessoas jurídicas de direito público, surge dúvida sobre a extensão da vedação a tais órgãos. No caso do MP, a previsão de prazo diferenciado está no CPC, sendo que no caso da Defensoria está em sua lei orgânica, que é de estatura complementar, o que pode até configurar um argumento a mais. O Enunciado 53 do FONAJEF estabelece que não há prazo em dobro para a Defensoria no âmbito do JEF. A atuação do MP é muito mais rara, tendo presença eventual apenas como "fiscal da lei".

Quanto às tutelas de urgência, a lei menciona apenas as medidas cautelares incidentais, pelo que, sob a égide do CPC de 1973, discutia-se acerca do cabimento da ação cautelar preparatória. O Enunciado 89 do FONAJEF diz[ia] o seguinte: "Não cabe processo cautelar autônomo, preventivo ou incidental, no âmbito do JEF". Não obstante, o tema era controverso, sendo que parcela relevante da jurisprudência a entendia cabível (especialmente de exibição de documentos). O NCPC extinguiu a ação cautelar preparatória, substituindo-a pela tutela cautelar antecedente. À primeira vista, parece que o debate continuaria a ser o mesmo, mas se o óbice que se vislumbra envolve o tipo de processo (tanto é que o citado Enunciado vedava até mesmo o processo cautelar incidental), a nova fórmula poderia ser apta a vencer a resistência. O recente Enunciado 178 do FONAJEF diz que "A tutela provisória em caráter antecedente não se aplica ao rito dos juizados especiais federais, porque a sistemática de revisão da decisão estabilizada (art. 304 do CPC/2015) é incompatível com os arts. 4º e 6º da Lei 10.259/2001". Convém frisar que tal enunciado se circunscreve à tutela antecipada[70], não à cautelar. Temos a opinião pessoal de que, a partir do princípio da instrumentalidade do processo – que, inclusive, encontra terreno mais fértil no procedimento do JEF do que no comum –, não há razão para não se aceitar a tutela cautelar ou mesmo a antecipada (ainda que sem aplicação do art. 304 do NCPC), especialmente naquelas situações em que a medida se mostra imprescindível.

Insta, anotar, por fim, que o CPC de 1973 proibia a ação declaratória incidental até mesmo no procedimento sumário, extraindo-se daí ser também incabível no procedimento do JEF.

---

69. Segundo o procedimento previsto na lei, o réu é citado para comparecer à audiência inicial de conciliação, mas isto não é comumente observado na prática. Em geral, a tentativa de conciliação é feita durante a audiência de instrução e julgamento, até porque o INSS tem por praxe não fazer acordo antes da colheita da prova oral nos casos em que há necessidade de prova testemunhal, sendo que nos casos em que não há, o juiz geralmente sequer designa audiência, devendo eventual proposta de acordo ser apresentada por escrito.
70. Quanto à antecipação de tutela, embora não expressamente prevista no JEF, entende-se cabível, pelo princípio da fungibilidade. Na prática, se observa ser mais comum a concessão da tutela antecipada apenas por ocasião da sentença nas ações em que se pleiteia a concessão de benefício previdenciário.

3.2.3 Fase instrutória

O art. 33 da Lei 9.099/95 dispõe que "Todas as provas serão produzidas na audiência de instrução e julgamento, ainda que não requeridas previamente, podendo o Juiz limitar ou excluir as que considerar excessivas, impertinentes ou protelatórias". Ademais, o art. 29 do mesmo diploma dispõe que as questões incidentais devem ser decididas na AIJ. É a expressão do princípio da concentração dos atos.

Conforme já descrevemos, a possibilidade de conciliação preliminar é muito rara nas demandas envolvendo o INSS, por isto é incomum a designação de audiência preliminar de conciliação. Em geral, há apenas a AIJ, quando há a necessidade de colheita de prova oral, ou mesmo nenhuma audiência, quando não há.

A ausência da parte ré em qualquer audiência determina a revelia (art. 20 da Lei 9.099/95), assim como o não oferecimento de contestação. Contudo, como se sabe, os efeitos da revelia contra ente público são peculiares (em regra, não se observa seus efeitos materiais). A ausência da parte autora determina a extinção do processo sem julgamento de mérito, conforme determina o art. 51, I, da Lei 9.099/95.

Admite-se, em princípio, todos os meios de prova, inclusive a pericial, salvo, para certa corrente, a demasiado complexa, como já examinamos acima. Entende-se que a prova documental deve ser juntada pelo autor preferencialmente na inicial (até mesmo para permitir a compreensão exata da causa, para o juiz e para o réu), mas que não há impedimento a que seja juntada na audiência. Segundo o art. 11 da Lei 10.259/2001, "A entidade pública ré deverá fornecer ao Juizado a documentação de que disponha para o esclarecimento da causa, apresentando-a até a instalação da audiência de conciliação".

O número máximo de testemunhas é de três. A Lei 9.099/95 prevê a intimação das testemunhas pelo juízo, se houver requerimento, mas na prática isto já não ocorria (é costume determinar que cada parte compareça acompanhada de suas testemunhas, não sendo necessário apresentar previamente o rol) e hoje o NCPC determina que a própria parte intime suas testemunhas.

A ausência da parte autora na perícia pode resultar em extinção do processo, por analogia com o art. 51, I, da Lei 9.099/95, acima mencionado.

3.2.4 Fase decisória

Embora a lei recomende seja proferida a sentença em audiência, é comum também a prolação em gabinete, mesmo nos casos em que há AIJ. Em suma, há quem adote como praxe sentenciar em audiência e há quem faça o contrário.

Conforme o parágrafo único do art. 38 da Lei 9.099/95, a sentença nos juizados especiais deve ser líquida, mas o Enunciado 30 do FONAJEF diz que basta conter os parâmetros para liquidação.

Outras hipóteses de extinção sem julgamento de mérito (art. 51 da Lei 9.099/95), além daquelas que já mencionamos, são: quando inadmissível o procedimento instituído pela lei ou seu prosseguimento, após a conciliação; quando, falecido o autor, a habilitação depender de sentença ou não se der no prazo de trinta dias; quando, falecido o réu, o autor não promover a citação dos sucessores no prazo de trinta dias da ciência do fato.

3.2.5 Fase recursal

Para interpor recurso, é sempre necessária a assistência de advogado, ainda que se tenha atuado sem ela em primeira instância.

3.2.5.1 Hipóteses em primeiro grau

Quanto às decisões interlocutórias, ao contrário da Lei 9.099/95 (que dispõe serem irrecorríveis), a Lei 10.259/2001 abre, em seu art. 5º c/c 4º, a possibilidade de se recorrer quanto ao deferimento de medidas cautelares. A jurisprudência, contudo, estende a possibilidade ao indeferimento (interpretação extensiva) e também às decisões que versam sobre antecipação de tutela (interpretação analógica). A lei não dá nome ao recurso, mas prevalece que se deve adotar o rito (e também o nome, o que, porém, não tem maior relevância) do agravo de instrumento, por aplicação subsidiária do CPC e até mesmo pela lógica no que tange à interposição por instrumento diretamente na Turma Recursal. O STF já decidiu que não cabe Mandado de Segurança contra decisão interlocutória do JEF (RExt 576.847).

Quanto às sentenças, conforme art. 5º da Lei 10.2569/01, só cabe recurso de sentença definitiva (também não é dado nome, pelo que é comumente chamado de "recurso inominado", mas há também quem denomine "apelação"), ou seja, não cabe quanto a sentença terminativa (entende-se cabível o mandado de segurança; pelo princípio da fungibilidade, se tem admitido na prática o recurso inominado contra sentença terminativa em certos casos).

O prazo da "apelação" é de dez dias, previsto na Lei 9.099/95. Quanto ao "agravo", como o mencionado diploma não o prevê, não traz também prazo. Sob a égide do CPC de 1973, como o prazo do agravo era de dez dias, não exsurgia controvérsia. Agora, contudo, que passou a ser de 15 dias, com o advento do NCPC, é de se questionar se este será aplicável ou se será estendido, por analogia, aquele cabível para a "apelação".

No procedimento do JEF, são incabíveis recurso adesivo (neste sentido, Enunciado 88 do FONAJEF, por ausência de previsão legal, mas há alguma polêmica na doutrina) e remessa oficial. São cabíveis os Embargos de Declaração.

A competência é, como dito, sempre das Turmas Recursais.

No que tange à apelação, convém anotar que o NCPC acabou com o juízo de admissibilidade que era feito pelo juízo *a quo*, ou seja, este já não detém competência para receber ou não o recurso. Não obstante, o art. 43 da Lei 9.099/95 diz que "O recurso terá somente efeito devolutivo, podendo o Juiz dar-lhe efeito suspensivo, para evitar dano irreparável para a parte" e o § 2º do art. 42 diz que "Após o preparo, a Secretaria intimará o recorrido para oferecer resposta escrita no prazo de dez dias". Assim, discute-se se o juízo *a quo* poderia ou não fazer o juízo de admissibilidade no JEF. Temos entendido que sim, o que parece ainda mais evidente no caso de deserção, em virtude do último dispositivo transcrito. De todo modo, a regra é que o recurso seja recebido apenas no efeito devolutivo.

3.2.5.2 Procedimento a partir do segundo grau

É cabível o julgamento monocrático na Turma Recursal nas hipóteses previstas na legislação processual geral[71]. O regimento interno poderá prever agravo contra decisão monocrática do relator. São incabíveis embargos infringentes (não há previsão, sendo que inclusive o dispositivo que os previa foi vetado). Segundo o Enunciado 101 do FONAJEF, "A Turma Recursal tem poder para complementar os atos de instrução já realizados pelo juiz do Juizado Especial Federal, de forma a evitar a anulação da sentença".

Contra os acórdãos proferidos pela Turma Recursal, há, basicamente, duas hipóteses recursais: o incidente de uniformização[72] e o recurso extraordinário.

Caberá Incidente de Uniformização Regional, dirigido à Turma Regional de Uniformização (TRU), quando houver divergência de decisões sobre questões de direito *material* entre Turmas Recursais da mesma Região. Se a divergência for entre Turmas Recursais de regiões diversas ou entre TRUs (ainda que da mesma Região, se a decisão contraria a jurisprudência dominante do STJ), o incidente de uniformização nacional será dirigido à TNU[73]. No caso de não ser admitido o incidente, cabe agravo nos próprios autos.

É incabível recurso especial (Súmula 203 do STJ: "Não cabe recurso especial contra decisão proferida por órgão de segundo grau dos juizados especiais"), sendo possível

---

71. Segundo o Enunciado 29 do FONAJEF, "Cabe ao Relator, monocraticamente, atribuir efeito suspensivo a recurso, bem assim lhe negar seguimento ou dar provimento nas hipóteses tratadas no art. 557, caput e § 1º-A, do CPC, e quando a matéria estiver pacificada em súmula da Turma Nacional de Uniformização, enunciado de Turma Regional ou da própria Turma Recursal".
72. O STF já entendeu que: "Em face da sua natureza recursal, o incidente de uniformização de jurisprudência corresponde, no âmbito dos juizados especiais, aos embargos de divergência cabíveis perante o STJ e o STF, nos termos do art. 546 do CPC, e aos embargos perante o TST, nos termos do art. 894, II, da CLT" (ARE 850.960 AgR).
73. Cabe destacarmos aqui alguns entendimentos da TNU:
    Questão de ordem 32: O prazo para a interposição dos incidentes de uniformização nacional e regional é único e inicia-se com a intimação do acórdão proferido pela turma recursal, sendo incabível incidente nacional contra acórdão proferido por turma regional quando esta mantiver o acórdão de turma recursal pelos mesmos fundamentos. Em outros casos, é cabível o incidente nacional contra acórdão da TRU. Se a decisão da Turma Recursal já comporta incidente regional e nacional, devem ser interpostos ambos desde logo.
    Súmula 43: Não cabe incidente de uniformização que verse sobre matéria processual.
    Súmula 42: Não se conhece de incidente de uniformização que implique reexame de matéria de fato.
    Questão de ordem n. 13: Não cabe Pedido de Uniformização, quando a jurisprudência da Turma Nacional de Uniformização de Jurisprudência dos Juizados Especiais Federais se firmou no mesmo sentido do acórdão recorrido.

chegar ao STJ apenas pelo incidente de uniformização previsto no art. 14, § 4º, da Lei 10.259/01. Tal incidente tem lugar quando a orientação acolhida pela TNU, em questões de direito *material*, contrariar súmula ou jurisprudência dominante no STJ, devendo a parte interessada provocar a manifestação deste, que dirimirá a divergência. Presente a plausibilidade do direito invocado e havendo fundado receio de dano de difícil reparação, poderá o relator conceder, de ofício ou a requerimento do interessado, medida liminar determinando a suspensão dos processos nos quais a controvérsia esteja estabelecida. Publicado o acórdão respectivo, os pedidos retidos serão apreciados pelas Turmas Recursais, que poderão exercer juízo de retratação ou declará-los prejudicados, se veicularem tese não acolhida pelo Superior Tribunal de Justiça.

Acerca do recurso extraordinário ao STF, é pacífico o seu cabimento quanto às decisões proferidas pelas Turmas Recursais[74], mas discute-se a possibilidade do manejo contra as decisões proferidas em incidente de uniformização pela TRU, TNU ou STJ[75].

3.2.6 Execução e ação rescisória

A execução da sentença é feita perante o próprio Juizado, sendo dispensada nova citação. O devedor poderá oferecer embargos alegando as seguintes teses: a) falta ou nulidade da citação no processo, se ele correu à revelia; b) manifesto excesso de execução; c) erro de cálculo; d) causa impeditiva, modificativa ou extintiva da obrigação, superveniente à sentença.

É bastante comum a denominada "execução invertida" no processo previdenciário, que consiste na apresentação dos cálculos pelo INSS, sendo então intimado o segurado para dizer se concorda ou não. Segundo o Enunciado 129 do FONAJEF, "Nos Juizados Especiais Federais, é possível que o juiz determine que o executado apresente os cálculos de liquidação". Não obstante, sob alegação de não dispor de condições técnicas para tal em algumas localidades, o INSS tem relutado em se curvar à tese, levando o debate às últimas instâncias recursais.

A lei do JEF silencia acerca da execução de título extrajudicial, pelo que se a entende cabível, até porque a Lei 9.099/95 a prevê (art. 53).

---

74. O STF entendeu recentemente (ARE 850960 AgR) que, pelo princípio da unirrecorribilidade – salvo contra julgados objetivamente complexos, para os quais é em tese cabível mais de um recurso –, a parte deverá optar por manejar o incidente de uniformização ou o recurso extraordinário, não podendo apresentar ambos simultaneamente. Convém anotar que esse mesmo raciocínio é aplicável a espécies recursais similares, como os embargos de divergência e os embargos previstos no art. 894, II, da CLT. Isto decorre do fato de que o recurso extraordinário é cabível contra a decisão que julgou a causa em última instância (art. 102, III, da CRFB).

75. No julgado mencionado na nota de rodapé anterior, o STF entendeu que se a parte opta por manejar o incidente de uniformização, a decisão da TR perde o seu caráter de última instância, com o que, a nosso ver, admite a possibilidade de se ingressar com o RExt na sequência. No RExt-Agr 468.259, o STF deixou isto explícito, aduzindo que "Somente após o pronunciamento da Turma de Uniformização estaria esgotada a prestação jurisdicional, que daria ensejo à interposição do recurso extremo". Para maior aprofundamento, vide a seguinte obra: SAVARIS, José Antonio; XAVIER, Flavia da Silva. *Manual dos Recursos nos Juizados Especiais Federais*. Curitiba: Alteridade.

Conforme dita o art. 59 da Lei 9.099/95, é incabível ação rescisória no JEC, mas, ainda assim, há polêmica sobre sua admissibilidade no âmbito do JEF (se cabível, a competência seria da Turma Recursal). A controvérsia chegou a ser levada ao STF, que, num primeiro momento, se recusou a analisá-la, considerando que não é matéria constitucional. Recentemente, contudo, ao julgar o RExt 568.068 (Tema 100 da Repercussão Geral) fixou, a respeito da denominada "coisa julgada inconstitucional", as seguintes teses: "1) é possível aplicar o artigo 741, parágrafo único, do CPC/73, atual art. 535, § 5º, do CPC/2015, aos feitos submetidos ao procedimento sumaríssimo, desde que o trânsito em julgado da fase de conhecimento seja posterior a 27.8.2001; 2) é admissível a invocação como fundamento da inexigibilidade de ser o título judicial fundado em aplicação ou interpretação tida como incompatível com a Constituição quando houver pronunciamento jurisdicional, contrário ao decidido pelo Plenário do Supremo Tribunal Federal, seja no controle difuso, seja no controle concentrado de constitucionalidade; 3) o art. 59 da Lei 9.099/1995 não impede a desconstituição da coisa julgada quando o título executivo judicial se amparar em contrariedade à interpretação ou sentido da norma conferida pela Suprema Corte, anterior ou posterior ao trânsito em julgado, admitindo, respectivamente, o manejo (i) de impugnação ao cumprimento de sentença ou (ii) de simples petição, a ser apresentada em prazo equivalente ao da ação rescisória".

4. OUTRAS QUESTÕES PROCESSUAIS

Há intensa controvérsia acerca da possibilidade de serem cobrados pelo INSS os valores que foram pagos em virtude de decisão judicial que vem a ser revogada (a hipótese mais comum ocorre na concessão de tutela antecipada, liminarmente ou na sentença favorável, que vem a ser posteriormente cassada em recurso bem sucedido do INSS). O tema é muito polêmico. Por muitos anos, o STJ entendeu que a cobrança não era permitida, contudo recentemente reviu tal posicionamento e passou a admiti-la (tema repetitivo 692). O novel entendimento sofreu duras críticas de parcela da doutrina, sendo que o STJ decidiu acolher proposta de revisão, pelo que voltou a apreciar o tema, reafirmando a nova posição: "A reforma da decisão que antecipa os efeitos da tutela final obriga o autor da ação a devolver os valores dos benefícios previdenciários ou assistenciais recebidos, o que pode ser feito por meio de desconto em valor que não exceda 30% (trinta por cento) da importância de eventual benefício que ainda lhe estiver sendo pago".

O novo § 3º do art. 115 da Lei 8.213/91 (que foi já considerado pelo último julgado mencionado), na redação dada pela Lei 13.846/2019, passou a dispor que "serão inscritos em dívida ativa pela Procuradoria-Geral Federal os créditos constituídos pelo INSS em decorrência de benefício previdenciário ou assistencial pago indevidamente ou além do devido, inclusive na hipótese de cessação do benefício pela revogação de decisão judicial, nos termos da Lei 6.830, de 22 de setembro de 1980, para a execução judicial". Ademais, "será objeto de inscrição em dívida ativa, para os fins do disposto no § 3º deste artigo, em conjunto ou separadamente, o terceiro beneficiado que sabia ou deveria saber da origem do benefício pago indevidamente em razão de fraude, de dolo ou de coação, desde que devidamente identificado em procedimento administrativo de responsabilização[76]" (§ 4º). Finalmente, os valores devidos poderão ser descontados de benefício previdenciário ou assistencial ativo que esteja sendo pago ao devedor (inciso II do art. 115[77]). Destarte, passa a ficar claro na lei que a dívida decorrente [inclusive] de pagamento de benefício resultante de decisão judicial que veio a ser posteriormente revogada será inscrita em dívida ativa e cobrada.

Quanto aos benefícios por incapacidade, convém transcrever as alterações processadas pela Lei 14.331/2022:

> Art. 1º O ônus pelos encargos relativos ao pagamento dos honorários periciais referentes às perícias judiciais realizadas em ações em que o Instituto Nacional do Seguro Social (INSS) figure como parte e se discuta a concessão de benefícios assistenciais à pessoa com deficiência ou benefícios previdenciários decorrentes de incapacidade laboral ficará a cargo do vencido, nos termos da legislação processual civil, em especial do § 3º do art. 98 da Lei 13.105, de 16 de março de 2015 (Código de Processo Civil).
>
> (...)
>
> § 4º O pagamento dos honorários periciais limita-se a 1 (uma) perícia médica por processo judicial, e, excepcionalmente, caso determinado por instâncias superiores do Poder Judiciário, outra perícia poderá ser realizada.
>
> § 5º A partir de 2022, nas ações a que se refere o caput deste artigo, fica invertido o ônus da antecipação da perícia, cabendo ao réu, qualquer que seja o rito ou procedimento adotado, antecipar o pagamento do valor estipulado para a realização da perícia, exceto na hipótese prevista no § 6º deste artigo.
>
> § 6º Os autores de ações judiciais relacionadas a benefícios assistenciais à pessoa com deficiência ou a benefícios previdenciários decorrentes de incapacidade laboral previstas no caput deste artigo que comprovadamente disponham de condição suficiente para arcar com os custos de antecipação das despesas referentes às perícias médicas judiciais deverão antecipar os custos dos encargos relativos ao pagamento dos honorários periciais.
>
> § 7º O ônus da antecipação de pagamento da perícia, na forma do § 5º deste artigo, recairá sobre o Poder Executivo federal.

Ademais, acresceu o art. 129-A na Lei 8.213/91:

> Art. 129-A. Os litígios e as medidas cautelares relativos aos benefícios por incapacidade de que trata esta Lei, inclusive os relativos a acidentes do trabalho, observarão o seguinte:
>
> I – quando o fundamento da ação for a discussão de ato praticado pela perícia médica federal, a petição inicial deverá conter, em complemento aos requisitos previstos no art. 319 da Lei 13.105, de 16 de março de 2015 (Código de Processo Civil):
>
> a) descrição clara da doença e das limitações que ela impõe;
>
> b) indicação da atividade para a qual o autor alega estar incapacitado;

---

76. Parece-nos que há aí a possibilidade de se responsabilizar inclusive o advogado que participou da empreitada.
77. "Podem ser descontados dos benefícios (...) pagamento administrativo ou judicial de benefício previdenciário ou assistencial indevido, ou além do devido, inclusive na hipótese de cessação do benefício pela revogação de decisão judicial, em valor que não exceda 30% (trinta por cento) da sua importância, nos termos do regulamento".

c) possíveis inconsistências da avaliação médico-pericial discutida; e

d) declaração quanto à existência de ação judicial anterior com o objeto de que trata este artigo, esclarecendo os motivos pelos quais se entende não haver litispendência ou coisa julgada, quando for o caso;

II – para atendimento do disposto no art. 320 da Lei 13.105, de 16 de março de 2015 (Código de Processo Civil), a petição inicial, qualquer que seja o rito ou procedimento adotado, deverá ser instruída pelo autor com os seguintes documentos:

a) comprovante de indeferimento do benefício ou de sua não prorrogação, quando for o caso, pela administração pública;

b) comprovante da ocorrência do acidente de qualquer natureza ou do acidente do trabalho, sempre que houver um acidente apontado como causa da incapacidade;

c) documentação médica de que dispuser relativa à doença alegada como a causa da incapacidade discutida na via administrativa.

§ 1º Determinada pelo juízo a realização de exame médico-pericial por perito do juízo, este deverá, no caso de divergência com as conclusões do laudo administrativo, indicar em seu laudo de forma fundamentada as razões técnicas e científicas que amparam o dissenso, especialmente no que se refere à comprovação da incapacidade, sua data de início e a sua correlação com a atividade laboral do periciando.

§ 2º Quando a conclusão do exame médico pericial realizado por perito designado pelo juízo mantiver o resultado da decisão proferida pela perícia realizada na via administrativa, poderá o juízo, após a oitiva da parte autora, julgar improcedente o pedido.

§ 3º Se a controvérsia versar sobre outros pontos além do que exige exame médico-pericial, observado o disposto no § 1º deste artigo, o juízo dará seguimento ao processo, com a citação do réu.

Nos termos da Súmula 111 do STJ: "Os honorários advocatícios, nas ações previdenciárias, não incidem sobre as prestações vencidas[78] após a sentença"[79].

Segundo entendimento consagrado em jurisprudência, "Não há nulidade por julgamento extra petita na sentença que, constatando o preenchimento dos requisitos legais para tanto, concede aposentadoria por invalidez ao segurado que havia requerido o pagamento de auxílio-doença" (STJ no REsp 293.659) e vice-versa[80].

Em relação ao reconhecimento de união estável para fins previdenciários, há corrente que sustenta que isto deve ser feito perante a Justiça Estadual, mas outra corrente

---

78. No bojo do REsp 1.847.731, entendeu o STJ que "O eventual pagamento de benefício previdenciário na via administrativa, seja ele total ou parcial, após a citação válida, não tem o condão de alterar a base de cálculo para os honorários advocatícios fixados na ação de conhecimento, que será composta pela totalidade dos valores devidos".
79. A Primeira Seção do STJ afetou quatro recursos especiais para, no rito dos recursos repetitivos, estabelecer um precedente qualificado sobre a validade de sua Súmula 111. Cadastrada como tema 1.105, a controvérsia submetida a julgamento diz respeito à "definição acerca da incidência, ou não, da Súmula 111/STJ, ou mesmo quanto à necessidade de seu cancelamento, após a vigência do CPC/2015 (artigo 85), no que tange à fixação de honorários advocatícios nas ações previdenciárias". A questão foi julgada em 08.03.2023 no sentido de que a Súmula 111 continua eficaz e aplicável mesmo após a vigência do CPC de 2015.
80. Incorporando tal ideia, dispõe o novo art. 176-E do RPS, incluído pelo Decreto 10.410/20: "Caberá ao INSS conceder o benefício mais vantajoso ao requerente ou benefício diverso do requerido, desde que os elementos constantes do processo administrativo assegurem o reconhecimento desse direito". Ademais, "na hipótese de direito à concessão de benefício diverso do requerido, caberá ao INSS notificar o segurado para que este manifeste expressamente a sua opção pelo benefício" (parágrafo único).

diz que o INSS deve ser parte e, por isso, a demanda deve tramitar na JF. Prevalece hoje o entendimento de que a existência da união estável deve ser enfrentada como uma questão incidental no bojo da ação previdenciária (tal tese deve ganhar corpo a partir da exigência de início de prova material para comprovação da união estável para fins previdenciários). Se para outros fins, deve ser movida perante a Justiça Estadual e uma ação não interfere na outra.

Segundo a Súmula 242 do STJ, "cabe ação declaratória para reconhecimento de tempo de serviço para fins previdenciários".

Cabe destacar mais alguns entendimentos recentes dos Tribunais Superiores:

1) "Se a petição inicial de ação em que se postula a aposentadoria rural por idade não for instruída com documentos que demonstre início de prova material quanto ao exercício de atividade rural, o processo deve ser extinto sem resolução de mérito (art. 267, VI, do CPC/1973), sendo facultado ao segurado o ajuizamento de nova ação (art. 268 do CPC/1973), caso reúna os elementos necessários a essa iniciativa" (STJ no REsp 1.352.721).

2) "Se, no momento do pedido administrativo de aposentadoria especial, o segurado já tiver preenchido os requisitos necessários à obtenção do referido benefício, ainda que não os tenha demonstrado perante o INSS, o termo inicial da aposentadoria especial concedida por meio de sentença será a data do aludido requerimento administrativo, e não a data da sentença" (STJ no Pet 9.582).

3) "Na ausência de prévio requerimento administrativo, o termo inicial para a implantação da aposentadoria por idade rural deve ser a data da citação válida do INSS – e não a data do ajuizamento da ação" (STJ no REsp 1.450.119).

4) "Os sucessores do segurado falecido não têm legitimidade para pleitear a revisão do valor da pensão a que fazem jus se a alteração pretendida depender de um pedido de desaposentação não efetivado quando em vida pelo instituidor da pensão" (STJ no AgRg no AREsp 436.056).

5) "Para o ajuizamento de ação judicial em que se objetive a concessão de benefício previdenciário, dispensa-se, excepcionalmente, o prévio requerimento administrativo quando houver: (i) recusa em seu recebimento por parte do INSS; ou (ii) resistência na concessão do benefício previdenciário, a qual se caracteriza (a) pela notória oposição da autarquia previdenciária à tese jurídica adotada pelo segurado ou (b) pela extrapolação da razoável duração do processo administrativo" (STJ no REsp 1.488.940).

6) "Os valores previdenciários não recebidos pelo segurado em vida, mesmo que reconhecidos apenas judicialmente, devem ser pagos, prioritariamente, aos dependentes habilitados à pensão por morte, para só então, na falta destes, serem

pagos aos demais sucessores na forma da lei civil" (STJ no REsp 1.596.774[81], sobre aplicação do art. 112 da Lei 8.213/91[82]).

7) "Os valores de benefícios previdenciários complementares recebidos por força de tutela antecipada posteriormente revogada devem ser devolvidos, observando-se, no caso de desconto em folha de pagamento, o limite de 10% da renda mensal do benefício previdenciário até a satisfação integral do valor a ser restituído" (STJ no REsp 1.555.853).

8) "Nos casos em que o servidor público busque a revisão do ato de aposentadoria, ocorre a prescrição do próprio fundo de direito após o transcurso de mais de cinco anos – e não de dez anos – entre o ato de concessão e o ajuizamento da ação" (STJ no Pet 9.156)[83].

9) "Compete à Justiça Estadual – e não à Justiça Federal – processar e julgar ação que tenha por objeto a concessão de pensão por morte decorrente de óbito de empregado ocorrido em razão de assalto sofrido durante o exercício do trabalho" (STJ no CC 132.034).

10) "A citação válida deve ser considerada como termo inicial para a implantação da aposentadoria por invalidez concedida na via judicial quando ausente prévia postulação administrativa" (STJ no REsp 1.369.165).

11) "Para fins de reconhecimento do direito à aposentadoria por idade de trabalhador rural, a certidão de casamento que qualifique o cônjuge da requerente como rurícola não pode ser considerada como início de prova material na hipótese em que esse tenha exercido atividade urbana no período de carência" (STJ no AgRg no REsp 1.310.096).

12) "O INSS pode suspender ou cancelar benefício [assistencial] de prestação continuada concedido judicialmente, desde que conceda administrativamente o contraditório e a ampla defesa ao beneficiário, não se aplicando o princípio do paralelismo das formas" (STJ no REsp 1.429.976).

13) "É possível o ajuizamento de ação regressiva pela autarquia previdenciária com o objetivo de ressarcimento de valores pagos a título de pensão por morte aos

---

81. O entendimento foi ratificado no bojo do REsp 1.856.967, no qual entendeu-se também que "Os pensionistas detêm legitimidade ativa para pleitear, por direito próprio, a revisão do benefício derivado (pensão por morte) – caso não alcançada pela decadência –, fazendo jus a diferenças pecuniárias pretéritas não prescritas, decorrentes da pensão recalculada".
82. "O valor não recebido em vida pelo segurado só será pago aos seus dependentes habilitados à pensão por morte ou, na falta deles, aos seus sucessores na forma da lei civil, independentemente de inventário ou arrolamento".
83. Não obstante, o entendimento do STJ é no sentido de que não há prescrição do fundo de direito no caso de requerimento inicial de benefício, mesmo quando tenha ocorrido indeferimento do pedido (neste sentido, o EREsp 1.269.726).

filhos de segurada, vítima de homicídio praticado por seu ex-companheiro" (STJ no REsp 1.431.150)[84].

14) "O Índice de Reajuste do Salário Mínimo (IRSM) do mês de fevereiro de 1994 pode ser incluído no cálculo da Renda Mensal Inicial (RMI) de benefício previdenciário na fase de liquidação de sentença, ainda que sua inclusão não tenha sido discutida na fase de conhecimento" (STJ no REsp 1.423.027).

15) "A viúva que vinha recebendo a totalidade da pensão por morte de seu marido não deve pagar ao filho posteriormente reconhecido em ação de investigação de paternidade a quota das parcelas auferidas antes da habilitação deste na autarquia previdenciária, ainda que a viúva, antes de iniciar o recebimento do benefício, já tivesse conhecimento da existência da ação de investigação de paternidade" (STJ no REsp 990.549).

16) "Os pagamentos indevidos aos segurados decorrentes de erro administrativo (material ou operacional), não embasado em interpretação errônea ou equivocada da lei pela Administração, são repetíveis, sendo legítimo o desconto no percentual de até 30% (trinta por cento) de valor do benefício pago ao segurado/beneficiário, ressalvada a hipótese em que o segurado, diante do caso concreto, comprova sua boa-fé objetiva, sobretudo com demonstração de que não lhe era possível constatar o pagamento indevido" (REsp 1.381.734).

17) "O segurado tem direito de opção pelo benefício mais vantajoso concedido administrativamente, no curso de ação judicial em que se reconheceu benefício menos vantajoso. Em cumprimento de sentença, o segurado possui o direito à manutenção do benefício previdenciário concedido administrativamente no curso da ação judicial e, concomitantemente, à execução das parcelas do benefício reconhecido na via judicial, limitadas à data de implantação daquele conferido na via administrativa." (STJ no tema 1018 dos recursos repetitivos).

---

84. A jurisprudência tem alargado as hipóteses que permitem a propositura (exitosa) de ação de regresso no âmbito previdenciário. A Lei 8.213/91 prevê o seguinte: "Art. 120. A Previdência Social ajuizará ação regressiva contra os responsáveis nos casos de: I – negligência quanto às normas padrão de segurança e higiene do trabalho indicadas para a proteção individual e coletiva; II – violência doméstica e familiar contra a mulher, nos termos da Lei 11.340, de 7 de agosto de 2006". A redação foi alterada pela Lei 13.846/2019; anteriormente, estava incluída apenas a previsão que hoje está no inciso I, acima transcrito.

Capítulo II
PROCESSO ADMINISTRATIVO PREVIDENCIÁRIO

1. CONSIDERAÇÕES GERAIS

Assim como o processo judicial, o processo administrativo previdenciário (PAP) é composto de fases distintas e sucessivas. Segundo a legislação de regência (especialmente a Instrução Normativa PRES/INSS 128/2022[85] e a Portaria DIRBEN/INSS 993/2022[86]), considera-se Processo Administrativo Previdenciário (PAP) *o conjunto de atos praticados pelo administrado ou pelo INSS nos Canais de Atendimento da Previdência Social, iniciado em razão de requerimento formulado pelo interessado, de ofício pela Administração ou por terceiro legitimado e concluído com a decisão definitiva no âmbito administrativo.*

São tipos de PAP os processos de:

a) *administração de informações previdenciárias*: atos administrativos que podem resultar na inclusão, alteração ou exclusão de informações previdenciárias no Cadastro Nacional de Informações Sociais – CNIS;

b) *reconhecimento inicial de direitos*: atos administrativos que podem resultar na concessão de um requerimento de benefício ou Certidão de Tempo de Contribuição – CTC;

c) *manutenção e pagamento*: atos administrativos realizados após o reconhecimento do direito ao benefício, fundamentais para a conservação do benefício ativo, garantindo o pagamento mensal da renda ao beneficiário até que ocorra a cessação do benefício pela extinção do direito;

d) *revisão*: atos administrativos praticados após a concessão ou indeferimento de um requerimento de benefício ou CTC, visando à sua alteração parcial ou total;

e) *recurso*: atos administrativos iniciados após o indeferimento, ainda que parcial, de um requerimento, com o objetivo de alterar sua decisão, cuja competência de análise é do Conselho de Recursos da Previdência Social – CRPS;

---

85. IN 128/22
86. Portaria 993/22

f) monitoramento: atos administrativos que visam a revisão de ofício de Processos Administrativos Previdenciários pelo INSS, decorrentes de desconformidade legal ou normativa, em virtude de indício de fraude ou de vício insanável.

Segundo as normas internas do INSS, o PAP possui cinco fases: *inicial* (arts. 550 a 555 da IN 128/22 e arts. 25 a 57 da Portaria DIRBEN/INSS 993/2022); *instrutória* (arts. 556 a 573 da IN 128/22 e arts. 58 a 104 da Portaria DIRBEN/INSS 993/2022); *decisória* (arts. 574 a 577 da IN 128/22 e arts. 105 a 114 da Portaria DIRBEN/INSS 993/2022); *recursal* (arts. 578 a 582 da IN 128/22, Portaria DIRBEN/INSS 996/2022[87] e Portaria MTP 4.061/22[88]) e *revisional* (arts. 583 a 590 da IN 128/22 e Portaria DIRBEN/INSS 997/2022[89]).

A melhor doutrina, embora concorde com o número de fases, entende que não existe a fase revisional, mas, sim, a fase de cumprimento das decisões administrativas (art. 308, § 2º do Decreto 3.048/99; art. 581 da IN 128/22; arts. 33 a 38, 65 a 72 da Portaria DIRBEN/INSS 996/22).

Falaremos delas, a seguir, em apertada síntese[90].

2. FASES

2.1 Fase inicial

A partir da implementação do processo administrativo previdenciário na sua forma eletrônica – e-PAP[91], a sua fase inicial compreende o requerimento do interessado por meio dos canais de atendimento da Previdência Social ou a identificação, pelo INSS, de ato ou fato que tenha reflexos sobre a área de benefícios e serviços[92].

Requerimento é o pedido que o interessado formaliza ao INSS, dando início ao PAP, devendo conter: a identificação do interessado – por qualquer documento ou meio válido para esse fim – e do benefício ou serviço pretendido, além da data de protocolo. Os canais de atendimento do INSS utilizados para a realização dos requerimentos são: o Portal "Meu INSS" (http://meu.inss.gov.br)[93], a Central de Teleatendimento 135 (Central 135) e as unidades físicas de atendimento, ou Agências da Previdência Social (APS)[94].

---

87. Portaria 996/22.
88. Regimento Interno do Conselho de Recursos da Previdência Social (RICRPS).
89. Portaria 997/22.
90. Para maior aprofundamento, indicamos a seguinte obra: ARAÚJO, Gustavo Beirão. *Processo Administrativo Previdenciário e sua Efetividade*. Curitiba: Juruá, 2019.
91. Vide art. 176-A e parágrafos do Decreto 3.048/99.
92. Nesse sentido, vide art. 76 e art. 105, § 7º do Decreto 3.048/99.
93. O Portal "Meu INSS", disponível na Internet e em aplicativos de celulares, é o principal canal para emissão de extrato e solicitação de serviços perante o Instituto.
94. Os serviços solicitados presencialmente nas APS's são realizados somente após agendamento prévio efetuado por meio dos canais remotos (Central 135, 'Meu INSS' e outros que venham a ser disponibilizados pela Autarquia).

Cabe destacar o disposto no novel § 4º do art. 18 da Lei 8.213/91:

Os benefícios referidos no *caput* deste artigo poderão ser solicitados, pelos interessados, aos Oficiais de Registro Civil das Pessoas Naturais, que encaminharão, eletronicamente, requerimento e respectiva documentação comprobatória de seu direito para deliberação e análise do Instituto Nacional do Seguro Social (INSS), nos termos do regulamento.

Podem fazer o requerimento: o próprio beneficiário, o procurador legalmente constituído, o tutor, o curador, o detentor da guarda ou administrador provisório[95] do interessado. Também podem fazer o requerimento a empresa, o sindicato ou entidade de aposentados e/ou pensionistas devidamente legalizada, mediante convênio ou acordo de cooperação técnica com a Previdência Social[96], além do dirigente de entidade de atendimento ou que desenvolva programas de acolhimento familiar ou institucional, previsto no art. 92, § 1º, do Estatuto da Criança e do Adolescente – ECA.

O requerimento formulado será processado de forma eletrônica em todas as fases do processo administrativo, ressalvados os atos que exijam a presença do requerente[97]. Entretanto, qualquer que seja o canal utilizado para requerimento, será considerada como Data de Entrada do requerimento (DER) a *data de solicitação* do benefício ou serviço.

É importante salientar que a apresentação de documentação incompleta não constitui motivo para recusa do requerimento do benefício ou serviço, salvo se não for apresentado nenhum documento que permita a identificação do requerente[98].

É vedada, ademais, a recusa imotivada de juntada de documentos pleiteada pelo postulante. Entretanto, são raros os casos de recusa pelo INSS a partir da adoção do processo eletrônico, já que a juntada de documentos é feita pelo próprio interessado ou seu representante legal diretamente nos canais remotos de atendimento, em especial, no "Meu INSS" e no Portal de Atendimento (PAT)[99].

Ainda que, preliminarmente, se constate que o interessado não faz jus ao benefício ou serviço, é obrigatória a protocolização de todos os pedidos administrativos[100]. Neste caso, o INSS deverá proferir decisão administrativa, com ou sem análise do mérito,

---

95. Administrador provisório é o herdeiro necessário (filho, neto, bisneto, pais, avós ou cônjuge), ou o representante de entidade de atendimento de que trata o art. 92 do Estatuto da Criança e do Adolescente – ECA, que representa o beneficiário enquanto não for finalizado processo judicial de tutela ou curatela.
96. Vide art. 117 da Lei 8.213/91 e art. 311 do Decreto 3.048/99.
97. O interessado maior de 16 (dezesseis) anos de idade poderá firmar requerimento de benefício ou serviço independentemente da presença dos pais, tutor ou detentor da guarda, observando que estes poderão representá-lo perante a Previdência Social até a maioridade civil, ou seja, até os 18 (dezoito) anos de idade.
98. Neste sentido, o art. 105 da Lei 8.213/91: "A apresentação de documentação incompleta não constitui motivo para recusa do requerimento de benefício".
99. Para unificar todos os requerimentos por meio eletrônico foi criado o Portal de Atendimento – PAT, incorporando o Gerenciador de Tarefas – GET e o Sistema de Agendamento – SAG num só portal, que é utilizado pelas entidades conveniadas, inclusive pela OAB, para realizar os requerimentos de benefícios e serviços junto ao INSS.
100. Vide art. 176 do Decreto 3.048/99.

em todos os pedidos administrativos formulados e, quando for o caso, emitirá carta de exigência prévia ao requerente.

A carta de exigência deverá ser emitida quando constatada a ausência de elemento necessário ao reconhecimento do direito pleiteado. Ao emiti-la, o servidor do INSS deverá elencar providências e/ou documentos necessários ao deferimento do pedido formulado. O prazo mínimo para cumprimento da exigência é de 30 (trinta) dias – prorrogáveis por igual período, mediante pedido justificado do interessado, contados da data da ciência.

Apresentada a documentação ou informação solicitada ou caso o requerente declare formalmente, a qualquer tempo, não as possuir, o requerimento deverá ser decidido de imediato, com análise de mérito, seja pelo deferimento ou indeferimento.

Esgotado o prazo para o cumprimento da exigência sem que os documentos tenham sido apresentados, o processo será:

> I – decidido no mérito – quando suficientes as informações nele constantes e nos sistemas informatizados do INSS para a habilitação do pedido; ou
>
> II – encerrado sem análise do mérito, por desistência do pedido – quando decorridos 75 (setenta e cinco) dias da ciência da referida exigência, quando não for sanado vício de representação ou não houver elementos suficientes para o reconhecimento do direito.

Quanto à necessidade de o interessado trazer a documentação necessária ao deferimento do seu pleito, é importante salientar a inovação trazida ao Regulamento da Previdência Social (RPS) pelo Decreto 10.410/20, que inseriu no Decreto 3.048/99 o seguinte dispositivo:

> Art. 19-F. A obrigação do INSS de promover a instrução de requerimentos e a comprovação de requisitos legais para o reconhecimento de direitos *não afasta a obrigação de o interessado ou o seu representante juntar ao requerimento toda a documentação útil à comprovação do direito, principalmente em relação aos fatos que não constem da base de dados da previdência social.* (grifamos)

Não é preciso ser advogado para atuar como procurador do interessado. Basta ter capacidade civil[101] e apresentar uma procuração e o termo de responsabilidade[102]. O interessado analfabeto ou com deficiência visual ou física que o impeça de assinar poderá nomear procurador por meio de procuração pública ou particular, sendo que na última hipótese, deverá comparecer a uma APS, onde deverá apor sua digital na procuração, na presença de um servidor do INSS; ou efetuar assinatura a rogo na presença de duas pessoas, preferencialmente servidores, as quais deverão assinar conjuntamente com um terceiro, que assinará em nome da pessoa interessada. Salvo previsão legal expressa, o reconhecimento de firma somente poderá ser exigido quando houver dúvida fundamentada sobre a autenticidade da procuração.

---

101. Vide art. 43, § 1º da PORTARIA DIRBEN/INSS 993, de 28 de março de 2022.
102. O termo de responsabilidade, que poderá ser firmado em documento físico digitalizado e juntado ao processo ou por meio eletrônico, é o documento por meio do qual o procurador e o representante legal se comprometem a comunicar o óbito do titular ou dependente do benefício e a cessação da representação.

2.2 Fase instrutória

Concluída a *fase inicial* do PAP – após apresentação da documentação inaugural pelo beneficiário, ainda que incompleta – o INSS passará à análise do requerimento, a fim de averiguar se os requisitos legais para o reconhecimento de direito ao benefício ou serviço pleiteado foram preenchidos.

Estamos já na fase *instrutória*, onde serão reunidos os elementos necessários ao reconhecimento do direito, cabendo solicitação de documentação adicional apenas quando: as informações não estiverem disponíveis em base de dados acessíveis ao INSS, os documentos apresentados não forem suficientes para a análise e após esgotadas as possibilidades de obtenção desses documentos pelo requerente.

A principal base de dados utilizada pelo INSS para comprovar filiação ao RGPS, tempo de contribuição, relação de emprego, os vínculos e as remunerações dos segurados, bem como para calcular o salário de benefício e, consequentemente, a renda mensal dos benefícios previdenciários é o Cadastro Nacional de Informações Sociais (CNIS). Caso algum vínculo, remuneração ou qualquer outro dado não conste no CNIS, ou conste de forma incorreta ou incompleta, caberá ao segurado solicitar a inclusão, exclusão ou retificação de informações, com a apresentação de documentos comprobatórios, a qualquer tempo e independentemente de requerimento de algum benefício.

Da mesma forma, caso o INSS tenha dúvidas sobre a regularidade dos dados constantes no CNIS, poderá exigir a apresentação de documentos para a sua confirmação. Nessas situações, observadas as especificidades de cada procedimento, categoria de segurado ou tipo de benefício, o INSS poderá realizar diligências, tais como: solicitar complementação de documentos ao requerente, emitir ofício a empresas ou órgãos públicos, processar Justificação Administrativa (JA) ou realizar Pesquisa Externa (PE).

A carta de exigência é o meio utilizado pelo INSS para solicitar as diligências necessárias ao saneamento do processo, contendo as informações e documentos necessários à sua análise. O servidor da Autarquia elenca na carta de exigência as providências a serem tomadas e os documentos que devem ser juntados ao processo, com prazo de 30 (trinta) dias para cumprimento, contados da data da ciência (prorrogável por igual período, mediante pedido justificado do interessado). Quando for necessária a prestação de informações ou a apresentação de documentos por terceiros, poderá ser expedida comunicação para esse fim, mencionando-se data, prazo, forma e condições de atendimento.

O INSS deverá comunicar ao interessado, na primeira oportunidade e de uma só vez, sobre as exigências a seu cargo que são necessárias para o reconhecimento do direito, sendo vedada a emissão de exigência para ratificar fato já comprovado pela apresentação de documento ou informação válida, justificando-se exigência posterior apenas em caso de dúvida superveniente.

A carta de exigências deverá conter:

a) identificação do interessado e, se for o caso, do terceiro interessado;

b) número do protocolo do requerimento a que se refere;

c) texto que informe objetivamente qual o documento a ser apresentado e/ou qual a providência que deve ser tomada, não devendo ser informado apenas o ato normativo que justifica a solicitação;

d) data, hora e local em que deve comparecer, acompanhado ou não de testemunhas, se for o caso, e informação se o interessado deve comparecer acompanhado de seu representante legal ou procurador;

e) informação da continuidade do processo independentemente do comparecimento; e

f) formulário cujo preenchimento for solicitado, se for o caso, que deverá ser anexado na própria carta de exigência.

Apresentada a documentação solicitada ou caso o requerente declare formalmente não os possuir ou não dispor de outras informações ou documentos úteis à análise do direito, o requerimento será decidido de imediato, com análise de mérito, seja pelo deferimento ou indeferimento. Porém, esgotado o prazo para o cumprimento da exigência sem que os documentos tenham sido apresentados, o processo deverá ser encerrado com ou sem análise de mérito, nos termos do art. 176, § 2º, do Decreto 3.048/99.

Conforme o art. 19-F do Decreto 3.048/99, é obrigação do interessado ou do seu representante juntar ao requerimento toda a documentação útil à comprovação de seu direito, designadamente em relação aos fatos que não constam na base cadastral da Previdência Social. Contudo, quando ele declarar que os fatos e dados estão registrados em documentos existentes em qualquer órgão público, o INSS procederá, de ofício, à obtenção dos documentos ou das respectivas cópias[103].

Além disso, se o INSS necessitar de documentos comprobatórios de regularidade da situação do interessado, de atestados, de certidões ou de outros documentos comprobatórios que constem em base de dados oficial da Administração Pública Federal, deverá obtê-los diretamente do órgão ou da entidade responsável pela base de dados, exceto se houver disposição legal em contrário. Independentemente dessa situação, o interessado poderá providenciar, por conta própria, o documento junto ao órgão responsável, se assim o desejar.

As informações prestadas pelo requerente, inclusive analfabeto, presumem-se válidas e serão consideradas na análise do direito, em homenagem ao princípio da boa-fé. Portanto, o INSS não emitirá carta de exigências para que o interessado se manifeste quanto às informações já prestadas nos autos por meio dos seus canais remotos de atendimento, exceto se necessário para esclarecer eventuais divergências.

---

103. Vide art. 69 da Portaria DIRBEN/INSS 993, de 28 de março de 2022.

Caso o segurado requeira novo benefício, poderá ser utilizada a documentação de processo anterior para auxiliar a análise. Na análise do direito pleiteado, o INSS considerará tanto os documentos juntados ao processo em análise quanto os existentes em outros requerimentos. A verificação quanto a existência de outros processos do mesmo requerente, para possível aproveitamento de informações e/ou documentos[104], será feita por meio de consulta ao CPF do interessado nos sistemas corporativos e bancos de dados disponibilizados à autarquia.

Por exemplo, havendo novo requerimento de benefício, serão mantidas as análises de atividade especial realizadas nos benefícios anteriores, respeitadas as orientações vigentes à época, devendo ser submetidos a análise apenas os períodos com agentes prejudiciais à saúde ainda não analisados. Caso haja a apresentação de novos elementos no atual requerimento – nova documentação com informações diferentes das existentes no(s) requerimento(s) anterior(es), ulterior decisão recursal ou judicial ou alterações de entendimento e legislativas –, caberá a reanálise por parte do INSS[105].

Identificada a existência de processo de benefício indeferido da mesma espécie, deverão ser solicitadas informações acerca dos elementos nele constantes e as razões de seu indeferimento, suprindo-se estas pela apresentação de cópia integral do processo anterior, a qual deverá ser juntada ao novo pedido, salvo em caso de impossibilidade material ou desnecessidade devidamente justificada.

Com efeito, nos processos judiciais predomina o princípio da verdade formal, pelo qual o juiz decide de acordo com as provas constantes dos autos. Já nos processos administrativos, prevalece o princípio da verdade material[106], onde são aceitas quaisquer provas em Direito admitidas que levem à verdade substancial dos fatos, inclusive podendo ser produzidas provas de ofício pela própria Administração, conforme leciona Celso Antônio Bandeira de Mello: "Consiste em que a Administração, ao invés de ficar restrita ao que as partes demonstrem no procedimento, deve buscar aquilo que é realmente a verdade, com prescindência do que os interessados hajam alegado e provado"[107].

Por conseguinte, o interesse da Administração em alcançar o objeto do processo e, assim, satisfazer o interesse público pela conclusão calcada na verdade real, tem prevalência sobre o interesse do particular[108]. Nota-se, portanto, uma relação entre o princípio

---

104. Vide art. 60 da Portaria DIRBEN/INSS 993, de 28 de março de 2022.
105. Vide art. 270 da instrução Normativa PRES/INSS 128, de 28 de março de 2022.
106. "O princípio da verdade material prescreve que o próprio administrador busque as provas para chegar à sua conclusão e para que o processo administrativo sirva realmente para alcançar a verdade incontestável, e não apenas a que ressai de um procedimento meramente formal". (ARAÚJO, Gustavo Beirão. *Processo Administrativo Previdenciário e sua Efetividade*. Curitiba: Juruá, 2019, p. 91)
107. BANDEIRA DE MELLO, Celso Antônio. *Curso de direito administrativo*. 28. ed. São Paulo: Malheiros, 2011, p. 497.
108. CARVALHO FILHO, José dos Santos. *Manual de direito administrativo*. 31. ed. São Paulo: Atlas, 2017, p. 1042.

da verdade material com o princípio da oficialidade[109], uma vez que a Administração deve produzir, de ofício, as provas necessárias à prolação de sua decisão.

Mas não apenas a Administração tem a prerrogativa de alcançar a verdade material, ou seja, a realidade fática que subsidie a decisão administrativa, mas os próprios interessados também podem fazê-lo, conforme dicção do art. 29 da Lei 9.784/99[110].

Em obediência ao princípio da verdade material, outros procedimentos podem ser utilizados na instrução processual quando os documentos apresentados não forem suficientes para o acerto do CNIS, mas constituírem início de prova material. Dessarte, a autarquia deverá realizar diligências tais como consulta aos bancos de dados colocados à disposição do INSS, emissão de ofício a empresas ou órgãos públicos, Pesquisa Externa e Justificação Administrativa.

O interessado tem o dever de prestar as informações que lhe forem solicitadas, apresentar documentos para comprovação de dados divergentes, extemporâneos ou não constantes no CNIS e colaborar para o esclarecimento dos fatos. A fase instrutória do PAP estará concluída quando estiverem cumpridas todas as exigências, se for o caso, e não houver mais diligências ou provas a serem produzidas.

2.2.1 Pesquisa Externa (PE)

Entende-se por Pesquisa Externa (PE) as atividades realizadas por servidor do INSS junto a beneficiários, empresas, órgãos públicos, entidades de classe, cartórios e demais entidades e profissionais credenciados, necessárias para a atualização do CNIS, o reconhecimento, manutenção e revisão de direitos, bem como para o desempenho das atividades de serviço social, habilitação e reabilitação profissional, além do acompanhamento da execução dos contratos com as instituições financeiras pagadoras de benefícios.

Medida subsidiária de produção de provas, a PE somente será autorizada depois de verificada a impossibilidade de o interessado apresentar os documentos solicitados pelo INSS ou restarem dúvidas nos documentos apresentados.

---

109. "Diferentemente do que ocorre no processo judicial, onde em regra o Estado só pode agir mediante provocação (art. 2º, CPC), no processo administrativo a iniciativa da instauração e do desenvolvimento do processo compete à própria Administração. O princípio da oficialidade compele a Administração a instaurar e desenvolver o processo administrativo, independentemente da vontade do interessado. (...) O princípio da oficialidade consignou que as atividades de instrução necessárias à decisão devem realizar-se de ofício pela Administração, sem prejuízo do direito dos interessados de propor atuações probatórias. Aplicado ao PAP o princípio autoriza, por exemplo, o INSS a fazer justificação administrativa; pesquisas externas; requerer diligências; solicitar pareceres, laudos e informações; conceder, de ofício, o benefício de auxílio-doença; rever os próprios atos e praticar tudo o que for necessário à consecução do interesse público". (ARAÚJO, Gustavo Beirão. *Processo Administrativo Previdenciário e sua Efetividade*. Curitiba: Juruá, 2019, p. 84-85)
110. Art. 29. As atividades de instrução destinadas a averiguar e comprovar os dados necessários à tomada de decisão realizam-se de ofício ou mediante impulsão do órgão responsável pelo processo, *sem prejuízo do direito dos interessados de propor atuações probatórias*.

A PE pode ser utilizada, por exemplo, para verificar se o suposto segurado especial efetivamente desempenha atividade em regime de economia familiar (sem empregados permanentes), especialmente quando houver fundada desconfiança; ou para comprovar a existência de união estável ou dependência econômica, para fins de concessão de pensão por morte ou auxílio-reclusão. Pode, ademais, ser utilizada para fins de instrução ou revisão de processo de reconhecimento de direitos e concessão de benefícios do RGPS, bem como para inclusão, alteração, ratificação ou exclusão das informações constantes do CNIS, independentemente de requerimento de benefício. Sendo realizada junto a empresa ou equiparada ou até mesmo junto a empregador doméstico, estes colocarão à disposição de servidor do INSS as informações ou registros de que dispuserem, inclusive relativos aos registros eletrônicos no eSocial[111], referentes a segurado a seu serviço.

Na PE poderão ser colhidos depoimentos e examinados documentos aos quais a lei não assegure sigilo. No caso de órgão público, quando restar esclarecido, por meio de resposta a ofício, o que se pretende comprovar, poderá ser dispensada a Pesquisa Externa, salvo se, oficiado o referido órgão, não for possível formar convicção em relação ao que se pretende comprovar.

Se a pesquisa for positiva, ou seja, se confirmar as informações prestadas pelo requerente, não necessitará ser complementada com outros documentos.

2.2.2 Justificação Administrativa (JA)

A Lei 8.213/91 prevê o seguinte:

Art. 108. Mediante justificação processada perante a Previdência Social, observado o disposto no § 3º do art. 55 e na forma estabelecida no Regulamento, poderá ser suprida a falta de documento ou provado ato do interesse de beneficiário ou empresa, salvo no que se refere a registro público.

O dispositivo refere-se ao procedimento conhecido como "Justificação Administrativa" (JA), o qual, segundo o art. 567 da IN 128/22, "constitui meio utilizado para suprir a falta ou insuficiência de documento ou para produzir prova de fato ou circunstância de interesse dos beneficiários, perante o INSS, por meio da oitiva de testemunhas".

A JA é parte do processo de atualização de dados do CNIS ou de reconhecimento de direitos, vedada a sua tramitação na condição de processo autônomo. Muitas vezes, é utilizada como a última medida possível para o segurado comprovar uma determinada atividade, condição de vida, dependência. Em suma, quando a prova material se revelar deveras incipiente, a JA poderá ser requerida pelo interessado, para servir como complementação. Pode ser solicitada tanto pelo segurado, quanto pelo INSS.

---

111. Instituído pelo Decreto 8.373, de 2014, o Sistema de Escrituração Digital das Obrigações Fiscais, Previdenciárias e Trabalhistas – eSocial consiste em instrumento de unificação da prestação das informações relativas à escrituração das obrigações fiscais, previdenciárias e trabalhistas. As informações oriundas do eSocial são disponibilizadas no CNIS e são imprescindíveis para o reconhecimento do direito a benefícios previdenciários.

Nos termos do § 3º do art. 55 da Lei 8.213/91[112], para que seja possível o processamento da JA, é necessário que o requerente apresente início de prova material[113] apto a demonstrar a plausibilidade do que se pretende comprovar, ou seja, deve ser verificada a razoabilidade da relação entre o documento apresentado e o fato alegado.

A JA pode ser utilizada para fins de comprovação de: tempo de contribuição, exercício de atividade – urbana ou rural –, dependência econômica, união estável, atividade especial, exclusão de dependentes ou outro fato de interesse do requerente, relacionado ao reconhecimento de direitos. Porém, não será admitida quando a prova for exclusivamente testemunhal ou se o fato a ser comprovado exigir registro público (casamento, nascimento, óbito) ou qualquer ato jurídico para o qual a lei prescreva forma especial.

Caberá a JA também no caso de extravio, por caso fortuito ou força maior, da prova material de que se disporia, nos termos do que prevê o Regulamento da Previdência Social:

> Art. 143. A justificação administrativa ou judicial, para fins de comprovação de tempo de contribuição, dependência econômica, identidade e relação de parentesco, somente produzirá efeito quando for baseada em início de prova material contemporânea dos fatos e não serão admitidas as provas exclusivamente testemunhais.
>
> § 1º Será dispensado o início de prova material quando houver ocorrência de motivo de força maior ou de caso fortuito.
>
> § 2º Caracteriza motivo de força maior ou caso fortuito a verificação de ocorrência notória, tais como incêndio, inundação ou desmoronamento, que tenha atingido a empresa na qual o segurado alegue ter trabalhado, devendo ser comprovada mediante registro da ocorrência policial feito em época própria ou apresentação de documentos contemporâneos dos fatos, e verificada a correlação entre a atividade da empresa e a profissão do segurado. (grifamos)

A comprovação do caso fortuito ou força maior será realizada com a apresentação do registro no órgão competente, feito em época própria, ou mediante elementos de convicção contemporâneos aos fatos. No registro da ocorrência policial, da certidão do Corpo de Bombeiros, da Defesa Civil, ou de outro órgão público competente para emitir certidão sobre o evento, deverá constar a identificação da empresa atingida e a extensão dos danos causados, se for o caso.

Para o processamento de JA, o interessado deverá apresentar, além do início de prova material, requerimento no qual exponha, clara e minuciosamente, os pontos que pretende justificar, além de indicar testemunhas idôneas, em número não inferior a duas nem superior a seis, cujos depoimentos possam levar à convicção da veracidade do que se pretende comprovar. O INSS não intimará diretamente as testemunhas, cabendo ao interessado comunicá-las sobre o local, data e horário no qual será realizada a oitiva.

---

112. "A comprovação do tempo de serviço para os fins desta Lei, inclusive mediante justificativa administrativa ou judicial, observado o disposto no art. 108 desta Lei, só produzirá efeito quando for baseada em início de prova material contemporânea dos fatos, não admitida a prova exclusivamente testemunhal, exceto na ocorrência de motivo de força maior ou caso fortuito, na forma prevista no regulamento".
113. Início de prova material é um documento emitido na época do acontecimento do ato ou fato a ser comprovado, não sendo considerado como tal, documento produzido em período que não corresponda àquele em que supostamente o fato ocorreu.

Não podem ser testemunhas: a parte interessada; os menores de 16 (dezesseis) anos; quem intervém em nome de uma parte, bem como o tutor e o curador; o cônjuge e o companheiro, bem como o ascendente e o descendente em qualquer grau, a exemplo dos pais, avós, bisavós, filhos, netos, bisnetos; o irmão, tio, sobrinho, cunhado, a nora, genro ou qualquer outro colateral, até terceiro grau, por consanguinidade ou afinidade; quem, acometido por enfermidade ou diagnosticado com impedimento de longo prazo por debilidade mental ou intelectual caracterizador de deficiência à época de ocorrência dos fatos, não podia discerni-los ou, ao tempo sobre o qual deve depor, não estiver habilitado a transmitir as percepções; e o cego e o surdo, quando a ciência do fato depender dos sentidos que lhe faltam.

Se não for apresentado documento que possa ser considerado como início de prova material, o servidor justificará a não autorização e comunicará ao interessado, informando a possibilidade de recurso e o respectivo prazo. Se os requisitos para processamento da JA forem atendidos, o servidor informará qual documento foi considerado como início de prova e autorizará o processamento com a indicação do período a ser homologado e encaminhará os autos do processo ao processante (que é o servidor do INSS que interrogará as testemunhas).

No dia e hora marcados, as testemunhas serão indagadas a respeito dos pontos que forem objeto de justificação e ouvidas separadamente, sendo advertidas, antes do início das perguntas, das cominações previstas nos arts. 299[114] (Falsidade ideológica) e 342[115] (Falso testemunho) do Código Penal. O processante registrará a presença – ou não – do interessado e de seu representante/procurador, que poderão presenciar a oitiva e, ao final de cada depoimento, formular perguntas e dirigi-las ao processante, que questionará as testemunhas. Caso as perguntas sejam impertinentes ou abusivas, o processante pode restringi-las ou indeferi-las e, caso o comportamento do justificante ou do procurador dificultem ou prejudiquem o bom andamento do trabalho do servidor, serão advertidos e proibidos de participar do restante do procedimento, caso persistam.

Concluído o depoimento das testemunhas, compete ao processante a emissão de parecer conclusivo contendo: relatório sucinto dos fatos; a sua percepção acerca da idoneidade das testemunhas, confrontando a prova oral produzida com os documentos apresentados e demais informações dos sistemas corporativos; e a informação de que foi observada, no processamento, a forma prevista nos atos normativos pertinentes.

---

114. Art. 299. Omitir, em documento público ou particular, declaração que dele devia constar, ou nele inserir ou fazer inserir declaração falsa ou diversa da que devia ser escrita, com o fim de prejudicar direito, criar obrigação ou alterar a verdade sobre fato juridicamente relevante:
    Pena: reclusão, de um a cinco anos, e multa, se o documento é público, e reclusão de um a três anos, e multa, de quinhentos mil réis a cinco contos de réis, se o documento é particular.
115. Art. 342. Fazer afirmação falsa, ou negar ou calar a verdade como testemunha, perito, contador, tradutor ou intérprete em processo judicial, ou administrativo, inquérito policial, ou em juízo arbitral: (Redação dada pela Lei 10.268, de 28.8.2001)
    Pena: reclusão, de 2 (dois) a 4 (quatro) anos, e multa.

A homologação quanto à forma da JA compete ao processante e a homologação quanto ao mérito compete ao servidor que a autorizou ou a outro que se torne responsável pela análise processual, que concluirá, de forma fundamentada, pela eficácia ou ineficácia da JA para comprovar o que foi solicitado. Caso a JA tenha sido eficaz para comprovar parcialmente os fatos ou períodos de contribuição alegados pelo justificante, o parecer deverá conter a delimitação clara entre o que foi e o que não foi reconhecido. Não caberá recurso da decisão conclusiva do INSS que considerar eficaz ou ineficaz a JA, nos termos do art. 147 do Decreto 3.048/99.

2.3 Fase decisória

A fase decisória se inicia após a conclusão da instrução processual, momento em que o INSS emite o seu juízo de valor sobre o direito pleiteado, com base nas provas apresentadas na fase instrutória e nas informações constantes nos sistemas corporativos à disposição da autarquia. É nessa fase que será verificado se o requerente possui os requisitos legais para o reconhecimento do direito à prestação pleiteada. Ela é marcada pela deliberação no sentido de indeferir ou deferir, total ou parcialmente, o pleito.

Segundo o art. 49 da Lei 9.784/99[116], a decisão nos processos administrativos em trâmite na administração pública federal, em geral, deve ser prolatada no prazo máximo de 30 dias, salvo prorrogação por igual período expressamente motivada. Já o § 5º do art. 41-A da Lei 8.213/91 diz que "o primeiro pagamento do benefício será efetuado até quarenta e cinco dias após a data da apresentação, pelo segurado, da documentação necessária a sua concessão". Porém, a partir de um acordo celebrado pela Procuradoria-Geral da República, pela Advocacia-Geral da União, pela Defensoria Pública Geral da União, pela Procuradoria-Geral Federal e pelo INSS, que foi homologado pelo STF no RExt 1.171.152 (Tema 1.066), foram estabelecidos novos prazos para análise dos pedidos administrativos pelo INSS, conforme tabela a seguir:

Benefício	Prazo
Benefício assistencial ao idoso e à pessoa com deficiência	90 dias
Aposentadorias, salvo por incapacidade permanente	90 dias
Aposentadoria por incapacidade permanente	45 dias
Salário-maternidade	30 dias
Pensão por morte, Auxílio-reclusão e Auxílio-acidente	60 dias
Auxílio por incapacidade temporária	45 dias

A decisão do INSS, em qualquer hipótese, deverá conter relatório sucinto do objeto do requerimento administrativo, fundamentação com análise das provas constantes

---

116. É a lei que regula o processo administrativo no âmbito da administração pública federal.

nos autos, bem como conclusão deferindo ou indeferindo o pedido formulado, sendo insuficiente a carta de indeferimento "padrão" oriunda dos sistemas corporativos.

A motivação deve ser clara e coerente, indicando quais os requisitos legais que foram ou não atendidos, podendo fundamentar-se em decisões anteriores, bem como notas técnicas e pareceres do órgão consultivo competente[117].

Todos os requisitos legais necessários à análise do requerimento devem ser apreciados no momento da decisão, registrando-se no PAP a avaliação individualizada de cada requisito legal. Em se tratando de requerimento de atualização de CNIS, ainda que no âmbito de requerimento de benefício, o INSS deverá analisar todos os pedidos relativos à inclusão, alteração, ratificação ou exclusão das informações divergentes, extemporâneas ou insuficientes.

O processo será decidido com análise do mérito quando:

a) as informações e documentos juntados no requerimento inicial forem suficientes para o reconhecimento do direito;

b) for cumprida a exigência solicitada;

c) o requerente informar da impossibilidade de cumprimento da exigência solicitada; e

d) esgotado o prazo para cumprimento da exigência, haja elementos suficientes à análise do mérito e não haja vícios de representação processual.

Encerrado o prazo para cumprimento da exigência sem que os documentos solicitados tenham sido apresentados pelo requerente e não havendo elementos que permitam o reconhecimento do direito, o requerimento será encerrado sem análise do mérito, por desistência do pedido, após decorridos 75 (setenta e cinco) dias da ciência da referida exigência. Não caberá recurso da decisão que determine o arquivamento do requerimento sem análise de mérito decorrente da não apresentação de documentação indispensável ao exame do requerimento, conforme previsão do § 3º do art. 176 do Decreto 3.048/99.

O INSS tem a obrigação de observar o quadro mais favorável ao postulante e conceder o melhor benefício a que o segurado fizer jus, cabendo ao servidor orientar nesse sentido, concedendo o melhor benefício que lhe for possível verificar. Tal obrigação é reconhecida não apenas pelos instrumentos normativos aplicáveis[118], mas também está pacificado, inclusive, na jurisprudência do STF (vide, v. g., os RExt 630.501 e 631.240).

Quando o INSS identificar, por ocasião da decisão, que estão satisfeitos os requisitos para mais de um tipo de benefício, deverá oferecer ao segurado o direito de opção, mediante a apresentação dos demonstrativos financeiros de cada um deles. Nesse caso, a opção deverá ser expressa e constar nos autos.

---

117. Vide art. 50 da Lei 9.784/99.
118. Vide arts. 107 e 108 da Portaria DIRBEN/INSS 993/22 e art. 577 da Instrução Normativa PRES/INSS 128/22.

O mesmo ocorre quando é identificado o direito a mais de uma aposentadoria na DER ou até a data do despacho do benefício (DDB)[119]. Também deverá ser oferecida a opção pelo benefício mais vantajoso o que, não ocorrendo, garantirá o direito de opção aquando do requerimento de revisão do benefício menos vantajoso que foi concedido. Nas revisões em que não haja novo elemento, os efeitos financeiros serão fixados na Data do Início do Pagamento (DIP), observada a prescrição quinquenal, que é contada a partir da Data do Pedido da Revisão (DPR)[120].

O interessado será comunicado da decisão administrativa – com a exposição dos motivos, a fundamentação legal e o prazo para recurso, quando houver. Sempre que a decisão gerar efeitos em relação a terceiros – como a exclusão de um dependente para fins de pensão por morte –, o INSS deverá também comunicá-los e oferecer prazo para recurso.

2.4 Fase recursal

Das decisões proferidas pelo INSS, os interessados poderão optar por: empreender uma revisão do ato administrativo, nos termos do art. 103 da Lei 8.213/91; ou interpor recurso administrativo, inaugurando, assim, a fase recursal do PAP.

Recurso é o meio processual do qual se vale a parte interessada para se insurgir contra uma decisão administrativa que lhe seja desfavorável, no todo ou em parte. Quem julga os recursos das decisões proferidas pelo INSS é o Conselho de Recursos da Previdência Social (CRPS), órgão colegiado integrante da estrutura do Ministério da Previdência Social (MPS), sediado em Brasília-DF e com jurisdição administrativa em todo o país – portanto, é um órgão autônomo e independente, não fazendo parte da estrutura do INSS.

Conforme previsão do art. 126 da Lei 8.213/91, compete ao CRPS processar e julgar os recursos:

a) das decisões proferidas pelo INSS, nos processos de interesse de seus beneficiários e contribuintes;

b) relativos à atribuição às empresas do Fator Acidentário de Prevenção (FAP);

c) das decisões proferidas pelo INSS, relacionados à comprovação de atividade rural de segurado especial ou às demais informações relacionadas ao CNIS;

d) de processos relacionados à compensação financeira (Comprev) de que trata a Lei 9.796/99; e

e) relacionados aos processos sobre irregularidades ou responsabilidade por infração às disposições da Lei 9.717/98, verificadas nas atividades de supervisão realizadas por meio de fiscalização nos regimes próprios de previdência social (RPPS).

---

119. É a data em que o INSS concluiu a análise do requerimento e o despachou, ou seja, quando incluiu no seu sistema a decisão de deferimento, ainda que parcial, ou indeferimento do pleito.
120. Sobre revisão de benefícios vide a Portaria DIRBEN/INSS 997, de 28 de março de 2022.

O Regimento Interno do Conselho de Recursos da Previdência Social (RICRPS) foi aprovado pela Portaria MTP 4.061, de 12 de dezembro de 2022, e trata da competência e organização, atribuições dos seus membros, composição, direção e mandato dos conselheiros, bem como da fase recursal do processo administrativo previdenciário em si, incluindo os recursos, incidentes processuais e demais procedimentos.

O CRPS é presidido por representante do Governo, com notório conhecimento da legislação previdenciária e assistencial, cabendo-lhe dirigir os serviços administrativos do órgão. O Conselho é estruturado em órgãos colegiados, responsáveis pelos julgamentos, e órgãos administrativos. Os órgãos colegiados são: as Juntas de Recursos e suas composições adjuntas[121] (1ª instância), as Câmaras de Julgamento (2ª instância) e o Conselho Pleno (3ª instância).

Os órgãos colegiados do CRPS são integrados por representantes do Governo Federal, das empresas e dos trabalhadores, denominados "conselheiros", que cumprem mandato de três anos, podendo ser reconduzidos indefinidamente, desde que cumpram o estabelecido no RICRPS.

Tanto a representação do Governo Federal quanto as representações classistas têm conselheiros titulares e suplentes. Os suplentes serão convocados para integrar as composições de julgamento nos casos de renúncia, perda de mandato, licença, vacância e impedimentos legais dos conselheiros titulares, ou, como é de praxe, por necessidade de serviço.

A participação dos trabalhadores e empregadores nos colegiados dos órgãos públicos em que seus interesses profissionais ou previdenciários sejam objeto de discussão e deliberação é assegurada pela Constituição Federal no seu art. 10, o que foi fortalecido pelo art. 303, § 12, do Decreto 3.048/99, incluído pelo Decreto 10.410/20: "O afastamento do representante dos trabalhadores da empresa empregadora ou dos servidores do ente federativo não constitui motivo para alteração ou rescisão de seu vínculo contratual ou funcional".

As Juntas de Recurso (JR) e suas Composições Adjuntas (CA), situadas em quase todas as unidades federativas, são órgãos de primeira instância recursal responsáveis por julgar os recursos das decisões proferidas pelo INSS nos processos de interesse de seus beneficiários e contribuintes, inclusive os relacionados à comprovação de atividade rural de segurado especial e as demais informações relacionadas ao CNIS. Somente beneficiários e contribuintes, inclusive empresas, podem recorrer à 1ª instância recursal, já que, por óbvio, não há interesse do INSS em recorrer de sua própria decisão.

Contudo, apresentado recurso pelo particular, ocorre uma "mudança de posição" por parte do INSS. Com efeito, na fase recursal, o caso passa a ser julgado pelo CRPS –composto por membros do governo e da sociedade civil –, pelo que o INSS assume a

---

121. Art. 26, § 2º: Por razões de eficiência e celeridade, o Presidente do CRPS poderá determinar o funcionamento de novas composições de julgamento adjuntas, em localidades situadas dentro ou fora do território da sede da respectiva Unidade Julgadora (RICRPS).

posição de parte. A partir daí, inclusive, os atos normativos internos do INSS – mesmo as instruções normativas, portarias e resoluções – não podem mais ser validamente invocados como fundamento para prejuízo do postulante, uma vez que não vinculam os órgãos recursais.

Já as Câmaras de Julgamento (CAJ), situadas em Brasília, são órgãos de segunda instância recursal, responsáveis por julgar os recursos interpostos contra as decisões proferidas pelas Juntas de Recursos e suas composições adjuntas.

Também situado em Brasília, o Conselho Pleno, por sua vez, é o órgão responsável pela uniformização da jurisprudência administrativa, mediante enunciados e resoluções, podendo ter outras competências definidas no RICRPS. Compõem o Conselho Pleno: o presidente do CRPS, que o presidirá, os presidentes e conselheiros titulares das Câmaras de Julgamento.

Comparando os órgãos que conduzem o PAP e os que conduzem o Processo Judicial Previdenciário teríamos a seguinte equivalência:

Processo Judicial	Processo Administrativo
Supremo Tribunal Federal	Conselho Pleno
Superior Tribunal de Justiça	Câmaras de Julgamento
Tribunais Regionais Federais/Tribunais de Justiça	Juntas de Recurso e composições adjuntas
Varas Federais/Juizados Especiais	Agências da Previdência Social (INSS)

As Juntas de Recurso, as suas composições adjuntas, bem como as Câmaras de Julgamento também são chamadas de unidades julgadoras ou órgãos julgadores e geralmente possuem mais de uma turma para o julgamento dos recursos, o que equivaleria às turmas dos tribunais judiciais. Cada uma das turmas das unidades julgadoras é formada por quatro conselheiros, independentemente de serem titulares ou suplentes, sendo 2 representantes do Governo Federal, 1 das empresas e 1 dos trabalhadores. É possível, porém, que as sessões se realizem com o quórum mínimo de três conselheiros, sendo um de cada representação[122].

A presidência das unidades julgadoras e, consequentemente, das turmas de julgamento, é exercida por um dos representantes do Governo Federal. Considerando-se a necessidade do serviço e o volume de processos em tramitação no órgão julgador, o presidente da unidade julgadora poderá designar outro conselheiro representante do Governo Federal, preferencialmente o titular, para presidir as sessões de julgamento em uma das turmas[123].

---

122. Art. 40. As sessões de julgamento serão identificadas numericamente, em ordem cronológica, renovadas anualmente, e observará, para fins de deliberação, o quórum mínimo de três membros, sendo um de cada representatividade. (RICRPS)
123. Art. 26, § 4º A critério dos Presidentes das Unidades Julgadoras e, considerada a necessidade do serviço e o volume de recursos em trâmite no órgão a que preside, outro Conselheiro do Governo, ativo ou inativo, preferencialmente titular, presidirá sessões de julgamento". (RICRPS)

2.4.1 Recursos em espécie

O recurso interposto contra a decisão do INSS é chamado de "Recurso Ordinário", sendo dirigido às Juntas de Recurso e suas composições adjuntas. O pedido de reexame da decisão deve ser feito por escrito, com os devidos fundamentos, podendo ser juntados os documentos que o recorrente julgar convenientes.

Já os recursos contra as decisões das Juntas de Recurso e suas composições adjuntas é chamado de "Recurso Especial", sendo dirigido às Câmaras de Julgamento. Tanto o INSS[124] quanto o interessado podem interpor esse recurso, o qual será decidido em última e definitiva instância administrativa. As Câmaras de Julgamento podem deliberar pela anulação do acórdão recorrido[125], devolvendo os autos à instância inferior para reexame da matéria e nova decisão sobre o mérito da causa. No entanto, por economia processual, desde que não haja prejuízo para a instrução da matéria ou para a defesa das partes, as Câmaras de Julgamento podem superar a nulidade e avançar para o mérito.

O prazo para interposição dos recursos ou para oferecimento de contrarrazões será de trinta dias, excluindo-se o dia do início e incluindo-se o do vencimento, contado: a) no caso dos recursos, da ciência da decisão; b) no caso das contrarrazões, da ciência da interposição do recurso.

Importante salientar que admitir ou não os recursos é prerrogativa do CRPS, sendo vedado ao INSS recusar o seu recebimento ou sustar-lhe o andamento, ainda que intempestivo ou com deficiência em sua fundamentação[126].

Os acórdãos proferidos pelas Juntas de Recursos são as decisões de primeira instância recursal. No entanto, há matérias que são de alçada exclusiva dessa instância, não comportando novo recurso, conforme art. 33, § 1º do RICRPS:

> § 1º Constituem alçada exclusiva das Juntas de Recursos, não comportando recurso às Câmaras de Julgamento, as decisões proferidas sobre revisão de reajustamento de benefício em manutenção, exceto quando a diferença na Mensalidade Reajustada – MR decorrer de alteração da Renda Mensal Inicial RMI, e as fundamentadas exclusivamente em matéria médica, assim definidas:
>
> I – as relativas aos benefícios por incapacidade temporária e permanente, parcial ou total, ao auxílio-acidente, à aposentadoria da pessoa com deficiência e ao benefício assistencial da pessoa com deficiência;
>
> II – os casos em que a manifestação médico-pericial em sede recursal corrobora a decisão do INSS que indeferiu o benefício por incapacidade;
>
> III – sobre a existência, permanência ou redução da (in)capacidade laborativa ou para atividade habitual, inclusive para fins de pagamento do adicional previsto no art. 45 da Lei 8.213/91;

---

124. Contudo, as hipóteses nas quais o INSS poderá recorrer estão delimitadas na legislação de regência. Neste sentido, vide o art. 44 da Portaria DIRBEN/INSS 996, de 28 de março de 2022 e art. 33 da PORTARIA MTP 4.061, de 12 de dezembro DE 2022.
125. Por exemplo, quando estão sem a devida fundamentação, quando não são analisados todos os documentos, requisitos legais ou pedidos do recorrente, quando não é feito o cotejo analítico (análise detalhada dos fatos com a devida subsunção à legislação) pela instância julgadora, ou não cumprem o art. 52 do RICRPS.
126. Art. 5º, § 1º A admissão dos recursos a que se refere o art. 1º deste Regimento é privativa do CRPS, sendo vedado ao INSS ou à Secretaria de Previdência (FAP/RPPS) recusá-los ou sustar o seu andamento. (RICRPS).

IV – sobre o reconhecimento de Nexo Técnico Profissional ou do Trabalho, Nexo Técnico Individual e Nexo Técnico Epidemiológico;

V – sobre a fixação das datas relativas ao início da doença(DID), da incapacidade (DII) e cessação do benefício (DCB), momento em que estará cessada a incapacidade, averiguada no mesmo processo ou diverso, na forma de prova emprestada;

VI – sobre a progressão ou agravamento de doença existente anteriormente ao ingresso ou reingresso no RGPS, salvo nos casos de mesmo segurado e doença, a data de início da incapacidade (DII) é posterior a data de início da doença (DID), averiguada no mesmo processo ou diverso, na forma de prova emprestada;

VII – sobre a existência e o grau (leve, médio, grave) de deficiência para fins de benefícios previdenciários e assistenciais;

VIII – sobre a análise de capacidade laborativa residual para fins de encaminhamento do beneficiário ao Programa de Reabilitação Profissional do INSS;

IX – sobre o enquadramento das doenças e critérios de gravidade nas hipóteses que dispensam a carência previdenciária; e

X – sobre a matéria a que se refere o inciso IV do artigo 1º deste Regimento.

Os recursos interpostos tempestivamente contra decisões proferidas pelas Juntas de Recursos e pelas Câmaras de Julgamento do CRPS têm efeito suspensivo e devolutivo. Todavia, nos recursos intempestivos, conforme previsão do RICRPS[127], o relator do processo poderá propor à composição julgadora relevar a intempestividade quando entender que ficou demonstrada a liquidez e a certeza do direito da parte. Entretanto, a relevação da intempestividade do recurso não admite realização de diligências para a sua instrução, nem se aplica aos incidentes processuais e aos procedimentos aplicáveis ao Conselho Pleno (art. 57, §§ 2º e 3º, do RICRPS).

A intimação dos interessados e beneficiários será efetuada preferencialmente por meio eletrônico, mas é possível ser utilizado qualquer outro meio pelo qual se possa atingir o objetivo de dar ciência dos atos, termos e decisões do processo. Considera-se feita a intimação:

a) após 5 (cinco) dias da data de sua emissão nos sistemas do INSS, nos casos em que o endereço eletrônico de e-mail do interessado estiver corretamente cadastrado ou quando ele informar que concorda com o acompanhamento do processo por meio dos canais remotos;

b) na data da consulta efetuada pelo interessado ou seu representante ao processo eletrônico, ou na data da juntada da manifestação expressa do interessado ou seu representante no processo eletrônico, o que ocorrer primeiro, nos casos de notificação por meio eletrônico;

c) nos casos do Fator Acidentário de Prevenção, na data de publicação em Diário Oficial da União;

---

127. Art. 57, § 1º O Conselheiro Julgador, após analisar o mérito do recurso e, demonstrada de forma inequívoca a liquidez e a certeza do direito da parte, deverá propor à Unidade Julgadora, relevar a intempestividade dos recursos a que se referem os incisos I e III do art. 1º, no corpo do próprio voto.

d) na data do recebimento constante do aviso de recebimento – AR, nos casos de notificação via postal ou na data de publicação de edital; e

e) na data da manifestação expressa do interessado ou de seu representante legal no processo físico ou, caso haja recusa ou impossibilidade de prestar a nota de ciente, a partir da data em que for dada a ciência, declarada nos autos pelo servidor que realizar a intimação, quando a notificação tiver sido realizada pessoalmente.

Portanto, caberá aos interessados – ou aos seus representantes legais – o regular acompanhamento das intimações eletrônicas pelos canais remotos disponibilizados pelo INSS, presumindo-se válidas as intimações dirigidas ao e-mail, endereço físico ou meio eletrônico que forneça comprovante da entrega da mensagem, declinado nos autos pelo interessado ou seu representante legal, cabendo a estes atualizá-los sempre que houver modificação, temporária ou definitiva. A simples consulta do interessado ou de seu representante ao processo eletrônico no sistema torna válida a intimação efetuada no processo, bem como também são consideradas válidas as notificações realizadas pela rede bancária que comunicam os atos do processo de revisão de autotutela – como a prova de vida, por exemplo. A intimação será ineficaz quando realizada sem observância das prescrições legais, todavia o comparecimento do interessado ou de seu representante legal a uma APS, tomando ciência nos autos, supre sua falta ou irregularidade.

Na hipótese de Recurso Ordinário, serão considerados como contrarrazões do INSS os motivos do indeferimento. Em se tratando de Recurso Especial, expirado o prazo para contrarrazões, os autos serão imediatamente encaminhados para julgamento.

Os recursos terão um prazo máximo de 365 (trezentos e sessenta e cinco) dias para serem julgados, observadas as prioridades definidas em lei, a ordem cronológica de distribuição, além das circunstâncias estruturais e administrativas.

2.4.2 Incidentes processuais

Além dos recursos propriamente ditos, é possível apresentar os seguintes incidentes processuais (previstos nos arts. 75 a 77 do RICRPS):

- *Embargos de Declaração*: para aclaramento de obscuridade, ambiguidade ou contradição ou para correção de erro material, sendo que a interposição tempestiva interrompe o prazo para recurso. O prazo para oposição é de 10 (dez dias), exceto para sanear erro material, para o que pode ser aviado a qualquer tempo.

- *Revisão de Acórdão*: consiste em pedido (mas cabe também ser feita de ofício) à mesma instância julgadora para rever o próprio julgado, em algumas hipóteses específicas trazidas pela legislação de regência[128].

---

128. Vide art. 308, § 1º do Decreto 3.048/99.

- **Conflito de Competência**: tem lugar quando dois ou mais órgãos se declarem competentes (positivo) para o julgamento ou então nenhum se declare (negativo). Perdeu muito de sua razão de ser, na prática, a partir de quando a distribuição se tornou eletrônica.

Há ainda procedimentos aplicáveis ao Conselho Pleno, previstos nos arts. 78 a 84 do RICRPS, que são: a uniformização em tese da jurisprudência, o Pedido de Uniformização de Jurisprudência e a Reclamação ao Conselho Pleno.

A uniformização em tese da jurisprudência poderá ser suscitada para encerrar divergência jurisprudencial administrativa ou para consolidar jurisprudência reiterada no âmbito do CRPS, mediante a edição de enunciados. É um procedimento *interna corporis*, que pode ser provocado apenas por alguns membros legitimados integrantes da sua estrutura, pela Diretoria de Benefícios do INSS, pela Procuradoria Federal Especializada junto ao INSS (PFE/INSS) ou pelas Secretarias do MPS. Demonstrada a existência de relevante divergência jurisprudencial ou de jurisprudência convergente reiterada por parte de outros órgãos julgadores ou por resolução do Conselho Pleno, poderá ser encaminhada a proposta de uniformização em tese da jurisprudência ao presidente do CRPS.

O Pedido de Uniformização de Jurisprudência pode ser apresentado quando: houver divergência na interpretação em matéria de direito entre acórdãos de Câmaras de Julgamento, em sede de Recurso Especial, ou entre estes e resoluções do Conselho Pleno; ou houver divergência na interpretação em matéria de direito entre acórdãos de Juntas de Recursos, nas hipóteses de matéria de alçada, ou entre estes e Resoluções do Conselho Pleno. O prazo para interposição é de 30 dias, perante a unidade julgadora do entendimento atacado. Sendo por esta admitido, será remetido ao presidente do Conselho Pleno, que o distribuirá. Não sendo admitido, cabe recurso ao presidente da CRPS. O Conselho Pleno poderá pronunciar-se pelo não conhecimento do pedido de uniformização ou pelo seu conhecimento. Nesta última hipótese, há duas possibilidades: edita Enunciado, com força normativa vinculante, quando houver aprovação da maioria absoluta de seus membros e havendo deliberação do colegiado para sua emissão; ou edita Resolução para o caso concreto, quando houver aprovação da maioria simples de seus membros. No caso de provimento do Pedido de Uniformização de Jurisprudência, o órgão julgador que proferiu o acórdão infringente deverá revê-lo de ofício, após ser notificado do resultado do julgamento, adequando o julgado à tese fixada pelo Pleno.

Quando os acórdãos das Juntas de Recursos, em matéria de alçada, ou os acórdãos de Câmaras de Julgamento infringirem pareceres da Consultoria Jurídica do Ministério da Previdência vigentes e aprovados pelo Ministro de Estado, pareceres do AGU aprovados pelo Presidente da República ou enunciados editados pelo Conselho Pleno é cabível também Reclamação ao Conselho Pleno, por requerimento das partes. A Reclamação é dirigida ao presidente do CRPS, que faz o juízo de admissibilidade, em decisão irrecorrível. O prazo para interposição é de trinta dias contados da data da ciência da decisão e suspende o prazo para o cumprimento desta.

2.5 Fase de cumprimento das decisões administrativas

Assim reza o § 2º do art. 308 do Regulamento da Previdência Social (RPS):

> § 2º É vedado ao INSS escusar-se de cumprir as diligências solicitadas pelo CRPS, bem como deixar de dar cumprimento às decisões definitivas daquele colegiado, reduzir ou ampliar o seu alcance ou executá-las de modo que contrarie ou prejudique seu evidente sentido.

O RPS determinou que tanto diligências emanadas do órgão recursal (decisões de cunho instrutório) quanto as suas decisões definitivas não podem deixar de ser cumpridas pelo INSS. Porém, aqui cabe esclarecer que as diligências emanadas do CRPS são solicitadas na fase recursal, durante a qual ainda é possível a apresentação de novos elementos e a produção de provas pelas partes, segundo dispõe o art. 35, § 1º, do Regimento Interno do CRPS. Sobre essa questão, é importante salientar que na interposição de recurso de decisão do INSS com apresentação de novos elementos na fase recursal, a DER será fixada na data da apresentação do novo elemento e os efeitos financeiros serão fixados na data do pedido do recurso, consoante previsão do art. 176, §§ 6º e 7º c/c art. 347, § 4º, todos do Decreto 3.048/99.

Importante ressaltar que o Decreto 3.048/99 deixa claro que o CRPS não faz parte da estrutura organizacional do INSS, assim como estabelece que ele é hierarquicamente superior em relação à condução do PAP, já que as decisões de seus órgãos julgadores não podem deixar de ser cumpridas pela autarquia.

No caso de diligências solicitadas pelo CRPS, o prazo para cumprimento é de trinta dias, prorrogáveis justificadamente por igual prazo. Já as decisões do Conselho Pleno e os acórdãos definitivos dos órgãos colegiados devem ser cumpridos no prazo de trinta dias[129].

Excepcionalmente, a decisão da instância recursal poderá não ser cumprida se, após o julgamento, o INSS demonstrar que o beneficiário recebe outro benefício mais vantajoso, desde que colhida opção expressa deste. Caso o beneficiário não manifeste expressamente sua opção, após devidamente cientificado, o INSS deve manter o benefício que vem sendo pago administrativamente, eximindo-se do cumprimento da decisão do CRPS.

A decisão da instância recursal também poderá deixar de ser cumprida quando for demonstrado pelo INSS que o interessado recebe um benefício incompatível, concedido judicialmente, com o que lhe foi atribuído no recurso ou se for verificada a existência de ação judicial com o mesmo objeto e mesma causa de pedir, consoante prevê o art. 70 do RICRPS.

Excluindo-se as excepcionalidades que autorizam o não cumprimento, caso o INSS descumpra decisão definitiva do CRPS, nos prazos previstos, é facultado à parte prejudicada formular reclamação administrativa, mediante requerimento instruído

---

129. Vide art. 39, § 5º do RICRPS e art. 15 da Portaria DIRBEN/INSS 996, DE 28 de março de 2022.

com cópia da decisão descumprida e outros elementos necessários à compreensão do processo, junto à plataforma integrada de ouvidoria do Poder Executivo Federal (Fala.Br), à Ouvidora-geral do MPS e à Ouvidoria do INSS (ou outras que vierem a substituí-las) para adoção das medidas cabíveis e, em sendo o caso, para a instauração de procedimento administrativo para apuração de falta funcional.

3. REAFIRMAÇÃO DA DER

Em regra, a Data de Entrada do Requerimento (DER) será a mesma data do agendamento ou do protocolo feito via processo eletrônico. Contudo, pode ocorrer de nessas datas o beneficiário não satisfazer todas as condições necessárias para o reconhecimento do seu direito, apenas vindo a preenchê-las em momento futuro. Para esses casos, assim prescreve o Decreto 3.048/99:

> Art. 176-D. Se, na data de entrada do requerimento do benefício, o segurado não satisfizer os requisitos para o reconhecimento do direito, mas implementá-los em momento posterior, antes da decisão do INSS, o requerimento poderá ser reafirmado para a data em que satisfizer os requisitos, que será fixada como início do benefício, exigindo-se, para tanto, a concordância formal do interessado, admitida a sua manifestação de vontade por meio eletrônico.

No mesmo sentido, reza a IN 128/22:

> Art. 577. Por ocasião da decisão, em se tratando de requerimento de benefício, deverá o INSS:
> (...)
> II – quando não satisfeitos os requisitos para o reconhecimento do direito na data de entrada do requerimento do benefício, verificar se esses foram implementados em momento posterior, antes da decisão do INSS, caso em que o requerimento poderá ser reafirmado para a data em que satisfizer os requisitos, exigindo-se, para tanto, a concordância formal do interessado, admitida a sua manifestação de vontade por meio eletrônico.

E, ainda, a Portaria DIRBEN/INSS 993/22:

> Art. 33. Em se tratando de análise inicial de requerimento de benefício de aposentadoria, na hipótese de reconhecimento do direito a mais de uma aposentadoria na DER, deverá ser oferecida ao segurado a opção pelo benefício que seja mais vantajoso.
> § 1º O disposto no caput se aplica às situações em que for implementado o direito a mais de uma aposentadoria em momento posterior à DER até a data do despacho do benefício – DDB, devendo ser oferecido ao segurado a possibilidade de reafirmação da DER para esta data, observado que ela deve ser anterior a DDB.
> § 2º Se durante a análise de requerimento inicial for verificado que na DER o segurado não satisfazia os requisitos para o reconhecimento do direito, mas que os implementou em momento posterior até a DDB, deverá o servidor informar ao interessado sobre a possibilidade de reafirmação da DER para esta data, observado que ela deverá ser anterior a DDB, exigindo-se, para sua efetivação, a expressa concordância por escrito ou por meio digital com validação de acesso por senha, como no Portal "Meu INSS".

Nos termos dos dispositivos acima transcritos, é possível postergar a DER, ou seja, "reafirmar a DER" para data futura em que os requisitos legais para a concessão do benefício venham a ser satisfeitos ou, ainda, que resulte em um benefício mais vantajoso.

A "reafirmação da DER", portanto, consiste na fixação da DER – e, consequentemente, da data de início do pagamento (DIP) – em data diversa daquela em que efetivamente foi apresentado o requerimento.

A utilização mais recorrente do instituto se dá para aquelas situações em que o postulante efetivamente não faz jus ao benefício por ocasião da DER, porém o adquire no curso do PAP, inclusive durante a fase recursal ou na fase de cumprimento das decisões, caso em que a DER é "reafirmada" para a data do implemento dos requisitos[130]. A reafirmação poderá ser feita mediante solicitação do segurado ou de ofício pelo INSS, desde que o segurado haja expressado concordância por escrito no processo. É possível reafirmar a DER até a data do cumprimento da decisão do CRPS pelo INSS[131], conforme previsão do inciso III do Enunciado 1 do CRPS.

A reafirmação, segundo a jurisprudência[132], é cabível também no curso de processo judicial. Pode acontecer, por exemplo, que tempo de contribuição cumprido após o ajuizamento venha a determinar a implementação dos requisitos necessários à obtenção de benefício (ou mesmo de um benefício melhor), antes não presentes. Cabe também – outro exemplo – quando a perícia médica judicial aferir que o postulante não estava incapacitado por ocasião do PAP ou mesmo aquando do ajuizamento da ação, contudo esteja incapacitado no momento da perícia.

Situação diversa em relação à qual se discute a reafirmação da DER ocorre quando o postulante apresentou um primeiro requerimento no bojo do qual, por insuficiência instrutória, não conseguiu demonstrar o direito. Então, posteriormente, apresenta um segundo requerimento e ali demonstra a existência do direito e, mais, que ele já existia desde o requerimento anterior, situação que cria o debate acerca da possibilidade de se "retroagir" a DER para a data de entrada do primeiro requerimento. Como já vimos, o STJ já deu acolhimento a este pleito, quanto à aposentadoria especial: "Se, no momento do pedido administrativo de aposentadoria especial, o segurado já tiver preenchido os requisitos necessários à obtenção do referido benefício, ainda que não os tenha demonstrado perante o INSS, o termo inicial da aposentadoria especial concedida por meio de sentença será a data do aludido requerimento administrativo, e não a data da sentença" (Pet 9.582).

---

130. Dispõe o novo § 6º do art. 176 do RPS, incluído pelo Decreto 10.410/20, que "o reconhecimento do direito ao benefício com base em documento apresentado após a decisão administrativa proferida pelo INSS considerará como data de entrada do requerimento a data de apresentação do referido documento".
131. Art. 52, § 4º As decisões serão líquidas, não podendo ficar condicionadas a evento futuro ou incerto, salvo quando implementados os requisitos para o reconhecimento do direito em momento posterior ao requerimento administrativo, hipótese em que a Data de Entrada do Requerimento (DER) poderá ser reafirmada até a data do cumprimento da decisão do CRPS pelo INSS.(RICRPS)
132. O STJ, ao julgar o tema repetitivo 995, fixou a seguinte tese: "É possível a reafirmação da DER (Data de Entrada do Requerimento) para o momento em que implementados os requisitos para a concessão do benefício, mesmo que isso se dê no interstício entre o ajuizamento da ação e a entrega da prestação jurisdicional nas instâncias ordinárias".

Em âmbito administrativo, a questão está disciplinada, inclusive com a mesma redação, tanto no art. 576, par. único, da IN 128/22 quanto no art. 114, par. único, da Portaria 993/22, *in verbis*: "Constatado erro na decisão administrativa, deverá ser revisto de ofício o processo administrativo já concluído, para que se proceda ao deferimento do pedido devidamente fundamentado, observando-se a decadência e a prescrição, conforme o caso". Nesses casos, em que é constatado que o direito já existia no primeiro requerimento – portanto, sem a apresentação de novos elementos em relação ao requerimento posterior (conceito que será trabalhado no próximo item, ao qual remetemos o leitor) –, prevalecerá a DER do benefício requerido anteriormente, sendo fixada também nessa data a DIP, ou seja, os efeitos financeiros, observada a prescrição quinquenal, que é contada a partir da Data do Pedido da Revisão (DPR), nos termos do § 1º do art. 586 da IN 128/22 e do § 1º do art. 19 da Portaria 997/22.

4. REVISÃO ADMINISTRATIVA

A revisão administrativa é o procedimento utilizado para reavaliação dos atos praticados pelo INSS, podendo ser iniciada de ofício, a pedido do titular ou de seu representante, por determinação judicial ou recursal, observadas as disposições relativas à prescrição e decadência. Considera-se revisão de ofício as solicitações de revisão requisitadas pelo INSS, pelos órgãos de controle externo e interno ou pelo Poder Judiciário. Relembrando, o direito da Previdência Social de anular os atos administrativos de que decorram efeitos favoráveis para os seus beneficiários decai em dez anos, contados da data em que foram praticados, salvo comprovada má-fé, conforme art. 103-A da Lei 8.213/91.

A revisão pode ser processada para benefícios já concedidos ou para benefícios indeferidos, com ou sem apresentação de novos elementos. Nas revisões em que não seja identificado novo elemento, os efeitos financeiros serão fixados na DER originária, observada a prescrição, que é contada a partir da Data do Pedido da Revisão (DPR). Nas revisões processadas com novos elementos, os efeitos financeiros serão fixados na DPR. Para tal fim, consideram-se novos elementos:

a) fato do qual o INSS não tinha ciência ou declarado inexistente pelo segurado até a decisão que motivou o pedido de revisão;

b) fato não comprovado, após oportunizado prazo para tal, mediante carta de exigência, sem o cumprimento pelo requerente até a decisão do INSS;

c) as marcas de pendência em vínculos e remunerações inexistentes na análise inicial da concessão do benefício;

d) outros elementos não presentes na análise inicial que possam interferir no reconhecimento do direito ou de suas características.

Não se consideram novos elementos:

a) os documentos apresentados para provar fato do qual o INSS já tinha ciência, inclusive através do CNIS, e não oportunizou, por meio de carta de exigência, ao segurado o prazo para a comprovação no ato da concessão, tais como:

I. dados extemporâneos ou vínculos sem data de rescisão;

II. vínculos sem salários de contribuição;

III. período de atividade rural pendente de comprovação no CNIS;

IV. período de atividade especial informados pela empresa através de GFIP; e

V. o recolhimento de contribuições em atraso, a indenização ou a complementação de contribuições, quando o pedido foi formulado no requerimento inicial do processo;

b) a decisão judicial de matéria previdenciária, na qual o INSS é parte, quando baseada em documentação apresentada no processo administrativo. Se a decisão judicial se baseou em documentação não presente no processo administrativo, fica caracterizada a apresentação de novos elementos.

Podem solicitar revisão: o titular do benefício, seu representante legal ou procurador; os dependentes, sucessores ou herdeiros; o INSS; o Departamento da Perícia Médica Federal, nos casos dos benefícios em que a sua atuação é indispensável no processo de reconhecimento do direito; e os órgãos de controle interno ou externo.

No caso de requerimento de dependentes beneficiários de pensão por morte, o pedido de revisão deve ser estendido ao benefício originário de titularidade do instituidor, respeitado o prazo decadencial deste. Na falta de dependentes legais habilitados à pensão por morte, os sucessores (herdeiros) do segurado instituidor são partes legítimas para pleitear a revisão do benefício original, e, por conseguinte, eventuais diferenças pecuniárias não prescritas, observado prazo decadencial e se existem ou não novos elementos.

No caso de pedido de revisão de ato de indeferimento com a apresentação de novos elementos, o pedido será recepcionado como novo requerimento de benefício, consoante previsão do § 2º do art. 347 do Decreto 3.048/99. O pedido de revisão de decisão indeferitória confirmada pela última instância do CRPS ou por decisão judicial transitada em julgado não será apreciado, exceto se apresentados novos elementos, devendo, neste caso, ser considerado como novo requerimento.

Para fins de análise da revisão, inclusive para afixação dos efeitos financeiros, deverá ser observada a DPR, que será fixada:

a) na data do requerimento, em se tratando de revisões a pedido do interessado;

b) na data do pedido de instauração do processo administrativo, em se tratando de revisões de ofício decorrentes de apuração de irregularidades;

c) na data do parecer técnico que determinou a revisão, em se tratando de revisões de ofício decorrentes de procedimentos internos, tais como auditagem de pagamento ou compensação previdenciária;

d) na data informada na lei, em se tratando de revisões legais, ou, não havendo data expressa, na data em que passa a vigorar;

e) em se tratando de revisões judiciais, na data informada em juízo ou, não sendo esta informada, na data da sentença.

Em se tratando de revisões a pedido do titular ou seu representante em benefícios já concedidos, será analisado, aquando do processamento da primeira revisão, o objeto do pedido, bem como será realizada a conferência geral dos demais critérios que embasaram a concessão, conforme legislação em vigor à época do fato gerador. Nas revisões a pedido subsequentes, a análise deve se ater apenas ao objeto do pedido.

Em se tratando de revisões em benefícios indeferidos[133], se não houver apresentação de novos elementos, o INSS efetuará análise do ato do indeferimento. Havendo novos elementos, o pedido será analisado como novo requerimento; porém, se verificada a possibilidade de reforma do ato com os elementos originários do processo, será mantida a DER inicial e desconsiderados os novos elementos apresentados, uma vez que os efeitos financeiros serão contados desde este último marco.

---

133. Vide art. 103 da Lei 8.213/91.

Capítulo II
PROCESSO ADMINISTRATIVO PREVIDENCIÁRIO

1. CONSIDERAÇÕES GERAIS

Assim como o processo judicial, o processo administrativo previdenciário (PAP) é composto de fases distintas e sucessivas. Segundo a legislação de regência (especialmente a IN INSS/PRES 77/2015), seriam quatro as fases do PAP (inicial, instrutória, decisória e recursal), contudo a melhor doutrina tem identificado cinco fases: fase inicial (arts. 658 a 677 da IN 77/15); fase instrutória (arts. 678 a 686 da IN 77/15); fase decisória (arts. 687 a 694 da IN 77/15); fase recursal (arts. 537 a 558 da IN 77/15 c/c arts. 26 a 74 da Portaria MDSA 116/17); fase de cumprimento das decisões administrativas (arts. 549 e 550 da IN 77/15 c/c art. 56, 57 da Portaria MDSA 116/17). Falaremos delas, a seguir, em apertada síntese[134].

O PAP inicia-se, em regra, com o agendamento, que consiste no protocolo do requerimento de um benefício ou serviço, com a fixação de data, horário e local para prestação do atendimento presencial ao requerente em alguma das agências da previdência social (APS). O agendamento pode ser feito por telefone, internet ou presencialmente[135].

É importante salientar que o PAP não pode ter o seu início impedido por falta de documentação, salvo se não for apresentado nenhum documento que permita a identificação do requerente, ou seja, ainda que se constate de imediato que o postulante não faz jus ao pleito, é obrigatória a protocolização de seu pedido[136]. Cabe, conforme

---

134. Para maior aprofundamento, indicamos a seguinte obra: ARAÚJO, Gustavo Beirão. *Processo Administrativo Previdenciário e sua Efetividade*. Curitiba: Juruá, 2019.
135. Cabe destacar o disposto no novel § 4º do art. 18 da Lei 8.213/91: "os benefícios referidos no caput deste artigo poderão ser solicitados, pelos interessados, aos Oficiais de Registro Civil das Pessoas Naturais, que encaminharão, eletronicamente, requerimento e respectiva documentação comprobatória de seu direito para deliberação e análise do Instituto Nacional do Seguro Social (INSS), nos termos do regulamento".
136. Neste sentido, o art. 105 da Lei 8.213/91: "A apresentação de documentação incompleta não constitui motivo para recusa do requerimento de benefício". Segundo o art. 176 do RPS, isto tem lugar mesmo quando "seja possível identificar previamente que o segurado não faça jus ao benefício ou serviço pretendido". Destarte, "o INSS deverá proferir decisão administrativa, com ou sem análise de mérito, em todos os pedidos administrativos formulados, e, quando for o caso, emitirá carta de exigência prévia ao requerente" (§ 1º). "Encerrado o prazo para cumprimento da exigência sem que os documentos solicitados tenham sido apresentados pelo requerente, o INSS: I – decidirá pelo reconhecimento do direito, caso haja elementos suficientes para subsidiar a sua decisão; ou II – decidirá pelo arquivamento do processo sem análise de mérito do requerimento, caso não haja elementos suficientes ao reconhecimento do direito" (§ 2º). "Caso haja manifestação formal do segurado

o caso, a emissão de carta de exigência(s) ao requerente, para a complementação dos documentos. É vedada, ademais, a recusa imotivada de juntada de documentos pleiteada pelo postulante.

Não é preciso ser advogado para atuar como procurador do interessado. Basta ter capacidade civil e apresentar uma procuração (que deverá ser pública, no caso de outorgante analfabeto), sendo que o reconhecimento de firma somente será exigido quando houver dúvida acerca da autenticidade do instrumento.

Concluída a *fase inicial* do PAP – após apresentação da documentação inaugural pelo beneficiário, ainda que incompleta – o INSS passará à análise do caso, a fim de averiguar se os requisitos legais para o reconhecimento de direito ao benefício ou serviço pleiteado foram preenchidos. Estamos já na fase *instrutória*. A autarquia tem o dever de contribuir para a instrução do processo, naquilo que esteja ao seu alcance[137] (como, por exemplo, os dados constantes no CNIS[138]).

Com efeito, um elemento significativo do procedimento administrativo (qualquer um, nos termos do art. 29 da Lei 9.784/99) – que o distingue, ao menos em princípio, do processo judicial –, é o de que a administração deve tomar a iniciativa probatória em busca do esclarecimento dos fatos – seja diretamente, seja intimando o interessado a fazê-lo –, ou seja, deve impulsionar o processo inclusive em termos de iniciativa probatória, seja a favor ou contra o postulante[139].

Outros procedimentos podem ser utilizados na instrução processual, quando os documentos apresentados não forem suficientes para o acerto do CNIS, mas constituí-

---

no sentido de não dispor de outras informações ou documentos úteis, diversos daqueles apresentados ou disponíveis ao INSS, será proferida a decisão administrativa com análise de mérito do requerimento" (§ 4º).

137. Poderá, por exemplo, ser utilizada a documentação de processo anterior para auxiliar a análise, independentemente de onde este foi requerido. Existindo processo de benefício indeferido da mesma espécie em outra unidade de atendimento do INSS, a APS responsável pela instrução do processo atual solicitará informações e as razões do seu indeferimento, suprindo-se estas pela apresentação de cópia integral do processo anterior, a qual deverá ser juntada ao novo pedido. Nos períodos já reconhecidos como de atividade especial, serão respeitadas as orientações vigentes à época da análise pelo INSS. Assim sendo, os períodos de atividades especiais avaliados em requerimentos anteriores de benefício, tanto por exposição a agentes nocivos quanto por categoria profissional, serão importados para o benefício atualmente requerido. Neste caso, a análise pela perícia médica se limitará exclusivamente aos períodos com agentes nocivos ainda não analisados ou em caso de apresentação de novos elementos pelo requerente (art. 296, parágrafo único, da IN INSS/PRES 77/2015).

138. O CNIS é a base dados utilizada pelo INSS para comprovar a filiação ao RGPS, tempo de contribuição, relação de emprego, salário de contribuição etc. Nesse cadastro, constam as informações relativas a vínculos, remunerações e contribuições, especialmente. Caso algum vínculo, remuneração ou qualquer outro dado não constem no CNIS, ou constem de forma incorreta ou incompleta, caberá ao segurado solicitar a inclusão, exclusão ou retificação de informações, com a apresentação de documentos comprobatórios. Da mesma forma, caso o INSS tenha dúvidas sobre a regularidade dos dados constantes no CNIS ele poderá exigir a apresentação de documentos para a sua confirmação.

139. Neste sentido, para o âmbito administrativo, dispõe o § 3º do art. 47 da IN 77 INSS/PRES de 2015: "Para fins de comprovação do exercício de atividade rural a apresentação dos documentos referidos neste artigo não dispensa a apreciação e confrontação dos mesmos com as informações constantes nos sistemas corporativos da Previdência Social e dos órgãos públicos". No mesmo sentido, o art. 118 do mesmo diploma: "As informações obtidas pelo INSS dos bancos de dados disponibilizados por órgãos do poder público estão sendo utilizadas para a construção do cadastro do segurado especial, para fins de reconhecimento dessa atividade".

rem início de prova material. A autarquia deverá realizar diligências tais como consulta aos bancos de dados colocados à disposição do INSS, emissão de ofício a empresas ou órgãos públicos, Pesquisa Externa[140] e Justificação Administrativa.

A Justificação Administrativa é um procedimento utilizado para suprir a falta ou insuficiência de documento ou produzir prova de fato ou circunstância de interesse dos beneficiários, inclusive para atualização do CNIS. Pode ser solicitada tanto pelo segurado quanto pelo INSS.

Tem-se a justificação administrativa como a última medida possível para o segurado comprovar uma determinada atividade ou condição de vida ou dependência. Segundo o art. 574 da IN 77/PRES/INSS de 2015, "constitui recurso que deve ser oportunizado, quando cabível, ao interessado para suprir a falta ou insuficiência de documento ou produzir prova de fato ou circunstância de interesse dos beneficiários". Em suma, quando a prova material se revelar deveras incipiente, a justificação administrativa poderá ser requerida pelo interessado, para servir como complementação[141]. Com efeito, nos termos do § 3º do art. 55 da Lei 8.213/91, deverá estar baseada em início de prova material, mas, quando esta é tênue, a justificação se coloca como um reforço. Caberá a justificação também no caso de extravio, por caso fortuito ou força maior, da prova material de que se disporia, quando servirá para averiguar e propiciar ao segurado a comprovação da ocorrência do evento alegado[142]. É bastante comum a utilização da justificação administrativa para a comprovação do exercício de atividade rural do segurado especial, nos moldes do que dispõe o art. 579 da IN 77/PRES/INSS

---

140. Medida subsidiária de produção de provas, a Pesquisa Externa é autorizada diante da impossibilidade de apresentação de documentos pela parte, ou em caso de dúvida em relação à documentação apresentada. Se a pesquisa for positiva, ou seja, se confirmar as informações prestadas pelo requerente, não necessitará ser complementada com outros documentos. A IN INSS/PRES 77/2015 prevê a denominada "pesquisa externa" em algumas hipóteses – como na revisão de benefício supostamente concedido equivocadamente ou alteração das informações constantes no CNIS –, mas nada impede que possa ser utilizada no procedimento de concessão de benefício, em preparação para o julgamento vindouro, como, por exemplo, para verificar se o suposto segurado especial efetivamente desempenha atividade em regime de economia familiar (sem empregados permanentes), especialmente quanto houver fundada desconfiança. Contudo, o art. 113 daquele diploma dispõe que "salvo quando se tratar de confirmação de autenticidade e contemporaneidade de documentos, para fins de reconhecimento de atividade, a realização de Pesquisa Externa deverá ser substituída por entrevista com parceiros, confrontantes, empregados, vizinhos ou outros".
141. Neste sentido, o novo art. 151 do RPS, alterado pelo Decreto 10.410/20: "Somente será admitido o processamento de justificação administrativa quando necessário para corroborar o início de prova material apto a demonstrar a plausibilidade do que se pretende comprovar".
142. Transcrevemos, por oportuno, o art. 577 da IN 77/PRES/INSS de 2015, que cuida do tema:
    "Art. 577. Tratando-se de JA para prova de tempo de serviço ou de contribuição, será dispensado o início de prova material quando houver impossibilidade de apresentação por motivo de força maior ou caso fortuito, tais como incêndio, inundação ou desmoronamento, que tenha atingido a empresa na qual o segurado alegue ter trabalhado, devendo ser observada a correlação entre a atividade da empresa e a profissão do segurado.
    § 1º A comprovação dos motivos referidos no caput será realizada com a apresentação do registro no órgão competente, feito em época própria, ou mediante elementos de convicção contemporâneos aos fatos.
    § 2º No registro da ocorrência policial, da certidão do Corpo de Bombeiros, da Defesa Civil, ou de outro órgão público competente para emitir certidão sobre o evento, deverá constar a identificação da empresa atingida e a extensão dos danos causados".

de 2015. O requerimento do interessado deve indicar o objeto a que a justificação se destina e o rol de testemunhas, cujo comparecimento no dia e hora marcados para oitiva é de responsabilidade daquele. O servidor responsável pela condução deve apresentar parecer consignando sua impressão sobre os depoimentos colhidos. Homologado o procedimento, será analisado o mérito[143]. Em conclusão, a colheita de prova testemunhal no âmbito administrativo consiste em etapa subsidiária, quando a prova material apresentada e a entrevista se revelarem insuficientes, embora favoráveis, à concessão do pleito.

Anotam Mauss e Triches que, no âmbito administrativo, "em todos os processos em que é requerida a utilização de atividade rural em regime de economia familiar (...), deve ser realizada a entrevista pessoal do segurado"[144]. Tal depoimento é coloquialmente denominado "entrevista rural". As perguntas são feitas conforme um formulário padrão[145], não havendo possibilidade de modificação. Ao final, o servidor que a realizou deve consignar sua conclusão, ou seja, se teve a impressão de que se trata ou não de segurado especial. Nos termos do art. 112 da IN 77/PRES/INSS de 2015, a entrevista é indispensável à comprovação do exercício de atividade rural, com vistas à confirmação das seguintes informações: da categoria (segurado especial, contribuinte individual ou empregado); da forma de ocupação (proprietário, posseiro, parceiro, meeiro, arrendatário, comodatário, dentro outros); da forma de exercício da atividade (individual ou de economia familiar); da condição no grupo familiar (titular ou componente) quando se tratar de segurado especial; do período de exercício de atividade rural; da utilização de assalariados; de outras fontes de rendimentos; e de outros fatos que possam caracterizar ou não sua condição. De modo geral, só se passa à entrevista caso tenha sido reconhecido início de prova material (§ 1º). Persistindo dúvida, o servidor deve proceder à oitiva das testemunhas apresentadas e, então apresentar a conclusão.

Não obstante, a Portaria Conjunta 01 DIRBEN/DIRAT/INSS, de 07 de agosto de 2017, alterou tal exigência, não havendo mais a imprescindibilidade de realização da denominada "entrevista rural". Em suma, se o postulante apresentar devidamente preenchido o formulário de requerimento de comprovação de atividade do segura-

---

143. O postulante e seu procurador são autorizados a presenciar a oitiva das testemunhas e, ao final de cada depoimento, podem formular perguntas e dirigi-las ao processante (servidor do INSS), que questionará as testemunhas. Se, ao participar do processamento da JA, o justificante ou seu procurador dificultarem de alguma forma ou prejudicarem o bom desempenho do trabalho do processante, este poderá este adverti-los e, caso persista o comportamento prejudicial, poderá proibi-los de participar do restante do procedimento. Concluído o depoimento das testemunhas, o processante deverá realizar a análise quanto à forma, emitindo parecer contendo o relatório sucinto dos fatos, a sua percepção sobre a idoneidade das testemunhas, a informação de que foi observada, no processamento, a forma prevista na lei e nos atos normativos e a sua conclusão, de forma a esclarecer se a prova testemunhal foi favorável à pretensão. Em seguida, o processo será encaminhado, preferencialmente, àquele que determinou o processamento da JA, a fim de confrontar a prova oral produzida e o parecer conclusivo do justificante com o início de prova material e as demais informações constantes nos sistemas corporativos. A decisão deverá ser emitida de forma fundamentada, esclarecendo se a JA foi eficaz para comprovar os fatos alegados pelo postulante.
144. Op. cit., p. 210. Para o indígena, é dispensada, basta apresentar a declaração da FUNAI.
145. Anexo XIII da IN 77/PRES/INSS de 2015.

do especial, poderá ser dispensada a entrevista[146]. A medida é largamente criticável, aparentemente visa meramente uma economia (de tempo do servidor do INSS e, por conseguinte, financeira), e não propriamente uma "racionalização" do procedimento, como foi alegado no bojo da própria portaria. Certamente, a ausência da entrevista rural administrativa também dificultará sobremaneira a produção probatória judicial, contribuindo decisivamente para o aumento do número de concessões judiciais indevidas.

A *fase decisória* é marcada pela deliberação no sentido de indeferir ou deferir, total ou parcialmente, o pleito, sendo cabível, porém, recurso quanto à decisão desfavorável. Conforme já dantes salientamos, está pacificado em jurisprudência que o INSS tem a obrigação de observar o quadro mais favorável ao postulante, concedendo o melhor benefício que lhe for possível verificar[147]. Isto é também reconhecido pelos instrumentos normativos aplicáveis (neste sentido, vide arts. 687 e 688 da IN INSS/PRES 77/2015).

Segundo o art. 49 da Lei 9.784/99 (que regula o processo administrativo no âmbito da administração pública federal), a decisão deve ser prolatada no prazo máximo de 30 dias (a IN INSS/PRES 77/2015 prevê, contudo, a possibilidade de prorrogação por igual período, expressamente motivada). O § 5º do art. 41-A da Lei 8.213/91 diz, ademais, que "o primeiro pagamento do benefício será efetuado até quarenta e cinco dias após a data da apresentação, pelo segurado, da documentação necessária a sua concessão". Nos termos do novo art. 179-C do RPS, incluído pelo Decreto 10.410/20, "O servidor responsável pela análise dos pedidos dos benefícios motivará suas decisões ou opiniões técnicas e responderá pessoalmente apenas nas hipóteses de dolo e de erro grosseiro".

A decisão administrativa deve conter a exposição dos motivos, a fundamentação legal e o prazo para interposição de recurso[148]. Sempre que a decisão gerar efeitos em relação a terceiros, o INSS deverá comunicá-los e oferecer prazo para recurso.

---

146. A mencionada Portaria também acresceu a DAP – Declaração de Aptidão ao Programa Nacional de Fortalecimento da Agricultura Familiar (PRONAF) ao rol do art. 47 da IN 77 PRES/INSS de 2015, que cuida dos documentos que podem ser aceitos como início de prova material. Estabeleceu, ademais, que "Considerando os requisitos e procedimentos de comprovação da atividade de segurado especial necessários para o reconhecimento do direito ao Seguro Desemprego do Pescador Artesanal – SDPA e considerando a manifestação contida no item 52 do Parecer 00003/2017/DIVCONS/PFE-INSS-SEDE/PGF/AGU, de 18 de julho de 2017, os períodos comprovados de atividade pesqueira ininterrupta, assim como os de recebimento de SDPA, devem ser considerados plenos para comprovação da atividade de segurado especial, sendo, nesse caso, dispensada a apresentação de documentos comprobatórios e a realização de qualquer outro procedimento de comprovação, inclusive entrevista ou ratificação com as bases governamentais e demais sistemas corporativos da Previdência Social".
147. Neste sentido, dispõe o novo art. 181-D do RPS, introduzido pelo Decreto 10.410/20: "Se mais vantajoso, fica assegurado o direito à aposentadoria, nas condições legalmente previstas na data do cumprimento de todos os requisitos ao segurado que tiver optado por permanecer em atividade".
148. Determinam os §§ 1º a 3º do art. 691 da IN INSS/PRS 77/2015 o seguinte: "A decisão administrativa, em qualquer hipótese, deverá conter despacho sucinto do objeto do requerimento administrativo, fundamentação com análise das provas constantes nos autos, bem como conclusão deferindo ou indeferindo o pedido formulado, sendo insuficiente a mera justificativa do indeferimento constante no sistema corporativo da Previdência Social" (§ 1º), "A motivação deve ser clara e coerente, indicando quais os requisitos legais que foram ou não atendidos, podendo fundamentar-se em decisões anteriores, bem como notas técnicas e pareceres do órgão consultivo competente, os quais serão parte integrante do ato decisório" (§ 2º) e "Todos os requisitos legais necessários à análise do requerimento devem ser apreciados no momento da decisão, registrando-se no processo administrativo a avaliação individualizada de cada requisito legal" (§ 3º). Isto, contudo, nem sempre é cumprido na prática...

Concluído está o PAP em sua tramitação em primeira instância com o proferimento da decisão. A seguir, caso seja interposto recurso, ingressamos na *fase recursal*. Só o particular (postulante) pode recorrer da decisão de "primeira instância", quando, obviamente, esta não lhe é totalmente favorável. O INSS não tem interesse de recorrer de decisão de "primeira instância" favorável porque ele atuou, até ali, no papel de Administração Pública – analisando, de forma totalmente desinteressada, a viabilidade de um pleito que lhe é apresentado por um particular. Contudo, apresentado recurso pelo particular, ocorre uma "mudança de posição" por parte do INSS. Com efeito, na fase recursal, o caso passa a ser julgado por órgãos de composição mista, sendo que o INSS assume a posição de parte. Inclusive, a partir daí, os seus atos normativos internos, mesmo as instruções normativas (como a multicitada IN INSS/PRES 77/2015), não podem mais ser validamente invocados como fundamento para prejuízo do postulante, uma vez que não vinculam os órgãos recursais.

O primeiro recurso, da decisão de "primeira instância", total ou parcialmente desfavorável, é interposto pelo postulante e dirigido ao Conselho de Recursos do Seguro Social – CRSS[149], outrora denominado "Conselho de Recursos da Previdência Social – CRPS"[150].

O CRSS é estruturado em órgãos colegiados, responsáveis pelos julgamentos, e órgãos administrativos[151]. Os órgãos colegiados são os seguintes: Conselho Pleno (órgão responsável pela uniformização da jurisprudência administrativa); quatro Câmaras de Julgamento (órgãos de segunda instância recursal, responsáveis por julgar os Recursos Especiais interpostos contra as decisões proferidas pelas Juntas de Recursos); vinte e nove Juntas de Recursos e quinze Composições Adjuntas (órgãos de primeira instância recursal, responsáveis por julgar os recursos ordinários interpostos contra as decisões do INSS).

A Junta de Recurso (JR), a sua composição adjunta (CA), bem como a Câmara de Julgamento (CAJ) também são chamadas de unidades julgadoras (UJ), e geralmente possuem mais de uma composição para o julgamento dos recursos. Cada uma das

---

149. Nos termos do art. 126 da Lei 8.213/91 (grifamos): "Art. 126. Compete ao Conselho de Recursos da Previdência Social julgar, entre outras demandas, na forma do regulamento: *I – recursos das decisões do INSS nos processos de interesse dos beneficiários;* II – contestações e recursos relativos à atribuição, pelo Ministério da Economia, do Fator Acidentário de Prevenção aos estabelecimentos das empresas; *III – recursos das decisões do INSS relacionados à comprovação de atividade rural de segurado especial de que tratam os arts. 38-A e 38-B, ou demais informações relacionadas ao CNIS de que trata o art. 29-A desta Lei;* IV – recursos de processos relacionados à compensação financeira de que trata a Lei 9.796, de 5 de maio de 1999, e à supervisão e à fiscalização dos regimes próprios de previdência social de que trata a Lei 9.717, de 27 de novembro de 1998.
150. Como vimos na nota de rodapé anterior, a própria Lei 8.213/91 ainda fala (e a redação do dispositivo transcrito é de 2019!) em "CRPS", porém o nome do Conselho foi alterado pela Lei 13.341/16 para CRSS, transferindo-o do Ministério do Trabalho e Previdência Social (MTPS) – extinto – para o Ministério do Desenvolvimento Social e Agrário (MDSA).
151. Sediado em Brasília, o CRSS tem jurisdição administrativa em todo o país. Os seus órgãos colegiados são integrados por representantes do governo, das empresas e dos trabalhadores, chamados de "conselheiros". Cada conselheiro tem mandato de dois anos, sendo permitida mais de uma recondução, desde que atendidas as condições impostas no RICRSS.

composições das UJ é formada por quatro conselheiros, sendo dois representantes do governo, um das empresas e um dos trabalhadores. É possível, porém, que as sessões se realizem com o quórum mínimo de três membros, sendo um de cada classe de representação. A presidência é exercida por um dos representantes do governo.

O recorrente poderá desistir do recurso em qualquer fase, desde que antes do julgamento. Nos termos do § 3º do art. 126 da Lei 8.213/91, "a propositura de ação que tenha por objeto idêntico pedido sobre o qual versa o processo administrativo importa renúncia ao direito de recorrer na esfera administrativa e desistência do recurso interposto".

Convém ressaltar que o INSS e o CRSS devem obediência aos pareceres das consultorias jurídicas dos Ministérios e aos pareceres e às súmulas da AGU.

Decidido definitivamente o PAP (analisaremos ainda os recursos em espécie, no tópico seguinte), passamos à *fase de cumprimento*. Caso a decisão do INSS tenha sido cassada nas instâncias recursais, determina o § 2º do art. 308 do Decreto 3.048/99 que "é vedado ao INSS escusar-se de cumprir as diligências solicitadas pelo CRPS, bem como deixar de dar cumprimento às decisões definitivas daquele colegiado, reduzir ou ampliar o seu alcance ou executá-las de modo que contrarie ou prejudique seu evidente sentido". Em caso de descumprimento de decisão definitiva emanada do CRSS, no prazo e condições estabelecidos, é facultado à parte prejudicada formular reclamação dirigida ao Presidente do CRSS.

2. RECURSOS EM ESPÉCIE

Têm-se, em síntese, dois tipos de recursos.

O *recurso ordinário* é interposto, sempre pelo postulante (particular), contra a decisão das APS e endereçado às Juntas de Recursos. O pedido de reexame da decisão deve ser feito por escrito, com os devidos fundamentos, podendo ser juntados os documentos que o recorrente julgar convenientes. O prazo para recorrer é de trinta dias contados da ciência da decisão. Não incumbe ao INSS admitir ou não o recurso, ainda que intempestivo[152], devendo sempre remetê-lo ao CRSS.

Os acórdãos proferidos pelas Juntas de Recursos são as decisões de primeira instância recursal. No entanto, há matérias que são de alçada exclusiva dessa instância, não comportando novo recurso[153].

---

152. Inclusive, conforme previsão do RICRSS, o conselheiro relator do processo poderá propor à composição julgadora relevar a intempestividade de recursos quando entender que ficou demonstrada a liquidez e a certeza do direito da parte.
153. Quando as Juntas de Recurso decidirem, nos processos de auxílio-doença previdenciário ou acidentário, controvérsias sobre: Nexo Técnico Epidemiológico – NTEP (art. 21-A da Lei 8.213/91), Nexo Técnico Profissional ou Nexo Técnico Individual (art. 20 da Lei 8.213/91), fixação de Data de Início da Doença – DID e Data de Início da Incapacidade – DII, Pedido de Prorrogação – PP, por exemplo, não caberá Recurso Especial às Câmaras de Julgamento.

O *recurso especial*, por sua vez, é interposto contra a decisão das Juntas de Recurso ou de suas composições adjuntas, sendo endereçado às Câmaras de Julgamento. O prazo é também de trinta dias contados da ciência da decisão. *Tanto o INSS[154] quanto o interessado podem interpor esse recurso*, o qual será decidido em última e definitiva instância administrativa.

As Câmaras de Julgamento podem deliberar pela anulação do acórdão recorrido[155], devolvendo os autos à instância inferior para reexame da matéria e nova decisão sobre o mérito da causa. No entanto, por economia processual, desde que não haja prejuízo para a instrução da matéria ou para a defesa das partes, as Câmaras de Julgamento podem superar a nulidade e avançar para o mérito.

Além dos dois recursos propriamente ditos, é possível apresentar *Embargos de Declaração* (para aclaramento de obscuridade, ambiguidade ou contradição ou para correção de erro material), no prazo de trinta dias, sendo que a interposição tempestiva interrompe o prazo para recurso.

Temos ainda alguns incidentes processuais. A *Revisão de Acórdão* consiste em pedido (mas cabe também ser feita de ofício) à mesma instância julgadora para rever o próprio julgado em algumas hipóteses específicas trazidas pela legislação de regência. O *Conflito de Competência* tem lugar quando dois ou mais órgãos se declarem competentes para o julgamento ou então nenhum se declare (perdeu muito de sua razão de ser na prática a partir de quando a distribuição se tornou eletrônica).

Temos ainda o *Pedido de Uniformização de Jurisprudência*. O Conselho Pleno é órgão responsável pela uniformização da jurisprudência administrativa, mediante a emissão de enunciados e resoluções. O pedido pode ser apresentado quando: houver divergência na interpretação em matéria de direito entre acórdãos de Câmaras de Julgamento, em sede de Recurso Especial, ou entre estes e resoluções do Conselho Pleno; ou houver divergência na interpretação em matéria de direito entre acórdãos de Juntas de Recursos, nas hipóteses de matéria de alçada, ou entre estes e Resoluções do Conselho Pleno. O prazo para interposição é de 30 dias, perante a unidade julgadora do entendimento atacado. Sendo por esta admitido, será remetido ao presidente do Conselho Pleno, que o distribuirá. Não sendo admitido, cabe recurso ao presidente da CRSS. O Conselho Pleno poderá pronunciar-se pelo não conhecimento do pedido de uniformização ou pelo seu conhecimento. Nesta última hipótese, há duas possibilidades: edita Enunciado, com força normativa vinculante, quando houver aprovação da maioria absoluta de seus membros e havendo deliberação do colegiado para sua emissão; edita Resolução para o caso concreto, quando houver aprovação da maioria simples de seus membros. No caso de provimento do Pedido de Uniformização de Jurisprudência, o

---

154. Contudo, as hipóteses nas quais o INSS poderá recorrer estão delimitadas na legislação de regência. Neste sentido, vide o art. 540, §§ 1º e 2º, da IN INSS/PRES 77/2015
155. Por exemplo, quando estão sem a devida fundamentação, quando não são analisados todos os documentos, requisitos legais ou pedidos do recorrente, quando não é feito o cotejo analítico (análise detalhada dos fatos com a devida subsunção à legislação) pela instância julgadora, ou não cumprem o art. 52 do RICRSS.

órgão julgador que proferiu o acórdão infringente deverá revê-lo de ofício, após ser notificado do resultado do julgamento, adequando o julgado à tese fixada pelo Pleno.

A *uniformização em tese da jurisprudência* poderá ser suscitada para encerrar divergência jurisprudencial administrativa ou para consolidar jurisprudência reiterada no âmbito do CRSS, mediante a edição de enunciados. É um procedimento *interna corporis*, que pode ser provocado apenas por alguns membros legitimados integrantes da sua estrutura ou pela Diretoria de Benefícios do INSS. Demonstrada relevante divergência jurisprudencial ou jurisprudência convergente reiterada por outros órgãos julgadores ou por resolução do Conselho Pleno, poderá ser encaminhada a proposta de uniformização em tese da jurisprudência ao presidente do CRSS.

Em algumas hipóteses previstas na legislação de regência, é cabível também *Reclamação ao Conselho Pleno*, por requerimento das partes. É dirigido ao presidente do CRSS, que faz o juízo de admissibilidade, em decisão irrecorrível. O prazo é de trinta dias contados da data da ciência da decisão e suspende o prazo para o cumprimento desta.

Nos termos do art. 308 do Decreto 3.048/99, "os recursos tempestivos contra decisões das Juntas de Recursos do Conselho de Recursos da Previdência Social têm efeito suspensivo e devolutivo" (*caput*), porém "não se considera recurso o pedido de revisão de acórdão endereçado às Juntas de Recursos e Câmaras de Julgamento" (§ 1º).

3. REAFIRMAÇÃO DA DER

A denominada "reafirmação da data de entrada do requerimento – DER" consiste na fixação da DER (e, consequentemente, da data de início do benefício – DIB) em data diversa daquela em que efetivamente foi apresentado o requerimento.

A utilização mais recorrente da denominação se dá para aquelas situações em que o postulante efetivamente não faz jus ao benefício por ocasião da DER, porém o adquire no curso do PAP, caso em que a DER é "postergada" para a data do implemento dos requisitos[156]. Outra possibilidade é o postulante adquirir o direito a um melhor benefício no curso do PAP.

Todavia, o termo é ocasionalmente utilizado para designar também aquela situação em que o postulante apresentou um primeiro requerimento, mas não conseguiu demonstrar o direito. Posteriormente, apresenta um segundo requerimento e ali demonstra a existência do direito e, mais, que ele já existia desde o requerimento anterior, situação que cria o debate acerca da possibilidade de se "reafirmar" a DER para a data de entrada do primeiro requerimento. Como já vimos, o STJ já deu acolhimento a este pleito, quanto à aposentadoria especial: "Se, no momento do pedido administrativo de aposentadoria especial, o segurado já tiver preenchido os requisitos necessários à

---

156. Dispõe o novo § 6º do art. 176 do RPS, incluído pelo Decreto 10.410/20, que "o reconhecimento do direito ao benefício com base em documento apresentado após a decisão administrativa proferida pelo INSS considerará como data de entrada do requerimento a data de apresentação do referido documento".

obtenção do referido benefício, ainda que não os tenha demonstrado perante o INSS, o termo inicial da aposentadoria especial concedida por meio de sentença será a data do aludido requerimento administrativo, e não a data da sentença" (Pet 9.582).

A "reafirmação da DER", na primeira e segunda acepções do termo, que acima descrevemos, tem sido admitida administrativamente, segundo consta no art. 690 (respectivamente, *caput* e par. único) da IN INSS/PRES 77/2015[157]. No mesmo sentido, o novo art. 176-D do RPS, incluído pelo Decreto 10.410/20: "Se, na data de entrada do requerimento do benefício, o segurado não satisfizer os requisitos para o reconhecimento do direito, mas implementá-los em momento posterior, antes da decisão do INSS, o requerimento poderá ser reafirmado para a data em que satisfizer os requisitos, que será fixada como início do benefício, exigindo-se, para tanto, a concordância formal do interessado, admitida a sua manifestação de vontade por meio eletrônico".

A situação pode também ocorrer no curso do processo judicial. Pode acontecer, por exemplo, que tempo de contribuição cumprido após o ajuizamento venha a determinar a implementação dos requisitos necessários à obtenção de benefício (ou mesmo de um benefício melhor), antes não presentes. Pode acontecer, outro exemplo, que a perícia médica judicial afira que o postulante não estava incapacitado por ocasião do PAP ou mesmo aquando do ajuizamento da ação, contudo esteja incapacitado no momento da perícia. Para esta segunda hipótese, há posição largamente majoritária em jurisprudência admitindo a concessão do benefício, com a DIB sendo fixada na data de início da incapacidade – DII posta pelo perito. Quanto à primeira hipótese, há decisão recente do STJ, tomada pela sistemática dos recursos repetitivos (tema 995) no seguinte sentido: "É possível a reafirmação da DER (Data de Entrada do Requerimento) para o momento em que implementados os requisitos para a concessão do benefício, mesmo que isso se dê no interstício entre o ajuizamento da ação e a entrega da prestação jurisdicional nas instâncias ordinárias, nos termos dos arts. 493 e 933 do CPC/2015, observada a causa de pedir".

---

157. A reafirmação poderá ser feita mediante solicitação do segurado ou de ofício pelo INSS, desde que o segurado haja expressado concordância por escrito no processo. É admitida a reafirmação da DER até a data de julgamento do recurso especial, na fase recursal administrativa.

Parte V
REGIME PRÓPRIO DO SERVIDOR PÚBLICO CIVIL

O Regime Próprio do Servidor Público Civil é um tema que comporta duas esferas distintas. Na primeira, temos as regras gerais, trazidas pela CRFB e por legislação complementar (federal, mas de caráter "nacional"), aplicáveis a todas as esferas federativas. Com o advento da EC 103/2019, passamos inclusive a ter regras gerais distintas entre os servidores da União e os demais. Na segunda esfera, temos as regras específicas de cada ente federativo. No presente estudo, vamos cuidar das regras gerais e também das mais importantes disposições aplicáveis ao RPPS federal, sendo que esta última parte já não interessa aos candidatos a cargos estaduais e municipais (que deverão, portanto, estudar as regras específicas, caso isto conste no edital, conforme o ente federativo em questão). No âmbito federal, o concurso para o cargo de Juiz Federal cobra toda a matéria aqui constante, assim como, em tese, o de Juiz do Trabalho. Para o cargo de Defensor Público Federal, a matéria é potencialmente cobrada pelo edital, embora a incidência de cobrança seja rarefeita. Para o cargo de Advogado da União, o último edital coligiu explicitamente apenas a previdência complementar "pública". Os últimos concursos para Procurador Federal e para Procurador da Fazenda Nacional passaram a incluir o tópico.

Capítulo I
REGRAS GERAIS

1. INTROITO

Ao lado do Regime Geral de Previdência Social (RGPS) – que tem como foco principal, por assim dizer, os trabalhadores da iniciativa privada –, há os Regimes Próprios de Previdência Social (RPPS) – os quais se destinam aos servidores[1] públicos[2] civis[3], titulares de cargos efetivos[4] ou vitalícios[5]. Cada ente federativo (União, Estados e Muni-

---

1. Nos termos do § 13 do art. 40 da CRFB, "aplica-se ao agente público ocupante, exclusivamente, de cargo em comissão declarado em lei de livre nomeação e exoneração, de outro cargo temporário, inclusive mandato eletivo, ou de emprego público, o Regime Geral de Previdência Social" (redação dada pela EC 103/2019). O RPPS congrega, em síntese, os servidores públicos titulares de cargos efetivos e vitalícios (inclusive magistrados, membros do Ministério Público, dos Tribunais de Contas, defensores públicos etc.). Na redação anterior à EC 103/2019, dispunha o mesmo dispositivo que "Ao servidor ocupante, exclusivamente, de cargo em comissão declarado em lei de livre nomeação e exoneração bem como de outro cargo temporário ou de emprego público, aplica-se o regime geral de previdência social". Houve a inserção, portanto, do detentor de mandato eletivo. Isto significa que, doravante, aquele que ingressar em mandato eletivo estará vinculado ao RGPS (salvo se for servidor público civil vinculado a RPPS ou servidor militar, quando permanecerá vinculado ao regime de origem). Não desdobraremos aqui o tema, pois foge ao nosso escopo, bastando, portanto, o que já deixamos consignado.
2. No passado, a distinção entre o RGPS e os RPPS era bastante significativa (o que, de resto, ocorre em muitos países do mundo, inclusive da Europa), mas especialmente nas últimas três décadas é possível observar uma tendência à convergência em termos de aproximação entre as regras aplicáveis a cada setor. A EC 103/2019, contudo, caminha na contramão disto no que concerne aos servidores estaduais e municipais, o que não parece ter uma explicação racional.
3. O regime previdenciário dos servidores militares não será alvo de nossa preocupação aqui, pelo fato de, na prática, não ser tema cobrado em nenhum dos concursos que a presente obra procura cobrir. Cabe apena mencionar a novel redação do inciso XXI do art. 21 da CRFB, dado pela EC 103/2019, que estabelece que compete à União legislar sobre "normas gerais de organização, efetivos, material bélico, garantias, convocação, mobilização, *inatividades e pensões das polícias militares e dos corpos de bombeiros militares*" (grifamos).
4. No bojo da ADIn 2.602, o STF entendeu que os agentes cartorários (notários, tabeliães, oficiais de registro, registradores, escreventes e auxiliares) não são titulares de cargos públicos efetivos, razão pela qual não são aposentados compulsoriamente aos 70/75 anos de idade. Concluiu-se, enfim, que "os serviços de registros públicos, cartorários e notariais são exercidos em caráter privado por delegação do Poder Público – serviço público não privativo" e que "os notários e os registradores exercem atividade estatal, entretanto não são titulares de cargo público efetivo, tampouco ocupam cargo público". Já nas ADIn's 4.639 e 4.641, o STF declarou a inconstitucionalidade de leis estaduais que, respectivamente, criava regime diferenciado de aposentadoria para certos agentes cartorários (Goiás) e que os incluía entre os segurados obrigatórios do RPPS (Santa Catarina). Mais recentemente, decidiu também o STF que "Somente os servidores públicos civis detentores de cargo efetivo (art. 40, CF, na redação dada pela EC 20/98) são vinculados ao regime próprio de previdência social, a excluir os estáveis nos termos do art. 19 do ADCT e os demais servidores admitidos sem concurso público" (RExt 1.426.306, Tema 1.254 RG).
5. Decidiu recentemente o STF que é constitucional norma de lei estadual que imponha ao Ministério Público a vinculação ao regime próprio de previdência social do respectivo ente federado e a participação, juntamente com

cípios) administra seu próprio RPPS[6], embora nem todos possuam (muitos municípios brasileiros não possuem, sendo que, em tal caso, seus servidores ficam vinculados ao RGPS[7], como segurados empregados, consoante já vimos).

Antes do advento da EC 103/2019, tínhamos regras gerais que eram aplicáveis indistintamente a todos os regimes próprios. Elas constavam na CRFB e em legislação federal (especialmente, as Leis 9.717/98 e 10.887/04), de caráter nacional, que lha complementava, e eram bastante abrangentes, deixando pouca margem para distinção no que era substancial. Pois bem, à margem do que já vinha disciplinado por tais regras gerais, cada ente federativo poderia produzir regras específicas para seu regime próprio[8].

Contudo, com o advento da EC 103/2019, foi criado um "fosso" entre os servidores da União e os demais servidores. Por razões políticas, que não se percebe bem quais foram, optou o legislador constituinte derivado por deixar os servidores dos demais entes federativos fora do alcance de diversas das novas disposições constitucionais, delegando a cada ente federativo o estabelecimento, em amplitude significativa, das regras de seu regime próprio.

Ademais, estabeleceu também que "aplicam-se às aposentadorias dos servidores dos Estados, do Distrito Federal e dos Municípios as normas constitucionais e infraconstitucionais anteriores à data de entrada em vigor desta Emenda Constitucional,

---

os poderes e demais órgãos autônomos, do custeio previdenciário deste (ADI 4824); é também constitucional norma de lei estadual que imponha ao Poder Judiciário (i) participar, juntamente com os demais poderes e órgãos autônomos, da cobertura de déficit e do custeio do regime próprio de previdência social e (ii) realizar o pagamento do abono de permanência dos seus membros e servidores (ADI 4859); porém, é inconstitucional norma de lei estadual que autorize a Secretaria de Estado de Fazenda a reter o valor correspondente às contribuições previdenciárias devidas pelos membros e servidores daqueles órgãos.

6. Dispõe o § 20 do art. 40 da CRFB que "É vedada a existência de mais de um regime próprio de previdência social e de mais de um órgão ou entidade gestora desse regime em cada ente federativo, abrangidos todos os poderes, órgãos e entidades autárquicas e fundacionais, que serão responsáveis pelo seu financiamento, observados os critérios, os parâmetros e a natureza jurídica definidos na lei complementar de que trata o § 22" (redação dada pela EC 103/2019). Abordaremos o §§ 22 logo adiante. Nos termos do § 6º do art. 9º da EC 103/2019, tal adequação deverá ser feita no prazo máximo de dois anos da entrada em vigor de tal diploma. Como explica Machado da Rocha, "Como providência densificadora do princípio da unidade, após a unificação legislativa, pretende-se efetivar uma unificação administrativa, interditando a existência de mais de uma unidade gestora em cada ente federativo. Se todos os servidores obterão benefícios com espeque em uma legislação linear, não haveria motivo para a existência de múltiplas unidades gestoras. Entende-se por unidade gestora a entidade ou o órgão integrante da estrutura da administração pública de cada ente federativo que tenha por finalidade a administração, o gerenciamento e a operacionalização do RPPS, incluindo a arrecadação e a gestão de recursos e fundos previdenciários, a concessão, o pagamento e a manutenção dos benefícios. De fato, a fragmentação na gestão implica emprego de um número maior de servidores, gerando uma possível sobreposição nas tarefas de gerenciamento dos regimes próprios, as quais poderiam ser racionalizadas com redução nos custos de administração e permitindo o emprego de servidores em outras áreas com escassez de pessoal" (op. cit., 2020, p. 23).

7. Em tal hipótese, são filiados ao RGPS na qualidade de segurado empregado, nos termos do art. 9º, I, *j*, do Decreto 3.048/99.

8. Convém mencionar aqui decisão proferida pelo STF que deferiu pedido de medida cautelar na ADIn 4.582, suspendendo a aplicação do disposto no art. 15 da Lei 10.887/04 salvo quanto à esfera federal, por entender que a determinação de reajuste dos proventos pelo INPC extrapola o âmbito das normas gerais, razão pela qual não poderia a União pretender impor tal sistemática aos demais entes.

enquanto não promovidas alterações na legislação interna relacionada ao respectivo regime próprio de previdência social" (§ 9º do art. 4º°) e que "estende-se o disposto no § 9º às normas sobre aposentadoria de servidores públicos incompatíveis com a redação atribuída por esta Emenda Constitucional aos §§ 4º, 4º-A, 4º-B e 4º-C do art. 40 da Constituição Federal" (§ 10 do art. 4º)[10].

Finalmente, a referida Emenda incluiu o § 22 no art. 40 da CRFB, o qual dispõe o seguinte:

> § 22. Vedada a instituição de novos regimes próprios de previdência social, lei complementar federal estabelecerá, para os que já existam, normas gerais de organização, de funcionamento e de responsabilidade em sua gestão, dispondo, entre outros aspectos, sobre:
>
> I – requisitos para sua extinção e consequente migração para o Regime Geral de Previdência Social;
>
> II – modelo de arrecadação, de aplicação e de utilização dos recursos;
>
> III – fiscalização pela União[11] e controle externo e social;
>
> IV – definição de equilíbrio financeiro e atuarial;
>
> V – condições para instituição do fundo com finalidade previdenciária de que trata o art. 249 e para vinculação a ele dos recursos provenientes de contribuições e dos bens, direitos e ativos de qualquer natureza;
>
> VI – mecanismos de equacionamento do deficit atuarial;
>
> VII – estruturação do órgão ou entidade gestora do regime, observados os princípios relacionados com governança, controle interno e transparência;
>
> VIII – condições e hipóteses para responsabilização daqueles que desempenhem atribuições relacionadas, direta ou indiretamente, com a gestão do regime;
>
> IX – condições para adesão a consórcio público;
>
> X – parâmetros para apuração da base de cálculo e definição de alíquota de contribuições ordinárias e extraordinárias.

Em suma, as regras gerais devem passar a ser tratadas em lei complementar federal[12]. Não obstante, o art. 9º da EC 103/2019 fixa algumas disposições provisórias, para além de estabelecer que, até que entre em vigor a referida lei complementar, as normas constantes na Lei 9.717/98 seguem em vigor[13] (no que, naturalmente, não conflitarem com as novas disposições constitucionais, inclusive as previstas apenas no corpo da EC 103/2019):

---

9. O mesmo é dito pelo § 7º do art. 10 da EC 103/2019: "Aplicam-se às aposentadorias dos servidores dos Estados, do Distrito Federal e dos Municípios as normas constitucionais e infraconstitucionais anteriores à data de entrada em vigor desta Emenda Constitucional, enquanto não promovidas alterações na legislação interna relacionada ao respectivo regime próprio de previdência social". Do mesmo modo, o § 4º do art. 20 daquele diploma.
10. Não nos fica clara, porém, a extensão dessa postergação, ou seja, se se refere apenas ao que está a depender de interposição legislativa (por remissão expressa) ou mesmo quanto àqueles pontos que são tratados como normas gerais aplicáveis a todos os entes, quando não houver incompatibilidade.
11. Tal fiscalização pela União, de duvidosa constitucionalidade, já estava prevista no art. 9º da Lei 9.717/98.
12. Ademais, nos termos do *caput*, resta vedada a criação de novos regimes próprios, ou seja, os que já existem podem sobreviver, mas aqueles entes federativos que não instalaram um RPPS, não mais poderão fazê-lo (deverão, assim, seus servidores permanecer vinculados ao RGPS).
13. A competência da União para estabelecer normas gerais em matéria de previdência social já estava prevista desde a redação originária da CRFB, em seu art. 24, XII, c/c § 1º. Convém destacar que no que tange à seguridade social, a União tem competência legislativa privativa (art. 22, XXIII, CRFB).

Art. 9º Até que entre em vigor lei complementar que discipline o § 22 do art. 40 da Constituição Federal, aplicam-se aos regimes próprios de previdência social o disposto na Lei 9.717, de 27 de novembro de 1998, e o disposto neste artigo.

§ 1º O equilíbrio financeiro e atuarial do regime próprio de previdência social deverá ser comprovado por meio de garantia de equivalência, a valor presente, entre o fluxo das receitas estimadas e das despesas projetadas, apuradas atuarialmente, que, juntamente com os bens, direitos e ativos vinculados, comparados às obrigações assumidas, evidenciem a solvência e a liquidez do plano de benefícios.

§ 2º O rol de benefícios dos regimes próprios de previdência social fica limitado às aposentadorias e à pensão por morte.

§ 3º Os afastamentos por incapacidade temporária para o trabalho e o salário-maternidade serão pagos diretamente pelo ente federativo e não correrão à conta do regime próprio de previdência social ao qual o servidor se vincula.

§ 4º Os Estados, o Distrito Federal e os Municípios não poderão estabelecer alíquota inferior à da contribuição dos servidores da União, exceto se demonstrado que o respectivo regime próprio de previdência social não possui deficit atuarial a ser equacionado, hipótese em que a alíquota não poderá ser inferior às alíquotas aplicáveis ao Regime Geral de Previdência Social.

§ 5º Para fins do disposto no § 4º, não será considerada como ausência de deficit a implementação de segregação da massa de segurados ou a previsão em lei de plano de equacionamento de deficit.

§ 6º A instituição do regime de previdência complementar na forma dos §§ 14 a 16 do art. 40 da Constituição Federal e a adequação do órgão ou entidade gestora do regime próprio de previdência social ao § 20 do art. 40 da Constituição Federal deverão ocorrer no prazo máximo de 2 (dois) anos da data de entrada em vigor desta Emenda Constitucional.

§ 7º Os recursos de regime próprio de previdência social poderão ser aplicados na concessão de empréstimos a seus segurados, na modalidade de consignados, observada regulamentação específica estabelecida pelo Conselho Monetário Nacional[14].

§ 8º Por meio de lei, poderá ser instituída contribuição extraordinária pelo prazo máximo de 20 (vinte) anos, nos termos dos §§ 1º-B e 1º-C do art. 149 da Constituição Federal.

§ 9º O parcelamento ou a moratória de débitos dos entes federativos com seus regimes próprios de previdência social fica limitado ao prazo a que se refere o § 11 do art. 195[15] da Constituição.

Acerca da possibilidade de extinção do RPPS, o art. 34 da EC 103/2019 dispõe no seguinte sentido:

Art. 34. Na hipótese de extinção por lei de regime previdenciário e migração dos respectivos segurados para o Regime Geral de Previdência Social, serão observados, até que lei federal disponha sobre a matéria, os seguintes requisitos pelo ente federativo:

I – assunção integral da responsabilidade pelo pagamento dos benefícios concedidos durante a vigência do regime extinto, bem como daqueles cujos requisitos já tenham sido implementados antes da sua extinção;

II – previsão de mecanismo de ressarcimento ou de complementação de benefícios aos que tenham contribuído acima do limite máximo do Regime Geral de Previdência Social;

III – vinculação das reservas existentes no momento da extinção, exclusivamente:

---

14. Até então, vigia o disposto no art. 6º, V, da Lei 9.717/98, que estabelecia "vedação da utilização de recursos do fundo de bens, direitos e ativos para empréstimos de qualquer natureza, inclusive à União, aos Estados, ao Distrito Federal e aos Municípios, a entidades da administração indireta e aos respectivos segurados".

15. § 11 do art. 195 da CRFB: "São vedados a moratória e o parcelamento em prazo superior a 60 (sessenta) meses e, na forma de lei complementar, a remissão e a anistia das contribuições sociais de que tratam a alínea "a" do inciso I e o inciso II do *caput*".

a) ao pagamento dos benefícios concedidos e a conceder, ao ressarcimento de contribuições ou à complementação de benefícios, na forma dos incisos I e II; e

b) à compensação financeira com o Regime Geral de Previdência Social.

Parágrafo único. A existência de superavit atuarial não constitui óbice à extinção de regime próprio de previdência social e à consequente migração para o Regime Geral de Previdência Social[16].

Finalmente, o novel inciso XII do art. 167 da CRFB estabelece que é vedada "na forma estabelecida na lei complementar de que trata o § 22 do art. 40, a utilização de recursos de regime próprio de previdência social, incluídos os valores integrantes dos fundos previstos no art. 249, para a realização de despesas distintas do pagamento dos benefícios previdenciários do respectivo fundo vinculado àquele regime e das despesas necessárias à sua organização e ao seu funcionamento", enquanto o novel inciso seguinte (XIII) diz que "a transferência voluntária de recursos, a concessão de avais, as garantias e as subvenções pela União e a concessão de empréstimos e de financiamentos por instituições financeiras federais aos Estados, ao Distrito Federal e aos Municípios na hipótese de descumprimento das regras gerais de organização e de funcionamento de regime próprio de previdência social".

Pois bem, optamos aqui, sempre priorizando um intuito didático, por tratar das regras gerais num primeiro capítulo, fazendo, caso a caso, a distinção entre o RPPS federal e os demais. No segundo capítulo, trataremos, de forma sucinta, de regras específicas aplicáveis ao RPPS federal, trazidas pela legislação federal (em sentido estrito).

2. DISPOSIÇÕES CONSTITUCIONAIS

Como dito, a partir do advento da EC 103/2019, a CRFB, que antes trazia regras aplicáveis a todas as esferas federativas, agora incorpora distinções substanciais entre os servidores da União e os demais.

Iremos, assim, analisar, à partida, tudo o que dispõe a CRFB em seu texto atual.

2.1 Regras atuais e disposições transitórias

O tema é tratado pela CRFB especialmente em seu art. 40, com seus vários parágrafos.

É dito, em primeiro lugar, que "O regime próprio de previdência social dos servidores titulares de cargos efetivos terá caráter contributivo e solidário, mediante contribuição do respectivo ente federativo, de servidores ativos, de aposentados e de pensionistas, observados critérios que preservem o equilíbrio financeiro e atuarial"

---

16. Até então, a Lei 9.717/98 dispunha apenas, em seu art. 10, que "no caso de extinção de regime próprio de previdência social, a União, o Estado, o Distrito Federal e os Municípios assumirão integralmente a responsabilidade pelo pagamento dos benefícios concedidos durante a sua vigência, bem como daqueles benefícios cujos requisitos necessários a sua concessão foram implementados anteriormente à extinção do regime próprio de previdência social".

(*caput*). A redação foi dada pela EC 103/2019, mas não se observa mudança relevante quanto ao significado em relação à redação anterior. Em suma, o RPPS tem contribuição do ente federativo contratante, do servidor ativo e, diversamente do que ocorre no RGPS, também de seus aposentados e pensionistas. Esta última regra é complementada pelo que dispõe o § 18: "Incidirá contribuição sobre os proventos de aposentadorias e pensões concedidas pelo regime de que trata este artigo que superem o limite máximo estabelecido para os benefícios do regime geral de previdência social de que trata o art. 201, com percentual igual ao estabelecido para os servidores titulares de cargos efetivos". Ou seja, incide contribuição apenas sobre o que sobejar o teto do RGPS, com a mesma alíquota aplicável aos servidores da ativa. O § 21 dispunha que "A contribuição prevista no § 18 deste artigo incidirá apenas sobre as parcelas de proventos de aposentadoria e de pensão que superem o dobro do limite máximo estabelecido para os benefícios do regime geral de previdência social de que trata o art. 201 desta Constituição, quando o beneficiário, na forma da lei, for portador de doença incapacitante"[17]. Tal dispositivo foi, porém, revogado pela EC 103/2019[18].

2.1.1 Benefícios

2.1.1.1 Aposentadorias

Sobre os tipos de aposentadorias comuns devidas, dispõe o § 1º do art. 40 da CRFB (redação atual) que serão de três tipos.

Em primeiro lugar, a *aposentadoria por incapacidade* "permanente para o trabalho, no cargo em que estiver investido, *quando insuscetível de readaptação*, hipótese em que será obrigatória a realização de avaliações periódicas para verificação da continuidade das condições que ensejaram a concessão da aposentadoria, na forma de lei do respectivo ente federativo" (inciso I, grifamos). Na redação anterior à EC 103/2019, tal benefício era assim regulado: "por invalidez permanente, sendo os proventos proporcionais ao tempo de contribuição, exceto se decorrente de acidente em serviço, moléstia profissional ou doença grave, contagiosa ou incurável, na forma da lei". Não estava prevista expressamente na CRFB, portanto, a possibilidade de readaptar o servidor em outra função[19]. Nos termos

---

17. O STF entendeu, no bojo da SS 3.679 AgR que "Enquanto não editada a lei a que se refere o § 21 do art. 40 da CF/88, vigem os diplomas estaduais que regem a matéria, que só serão suspensos se, e no que, forem contrários à lei complementar nacional". Ademais, em julgado recente (RExt 630.137, tema 317 da repercussão geral), considerou, de forma surpreendente, que "O art. 40, § 21, da Constituição Federal, enquanto esteve em vigor, era norma de eficácia limitada e seus efeitos estavam condicionados à edição de lei complementar federal ou lei regulamentar específica dos entes federados no âmbito dos respectivos regimes próprios de previdência social".
18. Não obstante, nos termos do art. 36, II, da EC 103/2019, para os RPPS dos Estados, do Distrito Federal e dos Municípios, a revogação em questão só passa a vigorar na data de publicação de lei de iniciativa privativa do respectivo Poder Executivo que a referende integralmente.
19. É certo que o art. 24 da Lei 8.112/90 já previa, no âmbito federal, a possibilidade de readaptação, nos seguintes termos: "Readaptação é a investidura do servidor em cargo de atribuições e responsabilidades compatíveis com a limitação que tenha sofrido em sua capacidade física ou mental verificada em inspeção médica" (*caput*); "A

do novel § 13 do art. 37 da CRFB, "o servidor público titular de cargo efetivo poderá ser readaptado para exercício de cargo cujas atribuições e responsabilidades sejam compatíveis com a limitação que tenha sofrido em sua capacidade física ou mental[20], enquanto permanecer nesta condição, desde que possua a habilitação e o nível de escolaridade exigidos para o cargo de destino, mantida a remuneração do cargo de origem".

Em segundo lugar, temos a aposentadoria *compulsória*, "com proventos proporcionais ao tempo de contribuição, aos 70 (setenta) anos de idade, ou aos 75 (setenta e cinco) anos de idade, na forma de lei complementar" (inciso II). Aqui, não houve alteração realizada pela EC 103/2019, permanecendo a redação de 2015. Em síntese, o servidor será aposentado compulsoriamente aos 70 anos de idade[21] (ou, se houver lei complementar dispondo sobre a mudança, no máximo aos 75 anos de idade[22]), com proventos proporcionais ao tempo de contribuição[23]. Convém observar: *não há exigência de tempo mínimo no serviço público ou no cargo*.

Em terceiro lugar, temos a aposentadoria que denominamos "*programada*" (cabe também chamá-la, como a que a antecedeu, de "*voluntária*", com respaldo inclusive no § 19), quanto à qual há distinção, implementada pela EC 103/2019, entre servidores da União e os demais. Com efeito, diz o inciso III: "no âmbito da União, aos 62 (sessenta e dois) anos de idade, se mulher, e aos 65 (sessenta e cinco) anos de idade, se homem, e, no âmbito dos Estados, do Distrito Federal e dos Municípios, na idade mínima estabelecida mediante emenda às respectivas Constituições e Leis Orgânicas, observados o tempo de contribuição e os demais requisitos estabelecidos em lei complementar do respectivo ente

---

readaptação será efetivada em cargo de atribuições afins, respeitada a habilitação exigida, nível de escolaridade e equivalência de vencimentos e, na hipótese de inexistência de cargo vago, o servidor exercerá suas atribuições como excedente, até a ocorrência de vaga" (§ 2º). Agora, há um alargamento da amplitude, para além da constitucionalização da questão.
20. Percebe-se que é caso tecnicamente de readaptação – e não reabilitação, portanto –, já que o servidor deverá já ostentar a habilitação para o desempenho da nova função.
21. No julgamento do RMS 36.950, o STF entendeu que a regra da aposentadoria compulsória aos 70/75 anos não se aplica ao servidor ocupante exclusivamente de cargo em comissão, visto que este é vinculado ao RGPS e não ao RPPS.
22. A LC 152/2015 dispõe, em seu art. 2º, que serão aposentados compulsoriamente aos 75 anos de idade: I – os servidores titulares de cargos efetivos da União, dos Estados, do Distrito Federal e dos Municípios, incluídas suas autarquias e fundações; II – os membros do Poder Judiciário; III – os membros do Ministério Público; IV – os membros das Defensorias Públicas; V – os membros dos Tribunais e dos Conselhos de Contas.
23. A outra modalidade de aposentadoria compulsória, aplicável a magistrados e membros do Ministério Público, foi extirpada da CRFB. Com efeito, o art. 93, VIII, antes previa que "o ato de remoção, disponibilidade e *aposentadoria* do magistrado, por interesse público, fundar-se-á em decisão por voto da maioria absoluta do respectivo tribunal ou do Conselho Nacional de Justiça, assegurada ampla defesa"; agora, todavia, prevê que "o ato de remoção ou de disponibilidade do magistrado, por interesse público, fundar-se-á em decisão por voto da maioria absoluta do respectivo tribunal ou do Conselho Nacional de Justiça, assegurada ampla defesa". Regulada pela Lei Orgânica da Magistratura Nacional – LOMAN (LC 75/93), trata[va]-se de uma pena administrativa, pela qual o servidor era afastado de suas funções, sendo aposentado compulsoriamente com proventos proporcionais ao tempo de contribuição. Há corrente que sustenta, porém, que a modalidade, conquanto não mais prevista em sede constitucional, segue em vigor em virtude da previsão constante na LOMAN e efetivamente os Tribunais e o próprio CNJ seguem aplicando tal tipo de penalidade.

federativo"[24]. Em suma, no âmbito da União, a idade mínima será de 62 (mulher) ou 65 (homem) anos, observados o tempo de contribuição e os demais requisitos estabelecidos em lei complementar[25]. No âmbito dos demais entes federativos, a idade mínima será fixada pela Constituição Estadual ou pela Lei Orgânica Municipal, observados o tempo de contribuição e os demais requisitos estabelecidos em lei complementar do respectivo ente federativo. Na redação anterior, aplicável a todos os entes federativos, a aposentadoria voluntária exigia "tempo mínimo de dez anos de efetivo exercício no serviço público e cinco anos no cargo efetivo em que se dará a aposentadoria" em qualquer de suas modalidades, que eram as seguintes: "sessenta anos de idade e trinta e cinco de contribuição, se homem, e cinquenta e cinco anos de idade e trinta de contribuição, se mulher" (*integral*) e "sessenta e cinco anos de idade, se homem, e sessenta anos de idade, se mulher, com proventos proporcionais ao tempo de contribuição" (*proporcional*).

Quanto à aposentadoria programada, há regra diferenciada para a *aposentadoria do professor*: "Os ocupantes do cargo de professor terão idade mínima reduzida em 5 (cinco) anos em relação às idades decorrentes da aplicação do disposto no inciso III do § 1º, desde que comprovem tempo de efetivo exercício das funções de magistério na educação infantil e no ensino fundamental e médio fixado em lei complementar do respectivo ente federativo" (§ 5º). Na redação anterior à EC 103/2019, era dito o seguinte: "Os requisitos de idade e de tempo de contribuição serão reduzidos em cinco anos, em relação ao disposto no § 1º, III, 'a' [aposentadoria voluntária integral], para o professor que comprove exclusivamente tempo de efetivo exercício das funções de magistério na educação infantil e no ensino fundamental e médio". Em suma, na redação anterior o professor tinha garantida uma redução de cinco anos na idade e no tempo de contribuição, mas agora garante-se apenas redução na idade, embora nada impeça, segundo nos parece, que a lei complementar estabeleça tempo de contribuição reduzido[26]. De todo modo, ficará a cargo de cada ente federativo[27].

---

24. Trata-se de rara previsão de matérias afetas, respectivamente, à Constituição Estadual (denominado "Poder Constituinte Decorrente") ou Lei Orgânica Municipal e a lei complementar (estadual ou municipal, conforme o caso).
25. Nos termos do art. 10 da EC 103/2019, "até que entre em vigor lei federal que discipline os benefícios do regime próprio de previdência social dos servidores da União, (...) Os servidores públicos federais serão aposentados: I – voluntariamente, observados, cumulativamente, os seguintes requisitos: a) 62 (sessenta e dois) anos de idade, se mulher, e 65 (sessenta e cinco) anos de idade, se homem; e b) 25 (vinte e cinco) anos de contribuição, desde que cumprido o tempo mínimo de 10 (dez) anos de efetivo exercício no serviço público e de 5 (cinco) anos no cargo efetivo em que for concedida a aposentadoria (...)".
26. Até que entre em vigor a lei federal disciplinadora, nos termos do § 2º do art. 10 da EC 103/2019, "Os servidores públicos *federais* com direito a idade mínima ou tempo de contribuição distintos da regra geral para concessão de aposentadoria na forma dos §§ 4º-B, 4º-C e 5º do art. 40 da Constituição Federal poderão aposentar-se, observados os seguintes requisitos: (...) III – o titular do cargo *federal* de professor, aos 60 (sessenta) anos de idade, se homem, aos 57 (cinquenta e sete) anos, se mulher, com 25 (vinte e cinco) anos de contribuição exclusivamente em efetivo exercício das funções de magistério na educação infantil e no ensino fundamental e médio, 10 (dez) anos de efetivo exercício de serviço público e 5 (cinco) anos no cargo efetivo em que for concedida a aposentadoria, para ambos os sexos" (grifamos).
27. Com a mesma opinião que a nossa, Carlos Alberto Pereira de Castro: "O tempo mínimo em funções de magistério ficará a critério do legislador, podendo ser diversificados os tempos de contribuição exigidos pela

Quanto à *aposentadoria especial*, a redação anterior à EC 103/2019 dispunha que "é vedada a adoção de requisitos e critérios diferenciados para a concessão de aposentadoria aos abrangidos pelo regime de que trata este artigo, ressalvados, nos termos definidos em leis complementares, os casos de servidores: I – portadores de deficiência[28]; II – que exerçam atividades de risco[29]; III – cujas atividades sejam exercidas sob condições especiais que prejudiquem a saúde ou a integridade física"[30].

Agora, contudo, dispõe a CRFB o seguinte: "É vedada a adoção de requisitos ou critérios diferenciados para concessão de benefícios em regime próprio de previdência social, ressalvado o disposto nos §§ 4º-A, 4º-B, 4º-C e 5º" (§ 4º). O disposto no § 5º diz respeito à regra diferenciada do professor, já analisada. As demais, ora transcrevemos: "Poderão ser estabelecidos por lei complementar do respectivo ente federativo idade e tempo de contribuição diferenciados para aposentadoria de servidores com deficiência, previamente submetidos a avaliação biopsicossocial realizada por equipe multiprofissional e interdisciplinar" (§ 4º-A)[31]; "Poderão ser estabelecidos por lei complementar do respectivo ente federativo idade e tempo de contribuição diferenciados para aposentadoria de ocupantes do cargo de agente penitenciário, de agente socioeducativo ou de policial dos órgãos de que tratam o inciso IV do caput do art. 51 [Câmara dos Deputados], o inciso XIII do caput do art. 52 [Senado Federal] e os incisos I a IV do *caput* do art. 144 [polícia federal, polícia rodoviária federal, polícia ferroviária federal e polícias

---

União, pelo Distrito Federal, por Estados ou Municípios diferentes para os docentes de educação infantil, ensino fundamental e médio." (In: CASTRO, Carlos Alberto Pereira; KRAVCHYCHYN, Gisele; LAZZARI, João Batista; ROCHA, Daniel Machado da. *Comentários à Reforma da Previdência*. Rio de Janeiro: Forense, 2020, p. 177).

28. Nos mesmos moldes do entendimento consubstanciado em sua Súmula Vinculante 33, entendeu o STF que à míngua de regulamentação legal, a aposentadoria especial da pessoa com deficiência deveria ser concedida com aplicação subsidiária da legislação aplicável ao RGPS: aplicação supletiva do art. 57 da Lei 8.213/91, com relação ao período anterior à entrada em vigor da LC 142/2013, e do disposto nesta, no que se refere ao período posterior (neste sentido, por exemplo, os MI's 1.884, 6.818 e 6.988).

29. Distingue-se, assim, do tratamento conferido ao RGPS pela previsão expressa das atividades de risco como aptas a ensejar a aposentadoria especial. O STJ, porém – em entendimento, para nós, absolutamente incompreensível –, sustentava ser possível a aposentadoria especial por periculosidade também no âmbito do RGPS, como já explicamos anteriormente. Para maior aprofundamento, vide o seguinte artigo: BALDINI, Alessandra Gomes Faria; PORTO, Rafael Vasconcelos. A aposentadoria especial por periculosidade no RGPS: uma questão de inconstitucionalidade. *Revista Juris Plenum Previdenciária*, v. 27, ago./out. 2019, p. 43-54.

30. Para maior detalhamento acerca do debate em torno da aposentadoria especial no âmbito do RPPS nos termos da legislação anterior (e, em parte, ainda atual), remetemos o leitor ao tópico "4.1." do Capítulo IV da Parte II da presente obra.

31. Nos termos do art. 22 da EC 103/2019, "Até que lei discipline o § 4º-A do art. 40 (...), a aposentadoria (...) do servidor público *federal* com deficiência vinculado a regime próprio de previdência social, desde que cumpridos (...) o tempo mínimo de 10 (dez) anos de efetivo exercício no serviço público e de 5 (cinco) anos no cargo efetivo em que for concedida a aposentadoria, será concedida na forma da Lei Complementar 142, de 8 de maio de 2013, inclusive quanto aos critérios de cálculo dos benefícios" (grifamos). Já examinamos as disposições de tal diploma no tópico "2.7.3." do capítulo II da Parte II da presente obra, pelo que para lá remetemos o leitor. Convém salientar que mesmo o servidor com deficiência que tenha ingressado no serviço público antes do advento da EC 41/2003 não fará jus ao regime de "equiparação com a ativa". Quanto aos servidores com deficiência dos Estados, do Distrito Federal e dos Municípios, aplicam-se as normas constitucionais e infraconstitucionais anteriores à data de entrada em vigor da Emenda, enquanto não promovidas alterações na legislação interna relacionada ao respectivo regime próprio de previdência social (parágrafo único).

civis]" (§ 4º-B)³²; e "Poderão ser estabelecidos por lei complementar do respectivo ente federativo idade e tempo de contribuição diferenciados para aposentadoria de servidores cujas atividades sejam exercidas com efetiva exposição a agentes químicos, físicos e biológicos prejudiciais à saúde, ou associação desses agentes, vedada a caracterização por categoria profissional ou ocupação" (§ 4º-C)³³.

Em suma, além da já citada situação diferenciada do professor, temos que lei complementar de cada ente federativo poderá criar idade e tempo de contribuição diferenciados para servidores com deficiência (§ 4º-A), sujeitos a condições insalubres (§ 4º-C) e para agentes penitenciários, agentes socioeducativos e policiais civis, legislativos da Câmara e do Senado, federais e rodoviários e ferroviários federais (§ 4º-B)³⁴.

Acerca do *cálculo do valor das aposentadorias*, dispõe o § 3º do art. 40 da CRFB que "As regras para cálculo de proventos de aposentadoria serão disciplinadas em lei do respectivo ente federativo"³⁵. Anteriormente, nos termos estabelecidos pela Lei 10.887/04, a fórmula de cálculo era a mesma em todas as esferas. O § 2º, no entanto, estabelece que os proventos de aposentadoria não poderão ser inferiores ao valor mínimo a que se refere o § 2º do art. 201 [salário mínimo³⁶] ou superiores ao limite máximo estabe-

---

32. Até que entre em vigor a lei federal disciplinadora, nos termos do § 2º do art. 10 da EC 103/2019, "Os servidores públicos federais com direito a idade mínima ou tempo de contribuição distintos da regra geral para concessão de aposentadoria na forma dos §§ 4º-B, 4º-C e 5º do art. 40 da Constituição Federal poderão aposentar-se, observados os seguintes requisitos: I – o policial civil do órgão a que se refere o inciso XIV do caput do art. 21 da Constituição Federal [polícia civil do Distrito Federal], o policial dos órgãos a que se referem o inciso IV do caput do art. 51 [policial legislativa da Câmara], o inciso XIII do caput do art. 52 [policial legislativo do Senado] e os incisos I a III [policial federal, policial rodoviário federal e policial ferroviário federal] do caput do art. 144 da Constituição Federal e o ocupante de cargo de agente *federal* penitenciário ou socioeducativo, aos 55 (cinquenta e cinco) anos de idade, com 30 (trinta) anos de contribuição e 25 (vinte e cinco) anos de efetivo exercício em cargo dessas carreiras, para ambos os sexos (...)" (grifamos). Ademais, "observará adicionalmente as condições e os requisitos estabelecidos para o Regime Geral de Previdência Social, naquilo em que não conflitarem com as regras específicas aplicáveis ao regime próprio de previdência social da União, vedada a conversão de tempo especial em comum" (§ 3º).
33. Nos termos do § 2º do art. 10 da EC 103/2019, até que entre em vigor a lei federal disciplinadora, "Os servidores públicos federais com direito a idade mínima ou tempo de contribuição distintos da regra geral para concessão de aposentadoria na forma dos §§ 4º-B, 4º-C e 5º do art. 40 da Constituição Federal poderão aposentar-se, observados os seguintes requisitos: (...) II – o servidor público federal cujas atividades sejam exercidas com efetiva exposição a agentes químicos, físicos e biológicos prejudiciais à saúde, ou associação desses agentes, vedada a caracterização por categoria profissional ou ocupação, aos 60 (sessenta) anos de idade, *com 25 (vinte e cinco) anos de efetiva exposição* e contribuição, 10 (dez) anos de efetivo exercício de serviço público e 5 (cinco) anos no cargo efetivo em que for concedida a aposentadoria (...)" (grifamos).
34. Cabe referenciar julgado recente do STF (ADI 5241) versando sobre a aposentadoria especial dos policiais no regime jurídico anterior ao advento da EC 103/2019, no qual foram fixadas as seguintes teses: "É formalmente constitucional lei complementar — cujo processo legislativo teve origem parlamentar — que contenha regras de caráter nacional sobre a aposentadoria de policiais" e "É constitucional a adoção — mediante lei complementar — de requisitos e critérios diferenciados em favor dos policiais para a concessão de aposentadoria voluntária".
35. Nos termos do § 17, "todos os valores de remuneração considerados para o cálculo do benefício previsto no § 3º serão devidamente atualizados, na forma da lei".
36. É importante notar que apenas as aposentadorias têm como piso o salário mínimo, não a pensão por morte. Veremos adiante como é o tratamento a esta conferido.

lecido para o RGPS, observado o disposto nos §§ 14 a 16[37]. Em síntese, o teto apenas funcionará se instalada a sistemática da previdência complementar no respectivo ente federativo e para os servidores que sejam a ela aderentes[38] (a aderência é compulsória para os servidores que ingressarem após a instalação).

Convém ressaltar que a concessão de aposentadoria no RPPS é considerada um ato administrativo complexo, tendo em vista que deverá ser ratificada pelo TCU, podendo ter seu registro recusado por este (RExt 197.227). Em síntese, o TCU, observando irregularidade, deve anular a concessão, mas não lhe cabe alterar o ato concessório (STF no MS 21.466).

Acerca do termo inicial do prazo decadencial para a administração pública federal anular o ato administrativo de concessão de aposentadoria (de cinco anos, nos termos do art. 54 da Lei 9.784/99), prevaleceu por muito tempo na jurisprudência do STJ o entendimento de que correria apenas após a data da homologação pelo TCU, sendo que a este não era fixado nenhum prazo. Não obstante, o STF, ao apreciar o RExt 636.553 (tema 445 da repercussão geral), firmou nova orientação jurídica sobre o assunto, estabelecendo prazo de cinco anos para manifestação dos Tribunais de Contas no exercício de controle externo de atos concessivos de aposentadoria e pensão, a ser computado a partir da chegada do processo à respectiva corte de contas, período após o qual aqueles serão considerados definitivamente registrados[39].

Em atenção ao novo entendimento fixado pelo STF, estabeleceu o STJ, em *distinguish*, que quando a revisão do benefício não decorrer de atuação do TCU no exercício do controle externo da legalidade do ato de concessão da pensão, mas de procedimento instaurado pelo próprio órgão administrativo concessor, o cômputo do prazo decadencial de cinco anos para a revisão é contado desde o ato concessório (vide, *v. g.*, AgInt no REsp 172.100, AgInt no AREsp 1.761.407 e AgInt no REsp 1.591.422). Em conclusão, a ausência de prévia manifestação do órgão fiscalizador de contas sobre o ato concessório não mais afasta a fluência do prazo decadencial para os demais órgãos da Administração Pública procederem à sua revisão.

Se a aposentadoria for, afinal, anulada, surge outro questionamento, que versa acerca da devolutividade ou não de valores recebidos pelo servidor que teve seu bene-

---

37. Na redação anterior à EC 103/2019, dizia-se que "Os proventos de aposentadoria e as pensões, por ocasião de sua concessão, não poderão exceder a remuneração do respectivo servidor, no cargo efetivo em que se deu a aposentadoria ou que serviu de referência para a concessão da pensão". Tal disposição era, segundo se entendia, aplicável aos servidores que se encontravam no regime que denominamos "intermediário" (ou seja, após o fim da equiparação com a ativa e antes da criação da sistemática do RPPS limitado ao teto +, eventualmente, previdência complementar), o que significa dizer que por ocasião do cálculo do benefício a remuneração do cargo em que se deu a aposentadoria serviria como teto, caso a renda mensal inicial calculada o superasse. Excluída tal limitação, é de se entender que tal teto não mais subsiste.
38. Temos, em síntese, três regimes distintos sobrevivendo paralelamente no âmbito do serviço público, situação que descreveremos melhor mais adiante.
39. Confira-se a tese firmada: "Em atenção aos princípios da segurança jurídica e da confiança legítima, os Tribunais de Contas estão sujeitos ao prazo de 5 anos para o julgamento da legalidade do ato de concessão inicial de aposentadoria, reforma ou pensão, a contar da chegada do processo à respectiva Corte de Contas".

fício indevidamente deferido. O STF já decidiu que, em havendo boa-fé do servidor público que recebe valores indevidos a título de aposentadoria, só a partir da data em que for ela julgada ilegítima pelo órgão competente é que deverá ser devolvida a quantia recebida a maior (v.g., no MS 26.085 e no MS 24.781).

O STJ, contudo, faz distinção entre duas situações. Assim, "quando a Administração Pública interpreta erroneamente uma lei, resultando em pagamento indevido ao servidor, cria-se uma falsa expectativa de que os valores recebidos são legais e definitivos, impedindo, assim, que ocorra desconto dos mesmos, ante a boa-fé do servidor público" (tema repetitivo 531). Não obstante, "Os pagamentos indevidos aos servidores públicos decorrentes de erro administrativo (operacional ou de cálculo), não embasado em interpretação errônea ou equivocada da lei pela Administração, estão sujeitos à devolução, ressalvadas as hipóteses em que o servidor, diante do caso concreto, comprova sua boa-fé objetiva, sobretudo com demonstração de que não lhe era possível constatar o pagamento indevido" (tema repetitivo 1.009).

2.1.1.2 Cumulação de benefícios

Em termos de *cumulação de benefícios*, o § 6º dispõe que "ressalvadas as aposentadorias decorrentes dos cargos acumuláveis na forma desta Constituição, é vedada a percepção de mais de uma aposentadoria à conta de regime próprio de previdência social[40], aplicando-se outras vedações, regras e condições para a acumulação de benefícios previdenciários estabelecidas no Regime Geral de Previdência Social"[41]. Na redação anterior à EC 103/2019, dizia que "Ressalvadas as aposentadorias decorrentes dos cargos acumuláveis na forma desta Constituição, é vedada a percepção de mais de uma aposentadoria à conta do regime de previdência previsto neste artigo". Em suma, permanece a vedação quanto ao acúmulo de aposentadorias, com ligeira alteração de redação, ressalvada a hipótese de cargos acumuláveis, e cria-se a possibilidade de se estabelecer vedações e condições para a acumulação de quaisquer benefícios previdenciários[42], devendo-se observar o mesmo tratamento, no ponto, adotado no âmbito do RGPS (que já examinamos anteriormente[43]).

---

40. Nos termos da jurisprudência do STF, a acumulação de aposentadorias dentro do RPPS quanto a cargos não acumuláveis na ativa só é possível em situação de direito adquirido, ou seja, quando os requisitos foram todos preenchidos antes do advento da EC 20/1998 (neste sentido, por exemplo, o MS 32.833).
41. Complementando tal disposição, estabelece o § 10 do art. 37 da CRFB que "*é vedada a percepção simultânea de proventos de aposentadoria* decorrentes do art. 40 ou dos arts. 42 e 142 *com a remuneração de cargo, emprego ou função pública*, ressalvados os cargos acumuláveis na forma desta Constituição, os cargos eletivos e os cargos em comissão declarados em lei de livre nomeação e exoneração" (destacamos).
42. Nos termos do art. 225 da Lei 8.112/90, até então aplicável à esfera federal: "Ressalvado o direito de opção, é vedada a percepção cumulativa de pensão deixada por mais de um cônjuge ou companheiro ou companheira e de mais de 2 (duas) pensões".
43. Acerca da acumulação de benefícios, remetemos o leitor ao item "2.10" do Capítulo II da Parte II da presente obra, onde tratamos do tema.

O § 11, com redação não alterada pela EC 103/2019, estabelece que "aplica-se o limite fixado no art. 37, XI [o denominado 'teto do funcionalismo público'], à soma total dos proventos de inatividade, inclusive quando decorrentes da acumulação de cargos ou empregos públicos, bem como de outras atividades sujeitas a contribuição para o regime geral de previdência social, e ao montante resultante da adição de proventos de inatividade com remuneração de cargo acumulável na forma desta Constituição, cargo em comissão declarado em lei de livre nomeação e exoneração, e de cargo eletivo". Convém ressalvar, contudo, que segundo o entendimento mais recente do STF, "Nas situações jurídicas em que a Constituição Federal autoriza a acumulação de cargos, o teto remuneratório é considerado em relação à remuneração de cada um deles, e não ao somatório do que recebido" (RExt 612.975, julgado em 27.04.2017 pelo Pleno, no regime de repercussão geral).

2.1.1.3 Pensão por morte

A *pensão por morte* é regulada pelo § 7º do art. 40 da CRFB, com redação modificada pela EC 103/2019. Com efeito, na redação anterior, já era estabelecido o valor do benefício (aplicável a todos os entes federativos), que era o da totalidade dos proventos do servidor falecido, se aposentado, ou da remuneração do servidor no cargo efetivo em que se deu o falecimento, se em atividade na data do óbito, até o limite máximo estabelecido para os benefícios do RGPS, acrescido de 70% da parcela excedente a este limite. Agora, contudo, é dito apenas que o benefício será concedido nos termos de lei (não se exige que seja complementar) do respectivo ente federativo, "a qual tratará de forma diferenciada a hipótese de morte dos servidores de que trata o § 4º-B [agentes penitenciários, agentes socioeducativos e policiais civis, legislativos da Câmara e do Senado, federais e rodoviários e ferroviários federais] decorrente de agressão sofrida no exercício ou em razão da função"[44].

É dito, ademais, que a pensão só terá o salário-mínimo como piso quando se tratar da única renda formal auferida pelo dependente (o Executivo tentou implantar a mesma regra no RGPS, mas isto foi rejeitado pelo Congresso[45]). Machado da Rocha salienta que "a nova redação do § 2º do art. 40 poderá ensejar uma interpretação de que apenas no regime geral a pensão não poderia ser inferior a um salário mínimo. O dispositivo citado tratava apenas do limite máximo das aposentadorias e pensões nos regimes próprios e, agora, passou a disciplinar o limite mínimo e máximo, mas apenas das aposentadorias. Em decorrência, ao menos na literalidade do texto, não restou assegurado o limite mínimo de um salário mínimo, em qualquer caso, para a pensão por morte nos regimes próprios"[46].

---

44. Para a esfera federal (a incluir a polícia civil do DF), dispõe o § 6º do art. 10 da EC 103/2019 que até que entre em vigor a lei disciplinadora, a pensão por morte decorrente de agressão sofrida no exercício ou em razão da função será vitalícia para o cônjuge ou companheiro e equivalente à remuneração do cargo.
45. Com efeito, o art. 201, V, da CRFB fala expressamente em "observado o disposto no § 2º".
46. Op. cit., 2020, p. 58.

Para o servidor público federal[47], o art. 23 da EC 103/2019 traz uma disposição provisória acerca do tratamento doravante conferido à pensão por morte:

> Art. 23. A pensão por morte concedida a dependente de (...) servidor público federal será equivalente a uma cota familiar de 50% (cinquenta por cento) do valor da aposentadoria recebida pelo segurado ou servidor ou daquela a que teria direito se fosse aposentado por incapacidade permanente na data do óbito, acrescida de cotas de 10 (dez) pontos percentuais por dependente, até o máximo de 100% (cem por cento).
>
> § 1º As cotas por dependente cessarão com a perda dessa qualidade e não serão reversíveis aos demais dependentes, preservado o valor de 100% (cem por cento) da pensão por morte quando o número de dependentes remanescente for igual ou superior a 5 (cinco).
>
> § 2º Na hipótese de existir dependente inválido ou com deficiência intelectual, mental ou grave, o valor da pensão por morte de que trata o *caput* será equivalente a:
>
> I – 100% (cem por cento) da aposentadoria recebida pelo (...) servidor ou daquela a que teria direito se fosse aposentado por incapacidade permanente na data do óbito, até o limite máximo de benefícios do Regime Geral de Previdência Social; (...)
>
> II – uma cota familiar de 50% (cinquenta por cento) acrescida de cotas de 10 (dez) pontos percentuais por dependente, até o máximo de 100% (cem por cento), para o valor que supere o limite máximo de benefícios do Regime Geral de Previdência Social.
>
> § 3º Quando não houver mais dependente inválido ou com deficiência intelectual, mental ou grave, o valor da pensão será recalculado na forma do disposto no caput e no § 1º.
>
> § 4º O tempo de duração da pensão por morte e das cotas individuais por dependente até a perda dessa qualidade, o rol de dependentes e sua qualificação e as condições necessárias para enquadramento serão aqueles estabelecidos na Lei 8.213, de 24 de julho de 1991.
>
> § 5º Para o dependente inválido ou com deficiência intelectual, mental ou grave, sua condição pode ser reconhecida previamente ao óbito do segurado, por meio de avaliação biopsicossocial realizada por equipe multiprofissional e interdisciplinar, observada revisão periódica na forma da legislação.
>
> § 6º Equiparam-se a filho, para fins de recebimento da pensão por morte, exclusivamente o enteado e o menor tutelado, desde que comprovada a dependência econômica.
>
> § 7º As regras sobre pensão previstas neste artigo e na legislação vigente na data de entrada em vigor desta Emenda Constitucional poderão ser alteradas na forma da lei para (...) para o regime próprio de previdência social da União.

Convém observar especialmente o que dispõe o § 2º, I, do dispositivo acima transcrito, uma vez que, na prática, sua aplicação ficará restrita ao RPPS, embora em tese se aplique também ao RGPS.

Acerca da vedação à reversão das cotas (§ 1º), alerta Machado da Rocha que "certamente haverá controvérsia sobre a reversão de cota de pensão cujo óbito do segurado ocorreu em momento anterior à entrada em vigor da EC 103/2019. Por exemplo, no caso de pensão concedida para três dependentes em face do falecimento de segurado no ano de 2018. Se os filhos completarem 21 anos, respectivamente, em 2024 e 2025, duas interpretações seriam possíveis. Seria possível sustentar que, apesar de o direito à

---

47. Nos termos do § 8º do dispositivo a seguir transcrito, "aplicam-se às pensões concedidas aos dependentes de servidores dos Estados, do Distrito Federal e dos Municípios as normas constitucionais e infraconstitucionais anteriores à data de entrada em vigor desta Emenda Constitucional, enquanto não promovidas alterações na legislação interna relacionada ao respectivo regime próprio de previdência social".

cota cessar na vigência do novo regramento constitucional, aplicado o entendimento de que é a lei vigente na data do óbito do segurado que regra o pagamento do benefício, haveria o direito à reversão. De outro lado, se for considerado como fato que desencadeia a cessação da cota a maioridade previdenciária do dependente, não haverá direito à reversão"[48]. Nós, contudo, acreditamos que o respeitável autor parte de uma premissa equivocada, razão pela qual a controvérsia que suscita é inexistente. Uma coisa é o cálculo do valor integral do benefício, outra é sua divisão em quotas-partes. Não se deve confundir o adicional de 10% (denominado "cota") com a *quota*-parte de cada dependente, que consubstancia meramente um fragmento do todo. Assim, o valor do benefício (integral) é calculado na origem (tendo a data do óbito por referência) e há uma mera divisão por cabeça entre os dependentes para a percepção mês a mês. Afastado um dependente, é – primeiro passo – recalculado o valor global do benefício e – segundo passo – aquele é retirado da divisão, chegando-se em novo valor (maior, inclusive) de quota-parte para o(s) remanescente(s).

2.1.1.4 Outros benefícios

Nos termos do § 3º do art. 39 da CRFB, são conferidos também os benefícios de licença-gestante e salário-família para os segurados. Não obstante, a EC 103/2019 dispõe que até que entre em vigor lei complementar que discipline o § 22 do art. 40 da Constituição Federal, "o rol de benefícios dos regimes próprios de previdência social fica limitado às aposentadorias e à pensão por morte" (§ 2º do art. 9º)[49] e que "os afastamentos por *incapacidade temporária* para o trabalho e o *salário-maternidade* serão pagos diretamente pelo ente federativo e não correrão à conta do regime próprio de previdência social ao qual o servidor se vincula" (§ 3º do art. 9º, grifamos).

O *auxílio-reclusão*, para os dependentes, era previsto pelo art. 13 da EC 20/98, o qual contudo foi revogado pela EC 103/2019.

O § 19 do art. 40 da CRFB dispõe sobre o *abono de permanência*, nos seguintes termos: "Observados critérios a serem estabelecidos em lei do respectivo ente federativo, o servidor titular de cargo efetivo que tenha completado as exigências para a aposentadoria voluntária e que opte por permanecer em atividade poderá fazer jus a um abono de permanência equivalente, no máximo, ao valor da sua contribuição previdenciária, até completar a idade para aposentadoria compulsória"[50]. Na redação anterior à EC

---

48. Op. cit., 2020, p. 56.
49. Estabelece o art. 5º da Lei 9.717/98 que "Os regimes próprios de previdência social dos servidores públicos da União, dos Estados, do Distrito Federal e dos Municípios, dos militares dos Estados e do Distrito Federal não poderão conceder benefícios distintos dos previstos no Regime Geral de Previdência Social, de que trata a Lei 8.213, de 24 de julho de 1991, salvo disposição em contrário da Constituição Federal".
50. Nos termos do § 5º do art. 10 da EC 103/2019, até que entre em vigor lei federal de que trata o § 19 do art. 40 da CRFB, o servidor federal que cumprir as exigências para a concessão da aposentadoria voluntária nos termos das disposições transitórias trazidas por aquele dispositivo e que optar por permanecer em atividade fará jus a um abono de permanência equivalente ao valor da sua contribuição previdenciária, até completar a idade para aposentadoria compulsória. No mesmo sentido, o § 3º do art. 3º. Finalmente, diz o art. 8º o seguinte: "Até

103/2019, era dito o seguinte: "O servidor de que trata este artigo que tenha completado as exigências para aposentadoria voluntária [integral] (...) e que opte por permanecer em atividade fará jus a um abono de permanência equivalente ao valor da sua contribuição previdenciária até completar as exigências para aposentadoria compulsória (...)[51]".

2.1.1.5 Cálculo do valor dos benefícios

Acerca do *cálculo do valor dos benefícios*, a EC 103/2019 dispõe que "até que lei discipline o cálculo dos benefícios do (...) regime próprio de previdência social *da União* (...), será utilizada a média aritmética simples dos salários de contribuição e das remunerações adotados como base para contribuições a regime próprio de previdência social e ao Regime Geral de Previdência Social, ou como base para contribuições decorrentes das atividades militares de que tratam os arts. 42 e 142 da Constituição Federal, atualizados monetariamente, correspondentes a 100% (cem por cento) do período contributivo desde a competência julho de 1994 ou desde o início da contribuição, se posterior àquela competência" (art. 26, *caput*, grifamos). Tal média será limitada ao valor máximo do salário de contribuição do RGPS para o servidor que ingressou no serviço público em cargo efetivo após a implantação do regime de previdência complementar ou optou pela migração (§ 1º). Poderão ser excluídas da média as contribuições que resultem em redução do valor do benefício, desde que mantido o tempo mínimo de contribuição exigido, vedada a utilização do tempo excluído para qualquer finalidade, inclusive para acrescer as alíquotas de aposentadoria, para a averbação em outro regime previdenciário ou para a obtenção dos proventos de inatividade das atividades de que tratam os arts. 42 e 142 da Constituição Federal (§ 6º). Apurar-se-á, desse modo, o *salário de benefício*.

No âmbito federal, até que a lei discipline o cálculo dos benefícios nos termos do novo sistema implementado pela EC 103/2019, dispõe esta (art. 26) que a *renda mensal inicial (RMI)* será, provisoriamente, de 60% do salário de benefício, com acréscimo de dois pontos percentuais para cada ano de contribuição que exceder o tempo de vinte anos de contribuição nos casos de aposentadoria por incapacidade (exceto quando decorrer de acidente de trabalho, de doença profissional e de doença do trabalho, quando será de 100% do salário de benefício[52]), aposentadoria voluntária (inclusive a do professor)

---

que entre em vigor lei federal de que trata o § 19 do art. 40 da Constituição Federal, o servidor público federal que cumprir as exigências para a concessão da aposentadoria voluntária nos termos do disposto nos arts. 4º, 5º, 20, 21 e 22 e que optar por permanecer em atividade fará jus a um abono de permanência equivalente ao valor da sua contribuição previdenciária, até completar a idade para aposentadoria compulsória".

51. Segundo a jurisprudência dominante (neste sentido, vide a TNU no PEDILEF 2008.71500338945), o abono é devido desde o implemento dos requisitos, não havendo necessidade de requerimento para que seja considerado devido.

52. Na redação permanente anterior da CRFB, constava que o servidor seria aposentado "por invalidez permanente, sendo os proventos proporcionais ao tempo de contribuição, exceto se decorrente de acidente em serviço, moléstia profissional ou doença grave, contagiosa ou incurável, na forma da lei". Agora, segundo a disposição transitória transcrita, a aposentadoria integral tem lugar no caso de "acidente de trabalho, de doença profissional e de doença do trabalho". Em suma, fica de fora a doença grave, contagiosa ou incurável (no âmbito federal o rol

e aposentadoria especial. Na aposentadoria compulsória, o valor do benefício corresponderá ao resultado do tempo de contribuição dividido por 20 anos, limitado a um inteiro, multiplicado pelo valor apurado na forma do *caput* do § 2º [60% do salário de benefício, com acréscimo de dois pontos percentuais para cada ano de contribuição que exceder o tempo de 20 anos de contribuição], ressalvado o caso de cumprimento de critérios de acesso para aposentadoria voluntária que resulte em situação mais favorável.

"É assegurado o reajustamento dos benefícios para preservar-lhes, em caráter permanente, *o valor real*, conforme critérios estabelecidos em lei" (§ 8º, grifamos). Garante-se, assim, a irredutibilidade real e não apenas nominal dos benefícios.

"O tempo de contribuição federal, estadual, distrital ou municipal será contado para fins de aposentadoria, observado o disposto nos §§ 9º e 9º-A do art. 201 [que cuidam da contagem recíproca entre RGPS, RPPS e tempo de serviço militar, já anteriormente examinada], e o tempo de serviço correspondente será contado para fins de disponibilidade" (§ 9º, com redação dada pela EC 103/2019).

"A lei não poderá estabelecer qualquer forma de contagem de tempo de contribuição fictício" (§ 10).

2.1.2 Outras questões

Estabelece o § 12 do art. 40 da CRFB que "além do disposto neste artigo, serão observados, em regime próprio de previdência social, no que couber, os requisitos e critérios fixados para o Regime Geral de Previdência Social". Em suma, há uma aplicação subsidiária das regras atinentes ao RGPS no âmbito do RPPS.

As demais regras trazidas nos parágrafos do art. 40 (especificamente, §§ 14 a 16) se referem à previdência complementar e serão abordados mais adiante.

Cabe referenciar aqui, ainda, o disposto no § 14 do art. 37 da CRFB, incluído pela EC 103/2019: "A aposentadoria concedida com a utilização de tempo de contribuição decorrente de cargo, emprego ou função pública, inclusive do Regime Geral de Previdência Social, acarretará o rompimento do vínculo que gerou o referido tempo de contribuição". Nos termos do art. 6º da EC 103/2019, porém, "O disposto no § 14 do art. 37 da Constituição Federal não se aplica a aposentadorias concedidas pelo Regime Geral de Previdência Social até a data de entrada em vigor desta Emenda Constitucional"[53].

---

consta[va] no § 1º do art. 186 da Lei 8.112/90 e o STF tinha entendimento no sentido de que o rol da legislação de regência é taxativo – vide, *v. g.*, o RExt 656.860). Quanto ao acidente em serviço, a definição, para o âmbito federal, consta no art. 112 da Lei 8.112/90: "Configura acidente em serviço o dano físico ou mental sofrido pelo servidor, que se relacione, mediata ou imediatamente, com as atribuições do cargo exercido". Equipara-se ao acidente de serviço (par. único) o dano: "I – decorrente de agressão sofrida e não provocada pelo servidor no exercício do cargo; II – sofrido no percurso da residência para o trabalho e vice-versa".

53. Assim, nos termos do novo art. 153-A do RPS, incluído pelo Decreto 10.410/20: "A concessão de aposentadoria requerida a partir de 14 de novembro de 2019 com utilização de tempo de contribuição decorrente de cargo, emprego ou função pública acarretará o rompimento do vínculo que gerou o referido tempo de contribuição." Julgando o RExt 655.283 (tema 606 da repercussão geral), definiu o STF que "A natureza do ato de demissão

Ademais, o § 15 do art. 37 da CRFB diz que "é vedada a complementação de aposentadorias de servidores públicos e de pensões por morte a seus dependentes que não seja decorrente do disposto nos §§ 14 a 16 do art. 40 [previdência complementar] ou que não seja prevista em lei que extinga regime próprio de previdência social". Não obstante, segundo o art. 7º da EC 103/2019, "O disposto no § 15 do art. 37 da Constituição Federal não se aplica a complementações de aposentadorias e pensões concedidas até a data de entrada em vigor desta Emenda Constitucional".

Segundo o entendimento do STJ, no caso de benefícios concedidos no âmbito do RPPS, "só ocorre a prescrição das prestações exigíveis há mais de 5 anos (...). Assim, prevalece o entendimento de que não há que se falar em prescrição de fundo de direito nas ações em que se busca a concessão de benefício de caráter previdenciário" (EREsp 1.269.726).

2.1.3 Contribuição dos servidores

Para os servidores públicos federais, dispunha o art. 4º da Lei 10.887/2004 que a alíquota de sua contribuição era de 11%, incidente sobre a totalidade da remuneração (vide §§ 1º e 2º, que tratam da base de cálculo[54]), para os servidores situados fora do novo regime limitado ao teto do RGPS, e até este, para os servidores vinculados ao novo regime. Já o art. 5º dispunha que os aposentados e os pensionistas contribuíam com alíquota de 11%, incidente sobre o valor da parcela dos proventos de aposentadorias e pensões que superasse o limite máximo estabelecido para os benefícios do RGPS.

Como já vimos, o art. 3º da Lei 9.717/98 estabelecia que "As alíquotas de contribuição dos servidores ativos dos Estados, do Distrito Federal e dos Municípios para os respectivos regimes próprios de previdência social não serão inferiores às dos servidores titulares de cargos efetivos da União, devendo ainda ser observadas, no caso das contribuições sobre os proventos dos inativos e sobre as pensões, as mesmas alíquotas aplicadas às remunerações dos servidores em atividade do respectivo ente estatal"[55].

---

de empregado público é constitucional-administrativa e não trabalhista, o que atrai a competência da Justiça comum para julgar a questão. A concessão de aposentadoria aos empregados públicos inviabiliza a permanência no emprego, nos termos do art. 37, § 14, da Constituição Federal (CF), salvo para as aposentadorias concedidas pelo Regime Geral de Previdência Social (RGPS) até a data de entrada em vigor da Emenda Constitucional (EC) 103/09, nos termos do que dispõe seu art. 6º".

54. No julgamento do RExt 593.068, entendeu o STF que "não incide contribuição previdenciária sobre verba não incorporável aos proventos de aposentadoria do servidor público, tais como terço de férias, serviços extraordinários, adicional noturno e adicional de insalubridade".

55. Agora, o § 4º do art. 9º da EC 103/2019, em disposição provisória, estabelece que "Os Estados, o Distrito Federal e os Municípios não poderão estabelecer alíquota inferior à da contribuição dos servidores da União, exceto se demonstrado que o respectivo regime próprio de previdência social não possui deficit atuarial a ser equacionado, hipótese em que a alíquota não poderá ser inferior às alíquotas aplicáveis ao Regime Geral de Previdência Social".

Não obstante, acerca das contribuições devidas pelos servidores *federais*, o art. 11 da EC 103/2019[56] estabelece o seguinte:

> Art. 11. Até que entre em vigor lei que altere a alíquota da contribuição previdenciária de que tratam os arts. 4º, 5º e 6º da Lei 10.887, de 18 de junho de 2004, esta será de 14 (quatorze por cento).
>
> § 1º A alíquota prevista no caput será reduzida ou majorada, considerado o valor da base de contribuição ou do benefício recebido, de acordo com os seguintes parâmetros:
>
> I – até 1 (um) salário-mínimo, redução de seis inteiros e cinco décimos pontos percentuais;
>
> II – acima de 1 (um) salário-mínimo até R$ 2.000,00 (dois mil reais), redução de cinco pontos percentuais;
>
> III – de R$ 2.000,01 (dois mil reais e um centavo) até R$ 3.000,00 (três mil reais), redução de dois pontos percentuais;
>
> IV – de R$ 3.000,01 (três mil reais e um centavo) até R$ 5.839,45 (cinco mil, oitocentos e trinta e nove reais e quarenta e cinco centavos), sem redução ou acréscimo;
>
> V – de R$ 5.839,46 (cinco mil, oitocentos e trinta e nove reais e quarenta e seis centavos) até R$ 10.000,00 (dez mil reais), acréscimo de meio ponto percentual;
>
> VI – de R$ 10.000,01 (dez mil reais e um centavo) até R$ 20.000,00 (vinte mil reais), acréscimo de dois inteiros e cinco décimos pontos percentuais;
>
> VII – de R$ 20.000,01 (vinte mil reais e um centavo) até R$ 39.000,00 (trinta e nove mil reais), acréscimo de cinco pontos percentuais; e
>
> VIII – acima de R$ 39.000,00 (trinta e nove mil reais), acréscimo de oito pontos percentuais.
>
> § 2º A alíquota, reduzida ou majorada nos termos do disposto no § 1º, será aplicada de forma progressiva sobre a base de contribuição do servidor ativo, incidindo cada alíquota sobre a faixa de valores compreendida nos respectivos limites[57].
>
> § 3º Os valores previstos no § 1º serão reajustados, a partir da data de entrada em vigor desta Emenda Constitucional, na mesma data e com o mesmo índice em que se der o reajuste dos benefícios do Regime Geral de Previdência Social, ressalvados aqueles vinculados ao salário-mínimo, aos quais se aplica a legislação específica.
>
> § 4º A alíquota de contribuição de que trata o caput, com a redução ou a majoração decorrentes do disposto no § 1º, será devida pelos aposentados e pensionistas de quaisquer dos Poderes da União, incluídas suas entidades autárquicas e suas fundações, e incidirá sobre o valor da parcela dos proventos de aposentadoria e de pensões que supere o limite máximo estabelecido para os benefícios do Regime Geral de Previdência Social, hipótese em que será considerada a totalidade do valor do benefício para fins de definição das alíquotas aplicáveis.

Estabelecem, ademais, os §§ 1º a § 1º-C (todos criados ou modificados pela EC 103/2019) do art. 149 da CRFB:

> § 1º A União, os Estados, o Distrito Federal e os Municípios instituirão, por meio de lei, contribuições para custeio de regime próprio de previdência social, cobradas dos servidores ativos, dos aposentados e dos pensionistas, que poderão ter alíquotas progressivas de acordo com o valor da base de contribuição ou dos proventos de aposentadoria e de pensões.

---

56. Observe-se, contudo, que entrou em vigor apenas no primeiro dia do quarto mês subsequente ao da data de publicação da EC 103/2019 (em 12.11.2019), segundo dispõe seu art. 36, I.
57. Convém referenciar que no julgamento da medida cautelar na ADIn 2010, o STF entendeu que a estrutura progressiva de alíquotas dependeria de expressa autorização constitucional.

§ 1º-A. Quando houver deficit atuarial, a contribuição ordinária dos aposentados e pensionistas poderá incidir sobre o valor dos proventos de aposentadoria e de pensões que supere o salário-mínimo.

§ 1º-B. Demonstrada a insuficiência da medida prevista no § 1º-A para equacionar o deficit atuarial, é facultada a instituição de contribuição extraordinária, no âmbito da União, dos servidores públicos ativos, dos aposentados e dos pensionistas.

§ 1º-C. A contribuição extraordinária de que trata o § 1º-B deverá ser instituída simultaneamente com outras medidas para equacionamento do deficit e vigorará por período determinado, contado da data de sua instituição.

Finalmente, convém mencionar o disposto no § 8º do art. 9º da EC 103/2019: "Por meio de lei, poderá ser instituída contribuição extraordinária pelo prazo máximo de 20 (vinte) anos, nos termos dos §§ 1º-B e 1º-C do art. 149 da Constituição Federal".

2.2 Regras de transição

As regras de transição, como já dissemos, são aquelas aplicáveis àqueles que já eram segurados do regime antes do advento da nova sistemática, para permitir uma adaptação mais suavizada, não abrupta, ao novo regime, especialmente naquelas situações em que não se estava muito longe de preencher os requisitos para a obtenção de aposentadoria nos termos da legislação revogada. Nas palavras de Machado da Rocha, "entre o novo que necessita ser instituído, mas que ainda não pode ser aplicado em sua inteireza, e o velho, com o qual se deseja romper, são estabelecidas regras para despressurizar a tensão, permitindo uma transição razoavelmente tranquila para os novos tempos. Logo, embora seja sempre possível a modificação dos sistemas de proteção social para promover uma adaptação aos novos contornos sociais, desde que seu núcleo essencial seja preservado, tais transformações reclamam regras de transição adequadas e proporcionais"[58].

O RPPS, desde a promulgação da CRFB, sofreu diversas alterações e há inúmeras regras de transição previstas pelas diversas Emendas que reformaram o texto constitucional. Aqui, contudo, irão nos interessar apenas aquelas trazidas pela EC 103/2019, uma vez que as veiculadas por outras Emendas estão "perdidas no tempo" – já não mais despertam o interesse na prática, nem nos concursos públicos.

Ao final do presente estudo, porém, consignaremos os três regimes básicos que vigem paralelamente no âmbito do serviço público, os quais serão mencionados no decorrer da exposição. Em síntese, os regimes são os seguintes: de "equiparação com a ativa" (extinto *ex nunc* pela EC 41/2003); "intermediário", aproximado ao RGPS, contudo não limitado ao teto deste (extinto, *ex nunc*, conforme fosse instituído o regime de previdência complementar em cada ente federativo[59]); o atual, em que o valor das

---

58. Op. cit., 2020, p. 65.
59. Nos termos da redação anterior do § 14 do art. 40 da CRFB: "A União, os Estados, o Distrito Federal e os Municípios, desde que instituam regime de previdência complementar para os seus respectivos servidores titulares de cargo efetivo, poderão fixar, para o valor das aposentadorias e pensões a serem concedidas pelo regime de que trata este artigo, o limite máximo estabelecido para os benefícios do regime geral de previdência social de que trata o art. 201". No âmbito federal, o regime "intermediário" foi extinto, *ex nunc*, a partir da regulamentação

aposentadorias e pensões do RPPS se submete ao mesmo teto do RGPS, sendo que paralelamente há a previdência complementar (esta, contudo, de adesão facultativa).

Vamos às regras de transição apresentadas pela EC 103/2019.

Em primeiro lugar, é garantido o direito adquirido a quem já preenchera os requisitos anteriormente, a qualquer tempo, nos termos do art. 3º:

> Art. 3º A concessão de aposentadoria ao servidor público federal vinculado a regime próprio de previdência social e ao segurado do Regime Geral de Previdência Social e de pensão por morte aos respectivos dependentes será assegurada, a qualquer tempo, desde que tenham sido cumpridos os requisitos para obtenção desses benefícios até a data de entrada em vigor desta Emenda Constitucional, observados os critérios da legislação vigente na data em que foram atendidos os requisitos para a concessão da aposentadoria ou da pensão por morte.
>
> § 1º Os proventos de aposentadoria devidos ao servidor público a que se refere o caput e as pensões por morte devidas aos seus dependentes serão calculados e reajustados de acordo com a legislação em vigor à época em que foram atendidos os requisitos nela estabelecidos para a concessão desses benefícios.
>
> § 2º Os proventos de aposentadoria devidos ao segurado a que se refere o caput e as pensões por morte devidas aos seus dependentes serão apurados de acordo com a legislação em vigor à época em que foram atendidos os requisitos nela estabelecidos para a concessão desses benefícios.
>
> § 3º Até que entre em vigor lei federal de que trata o § 19 do art. 40 da Constituição Federal, o servidor de que trata o caput que tenha cumprido os requisitos para aposentadoria voluntária com base no disposto na alínea "a" do inciso III do § 1º do art. 40 da Constituição Federal, na redação vigente até a data de entrada em vigor desta Emenda Constitucional, no art. 2º, no § 1º do art. 3º ou no art. 6º da Emenda Constitucional 41, de 19 de dezembro de 2003, ou no art. 3º da Emenda Constitucional 47, de 5 de julho de 2005, que optar por permanecer em atividade fará jus a um abono de permanência equivalente ao valor da sua contribuição previdenciária, até completar a idade para aposentadoria compulsória.

É garantido não só o direito em si à aposentação, como também (§ 2º) com os critérios de cálculo vigentes por ocasião do implemento dos requisitos. Cabe observar, ademais, que o § 3º garante o pagamento do abono de permanência àquele que já tenha alcançado o direito de se aposentar segundo a regra até então vigente ou então segundo regras de transição previstas nas EC's 41/2003 e 47/2005.

---

da Lei 12.618/12, que instituiu o regime de previdência complementar federal. Em síntese, o Poder Executivo criou um fundo, ao qual o Poder Legislativo e o TCU aderiram, e o Poder Judiciário criou outro, ao qual aderiu o MPU. Ademais, foi permitido, em diversos momentos, aos servidores já vinculados que fizessem a migração para o novo regime (segundo o § 16 do art. 40 da CRFB: "Somente mediante sua prévia e expressa opção, o disposto nos §§ 14 e 15 poderá ser aplicado ao servidor que tiver ingressado no serviço público até a data da publicação do ato de instituição do correspondente regime de previdência complementar"). Aquele servidor que opte por aderir, são aplicáveis algumas regras compensatórias (como o denominado "benefício especial"). Na nova redação do § 14, imposta pela EC 103/2019: "A União, os Estados, o Distrito Federal e os Municípios instituirão, por lei de iniciativa do respectivo Poder Executivo, regime de previdência complementar para servidores públicos ocupantes de cargo efetivo, observado o limite máximo dos benefícios do Regime Geral de Previdência Social para o valor das aposentadorias e das pensões em regime próprio de previdência social, ressalvado o disposto no § 16 [cuja redação ainda é a mesma acima transcrita]". Ou seja, a partir de agora há uma obrigação e não mais uma faculdade. Inclusive, o § 6º do art. 9º da EC 103/2019 estabelece o seguinte: "A instituição do regime de previdência complementar na forma dos §§ 14 a 16 do art. 40 da Constituição Federal e a adequação do órgão ou entidade gestora do regime próprio de previdência social ao § 20 do art. 40 da Constituição Federal deverão ocorrer no prazo máximo de 2 (dois) anos da data de entrada em vigor desta Emenda Constitucional" (prazo este hoje já vencido).

Passemos às regras de transição em si. Para a aposentadoria voluntária comum, são as seguintes:

> Art. 4º O servidor público federal que tenha ingressado no serviço público em cargo efetivo até a data de entrada em vigor desta Emenda Constitucional poderá aposentar-se voluntariamente quando preencher, cumulativamente, os seguintes requisitos:
>
> I – 56 (cinquenta e seis) anos de idade, se mulher, e 61 (sessenta e um) anos de idade, se homem, observado o disposto no § 1º;
>
> II – 30 (trinta) anos de contribuição, se mulher, e 35 (trinta e cinco) anos de contribuição, se homem;
>
> III – 20 (vinte) anos de efetivo exercício no serviço público;
>
> IV – 5 (cinco) anos no cargo efetivo em que se der a aposentadoria; e
>
> V – somatório da idade e do tempo de contribuição, incluídas as frações, equivalente a 86 (oitenta e seis) pontos, se mulher, e 96 (noventa e seis) pontos, se homem, observado o disposto nos §§ 2º e 3º.
>
> § 1º A partir de 1º de janeiro de 2022, a idade mínima a que se refere o inciso I do caput será de 57 (cinquenta e sete) anos de idade, se mulher, e 62 (sessenta e dois) anos de idade, se homem.
>
> § 2º A partir de 1º de janeiro de 2020, a pontuação a que se refere o inciso V do caput será acrescida a cada ano de 1 (um) ponto, até atingir o limite de 100 (cem) pontos, se mulher, e de 105 (cento e cinco) pontos, se homem.
>
> § 3º A idade e o tempo de contribuição serão apurados em dias para o cálculo do somatório de pontos a que se referem o inciso V do caput e o § 2º.
>
> § 4º Para o titular do cargo de professor que comprovar exclusivamente tempo de efetivo exercício das funções de magistério na educação infantil e no ensino fundamental e médio, os requisitos de idade e de tempo de contribuição de que tratam os incisos I e II do caput serão:
>
> I – 51 (cinquenta e um) anos de idade, se mulher, e 56 (cinquenta e seis) anos de idade, se homem;
>
> II – 25 (vinte e cinco) anos de contribuição, se mulher, e 30 (trinta) anos de contribuição, se homem; e
>
> III – 52 (cinquenta e dois) anos de idade, se mulher, e 57 (cinquenta e sete) anos de idade, se homem, a partir de 1º de janeiro de 2022.
>
> § 5º O somatório da idade e do tempo de contribuição de que trata o inciso V do caput para as pessoas a que se refere o § 4º, incluídas as frações, será de 81 (oitenta e um) pontos, se mulher, e 91 (noventa e um) pontos, se homem, aos quais serão acrescidos, a partir de 1º de janeiro de 2020, 1 (um) ponto a cada ano, até atingir o limite de 92 (noventa e dois) pontos, se mulher, e de 100 (cem) pontos, se homem.
>
> § 6º Os proventos das aposentadorias concedidas nos termos do disposto neste artigo corresponderão:
>
> I – à totalidade da remuneração do servidor público no cargo efetivo em que se der a aposentadoria, observado o disposto no § 8º, para o servidor público que tenha ingressado no serviço público em cargo efetivo até 31 de dezembro de 2003 e que não tenha feito a opção de que trata o § 16 do art. 40 da Constituição Federal, desde que tenha, no mínimo, 62 (sessenta e dois) anos de idade, se mulher, e 65 (sessenta e cinco) anos de idade, se homem, ou, para os titulares do cargo de professor de que trata o § 4º, 57 (cinquenta e sete) anos de idade, se mulher, e 60 (sessenta) anos de idade, se homem;
>
> II – ao valor apurado na forma da lei, para o servidor público não contemplado no inciso I[60].
>
> § 7º Os proventos das aposentadorias concedidas nos termos do disposto neste artigo não serão inferiores ao valor a que se refere o § 2º do art. 201 da Constituição Federal e serão reajustados:

---

60. Até que a lei discipline o cálculo, dispõe o art. 26 da EC 103/2019 que a RMI será, provisoriamente, de 60% do salário de benefício, com acréscimo de dois pontos percentuais para cada ano de contribuição que exceder o tempo de vinte anos de contribuição.

I – de acordo com o disposto no art. 7º da Emenda Constitucional 41, de 19 de dezembro de 2003, se cumpridos os requisitos previstos no inciso I do § 6º; ou II – nos termos estabelecidos para o Regime Geral de Previdência Social, na hipótese prevista no inciso II do § 6º.

§ 8º Considera-se remuneração do servidor público no cargo efetivo, para fins de cálculo dos proventos de aposentadoria com fundamento no disposto no inciso I do § 6º ou no inciso I do § 2º do art. 20, o valor constituído pelo subsídio, pelo vencimento e pelas vantagens pecuniárias permanentes do cargo, estabelecidos em lei, acrescidos dos adicionais de caráter individual e das vantagens pessoais permanentes, observados os seguintes critérios:

I – se o cargo estiver sujeito a variações na carga horária, o valor das rubricas que refletem essa variação integrará o cálculo do valor da remuneração do servidor público no cargo efetivo em que se deu a aposentadoria, considerando-se a média aritmética simples dessa carga horária proporcional ao número de anos completos de recebimento e contribuição, contínuos ou intercalados, em relação ao tempo total exigido para a aposentadoria;

II – se as vantagens pecuniárias permanentes forem variáveis por estarem vinculadas a indicadores de desempenho, produtividade ou situação similar, o valor dessas vantagens integrará o cálculo da remuneração do servidor público no cargo efetivo mediante a aplicação, sobre o valor atual de referência das vantagens pecuniárias permanentes variáveis, da média aritmética simples do indicador, proporcional ao número de anos completos de recebimento e de respectiva contribuição, contínuos ou intercalados, em relação ao tempo total exigido para a aposentadoria ou, se inferior, ao tempo total de percepção da vantagem.

§ 9º Aplicam-se às aposentadorias dos servidores dos Estados, do Distrito Federal e dos Municípios as normas constitucionais e infraconstitucionais anteriores à data de entrada em vigor desta Emenda Constitucional, enquanto não promovidas alterações na legislação interna relacionada ao respectivo regime próprio de previdência social.

§ 10. Estende-se o disposto no § 9º às normas sobre aposentadoria de servidores públicos incompatíveis com a redação atribuída por esta Emenda Constitucional aos §§ 4º, 4º-A, 4º-B e 4º-C do art. 40 da Constituição Federal.

Em síntese, exige-se idade (*caput*, I) e tempo de contribuição (*caput*, II) mínimos, mais somatória mínima destes (*caput*, V), tempo mínimo de efetivo exercício no serviço público (*caput*, III) e tempo mínimo no cargo (*caput*, IV). A idade (§ 1º) e a somatória (§ 2º) mínimas progridem com o passar do tempo. O professor possui regras diferenciadas (§§ 4º e 5º). O § 6º, I, (c/c § 7º, I, e § 8º) trata, com regras específicas, da situação do servidor público que está no regime que anteriormente descrevemos como de "equiparação com a ativa". Para os demais (§ 6º, II, c/c § 7º, II), o valor do benefício será o apurado na forma da lei (até o advento da lei, observará a forma de cálculo prevista pelo art. 26 da EC 103/2019[61]).

Há, ademais, outra regra de transição trazida pelo art. 20 da EC 103/2019:

---

61. Em síntese, o salário de benefício corresponderá à "média aritmética simples dos salários de contribuição e das remunerações adotados como base para contribuições a regime próprio de previdência social e ao Regime Geral de Previdência Social, ou como base para contribuições decorrentes das atividades militares de que tratam os arts. 42 e 142 da Constituição Federal, atualizados monetariamente, correspondentes a 100% (cem por cento) do período contributivo desde a competência julho de 1994 ou desde o início da contribuição, se posterior àquela competência" (*caput*).
O coeficiente do benefício (§ 2º, I) será de 60% do salário de benefício com o acréscimo de 2% ao ano que exceda o tempo de 20 anos de contribuição. Para os servidores vinculados ao regime que denominamos "atual", há limitação do salário de benefício pelo teto do RGPS; para os vinculados ao regime dito "intermediário", não há tal limitação.

Art. 20. O (...) servidor público federal que (...) tenha (...) ingressado no serviço público em cargo efetivo até a data de entrada em vigor desta Emenda Constitucional poderá aposentar-se voluntariamente quando preencher, cumulativamente, os seguintes requisitos:

I – 57 (cinquenta e sete) anos de idade, se mulher, e 60 (sessenta) anos de idade, se homem;

II – 30 (trinta) anos de contribuição, se mulher, e 35 (trinta e cinco) anos de contribuição, se homem;

III – para os servidores públicos, 20 (vinte) anos de efetivo exercício no serviço público e 5 (cinco) anos no cargo efetivo em que se der a aposentadoria;

IV – período adicional de contribuição correspondente ao tempo que, na data de entrada em vigor desta Emenda Constitucional, faltaria para atingir o tempo mínimo de contribuição referido no inciso II.

§ 1º Para o professor que comprovar exclusivamente tempo de efetivo exercício das funções de magistério na educação infantil e no ensino fundamental e médio serão reduzidos, para ambos os sexos, os requisitos de idade e de tempo de contribuição em 5 (cinco) anos.

§ 2º O valor das aposentadorias concedidas nos termos do disposto neste artigo corresponderá:

I – em relação ao servidor público que tenha ingressado no serviço público em cargo efetivo até 31 de dezembro de 2003 e que não tenha feito a opção de que trata o § 16 do art. 40 da Constituição Federal, à totalidade da remuneração no cargo efetivo em que se der a aposentadoria, observado o disposto no § 8º do art. 4º; e

II – em relação aos demais servidores públicos e aos segurados do Regime Geral de Previdência Social, ao valor apurado na forma da lei[62].

§ 3º O valor das aposentadorias concedidas nos termos do disposto neste artigo não será inferior ao valor a que se refere o § 2º do art. 201 da Constituição Federal e será reajustado:

I – de acordo com o disposto no art. 7º da Emenda Constitucional 41, de 19 de dezembro de 2003, se cumpridos os requisitos previstos no inciso I do § 2º;

II – nos termos estabelecidos para o Regime Geral de Previdência Social, na hipótese prevista no inciso II do § 2º.

Trata-se de outra possibilidade oferecida por uma regra de transição. Exige-se 57/60 (mulher/homem) anos de idade, 20 anos de efetivo exercício no serviço público, 05 anos no cargo efetivo em que se der a aposentadoria e 30/35 (mulher/homem) anos de contribuição mais um "pedágio" correspondente ao *quantum* faltante, por ocasião da promulgação da Emenda, para atingir este último requisito. Há regra diferenciada (§ 1º) para o professor. O § 2º, I, (c/c § 3º, I) trata da situação do servidor público que está no regime que anteriormente descrevemos como de "equiparação com a ativa" (fará jus a esta). Para os demais (§ 2º, II, c/c § 3º, II), o valor do benefício será (art. 26, § 3º, II) de 100% do salário de benefício definido pelo art. 26.

Para as carreiras policiais de âmbito federal (policiais legislativos da Câmara e do Senado, policiais civis do DF e policiais federais, inclusive rodoviários e ferroviários), agentes penitenciários ou socioeducativos federais, há uma regra de transição específica:

---

62. Nos termos do disposto no art. 26, § 3º, I, da EC 103/2019, até o advento da lei disciplinadora o valor de tal benefício será de 100% do salário de benefício (que corresponde à média aritmética simples dos salários de contribuição e das remunerações adotados como base para contribuições a regime próprio de previdência social e ao Regime Geral de Previdência Social, ou como base para contribuições decorrentes das atividades militares de que tratam os arts. 42 e 142 da CRFB, atualizados monetariamente, correspondentes a 100% do período contributivo desde a competência julho de 1994 ou desde o início da contribuição, se posterior àquela competência).

Art. 5º O policial civil do órgão a que se refere o inciso XIV do caput do art. 21 da Constituição Federal, o policial dos órgãos a que se referem o inciso IV do *caput* do art. 51, o inciso XIII do caput do art. 52 e os incisos I a III do caput do art. 144 da Constituição Federal e o ocupante de cargo de agente federal penitenciário ou socioeducativo que tenham ingressado na respectiva carreira até a data de entrada em vigor desta Emenda Constitucional poderão aposentar-se, na forma da Lei Complementar 51, de 20 de dezembro de 1985, observada a idade mínima de 55 (cinquenta e cinco) anos para ambos os sexos ou o disposto no § 3º.

§ 1º Serão considerados tempo de exercício em cargo de natureza estritamente policial, para os fins do inciso II do art. 1º da Lei Complementar 51, de 20 de dezembro de 1985, o tempo de atividade militar nas Forças Armadas, nas polícias militares e nos corpos de bombeiros militares e o tempo de atividade como agente penitenciário ou socioeducativo.

§ 2º Aplicam-se às aposentadorias dos servidores dos Estados de que trata o § 4º-B do art. 40 da Constituição Federal as normas constitucionais e infraconstitucionais anteriores à data de entrada em vigor desta Emenda Constitucional, enquanto não promovidas alterações na legislação interna relacionada ao respectivo regime próprio de previdência social.

§ 3º Os servidores de que trata o caput poderão aposentar-se aos 52 (cinquenta e dois) anos de idade, se mulher, e aos 53 (cinquenta e três) anos de idade, se homem, desde que cumprido período adicional de contribuição correspondente ao tempo que, na data de entrada em vigor desta Emenda Constitucional, faltaria para atingir o tempo de contribuição previsto na Lei Complementar 51, de 20 de dezembro de 1985.

Temos aí, na verdade, duas regras de transição: uma trazida pelo *caput*, outra pelo § 3º. O § 2º regula a situação dos policiais civis dos Estados e agentes penitenciários ou socioeducativos não federais. Salienta Machado da Rocha que, "De forma surpreendente, pelo teor dos debates, pretende-se que triunfe a interpretação de que os policiais, agentes penitenciários e socioeducativos, que ingressaram antes da publicação da nova emenda constitucional – mesmo que depois da EC 41/2003 que eliminou a integralidade e paridade no serviço público –, passem a ter direito a aposentação com a totalidade da remuneração. Em verdade, a recepção da LC 51/1985 ocorreu apenas no que tange aos requisitos de elegibilidade, como foi decidido pelo STF no julgamento da ADIn 3.817, entendimento ratificado, em sede de repercussão geral no julgamento do RE 567.110. Vale dizer, a recepção pela Constituição da República de 1988 do art. 1º da LC 51/1985, que estabelece critérios diferenciados para a aposentadoria especial de servidores públicos policiais, em momento algum reconheceu o direito à integralidade dos servidores policiais, mas tão somente os direitos previstos naquela lei complementar. Com efeito, conforme reconheceu o STF no julgamento do RE 924.456, o conceito de proventos integrais deixou de ter correspondência com a remuneração recebida em atividade e foi definida pela Lei 10.887/2004 como a média aritmética de 80% das melhores contribuições revertidas pelo servidor ao regime previdenciário. Portanto, mesmo para os policiais federais, com a entrada em vigor do sistema complementar para o Poder Executivo, os servidores que ingressaram depois de 04.02.2013 no regime próprio de previdência têm sua contribuição previdenciária limitada ao teto do regime geral de previdência social, podendo aderir facultativamente ao Funpresp-Exe. Assim, entendo que a concessão de benefício com integralidade e paridade para agentes policiais que ingressaram depois de 31.12.2003 só seria possível se a emenda constitucional tivesse disposto expressamente nesse sentido, o que não ocorreu"[63].

Para o servidor sujeito a insalubridade, tem-se no art. 21 da EC 103/2019 a seguinte regra de transição:

> Art. 21. O (...) servidor público federal que (...) tenha (...) ingressado no serviço público em cargo efetivo até a data de entrada em vigor desta Emenda Constitucional cujas atividades tenham sido exercidas com efetiva exposição a agentes químicos, físicos e biológicos prejudiciais à saúde, ou associação desses agentes, vedada a caracterização por categoria profissional ou ocupação, desde que cumpridos (...) o tempo mínimo de 20 (vinte) anos de efetivo exercício no serviço público e de 5 (cinco) anos no cargo efetivo em que for concedida a aposentadoria, na forma dos arts. 57 e 58 da Lei 8.213, de 24 de julho de 1991, poderão aposentar-se quando o total da soma resultante da sua idade e do tempo de contribuição e o tempo de efetiva exposição forem, respectivamente, de:
>
> I – 66 (sessenta e seis) pontos e 15 (quinze) anos de efetiva exposição;
>
> II – 76 (setenta e seis) pontos e 20 (vinte) anos de efetiva exposição; e
>
> III – 86 (oitenta e seis) pontos e 25 (vinte e cinco) anos de efetiva exposição.
>
> § 1º A idade e o tempo de contribuição serão apurados em dias para o cálculo do somatório de pontos a que se refere o caput.
>
> § 2º O valor da aposentadoria de que trata este artigo será apurado na forma da lei[64].
>
> § 3º Aplicam-se às aposentadorias dos servidores dos Estados, do Distrito Federal e dos Municípios cujas atividades sejam exercidas com efetiva exposição a agentes químicos, físicos e biológicos prejudiciais à saúde, ou associação desses agentes, vedada a caracterização por categoria profissional ou ocupação, na forma do § 4º-C do art. 40 da Constituição Federal, as normas constitucionais e infraconstitucionais anteriores à data de entrada em vigor desta Emenda Constitucional, enquanto não promovidas alterações na legislação interna relacionada ao respectivo regime próprio de previdência social.

Convém ressaltar, quanto a esta última regra transcrita, que para a totalização da pontuação mínima exigida, todos os períodos de contribuição podem ser levados em conta, não apenas os de atividade especial.

Nos termos do art. 8º da EC 103/2019, "até que entre em vigor lei federal de que trata o § 19 do art. 40 da Constituição Federal, o servidor público federal que cumprir as exigências para a concessão da aposentadoria voluntária nos termos do disposto nos arts. 4º, 5º, 20, 21 e 22 e que optar por permanecer em atividade fará jus a um abono de permanência equivalente ao valor da sua contribuição previdenciária, até completar a idade para aposentadoria compulsória". Ou seja, até entrar em vigor a lei que irá regulamentar o abono de permanência, ele será pago no valor equivalente ao da contribuição previdenciária àqueles que completarem os requisitos para se aposentar segundo alguma das regras de transição previstas pela Emenda.

---

63. Op. cit., 2020, p. 81.
64. Até que a lei discipline o cálculo, dispõe o art. 26 da EC 103/2019 que a RMI será, provisoriamente, de 60% do salário de benefício, com acréscimo de dois pontos percentuais para cada ano de contribuição que exceder o tempo de vinte anos de contribuição (o que exceder a quinze, caso se trate de atividade especial que enseje aposentadoria com 15 anos de contribuição). De todo modo, mesmo os servidores que ingressaram antes da EC 41/2003 *não* irão se aposentar aqui conforme a regra de paridade com a ativa.

3. REGIMES ATUALMENTE VIGENTES NO ÂMBITO DO SERVIÇO PÚBLICO

Como dissemos anteriormente, temos três regimes paralelos atualmente vigentes no serviço público.

O RPPS atual, para aqueles entes federativos que implantaram a previdência complementar, observa o mesmo teto do RGPS, seja quanto à base de cálculo para a contribuição (salário de contribuição), seja para o cálculo do salário de benefício. Os servidores que ingressaram no serviço público após a entrada em funcionamento da previdência complementar estão vinculados obrigatoriamente a tal sistemática (a qual descrevemos, em seus pormenores constitucionais, nas linhas acima). Podem, ademais, optar por aderir ou não à previdência complementar "pública" vinculada àquele ente (a qual estudaremos em mais detalhes a seguir). Trata-se, enfim, de um RPPS similar ao RGPS, inclusive com o mesmo teto, contudo eventualmente com o acréscimo da previdência complementar. Os servidores que já haviam ingressado no serviço público anteriormente puderam, durante alguns períodos que foram abertos pelo legislador, optar pela "migração"[65], seja com adesão ou não à previdência complementar. Caso migrassem, fariam jus a algumas medidas compensatórias, como por exemplo o dito "benefício especial", que se presta, em síntese, para compensar proporcionalmente o período em que o servidor contribuiu acima do teto do RGPS[66]. É possível que a oportunidade de migração ("janela") seja reaberta no futuro, com ou sem o benefício especial, mas isto está a depender do alvedrio do legislador.

O RPPS "intermediário" é aplicável aos servidores que ingressaram antes da instalação da previdência complementar (e não optaram pela migração acima descrita) e após a EC 41/2003. Basicamente, não há limitação ao teto do RGPS nem para contribuir, nem para o cálculo do benefício. Pode-se dizer, especialmente na atualidade, que é quase um "RGPS sem teto". Na prática, terá regras equivalentes às do RPPS atual, porém sem limitação ao teto do RGPS para contribuir e para o cálculo dos eventuais benefícios.

---

65. Nos termos do § 16 do art. 40 da CRFB: "Somente mediante sua prévia e expressa opção, o disposto nos §§ 14 e 15 poderá ser aplicado ao servidor que tiver ingressado no serviço público até a data da publicação do ato de instituição do correspondente regime de previdência complementar".
66. Nos termos do art. 3º da Lei 12.618/12: "É assegurado aos servidores e membros referidos no inciso II do caput deste artigo o direito a um benefício especial calculado com base nas contribuições recolhidas ao regime de previdência da União, dos Estados, do Distrito Federal ou dos Municípios de que trata o art. 40 da Constituição Federal, observada a sistemática estabelecida nos §§ 2º a 3º deste artigo e o direito à compensação financeira de que trata o § 9º do art. 201 da Constituição Federal, nos termos da lei" (§ 1º); "O benefício especial será equivalente à diferença entre a média aritmética simples das maiores remunerações anteriores à data de mudança do regime, utilizadas como base para as contribuições do servidor ao regime de previdência da União, dos Estados, do Distrito Federal ou dos Municípios, atualizadas pelo Índice Nacional de Preços ao Consumidor Amplo (IPCA), divulgado pela Fundação Instituto Brasileiro de Geografia e Estatística (IBGE), ou outro índice que venha a substituí-lo, correspondentes a 80% (oitenta por cento) de todo o período contributivo desde a competência julho de 1994 ou desde a do início da contribuição, se posterior àquela competência, e o limite máximo a que se refere o caput deste artigo, na forma regulamentada pelo Poder Executivo, multiplicada pelo fator de conversão" (§ 2º).

Já para o servidor que ingressou antes da EC 41/2003[67], há o regime de "equiparação com a ativa", ou seja, ele recebe como aposentadoria o mesmo valor que o cargo que lhe serviu como referência para a aposentadoria[68]. Tal servidor, para que possa usufruir daquele regime (considerando que ainda não havia reunido todos os requisitos até antes do advento da EC 103/2019, pois se já houvesse, a ele faria jus, em direito adquirido que está preservado), precisará, contudo, se enquadrar em alguma das regras de transição previstas na EC 103/2019[69]. Esta, inclusive, revoga as regras de transição anteriores com efeitos *ex nunc* e, ademais, extingue a possibilidade de se obter aposentadoria por invalidez com equiparação com a ativa (o que estava anteriormente previsto no art. 6º-A da EC 41/2003)[70].

A seguir, analisaremos brevemente as regras vigentes até o advento da EC 103/2019 (pedindo, desde logo, nossas escusas por algumas repetições, necessárias para retomada do assunto em causa), aplicáveis até então aos servidores que estavam naquele regime que denominamos "intermediário" e também aos servidores do regime dito "atual" (estes, porém, com limitação ao teto do RGPS).

Em primeiro lugar, falemos dos benefícios até então devidos.

Era devida aposentadoria por invalidez permanente, sendo os proventos proporcionais ao tempo de contribuição, exceto se decorrente de acidente em serviço, moléstia profissional ou doença grave, contagiosa ou incurável, na forma da lei.

Quanto às aposentadorias programadas comuns, era devida a compulsória (com proventos proporcionais ao tempo de contribuição, aos 70 anos de idade, ou aos 75 anos de idade, na forma de lei complementar) – que não foi alterada – e duas variações de aposentadoria voluntária (sendo requisitos comuns o tempo mínimo de dez anos de efetivo exercício no serviço público e cinco anos no cargo efetivo em que se dará a aposentadoria): integral (60 anos de idade e 35 de contribuição, se homem, e 55 anos de idade e 30 de contribuição, se mulher, sendo que ambos os

---

67. Como destaca Machado da Rocha, "Em conformidade com o entendimento da administração, deve ser considerada como data de ingresso no serviço público a mais remota dentre as ininterruptas (art. 70 da Orientação Normativa 02/2009). Portanto, mesmo que o servidor ingresse após a instituição do regime complementar, se ele for oriundo do serviço público estadual, distrital ou municipal, sem quebra de vínculo, ele não perde o direito de invocar as regras de transição mais favoráveis" (op. cit., 2020, p. 82).
68. O § 8º do art. 40 da CRFB, na redação anterior à EC 41/2003, dizia o seguinte: "Observado o disposto no art. 37, XI, os proventos de aposentadoria e as pensões serão revistos na mesma proporção e na mesma data, sempre que se modificar a remuneração dos servidores em atividade, sendo também estendidos aos aposentados e aos pensionistas quaisquer benefícios ou vantagens posteriormente concedidos aos servidores em atividade, inclusive quando decorrentes da transformação ou reclassificação do cargo ou função em que se deu a aposentadoria ou que serviu de referência para a concessão da pensão, na forma da lei".
69. Neste sentido, vide, daquele diploma, os seguintes dispositivos (já acima examinados): art. 4º, § 6º, I; e art. 20, § 2º, I.
70. Porém, para os regimes próprios de previdência social dos Estados, do Distrito Federal e dos Municípios, tais alterações entram em vigor na data de publicação de lei de iniciativa privativa do respectivo Poder Executivo que as referende integralmente, exceto quanto às revogações efetuadas na EC 20/1998, as quais já estão vigentes (art. 36, II, da EC 103/2019).

requisitos eram diminuídos em cinco anos no caso de professor) e proporcional (65 anos de idade, se homem, e 60 de idade, se mulher, com proventos proporcionais ao tempo de contribuição).

Quanto à aposentadoria especial, dispunha o § 4º do art. 40 da CRFB o seguinte: "É vedada a adoção de requisitos e critérios diferenciados para a concessão de aposentadoria aos abrangidos pelo regime de que trata este artigo, ressalvados, nos termos definidos em leis complementares, os casos de servidores: I – portadores de deficiência; II – que exerçam atividades de risco; III – cujas atividades sejam exercidas sob condições especiais que prejudiquem a saúde ou a integridade física".

No que concerne à pensão por morte, dispunha o § 7º, I, que "Lei disporá sobre a concessão do benefício de pensão por morte, que será igual: I – ao valor da totalidade dos proventos do servidor falecido, até o limite máximo estabelecido para os benefícios do regime geral de previdência social de que trata o art. 201, acrescido de setenta por cento da parcela excedente a este limite, caso aposentado à data do óbito; ou II – ao valor da totalidade da remuneração do servidor no cargo efetivo em que se deu o falecimento, até o limite máximo estabelecido para os benefícios do regime geral de previdência social de que trata o art. 201, acrescido de setenta por cento da parcela excedente a este limite, caso em atividade na data do óbito".

Eram conferidos também os benefícios de licença-gestante e salário-família (art. 39, § 3º, CRFB), para os segurados, e de auxílio-reclusão (art. 13 da EC 20/98), para os dependentes. Nos termos da jurisprudência do STF, cada ente poderia criar outros benefícios. Na esfera federal, a Lei 8.112/90 garantia (art. 185):

- Para o segurado: a) aposentadoria; b) auxílio-natalidade; c) salário-família; d) licença para tratamento de saúde; e) licença à gestante, à adotante e licença-paternidade; f) licença por acidente em serviço; g) assistência à saúde; h) garantia de condições individuais e ambientais de trabalho satisfatórias.

- Para o dependente: a) pensão vitalícia e temporária; b) auxílio-funeral; c) auxílio-reclusão; d) assistência à saúde.

Quanto ao cálculo da renda mensal inicial, dispunha o § 2º do art. 40 da CRFB que "Os proventos de aposentadoria e as pensões, por ocasião de sua concessão, não poderão exceder a remuneração do respectivo servidor, no cargo efetivo em que se deu a aposentadoria ou que serviu de referência para a concessão da pensão".

A Lei 10.887/2004 estabelecia forma de cálculo do salário de benefício do servidor público similar à do RGPS (média aritmética simples das maiores remunerações, utilizadas como base para as contribuições do servidor aos regimes de previdência a que esteve vinculado, correspondentes a 80% de todo o período contributivo desde a competência julho de 1994 ou desde a do início da contribuição, se posterior àquela competência). Contudo, estabelecia que os proventos não poderiam exceder "a remuneração do respectivo servidor no cargo efetivo em que se deu a aposentadoria" (§ 5º do art. 1º), o que, como vimos, encontrava respaldo constitucional (não mais)[71].

Quanto ao auxílio-reclusão, a EC 20/98, em seu art. 13, estabelecia que seria pago aos dependentes do segurado de baixa renda. O art. 229 da Lei 8.112/90 regula[va] o benefício e havia entendimento jurisprudencial no sentido de que o requisito de baixa renda não seria exigível no caso de servidor público federal.

São estes os contornos básicos do regime até então vigente, com enfoque naquilo que perdeu lugar diante do advento da EC 103/2019.

3.1 Previdência complementar "pública"

Nos termos do novel § 14 do art. 40 da CRFB, "A União, os Estados, o Distrito Federal e os Municípios instituirão, por lei de iniciativa do respectivo Poder Executivo, regime de previdência complementar para servidores públicos ocupantes de cargo efetivo, observado o limite máximo dos benefícios do Regime Geral de Previdência Social para o valor das aposentadorias e das pensões em regime próprio de previdência social (...)". A União, diga-se de passagem, há muito já o instituiu.

Dispõe, ademais, o § 15 do mesmo dispositivo que "o regime de previdência complementar de que trata o § 14 oferecerá plano de benefícios somente na modalidade contribuição definida, observará o disposto no art. 202 e será efetivado por intermédio de entidade fechada de previdência complementar ou de entidade aberta de previdência complementar". A parte final consiste em novidade trazida pela EC 103/2019, pois na redação anterior permitia-se a efetivação por intermédio apenas de entidades fechadas de previdência complementar, de natureza pública[72].

---

71. Tais regras de cálculo seguem, por enquanto, em vigor para as esferas estadual e municipal, visto que § 3º do art. 40 da CRFB dispõe que "as regras para cálculo de proventos de aposentadoria serão disciplinadas em lei do respectivo ente federativo" e o art. 26 da EC 103/2019 se refere apenas aos servidores federais, ou seja, não há disposição provisória para as outras esferas, razão pela qual as regras até então vigentes seguem válidas até que lei de cada ente federativo regule a matéria.
72. Machado da Rocha destaca que "Com a mudança operada no § 15 do art. 40 pela EC 41/2003, tornou-se possível a instituição dos regimes complementares pela edição de lei ordinária em cada ente federativo. Entretanto, ela deveria ser efetivada por entidades fechadas de natureza pública, ofertando planos de benefício apenas na modalidade de contribuição definida. Essa 'natureza pública' de entidades fechadas de um regime complementar é um oximoro. A previdência complementar é administrada por pessoas jurídicas de direito privado, ou seja, o objetivo do Estado é deixar de ser, ao menos parcialmente, responsável pelos benefícios previdenciários dos futuros servidores." (op. cit., 2020, p. 45). A Lei 12.618/12, que instituiu o regime de previdência complementar para os servidores públicos federais titulares de cargo efetivo, dispõe em seu art. 8º: "Além da sujeição às normas de direito público que decorrem de sua instituição pela União como fundação de direito privado, integrante da sua administração indireta, a natureza pública das entidades fechadas a que se refere o § 15 do art. 40 da Constituição Federal consistirá na: I – submissão à legislação federal sobre licitação e contratos administrativos; II – realização de concurso público para a contratação de pessoal, no caso de empregos permanentes, ou de processo seletivo, em se tratando de contrato temporário, conforme a Lei 8.745, de 9 de dezembro de 1993; III – publicação anual (...) de seus demonstrativos contábeis, atuariais, financeiros e de benefícios (...)".

Agora, está permitido o envolvimento de entidades abertas, o que não deixa de apresentar certo risco[73].

O art. 33 da EC 103/2019 dispõe, porém, que "até que seja disciplinada a relação entre a União, os Estados, o Distrito Federal e os Municípios e entidades abertas de previdência complementar na forma do disposto nos §§ 4º e 5º do art. 202 da Constituição Federal, somente entidades fechadas de previdência complementar estão autorizadas a administrar planos de benefícios patrocinados pela União, Estados, Distrito Federal ou Municípios, inclusive suas autarquias, fundações, sociedades de economia mista e empresas controladas direta ou indiretamente". Há, portanto, uma postergação da ativação da nova funcionalidade.

O art. 202 da CRFB regula o funcionamento da previdência complementar, seja a "pública" ou a privada. No que aqui nos interessa, dispõe que "é vedado o aporte de recursos a entidade de previdência privada pela União, Estados, Distrito Federal e Municípios, suas autarquias, fundações, empresas públicas, sociedades de economia mista e outras entidades públicas, salvo na qualidade de patrocinador, situação na qual, em hipótese alguma, sua contribuição normal poderá exceder a do segurado" (§ 3º). Ou seja, a contribuição do ente federativo patrocinador à previdência complementar "pública" não pode exceder a do servidor. Já o § 4º dispõe que "lei complementar disciplinará a relação entre a União, Estados, Distrito Federal ou Municípios, inclusive suas autarquias, fundações, sociedades de economia mista e empresas controladas direta ou indiretamente, enquanto patrocinadores de planos de benefícios previdenciários, e as entidades de previdência complementar"[74]. Finalmente, estabelece o § 6º que "lei complementar estabelecerá os requisitos para a designação dos membros das diretorias das entidades fechadas de previdência complementar instituídas pelos patrocinadores de que trata o § 4º e disciplinará a inserção dos participantes nos colegiados e instâncias de decisão em que seus interesses sejam objeto de discussão e deliberação".

No âmbito federal, a Lei 12.618/12 instituiu o regime de previdência complementar para os servidores públicos federais titulares de cargo efetivo e vitalício[75]. Autorizou a

---

73. Como frisa Machado da Rocha, "O novo § 15, com a redação da EC 103/2019, acaba por atender aos desejos das administradoras de fundos de pensão" (op. cit., 2020, p. 45).
74. O § 5º, na redação dada pela EC 103/2019, dispõe que "A lei complementar de que trata o § 4º aplicar-se-á, no que couber, às empresas privadas permissionárias ou concessionárias de prestação de serviços públicos, quando patrocinadoras de planos de benefícios em entidades de previdência complementar".
75. Relatam Lazzari e Castro que "O primeiro ente público a regulamentar essa matéria foi o Estado de São Paulo, que instituiu Fundo de Previdência Complementar para seus servidores (SP-PREVCOM). Podem se inscrever nos planos administrados pela SP-PREVCOM os novos servidores (vinculados tanto ao RPPS quanto ao RGPS) que ingressaram no serviço público estadual a partir de 21.1.2013, os servidores contribuintes do RGPS em atividade na data de publicação da Lei 14.653 (23.12.2011) e os Deputados Estaduais, desde que não integrem nenhum RPPS de qualquer ente federativo. Os servidores públicos civis do Estado do Rio de Janeiro que tomaram posse em cargo efetivo a partir de 4.9.2013 também passaram a ter sua aposentadoria disciplinada pela nova regra, limitando-se a Rioprevidência (RPPS) a pagar, no máximo, o valor teto do RGPS, ante a criação e autorização para o funcionamento do RJPREV. Outros Estados já adotaram regimes similares (v.g., Bahia, Ceará, Espírito Santo, Minas Gerais, Paraná, Pernambuco, Rio Grande do Sul, Rondônia, Santa Catarina). Foi também criada por meio do Decreto 39.001/2018, a Fundação de Previdência Complementar dos Servidores do Distrito Federal (DF-PREVICOM)" (op. cit., p. 977).

criação de três entidades fechadas de previdência complementar, denominadas Fundações de Previdência Complementar do Servidor Público Federal do Poder Executivo (Funpresp-Exe), do Poder Legislativo (Funpresp-Leg) e do Poder Judiciário (Funpresp-Jud). Contudo, o Poder Executivo criou seu fundo, ao qual o Poder Legislativo e o TCU aderiram. O Funpresp-Leg, portanto, não foi criado. O Poder Judiciário criou o seu fundo, ao qual aderiu o MPU[76].

Como vimos, pelo paradigma constitucional de então, a previdência complementar dos servidores deveria ser implementada por intermédio de entidade fechada de natureza pública. Assim, determinou a Lei 12.618/12 que deveria se constituir como fundação, de natureza pública, com personalidade jurídica de direito privado e autonomia administrativa, financeira e gerencial, sendo administrada pelo próprio ente federativo instituidor, com a participação de representantes dos servidores no conselho deliberativo. Ademais, os planos de benefícios só poderão ser instituídos na modalidade "contribuição definida", em regime de capitalização, devendo contemplar benefício programado (complementação da aposentadoria) e benefícios não programados (cobertura para eventos como invalidez e morte). A concessão desses últimos benefícios só pode ser liberada se o RPPS a que vinculado o servidor já houver concedido a prestação equivalente.

Salienta Marisa Ferreira dos Santos que o "art. 1º da Lei 12.618/2012 determina a inscrição automática no respectivo plano de previdência complementar desde a data de entrada em exercício (§ 2º). E assegura ao servidor o direito de requerer, a qualquer tempo, o cancelamento da inscrição e, se o fizer em até 90 dias, terá direito à restituição integral dos valores recolhidos (§§ 3º e 4º), o que deverá ocorrer em até 60 dias. Nesse prazo também deverá ser devolvida à correspondente fonte pagadora a contribuição paga pelo patrocinador"[77].

O patrocinador é a União, suas autarquias e fundações; o participante é o servidor; o assistido é o participante ou dependente em gozo de benefício. A gestão, nos termos da LC 108/2001, é feita pelo conselho deliberativo, conselho fiscal e diretoria executiva[78].

---

76. Como destaca Marisa Ferreira dos Santos, "considera-se instituído o regime de previdência complementar a partir da data da publicação pelo órgão fiscalizador da autorização de aplicação dos regulamentos dos planos de benefícios de qualquer das entidades de que trata o art. 4º da Lei 12.618/2012. A Portaria 44, de 31.01.2013, da Superintendência Nacional de Previdência Complementar, aprovou o Regulamento do Plano Executivo Federal, administrado pela Fundação de Previdência Complementar do Servidor Público Federal do Poder Executivo — Funpresp-Exe. E, em 04.03.2013, foi aprovado o Estatuto da Fundação Funpresp-Jud" (op. cit., p. 529).
77. Op. cit., p. 586.
78. Esclarecem Lazzari e Castro que "A aplicação dos recursos (contribuições do servidor e ente federativo) obedecerá às diretrizes e limites prudenciais estabelecidos pelo Conselho Monetário Nacional, sendo vedada a aplicação de recursos de forma compulsória e/ou especulativa. Essas aplicações poderão ser feitas pela própria entidade e/ou por instituições financeiras especializadas. A contratação das instituições financeiras será feita mediante licitação, cujos contratos terão prazo máximo de cinco anos. No processo de escolha serão considerados, entre outros critérios, a solidez, o porte, a experiência na gestão de recursos, além da taxa de administração e outros custos. Cada instituição contratada poderá administrar, no máximo, 20% do total dos recursos a serem aplicados" (op. cit., p. 983).

A contribuição da União não pode exceder a do segurado (CRFB, art. 202, § 3º, parte final) e, de todo modo, não pode superar 8,5% (o servidor escolhe – pode alterar anualmente – a alíquota com a qual irá contribuir e a União iguala, até o limite).

A base de cálculo das contribuições do participante (e, consequentemente, do patrocinador) é a sua remuneração, no que exceder o limite máximo do RGPS, não podendo, contudo, ser superior ao teto da administração pública (subsídio dos Ministros do STF).

Funcionando na modalidade de contribuição definida – em que se sabe com quanto se contribui, mas não o valor do eventual benefício –, estabelece o § 2º do art. 12 da Lei 12.618/12 que "o valor do benefício programado será calculado de acordo com o montante do saldo da conta acumulado pelo participante, devendo o valor do benefício estar permanentemente ajustado ao referido saldo". Trata-se, portanto, de um regime de capitalização. O benefício programado funciona como uma complementação da aposentadoria programada obtida junto ao RPPS[79]. O sistema, porém, deve contemplar também benefícios não programados, cobrindo ao menos invalidez e morte. Tais benefícios têm custeio específico.

Como já dissemos anteriormente, ao servidor que já estivesse vinculado ao ente federativo antes do advento do novo regime, a adesão a este é facultativa. Surge controvérsia, porém, quando o sujeito já era servidor público de outro ente federativo com vínculo inicial anterior ao advento do novo regime e migra – por aprovação em novo concurso público, por exemplo – para outra esfera quando nesta já está instituído o novo regime. Não há ainda definição jurisprudencial, mas a tendência é reconhecer a data do ingresso no serviço público, em qualquer esfera, como paradigma para a aferição, visto que não há descontinuidade de vínculo no serviço público com a mera mudança de ente federativo decorrente de posse em novo cargo.

O STJ proferiu, no REsp 1.425.326, importante decisão: "Nos planos de benefícios de previdência privada fechada, patrocinados pelos entes federados – inclusive suas autarquias, fundações, sociedades de economia mista e empresas controladas direta ou indiretamente –, é vedado o repasse de abono e vantagens de qualquer natureza para os benefícios em manutenção, sobretudo a partir da vigência da LC 108/2001, independentemente das disposições estatutárias e regulamentares; e não é possível a concessão de verba não prevista no regulamento do plano de benefícios de previdência privada, pois a previdência complementar tem por pilar o sistema de capitalização, que pressupõe a acumulação de reservas para assegurar o custeio dos benefícios contratados, em um período de longo prazo".

---

79. O STJ, no bojo do REsp repetitivo 1.433.544 fixou a seguinte tese: "Nos planos de benefícios de previdência privada patrocinados pelos entes federados – inclusive suas autarquias, fundações, sociedades de economia mista e empresas controladas direta ou indiretamente –, para se tornar elegível a um benefício de prestação que seja programada e continuada, é necessário que o participante previamente cesse o vínculo laboral com o patrocinador, sobretudo a partir da vigência da Lei Complementar 108/2001, independentemente das disposições estatutárias e regulamentares".

4. OUTRAS REGRAS GERAIS

Como já dissemos, anteriormente ao advento da EC 103/2019, as regras gerais trazidas pela CRFB eram aplicáveis indistintamente a todos os entes federativos. Ademais, legislação federal (especialmente, as Leis 9.717/98 e 10.887/04), de caráter nacional, traziam outras regras gerais, também aplicáveis a todos os entes federativos. Afora tais regras gerais – bastante abrangentes quanto ao essencial –, cada ente federativo poderia disciplinar seu próprio RPPS.

Pois bem, o novel § 22 do art. 40 da CRFB determina que, doravante, cabe a lei complementar federal estabelecer as "normas gerais de organização, de funcionamento e de responsabilidade em sua gestão", dispondo, dentre outros aspectos, sobre alguns expressamente arrolados[80]. Não obstante, o art. 9º da EC 103/2019 – também já transcrito acima – apresenta algumas disposições provisórias, para além de estabelecer que até que entre em vigor a referida lei complementar, as normas constantes na Lei 9.717/98 seguem em vigor (no que, naturalmente, não conflitarem com as novas disposições constitucionais, inclusive as previstas apenas no corpo da EC 103/2019).

É tal quadro que pretendemos agora brevemente avaliar. Conquanto já tenhamos abordado o assunto, pretendemos agora fazê-lo com maior vagar.

Acerca do art. 9º da EC 103/2019, ele estabelece, no que nos interessa, que o rol de benefícios dos regimes próprios de previdência social fica limitado às aposentadorias e à pensão por morte (§ 2º). Não obstante, os afastamentos por incapacidade temporária para o trabalho e o salário-maternidade serão pagos diretamente pelo ente federativo e não correrão à conta do regime próprio de previdência social ao qual o servidor se vincula (§ 3º). Em suma, deixa de considerar como benefícios previdenciários em sentido estrito o afastamento por incapacidade temporária (que equivaleria – ou melhor, se *aproximaria* – ao auxílio-doença no RGPS) e o salário-maternidade, já que eles deverão ser cobertos pelo próprio ente empregador e não pelo RPPS, o que, diga-se de passagem, configura também [ou mais] uma questão orçamentária. Benefícios previdenciários em sentido estrito agora são apenas as aposentadorias e a pensão por morte, segundo a dição do dispositivo referido. A regra até então vigente constava no art. 5º da Lei 9.717/98: "Os regimes próprios de previdência social dos servidores públicos da União, dos Estados, do Distrito Federal e dos Municípios, dos militares dos Estados e do Distrito Federal não poderão conceder benefícios distintos dos previstos no Regime Geral de Previdência Social, de que trata a Lei 8.213, de 24 de julho de 1991,

---

80. Alerta Machado da Rocha que "Em matéria previdenciária, nossa Constituição definia, mesmo sem ser exaustiva, o âmbito pessoal, as contingências protegidas, a forma de cálculo das prestações, o mecanismo de reajustamento, as regras de acumulação e as fontes de financiamento. Se, de um lado, a rigidez constitucional confere mais segurança para os trabalhadores brasileiros, o detalhamento da matéria, naturalmente, reduz o espaço para a edição das normas gerais previdenciárias. (...) Com as mudanças realizadas pela nova emenda constitucional, o tema das normas gerais deverá adquirir acentuada relevância" (op. cit., 2020, p. 29).

salvo disposição em contrário da Constituição Federal"[81]. Percebe-se, assim, que há, doravante, uma redução do leque de prestações disponíveis no âmbito do RPPS para aquém daquele oferecido no RGPS.

Estabelece, ademais, que "Os Estados, o Distrito Federal e os Municípios não poderão estabelecer alíquota inferior à da contribuição dos servidores da União, exceto se demonstrado que o respectivo regime próprio de previdência social não possui deficit atuarial a ser equacionado[82], hipótese em que a alíquota não poderá ser inferior às alíquotas aplicáveis ao Regime Geral de Previdência Social" (§ 4º). A regra até então vigente, constante no art. 3º da Lei 9.717/98 era a seguinte: "As alíquotas de contribuição dos servidores ativos dos Estados, do Distrito Federal e dos Municípios para os respectivos regimes próprios de previdência social não serão inferiores às dos servidores titulares de cargos efetivos da União, devendo ainda ser observadas, no caso das contribuições sobre os proventos dos inativos e sobre as pensões, as mesmas alíquotas aplicadas às remunerações dos servidores em atividade do respectivo ente estatal". O que muda, portanto, é que antes era absolutamente vedado a Estados e Municípios estabelecer alíquotas inferiores às praticadas no âmbito federal; agora, porém, isto passa a ser permitido, se não houver déficit atuarial a ser equacionado (de todo modo, não poderá ser inferior às do RGPS). Por outro lado, a disposição anterior englobava expressamente os inativos (ao lado dos ativos), mas a redação atual fala apenas em "servidores", deixando em aberto o debate sobre se reconhecer aí um termo genérico, a congregar ativos e inativos, ou estrito, a englobar apenas os ativos.

Finalmente, dispõe o § 8º que "por meio de lei, poderá ser instituída contribuição extraordinária pelo prazo máximo de 20 (vinte) anos, nos termos dos §§ 1º-B e 1º-C do art. 149 da Constituição Federal".

Pois bem, em relação ao que de mais relevante consta nas Leis 9.717/98 e 10.887/04 e parece seguir em vigor, fazemos alguns destaques, quanto ao que aqui nos interessa.

Segundo nos parece, segue em vigor o disposto no art. 1º-A da Lei 9.717/98: "O servidor público titular de cargo efetivo da União, dos Estados, do Distrito Federal e dos Municípios ou o militar dos Estados e do Distrito Federal filiado a regime próprio de previdência social, quando cedido a órgão ou entidade de outro ente da federação, com ou sem ônus para o cessionário, permanecerá vinculado ao regime de origem". Do mesmo modo, o disposto no art. 2º daquele diploma: "A contribuição da

---

81. Tal regra, contudo, sempre foi largamente desrespeitada. No bojo do MS 31.770, julgado em 20.11.2014, o STF entendeu que "Mesmo em se reconhecendo dificuldade na formulação de um conceito fechado do que sejam 'normas gerais', é inegável que a definição dos requisitos necessários à concessão de benefícios nos regimes próprios caracteriza matéria de interesse prevalecente dos respectivos entes federativos, atraindo, assim, a competência legislativa deles em detrimento da atuação da União". Em síntese, segundo entendimento prevalecente no STF (repetido em outros julgados), a União teria extrapolado o perímetro afeto às "normas gerais" quando estabeleceu a limitação do rol de benefícios que poderiam ser pagos pelos RPPS's dos demais entes federativos.
82. Complementa o § 5º: "Para fins do disposto no § 4º, não será considerada como ausência de deficit a implementação de segregação da massa de segurados ou a previsão em lei de plano de equacionamento de deficit".

União, dos Estados, do Distrito Federal e dos Municípios, incluídas suas autarquias e fundações, aos regimes próprios de previdência social a que estejam vinculados seus servidores não poderá ser inferior ao valor da contribuição do servidor ativo, nem superior ao dobro desta contribuição". A parte final do art. 3º, que determina que sejam praticadas, no caso das contribuições sobre os proventos dos inativos e sobre as pensões, as mesmas alíquotas aplicadas às remunerações dos servidores em atividade do respectivo ente estatal, segue em vigor, até porque desenvolve o que consta no § 18 do art. 40 da CRFB.

5. OUTRAS REGRAS APLICÁVEIS AO RPPS FEDERAL

Destacaremos aqui apenas os aspectos mais significativos, constantes na legislação infraconstitucional (pois já realizamos integralmente a abordagem constitucional) de regência e que ainda não tenham sido anteriormente suscitados.

O § 1º do art. 188 da Lei 8.112/90 determina que "a aposentadoria por invalidez será precedida de licença para tratamento de saúde, por período não excedente a 24 (vinte e quatro) meses". Expirado o período de licença e não estando em condições de reassumir o cargo ou de ser readaptado, o servidor será aposentado (§ 2º). O lapso de tempo compreendido entre o término da licença e a publicação do ato da aposentadoria será considerado como de prorrogação da licença (§ 3º).

Após reforma realizada em 2015, os dependentes para a pensão por morte no RPPS federal (nos termos do art. 217 da Lei 8.112/90) são similares aos do RGPS, assim como as regras relativas à duração do benefício para o consorte (art. 222, III, VII e § 2º) e diversas outras.

A "licença à gestante" (assim chamado o benefício pela legislação aplicável ao RPPS, sendo que com a EC 103/2019 passa-se a utilizar nomenclatura igual ao do RGPS, qual seja, "salário-maternidade") está regulada nos arts. 207-s da Lei 8.112/90. Está prevista licença por 120 dias consecutivos, sem prejuízo da remuneração. Contudo, a Lei 11.770/08 autorizou a administração pública a alargar a licença por mais 60 dias (para um total de 180 dias), o que no âmbito federal foi feito pelo Decreto 6.690 de 2008.

No caso de adoção, a lei prevê tempo menor de licença, contudo o STF julgou inconstitucional a diferenciação, fixando a seguinte tese de repercussão geral: "Os prazos da licença-adotante não podem ser inferiores aos prazos da licença-gestante, o mesmo valendo para as respectivas prorrogações. Em relação à licença-adotante, não é possível fixar prazos diversos em função da idade da criança adotada" (RExt 778.889).

Nos termos do art. 8º da Lei 10.887/04, "a contribuição da União, de suas autarquias e fundações para o custeio do regime de previdência, de que trata o art. 40 da Constituição Federal, será o dobro da contribuição do servidor ativo, devendo o produto de sua arrecadação ser contabilizado em conta específica".

6. ANEXO

Vejamos a seguir quadro elaborado pelo Senado Federal que indica as principais mudanças efetuadas pela EC 103/2019:

Regras para aposentadoria

Idade mínima: 62 (mulheres) ou 65 (homens)

Regime Geral: tempo de contribuição de 15 anos (mulheres) ou 20 anos (homens)

Servidores públicos: 25 anos de contribuição, 10 anos no serviço público, 5 anos no cargo

> A aposentadoria compulsória passa a valer para funcionários de empresas públicas e sociedade de economia mista

Trabalhadores rurais: idade mínima de 55 (mulheres) ou 60 (homens), sem tempo de contribuição

Professores:

> Idade mínima: 57 (mulheres) ou 60 (homens)
> Regime Geral: 25 anos de contribuição e de exercício da função
> Serviço público: 25 anos de contribuição, 10 anos no serviço público, 5 anos no cargo

Policiais:

> Idade mínima: 55 (mulheres e homens)
> 30 anos de contribuição, 25 anos no exercício da função

Pessoas com deficiência: mantidas as regras atuais da Lei Complementar 142, de 2013

> Servidores públicos: regra adicional de 10 anos no serviço público e 5 anos no cargo

Profissões expostas a agentes químicos, físicos e biológicos:

> Servidores públicos: idade mínima de 60 (mulheres e homens)
> Regime Geral: idade mínima de 55, 58 ou 60 (mulheres e homens), dependendo do caso

Cálculo do benefício

60% da média dos salários + 2% para cada ano de contribuição acima do 15º (mulheres) ou do 20º (homens)

100% da média dos salários no caso de aposentadorias por incapacidade permanente decorrente de acidente de trabalho

> É obrigatória a realização de avaliações periódicas
> Podem ser excluídas da média as contribuições que reduzam o valor do benefício, desde que seja mantido o tempo mínimo de contribuição
>> As contribuições excluídas por esse motivo não serão contabilizadas para os acréscimos anuais de 2%

Servidores públicos aposentados compulsoriamente: 100% da média multiplicada pelo número de anos de contribuição divididos por 20 (valor limitado a 1)

> Exceção: quando as regras de cálculo da aposentadoria voluntária resultarem em situação mais favorável

Servidores públicos: vedada a acumulação de aposentadoria, exceto para cargos cuja atividade seja acumulável

Alíquotas – Regime Geral
Incidência progressiva sobre faixas
- Até o salário mínimo: 7,5%
- Entre mínimo e R$ 2 mil: 9%
- Entre R$ 2 mil e R$ 3 mil: 12%
- Entre R$ 3 mil e o teto do RGPS: 14%

Quem receber menos do que o limite mínimo mensal de contribuição pode complementar ou usar valores de outros meses que excederem o mínimo

Alíquotas – Servidores públicos
Incidência progressiva sobre faixas
- Até o salário mínimo: 7,5%
- Entre mínimo e R$ 2 mil: 9%
- Entre R$ 2 mil e R$ 3 mil: 12%
- Entre R$ 3 mil e o teto do RGPS: 14%
- Entre teto do RGPS e R$ 10 mil: 14,5%
- Entre R$ 10 mil e R$ 20 mil: 16,5%
- Entre R$ 20 mil e o teto constitucional: 19%
- Acima do teto constitucional: 22%

Cobrança acima do teto do RGPS vale também para aposentados e pensionistas

Em caso de déficit atuarial do regime dos servidores, a cobrança pode incidir também sobre as faixas acima do salário mínimo

Em caso de déficit atuarial do regime dos servidores, a União pode impor cobrança extraordinária por prazo definido

Alíquotas estabelecidas por estados e municípios não podem ser menores do que as adotadas pela União
- Exceção: quando comprovado que não há déficit atuarial

Pensão por morte
Valor: 50% da aposentadoria + 10% por cada dependente

No caso de haver **dependente inválido ou com deficiência grave**:
- 100% do valor até o teto do Regime Geral
- Do que exceder o teto: 50% mais 10% por cada dependente

Policiais: Pensão integral em caso de morte decorrente do trabalho

Vedada a acumulação de pensões, exceto de regimes diferentes ou militares

Em caso de acumulação, beneficiário recebe:
- 100% da pensão mais vantajosa
- Valor escalonado da pensão menos vantajosa em faixas:
    - 80% até o salário mínimo
    - 60% de 1 a 2 mínimos
    - 40% de 2 a 3 mínimos
    - 20% de 3 a 4 mínimos
    - 10% acima de 4 mínimos

PIS/Pasep
Recursos do PIS/Pasep poderão financiar ações da previdência social além do seguro-desemprego

Reduzida de 40% para 28% a fatia do PIS/Pasep destinada ao BNDES para financiar o Fundo de Amparo ao Trabalhador

Anistiados
Valor da indenização não pode ultrapassar o teto do RGPS (fica garantida a irredutibilidade das indenizações já concedidas)

Vedada a acumulação da indenização com outra aposentadoria

Políticos, juízes e procuradores
Extinta a aposentadoria como punição para Magistrados e membros do Ministério Público

Políticos eleitos e servidores em cargos comissionados seguem as regras do RGPS

Vedada a criação de novos regimes previdenciários especiais para parlamentares

Parlamentares que tenham aderido a regimes especiais têm 180 dias para optar por saírem

Parlamentares que permanecerem nos regimes especiais poderão se aposentar com idade de 62 (mulheres) ou 65 (homens), pagando pedágio de 30% do tempo de contribuição que falta

Gestão
Seguridade social deve trazer indicadas em rubricas específicas as receitas e as despesas vinculadas à saúde, à assistência e à previdência

Equilíbrio financeiro e atuarial do Regime Próprio federal deve ser comprovado através de fluxo receitas-despesas

Vedado o uso de verbas dos regimes próprios (servidores públicos) para despesas não-previdenciárias

Vedado o parcelamento de mais de 60 vezes do pagamento de contribuições sociais por empregadores e empresas

A Desvinculação de Receitas da União (DRU) não incide sobre as receitas de contribuições sociais que financiam a seguridade

Sobe de 15% para 20% a alíquota da Contribuição Social sobre o Lucro Líquido (CSLL) para bancos de médio e grande porte

Afastamentos por incapacidade e licença-maternidade de servidores públicos serão pagos pelo órgão, não mais pela Previdência

Estados e municípios que descumprirem regras de organização previdenciária não poderão receber transferências voluntárias da União ou fazer empréstimos com bancos públicos federais

Justiça estadual pode julgar causas previdenciárias quando não houver vara federal na comarca

Parte VI
PREVIDÊNCIA COMPLEMENTAR PRIVADA

O tema da previdência complementar privada é potencialmente alvo de cobrança para os cargos de Advogado da União, Juiz Federal, Procurador da República[1] e Procurador Federal[2]. Em geral, contudo, a incidência de cobrança é muito baixa, salvo no concurso para Advogado da União, cuja cobrança tem sido intensa de um tempo pra cá.

---

1. O tema é cobrado na disciplina de Direito Econômico, dentro do tópico concernente à regulação (item 2.c).
2. O interesse que a previdência privada desperta para tais carreiras decorre do regime de fiscalização. Com efeito, nos termos do art. 74 da LC 109/2001, "Até que seja publicada a lei de que trata o art. 5o desta Lei Complementar, as funções do órgão regulador e do órgão fiscalizador serão exercidas pelo Ministério da Previdência e Assistência Social, por intermédio, respectivamente, do Conselho de Gestão da Previdência Complementar (CGPC) e da Secretaria de Previdência Complementar (SPC), relativamente às entidades fechadas, e pelo Ministério da Fazenda, por intermédio do Conselho Nacional de Seguros Privados (CNSP) e da Superintendência de Seguros Privados (SUSEP), em relação, respectivamente, à regulação e fiscalização das entidades abertas". A SUSEP e a PREVIC são autarquias federais, razão pela qual sua assessoria jurídica é prestada precipuamente pela PGF. A Superintendência Nacional de Previdência Complementar (PREVIC) é uma autarquia de natureza especial, dotada de autonomia administrativa e financeira e patrimônio próprio, vinculada ao Ministério da Previdência Social, com sede e foro no Distrito Federal, tendo atuação em todo o território nacional como entidade de fiscalização e supervisão das atividades das entidades fechadas de previdência complementar e de execução das políticas para o regime de previdência complementar operado pelas referidas entidades. A SUSEP, autarquia vinculada ao Ministério da Fazenda, é o órgão responsável pelo controle e fiscalização dos mercados de seguro, previdência privada aberta, capitalização e resseguro. No que tange à Advocacia da União, ela presta assessoria aos Ministérios, razão pela qual o tema aqui tratado também não escapa a seu âmbito de interesse. Convém ressalvar, porém, que a PFN também presta assessoria ao Ministério da Economia, pelo que o tema pode ser incluído nos editais futuros para a carreira. Como no caso de demandas envolvendo tais órgãos ou instituições, a competência é da Justiça Federal, está aí a razão para a matéria ser também cobrada nos concursos para a magistratura federal.

Capítulo I
CONSIDERAÇÕES GERAIS

1. ASPECTOS CONSTITUCIONAIS

O fundamento constitucional para a existência da previdência privada[3] está no art. 202 da CRFB, com redação dada pela EC 20/1998. Na redação original da Carta, previa-se a instituição de uma cobertura complementar pela própria previdência social (§ 7º do art. 201, na redação originária: "A previdência social manterá seguro coletivo, de caráter complementar e facultativo, custeado por contribuições adicionais") e as únicas referências à previdência privada constavam nos arts. 21, VIII ("Compete à União (...) administrar as reservas cambiais do País e fiscalizar as operações de natureza financeira, especialmente as de crédito, câmbio e capitalização, bem como as de seguros e de previdência privada"), 192, II ("O sistema financeiro nacional, estruturado de forma a promover o desenvolvimento equilibrado do País e a servir aos interesses da coletividade, será regulado em lei complementar, que disporá, inclusive, sobre: (...) II – autorização e funcionamento dos estabelecimentos de seguro, previdência e capitalização, bem como do órgão oficial fiscalizador e do órgão oficial ressegurador"), e 201, § 8º ("É vedado subvenção ou auxílio do poder público às entidades de previdência privada com fins lucrativos"). Em suma, a previdência privada era classificada como uma atividade de natureza financeira, levada a cabo por entidades componentes do sistema financeiro nacional, a ser fiscalizada pela União, sendo vedado ao poder público realizar subvenção ou auxílio a entidades de previdência privada com fins lucrativos.

Pois bem, tudo o que está aí descrito permanece, no substancial[4], em vigor, sendo que as alterações posteriores à CRFB apenas ampliaram o tratamento destinado à matéria. Com efeito, temos agora vários dispositivos (art. 202, *caput* e §§) dedicados a disciplinar o tema.

---

3. Chamamos "privada" para estabelecer a dicotomia com relação à previdência complementar "pública", que já analisamos na Parte anterior da presente obra.
4. O art. 192 sofreu alteração, sendo bastante "encolhido", tendo sido revogados todos seus incisos e parágrafos, pelo que agora consta apenas, no *caput*, o seguinte: "O sistema financeiro nacional, estruturado de forma a promover o desenvolvimento equilibrado do País e a servir aos interesses da coletividade, em todas as partes que o compõem, abrangendo as cooperativas de crédito, será regulado por leis complementares que disporão, inclusive, sobre a participação do capital estrangeiro nas instituições que o integram". O que constava no § 8º do art. 201 agora consta no § 5º do art. 202, nos seguintes termos: "A lei complementar de que trata o § 4º aplicar-se-á, no que couber, às empresas privadas permissionárias ou concessionárias de prestação de serviços públicos, quando patrocinadoras de planos de benefícios em entidades de previdência complementar".

O *caput* do art. 202 da CRFB já permite que visualizemos os contornos básicos da previdência privada: "O regime de previdência privada, de caráter *complementar* e organizado de forma *autônoma* em relação ao regime geral de previdência social, será *facultativo*, baseado na *constituição de reservas que garantam o benefício contratado*, e regulado por *lei complementar*" (destacamos).

Destarte, a previdência privada possui caráter complementar (ou seja, uma camada suplementar – e, ademais, paralela – de proteção social em relação à previdência pública), autonomia (em relação ao RGPS), natureza contratual (ou seja, filiação facultativa, diversamente da previdência pública, na qual a filiação é compulsória), deve observar equilíbrio financeiro e atuarial e é regulada por lei complementar[5].

Nos termos do § 2º, "as contribuições do empregador, os benefícios e as condições contratuais previstas nos estatutos, regulamentos e planos de benefícios das entidades de previdência privada não integram o contrato de trabalho dos participantes, assim como, à exceção dos benefícios concedidos, não integram a remuneração dos participantes, nos termos da lei". Não obstante, o art. 28, § 9º, *p*, da Lei 8.212/91 estabelece alguma limitação: "Não integram o salário de contribuição para os fins desta Lei, exclusivamente: (...) o valor das contribuições efetivamente pago pela pessoa jurídica relativo a programa de previdência complementar, aberto ou fechado, desde que disponível à totalidade de seus empregados e dirigentes, observados, no que couber, os arts. 9º e 468 da CLT". Não obstante, como se pode perceber, a CRFB não consigna qualquer restrição para a imunidade que concede. Do mesmo modo, o art. 68 da LC 109/01 repete a dicção constitucional (apenas sem a parte final "nos termos da lei"). Assim, a restrição colocada pela Lei 8.212/91 nos parece inconstitucional. Neste sentido, transcrevemos sentença por nós proferida num caso concreto:

> Às fls. 243/247, consta o relatório da NFLD em referência, no qual a fundamentação para constituição do crédito tributário em relação à matéria trazida à análise nos presentes autos partiu de duas premissas. A primeira de que a habitualidade no pagamento de contribuições de previdência privada a empregados ocupantes de cargo de gerência e liderança desconfiguraria a natureza da aludida verba, que teria, na verdade, natureza de gratificação e/ou bônus, paga em função dos resultados financeiros da empresa conforme plano operacional. A segunda premissa residiria no entendimento de que o plano de previdência privada gerido pelo Bradesco Previdência e Seguros S/A, por se restringir ao grupo de empregados detentores de cargos de direção e liderança, não sendo extensivo a todos os empregados da empresa, o enquadraria na definição de salário de contribuição.
>
> Inconformada com a fundamentação utilizada pelo Fisco a amparar a NFLD, a autora apresentou impugnação administrativa, cujo resultado da decisão da Delegacia da Receita Federal do Brasil em Poços de Caldas foi pelo indeferimento do pedido de anulação do débito, sob o entendimento de que os pagamentos a título de previdência complementar aberta fazem parte da política de remuneração da empresa, conforme documentos de fls. 243/246 do processo administrativo fiscal (fls. 257/260 dos autos), ligada à produtividade dos ocupantes de cargos de liderança na empresa e, por isso, integraria o salário de contribuição (decisão de fls. 676/678 – Anexo 4).

---

5. Dispõe o § 1º que "A lei complementar de que trata este artigo assegurará ao participante de planos de benefícios de entidades de previdência privada o pleno acesso às informações relativas à gestão de seus respectivos planos".

Em sede de recurso administrativo, o órgão julgador, por sua vez, considerou que o valor pago ao plano de previdência complementar somente deveria ser excluído da base de incidência se o benefício fosse extensivo de forma isonômica à totalidade dos segurados, e que, no caso sob exame, isto não aconteceu, tendo o pagamento sido efetuado em desacordo com o art. 28, § 9º, alínea "p", da Lei 8.212/91 c/c art. 16, § 1º, da Lei Complementar 109/2001, além disso, referido pagamento teria sido feito com habitualidade, se revestindo de caráter contraprestativo ao trabalho (fls. 717 dos autos).

Pois bem.

O documento de fs. 243/246 do processo administrativo fiscal (referente às fls. 257/260 – do Anexo 2) trata-se da Política de Remuneração implantada pela autora, parte integrante do Contrato Previdenciário de Instituição de Plano de Contribuição Definida, de natureza aberta, mantido pelo Bradesco Previdência (fls. 249/252 do Anexo 2), que prevê em seu art. 2º que "serão inscritos no Plano, os dirigentes e empregados indicados pela Instituidora, a seguir denominados participantes." A forma de operacionalização do artigo 2º do Contrato de Previdência em referência foi definida pela autora, destinando tal Plano de Previdência Privada aos funcionários que ocupam cargos de liderança, com pagamento anual da respectiva contribuição e atendimento de resultados financeiros positivos da empresa, obtidos por excelência de performance gerencial.

Tais questões foram por mim analisadas por ocasião da tutela antecipada, sobre as quais mantenho os mesmos fundamentos, por não vislumbrar, em cognição exauriente, fatos outros que pudessem afastá-los.

Entendo que a alegada habitualidade não desnatura a previdência privada (de verba de natureza indenizatória em verba salarial). Ora, se foi implantada previdência privada, em algum momento deve o seu pagamento ser realizado, não servindo a tese da habitualidade, por si só, como hábil à sua descaracterização.

Quanto às outras teses sustentadas pelo Fisco administrativamente e pela ré nos presentes autos – de aplicação do art. 28, § 9º, alínea "p", da Lei 8.212/91 e de que os pagamentos realizados se deram na roupagem de previdência privada, quando, na verdade, se tratou de pagamentos de bônus/prêmios, consistindo, portanto, em verbas que deveriam integrar o salário de contribuição –, valho-me, como razões de decidir, daquelas já expostas na decisão liminar de fls. 175/185.

Acerca da Previdência Complementar Privada Fechada, é oportuno esclarecer que se trata de uma relação que se estabelece entre três partes. O participante é a pessoa física que adere aos planos de benefícios. A entidade fechada é a pessoa jurídica que tem como objeto a administração e execução dos planos de benefícios previdenciários. O patrocinador é a empresa que institui determinado plano de benefícios, vertendo-lhe ainda contribuições, enquanto o instituidor é pessoa jurídica de caráter profissional, classista ou setorial que institui plano de benefícios para seus associados.

Na Previdência Complementar Aberta, se os planos de benefícios forem de natureza individual, não haverá patrocinador ou instituidor, sendo que o vínculo se estabelece diretamente entre o participante e a entidade aberta. Se, contudo, forem de natureza coletiva, haverá a intermediação de uma pessoa jurídica (averbadora, se não participar do custeio, ou instituidora, se participar) que tenha firmado contrato com a entidade aberta.

Conforme consta no art. 202, § 2º, da CRFB, "as contribuições do empregador (...) não integram a remuneração dos participantes". Tal norma é repetida no art. 68 da LC 109/2001. Eduardo Rocha Dias e José Leandro Monteiro de Macêdo sustentam, contudo, que, na hipótese de o empregador estabelecer tratamento diferenciado para determinados empregados, de modo a beneficiá-los em relação aos outros empregados, seja quanto às contribuições do empregador, seja no que concerne aos benefícios e condições contratuais previstos nos estatutos, regulamentos e planos de benefícios das entidades de previdência privada, acarretando um tratamento benéfico e vantajoso para específicos empregados, fará com que haja integração à respectiva remuneração[6]. Segue essa linha o art. 28, § 9º, p, da Lei 8.212/91, que dispõe que "não integram o salário de contribuição (...) o valor das contribuições efetivamente pago pela pessoa

---

6. Apud LEITÃO, André Studart; MEIRINHO, Augusto Grieco Sant'Anna. *Manual de Direito Previdenciário*. 2. ed. São Paulo: Saraiva, 2014, p. 595-596.

jurídica relativo a programa de previdência complementar, aberto ou fechado, desde que disponível à totalidade de seus empregados".

Como podemos perceber, a Receita Federal pauta sua atuação no que consta no dispositivo legal acima transcrito, porém a imunidade em questão tem extração constitucional, pelo que é de se questionar qual a sua extensão e, passo eventual seguinte, se poderia o legislador infraconstitucional criar condicionamentos ao seu gozo.

Em meu entender, a imunidade constitucional (expressão que, submetida ao devido rigor técnico, configuraria redundância, mas a intenção aqui é alcançar clareza) é plena, desembaraçada, absoluta. A contribuição do empregador à Previdência Complementar não integra a remuneração e, portanto, não integra o salário de contribuição (como base de cálculo para incidência tributária), pelo que o art. 28, § 9º, *p*, *in fine*, da Lei 8.212/91 peca pelo vício da inconstitucionalidade, o qual desde logo reconheço e declaro, com efeitos limitados ao presente processo. Melhor esclarecendo, trata-se de declaração de nulidade parcial com redução de texto, que exclui a parte final do dispositivo, qual seja, "desde que disponível à totalidade de seus empregados" (com efeitos, obviamente, endoprocessuais).

Se há direcionamento de contribuições à Previdência Complementar como forma de gratificação por cumprimento de metas e restrição a determinados empregados, tem-se elisão fiscal (lícita, frise-se, novamente com o perdão da redundância). Irrelevante também o fato de a contabilidade lançar os pagamentos como "gratificação", se está claro que houve destinação à Previdência Complementar, em homenagem até mesmo à interpretação econômica do fato [não] gerador.

O debate, porém, ainda está em aberto na jurisprudência.

Quanto aos demais §§ do art. 202 da CRFB, eles se referem a questões relacionadas à previdência complementar "pública", pelo que já foram analisados na Parte V da presente obra.

2. ASPECTOS LEGAIS

A Lei Complementar 109/01 dispõe sobre o regime de previdência complementar privada, sendo, portanto, o diploma que mais nos interessa no presente estudo[7]. São criadas duas espécies de entidades: as fechadas e as abertas. Aqui, falaremos dos aspectos gerais, aplicáveis a todas elas. Posteriormente, trataremos separadamente de cada modelo.

Há corrente doutrinária que sustenta que as entidades de previdência privada não estão sujeitas à falência[8]. Estariam, assim, sujeitas apenas a sofrer *intervenção* e *liquidação extrajudicial*.

---

7. Apenas para elucidar, mencionamos que a LC 108/01, por sua vez, "dispõe sobre a relação entre a União, os Estados, o Distrito Federal e os Municípios, suas autarquias, fundações, sociedades de economia mista e outras entidades públicas e suas respectivas entidades fechadas de previdência complementar", segundo consta em sua ementa. Refere-se, portanto, ao regime de previdência complementar "pública".
8. Nos termos do art. 2º, II, da Lei 11.101/05 (que, conforme sua própria ementa, "regula a recuperação judicial, a extrajudicial e a falência do empresário e da sociedade empresária"): "Esta Lei não se aplica a (...) instituição financeira pública ou privada, cooperativa de crédito, consórcio, entidade de previdência complementar, sociedade operadora de plano de assistência à saúde, sociedade seguradora, sociedade de capitalização e outras entidades legalmente equiparadas às anteriores". Há, contudo, quem defenda a possibilidade de falência para as entidades abertas, especialmente a partir da aplicação legislativa subsidiária prevista no art. 62 da LC 109/01 e considerando, ademais, que este diploma diz apenas que as entidades fechadas não estão sujeitas à falência,

A *intervenção* tem por escopo resguardar os direitos dos participantes e assistidos (art. 44). Poderá ser decretada desde que se verifique, isolada ou cumulativamente: I – irregularidade ou insuficiência na constituição das reservas técnicas, provisões e fundos, ou na sua cobertura por ativos garantidores; II – aplicação dos recursos das reservas técnicas, provisões e fundos de forma inadequada ou em desacordo com as normas expedidas pelos órgãos competentes; III – descumprimento de disposições estatutárias ou de obrigações previstas nos regulamentos dos planos de benefícios, convênios de adesão ou contratos dos planos coletivos de que trata o inciso II do art. 26 desta Lei Complementar; IV – situação econômico-financeira insuficiente à preservação da liquidez e solvência de cada um dos planos de benefícios e da entidade no conjunto de suas atividades; V – situação atuarial desequilibrada; VI – outras anormalidades definidas em regulamento.

A intervenção será decretada pelo prazo necessário ao exame da situação da entidade e encaminhamento de plano destinado à sua recuperação (dependerão de prévia e expressa autorização do órgão competente os atos do interventor que impliquem oneração ou disposição do patrimônio) e cessará quando aprovado o plano de recuperação da entidade pelo órgão competente ou se decretada a sua liquidação extrajudicial[9].

A *liquidação extrajudicial* será decretada quando reconhecida a inviabilidade de recuperação da entidade ou pela ausência de condição para seu funcionamento (o que ocorre caso se verifique o não atendimento às condições mínimas estabelecidas pelo órgão regulador e fiscalizador). A decretação da liquidação extrajudicial produzirá, de imediato, os seguintes efeitos (art. 49): I – suspensão das ações e execuções iniciadas sobre direitos e interesses relativos ao acervo da entidade liquidanda; II – vencimento antecipado das obrigações da liquidanda; III – não incidência de penalidades contratuais contra a entidade por obrigações vencidas em decorrência da decretação da liquidação extrajudicial; IV – não fluência de juros contra a liquidanda enquanto não integralmente pago o passivo; V – interrupção da prescrição em relação às obrigações da entidade

---

nada dispondo acerca das sociedades abertas. O art. 78, § 1º, da Lei 11.196/05, por exemplo, diz que "No caso de falência ou liquidação extrajudicial da entidade aberta de previdência complementar ou da sociedade seguradora, o patrimônio dos fundos não integrará a respectiva massa falida ou liquidanda".

9. Em decisão recente, entendeu o STJ que "A decretação de intervenção federal em entidade de previdência complementar implica a suspensão do cumprimento de sentença.". Vejamos, por elucidativo, trecho retirado de seu Informativo 661, de 19 de dezembro de 2019: "A LC 109/2001 disciplina regimes especiais de administração da entidade de previdência complementar, como a intervenção (arts. 44 a 46) e a liquidação extrajudicial (arts. 47 a 53). A referida lei prevê, especificamente, que se aplicam 'à intervenção e à liquidação das entidades de previdência complementar, no que couber, os dispositivos da legislação sobre a intervenção e a liquidação extrajudicial das instituições financeiras, cabendo ao órgão regulador e fiscalizador as funções atribuídas ao Banco Central do Brasil' (art. 62). A Lei 6.024/1974, por sua vez, é a que dispõe sobre a intervenção e a liquidação extrajudicial de instituições financeiras e, com efeito, se aplica de maneira subsidiária nas intervenções de entidades de previdência complementar. O supracitado normativo preceitua que, nas hipóteses de intervenção, haverá a suspensão da exigibilidade das obrigações vencidas, o que redundará, via de consequência, na suspensão do andamento das ações de execução. Destarte, a despeito de a LC 109/2001 referir-se expressamente que haverá, nas hipóteses de liquidação extrajudicial, a suspensão das ações e execuções iniciadas sobre direitos e interesses relativos ao acervo da entidade liquidanda (art. 49, I), mister reconhecer que tal efeito deve ser estendido, também, às hipóteses de intervenção na entidade" (REsp 1.796.664).

em liquidação; VI – suspensão de multa e juros em relação às dívidas da entidade; VII – inexigibilidade de penas pecuniárias por infrações de natureza administrativa; VIII – interrupção do pagamento à liquidanda das contribuições dos participantes e dos patrocinadores, relativas aos planos de benefícios.[10]

O liquidante organizará o quadro geral de credores, realizará o ativo e liquidará o passivo. Os participantes, inclusive os assistidos, dos planos de benefícios ficam dispensados de se habilitar a seus respectivos créditos, estejam estes sendo recebidos ou não, e terão privilégio especial sobre os ativos garantidores das reservas técnicas e, caso estes não sejam suficientes para a cobertura dos direitos respectivos, privilégio geral sobre as demais partes não vinculadas ao ativo. Os participantes que já estiverem recebendo benefícios, ou que já tiverem adquirido este direito antes de decretada a liquidação extrajudicial, terão preferência sobre os demais participantes. De todo modo, tais créditos não têm preferência sobre os de natureza trabalhista ou tributária.

Serão obrigatoriamente levantados, na data da decretação da liquidação extrajudicial de entidade de previdência complementar, o balanço geral de liquidação e as demonstrações contábeis e atuariais necessárias à determinação do valor das reservas individuais. A liquidação extrajudicial poderá, a qualquer tempo, ser levantada, desde que constatados fatos supervenientes que viabilizem a recuperação da entidade de previdência complementar. A liquidação extrajudicial das entidades fechadas encerrar-se-á com a aprovação, pelo órgão regulador e fiscalizador, das contas finais do liquidante e com a baixa nos devidos registros. Comprovada pelo liquidante a inexistência de ativos para satisfazer a possíveis créditos reclamados contra a entidade, deverá tal situação ser comunicada ao juízo competente e efetivados os devidos registros, para o encerramento do processo de liquidação.

Compete ao órgão fiscalizador, segundo dispõe o art. 55, decretar a intervenção e a liquidação extrajudicial e aprovar o plano de recuperação, bem como nomear, por intermédio do seu dirigente máximo, o interventor ou o liquidante.

Ademais, nos termos do art. 62, "aplicam-se à intervenção e à liquidação das entidades de previdência complementar, no que couber, os dispositivos da legislação sobre a intervenção e liquidação extrajudicial das instituições financeiras, cabendo ao órgão regulador e fiscalizador as funções atribuídas ao Banco Central do Brasil".

Nos termos do art. 54, o interventor terá amplos poderes de administração e representação e o liquidante plenos poderes de administração, representação e liquidação, considerando que a intervenção e a liquidação extrajudicial determinam a perda do mandato dos administradores e membros dos conselhos estatutários das entidades, sejam titulares ou suplentes (art. 56).

---

10. Destaque-se que as faculdades aí previstas se aplicam, no caso das entidades abertas, exclusivamente em relação às suas atividades de natureza previdenciária. Ademais, o aí disposto não se aplica às ações e aos débitos de natureza tributária.

Consoante dispõe o art. 59, os administradores, controladores e membros de conselhos estatutários das entidades de previdência complementar sob intervenção ou em liquidação extrajudicial ficarão com todos os seus bens indisponíveis, não podendo, por qualquer forma, direta ou indireta, aliená-los ou onerá-los, até a apuração e liquidação final de suas responsabilidades[11]. A indisponibilidade aí prevista decorre do ato que decretar a intervenção ou liquidação extrajudicial e atinge todos aqueles que tenham estado no exercício das funções nos doze meses anteriores. Ademais, a indisponibilidade poderá ser estendida aos bens de pessoas que, nos últimos doze meses, os tenham adquirido, a qualquer título, das pessoas dantes referidas, desde que haja seguros elementos de convicção de que se trata de simulada transferência com o fim de evitar os efeitos da legislação de regência. Não se incluem aí, porém, os bens considerados inalienáveis ou impenhoráveis pela legislação em vigor. Não são tampouco atingidos pela indisponibilidade os bens objeto de contrato de alienação, de promessas de compra e venda e de cessão de direitos, desde que os respectivos instrumentos tenham sido levados ao competente registro público até doze meses antes da data de decretação da intervenção ou liquidação extrajudicial. Não se aplica, contudo, a suscitada indisponibilidade de bens no caso de liquidação extrajudicial de entidades fechadas que deixarem de ter condições para funcionar por motivos totalmente desvinculados do exercício das atribuições das pessoas potencialmente atingidas, situação esta que poderá ser revista a qualquer momento, pelo órgão regulador e fiscalizador, desde que constatada a existência de irregularidades ou indícios de crimes por elas praticados. O interventor ou o liquidante comunicará a indisponibilidade de bens aos órgãos competentes para os devidos registros e publicará edital para conhecimento de terceiros (art. 60). A autoridade que receber a comunicação ficará, relativamente a esses bens, impedida de: I – fazer transcrições, inscrições ou averbações de documentos públicos ou particulares; II – arquivar atos ou contratos que importem em transferência de cotas sociais, ações ou partes beneficiárias; III – realizar ou registrar operações e títulos de qualquer natureza; e IV – processar a transferência de propriedade de veículos automotores, aeronaves e embarcações.

Convém ressaltar, por fim, que os créditos das entidades de previdência complementar, em caso de liquidação ou falência de patrocinadores, terão privilégio especial sobre a massa, respeitado o privilégio dos créditos trabalhistas e tributários (art. 57). Ademais, os administradores dos respectivos patrocinadores serão responsabilizados

---

11. A apuração de responsabilidades será feita mediante inquérito a ser instaurado pelo órgão regulador e fiscalizador, sem prejuízo do disposto nos arts. 63 a 65 da lei. Se o inquérito concluir pela inexistência de prejuízo, será arquivado no órgão fiscalizador. Concluindo o inquérito, todavia, pela existência de prejuízo, será ele, com o respectivo relatório, remetido pelo órgão regulador e fiscalizador ao Ministério Público, observados os seguintes procedimentos: I – o interventor ou o liquidante, de ofício ou a requerimento de qualquer interessado que não tenha sido indiciado no inquérito, após aprovação do respectivo relatório pelo órgão fiscalizador, determinará o levantamento da indisponibilidade de bens; será mantida a indisponibilidade com relação às pessoas indiciadas no inquérito, após aprovação do respectivo relatório pelo órgão fiscalizador.

pelos danos ou prejuízos causados às entidades de previdência complementar, especialmente pela falta de aporte das contribuições a que estavam obrigados[12].

No caso de liquidação extrajudicial de entidade fechada motivada pela falta de aporte de contribuições de patrocinadores ou pelo não recolhimento de contribuições de participantes, os administradores daqueles também serão responsabilizados pelos danos ou prejuízos causados (art. 58). Os administradores dos respectivos patrocinadores serão responsabilizados pelos danos ou prejuízos causados às entidades de previdência complementar, especialmente pela falta de aporte das contribuições a que estavam obrigados[13].

Acerca dos *planos de benefícios*, as entidades somente poderão instituir e operar planos de benefícios para os quais tenham autorização específica, segundo as normas aprovadas pelo órgão regulador e fiscalizador (art. 6º). As modalidades de plano de benefícios são (art. 7º): benefício definido (quando da adesão, o participante já sabe o valor do benefício ou sua forma de cálculo, pelo que as contribuições vão sendo ajustadas atuarialmente de forma a garantir a concessão); contribuição definida (o valor do benefício depende do saldo existente no momento da concessão); contribuição variável (agrega aspectos das modalidades anteriores, sendo "híbrido"); outras que reflitam a evolução técnica e possibilitem flexibilidade ao regime.

Os benefícios serão considerados direito adquirido do participante quando implementadas todas as condições estabelecidas para elegibilidade, consignadas no regulamento do respectivo plano. A concessão de benefício pela previdência complementar não depende da concessão de benefício pelo RGPS.

Acerca da *fiscalização desenvolvida pelo Estado*, dispõe o art. 5º que "a normatização, coordenação, supervisão, fiscalização e controle das atividades das entidades de previdência complementar serão realizados por órgão ou órgãos regulador e fiscalizador, conforme disposto em lei (...)", sendo que o art. 74 estabelece que até que seja publicada tal lei (ainda não foi), as funções do órgão regulador e do órgão fiscalizador serão exercidas: pelo Ministério da Previdência e Assistência Social, por intermédio, respectivamente, do Conselho de Gestão da Previdência Complementar (CGPC) e da Secretaria de Previdência Complementar (SPC), relativamente às *entidades fechadas*[14]; e pelo Ministério da Fazenda, por intermédio do Conselho Nacional de Seguros Privados (CNSP) e da Superintendência de Seguros Privados (SUSEP), em relação, respectivamente, à regulação e fiscalização das *entidades abertas*.

---

12. São também responsáveis os administradores dos patrocinadores ou instituidores, os atuários, os auditores independentes, os avaliadores de gestão e outros profissionais que prestem serviços técnicos à entidade, diretamente ou por intermédio de pessoa jurídica contratada.

13. Do mesmo modo, são também responsáveis os administradores dos patrocinadores ou instituidores, os atuários, os auditores independentes, os avaliadores de gestão e outros profissionais que prestem serviços técnicos à entidade, diretamente ou por intermédio de pessoa jurídica contratada.

14. A fiscalização estatal não exime de responsabilidade os patrocinadores e instituidores em relação à supervisão sistemática das atividades das entidades fechadas. Ocorre, ademais, sem prejuízo da competência das autoridades fiscais, relativamente ao pleno exercício das atividades de fiscalização tributária.

Já o art. 3º define que "a ação do Estado será exercida com o objetivo de: I – formular a política de previdência complementar; II – disciplinar, coordenar e supervisionar as atividades reguladas por esta Lei Complementar, compatibilizando-as com as políticas previdenciária e de desenvolvimento social e econômico-financeiro; III – determinar padrões mínimos de segurança econômico-financeira e atuarial, com fins específicos de preservar a liquidez, a solvência e o equilíbrio dos planos de benefícios, isoladamente, e de cada entidade de previdência complementar, no conjunto de suas atividades; IV – assegurar aos participantes e assistidos o pleno acesso às informações relativas à gestão de seus respectivos planos de benefícios; V – fiscalizar as entidades de previdência complementar, suas operações e aplicar penalidades; e VI – proteger os interesses dos participantes e assistidos dos planos de benefícios"[15].

É vedado às entidades de previdência complementar realizar quaisquer operações comerciais e financeiras com seus administradores, membros dos conselhos estatutários e respectivos cônjuges ou companheiros, e com seus parentes até o segundo grau (ademais, com empresa de que participem tais pessoas, exceto no caso de participação de até cinco por cento como acionista de empresa de capital aberto) ou tendo como contraparte, mesmo que indiretamente, pessoas físicas e jurídicas a elas ligadas, na forma definida pelo órgão regulador. Tal vedação não se aplica ao patrocinador, aos participantes e aos assistidos, que, nessa condição, realizarem operações com a entidade de previdência complementar.

3. JURISPRUDÊNCIA

Faremos, no presente tópico, um apanhado difuso dos entendimentos jurisprudenciais mais relevantes dos Tribunais Superiores.

---

15. No desempenho das atividades de fiscalização, os servidores do órgão regulador e fiscalizador terão livre acesso às respectivas entidades, delas podendo requisitar e apreender livros, notas técnicas e quaisquer documentos, caracterizando-se embaraço à fiscalização, sujeito às penalidades previstas em lei, qualquer dificuldade oposta à consecução desse objetivo. O órgão regulador e fiscalizador das entidades fechadas poderá solicitar dos patrocinadores e instituidores informações relativas aos aspectos específicos que digam respeito aos compromissos assumidos frente aos respectivos planos de benefícios. As pessoas físicas ou jurídicas submetidas ao regime da Lei Complementar 109/01 ficam obrigadas a prestar quaisquer informações ou esclarecimentos solicitados pelo órgão regulador e fiscalizador. O órgão regulador e fiscalizador poderá, em relação às entidades fechadas, nomear administrador especial, a expensas da entidade, com poderes próprios de intervenção e de liquidação extrajudicial, como o objetivo de sanear plano de benefícios específico, caso seja constatada na sua administração e execução alguma das hipóteses previstas nos arts. 44 e 48 da Lei. O ato de nomeação estabelecerá as condições, os limites e as atribuições do administrador especial. O órgão fiscalizador poderá, em relação às entidades abertas, desde que se verifique uma das condições previstas no art. 44 a Lei, nomear, por prazo determinado, prorrogável a seu critério, e a expensas da respectiva entidade, um diretor-fiscal, o qual, sem poderes de gestão, terá suas atribuições estabelecidas pelo órgão regulador, cabendo ao órgão fiscalizador fixar sua remuneração. Se reconhecer a inviabilidade de recuperação da entidade aberta ou a ausência de qualquer condição para o seu funcionamento, o diretor-fiscal proporá ao órgão fiscalizador a decretação da intervenção ou da liquidação extrajudicial. O diretor-fiscal não está sujeito à indisponibilidade de bens, nem aos demais efeitos decorrentes da decretação da intervenção ou da liquidação extrajudicial da entidade aberta.

No Rext 586.453, o STF entendeu que a competência para o processamento de ações ajuizadas contra entidades privadas de previdência complementar com o fito de obtenção de complementação de aposentadoria é da Justiça comum (no mesmo sentido, no RExt 594.435, tema 149 da repercussão geral, decidiu o STF que compete à justiça comum estadual o julgamento de conflito de interesses a envolver a incidência de contribuição previdenciária, considerada a complementação de proventos).

Segundo o art. 75 da LC 109/01, "sem prejuízo do benefício, prescreve em cinco anos o direito às prestações não pagas nem reclamadas na época própria, resguardados os direitos dos menores dependentes, dos incapazes ou dos ausentes, na forma do Código Civil." Nos termos da Súmula 291 do STJ, "a ação de cobrança de parcelas de complementação de aposentadoria pela previdência privada prescreve em cinco anos". Já segundo a Súmula 427 do STJ, "a ação de cobrança de diferenças de valores de complementação de aposentadoria prescreve em cinco anos contados da data do pagamento".

Discute-se se os valores depositados em planos de previdência ostentam caráter alimentar (pelo que seriam impenhoráveis) ou de aplicação financeira de longo prazo. O STJ, no REsp 1.121.719 entendeu no segundo sentido. Não obstante a possibilidade em tese de as verbas serem penhoradas, há necessidade de análise concreta caso a caso, pois as provas podem indicar que o saldo é necessário à subsistência do participante e eventualmente de sua família (no mesmo sentido, vide AgRg no REsp 1.382.845, AgInt no REsp 1.500.428 e AgInt nos EDcl no AREsp 975.287).

"A contribuição dos integrantes de plano de previdência complementar pode ser majorada sem ofender direito adquirido" (STJ no REsp 1.364.013[16]).

---

16. Transcrevemos, por oportuno, trecho da ementa:
"2. Pelo regime de capitalização, o benefício de previdência complementar será decorrente do montante de contribuições efetuadas e do resultado de investimentos, podendo haver, no caso de desequilíbrio financeiro e atuarial do fundo, superávit ou déficit, a influenciar os participantes do plano como um todo, já que pelo mutualismo serão beneficiados ou prejudicados, de modo que, nessa última hipótese, terão que arcar com os ônus daí advindos. 3. É da própria lógica do regime de capitalização do plano de previdência complementar o caráter estatutário, até porque, periodicamente, em cada balanço, todos os planos de benefícios devem ser reavaliados atuarialmente a fim de manter o equilíbrio do sistema, haja vista as flutuações do mercado e da economia, razão pela qual adaptações e ajustes ao longo do tempo revelam-se necessários, sendo inapropriado o engessamento normativo e

regulamentar. 4. A possibilidade de alteração dos regulamentos dos planos de benefícios pelas entidades de previdência privada, com a supervisão de órgãos governamentais, e a adoção de sistema de revisão dos valores das contribuições e dos benefícios já encontravam previsão legal desde a Lei 6.435/1977 (arts. 3º, 21 e 42), tendo sido mantidas na Lei Complementar 109/2001 (arts. 18 e 21). 5. As modificações processadas nos regulamentos dos planos aplicam-se a todos os participantes das entidades fechadas de previdência privada, a partir da aprovação pelo órgão regulador e fiscalizador, observado, em qualquer caso, o direito acumulado de cada participante. 6. É assegurada ao participante que tenha cumprido os requisitos para obtenção dos benefícios previstos no plano a aplicação das disposições regulamentares vigentes na data em que se tornou elegível a um benefício de aposentadoria. Todavia, disso não decorre nenhum direito adquirido a regime de custeio, o qual poderá ser alterado a qualquer momento para manter o equilíbrio atuarial do plano, sempre que ocorrerem situações que o recomendem ou exijam, obedecidos os requisitos legais. 7. O resultado deficitário nos planos ou nas entidades fechadas será suportado por patrocinadores, participantes e assistidos, devendo o equacionamento ser feito, dentre outras formas, por meio do aumento do valor das contribuições, instituição de contribuição adicional ou redução do valor dos benefícios a conceder, observadas as normas estabelecidas

"A previsão normativa estatutária de reajuste da aposentadoria complementar segundo os mesmos índices de reajustamento incidentes nos benefícios mantidos pelo INSS não garante o aumento real do valor do benefício, mas apenas a reposição das perdas causadas pela inflação" (STJ no REsp 1.510.689).

"Não é possível aproveitar tempo de serviço especial, tampouco tempo de serviço prestado sob a condição de aluno-aprendiz, mesmo que reconhecidos pelo INSS, para fins de cálculo da renda mensal inicial de benefício da previdência privada" (STJ no REsp 1.330.085).

"A alteração regulamentar que implique a instituição do denominado 'INSS Hipotético' para o cálculo de benefício pode alcançar todos os participantes do plano de previdência privada que ainda não atingiram todas as condições estabelecidas para elegibilidade previstas no regulamento, não havendo direito adquirido do beneficiário às normas do regulamento vigente na ocasião da adesão à relação contratual" (STJ no REsp 1.184.621)

"Havendo transação prevendo a migração de participante ou assistido para outro plano de benefícios de previdência privada, em termos previamente aprovados pelo órgão público fiscalizador, não há direito adquirido consistente na invocação do regulamento do plano primitivo para revisão do benefício complementar, sobretudo se, ao tempo da transação, ainda não forem preenchidas todas as condições para a implementação do benefício previsto no regulamento primitivo" (STJ no REsp 1.172.929).

"A questão controvertida diz respeito ao prazo de prescrição, se de cinco ou de três anos, da pretensão do Banco, responsável por pagamento de pensão previdenciária complementar, de reaver verbas depositadas a título de benefício de previdência privada complementar e indevidamente apropriadas por terceiro. (...) Aplica-se o prazo trienal do art. 206, § 3º, IV, do Código Civil/2002, lei geral, pois a demanda, movida contra o terceiro, é de ressarcimento de enriquecimento sem causa, não envolvendo segurado ou beneficiário do regime de previdência complementar, disciplinado na Lei Complementar 109/2001, o que afasta a incidência da norma de prescrição quinquenal do art. 75 desta lei especial" (STJ no REsp 1.334.442).

"A intervenção da Superintendência Nacional de Previdência Complementar (PREVIC) nas entidades fechadas de previdência privada deve perdurar pelo tempo necessário ao saneamento da entidade, podendo o prazo inicial de duração ser prorrogado mais de uma vez" (STJ no REsp 1.734.410).

---

pelo órgão regulador e fiscalizador (art. 21, § 1º, da Lei Complementar 109/2001). 8. Se foi comprovada a necessidade técnica de adaptação financeira do plano, tanto por questões administrativas (equiparação da data de reajuste de empregados ativos e inativos) quanto por questões financeiras (realinhamento da contabilidade do fundo previdenciário em virtude da profunda instabilidade econômica do país), não há falar em ilegalidade na majoração das contribuições dos participantes, pois, além de não ser vedada a alteração da forma de custeio do plano de previdência privada, foram respeitadas as normas legais para a instituição de tais modificações, como a aprovação em órgãos competentes e a busca do equilíbrio financeiro e atuarial do fundo previdenciário".

"O desligamento de participante de plano de previdência complementar faz cessar o direito ao rateio de eventual superávit de ativos apurados em posterior liquidação extrajudicial da entidade" (STJ no REsp 1.441.411).

"O regulamento aplicável ao participante de plano fechado de previdência privada para fins de cálculo da renda mensal inicial do benefício complementar é aquele vigente no momento da implementação das condições de elegibilidade, haja vista a natureza civil e estatutária, e não o da data da adesão, assegurado o direito acumulado. Esse entendimento se aplica a quaisquer das modalidades de planos de benefícios, como os Planos de Benefício Definido (BD), os Planos de Contribuição Definida (CD) e os Planos de Contribuição Variável (CV)." (STJ no REsp repetitivo 1.435.837).

"Entidade fechada de previdência pode cobrar do beneficiário o pagamento da reserva matemática adicional, em virtude da majoração, por força de sentença judicial transitada em julgado, do benefício de aposentadoria complementar." (STJ no REsp 1.624.273)[17].

"É válida a exigência de pagamento de joia para inscrição de beneficiário no plano de previdência complementar para fazer jus à pensão por morte." (REsp 1.605.346).

"É legítima a recusa da entidade de previdência privada ao pagamento do pecúlio por morte no caso de inadimplemento das parcelas contratadas por longo período, independente da ausência de prévia interpelação para o encerramento do contrato." (REsp 1.691.792).

No julgamento do REsp repetitivo 1.312.736 (tema 955 da repercussão geral), o STJ fixou as seguintes teses:

I – A concessão do benefício de previdência complementar tem como pressuposto a prévia formação de reserva matemática, de forma a evitar o desequilíbrio atuarial dos planos. Em tais condições, quando já concedido o benefício de complementação de aposentadoria por entidade fechada de previdência pri-

---

17. É interessante transcrever um trecho maior do referido julgado, pois bastante elucidativo: "Estabelece o art. 202 da CF/1988 que o regime de previdência privada será baseado na constituição de reservas que garantam o benefício contratado, evidenciando a denominada 'regra da contrapartida'. Essa regra se alinha ao princípio do mutualismo, segundo o qual todos os participantes e beneficiários do contrato de previdência privada assumem os riscos envolvidos, porque são todos também titulares da universalidade dos valores alocados junto ao plano de benefícios. Em função da natureza da relação jurídica estabelecida entre patrocinadores, participantes e assistidos, bem como das regras e princípios que orientam o regime de previdência privada, à entidade é vedado dispor livremente dos valores que administra, como se estes integrassem seu patrimônio próprio; é vedado, pelas mesmas razões, transferir reservas financeiras da coletividade para beneficiar um ou alguns de seus filiados, sem o respectivo custeio, sob pena de provocar o desequilíbrio financeiro e atuarial do plano de benefícios, e, por conseguinte, frustrar o direito do conjunto de participantes e assistidos. Por isso, igualmente, a circunstância de o regulamento vigente à época da aposentadoria não prever, expressamente, a obrigação de o assistido pagar a reserva matemática adicional, não impede seja essa prestação exigida – inclusive previamente à incorporação dos reflexos das verbas remuneratórias reconhecidas pela Justiça do Trabalho na aposentadoria complementar – com base na regra da contrapartida e no princípio do mutualismo, ínsitos ao contrato de previdência privada celebrado entre as partes".

vada, é inviável a inclusão dos reflexos das verbas remuneratórias (horas extras) reconhecidas pela Justiça do Trabalho nos cálculos da renda mensal inicial dos benefícios de complementação de aposentadoria[18];

II – Os eventuais prejuízos causados ao participante ou ao assistido que não puderam contribuir ao fundo na época apropriada ante o ato ilícito do empregador poderão ser reparados por meio de ação judicial a ser proposta contra a empresa ex-empregadora na Justiça do Trabalho;

III – Modulação de efeitos (art. 927, § 3º, do CPC/2015): para as demandas ajuizadas na Justiça Comum até a data do presente julgamento, e ainda sendo útil ao participante ou assistido, conforme as peculiaridades da causa, admite-se a inclusão dos reflexos de verbas remuneratórias (horas extras), reconhecidas pela Justiça do Trabalho, nos cálculos da renda mensal inicial dos benefícios de complementação de aposentadoria, condicionada à previsão regulamentar (expressa ou implícita) e à recomposição prévia e integral das reservas matemáticas com o aporte de valor a ser apurado por estudo técnico atuarial em cada caso[19];

IV – Nas reclamações trabalhistas em que o ex-empregador tiver sido condenado a recompor a reserva matemática, e sendo inviável a revisão da renda mensal inicial da aposentadoria complementar, os valores correspondentes a tal recomposição devem ser entregues ao participante ou assistido a título de reparação, evitando-se, igualmente, o enriquecimento sem causa do ente fechado de previdência complementar.

Sobre o prazo prescricional aplicável à pretensão de restituição de contribuições descontadas indevidamente dos beneficiários de contrato de previdência complementar, há intensa controvérsia. Para uma primeira corrente, o prazo seria de 03 anos, com fundamento no art. 206, § 3º, IV, do Código Civil (enriquecimento sem causa). Neste sentido, a 4ª Turma do STJ no AgInt no REsp 1763228/SP, julgado em 22/06/2020. Para uma segunda corrente, porém, o prazo seria de 10 anos, com fundamento no art. 205 do Código Civil (prazo geral, pela ausência de prazo específico). Neste sentido, a 3ª Turma do STJ, no REsp 1.803.627-SP, julgado em 23.06.2020.

---

18. No mesmo sentido: "Não é possível incluir, nos cálculos dos proventos de complementação de aposentadoria pagos por entidade fechada de previdência privada, quaisquer verbas remuneratórias reconhecidas pela Justiça do Trabalho após a concessão do benefício" (REsp 1.740.397-RS).
19. No mesmo sentido: "Nas demandas ajuizadas na Justiça comum até 8/8/2018 (Tema repetitivo 955/STJ), admite-se a inclusão no benefício de previdência complementar dos reflexos das verbas reconhecidas na Justiça Trabalhista, condicionada à previsão regulamentar, e desde que observados os aportes necessários" (STJ no AgInt no REsp 1.931.439).

Capítulo II
MODALIDADES DE ENTIDADES DE PREVIDÊNCIA PRIVADA

1. ENTIDADES FECHADAS[20]

As entidades fechadas de previdência complementar (também chamadas "fundos de pensão") devem se organizar na forma de fundação ou sociedade civil, sem fins lucrativos (com o advento do CC/2002, porém, não é mais possível constituir sociedade civil sem fins lucrativos). Destinam-se (art. 31) exclusivamente aos empregados de uma empresa ou grupo de empresas[21] (patrocinador) ou aos associados ou membros de pessoas jurídicas de caráter profissional, classista ou setorial (instituidor[22]).

Exige-se prévia e expressa *autorização* do órgão regulador e fiscalizador[23].

As entidades fechadas deverão manter estrutura mínima composta por conselho deliberativo, conselho fiscal e diretoria-executiva (art. 35). O estatuto deverá prever representação dos participantes e assistidos nos conselhos deliberativo e fiscal, assegurado a eles no mínimo um terço das vagas (§ 1º).

---

20. Para um maior aprofundamento sobre o tema, vide a seguinte obra: PULINO, Daniel. *Previdência Complementar: natureza jurídico-constitucional e seu desenvolvimento pelas entidades fechadas*. São Paulo: Conceito Editorial, 2011.
21. Ademais, aos servidores de entes federativos.
22. Na entidade fechada constituída por instituidor, a única modalidade de plano de benefícios cabível é a de contribuição definida. Ademais, deverá terceirizar a gestão dos recursos garantidores das reservas técnicas e provisões mediante a contratação de instituição especializada autorizada a funcionar pelo Banco Central do Brasil ou outro órgão competente. Os responsáveis pela gestão dos recursos deverão manter segregados e totalmente isolados o seu patrimônio dos patrimônios do instituidor e da entidade fechada.
23. Nos termos do art. 33, "dependerão de prévia e expressa autorização do órgão regulador e fiscalizador: I – a constituição e o funcionamento da entidade fechada, bem como a aplicação dos respectivos estatutos, dos regulamentos dos planos de benefícios e suas alterações; II – as operações de fusão, cisão, incorporação ou qualquer outra forma de reorganização societária, relativas às entidades fechadas; III – as retiradas de patrocinadores; e IV – as transferências de patrocínio, de grupo de participantes, de planos e de reservas entre entidades fechadas". "Excetuado o disposto no inciso III deste artigo, é vedada a transferência para terceiros de participantes, de assistidos e de reservas constituídas para garantia de benefícios de risco atuarial programado, de acordo com normas estabelecidas pelo órgão regulador e fiscalizador" (§ 1º). "Para os assistidos de planos de benefícios na modalidade contribuição definida que mantiveram esta característica durante a fase de percepção de renda programada, o órgão regulador e fiscalizador poderá, em caráter excepcional, autorizar a transferência dos recursos garantidores dos benefícios para entidade de previdência complementar ou companhia seguradora autorizada a operar planos de previdência complementar, com o objetivo específico de contratar plano de renda vitalícia, observadas as normas aplicáveis" (§ 2º).

Os planos de benefícios de entidades fechadas poderão ser instituídos por patrocinadores e instituidores e devem ser, obrigatoriamente, oferecidos a todos os empregados dos patrocinadores ou associados dos instituidores[24], sendo, porém, facultativa a adesão aos planos.

Tem como partes[25]: o participante (pessoa física que adere ao plano de benefícios); assistido (o participante ou seu beneficiário em gozo do benefício); patrocinador[26] (empresa ou ente público, necessariamente contribui para o sistema) ou instituidor (entidade de classe, pode contribuir ou não), que é quem institui determinado plano de benefícios (que é administrado pela entidade fechada – que poderá até ser criada para este fim ou já existir[27] –, mediante convênio de adesão[28]).

Na entidade fechada, devem existir os seguintes institutos (art. 14): *benefício proporcional diferido* (em razão de cessação do vínculo com o patrocinador/instituidor antes da aquisição do direito ao benefício pleno, o participante pode optar por receber, no futuro, um benefício proporcional, passando, desde então, a arcar apenas com o custeio administrativo, caso em que o participante passa a ser classificado como "remido"); *resgate* (o participante pode sacar a totalidade – não cabe resgate parcial na entidade fechada – das contribuições que verteu, descontados os valores destinados ao custeio administrativo[29]); *autopatrocínio* (faculdade que tem o participante que sofreu

---

24. São equiparáveis aos empregados e associados os gerentes, diretores, conselheiros ocupantes de cargo eletivo e outros dirigentes de patrocinadores e instituidores.
25. Como salienta Gérard Lyon-Caen, "*Ce que le Droit de la prévoyance permet de découvrir de nouveau c'est un Droit de rapports collectifs trilatéraux: une enterprise fait adhérer son personnel globalement à un régime de prévoyance géré par une personne morale privée*" (*La Prévoyance*. Paris: Dalloz, 1994, p. 13).
26. Salienta Marisa Ferreira dos Santos que "A patrocinadora pode ser provedora ou mantenedora. É provedora quando fica a seu encargo o custeio total. É mantenedora quando, além dos participantes, também aporta recursos para o custeio dos planos." (op. cit., p. 609). Nos termos da Súmula 730 do STF, "a imunidade tributária conferida a instituições de assistência social sem fins lucrativos pelo art. 150, VI, 'c', da Constituição, somente alcança as entidades fechadas de previdência social privada se não houver contribuição dos beneficiários".
27. Como salientam Leitão e Meirinho, "uma empresa (ou entidade de classe) que pretenda oferecer aos seus empregados (ou associados) um plano de previdência privada terá duas alternativas: 1a) criar uma entidade fechada para administração do plano de benefício; ou 2a) implantar o plano de benefícios junto a uma entidade fechada já existente. Em ambos os casos, o convênio de adesão será necessário. Daniel Pulino salienta: '(...) a empresa que deseje oferecer programa de complementação previdenciária a seus empregados tem a opção legal de não só criar uma entidade fechada própria, como também a de aderir a alguma das várias entidades que já se acham criadas e que admitem, em seus estatutos, administrar planos de benefícios a quaisquer pessoas jurídicas interessadas. (...) O mesmo se aplica à figura do instituidor (...), que também pode tanto criar, constituir uma entidade própria, quanto instituir plano de benefícios em entidade fechada já em funcionamento (...)'. Logo, de acordo com seus patrocinadores ou instituidores, as entidades fechadas podem ser qualificadas como singulares, quando estiverem vinculadas a apenas um patrocinador ou instituidor ou multipatrocinadas, quando congregarem mais de um patrocinador ou instituidor (art. 34 da LC 109/2001)." (op. cit., p. 600-601).
28. "A formalização da condição de patrocinador ou instituidor de um plano de benefício dar-se-á mediante convênio de adesão a ser celebrado entre o patrocinador ou instituidor e a entidade fechada, em relação a cada plano de benefícios por esta administrado e executado, mediante prévia autorização do órgão regulador e fiscalizador, conforme regulamentação do Poder Executivo" (art. 13 da LC 109/01).
29. Súmula 290 do STJ: "Nos planos de previdência privada, não cabe ao beneficiário a devolução da contribuição efetuada pelo patrocinador." Súmula 289 do STJ: "A restituição das parcelas pagas a plano de previdência privada deve ser objeto de correção plena, por índice que recomponha a efetiva desvalorização da moeda". "É lícita a cláusula estatutária que prevê a rescisão do vínculo laboral com o patrocinador como condição para o resgate

perda parcial ou total da remuneração de assumir o encargo de manter a contribuição, inclusive a parcela do patrocinador[30]); *portabilidade* (em razão de cessação do vínculo com o patrocinador/instituidor antes da aquisição do direito ao benefício pleno, o participante pode transportar os recursos acumulados para outro plano[31]).

As alterações processadas nos regulamentos dos planos aplicam-se a todos os participantes das entidades fechadas, a partir de sua aprovação pelo órgão regulador e fiscalizador, observado o direito acumulado de cada participante. Ao participante que tenha cumprido os requisitos para obtenção dos benefícios previstos no plano é assegurada a aplicação das disposições regulamentares vigentes na data em que se tornou elegível a um benefício de aposentadoria.

O plano de custeio, com periodicidade mínima anual, estabelecerá o nível de contribuição necessário à constituição das reservas garantidoras de benefícios, fundos, provisões e à cobertura das demais despesas, em conformidade com os critérios fixados pelo órgão regulador e fiscalizador. O regime financeiro de capitalização é obrigatório para os benefícios de pagamento em prestações que sejam programadas e continuadas. Observados critérios que preservem o equilíbrio financeiro e atuarial, o cálculo das reservas técnicas atenderá às peculiaridades de cada plano de benefícios e deverá estar expresso em nota técnica atuarial, de apresentação obrigatória, incluindo as hipóteses utilizadas, que deverão guardar relação com as características da massa e da atividade desenvolvida pelo patrocinador ou instituidor. As reservas técnicas, provisões e fundos

---

de reserva de poupança de plano privado de previdência complementar de entidade fechada" (STJ no REsp 1.518.525). "É lícita a cláusula que prevê a rescisão do vínculo laboral com o patrocinador como condição para o resgate da totalidade das contribuições vertidas ao plano privado de previdência complementar de entidade fechada" (STJ no REsp 1.189.456). "A migração – pactuada em transação – do participante de um plano de benefícios para outro administrado pela mesma entidade de previdência privada, facultada até mesmo aos assistidos, ocorre em um contexto de amplo redesenho da relação contratual previdenciária, com o concurso de vontades do patrocinador, da entidade fechada de previdência complementar, por meio de seu conselho deliberativo, e autorização prévia do órgão público fiscalizador, operando-se não o resgate de contribuições, mas a transferência de reservas de um plano de benefícios para outro, geralmente no interior da mesma entidade fechada de previdência complementar." (STJ no AgRg no AREsp 504.022). Em suma, quanto ao último julgado, não cabe o resgate das parcelas pagas a entidade fechada de previdência privada complementar quando, mediante transação extrajudicial, tenha ocorrido migração a outro plano de benefícios da mesma entidade.

30. No caso das parcelas de autopatrocínio, o STJ já entendeu (REsp 1.053.644) ser legítima a cláusula de vedação do resgate, mas há polêmica. No REsp 1.329.573, entendeu o STJ que "a estipulação de prazo para o participante optar pelo autopatrocínio não tere a legalidade, já que encontra respaldo em normas expedidas pelo Conselho de Gestão da Previdência Complementar. Tampouco o lapso de 90 (noventa) dias é desarrazoado, pois, nos termos do art. 13 da Instrução Normativa 5/2003 da Secretaria de Previdência Complementar (SPC), o prazo mínimo para o exercício do direito de opção é de 30 (trinta) dias".

31. Como salienta Marisa Ferreira dos Santos, "A portabilidade só é possível antes do preenchimento dos requisitos para o benefício pleno (não proporcional) e depois de cumprida a carência estipulada no contrato, que não pode ser superior a 3 anos de adesão ao plano. Se o benefício for concedido antecipadamente, não será mais permitida a portabilidade." (op. cit., p. 618). O órgão regulador e fiscalizador estabelece período de carência para a utilização de tal instituto. A portabilidade não caracteriza resgate. Quando a portabilidade for efetuada para entidade aberta, somente será admitida quando a integralidade dos recursos financeiros correspondentes ao direito acumulado do participante for utilizada para a contratação de renda mensal vitalícia ou por prazo determinado, cujo prazo mínimo não poderá ser inferior ao período em que a respectiva reserva foi constituída, limitado ao mínimo de quinze anos, observadas as normas estabelecidas pelo órgão regulador e fiscalizador.

de cada plano de benefícios e os exigíveis a qualquer título deverão atender permanentemente à cobertura integral dos compromissos assumidos pelo plano de benefícios, ressalvadas excepcionalidades definidas pelo órgão regulador e fiscalizador.

As contribuições destinadas à constituição de reservas terão como finalidade prover o pagamento de benefícios de caráter previdenciário. Tais contribuições classificam-se em: I – normais, aquelas destinadas ao custeio dos benefícios previstos no respectivo plano; e II – extraordinárias, aquelas destinadas ao custeio de déficits, serviço passado e outras finalidades não incluídas na contribuição normal[32].

O resultado superavitário dos planos de benefícios das entidades fechadas, ao final do exercício, satisfeitas as exigências regulamentares relativas aos mencionados planos, será destinado à constituição de reserva de contingência, para garantia de benefícios, até o limite de vinte e cinco por cento do valor das reservas matemáticas. Constituída a reserva de contingência, com os valores excedentes será constituída reserva especial para revisão do plano de benefícios. A não utilização da reserva especial por três exercícios consecutivos determinará a revisão obrigatória do plano de benefícios da entidade. Se a revisão do plano de benefícios implicar redução de contribuições, deverá ser levada em consideração a proporção existente entre as contribuições dos patrocinadores e dos participantes, inclusive dos assistidos.

Já o resultado deficitário será equacionado por patrocinadores, participantes e assistidos, na proporção existente entre as suas contribuições, sem prejuízo de ação regressiva contra dirigentes ou terceiros que deram causa a dano ou prejuízo à entidade de previdência complementar. O equacionamento poderá ser feito, dentre outras formas, por meio do aumento do valor das contribuições, instituição de contribuição adicional ou redução do valor dos benefícios a conceder, observadas as normas estabelecidas pelo órgão regulador e fiscalizador. A redução dos valores dos benefícios não se aplica aos assistidos, sendo cabível, nesse caso, a instituição de contribuição adicional para cobertura do acréscimo ocorrido em razão da revisão do plano. Na hipótese de retorno à entidade dos recursos equivalentes ao déficit, em consequência de apuração de responsabilidade mediante ação judicial ou administrativa, os respectivos valores deverão ser aplicados necessariamente na redução proporcional das contribuições devidas ao plano ou em melhoria dos benefícios.

---

32. Ao final de cada exercício, coincidente com o ano civil, as entidades fechadas deverão levantar as demonstrações contábeis e as avaliações atuariais de cada plano de benefícios, por pessoa jurídica ou profissional legalmente habilitado, devendo os resultados ser encaminhados ao órgão regulador e fiscalizador e divulgados aos participantes e aos assistidos. As entidades fechadas deverão manter atualizada sua contabilidade, de acordo com as instruções do órgão regulador e fiscalizador, consolidando a posição dos planos de benefícios que administram e executam, bem como submetendo suas contas a auditores independentes. Ao final de cada exercício serão elaboradas as demonstrações contábeis e atuariais consolidadas, sem prejuízo dos controles por plano de benefícios. A divulgação aos participantes, inclusive aos assistidos, das informações pertinentes aos planos de benefícios dar-se-á ao menos uma vez ao ano, na forma, nos prazos e pelos meios estabelecidos pelo órgão regulador e fiscalizador. As informações requeridas formalmente pelo participante ou assistido, para defesa de direitos e esclarecimento de situações de interesse pessoal específico deverão ser atendidas pela entidade no prazo estabelecido pelo órgão regulador e fiscalizador.

O órgão regulador e fiscalizador poderá autorizar a extinção de plano de benefícios ou a retirada de patrocínio, ficando os patrocinadores e instituidores obrigados ao cumprimento da totalidade dos compromissos assumidos com a entidade relativamente aos direitos dos participantes, assistidos e obrigações legais, até a data da retirada ou extinção do plano. Para tal, a situação de solvência econômico-financeira e atuarial da entidade deverá ser atestada por profissional devidamente habilitado, cujos relatórios serão encaminhados ao órgão regulador e fiscalizador.

Compete ao órgão regulador: I – fixar padrões adequados de segurança atuarial e econômico-financeira, para preservação da liquidez e solvência dos planos de benefícios, isoladamente, e de cada entidade aberta, no conjunto de suas atividades; II – estabelecer as condições em que o órgão fiscalizador pode determinar a suspensão da comercialização ou a transferência, entre entidades abertas, de planos de benefícios; e III – fixar condições que assegurem transparência, acesso a informações e fornecimento de dados relativos aos planos de benefícios, inclusive quanto à gestão dos respectivos recursos.

É facultativa a utilização de corretores na venda dos planos de benefícios das entidades abertas. Aos corretores de planos de benefícios aplicam-se a legislação e a regulamentação da profissão de corretor de seguros.

2. ENTIDADES ABERTAS

A entidade aberta de previdência complementar deve se organizar exclusivamente sob a forma de sociedade anônima e pode ter fins lucrativos[33]. Exige-se prévia e expressa *aprovação* do órgão fiscalizador[34].

Os planos de benefícios instituídos por entidades abertas poderão ser individuais (acessíveis a qualquer pessoa física; o participante se vincula diretamente à entidade, sem intermediação) ou coletivos (quando há uma pessoa jurídica contratante – averbadora, quando não participa do custeio, ou instituidora, quando participa, total ou parcialmente –, à qual os participantes estão vinculados, direta ou indiretamente[35]). O

---

33. Salienta Marisa Ferreira dos Santos que "Algumas têm fins lucrativos: seguradoras, empresas de capitalização e previdência. Outras não visam lucro: montepios, associações e fundações. Constituem-se unicamente sob a forma de sociedades anônimas, geralmente seguradoras ou bancos, que tem por objetivo instituir e operar planos de benefícios previdenciários." (op. cit., p. 615). Quanto às sociedades seguradoras, apenas aquelas que operam exclusivamente no ramo "vida" poderão ser autorizadas a atuar no ramo da previdência privada.
34. Nos termos do art. 38, "dependerão de prévia e expressa aprovação do órgão fiscalizador: I – a constituição e o funcionamento das entidades abertas, bem como as disposições de seus estatutos e as respectivas alterações; II – a comercialização dos planos de benefícios; III – os atos relativos à eleição e consequente posse de administradores e membros de conselhos estatutários; e IV – as operações relativas à transferência do controle acionário, fusão, cisão, incorporação ou qualquer outra forma de reorganização societária".
35. O vínculo indireto refere-se aos casos em que uma entidade representativa de pessoas jurídicas contrate plano previdenciário coletivo para grupos de pessoas físicas vinculadas a suas filiadas. Tais grupos poderão ser constituídos por uma ou mais categorias específicas de empregados de um mesmo empregador, podendo abranger empresas coligadas, controladas ou subsidiárias, e por membros de associações legalmente constituídas, de caráter profissional ou classista, e seus cônjuges ou companheiros e dependentes econômicos. São equiparáveis

plano coletivo poderá ser contratado por uma ou várias pessoas jurídicas. A implantação de um plano coletivo será celebrada mediante contrato, na forma, nos critérios, nas condições e nos requisitos mínimos a serem estabelecidos pelo órgão regulador. É vedada à entidade aberta a contratação de plano coletivo com pessoa jurídica cujo objetivo principal seja estipular, em nome de terceiros, planos de benefícios coletivos.

As partes, na entidade aberta, são a seguradora e o segurado. Eventualmente, nos planos coletivos, há a averbadora ou instituidora.

Na entidade aberta, deve existir a portabilidade[36] e a possibilidade de resgate total ou parcial.

As entidades abertas serão reguladas também[37], no que couber, pela legislação aplicável às sociedades seguradoras.

Nos termos da Súmula 563 do STJ, "o Código de Defesa do Consumidor é aplicável às entidades abertas de previdência complementar, não incidindo nos contratos previdenciários celebrados com entidades fechadas".

---

aos empregados e associados os diretores, conselheiros ocupantes de cargos eletivos e outros dirigentes ou gerentes da pessoa jurídica contratante.

36. Observados os conceitos, a forma, as condições e os critérios fixados pelo órgão regulador, é assegurado aos participantes o direito à portabilidade, inclusive para plano de benefício de entidade fechada, e ao resgate de recursos das reservas técnicas, provisões e fundos, total ou parcialmente. A portabilidade não caracteriza resgate. É vedado, no caso de portabilidade: I – que os recursos financeiros transitem pelos participantes, sob qualquer forma; e II – a transferência de recursos entre participantes.

37. Os ativos garantidores das reservas técnicas, das provisões e dos fundos serão vinculados à ordem do órgão fiscalizador, na forma a ser regulamentada, e poderão ter sua livre movimentação suspensa pelo referido órgão, a partir da qual não poderão ser alienados ou prometidos alienar sem sua prévia e expressa autorização, sendo nulas, de pleno direito, quaisquer operações realizadas com violação daquela suspensão. Sendo imóvel, o vínculo será averbado à margem do respectivo registro no Cartório de Registro Geral de Imóveis competente, mediante comunicação do órgão fiscalizador. Os ativos garantidores, bem como os direitos deles decorrentes, não poderão ser gravados, sob qualquer forma, sem prévia e expressa autorização do órgão fiscalizador, sendo nulos os gravames constituídos com infringência do disposto na legislação de regência.

REFERÊNCIAS

AMADO, Frederico. *Curso de Direito e Processo Previdenciário*. 8. wd. Salvador: JusPodivm, 2016.

ARAÚJO, Gustavo Beirão. *Processo Administrativo Previdenciário e sua Efetividade*. Curitiba: Juruá, 2019.

BALDINI, Alessandra Gomes Faria; PORTO, Rafael Vasconcelos. A aposentadoria especial por periculosidade no RGPS: uma questão de inconstitucionalidade. *Revista Juris Plenum Previdenciária*, v. 27, p. 43-54, ago./out. 2019.

BALERA, Wagner. *Sistema de Seguridade Social*. 7. ed. São Paulo: LTr, 2014.

BALERA, Wagner. A contribuição social sobre o lucro. *Revista de Direito Tributário*, São Paulo: Malheiros, v. 67, p. 292-322.

BALERA, Wagner. *Noções Preliminares de Direito Previdenciário*. 2. ed. São Paulo: Quartier Latin, 2010.

BALERA, Wagner. Previdência e Assistência Social. In: MARTINS, Ives Gandra da Silva; MENDES, Gilmar Ferreira; NASCIMENTO, Carlos Valder (Coord.). *Tratado de Direito Constitucional*. São Paulo: Saraiva, 2010. v. 2.

BALERA, Wagner; FERNANDES, Thiago D'Avila. *Fundamentos da Seguridade Social*. São Paulo: LTr, 2015.

BALTAZAR JÚNIOR, José Paulo; ROCHA, Daniel Machado da. *Comentários à Lei de Benefícios da Previdência Social*. 10. Ed. Porto Alegre: Livraria do Advogado, 2011.

BARROS, Alice Monteiro de (Coord.). *Curso de Direito do Trabalho*: estudos em memória de Célio Goyatá. 3. ed. São Paulo: LTr, 1997. v. I.

BATISTA, Flávio Roberto. Reformas da Previdência sob o prisma do custeio e da distribuição de benefícios: um olhar de totalidade. *Revista do Tribunal Regional Federal da Terceira Região*, ano XXIV, n. 117, p. 17-30, abr./jun. de 2013.

BECKER, Alfredo Augusto. *Teoria Geral do Direito Tributário*. 4. ed. São Paulo: Noeses, 2007.

BERNSTEIN, Peter L. *Desafio aos Deuses*: a fascinante história do risco. 21. ed. Trad. Ivo Korylowski. Rio de Janeiro: Elsevier, 1997.

BERWANGER, Jane Lúcia Wilhelm. *Segurado Especial*: o conceito jurídico para além da sobrevivência individual. Curitiba: Juruá, 2013.

BERWANGER, Jane Lúcia Wilhelm. A Constitucionalidade do Segurado Especial. *Revista Brasileira de Direito Previdenciário*, Lex Magister, ano V, n. 29, p. 5-29, out./nov. 2015.

BERWANGER, Jane Lúcia Wilhelm. *Segurado Especial*: novas teses e discussões. Curitiba: Juruá, 2016.

BERWANGER, Jane Lúcia Wilhelm. Elementos Estranhos ao Conceito de Segurado Especial. In: BERWANGER, Jane Lúcia Wilhelm; FOLMANN, Melissa; SERAU JÚNIOR, Marco Aurélio (Coord.). *Previdência em Tempo de Reformas*. Porto Alegre: Lex Magister, 2015.

BERWANGER, Jane Lúcia Wilhelm. O cômputo de períodos intercalados de atividade: uma abordagem constitucional voltada à cidadania do trabalhador rural. *In* BERWANGER, Jane Lucia Wilhelm; DARTORA, Cleci Maria; FOLMANN, Melissa (Coord.). *Direito Previdenciário Revisitado*. Porto Alegre: Lex Magister, 2014.

BERWANGER, Jane Lúcia Wilhelm; SCHUSTER, Diego Henrique. A Reforma Previdenciária e os Trabalhadores Rurais. *Juris Plenum Previdenciária*, ano V, n. 17, p. 33-48, fev. 2017.

BERWANGER, Jane Lúcia Wilhelm; VERONESE, Osmar. *Constituição*: um olhar sobre minorias vinculadas à seguridade social. 2. ed. Curitiba: Juruá, 2015.

BRAGA. Maíra Esteves. *Caminhos Administrativos Percorridos em Portugal e no Brasil para a Prestação de Serviços de Saúde*: entre o público e o privado. 2018. 149 p. Tese (Mestrado em Ciências Jurídico-Políticas) – Faculdade de Direito, Universidade de Lisboa, Lisboa. 2018.

BRUMER, Anita. *Previdência social rural e gênero*. Sociologias. Porto Alegre, [online], v.4, n. 7, p.50-81, jan./jun. 2002.

BURMESTER, Haino. *Gestão da Qualidade Hospitalar*. São Paulo: Saraiva, 2013.

CAMPOS, Wânia Alice Ferreira Lima. Reflexões sobre a Averbação no Regime Próprio de Previdência Social dos Servidores Públicos de Tempo de Atividade Rural Exercido Antes da Lei 8.213/91. In: FOLMANN, Melissa; FERRARO, Suzani Andrade (Coord.). *Previdência; entre o direito social e a repercussão econômica no século XXI*. Curitiba, Juruá, 2009.

CARDOSO, Lizarb Cilindro; GUIMARÃES, Helimar Fialho; MELO, Débora Silva. Da aposentadoria por idade ao trabalhador rural enquadrado na categoria contribuinte individual. *Juris Plenum Previdenciária*, ano III, n. 09, p. 151-172, fev. 2015.

CARNEIRO, Daniel Zanetti Marques. *Custeio da Seguridade Social*: aspectos constitucionais e contribuições específicas. São Paulo: Atlas, 2010.

CARVALHO, Daniela Gonçalves de. O Segurado Especial: desmistificação e implemento de condições para aposentadoria à luz da jurisprudência do STJ. *Juris Plenum Previdenciária*, ano IV, n. 14, p. 21-32, maio 2016.

CASTRO, Adriana Vieira de; TÁRREGA, Maria Cristina Vidotte Blanco. A Previdência Rural como Política Pública para Efetividade dos Princípios Constitucionais Agrários. CONPEDI, 2012, Goiânia. Anais do CONPEDI, 2012.

CASTRO, Carlos Alberto Pereira de. Efeitos das Decisões Proferidas pela Justiça do Trabalho Perante a Previdência Social. In: FERRARO, Suzani Andrade; FOLMANN, Melissa (Org.). *Previdência*: entre o direito social e a repercussão econômica no século XXI. Curitiba: Juruá, 2009.

CASTRO, Carlos Alberto Pereira de; LAZZARI, João Batista. *Manual de Direito Previdenciário*. 15. ed. Rio de Janeiro: Forense, 2013.

CASTRO, Carlos Alberto Pereira; KRAVCHYCHYN, Gisele; LAZZARI, João Batista; ROCHA, Daniel Machado da. *Comentários à Reforma da Previdência*. Rio de Janeiro: Forense, 2020.

CAVALCANTE, Jouberto de Quadros Pessoa; JORGE NETO, Francisco Ferreira. O empregado rural sob a ótica do Direito do Trabalho atual. In: ALMEIDA, Maria Cecília Ladeira; GRECHI, Frederico Price (Coord.). *Direito Agrário*: homenagem a Octavio Mello Alvarenga. Rio de Janeiro: GZ, 2016.

COIMBRA, Feijó. *Direito Previdenciário Brasileiro*. Rio de Janeiro: Editora Rio, 1980.

CONTAG. *Previdência Social Rural*: potencialidades e desafios. Relatório. Julho de 2016.

COSTA, Valéria de Fátima Izar Domigues da. *Um Paralelo sobre a Aposentadoria, por Idade, dos Trabalhadores*: Urbano e Rural. 2005. 155 f. Dissertação (Mestrado em Direito Previdenciário) – Faculdade de Direito, Pontifícia Universidade Católica de São Paulo, São Paulo. 2005.

DAMASCENO, Luis Rogério da Silva. A concessão de auxílio-acidente ao segurado especial: a reviravolta legislativa decorrente do advento da Lei 12.873/2013. *Revista Juris Plenum Previdenciária*. Caxias do Sul, v. 2, n. 8, p. 51-62, nov. 2014.

DELGADO, Guilherme; SCHWARZER, Helmut. Evolução Histórico-Legal e Formas de Financiamento da Previdência Rural no Brasil. In: CARDOSO JR., José Celso; DELGADO, Guilherme (Org.). *A Universalização de Direfitos Sociais no Brasil*: a Previdência Rural nos anos 90. Brasília: IPEA, 2000.

DELGADO, Maurício Godinho. *Curso de Direito do Trabalho*. 16. ed. São Paulo: LTr, 2017.

DIAS, Ana; SIMÕES, Jorge. Gestão da Saúde e Despesa Pública. In: CABRAL, Nazaré da Costa; AMADOR, Olívio Dutra; MARTINS, Guilherme Waldemar d'Oliveira (Org.). *A Reforma do Sector da Saúde*: uma realidade iminente? Coimbra: Almedina, 2010.

ESPING-ANDERSEN, Gosta. As Três Economias Políticas do Welfare State. *Revista Lua Nova*, n. 24, 1991. Trad. Dinah de Abreu Azevedo, extraído de "The three worlds of welfare state. Princeton University Press, 1990".

ESTORNINHO, Maria João; MACIEIRINHA, Tiago. *Direito da Saúde*. Lisboa: UCP, 2014.

FIGUEIREDO, Mariana Filchtiner. *Direito à Saúde*. 4. ed. Salvador: JusPodivm, 2015.

GARCIA, Gustavo Filipe Barbosa. *Curso de Direito Previdenciário*: seguridade social. 7. ed. São Paulo: Saraiva, 2023.

GARCIA, Silvio Marques. *Aposentadoria por idade do trabalhador rural*. Franca: Lemos e Cruz, 2015.

GOUVEIA, Mila; MANSUR, Alan (Coord.). *Mapeando o Edital*: Ministério Público Federal. 2. ed. Salvador: JusPodivm, 2019.

GOUVEIA, Mila; PORTO, Rafael Vasconcelos (Coord.). *Questões Discursiva Comentadas*: magistratura federal. 4. ed. Salvador: JusPodivm, 2019.

GOUVEIA, Mila; SOUZA, Rodrigo Gonçalves de (Coord.). *Mapeando o Edital*: Magistratura Federal. 3. ed. Salvador: JusPodivm, 2020.

GOUVEIA, Mila; SOUZA, Rodrigo Gonçalves (Coord.). *Mapeando o Edital*: Defensoria Pública da União. Salvador: JusPodivm, 2019.

HORVATH JÚNIOR, Miguel; PORTO, Rafael Vasconcelos. Teoria Geral do Plano de Custeio da Seguridade Social. In: FERNANDES, Ana Paula; SANTOS, Roberto de Carvalho; SERAU JÚNIOR, Marco Aurélio (Coord.). *Temas Relevantes e Pontos Controvertidos do Direito Previdenciário*. São Paulo: LTr, 2018.

IBRAHIM, Fábio Zambitte. *Curso de Direito Previdenciário*. 17. ed. Niterói: Impetus, 2012.

KAUM, Miguel Cabrera. A Sustentabilidade Econômico-Financeira da Previdência Social quanto à Clientela Rural. In: BATISTA, Flávio Roberto; MACIEL, Fernando; MORAIS, Dalton Santos; RIBEIRO, Rodrigo Araújo (Org.). *A Seguridade Social em Questão*: da normatividade à jurisprudência. Belo Horizonte: D'Plácido, 2016.

KERBAUY, Luis Rodrigues. *A Previdência na Área Rural: benefício e custeio*. 2008. 249 f. Dissertação (Mestrado em Direito) – Faculdade de Direito, Pontifícia Universidade Católica de São Paulo, São Paulo. 2008.

KOVALCZUK FILHO, José Enéas. *A Função Social da Proteção Previdenciária aos Trabalhadores Rurais*. São Paulo: LTr, 2015.

KRELL, Andreas Joachim. Controle Judicial dos Serviços Públicos Básicos na Base dos Direitos Fundamentais Sociais. In: SARLET, Ingo Wolfgang (Org.). *A Constituição Concretizada*: construindo pontes entre o público e o privado. Porto Alegre: Livraria do Advogado, 2000.

LEÃO, Lidiane Nascimento. *Direito à Saúde e Políticas Públicas*. Rio de Janeiro: Lumen Juris, 2017.

LEITÃO, André Studart; MEIRINHO, Augusto Grieco Sant'Anna. *Manual de Direito Previdenciário*. 2. ed. São Paulo: Saraiva, 2014.

LEITE, Carlos Alexandre Amorim. *Direito Fundamental à Saúde*: efetividade, reserva do possível e o mínimo existencial. Curitiba: Juruá, 2014.

LOPES, Licínio. Direito Administrativo da Saúde. In: GONÇALVES, Pedro; OTERO, Paulo. *Tratado de Direito Administrativo Especial*. Coimbra: Almedina, 2010. v. III.

LOPES JÚNIOR, Nilson Martins. *A Proteção Social do Trabalhador Rural*. 2006. 196 f. Dissertação (Mestrado em Direito das Relações Sociais) – Faculdade de Direito, Pontifícia Universidade Católica de São Paulo, São Paulo. 2006.

MANIGLIA, Elisabete. *O Trabalho Rural Sob a Ótica do Direito Agrário*: uma opção ao desemprego no Brasil. Franca: Unesp-FHDSS, 2002.

MARTINEZ, Wladimir Novaes. *Princípios de Direito Previdenciário*. 6. ed. São Paulo: LTr, 2015.

MARTINEZ, Wladimir Novaes. *Comentários à Lei Básica da Previdência Social*. 8. ed. São Paulo: LTr, 2009. t. II.

MAUSS, Adriano; TRICHES, Alexandre Schumacher. *Processo Administrativo*: prática para um processo de benefício eficiente. 3. ed. Caxias do Sul: Plenum, 2015.

MAZZONI, G. Existe um conceito jurídico de seguridade social? *Revista de Direito Social*, n. 22, p. 168-187, 2006.

MENDONÇA, Jorge André de Carvalho. Por um conceito-base de segurado especial: da sua obrigação contributiva. *Revista de Doutrina do TRF4*, Edição n. 52, publicada em 28.02.2013.

NEVES, Ilídio das. *Direito da Segurança Social*: princípios fundamentais numa análise prospectiva. Coimbra: Coimbra, 1996.

NOVAIS, Jorge Reis. *Direitos Sociais*: teoria jurídica dos direitos sociais enquanto direitos fundamentais. 2. ed. Lisboa: AAFDL, 2017.

PASTOR, José Manuel Almansa. *Derecho de La Seguridad Social*. 7.. ed. Madrid: Tecnos, 1991.

PIERDONÁ, Zélia Luiza. A proteção previdenciária do trabalhador rural na Constituição de 1988. *Anais do XVII Encontro Preparatório para o Congresso Nacional de Pesquisa e Pós Graduação em Direito (CONPEDI)*. Florianópolis: Fundação Boiteux, 2008. v. 1.

PORTO, Rafael Vasconcelos. Previdência e(m) crise. *Revista Brasileira de Direito Previdenciário*. Porto Alegre: Lex Magister, v. 7, n. 39, p. 50-77, jun./jul. 2017.

PORTO, Rafael Vasconcelos. *Previdência do Trabalhador Rural*. Curitiba: Juruá, 2019.

PORTO, Rafael Vasconcelos. Teoria Geral do Risco Social. *Revista Brasileira de Previdência*, v. 8, p. 118-157, 2018, disponível online.

PORTO, Rafael Vasconcelos. Da Medida Provisória n. 871 à Lei 13.846/2019: o que muda no RGPS. *Revista de Direito Prática Previdenciária*, v. 11, p. 09-26, 2019.

PORTO, Rafael Vasconcelos. Aspectos Processuais do Juizado Especial Federal. *Revista de Direito Prática Previdenciária*, v. 6, p. 66-97, 2019.

ROCHA, Daniel Machado da. *O Direito Fundamental à Previdência Social*: na perspectiva dos princípios constitucionais diretivos do sistema previdenciário brasileiro. Porto Alegre: Livraria do Advogado, 2004.

SANTOS, Marisa Ferreira dos. *Direito Previdenciário Esquematizado*. 4. ed. São Paulo: Saraiva, 2014.

SAVARIS, José Antonio. *Direito Processual Previdenciário*. 2. ed. Curitiba: Juruá, 2009.

SERAU JÚNIOR, Marco Aurélio. *Curso de Processo Judicial Previdenciário*. 4. ed. São Paulo: Método, 2014.

TOMÉ, Fabiana del Padre. *Contribuições para a Seguridade Social*: à luz da Constituição Federal. 2. ed. Curitiba: Juruá, 2013.

VILHENA, Paulo Emílio Ribeiro. *Relação de Emprego*: estrutura legal e supostos. 3. ed. São Paulo: LTr, 2005.

YOSHIOKA, Giseli Canton Nicolao. Segurada Especial: obstáculos para a obtenção de benefícios previdenciários gerados a partir de um histórico de discriminação legalizada. In: BERWANGER, Jane Lucia Wilhelm; DARTORA, Cleci Maria; FOLMANN, Melissa (Coord.). *Direito Previdenciário Revisitado*. Porto Alegre: Lex Magister, 2014.